延寿县人大志

《延寿县人大志》编纂委员会　编

方志出版社
Publishing House of Local Records

图书在版编目（CIP）数据

延寿县人大志 / 《延寿县人大志》编纂委员会编. —
北京 : 方志出版社, 2023.8
ISBN 978-7-5144-5760-5

Ⅰ. ①延… Ⅱ. ①延… Ⅲ. ①地方各级人民代表大会
－工作概况－延寿县－1946-2021 Ⅳ. ①D624.354

中国国家版本馆 CIP 数据核字(2023)第 146253 号

责任编辑：陈菁
责任校对：刘玉霞
责任印制：梅中英
出 版 者：方志出版社
地　　址：北京市朝阳区潘家园东里 9 号（国家方志馆 4 层）
邮　　编：100021
网　　址：http://www.zgfzcb.cn
发　　行：方志出版社图书营销中心（010-67110500）
印　　刷：北京中科印刷有限公司
开　　本：889 毫米×1194 毫米　1/16
印　　张：38
字　　数：760 千字
版　　次：2023 年 8 月第 1 版
印　　次：2023 年 8 月第 1 次印刷
定　　价：328.00 元

《延寿县人大志》编纂委员会

主　任：王家砚　高雪峰

副主任：李学雷　郑小鹏　张凤平　李　冰　张　秀　杨少炜　宗佰军

成　员（按姓氏笔画排序）：

王义平　王东伟　吕　广　江　涛　许祥龙　李成玉　吴伟波

张海明　范廷文　胡中东　钟海燕　俞延飞　祝晓玲　贾荣娜

徐延明　高兴辉　郭延文　曾繁石　戴春风

《延寿县人大志》编纂人员

主　编：郑小鹏　张　秀

副主编：江　涛　姜　学（特聘）　姚俊明（特聘）　索延庆

编　务（按姓氏笔画排序）：

丁　俐　马　彪　王　伟　王秀文　王柏松　史国民　杨柏成

杨树山　黄晓菲　潘　雷

校　对：姚俊明　姜　学

打　字：苗德娟

序　一

经过编纂人员的艰辛努力，《延寿县人大志》即将付梓出版。《延寿县人大志》为延寿县提供了一部延寿县在政权建设、法治建设、人大建设等方面的参考史料。《延寿县人大志》的编纂完成，是对县人大向心力、凝聚力、战斗力的检验和锤炼，是延寿县人大常委会在自身建设中完成的一项重要工作，对延寿县坚定不移走中国特色社会主义法治道路，更好推进中国特色社会主义法治体系建设，坚持和完善人民代表大会制度，不断发展全过程人民民主和全面建设社会主义现代化崭新延寿，起到借鉴作用，是全县人民政治生活中的一件大事，特致以祝贺。

《延寿县人大志》以马克思列宁主义、毛泽东思想、邓小平理论、“三个代表”重要思想、科学发展观、习近平新时代中国特色社会主义思想为指导，从建设中国特色社会主义法治体系着眼，从人民代表大会制度是符合中国国情和实际体现社会主义国家性质、保障人民当家作主、保障实现中华民族伟大复兴的好制度入手，回顾总结人民代表大会制度在延寿县建立、发展和不断完善的过程。从中看到，人民代表大会制度作为我国根本政治制度，坚持中国共产党的领导，坚持马克思主义国家学说的基本原则，适应人民民主专政的国体，有效保证国家沿着社会主义道路前进。自 1954 年正式确立以来，为党领导人民创造经济快速发展奇迹和社会长期稳定奇迹提供重要制度保障，用事实证明这一政治制度是民主的、有效的，突显了历史和现实、理论和实践、形式和内容有机统一。特别是自 1980 年成立以来，县人民代表大会及其常务委员会在中共延寿县委的领导下，依照宪法和法律赋予的职权，围绕党的中心任务和广大人民群众普遍关心的热点、难点问题，努力实践，积极探索，开拓进取，在决定重大事项、监督工作、人事任免工作、代表工作和自身建设等方面都取得了很大成绩。县人民代表大会的工作和建设，年年有进步，届届有发展，在全县经济、政治和社会生活中的作用日益彰显，发挥了地方国家权力机关应有的作用。保障人民的知情权、参与权、表达权、监督权落实到县人大工作全过程，县人大努力做到接地气、察民情、聚民智、惠民生，把人民群众所思、所盼、所愿落到实处。

《延寿县人大志》观点正确、内容丰富、资料翔实，全面展现了延寿县 60 多年来，特别是改革开放以来历届县人大发展的进程，是一部朴实、严谨、科学的资料性著述。编纂体例在博采众长、学习借鉴他人的基础上，体现有自己的特点，为增强可读性、可靠性、可用性提供保证。

回顾过去，以史为鉴，展望未来，任重道远。今年是全面贯彻落实党的二十大精神的开局之年，是“十四五”承上启下之年，正值奋力谱写全面建设社会主义现代化国家崭新篇章、实现中华民族伟大复兴的关键时期。世界百年未有之大变局加速演进，坚定不移走中国特色社会主义法治道路，在全面建设社会主义现代化国家，努力实现第二个百年奋斗目标的进程中，延寿县人大一定会把握新发展阶段，贯彻新发展理念，构建延寿新发展格局，为坚持中国特色社会主义政治发展道路，坚持和完善人民代表大会制度，加强和改进新时代人大工作，不断发展全过程人民民主，巩固和发展生动活泼、安定团结的政治局面，把人民当家作主具体地、现实地体现到各个方面、各个层级工作上，具体地、现实地体现到人民对美好生活向往的工作上，作出新贡献、谱写新篇章。

中共延寿县委书记

2023 年 1 月 20 日

序 二

在许多同志和有关部门的支持下，经过编纂人员坚韧刻苦的努力，《延寿县人大志》纂修成书。这是延寿县人大工作史上的第一部独立志。《延寿县人大志》的编纂是延寿县人民政治生活中的一件大事，为延寿县的民主政治建设留下一部重要史料。

人民代表大会制度是我国的根本政治制度，是中国共产党把马克思主义国家学说同中国具体实际相结合的伟大壮举，是中国共产党带领全国各族人民长期奋斗的重要成果。延寿县自1946年成立民主政府参议会，历经各界人民代表会议、1954年人民代表大会成立至2021年第十七届人民代表大会，已走过了70多年的历程，取得了一定业绩。特别是1980年县人大常委会成立以来，人大常委会坚持党的领导、人民当家作主、依法治理有机统一，围绕中心、服务大局、依法履职、担当作为，认真履行宪法和法律赋予的职权，支持和保障代表依法履职，持续加强自身建设，积极推进全县民主法制进程，为促进和保障全县改革开放和社会主义现代化建设发挥了重要作用。

党的十八大以来，县人大及其常委会深入学习贯彻习近平新时代中国特色社会主义思想和法治思想，在履职实践中把握人大工作的正确方向，推动新时代人大工作高质量发展，与时俱进并不断完善地方人民代表大会制度，把党的领导和党中央重大决策部署贯穿于人大各方面工作之中，找准人大职责所在，积极主动开展工作，全面提升人大工作质量和水平，为推进延寿县全面建设社会主义现代化提供了有力的法治保障。

《延寿县人大志》实事求是地记述人民代表大会在延寿县的建立和发展历程，是一部地方国家权力机关志；志书坚持真实可靠、忠于史实的原则，在保留史料本来面目的基础上客观如实地记述；内容丰富，体例规范、科学，以志为主，述、记、图、表并用，图文并茂，互为补充，相得益彰，集时代性、资料性、法律性为一体，对鞭策代表、鼓舞人民、传承以人民为中心的执政理念，具有可借鉴和参考的作用。

习近平总书记对坚持和完善人民代表大会制度，加强和改进人大工作提出一系列要求，特别是在庆祝全国人民代表大会成立60周年大会上的重要讲话，明确提出发展社会主义民主法制的新论断，坚持和完善人民代表大会制度的新思想，为做好新时期人大工作指明了方向。延寿人民一定会在中国共产党的领导下，坚持人民代表大会制度，凭借深厚的历史根基，顺应时代发展的潮流，以聪明才智和勤劳双手，努力建设更加美好的新延寿。

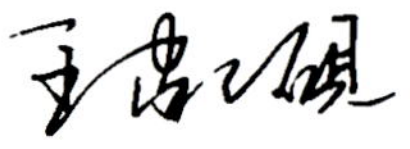

原延寿县人大常委会主任

2023 年 1 月 30 日

凡 例

一、本志以马克思列宁主义、毛泽东思想、邓小平理论、“三个代表”重要思想、科学发展观和习近平新时代中国特色社会主义思想为指导，坚持辩证唯物主义和历史唯物主义的观点，客观、公正地记述延寿县人民代表大会制度发展的历史和现状，力求思想性、政治性、科学性、资料性和实用性的有机统一，并体现时代特征和地方特色。

二、本志的记述，上限自1946年2月1日延寿县首届参议会成立，下限至2021年12月延寿县第十八届人民代表大会第一次会议召开前。

三、记事范围和内容。主要记述延寿县人民代表大会及其常务委员会行使宪法和法律赋予的职权所做的主要工作，反映延寿县人民代表大会的地位和作用。

四、本志遵循“详近略远”的原则，使用语体文。采用记述体，分篇、章、节，用述、记、志、照（图）、表、录，以志为主。

五、本志一般采用约定俗成或习惯提法。如“中共”即“中国共产党”，“县委”即“中共延寿县委”，“县人大常委会党组”即“中共延寿县人民代表大会常务委员会党组”，“县人大”即“延寿县人民代表大会”，“县人大常委会”即“延寿县人民代表大会常务委员会”，“县人大×届×次会议”即“延寿县第×届人民代表大会第×次会议”，“县政府”即“延寿县人民政府”，“一府一委两院”即“延寿县人民政府、监察司法委、延寿县人民法院和延寿县人民检察院”等。

六、本志引用的有关法律、法规名称，一般采用简称。如：《中华人民共和国宪法》，简称《宪法》；《中华人民共和国地方各级人民代表大会和地方各级人民政府组织法》，简称《地方组织法》；《中华人民共和国全国人民代表大会和地方各级人民代表大会选举法》，简称《选举法》；《中华人民共和国全国人民代表大会和地方各级人民代表大会代表法》，简称《代表法》，其余类推。

七、本志所载录的人名、地名，按照原始资料所载的实录。发现其中有误的，经考证后按准确的录入；无法考证的，仍按原始资料的载录。按志书编写要求，人名一般在第一次出现时冠以职务，以后直书其名。

八、数字用法、标点符号用法分别采用国家标准《出版物上数字用法》（GB/T 15835—2011）、《标点符号用法》（GB/T 15834—2011），计量单位采用国家技术监督局1993年12月发布的《量和单位》系列国家标准。历史上使用的计量单位，如斗、石、里、尺、磅、华氏度等，在引文时可照录。

九、“人民代表大会代表”的简称，在《中华人民共和国全国人民代表大会和地方各级人民代表大会代表法》颁布之前不统一，有称“人大代表”，也有称“人民代表”。根据《中华人民共和国全国人民代表大会和地方各级人民代表大会代表法》精神，本志将不同历史时期出现的“人民代表大会代表”的简称，统一为“人大代表”，只在引用原件时，保留“人民代表”的称谓。

十、乡、镇行政区划变动频繁，本志均以当时建置记载。

十一、本书中涉及的统计数据和财政决算数据，为人民代表大会会议报告上的数据，其他数据也是人大方面资料上的数据，与统计局正式公布的数据有所不同，为保留历史原貌不做修改。

历史回眸

1946 年 4 月 20 日，松江省人民代表会议全体代表合影

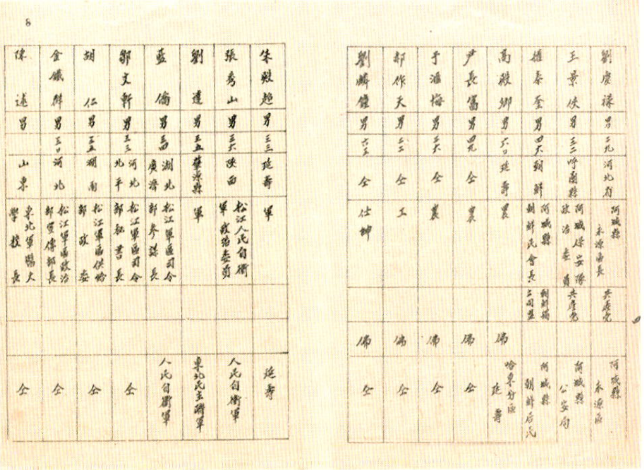

1946 年 4 月，松江全省人民代表大会代表题名录。延寿县参议长朱殿超、参议员于汇海等参加大会

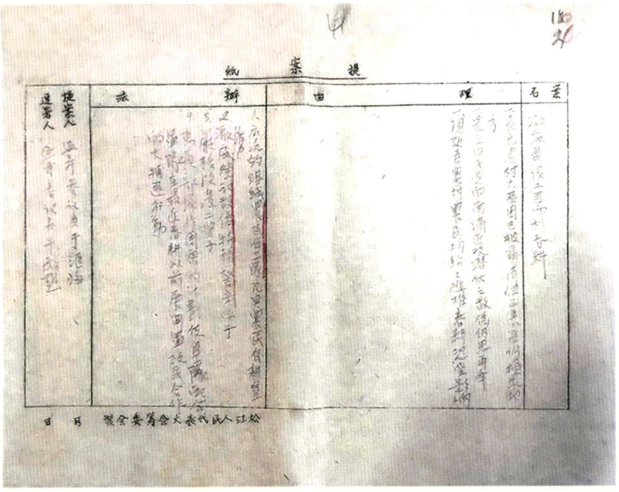

1946 年 4 月，延寿县参议长朱殿超、参议员于汇海在松江省人民代表大会上的提案

1950 年 3 月，松江省首届各界人民代表会议代表合影

1951 年 3 月，松江省首届第二次各界人民代表会议全体代表合影

1975 年 3 月，第四届全国人民代表大会黑龙江代表团代表合影（第二排右六为孙秀珍）

1990 年 3 月 8 日，黑龙江省第七届人民代表大会第三次会议参会代表合影

1997 年 12 月 4 日，哈尔滨市人民代表大会延寿代表团全体代表合影

1998 年 1 月 8 日，出席黑龙江省第九届人民代表大会第一次会议的代表合影

2000 年 2 月 18 日，参加哈尔滨市人民代表大会的延寿县代表团全体代表合影

2002 年 2 月，黑龙江省第九届人民代表大会第五次会议哈尔滨市代表团代表合影

2019 年 1 月 9 日，哈尔滨第十五届人民代表大会第四次会议延寿县代表团代表合影

2020 年 1 月 19 日，哈尔滨市第十五届人民代表大会第五次会议延寿县代表团代表合影

2021 年 12 月 16 日，哈尔滨市第十五届人民代表大会第六次会议延寿县代表团代表合影

实践建设

2012 年 4 月 19 日，哈尔滨市人大常委会副主任才殿国（左二）到延寿县调研

2013 年 10 月 11 日，哈尔滨市人大常委会副主任王维绪带队到延寿县对妇女权益保障地方性法规立法调研

2013 年 7 月 18 日，延寿县第十六届人大常委会组织省、市、县、乡四级人大代表参加省人大视频培训会议

2014 年 6 月 24 日，哈尔滨市人大“一法一例”执法检查组到延寿县对“一法一例”执法检查工作开展情况进行检查指导

2014 年 7 月 20 日，延寿县人大常委会视察特色产业

2015 年 5 月 27 日，哈尔滨市人大到延寿县调研县、乡人大工作开展情况

2015 年 7 月 29 日，黑龙江省人大第五小组到延寿县视察产业项目发展情况

2015 年 8 月 6 日，哈尔滨市人大到延寿县调研美丽乡村建设情况

2015 年 8 月 20 日，哈尔滨市人大常委会视察组到延寿县视察“六五”普法工作

2015 年 9 月 16 日，延寿县人大常委会检查组检查延寿县关于《中华人民共和国环境保护法》贯彻执行情况

2015 年 11 月 4 日，哈尔滨市人大常委会调研组到延寿县调研蚂蜒河生态保护情况

2015 年 11 月 26 日，延寿县人大常委会召开县人大代表“创业绩、稳增长”现场交流座谈会议

2015 年 12 月 4 日，延寿县人大常委会组织开展宪法知识竞赛活动

2016 年 4 月 29 日，哈尔滨市人大到延寿县调研乡镇人大工作

2017 年 4 月 26 日，黑龙江省人大调研组到延寿县调研人大代表联系群众工作

2017 年 5 月 26 日，哈尔滨市人大调研组到延寿县调研法院民商事执行和检察院民事行政检察工作

2017 年 9 月 21 日，哈尔滨市人大常委会主任赵铭（左二）到延寿县调研民营企业发展及脱贫攻坚工作

2018 年 4 月 19 日，省、市人大到延寿县调研乡镇代表之家

2018 年 8 月 14 日，黑龙江省人大到延寿县调研脱贫攻坚工作情况

2019 年 4 月 23 日，哈尔滨市人大到延寿县对《哈尔滨市文明行为促进条例》立法工作征求意见

2019 年 5 月 16 日，哈尔滨市人大常委会副主任张立新（前右二）到延寿县调研代表联络站建设

2019 年 6 月 12 日，延寿县人大代表联络站建设专题会议召开

2019 年 7 月 13 日，哈尔滨市人大到延寿县调研危房改造情况

2019 年 12 月 6 日，县人大代表脱贫攻坚培训会议召开

2020 年 10 月 27 日，哈尔滨市人大农林委到延寿县调研路网改造和代表联络站建设工作情况

2020 年 11 月 18 日，延寿县人大常委会对延寿县全民健身工作情况进行视察

2020 年 11 月 30 日，延寿县人大常委会对延寿县县城内小区物业管理工作进行检查

2021 年 5 月 19 日，哈尔滨市人大常委会人事和代表工作委员会到延寿县调研代表联络站工作

2021 年 5 月 26 日，延寿县人大常委会机关开展学党史讲党史故事、读书会活动

2021 年 6 月 10 日，延寿县人大常委会对延寿县重点项目进行视察

2021 年 6 月 30 日，延寿县人大常委会与六团村党支部开展庆祝中国共产党成立 100 周年主题活动

2021 年 7 月 17 日，延寿县人大常委会主任高雪峰（左二）对延寿县交通重大项目进行调研

2021 年 7 月 23 日，哈尔滨市人大常委会法工委到延寿县调研

2021 年 9 月 9 日，延寿县县乡人大换届选举工作部署会暨培训会议召开

2021 年 9 月 23 日，延寿县县级人大换届选举委员会第一次会议召开

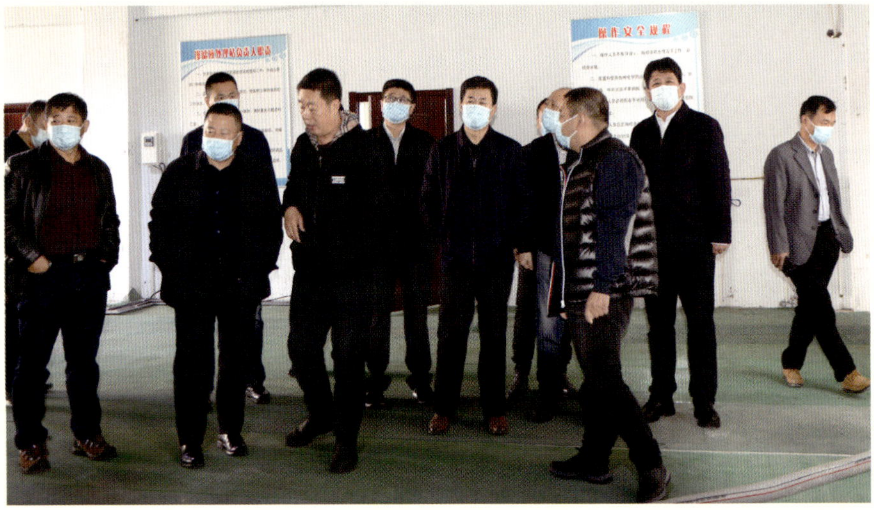

2021 年 10 月 14 日，延寿县人大常委会对延寿县市容和环境卫生情况进行执法检查

2021 年 10 月 15 日，延寿县人大常委会对延寿县《中华人民共和国森林法》贯彻执行情况进行执法检查

会议现场

1951 年 6 月 8 日，延寿县第六届各界人民代表扩大会议代表合影

1954 年 4 月 4 日，延寿县首届第一次人民代表大会全体代表合影

1965 年 12 月 27 日，延寿县第六届人民代表大会第一次会议全体代表合影

1980 年 9 月，延寿县第八届人民代表大会第一次会议代表合影

1983 年 3 月 17 日，延寿县第八届人民代表大会第三次会议召开

1983 年 3 月 17 日，延寿县第八届人民代表大会第三次会议代表步入会场

1985 年 4 月 11 日，延寿县第九届人民代表大会第二次会议全体代表合影

1987 年，延寿县第九届人大常委会代表合影

1987 年 9 月，延寿县第十届人民代表大会常务委员会委员合影

1989 年 3 月，延寿县第十届人民代表大会第三次会议召开

1992 年 11 月 30 日，延寿县第十一届人民代表大会第三次会议召开

1993 年 11 月，延寿县第十二届人民代表大会常务委员会委员合影

1998 年 3 月，延寿县第十三届人民代表大会第二次会议常务委员会委员合影

2002 年 10 月，延寿县第十四届人民代表大会第一次会议常务委员会委员合影

2006 年 1 月，延寿县第十四届人民代表大会第五次会议召开

2008 年 1 月，延寿县第十五届人民代表大会第二次会议召开

2016 年 12 月，延寿县第十七届人民代表大会常务委员会主任王家砚在第一次会议上投票

2019 年 12 月 30 日，延寿县第十七届人民代表大会第四次会议第一次全体会议召开

2020 年 12 月 30 日，延寿县第十七届人民代表大会第五次会议第一次全体会议召开

2020 年 12 月 30 日，延寿县第十七届人民代表大会第五次会议全体代表合影

目 录

第二篇　延寿县人民代表大会代表

第三篇　延寿县人民代表大会常务委员会

第四篇　县人民代表大会专门（工作）委员会

第五篇　人　物

概 述

中华人民共和国是人民民主专政的国家，人民是国家的主人，国家的一切权力属于人民。人民当家作主是中国共产党执政的实质，是社会主义民主政治的本质要求。人民代表大会制度是我国的根本政治制度，集中体现了中国特色社会主义民主政治的特点和优势，在党的领导下，坚持和完善这一根本制度，对于坚持社会主义制度、人民当家作主、保证国家长治久安，具有极其重要的意义。

1949 年 9 月 23 日，中国人民政治协商会议第一届全体会议通过《中国人民政治协商会议共同纲领》，明确规定“人民行使国家政权的机关是在为各级人民代表大会和各级人民政府”，“在普选的人民代表大会召开以前，由地方各界人民代表会议逐步地代行人民代表大会的职权”。因此，在中华人民共和国成立初期，各界代表会议成为地方政权向人民代表大会过渡的普遍形式。

1950 年 1 月 22 日，延寿县按照中央精神和松江省政府部署要求，召开第一届各界人民代表会议第一次会议，至 1953 年 12 月 9 日，历时近 4 年，共召开 15 次会议。会议听取讨论《政府工作报告》和有关专题报告；讨论恢复发展国民经济、巩固人民民主专政、开好村级人民代表大会、建立农村政权；会议对有关议题和贯彻《中华人民共和国婚姻法》等工作作出决议，在中华人民共和国成立初期的历史条件下，带有过渡性质的各界人民代表会议，对联系动员全县人民克服暂时困难、恢复和发展经济、完成政府提出的各项任务，起到积极作用，并为实行人民代表大会制度准备条件、奠定基础。

1953 年 1 月，中央人民政府委员会第二十次会议通过《关于召开全国人民代表大会及地方各级人民代表大会的决议》。1953 年 6 月至 1954 年 3 月，延寿全县开展中华人民共和国成立后第一次大规模的选举，选举产生第一届乡（镇）人民代表大会代表。各乡（镇）人民代表大会会议选举产生乡（镇）人民政府组成人员。乡（镇）人民代表大会制度从此确立。在县选举委员会的统一部署下，由各乡（镇）人民代表大会选举产生延寿县第一届人民代表大会代表。

1954 年 3 月 31 日至 4 月 4 日，延寿县人民代表大会第一次会议召开，标志着延寿县人民代表大会制度正式确立。

从延寿县首届一次人民代表大会至 1966 年 6 月 23 日，在 12 年的时间里，历经 6 届 18 次会议，围绕延寿县的社会发展和社会主义建设，听取审议《县政府工作报告》和其他专题报告。首届一次至三次大会选举产生延寿县人民政府委员会，第二届一次会议选举产生延寿县人民委员会。会议通过《开展以互助为中心的农业增产的报告》并作出决议，通过《坚决拥护，迅速贯彻粮食统购统销的生产定购定销政策的决议》《动员一切力量，为建设社会主义而奋斗的决议》《进一步贯彻合作社“三包”、“四固定”，进一步贯彻执行勤俭办社方针的决议》《全县人民动员起来，鼓起革命干劲，为实现农业生产大跃进而奋斗的决议》，会议提出做好除“四害”、防治克山病、扫盲识字、推销公债等工作，号召全县人民响应党的号召，积极努力，为争取国民经济进一步好转而奋斗。

1966 年 6 月 23 日，中共延寿县委召开常委会会议，传达省委关于开展“文化大革命”的会议精神，县委成立“文化大革命”领导小组。1967 年 5 月 13 日，成立延寿县革命委员会，简称革委会、县革委，它是集党政军大权于一身的权力机关，是行政机关、审判机关、检察机关合为一体的政治体制，是“文化大革命”这一特定历史时期的产物。延寿县人民代表大会这一地方权力机关，在“文化大革命”中被临时权力机构——革委会所取代，人民代表大会制度遭到严重破坏。宪法和法律规定的县人民代表大会按届选举被取消；一年一度应召开的县人民代表大会被迫中止；人民选举产生的代表在民主集中制原则下行使管理全县社会事务的权力被剥夺。

1976 年 10 月，粉碎“四人帮”。1980 年 9 月 10 日，延寿县召开人民代表大会制度恢复后的第一次人民代表大会，即第八届人民代表大会第一次会议。会议依照《中华人民共和国宪法》和《中华人民共和国地方各级人民代表大会和地方各级人民委员会组织法》(以下简称《地方组织法》)规定，选举产生县人民代表大会的常设机关——县人民代表大会常务委员会，在县人民代表大会闭会期间由它依法行使地方国家权力机关的各项职权，这是国家政治体制的一项重大改革，是人民代表大会制度的重要发展。

从 1980 年 9 月至 2021 年 12 月，召开八至十七届人民代表大会。

1980 年 9 月，延寿县人大常委会成立以来，在中共延寿县委的领导下，在上级人大常委会机关的指导下，依据宪法和法律的有关规定，结合延寿县县情，认真履行各项职权，不断探索人大工作的新路子，各方面工作都取得明显成效。

依法行使决定权。延寿县人大及其常委会，依照宪法和法律赋予的职权，立足全县工作大局，紧紧围绕县委的重大决策部署和全县经济建设与社会发展，以及人民群众切身利益的重大问题行使决定权。在每年的县人民代表大会会议上，代表认真审议县人民政府工作报告、国民经济和社会发展计划报告、财政预决算报告，以及县人大常委会、县人民法院、县人民检察院的工作报告，并作出相应的决议。县人大及其常委会根据发展需要和当时的实际情况，对本行政区域内的政治、经济、教育、科学、文化、卫生、环境和资源保护、民政等方面的重大事项，作出决定、决议，特别是对全县长远性、全局性和根本性的问题，以及人民群众反映强烈、迫切要求解决的问题，适时作出决定、决议，推动全县经济建设和社会各项事业的发展。

依法行使监督权，促进延寿县人民政府、监察司法委、延寿县人民法院和延寿县人民检察院（以下简称“一府一委两院”）工作。县人大常委会着力推进法制宣传教育，加强对法律法规实施情况的监督，保证宪法和法律法规在本行政区域内得到遵守和执行。通过开展执法检查、听取和审议法律法规实施情况的汇报、进行行政执法评议和司法评议、建立规范性文件备案审查制度等途径，促进“一府一委两院”依法行政、公正司法。在县人民代表大会会议召开期间，代表审议各项工作报告和以小组审议为主，辅以代表团审议、专题审议、大会审议等各种形式，力求提高审议质量。在县人民代表大会闭会期间，县人大常委会坚持以经济建设为中心，围绕改革、发展、稳定大局，抓住县委确定的工作重点、“一府一委两院”的工作难点和人民群众普遍关心的热点问题，采取听取和审议专项工作报告、开展专题调查、进行专项视察、组织工作评议等多种形式，加强对“一府一委两院”的工作监督，促进全县经济和社会各项事业又好又快发展。县人大常委会坚持把增强监督实效作为监督工作的中心环节来抓，在实践中探索，在探索中创新，每届有新举措，届届有新提高。特别是《中华人民共和国各级人民代表大会常务委员会监督法》实施以后，在完善监督制度、突出工作重点、提高审议质量等方面采取一系列有效措施，使监督工作走上法治化、规范化的轨道，在提高监督实效上取得较大进展。

做好选举和人事任免工作，不断完善和加强地方国家机关组织建设。县人大常委会坚持把党管干部的原则和依法选举、任免干部结合起来。始终坚持党的领导，严格依法办事，并不断总结经验，使之逐步制度化、规范化。在县人民代表大会选举县级国家机关领导人员中，严格按照《地方组织法》和《中华人民共和国全国人民代表大会和地方各级人民代表大会选举法》（以下简称《选举法》）的规定，坚持依法提名、差额选举和无记名投票，充分发扬民主、尊重延寿人大代表的意愿。常委会任免本级国家机关工作人员的民主化程序不断提高，表决方式逐步改进。为加强对任命干部的监督，县人大常委会坚持采取任前法律知识考试、举办法律知识讲座、听取专项工作汇报、开展述职评议和工作评议等措施，提高任命干部的依法执政能力。坚持不公示不任职、法律考试不合格不任职的原则，实行人大常委会任命人员向宪法宣誓制度、人大常委会任命的政府部门负责人和法检两院常务领导向人大常委会述职制度。民主测评，增强被任命人员履职意识。

加强代表工作，充分发挥代表作用。人大代表是人民代表大会的主体，做好代表工作是做好人大工作的基础。历届人大常委会高度重视代表工作，不断改进和加强代表工作。县人大常委会认真贯彻执行《中华人民共和国全国人民代表大会和地方各级人民代表大会代表法》（以下简称《代表法》），设立和加强代表工作机构，相继建立常委会组成人员分工联系代表、邀请代表列席常委会会议、组织代表旁听法庭庭审、重大事项向代表通报、常委会领导走访基层代表等多项制度，逐步形成多渠道、多形式、多层次的经常性联系。利用基层代表联络站和立法联系点等平台，采取集中和分散相结合的办法，开展经常性的学习和培训活动，提高代表的履职能力。建立健全代表组织网络，组织代表开展人民代表大会闭会期间的视察、调研、执法检查和执法评议等活动。重视代表议案和建议的办理工作，督促“一府一委两院”及有关部门办理代表议案和建议，办理工作的见面率、解决率、满意率逐步提高。开展评比和表彰先进代表小组和代表积极分子活动，不断改善代表履职的条件，保障代表依法行使职权，激励代表的履职积极性。同时，县人大常委会重视对乡（镇）人大工作的指导，加强对基层人大的领导，充分发挥全县人大工作的整体效能。

抓好自身建设，不断增强履职能力和水平。县人大常委会牢牢把握人大工作的政治方向，认真组织人大代表、常委会组成人员和机关干部学习宪法、法律，坚持在常委会会议前或会议后举办法律讲座，深入学习法律、经济、科技、文化知识和人大制度理论，不断提高从事人大工作的水平；密切和群众的联系，深入开展调查研究，推进工作作风的切实转变。县人大常委会的工作机构、办事机构逐步建立和完善，职能也日趋健全。制定和完善县人大常务委员会议事规则、主任会议议事规则、各专门委员会和常委会工作委员会工作职责、工作规则等各项规章制度，制定相关配套工作文件，促进常委会工作制度化、法治化、规范化，从制度上保证人大常委会更好地坚持民主集中制，按照法律规定的职权和程序办事。县人大及其常委会注意充分发挥人大专门委员会的作用，各专门委员会积极履行职责，在工作中密切配合，相互支持，协助常委会在行使职权等方面发挥了重要作用。县人大常委会不断加强思想建设、组织建设、作风建设和制度建设，为提高人大工作的质量和水平发挥了至关重要的作用。

县人大及其常委会在履行人大职责、推进延寿县社会主义民主法治建设、维护人民群众利益等方面都发挥了应有的作用，为全县的经济建设和社会发展，全面建成小康社会做出了积极贡献。

大事记

1945年

8月 延寿县临时县政府成立。

9月 苏联红军进入延寿县城。

10月19日 县民主人士朱殿超接受李兆麟将军委托，成立延寿县民主政府，并出任县长，宣布十条施政纲领，同时接管县保安队（后改为县治安大队）。

10月28日 县治安大队副大队长陈英杰和伪官吏尹怀阁联络土匪刘昨非企图发动政变。朱殿超把情报通知苏联红军哈东司令马克正，马克正立即命令驻延寿县苏联红军以军事手段解散国民党延寿县党部，扣押陈英杰、尹怀阁，将二犯押送至松江省政府。

12月21日 治安大队长蓝金甲发动武装政变，逮捕朱殿超、刘志民、驶原野、张进。纠集一伙流氓、坏蛋成立“县政府”，让伪官吏郑恩泽当“县长”。

1946年

2月1日 延寿县成立并召开首届参议会，参加会议的有工、商、饮食业等议员80人，推举朱殿超为议长，刘经传为副议长。

2月 延寿县民主政府重新建立，党组织派王一清任代县长。

3月 王一清调出，哈东专员何延川兼任延寿县县长。

6月 梁明德任延寿县代县长。

7月 延寿县划归松江省军区直属，松江省政府部分机关由哈尔滨市迁到延寿县城。

9月2日 全县各区分别召开工农代表大会。有10个区、105个村建立农会，有区干部68人、村干部847人、农会会员31101人。

10月 梁明德调入松江省政府，杨超任县长。

11月20日 延寿县工农代表大会在县城召开，参加会议代表105名，选出孙友谦、张纯、关斌、吴登峰等人组成工农联合会。会议讨论了消灭土匪、扩展县独立团、整顿民兵、发展生产等工作。松江省政府主席冯仲云出席会议并向山林武装生产队长徐甲太颁发奖品。

1947年

3月 延寿县根据上级指示，将12个区政府改为区公署。

1948年

12月 全县农村选举村代表，组成村代表会，选举出村长、副村长和委员。村级政权正式建立。

1950年

1月22—24日 延寿县召开第一届各界人民代表会议。

3月8—10日 延寿县召开第二届各界人民代表会议。会议对军属包耕、借贷利息、出租土地、耕作农具、耕作方法、维修水利工程等各项工作做出决议。

9月4—6日 延寿县召开第三届各界人民代表会议。会议选出延寿县人民代表会议常务委员会委员14名，并明确常务委员会的职权。

1951年

1月12—13日 延寿县召开第四届各界人民代表会议。会议听取代副县长邓时成做的《政府工作报告》并作出相关的决议。

1月31日至2月1日 延寿县召开第五届各界人民代表会议。通过《战勤负担办法》和《军属包耕办法》。

6月4—6日 延寿县召开第六届各界人民代表会议。县委书记李第光作《镇压反革命工作报告》；作出开展爱国主义丰产运动工作的决议。

8月6—7日 延寿县召开第七届各界人民代表会议，作出做好夏锄生产、修路、优属、防火护林等工作的决议。

12月2—4日 延寿县召开第八届各界人民代表会议。会议对征购、征收以及贯彻落实《中华人民共和国婚姻法》等工作作出决议。

1952年

3月26—28日 延寿县召开第九届各界人民代表会议。

5月26—27日 延寿县召开第十届各界人民代表会议。通过搞好夏锄生产、整顿互助组、开展劳动竞赛的决议。

12月7—10日 延寿县召开第十一届各界人民代表会议第一次会议。选举产生常务委员会委员21名。作出开展冬季生产、农业合作互助及农业丰产技术学习运动的决议。

1953年

3月20日至4月1日 延寿县第十一届各界人民代表会议举行第二次会议。作出做好春耕生产、优属代耕、护林防火、爱国卫生、贯彻《中华人民共和国婚姻法》等工作的决议。

6月2—4日 延寿县第十一届各界人民代表会议举行第三次会议。通过确保生产、做好夏锄生产的决议。

9月1—2日 延寿县第十一届各界人民代表会议举行第四次会议。通过关于秋收、互助合作等决议。

12月7—9日 延寿县第十一届各界人民代表会议举行第五次会议。对贯彻总路线、安排冬季生产、征购粮以及义仓等工作作出决议。

1954年

3月31日至4月4日 延寿县召开第一届人民代表大会第一次会议。选举出延寿县人民政府委员会委员21名，选举赵钟麟为县长、徐廷照为副县长，选举出席省人民代表大会代表6人。大会通过做好各项工作的决议。

8月29—30日 延寿县第一届人民代表大会举行第二次会议。通过农业生产增产保收等决议。

1955年

3月15—27日 延寿县第一届人民代表大会举行第三次会议。选举出延寿县人民政府委员会委员11人，选举赵钟麟为县长、徐廷照为副县长，选举门杰为延寿县人民法院院长，通过《关于坚决拥护迅速贯彻粮食统购统销的生产定购定销政策的决议》和《关于迅速结束备耕，积极做好春耕生产工作的决议》。

1956年

6月1—6日 延寿县第一届人民代表大会举行第五次会议。审议通过《关于提高夏锄田间作业质量促使苗全苗壮以增产的决议》《做好夏锄期间农村物资供应工作的决议》《进一步贯彻合作社“三包”“四固定”普遍推行夏锄小段计划加强检查夏锄质量以及进一步贯彻执行勤俭办社方针的决议》《深入开展以灭“四害”防疾病为中心的爱国卫生运动的决议》《加强林业工作的决议》《关于发展农村副业生产的决议》。

9月14—16日 延寿县召开第二届人民代表大会第一次会议。选举出延寿县人民委员会委员17名，选举赵钟麟为县长、徐廷照、林培文、张显彬为副县长。会议对增产保收、秋收分配和跨年度生产准备等工作作出决议。

1957年

6月28—29日 延寿县第二届人民代表大会举行第二次会议。审议批准《1956年财政决算和1957年财政预算安排意见的报告》，通过农业生产合作社社队分级分权管理的规定、农业社的分配方案等19项决议。

1958年

1月18—20日 延寿县第二届人民代表大会举行第三次会议。选举杨浩天为副县长。会议号召全县人民以“愚公移山”的精神做好各项工作，并通过《农业生产大跃进》等决议。

4月16—19日 延寿县第三届人民代表大会举行第一次会议。选举产生人民委员会委员9名，选举赵钟麟为县长，徐廷照、杨浩天为副县长。

1958年 果鸿路作为民主人士代表出席全国群英会，受到周恩来总理接见。

1959年

2月4日 延寿县第三届人民代表大会举行第二次会议。审议通过《卫生工作报告》，讨论兵员征集和复转军人安置的意见。

6月29—30日 延寿县第三届人民代表大会举行第三次会议。讨论确定如何在全县开展全民性反对“右倾”情绪，鼓足干劲，掀起增产节约运动新高潮。会议在“左”的思想指导下，提出了1959年的跃进规划。

是年 中华人民共和国成立十周年大庆时，金振寿出席全国首届群英会，受到毛泽东、刘少奇、周恩来、朱德等党和国家领导人接见。

1960年

12月16—18日 延寿县第四届人民代表大会举行第一次会议。选举产生延寿县人民委员会委员12名，选举李树德为县长，杨浩天、张显彬为副县长。

1961 年

10 月 26—28 日 延寿县第四届人民代表大会举行第二次会议。审议批准《1960 年财政决算和 1961 年财政预算安排意见的报告》。

1962 年

4 月 21—23 日 延寿县第四届人民代表大会举行第三次会议。审议批准《1961 年财政决算和 1962 年财政预算安排意见的报告》。会议选举雷雨田为副县长。

12 月 17 日 延寿县人民委员会第四届十三次全体会议，审查《延寿县 1962 年基层政权选举工作方案》和各乡（镇）提报的乡（镇）选举委员会名单。批准成立县、乡（镇）选举委员会并确立名额。批准确立选举委员会的组成人员。通过第五届基层选举工作方案。

1963 年

4 月 15—17 日 延寿县第五届人民代表大会举行第一次会议。选举产生延寿县人民委员会委员 13 名，选举雷雨田为县长，徐廷照、杨浩天、张显彬为副县长。

1964 年

9 月 11—13 日 延寿县第五届人民代表大会举行第二次会议。选举徐廷照为县长、邱立民为副县长。

1965 年

12 月 25—27 日 延寿县第六届人民代表大会举行第一次会议。选举产生延寿县人民委员会委员 13 名，选举徐廷照为县长，杨浩天、邱立民、路青发为副县长，选举李树文为县人民法院院长。

1966 年

9 月 21—24 日 延寿县第六届人民代表大会举行第二次会议。补选郑福友、邵永林为副县长。审议批准副县长杨浩天作的题为《1965 年财政决算和 1966 年财政预算安排意见的报告》。

1967年

1月30日 全县13个造反团队查封县委书记、县长办公室，并召开夺权大会，宣布夺取县委、县政府一切党、政、财、文大权，这次夺权大会被列为“县第七届人民代表大会”。

4月30日 造反组织召开3000多人参加的夺权大会，重新夺取延寿县党、政、财、文大权。建立“三结合”临时接管委员会。

5月30日 延寿县革命委员会成立。

1968年

3月 全县各公社成立革命委员会。

1970年

3月2日 延寿县由牡丹江地区划归松花江地区。

1975年

1月13—17日 全国人大代表孙秀珍赴北京参加第四届全国人民代表大会第一次会议。

1980年

7月19—24日 全县以公社（镇）为选区进行选民登记，训练骨干3000多名，以生产队、企事业、机关为单位设立1024个选民登记站。

8月5日 全县选出县代表正式候选人502名、各公社（镇）代表正式候选人2857名。

8月25日 全县由选民直接选举出县人民代表275名、公社（镇）代表1600名。

8月26日 全县各公社（镇）相继召开人民代表大会。选举公社管理委员会主任、副主任、委员，组成各公社管理委员会，选举延寿镇镇长、副镇长，组成了延寿镇人民政府。

9月10—11日 县八届人民代表大会举行第一次会议。听取和审议了县委副书记邵永林作的《县革命委员会工作报告》、县人民法院院长李树文作的《延寿县人民法院工作报告》、县人民检察院代检察长冯国祥作的《延寿县人民检察院工作报告》以及县政府《1979年财政决算和1980年财政预算（草案）安排意见的报告》，并作出相应决议。选举王维为延寿县第八届人民代表大会常务委员会主任；选举孙德隆、赵殿宝为延寿县第八届人民代表大会常务委员会副主任；选举邵永林为延寿县人民政府县长；选举王敏、刘长年、李东林、张景祥、张金凯为延寿县人民政府副县长；选举李树文为延寿县人民法院院长，冯国祥为延寿县人民检察院检察长；选举胡新民、门杰、王春芝、李复春、邵文信、肖淑范、庞善政、赵志忠、崔长林、甄殿卿为延寿县第八届人民代表大会常务委员会委员。

1981年

5月30日 县八届人大常委会第六次会议，作出《关于搞好地方病防治的决议》《关于搞好1981年爱国卫生运动的决议》。

7月23日 县八届人大常委会第七次会议，作出《延寿县进一步整顿社会治安的决议》。

9月21—23日 县八届人民代表大会举行第二次会议。听取和审议县长邵永林作的《政府工作报告》、县人大常委会副主任赵殿宝作的《县人大常务委员会工作报告》、副县长张景祥作的《1980年财政决算和1981年财政预算安排意见的报告》、县人民法院院长李树文作的《延寿县人民法院工作报告》、县人民检察院检察长冯国祥作的《延寿县人民检察院工作报告》，并作出相应的决议。选举苏有富、蔡雨池为县人民政府副县长。

1983年

3月7日 县八届人大常委会第十七次会议，听取县林业局关于贯彻《中华人民共和国森林法》和中央“紧急指示”制止乱砍滥伐执行情况的汇报，通过县人大常委会关于贯彻《中华人民共和国森林法》和中央“紧急指示”制止乱砍滥伐、保护森林的决议。

3月17—20日 县八届人民代表大会举行第三次会议。听取和审议副县长张金凯作的《政府工作报告》、县财政局局长杨守刚作的《1982年财政决算和1983年财政预算（草案）安排意见的报告》、县人大常委会主任王维作的《延寿县人民代表大会常务委员会工作报告》、县人民法院院长李树文作的《延寿县人民法院工作报告》、县人民检察院检察长冯国祥作的《延寿县人民检察院工作报告》，并作出相应的决议。选举张金凯为延寿县人民政府县长；选举刘长年、李东林、张景祥为延寿县人民代表大会常务委员会副主任；选举王维、白德喜、朴重根、刘慧英、胡新民、韩志刚为出席黑龙江省第六届人民代表大会代表。

12月20日 县选举委员会制订县、乡两级人民代表大会换届选举工作方案，全县抽调504名干部组成选举工作队，划分县选区109个，乡（镇）选区367个。

1984年

1月17日 县第八届人大常委会第二十四次会议，任命陈维新为延寿县人民检察院代检察长，免去张文彦延寿县人民检察院代检察长职务。

3月15日 全县共有125700人参加选举，选出县九届人民代表大会代表237名，乡、镇人民代表大会代表1063名。

3月24—27日 全县各乡、镇相继召开人民代表大会，选举出乡（镇）长和副乡（镇）长，成立13个乡人民政府、2个镇人民政府。

4月10—13日 县九届人民代表大会举行第一次会议。听取和审议了代县长邵志忠作的《政府工作报告》、副县长李复华作的《1983年财政决算和1984年财政预算安排意见的报告》、县人大常委会副主任赵殿宝作的《延寿人民代表大会常务委员会工作报告》、县人民法院院长李树文作的《延寿县人民法院工作报告》、延寿县人民检察院代检察长陈维新作的《延寿县人民检察院工作报告》，并作出相应的决议。选举邵志忠为延寿县人民政府县长；选举王敏、苏有富、申龙日、李复华为延寿县人民政府副县长；选举李树文为县人民法院院长、陈维新为县人民检察院检察长。

4月25—26日 县九届人大常委会第一次会议，通过《县人大常委会工作细则》《县人大常委会和人民代表联系规定》。

4月29日 全县的生产大队改为村民委员会。

7月31日至8月1日 县九届人大常委会第二次会议，通过《延寿县殡葬改革管理暂行规定（草案）》《延寿县普及初等义务教育暂行规定（草案）》。

9月11日 全县清理中华人民共和国成立以来延寿县颁发的地方性法规、规章工作失效时间。从1949年到1984年上半年，县人委、县革委、县政府共颁发规范性文件82件。其中仍然有效的15件，部分条款失效的18件，被新法律、法规代替的25件，因调整对象不复存在自行失效的24件。

1985 年

3 月 27 日 县九届人大常委会第六次会议，通过《延寿县矿产资源管理暂行规定》。

4 月 8—11 日 县九届人民代表大会举行第二次会议。听取和审议县长邵志忠作的《政府工作报告》、副县长李复华作的《1984 年财政决算和 1985 年财政预算安排意见的报告》、县人大常委会副主任刘长年作的《延寿县人大常委会工作报告》、县人民法院院长李树文作的《延寿县人民法院工作报告》、县人民检察院检察长陈维新作的《延寿县人民检察院工作报告》，并作出相应的决议。

1986 年

1 月 28 日 县九届人大常委会第十一次会议，决定成立县人大常委会法律顾问委员会。

4 月 1—3 日 县九届人民代表大会举行第三次会议。听取和审议县长邵志忠作的《政府工作报告》、副县长苏有富作的《关于延寿县国民经济和社会发展第七个五年计划（草案）的报告》、副县长李复华作的《1985 年财政决算和 1986 年财政预算（草案）安排意见的报告》、县人大常委会副主任李东林作的《延寿县人大常委会工作报告》、县人民法院代院长王凤翔作的《延寿县人民法院工作报告》、县人民检察院检察长陈维新作的《延寿县人民检察院工作报告》，并作出相应决议。选举孙衍林为延寿县第九届人民代表大会常务委员会副主任；选举闫杰民、张东辉为延寿县人民政府副县长；选举邱桂兰、刘英辉、李晓娟、陈万清为延寿县第九届人民代表大会常务委员会委员。会议接受王向东、吴世周辞去延寿县第九届人民代表大会常务委员会职务和李树文辞去延寿县人民法院院长职务的请求。

6 月 24 日 县九届人大常委会第十三次会议，审议通过县政府关于修建城镇道路集资的议案、关于制发、使用延寿县人民代表大会代表视察证的决定。

10 月 30 日 县九届人大常委会第十六次会议，听取县政府《关于农村“一费两金”提取管理、使用情况的报告》，并作出决议。

1987 年

4 月 12—13 日 县九届人民代表大会举行第四次会议。听取和审议代县长范德武作的《政府工作报告》、副县长李复华作的《延寿县 1986 年财政决算和 1987 年财政预算安排意见的报告》、县人大常委会副主任栾振芳作的《关于“发扬艰苦奋斗、勤俭建国的光荣传统，广泛深入地开展增产节约、增收节支运动决议”（草案）的说明》、县人大常委会主任王维作的《延寿县人大常委会工作报告》、县人民法院院长王凤翔作的《延寿县人民法院工作报告》、县人民检察院检察长陈维新作的《延寿县人民检察院工作报告》，并作出相应决议。

4月28日 县九届人大常委会第十八次会议，作出《关于“双增双节”工作的决议（草案）》；决定接受邵志忠辞去县长职务请求的决定；决定任命范德武为县人民政府代理县长、刘峰为县人民政府副县长。

9月24—25日 县十届人民代表大会举行第一次会议。听取和审议县人大常委会副主任孙衍林作的县乡换届选举工作报告、县乡换届选举办法、议案审查报告、代表资格审查报告，并作出相应的决议。选举刘长年为延寿县第十届人民代表大会常务委员会主任；选举孙衍林、王春芝、王玉为人大常委会副主任；选举王太生、庄大力、朱海、吴荣山、苏彦华（女）、汪俊、李晓娟（女）、邱桂兰（女）、庞善政、郑越平、徐再军、高期、康甫贞为县人大常委会委员；选举范德武为延寿县人民政府县长；选举申龙日、刘峰、李复华、张东辉、胡新民为延寿县人民政府副县长；选举王凤翔为延寿县人民法院院长；陈维新为延寿县人民检察院检察长。会议选举延寿县出席黑龙江省第七届人民代表大会代表为马国良、林东汉、金哲珠、范德武、鲁琪。

12月29日 县十届人大常委会第二次会议，补选省七届人民代表大会代表；决定接受王太生辞去县十届人大常委会委员职务的请求。

1988年

3月29—31日 县十届人民代表大会举行第二次会议。听取和审议县长范德武作的《政府工作报告》、县政府《延寿县国民经济和社会发展一九八七年计划执行情况和一九八八年计划（草案）的报告》、县政府《1987年财政预算执行情况和1988年财政预算（草案）安排意见的报告》、县人大常委会主任刘长年作的《延寿县人民代表大会常务委员会工作报告》、县人民法院院长王凤翔作的《延寿县人民法院工作报告》、县人民检察院检察长陈维新作的《延寿县人民检察院工作报告》，并作出相应决议。选举张振民为延寿县第十届人大常委会副主任。会议通过《延寿县第十届人民代表大会常务委员会关于接受王太生辞去人大常委会委员的决定》。

7月5日 延寿县第十届人民代表大会常务委员会第五次会议通过《关于几种民事纠纷案件处理范围的决定》。

1989年

1月30日 全国人大代表松花江地区行署专员陶成林、木兰县大贵镇柳编厂厂长赵玉才、巴彦县西集镇浸油厂党支部书记刘万库、双城县针织厂副厂长佟相勇、宾县第一中学校长陈华雄、尚志县文化馆副馆长金彩须、省人大代表地委副书记董克勇、省监察厅厅长徐文政、省文联主席鲁琪到延寿县视察。

1月31日 全国和省人大代表农业、工业和文教卫生工作组到平安乡、县生产资料公司、县人民医院、县防疫站等基层单位视察工作。

3月27—29日 县十届人民代表大会举行第三次会议。听取和审议县长范德武作的《政府工作报告》、副县长张东辉作的《1988年财政预算执行情况和1989年财政预算（草案）安排意见的报告》、人大常委会副主任孙衍林作的《延寿人民代表大会常务委员会工作报告》、县人民法院院长王凤翔作的《延寿县人民法院工作报告》、县人民检察院检察长陈维新作的《延寿县人民检察院工作报告》，并作出相应决议。

6月3日 县十届人大常委会第十一次会议，决定任命李同敬为县人民政府副县长。

10月9日 县十届人大常委会第十三次会议，决定任命刘同富为县人民政府副县长。

11月4日 县十届人大常委会第十四次会议，决定免去申龙日县人民政府副县长职务，决定任命胡新民为县人民政府副县长。

1990年

1月26日 县十届人大常委会第十六次会议，决定任命徐志文、刘兆亿为县人民政府副县长。

2月23日 县十届人大常委会第十七次会议决定任命徐志文为县人民政府代理县长。接受范德武辞去县人民政府县长职务的请求。

3月26—28日 县十届人民代表大会举行第四次会议。听取和审议代县长徐志文作的《政府工作报告》、副县长刘兆亿作的《1989年财政预算执行情况和1990年财政预算（草案）安排意见的报告》、县人大常委会副主任孙衍林作的《县人大常务委员会工作报告》、县人民法院院长王凤翔作的《县人民法院工作报告》、县人民检察院副检察长耿长山作的《县人民检察院工作报告》，并作出相应决议。会议通过《关于接受范德武辞去延寿县人民政府县长职务的决定》。选举徐志文为延寿县人民政府县长。

8月31日 县十届人大常委会第二十一次会议，接受陈维新辞去县人民检察院检察长职务的请求；审议通过《延寿县科教兴县方案》《延寿县综合发展规划试行方案》。

9月22—24日 以省人大常委会副主任杜殿武为团长的省普法工作检查验收团到延寿县检查第一个五年普法工作，延寿县被认定为第一个五年普法合格县。

1991年

2月23—25日 县十一届人民代表大会举行第一次会议。听取和审议县长徐志文作的《政府工作报告》，副县长刘兆亿作的《1990年财政预算执行情况和1991年财政预算（草案）安排意见的报告》，县人大常委会副主任孙衍林作的《延寿县人民代表大会常务委员会工作报告》，县人民法院院长王凤翔作的《延寿县人民法院工作报告》，县人民检察院检察长耿长山作的《延寿县人民检察院工作报告》，并作出相应决议。通过《延寿县国民经济和社会发展规划"八五"计划》，通过《延寿县人大常委会关于陈维新辞去县人民检察院检察长职务的决定》。选举孙衍林为县人大常委会主任；选举王玉、王春芝、刘秀峰、杨守刚、张振民为县人大常委会副主任；选举王福军、冯国军、朱海、庄大力、刘志清、苏彦华（女）、李云、李春、吴荣山、邱桂兰（女）、张兴、张延林、郑越平、黄庆新为县人大常委会委员；选举徐志文为延寿县人民政府县长；选举尹太、刘同富、刘兆亿、张东辉、张春雨、胡新民为延寿县人民政府副县长；选举王凤翔为延寿县人民法院院长，耿长山为延寿县人民检察院检察长。

3月20日 县十一届人大常委会第一次会议，通过《关于设立人大常委会法制工作委员会、经济工作委员会、科教工作委员会、人事工作委员会的报告》。

4月18日 县十一届人大常委会第二次会议，通过《县人大常委会议事规则》《关于延寿县"一五"普法教育总结和"二五"普法教育规划》，并作出决议。

6月18日 县十一届人大常委会第三次会议，通过《延寿县农民负担条例暂行办法》。

6月28日 县委召开人大工作会议。县委副书记李复华主持会议。县领导李洪超、孙衍林、徐志文、苏有富、刘同富、金秀吉、邱振东、刘秀峰、王春芝、王玉以及县人大常委会委员出席会议。各乡（镇）党委书记、乡（镇）长、乡（镇）人大主席团主席、县直机关各部委办局室主要负责人参加会议。县人大常委会主任孙衍林传达了地委书记董克勇在地委召开的全区人大工作会议上的讲话精神，县人大常委会副主任刘秀峰就如何紧紧依靠党的领导、充分发挥权力机关作用作专题发言，县长、法检两长发言，玉河乡党委、中和镇人大主席团介绍经验，县委书记李洪超讲话。

7 月 29 日 区人大工委副主任商建志率视察组视察华炉乡幸福村受灾情况。县人大常委会副主任刘秀峰、王春芝、杨守刚陪同。

9 月 5 日 县十一届人大常委会第五次会议，审议通过《关于延寿县人民政府廉政建设工作情况的报告》、县人民政府《关于延寿县民族工作情况的报告》和县人大常委会视察组《关于公路法规执行情况的视察报告》。

11 月 5 日 县十一届人大常委会第六次会议，接受庄大力辞去县第十一届人大常委会委员职务的请求。

1992 年

1 月 6—7 日 省人大常委会委员鲁琪、省人大代表徐志文、范德武、金哲珠一行视察延寿县工作，听取县长徐志文关于延寿县 1991 年经济和社会发展计划执行情况以及今后经济工作计划情况的汇报，副县长刘同富、张东辉、胡新民、刘兆亿分别作专题工作汇报。省人大代表还视察清泉酒厂、亚麻原料厂，听取县工业局局长赵玉江关于亚麻原料厂面临形势的汇报；视察六团镇，走访齐兴超等 3 家农户，与村里的老党员、老干部进行座谈。

1 月 15 日 县十一届人大常委会第八次会议，审议通过《县政府关于“人大常委会三次视察工作意见、建议”落实情况的报告》。

3 月 9—11 日 县十一届人民代表大会举行第二次会议。听取和审议了县长徐志文作的《政府工作报告》、副县长刘兆亿作的《1991 年财政预算执行情况和 1992 年财政预算安排意见的报告》、县人大常委会主任孙衍林作的《县人大常委会工作报告》，县人民法院院长王凤翔作的《延寿县人民法院工作报告》、县人民检察院检察长耿长山作的《延寿县人民检察院工作报告》，并作出相应决议。选举张兴为第十一届人大常委会委员。

4 月 8 日 县十一届人大常委会第十一次会议，审议通过《县政府关于反盗窃斗争第一阶段工作的报告》《延寿县人民政府 1991—1995 年依法治县实施方案》，并作出相应决议。

5 月 28 日 县十一届人大常委会第十二次会议，审议通过《县十一届人大二次会议期间代表提出的关于生猪屠宰销售问题的议案的调查报告》《县十一届人大二次会议期间代表提出的小学升初中比例为 100% 和再建一所高中的议案的调查报告》，并作相应决议。决定任命张春雨为县人民政府副县长。

11 月 25 日 县十一届人大常委会第十五次会议，决定任命潘福生为县人民政府副县长。

11 月 30 日 县十一届人民代表大会举行第三次会议。听取和审议延寿县第十一届人民代表大会常务委员代表资格审查委员会《关于延寿县第十一届人民代表大会第二次会议以来补选代表的代表资格审查报告》。通过《关于接受徐志文辞去延寿县人民政府县长职务的决定》《关于接受王凤翔辞去延寿县人民法院院长职务的决定》。会议选出延寿县出席黑龙江省第八届人民代表大会代表 3 人（按得票多少为序）：孙衍林、李春林、赵新民。选举苏有富为延寿县第十一届人民代表大会常务委员会副主任；选举刘同富为延寿县人民政府县长；选举汪俊为县人民法院院长。

1993 年

2 月 20 日 县十一届人大常委会第十六次会议，接受王玉同志辞去县人大常委会副主任职务的请求。

3 月 8—9 日 县十一届人民代表大会举行第四次会议。听取和审议县长刘同富作的《政府工作报告》、副县长刘兆亿作的《1992 年财政预算执行情况和 1993 年财政预算（草案）安排意见的报告》、县人大常委会副主任刘秀峰作的《县人大常委会工作报告》、县人民法院院长汪俊作的《延寿县人民法院工作报告》、县人民检察院检察长耿长山作的《延寿县人民检察院工作报告》，并作出相应决议。选举张海瑞为延寿县第十一届人民代表大会常委会副主任；选举田德才为延寿县出席黑龙江省第八届人民代表大会代表。

4 月 9 日 县十一届人大常委会第十七次会议，审议通过《关于全县开展县、乡代表评议工作情况的报告》。

5 月 31 日至 6 月 3 日 以省人大常委会副主任刘汉武、农林委员谢玉琢、农牧渔业厅厅长王恩山等 6 人组成的省人大检查团，受省人大常委会委托专程到延寿县全面检查对党中央、国务院关于减轻农民负担通知精神落实、执行情况。副县长潘福生汇报延寿县农民负担的现状、形成、项目、原因和已经采取的措施等。检查团到乡（镇）、村（屯）走访农户，召开座谈会，收集县乡人大代表的意见，了解到生产资料涨价过高、农机费用过高、乡村统筹提留过高，报刊订阅、达标竞赛等二十几个项目的摊派、粮食合同内外差价大，学生摊派过多影响学生入学，群众对这些问题反映强烈。检查团提出了具体改进意见，县领导表态抓好减轻农民负担工作。王慎义、刘同富、苏有富、杨靖武、王春芝及农口有关负责人参加汇报会。

7月27日 省人大代表李春林、赵新民、孙衍林、田德才视察延寿县电子元件厂、香艺纸巾厂、制鞋厂和清泉酒厂。县委副书记杨靖武等陪同。

7月28日 省人大代表李春林、赵新民、孙衍林、田德才同县领导王慎义、苏有富、刘秀峰、王春芝、胡新民以及工业局、二轻局的领导一同座谈延寿县工业发展情况。

8月17—18日 地区人大工委副主任赫崇学检查延寿县乡换届选举工作，县人大常委会副主任王春芝汇报全县开展宣传教育和选民登记阶段的工作，县人大常委会主任孙衍林等陪同；深入延寿镇和延安乡听取了两乡、镇换届选举工作的汇报；到部分选区和农户家中与基层干部群众座谈，调查农村干部群众对选举工作的理解情况。县人大常委会主任孙衍林、县人大常委会副主任苏有富、刘秀峰、王春芝陪同。

9月25日 地区人大工委副主任商建志检查延寿县县乡人民代表大会换届选举工作，深入高台乡和延寿镇的10多个选区，实地查看投票选举情况。县人大常委会主任孙衍林、副主任苏有富、王春芝等陪同。

是日 延寿县县、乡（镇）人大代表选举日，选出新一届县人大代表184名、乡（镇）人大代表783名。

9月28日 县十一届人大常委会第二十次会议，决定接受尹太辞去县人民政府副县长职务的请求，决定任命金秀吉为县人民政府副县长。

10月23日 省人大常委会副主任赵吉成、省公安厅副厅长李忠玉检查延寿县社会治安综合治理“五项工程”开展情况。深入县麻纺公司、延寿镇，听取麻纺公司和延寿镇以龙头工程、治乱工程、育新工程、细胞工程、基础工程为内容的“五项工程”开展情况的汇报。地委副书记方世昌、地区人大工委副主任赫崇学、政法委副书记李胜春、县委副书记邵文信、副县长刘兆亿、县人大调研员杨守刚等领导陪同。

11月10—12日 县十二届人民代表大会举行第一次会议。听取和审议县长刘同富作的《政府工作报告》、县人大常委会副主任苏有富作的《延寿县人大常委会工作报告》、县人民法院院长汪俊作的《延寿县人民法院工作报告》、县人民检察院检察长耿长山作的《延寿县人民检察院工作报告》，并作出相应决议。会议决定接受尹太辞去副县长的请求。选举苏有富为延寿县第十二届人民代表大会常务委员会主任；选举刘同富为延寿县人民政府县长；选举汪俊为县人民法院院长，耿长山为县人民检察院检察长；选举（以得票多少为序）尹太、王春芝、张海瑞、郭玉昆为县第十二届人大常委会副主任；选举（以得票多少为序）张东辉、胡新民、刘兆亿、金秀吉、潘福生、杜春光为延寿县人民政府副县长；选举（以得票多少为序）苏彦华（女）、李延华（女）、朱海、李春、邱桂兰（女）、王福军、张延林、黄庆新、吴荣山、才石、徐作良为县第十二届人大常委会委员。

1994年

4月6—7日 县十二届人民代表大会举行第二次会议。听取和审议县长刘同富作的《政府工作报告》、副县长刘兆亿作的《1993年财政预算执行情况和1994年财政预算（草案）安排意见的报告》、县人大常委会副主任尹太作的《财政预决算审查委员会关于1993年财政预算执行情况和1994年财政预算的报告》、县人大常委会副主任王春芝作的《议案审查委员会关于议案审查的报告》，并作出相应决议。选举李秀林为延寿县第十二届人民代表大会常务委员会委员。

7月29日 县十二届人大常委会第四次会议，审议通过关于表彰司法机关先进集体（个人）名单。

10月12日 省人大常委会副主任朱典明、省人大文卫教办公室主任李春林、省教委副主任孙万良、地区人大常委会副主任商建志、行署副秘书长陈喜瑞、地区教委主任李庆学等领导视察延寿县贯彻实施《中华人民共和国教师法》工作情况。县委书记王慎义、县长刘同富、副县长潘福生汇报了延寿县《中华人民共和国教师法》贯彻执行情况。视察组先后视察县第三中学、加信镇太和小学、加信镇中心校、加信镇中学、华炉中学，县领导陪同。

10月13日 朱典明等视察延寿县部分工业企业和乡（镇）企业。先后到县亚麻纺纱有限公司、电子元件厂、香艺纸巾厂等8家企业进行视察。县委、县人大、县政府的领导陪同视察。

12月1日 县十二届人大常委会第六次会议，决定免去张东辉县人民政府副县长职务，决定任命曾胜利为县人民政府副县长。

1995年

1月19日 全国人大代表吴志勇、徐国敏、包秀芝，省人大代表商建志、孙衍林视察延寿县。县长刘同富汇报了延寿县各项工作的开展情况及取得的成绩，反馈了群众提出的粮食政策不稳定、物价上涨过快、财税体制改革、公路实行养路费上收、养护任务下放和国家政策造成的行业分配不公等热点问题。县人民法院、县人民检察院汇报了

1994年工作。代表们先后视察县亚麻纺纱有限公司、轻工机械厂、雀朗姆皮革有限公司、双扶理石制品厂、牡丹江基业纺织有限公司，并听取企业生产经营情况的汇报。

1月20—21日 地区人大工委组织的全国人大和省人大代表视察组在王慎义、苏有富等县领导陪同下视察延寿县，重点视察延寿养殖业开发公司、食品工业公司、高台乡贸工鸡产业链开发小区、鑫君商贸公司、荣昌木业公司等乡（镇）企业和个体私营企业。

3月28—30日 县十二届人民代表大会举行第三次会议。听取和审议县长刘同富作的《政府工作报告》、副县长杜春光作的《1994年财政预算执行情况和1995年财政预算（草案）安排意见的报告》、县政府《延寿县1994年国民经济和社会发展计划（草案）的报告（书面）》、县人大常委会副主任尹太作的《延寿县人民代表大会常务委员会工作报告》、县人民法院院长汪俊作的《延寿县人民法院工作报告》、县人民检察院检察长耿长山作的《延寿县人民检察院工作报告》，并作出相应决议。选举王宏达、韩维新为延寿县第十二届人民代表大会常务委员会委员。

5月12日 县十二届人大常委会第九次会议，决定任命吕洪奎为县人民政府副县长（挂职）。

6月14—16日 县十届人大常委会第十次会议，接受张延林辞去县第十二届人大常委会委员职务的请求。决定接受刘同富辞去县人民政府县长职务的请求；作出《关于开展查禁取缔文化娱乐市场卖淫嫖娼、色情服务活动的决定》。

8月15日 县十二届人大常委会第十一次会议，审议通过《延寿县城镇总体规划修编（1994—2010）》。

10月18日 县十二届人大常委会第十二次会议，接受苏彦华辞去延寿县第十二届人大常委会委员职务的请求。

11月27日 省人大代表李春林、赵新民、孙衍林视察延寿县。副县长潘福生汇报《中华人民共和国教育法》实施和文化市场整顿情况。县人大常委会主任苏有富、副主任王春芝，县委常委、副县长刘兆亿和有关部门负责人参加了汇报会。

11月28—29日 省人大常委会视察组视察延寿县文化市场治理整顿、教师工资的兑现及“普九”工作落实、多种经营生产和乡（镇）企业发展情况。视察组在县人大常委会副主任尹太，副县长金秀吉等陪同下，深入加信、寿山、高台、新村、延寿镇的镇企业、养殖业基地和肉鸡饲养小区视察。县人大常委会主任苏有富、代县长李克军、副县长刘兆亿、王春芝等陪同视察活动。

11月30日 县十二届人大常委会第十三次会议，接受汪俊辞去延寿县人民法院院长和耿长山辞去延寿县人民检察院检察长职务的请求。

1996年

3月5日 县十二届人大常委会第十五次，决定接受李克军辞去县人民政府副县长、代县长，刘兆亿辞去副县长职务的请求。决定任命杨靖武为县人民政府副县长、代县长，徐增得、赵玉江、张富江为副县长。

3月27—29日 县十二届人民代表大会举行第四次会议。听取和审议代县长杨靖武作的《政府工作报告》、副县长杜春光作的《1995年财政预算执行情况和1996年财政预算（草案）安排意见的报告》、县人大常委会副主任王春芝作的《县人大常委会工作报告》、县人民法院代院长王彬作的《延寿县人民法院工作报告》、县人民检察院代检察长张永新作的《延寿县人民检察院工作报告》，并作出相应决议。会议审议通过《延寿县“九五”计划和2010年远景目标》《延寿县1996年国民经济和社会发展计划（草案）的报告》。选举杨靖武为延寿县人民政府县长；选举王彬为县人民法院院长，张永新为县人民检察院检察长；选举于广富、张金为县第十二届人大常委会委员。

12月4日 县十二届人大常委会第二十次会议，作出《关于开展查禁取缔文化娱乐场所卖淫嫖娼、色情服务活动的补充决定》。

12月11日 县十二届人民代表大会举行第五次会议。选举焦双武、李克军、苏有富、杨靖武、马明璋、王玉、白云子（女，朝鲜族）、祈国柱、张金、郑延民、韩维新为哈尔滨市第十届人民代表大会代表。

1997年

1月15日 市人大常委会主任王人生、副主任张英达、高树文、秘书长陈宜生、副秘书长焦双武、房崇林、市人大各办负责人到延寿县检查工作。县领导苏有富、杨靖武、邵文信、刘兆亿、尹太、王春芝、郭玉昆陪同检查。

3月11日 县十二届人大常委会第二十一次会议，接受王福军、于广富、李延华辞去延寿县第十二届人大常委会委员职务的请求。

3月23—24日 县十二届人民代表大会举行第六次会议。听取和审议县长杨靖武作的《政府工作报告》、副县长杜春光作的《关于1996年财政预算执行情况和1997年财政预算安排意见的报告》、县人大常委会副主任尹太作的《延寿县人民代表大会常务委员会工作报告》、县人民法院院长王彬作的《延寿县人民法院工作报告》、县人民检察院检察长张永新作的《延寿县人民检察院工作报告》，并作出相应的决议。

5月9日 市人大常委会副秘书长焦双武、市人大农村委员会主任惠恩来走访延寿县市级人大代表兴办的企业，走访了延兴亚麻集团有限公司、高锦塑料包装有限公司、双扶理石厂等企业，并听取三位市人大代表所在企业有关情况的汇报。县人大常委会主任苏有富、副主任尹太陪同。

6月10日 市档案局局长顾景春、市人大常委会副秘书长刘殿文一行，检查延寿县档案执法情况。听取县档案工作、档案执法工作情况汇报。县委副书记邵文信、县人大常委会副主任王春芝陪同检查。

6月13日 市人大到延寿视察种子工作和农业机械安全管理工作情况。市人大常委会副主任洪企鹏、市人大农业委员会副主任才安民、市人大农林委副主任惠恩来、市农业副局长鹿巍、市农机局副局长徐振启等领导在县人大常委会主任苏有富、副主任尹太、副县长金秀吉的陪同下，分别视察了延河、青川两乡镇和县种子公司、县农机管理总站的工作。

10月27—29日 县十三届人民代表大会举行第一次会议。听取和审议县长杨靖武作的《政府工作报告》、县人大常委会副主任郭玉昆作的《延寿县人大常委会工作报告》、县人民法院院长王彬作的《延寿县人民法院工作报告》、县人民检察院检察长张永新作的《延寿县人民检察院工作报告》，并作出相应的决议。选举邵文信为延寿县第十三届人大常委会主任；选举贾振宝、王春芝、张海瑞、郭玉昆为延寿县人大常委会副主任；选举李延超、张亚松、王宏达、黄庆新、孙玉洁（女）、梁玉英（女）、关立新、石万春、刘迁、李明杰、李秀林、张承亨、邢玉亮、王福义、丁长林、孙钟万为延寿县第十三届人大常委会委员。会议选举杨靖武为延寿县人民政府县长，选举徐增得、潘福生、赵玉江、张富江、赵长满为延寿县人民政府副县长。会议选举王彬为县人民法院院长、张永新为县人民检察院检察长。会议选举马明璋、王兆忠、白云子（女，朝鲜族）、白桂俊（朝鲜族）、刘保江、孙玉洁（女）、李克军、张金、邵文信、杨靖武、姜明、贾德君、焦双武为出席哈尔滨市第十一届人民代表大会代表。

11月4日 县十三届人大常委会第一次会议，审议通过《延寿县人民代表大会常务委员会议事规则》《延寿县人民代表大会常务委员会人事任免规则》。

1998年

1月12日 市人大代表、人大副秘书长焦双武带领延寿县市人大代表和市政协委员视察城镇基础设施建设和减轻农民负担工作。焦双武在李克军、杨靖武、黄明、贾振宝、王春芝、郭玉昆、周文选、王德坤等市人大代表、市政协委员及有关部门领导的陪同下，深入给水工程一线，视察取水源头工程、管道铺设工程和初步竣工的水厂净化工程现场，并听取玉河乡党委、乡政府和玉河乡长胜村关于开展减轻农民负担工作的汇报。

1月16日 由哈尔滨市委副书记欧阳庆林、市人大常委会副主任陈云来、副市长李春成、市政府副秘书长单福春和市民政局副局长白文德组成的慰问组，慰问延河镇柳河村伤残军人和贫困户，并送去节日慰问品。县委书记李克军，县长杨靖武，县委常委、副县长徐增得及县民政局和延河镇领导陪同慰问。

1月18日 县十三届人大常委会第二次会议，审议通过《关于部分派出所乱收费的调查》，并作出决议。

3月25—26日 县十三届人民代表大会举行第二次会议。听取和审议县长杨靖武作的《延寿县人民政府工作报告》、县政府《延寿县人民政府关于1997年国民经济和社会发展计划执行情况与1998年计划（草案）的报告》、副县长徐增得作的《关于延寿县1997年财政预算执行情况和1998年财政预算（草案）的报告》、县人大常委会副主任贾振宝作的《延寿县人大常委会工作报告》、县人民法院院长王彬作的《延寿县人民法院工作报告》、县人民检察院检察长张永新作的《延寿县人民检察院工作报告》，并作出相应的决议。

5月15日 县十三届人大常委会第四次会议，审议通过《关于新城水库水源地管理办法》。

5月 市人大常委会副主任洪启鹏、市人大农委办主任李树源等视察延寿县《哈尔滨市林地管理条例》的贯彻落实情况。县人大常委会主任邵文信、副主任王春芝、副县长张富江等领导陪同视察。

9月22日 市人大常委会副主任、教科文卫委员会主任委员陈云来，市人大常委会委员、教科文卫委员会副主任何祥、何树荣，市人大教科文卫委员会秘书长赵春满等在市教委副主任陈瑞喜等的陪同下，到延寿县视察农村教育改革工作，听取县实施农村教育综合改革情况的汇报，对中和中学、万江小学和延安中学三所学校实行“三教统筹”、农科教结合、创办“大用式”学校进行视察。县人大常委会主任邵文信、县长杨靖武、县人大常委会副主任王春芝、副县长潘福生陪同视察。

1999年

1月13日 省、市人大代表延寿代表团视察延寿县减轻农民负担和城镇基本建设情况。邵文信、杨靖武、贾振宝等省、市人大代表深入六团镇红升村、高台乡金沙村听取当地村干部开展“减负”工作的汇报，并视察县自来水公司水处理厂、排水泵站、建设局综合楼和广播电视中心建设情况。

2月28—3月1日 县十三届人民代表大会举行第三次会议。听取和审议县长杨靖武作的《政府工作报告》、县政府《关于延寿县1996年国民经济和社会发展计划执行情况与1999年计划（草案）的报告》、副县长徐增得作的《关于1998年财政预算执行情况和1999年财政预算（草案）的报告》、县人大常委会副主任贾振宝作的《1998年财政预算执行情况和1999年财政预算（草案）的决议》、县人大常委会副主任贾振宝作的《县人大常委会工作报告》、县人民法院院长王彬作的《延寿县人民法院工作报告》、县人民检察院检察长张永新作的《延寿县人民检察院工作报告》，并作出相应的决议。

9月8日 县十三届人大常委会第十一次会议，审议通过《延寿县乡镇人民代表大会换届选举工作方案》。

10月14日 市人大财政经济委员会秘书长王永志等到延寿县调查评议工商行政管理工作的进展情况。县委书记李克军、人大常委会主任邵文信、副主任王春芝及部分市、县人大代表参加了座谈会。

11月11日 县十三届十二次人大常委会会议，决定任命姜显有为县人民政府科技副县长。

12月3日 全县乡（镇）人大换届选举统一投票选举日。全县共有120510名选民参加乡（镇）人大代表换届选举，选出新一届乡（镇）人大代表766名。

2000年

1月18日 市人大常委会副主任洪启鹏、市委宣传部副部长慕莹带领市农委、卫生局、团市委等有关部门的农技专家、医生及书法家，到高台乡开展科技、文化、卫生“三下乡”活动。洪启鹏、慕莹先后到赵庆奎等10户贫困家庭走访慰问，送去现金及面粉、猪肉、年画等物品。市领导还到医疗队、科技培训班进行了检查。由县人大常委会主任邵文信，县委副书记黄明，县委常委、宣传部部长才石及相关部门领导陪同。

1月19—20日 县十三届人民代表大会举行第四次会议。听取和审议县长杨靖武作的《政府工作报告》、副县长赵玉江作的《关于延寿县1999年财政预算执行情况和

2000年财政预算（草案）的报告》、县政府《关于1999年国民经济和社会发展计划执行情况与2000年计划（草案）的报告（书面）》、县人大常委会副主任贾振宝作的《延寿县人大常委会工作报告》、县人民法院院长王彬作的《延寿县人民法院工作报告》、县人民检察院检察长张永新作的《延寿县人民检察院工作报告》，并作出相应的决议。

4月5日 县十三届人大常委会第十四次会议，作出《关于表彰县优秀代表及先进代表小组的决定》。

6月22日 县十三届人大常委会第十五次会议，决定接受杨靖武辞去县人民政府县长职务的请求，决定任命徐增得为县人民政府代理县长。

7月28日 市人大常委会副主任盛祖宏以及部分市人大常委在市民政局副局长王国静的陪同下，视察延寿县《中华人民共和国村民委员会组织法》的贯彻执行情况。县人大常委会主任邵文信、副主任郭玉昆和副县长张富江陪同视察。

8月7日 市人大常委会党组书记、副主任富亚洲带领人大视察组，到延寿县视察减轻农民负担工作情况。县委书记李克军、代县长徐增得、县人大常委会副主任贾振宝、副县长张富江陪同视察。

9月5日 市人大农林委主任滕百强、秘书长张臣等，视察延寿县农产品流通体系建设。县人大常委会副主任王春芝、副县长潘福生陪同。

11月28日 县十三届人大常委会第十七次会议，决定接受王宏达辞去县十三届人大常委会委员的请求。

12月15日 市人大常委会副主任陈云来、市计生委调研员王三江检查延寿县计生工作。县委书记李克军、副县长潘福生陪同。

2001年

1月4日 县十三届人大常委会第十八次会议，选举徐增得为哈尔滨市人大代表。

1月11—13日 县十三届人民代表大会举行第五次会议。听取和审议代县长徐增得作的《政府工作报告》、县政府《关于2000年国民经济和社会发展计划执行情况与2001年计划（草案）报告（书面）》、副县长赵玉江作的《延寿县2000年财政预算执行情况和2001年财政预算（草案）安排意见的报告》、县政府《延寿县国民经济和社会发展“十五”计划和到2015年规划纲要（书面）》、县人大常委会副主任贾振宝作的《延寿县人大常委会工作报告》、县人民法院院长王彬作的《延寿县人民法院工作报告》、县人民检察院检察长张永新作的《延寿县人民检察院工作报告》，并作出相应决议。选举徐增得为延寿县人民政府县长；选举闫静海为延寿县人民代表大会常务委员会副主任；选举（以得票多少为序）马明璋、毛文玉、任宝福、蒋晓新为县人民代表大会常务委员会委员。

3月3日 全县行政区域调整动员会召开，公布乡（镇）行政区域调整方案：撤销高台乡、新村乡、华炉乡、平安乡、延安乡，全县乡（镇）由15个减少到9个。

5月22日 市人大财经委员会副主任张寿利等，视察延寿县贯彻执行《哈尔滨市私营企业条例》情况。县人大常委会副主任闫静海、副县长李新有陪同。

6月13—14日 市人大科教文卫委员会秘书长佟亮、市档案局副局长邵继红等视察延寿县贯彻《中华人民共和国档案法》开展依法治档等工作，县人大常委会副主任王春芝、副县长李新友陪同。

7月16日 市人大民族宗教侨务外事委员会副主任战秀芹、秘书长李希忠，市台湾工作办公室主任王春江等视察延寿县工作。

7月20日 县十二届人大常委会五次会议召开。

8月17日 市人大内务司法委员会副主任周德新等，在县委常委、副县长潘福生、县人大常委会副主任郭玉昆的陪同下，视察延寿县贯彻执行《中华人民共和国预防未成年人犯罪法》情况。县委常委、副县长潘福生就延寿县贯彻实施《中华人民共和国预防未成年人犯罪法》情况做专题汇报，县公、检、法以及经委、妇联等相关部门的领导分别介绍本部门在贯彻执行《中华人民共和国预防未成年人犯罪法》中采取的具体做法和收到的成效。

8月27日 县十三届人大常委会第二十一次会议，审议通过《延寿县城镇供水节水和水污染防治工作暂行办法》。

12月21日 县人大常委会组织延寿县的省市县人大代表分三组视察延河、寿山、加信3乡（镇）的农业和农村经济结构调整、粮食收购、农民负担及收入情况。

2002年

2月25日 市人大常委会副主任盛祖宏、市人大常委、市人大城建环保委副主任吴振东等，视察延寿县生态环境建设及环境执法工作情况。县人大常委会副主任闫静海、副县长赵长满陪同视察。

3月13—14日 县十三届人民代表大会举行第六次会议。听取和审议县长徐增得作的《政府工作报告》、县政府《关于延寿县2001年国民经济和社会发展计划执行情况与2002年计划（草案）的报告（书面）》、副县长李新友作的《关于延寿县2001年财政预算执行情况和2002年财政预算（草案）的报告》、县人大常委会副主任闫静海作的《延寿县人民代表大会常务委员会工作报告》、县人民法院院长王彬作的《延寿县人民法院工作报告》、县检察院检察长张永新作的《延寿县人民检察院工作报告》，并作出相应的决议。会议接受贾振宝、王春芝辞去延寿县人民代表大会常务委员会副主任的请求。

3月15日 县十三届人大常委会第二十三次会议，决定接受赵玉江提出的辞去县人民政府副县长职务的请求。

6月27日 市人大农林委员会副主任滕百强、李树元，秘书长张臣等，视察延寿县《中华人民共和国矿产资源法》的贯彻执行情况。县人大常委会副主任闫静海、副县长赵长满陪同查看县一砖厂依法采矿、复耕情况。

7月16日 县十三届人大常委会第二十六次会议，审议通过《关于县和有关乡（镇）人民代表大会代表换届选举工作方案》《关于成立延寿县选举委员会的决定》。

9月5日 全县县乡人大代表选举日。全县划分选区78个，17万选民参加选举活动。

10月29—31日 县十四届人民代表大会举行第一次会议。听取和审议代县长黄明作的《政府工作报告》、县政府《延寿县1998至2002年国民经济和社会发展情况与2003年至2007年计划（草案）的报告》、县人大常委会副主任闫静海作的《延寿县人民代表大会常务委员会工作报告》、县人民法院代院长隋海滨作的《延寿县人民法院工作报告》、县人民检察院代检察长李哲作的《延寿县人民检察院工作报告》，并作出相应的决议。选举潘福生为延寿县人民代表大会常务委员会主任；选举马龙水、王金松、王彬、耿长山为延寿县人民代表大会常务委员会副主任；选举马明璋、王林、任宝福、刘迁、闫华、关立新、孙钟万、李宝祥、张承亨、陈英杰、赵士然、徐雷、郭广友、高飞、韩丽（女）、蒋晓新（女）为延寿县人大常委会委员；选举黄明为延寿县人民政府县长；选举幺彦才、李新友、张英波（女）、赵长满、董绍涛为延寿县人民政府副县长；选举隋海滨为县人民法院院长，李哲为县人民检察院检察长。会议选举延寿县出席哈尔滨市第十二届人民代表大会代表12人：马明璋、王运义、白桂俊（朝鲜族）、刘金昌、李志克、张兴福、姜明、黄玉生、黄明、曹慧（女）、阎俊毅、温喜忠（满族）、潘福生。

11月6日 哈尔滨市人大代表祁永兰在有关部门领导的陪同下，检查县人民法院“双评”工作的开展情况并召开座谈会。县人大常委会主任潘福生、副主任王彬、县政协副主席周文选出席了座谈会。

2003年

2月18—19日 县十四届人民代表大会举行第二次会议。听取和审议县长黄明作的《政府工作报告》、县政府《延寿县2002年国民经济和社会发展计划执行情况及2003年计划安排（草案）的报告》、县政府《关于延寿县2002年财政预算执行情况和2003年财政预算（草案）安排意见的报告》、县人大常委会副主任王彬作的《延寿县人民代表大会常务委员会工作报告》、县人民法院院长隋海滨作的《延寿县人民法院工作报告》、县人民检察院检察长李哲作的《延寿县人民检察院工作报告》，并作出相应的决议。

4月16—17日 市人大常委会副主任于洪保等到寿山乡、延寿镇，听取有关农村税费改革情况的汇报，深入部分农户家中，了解农村税费改革政策的落实情况和农民负担情况。县领导王运义、潘福生、马龙水、董绍涛、李新友陪同。

7月8日 省市人大城建环保委员会与省市多家新闻媒体组成联合检查、采访组，围绕“让人民喝上洁净水”这一主题，到延寿县进行“环保世纪行”检查采访活动。县人大常委会主任潘福生，县委常委、副县长赵长满，县人大常委会副主任王金松陪同。

10月22日 县十四届人大常委会第八次会议，审议通过《延寿县人大常委会关于县级人大代表届内辞职的暂行规定》。

2004年

1月8—9日 县十四届人民代表大会举行第三次会议。听取和审议县长黄明作的《政府工作报告》、县政府《延寿县人民政府关于延寿县2003年财政预算执行情况和2004年财政预算（草案）安排意见的报告》、县人大常委会副主任王彬作的《延寿县人民代表大会常务委员会工作报告》、县人民法院院长隋海滨作的《延寿县人民法院工作报告》、县人民检察院检察长李哲作的《延寿县人民检察院工作报告》，审议通过《延寿县2003年国民经济和社会发展计划执行情况与2004年计划安排（草案）的报告》，并作出相应的决议。

7月5日 县十四届人大常委会第十二次会议，决定任命刘志国为县人民政府副县长、县人民政府代县长。

8月2日 县十四届人大常委会第十四次会议，决定任命代尔米为县人民政府副县长（科技副县长）。

8月6日 市人大常委会副主任尚玉金、市卫生局局长谷丽等检查延寿县《中华人民共和国传染病防治法》和《突发公共卫生事件应急条例》的贯彻执行情况。县领导刘志国、王彬、张英波陪同检查。

9月13日 县人大举行纪念人民代表大会制度建立50周年座谈会。

10月21日 县十四届人大十六次常委会会议，学习省委书记、省人大常委会主任宋法棠在全省纪念人大代表会议制度建立50周年暨省委人大工作会议上的讲话；审议通过县人民检察院关于对县人大代表韩某某执行行政拘留的请示。

11月1日 县十四届人大常委会第十七次会议，审议通过关于对县人大代表韩某某执行刑事拘留的请示。

12月16日 县人大十四届常委会，第十八次会议审议通过《延寿县生态建设规划》。

12月28日 县十四届人大常委会第十九次会议，审议通过《延寿县人民代表大会常务委员会讨论决定重大事项的规定》《延寿县人民代表大会常务委员会关于本级国家机关负责工作人员述职评议工作暂行办法》《延寿县人民代表大会常务委员会预算监督办法》《延寿县人大常委会对司法机关具体案件实施监督的暂行办法》。

2005年

1月12—14日 县十四届人民代表大会举行第四次会议。听取和审议代县长刘志国作的《政府工作报告》、县政府《延寿县2004年财政预算执行情况和2005年财政预算（草案）安排意见的报告》、县政府《延寿县2004年国民经济和社会发展计划执行情况与2005年计划（草案）的报告》（书面）、县人大常委会副主任王彬作的《延寿县人民代表大会常务委员会工作报告》、县人民法院院长隋海滨作的《延寿县人民法院工作报告》、县人民检察院检察长李哲作的《延寿县人民检察院工作报告》，并作出相应的决议。选举刘志国为延寿县人民政府县长；补选吕凤阳为延寿县人民代表大会常务委员会委员。

4月6日 市人大常委会副主任尚玉金带领市人大检查组检查延寿县实施《哈尔滨市档案管理条例》工作。县领导王运义、潘福生、张冬梅、赵长满、王彬陪同检查。

4月15日 省人大人事委员会副主任范勤业、选举指导处处长姜晓玲等到延寿县调研乡镇人大主席团工作情况。

5月20日 市人大常委会副主任于洪宝带领部分市人大农林委员检查延寿县贯彻执行《中华人民共和国土地承包法》情况。县委书记王运义、副县长董绍涛围绕宣传贯彻和普及《中华人民共和国土地承包法》、家庭承包经营权落实及土地流转、解决“两免三补”后出现的土地纠纷以及征占用承包地补偿等情况进行汇报。

8月26日 省委人大检查组检查延寿县《省委关于进一步加强和改进人大工作决定》的贯彻落实情况。县领导王运义、刘志国、王家砚、杨晓春、王彬、马龙水等陪同检查。

2006年

1月12日 市人大常委会副主任张振藩、市总工会副主席王勇走访慰问延寿县的2名贫困下岗职工，并送去了1000元慰问金。县委书记鲁志民、县长刘志国、县委副书记张冬梅陪同走访慰问。

1月18—20日 县十四届人民代表大会举行第五次会议。听取和审议县长刘志国作的《政府工作报告》、县政府《关于2005年财政预算执行情况和2006财政预算（草案）安排意见的报告》、县政府《关于延寿县2005年国民经济和社会发展计划执行情况及2006年计划（草案）的报告》、副县长幺彦才作的《延寿县国民经济和社会发展第十一个五年规划（纲要）的说明》、县人大常委会副主任王彬作的《延寿县人民代表大会常务委员会工作报告》、县人民法院代院长史山泰作的《延寿县人民法院工作报告》、县人民检察院检察长李哲作的《延寿县人民检察院工作报告》，并作出相应的决议。

8月22日 市人大常委会党组成员、秘书长付智君和市人民银行领导到延寿镇双金小学，为学校协调、筹措资金，购买了课桌椅和微机等教学用具。

9月19日 县第十四届人大常委会第三十次会议，审议批准《哈尔滨延寿工业园区规划》。

12月27—29日 县十五届人民代表大会举行第一次会议。听取和审议了代县长马冰哲作的《政府工作报告》、县人大常委会副主任王彬作的《县人大常委会工作报告》、县政府《关于延寿县2003年至2006年国民经济和社会发展规划执行情况及2007年至2011年国民经济和社会发展规划（草案）的报告》、县政府《关于延寿县2003年至2006年财政预算执行情况和2007年财政预算（草案）安排意见的报告》、县人民法院院长史山泰作的《延寿县人民法院工作报告》、县人民检察院检察长李哲作的《延寿县人民检察院工作报告》，并作出相应决议。选举潘福生为延寿县人民代表大会常务委员会主任；选举延寿县人大常委会副主任4人：马龙水、王金松、李新友、赵延芝（女）；选举马文峰、马明璋、王志民、叶涛、白桂俊、吕凤阳，乔悦怀，刘晓范、关立新、孙钟万，李少华、李凤林、李宝祥、张晓砚（女）、陈悦、郑松涛、单玉良、赵士然、柳玉海、徐鑫、徐贵辉、高飞、崔仁范为县人大常委会委员；选举马冰哲为延寿县人民政府县长；选举李学雷、杨晓春、张英波（女）、武传刚、郑义为延寿县人民政府副县长；选举史山泰为县人民法院院长、李哲为县人民检察院检察长。

2007年

3月23日 市人大常委会副主任王洪斌带领市备春耕督导组检查延寿县备春耕生产情况，深入庄家大院和部分农用物资经销网点，察看农业技术指导和农用物资下摆等项工作。县领导王家砚、杨晓春、赵延芝陪同。

4月12日 市人大常委会主任石忠信、副主任王洪斌率市人大调研组深入延河镇新发村以“三清、六改、六建、两完善、一突破”为主要内容的新农村建设开展情况进行专题调研。县领导鲁志民、潘福生、马冰哲、于素华、王家砚、杨晓春、马龙水、张英波陪同调研。

7月11日 哈尔滨市人大常委会内司委副主任付琛清、市老龄办副主任陈久民等，在县委副书记王家砚、县人大常委会副主任马龙水的陪同下对延寿县老年人权益保障工作进行调研。

7月17日 市人大常委会副主任范德武等就延寿县委关于贯彻落实《中共哈尔滨市委关于进一步加强人大工作的意见》情况进行检查。县委书记鲁志民、县人大常委会主任潘福生、县委副书记王家砚陪同。

8月2日 市人大常委会机关党委书记王基林、人事处处长王岩，为延寿镇双金村送去了休闲广场所需要的全套室外健身器材，并出资14万元，为双金村维修砂石路2千米，铺设涵管3处。县人大常委会副主任马龙水陪同。

8月23日 市人大法制委、市人大常委会法工室主任张克等调研延寿镇奋斗社区立法联系点工作开展情况。县人大常委会副主任李新友、马龙水陪同。

10月19日 县人大组织市、县人大代表视察全县贯彻落实《中华人民共和国义务教育法》工作情况。市人大代表、县委书记鲁志民，县人大常委会主任潘福生，县人大常委会副主任李新友、赵延芝、王金松等部分市县人大代表参加此次视察活动。县长马冰哲、副县长武传刚陪同视察。

2008年

1月18—19日 县十五届人民代表大会举行第二次会议。听取和审议县长马冰哲作的《政府工作报告》、县政府《关于2007年国民经济和社会发展计划执行情况及2008年计划安排（草案）的报告》、县政府《关于延寿县2007年财政预算执行情况和2008财政预算（草案）安排意见的报告》、县人大常委会主任潘福生作的《延寿县人民代表大会常务委员会工作报告》、县人民法院院长史山泰作的《延寿县人民法院工作报告》、县人民检察院检察长李哲作的《延寿县人民检察院工作报告》，并作出相应决议。会议补选于国强为延寿县第十五届人大常委会委员。

7月5日 全国人大常委会委员、九三学社中央专职副主席贺铿等考察延寿县有机水稻基地建设情况。贺铿先后查看延河镇东明村稻鸭共育有机水稻栽培、鸿源食品有限公司绿色有机食品加工、县农技推广中心农业专家大院服务体系建设、亮珠粮油贸易有限公司绿色有机稻米加工、加信镇太和村有机水稻和超级稻栽培、中和镇兴隆屯延河镇福山村亚麻节水灌溉。县领导鲁志民、潘福生、于素华、张英波陪同考察。

7月8日 市人大常委会副主任王洪斌率领视察组视察延寿县防汛和水库建设工作。视察组深入新城水库实地查看了水库防汛和大坝应急防渗工程建设情况，听取副县长张英波代表县政府作的关于延寿县防汛及水库建设管理工作情况的汇报。县领导鲁志民、潘福生、张英波陪同视察。

12月2日 县人大常委会主任潘福生带领延寿县市、县人大代表视察延寿县土地整理项目建设情况，副县长李学雷陪同视察。

2009年

2月25日 县十五届人民代表大会举行第三次会议。听取和审议县长马冰哲作的《政府工作报告》、县政府《关于延寿县2008年国民经济和社会发展计划执行情况与2009年计划（草案）的报告》、县政府《关于2008年预算执行情况和2009年预算（草案）安排意见的报告》、县人大常委会主任潘福生作的《县人大常委会工作报告》、县人民法院院长史山泰作的《延寿县人民法院工作报告》、县人民检察院检察长李哲作的《延寿县人民检察院工作报告》，并作出相应的决议。选举（按姓名笔画排列）李凤林、张希、赫耀宇为县十五届人民代表大会常务委员会委员。

3月31日 全县召开乡（镇）人民代表大会，选举乡（镇）人大主席团主席、副主席和乡（镇）长、副乡（镇）长。

5 月 19 日 市人大常委会副主任才殿国带领视察组视察延寿县落实全民科学素质行动计划纲要情况。县领导鲁志民、潘福生、王金松、武传刚陪同视察。

6 月 17 日 县人大常委会主任潘福生，副主任李新友、马龙水、赵延芝、王金松等组成视察组，视察全县《中华人民共和国土地管理法》贯彻执行情况。

6 月 18 日 市人大常委会办公厅组织部分副市级和局级退休老领导、老干部组成视察组，视察延寿县经济社会和各项事业发展情况。县领导潘福生、马冰哲、王家砚、马龙水陪同视察。

7 月 8 日 县十五届人大常委会第十六次会议，决定接受袁树君辞去县公安局局长职务的请求，决定任命赵风海为县公安局局长。

11 月 10 日 县人大常委会主任潘福生率人大办、国税、劳动、电信等帮扶部门领导，到六团镇凌河村，就新农村帮扶建设项目进行对接，并为其送去项目建设帮扶资金。

11 月 23 日 县人大常委会主任潘福生，副主任李新友、马龙水、赵延芝、王金松等组成的视察组，视察全县贯彻落实《中华人民共和国食品安全法》情况，副县长武传刚陪同视察。

11 月 27 日 县人大常委会主任潘福生，副主任李新有、马龙水、赵延芝等组成视察组，对县人民检察委员会建设和人民监督员工作情况进行视察。

12 月 20 日 县委书记鲁志民、县人大常委会主任潘福生、县长马冰哲等县领导会见以天台县人大常委会主任朱李益为团长的浙江省天台县人大考察团全体成员。

2010 年

1 月 15 日 县第十五届人大常委会第二十次会议，接受徐向东、乔悦怀、袁树君、崔启国、邢玉亮、杨杰、李恒俊、赵志民、闫华、吕文栋、李昌林、徐国臣、金英宝、崔跃春辞去代表职务的请求。

1 月 30 日 县十五届人民代表大会举行第四次会议。听取和审议县长马冰哲作的《政府工作报告》、县人大常委会主任潘福生作的《县人大常委会工作报告》，并作出相应的决议。

4 月 13 日 县十五届人大常委会二十一次会议，听取审议县政府关于电力保障工作情况报告和县人大经济科教办关于电力保障情况的调查报告。

5 月 7 日 县十五届人大常委会第二十二次会议，决定接受马冰哲辞去县人民政府县长职务的请求，杨晓春、张英波、郑义辞去县人民政府副县长职务的请求；董禄、董秀、寇伟、何森、苏雪凤辞去县人大代表职务的请求；决定任命封殿辉为县人民政府副县长、代理县长，董绍涛为县人民政府副县长。

5 月 31 日 县十五届人大常委会第二十三次会议，接受马冰哲辞去市人大代表职务的请求、徐鑫辞去县人大常委会委员职务的请求；决定任命王显峰、刘岩为县人民政府副县长。

7 月 23 日 县十五届人大常委会二十四次会议，听取审议县政府《关于 2010 年上半年财政预算执行情况的报告和 2010 年上半年国民经济和社会发展计划执行情况的报告》。

11 月 5 日 县十五届人大常委会二十五次会议，听取审议县人大法制办、人大常委会办公室关于县人民检察院专项治理、延寿县贯彻实施《中华人民共和国消防法》及城镇建设等工作的调查报告。

12 月 28 日 县十五届人大常委会二十六次会议，接受辛万金辞去哈尔滨市人大代表职务的请求，马文峰、张希、于文建辞去延寿县人大代表职务的请求；会议补选刘金成为哈尔滨市人大代表。

2011 年

1 月 7—8 日 县十五届人民代表大会第五次会议在县政府大礼堂举行。会议听取和审议县长封殿辉作的《政府工作报告》、县政府《关于延寿县 2010 年国民经济和社会发展计划执行情况与 2011 年计划（草案）的报告》、县政府《关于 2010 年预算执行情况和 2011 年预算（草案）安排意见的报告》、县人大常委会主任潘福生作的《县人大常委会工作报告》、县人民法院院长史山泰作的《延寿县人民法院工作报告》、延寿县人民检察院检察长李哲作的《延寿县人民检察院工作报告》，并作出相应的决议。

2 月 23 日 市委副书记、人大常委会主任王颖，副市长王莉，市政协副主席张郑婴率领市“实地看建设，现场比发现”拉练检查组到延寿县拉练检查。

是日 市人大常委会副主任张福庆带领市人大调研组到延寿县调研《哈尔滨市城市节约用水管理条例》实施情况。县人大常委会主任潘福生，县委常委、副县长董绍涛陪同调研。

5 月 27 日 县十五届人大常委会第二十八次会议，决定任命丁宇航为县人民政府代理县长。

7月5—6日 市人大常委会副主任范德武率市人大财经委、预工委领导对延寿县上半年国民经济和社会发展情况及旅游产业进行调研。县人大常委会主任潘福生，县委副书记、代县长丁宇航，县人大常委会副主任李新友、马龙水、赵延芝，副县长王显峰陪同调研。

7月28日 县十五届人大常委会二十九次会议，听取审议《延寿县上半年国民经济和社会发展计划执行情况的汇报》。

8月20日 县十五届人大常委会三十次会议，通过《延寿县人大常委会党组关于提请任命延寿县人大换届选举委员会组成人员的决定》《延寿县人大常委会党组关于提请任命乡（镇）人大换届选举委员会组成人员的决定》。

9月29日 县十五届人大常委会三十一次会议，决定接受董绍涛、王显峰、史山泰、薛晓斌、李哲的辞职请求；决定任命郭兆峰、程晓飞为县人民政府副县长；任命马德军为县人民法院副院长、代理院长、审判委员会委员，刘立波为县人民检察院副检察长、检察委员会委员。

10月10日 市人大常委会副主任王洪斌率市人大检查组检查延寿县县乡换届选举工作进展情况。县人大常委会党组书记王家砚，副主任李新友、赵延芝，县人大常委会党组成员郑小鹏陪同检查。

10月14日 全县20多万选民参加县乡人大代表投票选举。

12月3日 县十五届人大常委会三十二次会议，听取县政府关于县第十五届人代会五次会议以来代表议案、建议、批评和意见办理情况的报告。

12月12—14日 县十六届人民代表大会举行第一次会议。听取和审议代县长丁宇航作的《政府工作报告》、县政府《关于延寿县2007至2011年财政预算执行情况和2012年财政预算（草案）安排意见的报告》、县政府《关于延寿县2007至2011年国民经济社会发展规划执行情况及2012年至2016年国民经济和社会发展规划（草案）的报告》、县人大常委会副主任李新友作的《延寿县人大常委会工作报告》、县人民法院代院长马德军作的《延寿县人民法院工作报告》、县人民检察院代检察长刘立波作的《延寿县人民检察院工作报告》，并作出相应决议。选举王家砚为延寿县人大常委会主任；选举丁宇航为延寿县人民政府县长；选举李新友，赵延芝（女），郑小鹏、王金松为县人大常委会副主任；选举武传刚、郭兆峰、李学雷、刘岩（女）、程晓飞为延寿县人民政府副县长；选举马德军为县人民法院院长，刘立波为县人民检察院检察长。会议选举王志民、冯延新、叶涛、白晓风、关立新、吕广、吕凤阳、孙立臣、孙继成、张晓砚（女）、李帅、李凤林、李虹娇（女）、陈悦、柳玉海、赵东风、赵同奎、赵启迪、徐宏飞、高吉、高兴辉、薛继炜为延寿县人大常委会委员。会议选举出席哈尔滨市第十四届人民代表大会代表：凌振国、封殿辉、王家砚、丁宇航、陈静（女）、刘金成、罗兴远、宋建军、李俊、张童麟、张晓砚（女）、李冰、杜玉龙、杨春福、赵凤海、郭立军、闫俊毅、赫耀宇、薛海涛。

2012年

2月13日 县人大常委会主任王家砚，副主任李新友、郑小鹏等到加信镇对城镇建设、新农村建设工作进行调研。

2月23日 县十六届人大常委会一次会议，审议通过《延寿县第十六届人民代表大会代表管理工作细则》。

3月28日 市人大常委会副主任王维绪率市人大检查组到延寿县调研《中华人民共和国禁毒法》实施情况，封殿辉、王家砚、丁宇航、杨晓春等陪同调研。

3月29日 省人大科教文卫委员会副主任委员孙玉芝、市人大常委会副主任才殿国率省、市人大调研组对延寿县文化发展工作进行调研。县领导封殿辉、王家砚、张英波、武传刚、呼大鹏、李新友、赵延芝、刘岩、程晓飞、於德华陪同调研。

4月19日 市人大常委会副主任才殿国率市委人大工作专项检查组检查延寿县贯彻落实市委人大工作会议精神情况。县领导王家砚、丁宇航、张英波、李新友、赵延芝、郑小鹏、王金松陪同检查。

4月25日 县人大常委会副主任郑小鹏率人大检查组检查延寿县贯彻《中华人民共和国水法》实施情况。

5月9日 县十六届人大常委会二次会议，通过《延寿镇城市总体规划修编》。

6月21日 县人大常委会主任王家砚，县人大常委会副主任李新友、赵延芝、郑小鹏、王金松及部分县人大代表视察农业科普工作开展情况。副县长郭兆峰陪同。

7月19日 县十六届人大常委会第三次会议，听取和审议县政府《关于延寿县2012年上半年财政预算执行情况及下半年工作安排的报告》，审议《关于2012年上半年国民经济和社会发展计划执行情况审议结果的报告和2012年上半年财政预算执行情况审议结果的报告》。

8月11日 市人大常委会副主任才殿国率市人大考察团考察延寿县工业园区企业生产和建设情况。县人大常委会主任王家砚、县委副书记张英波陪同考察。

8月22日 县人大常委会副主任赵延芝率领人大检查组考察县第一中学、延寿镇、寿山乡、县司法局，对延寿县“六五”普法工作开展情况进行了检查。县委常委、副县长武传刚陪同检查。

9月26日 县十六届人大常委会第四次会议，审议通过《延寿县人大常委会“六五”普法工作情况的检查报告》，听取县政府关于人大常委会视察、检查提出的工作意见，落实人大代表关于规范“送子车”管理问题议案的办理情况。

10月19日 市人大常委会副主任顾福林率市人大常委会“一法一例”执法检查组到延寿县检查城乡规划工作。县领导丁宇航、武传刚、郑小鹏陪同检查。

12月3日 县人大常委会主任王家砚、副主任李新友、郑小鹏及部分人大代表视察县工业园区建设情况及管理工作。县委常委、副县长武传刚陪同视察。

12月5日 县人大常委会主任王家砚、副主任李新友、王金松及部分人大代表视察延寿县教育工作开展情况，副县长段德武陪同视察。

12月30日 县十六届人大常委会第六次会议，听取关于“送子车”规范管理的议案办理情况。

2013年

1月14—15日 县十六届人民代表大会举行第二次会议。听取和审议县长丁宇航作的《政府工作报告》、县政府《关于延寿县2012年财政预算执行情况和2013年预算（草案）安排意见的报告》、县政府《关于延寿县2012年国民经济和社会发展计划执行情况及2013年计划（草案）的报告》、县人大常委会主任王家砚作的《延寿县人民代表大会常务委员会工作报告》、县人民法院院长马德军作的《县人民法院工作报告》、县人民检察院检察长刘立波作的《延寿县人民检察院工作报告》，并作出相应的决议。选举张秀为延寿县第十六届人民代表大会常务委员会委员。

2月27日 县十六届人大常委会七次会议，审议通过《县人大常委会关于讨论决定重大事项的规定》。

3月27日 县人大常委会副主任郑小鹏率部分人大常委会委员、代表组成的检查组，检查部分肉鸡养殖小区、动物屠宰点检查《中华人民共和国动物防疫法》贯彻落实情况。

4月10日 辽宁省法库县人大常委会主任徐凤贵带领考察团到延寿县考察交流人大工作。县人大常委会主任王家砚、副主任李新友、郑小鹏、王金松陪同考察。

5月3日 县十六届人大常委会八次会议，听取审议县人大常委会关于《中华人民共和国动物防疫法》贯彻执行情况的报告。

5月10日 县人大常委会主任王家砚，副主任李新友、郑小鹏、王金松及部分人大代表视察延寿县贯彻执行《中华人民共和国食品安全法》情况。县委常委、副县长郭兆峰陪同视察。

6月20日 县人大举办预防职务犯罪法制讲座。

7月10日 以市人大常委会副主任王维绪为组长的出席省人民代表大会哈尔滨市代表团第五小组代表视察延寿县城市建设及旅游产业发展情况。县领导王家砚、丁宇航、杨晓春、武传刚、李新友、杜玉龙陪同视察。

7月12日 县十六届人大常委会九次会议，人大常委会组成人员专题询问县城镇供热情况有关问题。

7月19日 延寿县举行人大代表履职研讨经验交流会，县人大常委会主任王家砚，副主任李新友、郑小鹏、王金松，人大常委会党组成员杜玉龙出席会议。

8月20日 县人大常委会副主任李新友率人大检查组检查延寿县贯彻执行《中华人民共和国城乡规划法》《哈尔滨市城乡规划条例》的贯彻落实情况。县委常委、副县长郭兆峰陪同检查。

8月30日 县十六届人大常委会举行第十次会议。

9月5日 县人大常委会党组成员杜玉龙率部分人大代表对全县社会治安综合治理工作进行了调研。县委常委、副县长郭兆峰陪同调研。

9月16日 市人大农林委员会主任委员刘世勋率市人大视察组视察延寿县城镇化项目建设进展情况。县领导王家砚、丁宇航、郭兆峰、刘岩陪同视察。

10月31日 县人大常委会主任王家砚、副主任郑小鹏、县人大常委会党组成员杜玉龙及部分人大代表视察延寿县物业管理工作。县委常委、副县长郭兆峰陪同视察。

11月8日 县十六届人大常委会十一次会议，审议通过《县人大常委会关于检查社会治安综合治理工作情况的报告》。

12月12日 县人大常委会党组成员杜玉龙率检查组检查延寿县贯彻执行《中华人民共和国道路交通安全法》情况。县委常委、副县长郭兆峰陪同检查。

2014年

1月6—7日 县十六届人民代表大会举行第三次会议。听取和审议县长丁宇航作的《政府工作报告》、县政府《关于延寿县2013年财政预算执行情况和2014年预算（草案）安排意见的报告》、县政府《关于延寿县2013年国民经济和社会发展计划执行情况及2014年计划（草案）的报告》、县人大常委会主任王家砚作的《延寿人民代表大会常务委员工作报告》、县人民法院院长马德军作的《延寿县人民法院工作报告》、县人民检察院检察长刘立波作的《延寿县人民检察院工作报告》，并作出相应的决议。会议选举杜玉龙为延寿县第十六届人民代表大会常务委员副主任；选举周延利（女）、赵迎春（女）为延寿县第十六届人民代表大会常务委员会委员。

3月3日 县人大召开党的群众路线教育实践活动动员大会，市委党的群众路线教育实践活动第六督导组成员、市直机关工委统战部部长杨磊，县人大常委会主任王家砚，副主任李新友、郑小鹏、杜玉龙、王金松参加会议。

4月9日 县人大常委会主任王家砚，副主任李新友、郑小鹏、杜玉龙、王金松及部分人大常委、人大代表组成人大视察组，视察延寿县教育、卫生重点工程建设情况。县委常委、副县长郭兆峰陪同视察。

4月23日 县人大常委会主任王家砚、副主任郑小鹏率队赴浙江温岭市就参与式预算监督工作与温岭市人大进行探讨交流。

4月30日 县人大常委会主任王家砚率队赴山东临沂市考察城市规划等工作。

6月10日 县人大常委会副主任杜玉龙率人大检查组，对2013年5月人大视察组视察全县贯彻落实《中华人民共和国食品安全法》情况时代表提出的意见和建议的落实情况跟踪检查。副县长杨勇陪同检查。

6月27日 县人大常委会依据《中华人民共和国水污染防治法》《黑龙江省松花江流域水污染防治条例》，开展居民饮用水质量安全专题询问，县委常委、副县长郭兆峰及有关部门负责人现场解答，部分群众代表旁听会议。

7月29日 县人大常委会主任王家砚，副主任李新友、郑小鹏、杜玉龙、王金松及部分人大代表视察延寿县部分特色产业发展情况。副县长李学雷、呼大鹏陪同视察。

8月27日 县十六届人大常委会十八次会议，听取和审议《关于乡村文化建设情况的调研报告》《关于延寿县特色产业发展情况的视察报告》；审议通过终止侯建林代表资格的报告。

10月11日 哈尔滨市人大常委会副主任王维绪率市人大妇女权益保障立法调研组到延寿县调研制定哈尔滨市妇女权益保障地方性法规以及社会养老服务五法情况。

10月15日 县人大常委会副主任郑小鹏率部分人大常委会组成人员、人大代表、企业家代表视察延寿县税法贯彻执行情况。副县长何洪千陪同。

10月31日 县人大常委会对延寿镇小区物业管理规范化开展专题询问。县人大常委会主任王家砚，副主任李新友、郑小鹏、杜玉龙、王金松出席会议。县委常委、副县长郭兆峰列席会议，部分群众代表应邀旁听会议。

是日 县十六届人大常委会十九次会议，听取审议县人民法院《关于涉法涉诉信访工作情况的报告》、县人民检察院《关于法律监督工作的报告》。

2015年

1月19日 县十六届人大常委会举行二十一次会议。

2月4—6日 县十六届人民代表大会举行第四次会议。听取和审议县长丁宇航作的《政府工作报告》、县人大常委会主任王家砚作的《延寿县人大常委会工作报告》、县人民法院院长马德军作的《延寿县人民法院工作报告》、县人民检察院检察长刘立波作的《延寿县人民检察院工作报告》、副县长郭兆峰作的《关于县十六届人大三次会议代表建议办理情况的报告》、县政府《关于延寿县2014年财政预算执行情况和2015年预算（草案）的报告》、县政府《关于延寿县2014年国民经济和社会发展计划执行情况及2015年国民经济和社会发展计划（草案）的报告》，并作出相应决议。选举索延庆、韦学峰和顾垒为县第十六届人大常委会委员。

4月28日 县人大常委会举行“一法一例”执法检查动员会暨培训会议。会上特邀黑龙江省政法管理干部学院副院长张恩学围绕开展“一法一例”的目的、意义等内容为与会人员进行专题培训。县领导王家砚、郭兆峰、李新友、郑小鹏、杜玉龙、王金松参加会议。

5月12日 以市人大常委会副主任黄玉生为组长的市人大常委会义务教育法调研组到延寿县调研《中华人民共和国义务教育法》贯彻实施情况。县领导封殿辉、丁宇航、杨晓春、李新友、林岩陪同调研。

6月16日 县人大常委会副主任郑小鹏、王金松分别率检查组到县市场监督管理局、发改局、国土局就“一法一例”执行情况进行检查。

6月24日 市人大常委会副主任黄玉生率市人大检查组检查延寿县《中华人民共和国行政许可法》《黑龙江省规范行政许可条例》贯彻执行情况。县人大常委会主任王家砚，县委常委、副县长郭兆峰，县人大常委会副主任杜玉龙、王金松陪同检查。

7月14日 县十六届人大常委会二十五次会议，听取审议《关于县农村小学发展状况的调研报告》《关于基层医疗卫生发展情况的视察报告》。

7月29日 以省人大代表、市人大常委会原副主任王维绪为组长的哈尔滨市代表团、省人大代表第五小组到延寿县视察经济和社会发展情况。省人大代表、市人大常委会副主任顾福林，县委书记封殿辉，省人大代表、县人大常委会主任王家砚，县委副书记、县长丁宇航、县人大常委会副主任郑小鹏参加视察活动。

9月1日 县十六届人大常委会二十六次会议，听取和审议人大常委会《关于“一法一例”执法检查工作情况的报告》，对“一法一例”贯彻执行情况进行专题询问。

9月16日 县人大常委会副主任李新友率人大检查组检查延寿县《中华人民共和国环境保护法》贯彻落实情况，副县长李学雷陪同检查。

10月14日 县人大常委会主任王家砚率人大视察组视察延寿县规模以上工业企业发展情况。县委常委、副县长郭兆峰陪同视察。

10月30日 县人大常委会发起并组织实施蚂蜒河全流域考察。县委、县人大、县政府、县政协及有关部门主要领导出席启动考察仪式，并参加实地调查。

11月3—4日 市人大常委会副主任顾福林率人大调研组到延寿县就蚂蜒河流域水质现状和污染防治工作进行调研。县领导王家砚、郭兆峰、李新友、林岩陪同调研。

11月18日 省人大农林委副主任委员吴兵对延寿县扶贫开发条例的制定召开座谈会并征求意见。县委常委、副县长郭兆峰，县人大常委会副主任李新友、杜玉龙参加座谈会。

11月26日 县人大组织部分人大代表到人大代表开办的民营企业进行现场参观交流。县人大常委会主任王家砚，副主任李新友、郑小鹏、杜玉龙参加活动。

11月27日 县人大常委会副主任郑小鹏率部分人大代表检查延寿县《中华人民共和国预算法》执行情况，副县长何洪千陪同检查。

12月3日 市人大调研组到延寿县调研蚂蜒河生态保护情况。县人大常委会主任王家砚、副主任李新友陪同调研。

12月10日 县人大常委会召开县人大代表“创业绩稳增长”现场交流座谈会。

12月28日 县十六届人大常委会二十七次会议，讨论通过县十六届五次会议筹备工作方案。

2016年

2月3—4日 县十六届人民代表大会举行第五次会议。听取和审议县长丁宇航作的《政府工作报告》、县人大常委会主任王家砚作的《延寿县人大常委会工作报告》、县人民法院院长马德军作的《延寿县人民法院工作报告》、县人民检察院副检察长贾斌作的

《延寿县人民检察院工作报告》、县财政局局长侯振刚作的《关于延寿县2015年财政预算执行情况和2016年财政预算（草案）安排意见的报告》、县发展改革局《关于延寿县2015年国民经济和社会发展计划执行情况及2016年计划（草案）的报告》，并作出相应的决议。

4月22日 县十六届人大常委会第二十九次会议，审议通过《延寿县2015年政府债务限额方案（草案）》《关于继续开展“一法一例”，优化经济发展环境检查方案》《关于蚂蜒河水资源保护立法的建议》。

4月28日 市人大农林委主任委员姚劲松率调研组到延寿县调研脱贫攻坚工作开展情况。县委书记封殿辉、县人大常委会主任王家砚、副主任郑小鹏、副县长呼大鹏陪同。

6月16日 市十四届人大五次会议，将延寿县代表团提出的《关于加强蚂蜒河流域水资源保护立法的建议》作为议案处理。

6月17日 市人大召开关于加强蚂蜒河流域水资源保护立法议案汇报会。县人大常委会主任王家砚、副主任杜玉龙参加会议。

7月28日 县人大常委会副主任杜玉龙率县人大检查组检查县政府贯彻落实《中华人民共和国劳动合同法》情况。县委常委、副县长郭兆峰陪同检查。

10月14日 全县乡（镇）人大换届选举共设有县级人大代表选区78个、乡（镇）级人大代表选区216个，全县设投票站376个，选举产生了147名县人大代表、499名乡（镇）人大代表。

12月11日 延寿县贯彻落实中央18号文件精神，县人大设立了法制和财政经济两个专门委员会，人大常委会设立科教文卫、人事和代表联络、城建环保三个工作委员会和办公室，明确各个机构的工作职责。乡（镇）设置人大主席，配置专职人大副主席。

12月14—16日 县十七届人民代表大会举行第一次会议。听取和审议县长丁宇航作的《政府工作报告》、县人大常委会主任王家砚作的《延寿县人大常委会工作报告》、县人民法院代院长王晓莉作的《延寿县人民法院工作报告》、县人民检察院代检察长张锐作的《延寿县人民检察院工作报告》、县政府《关于2012年至2016年财政预算执行情况和2017年财政预算（草案）安排意见的报告》、县政府《关于2012年至2016年国民经济和社会发展计划执行情况与2017年计划（草案）的报告》，并作出相应的决议。

2017年

3月3日 县十七届人大常委会一次会议，审议通过县政府《关于在全县公民中开展法治宣传教育第七个五年规划（2016—2020年）（草案）》、县政府《关于实施延寿县棚户区基础设施路网工程重大建设项目的报告》。

4月18日 县人大组织部分人大代表视察延寿县《中华人民共和国种子法》贯彻实施情况。

4月25日 县十七届人大常委会二次会议，审查批准县政府《关于延寿县2017年财政预算调整方案（草案）的报告》。

4月26日 省人大人事委员会副主任委员向晓威率调研组到延寿县专题调研人大代表联系群众工作。县人大常委会主任王家砚、副主任李学雷、郑小鹏、杜玉龙陪同调研。

4月28日 哈尔滨市人大农林委主任委员姚劲松率调研组对延寿县脱贫攻坚工作进行调研。

5月14日 县人大常委会副主任李学雷率县人大科教文卫委员会人员及部分县人大代表对延寿县义务教育均衡发展工作进行调研。

5月17日 市人大常委会副主任张丽欣率调研组对延寿县人大代表联络站建设工作进行调研，县人大常委会主任王家砚陪同。

5月26日 市人大常委会调研组对延寿县法院民商事执行和检察院民事行政检察工作进行调研。县委常委、政法委书记李铁刚、县人大常委会副主任郑小鹏、杜玉龙陪同调研。

6月28日 县人大常委会主任会议成员、部分县人大代表组成的视察组，视察全县脱贫攻坚“两不愁三保障”政策落实情况。县委副书记、县长张洪岐，副县长何洪千陪同调研。

7月12日 县十七届人大常委会举行第四次会议。

7月19日 县人大常委会主任王家砚、副主任郑小鹏检查指导六团镇防汛工作。

7月26日 县人大常委会副主任杜玉龙、李冰率人大检查组检查延寿县行政许可“一法一例”贯彻落实和改善经济发展环境情况。县委常委、副县长马文峰陪同检查。

7月31日 市人大城建环保委员会主任委员蒋海超、副主任委员李树钰等到延寿县专题调研危房改造工作，县委书记刘金成，县人大常委会主任王家砚，县委常委、常务副县长马文峰，县人大常委会副主任郑小鹏陪同调研。

9月12日 县十七届人大常委会五次会议，审议通过《关于延寿县“一法一例”贯彻落实情况及改善经济发展环境的检查报告》。决定接受都宝成等辞去县人大代表职务的请求。

9月21日 市人大常委会主任赵铭到延寿县调研民营企业发展及脱贫攻坚工作。县人大常委会主任王家砚等陪同调研。

10月14日 延寿县县、乡（镇）人大换届选举共设有县级人大代表选区78个、乡级人大代表选区216个，全县设投票站376个，选举产生147名县人大代表、499名乡（镇）人大代表。

11月3日 县人大常委会副主任郑小鹏率人大检查组检查延寿县《中华人民共和国土地管理法》贯彻实施情况。县委常委、副县长马文峰陪同检查。

11月9日 县十七届人大常委会第六次会议，接受封殿辉辞去县十七届人大代表和市十五届人大代表职务的请求。

11月21日 县十七届人大常委会七次会议，听取审议《县人大、县政协联合视察产业扶贫工作的报告》《关于〈中华人民共和国土地管理法〉贯彻落实情况的报告》《县人民法院关于执行工作情况的报告》。

12月22日 县十七届人大常委会八次会议，审议通过《2017年财政预算调整方案的报告》《2018年人大常委会“三查（察）”工作要点》。

12月26—28日 县十七届人民代表大会举行第二次会议。听取和审议县长丁宇航作的《政府工作报告》、县人大常委会主任王家砚作的《县人大常委会工作报告》、县人民法院院长王晓莉作的《县人民法院工作报告》、县人民检察院检察长张锐作的《县人民检察院工作报告》、县政府《关于延寿县2017年财政预算执行情况和2018年财政预算（草案）安排意见的报告》、县政府《关于延寿县2017年国民经济和社会发展计划执行情况与2018年计划（草案）报告》，并作出相应的决议。选举王彦辉为县监察委员会主任；选举胡中东、赵新华为县第十七届人民代表大会常务委员会委员；胡中东为县第十七届人民代表大会财政经济委员会副主任委员。

2018年

2月6日 县十七届人大常委会十次会议，接受傅广洁辞去市人大代表的请求；补选省十五届人大代表。

3月14日 县十七届人大常委会十一次会议，审议通过《“脱贫攻坚人大代表在行动”实施方案》。

3月31日 省委书记、省人大常委会主任张庆伟到延寿县调研脱贫攻坚、乡村振兴工作。

7月6日 县人大常委会主任王家砚、副主任李学雷及部分人大代表视察城镇道路建设工作。县委常委、副县长马文峰陪同视察。

7月19日 市人大常委会副主任黄玉生率调研组调研延寿县健康扶贫工作。县领导刘金成、丁宇航、郑小鹏、张仁洪陪同调研。

8月7日 县十七届人大常委会十三次会议，听取审议《2018年财政预算调整方案（草案）的报告》《2018年上半年国民经济和社会发展计划执行情况的报告》。

8月13—14日 省人大常委会党组书记、副主任胡亚枫率省人大常委会调研组到延寿县调研脱贫攻坚工作。省人大常委会副主任范宏、省人大常委会秘书长于柏青、市人大常委会副主任杨杰、县委书记刘金成、县长丁宇航、县人大常委会主任王家砚、县委常委张东来、副县长何洪千陪同调研。

9月13日 延寿县第十七届人大常委会第十四次会议，决定任命张洪岐为延寿县人民政府副县长、代理县长。

12月25日 十七届人大常委会十六次会议，审议通过《延寿县2018年财政预算调整方案（草案）的报告》。决定任命于广生为县人民政府副县长兼任县公安局局长。

2019年

1月4—6日 县十七届人民代表大会举行第三次会议。听取和审议了代县长张洪岐作的《政府工作报告》、县人大常委会主任王家砚作的《县人大常委会工作报告》、县人民法院院长王晓莉作的《县人民法院工作报告》、县人民检察院检察长张锐作的《县人民检察院工作报告》、副县长刘亮作的《关于延寿县2018年财政预算执行情况和2019年财政预算（草案）安排意见的报告》、县政府《关于延寿县2018年国民经济和社会发展计划执行情况与2019年计划（草案）的报告》，并作出相应的决议。选举张洪岐为延寿县人民政府县长；选举王兴赋、冯晓伟、李成玉、单忠明、钟海燕（女）、俞延飞（女）、贾荣娜（女）、徐延明为县十七届人民代表大会常务委员会委员。

2月28日 县十七届人大常委会十八次会议，审查批准《县人民政府关于财政预算具体项目安排情况的报告》。

4月28日 县人大常委会主任王家砚带领县人大常委会部分人员到延寿镇，就代表联络站的规范化建设情况进行调研。

5月7日 县人大常委会主任王家砚、副主任郑小鹏率各乡（镇）人大主席赴哈尔滨市香坊区考察学习人大代表联络站建设工作。

5月16日 市人大常委会党组副书记、副主任张丽欣到延寿县调研人大代表联络站建设工作。

6月5日 县十七届人大常委会二十次会议，审查批准《延寿县2019年财政预算调整方案（草案）的报告》。

6月28日 县人大常委会主任会议成员及部分人大代表视察脱贫攻坚“两不愁三保障”政策落实情况。县委副书记、县长张洪岐，副县长何洪千陪同视察。

7月25日 县委书记刘金成到加信镇调研人大代表联络站建设工作。县人大常委会主任王家砚、副主任郑小鹏陪同调研。

7月31日 市人大城建环保委员会主任委员蒋海超、副主任委员李树钰等到延寿县专题调研危房改造工作，县委书记刘金成，县长张洪岐，县人大常委会主任王家砚，县委常委、常务副县长马文峰，县人大常委会副主任郑小鹏陪同调研。

8月2日 延寿县13个人大代表联络站分别举行成立挂牌仪式。市人大常委会副秘书长刘志军，县领导刘金成、张洪岐、王家砚等分别到各乡（镇）参加挂牌仪式。

8月13日 县十七届人大常委会二十一次会议，听取审议《延寿县2018年审计发现问题整改情况的报告》《延寿县2018年预算执行和其他财政收支的审计工作报告》。

9月17日 市人大常委会主任赵铭、副主任马旦曰、副市长陈远飞等视察延寿县脱贫攻坚工作。县领导刘金成、张洪岐、王家砚、张东来、何洪千陪同视察。

10月24日 全国人大代表、中华思源工程扶贫基金会副理事长兼秘书长、中国电商联盟主席李晓林到延寿县开展扶贫活动。

12月26日 县十七届人大常委会第二十三次会议，接受郑小鹏辞去县人大常委会副主任职务的请求。

12月29—31日 县十七届人民代表大会举行第四次会议。听取审议县长张洪岐作的《政府工作报告》、县人大常委会主任王家砚作的《县人大常委会工作报告》、县人民法院院长王晓莉作的《县人民法院工作报告》、县人民检察院检察长张锐作的《县人民检察院工作报告》、副县长刘亮作的《延寿县2019年财政预算执行情况和2020年财政预算（草案）安排意见的报告》、县人民政府《延寿县2019年国民经济和社会发展计划执行情况与2020年计划（草案）的报告》，并作出相应的决议。选举张秀为县人大常委会副主任；选举王东伟、王春艳（女）、杜娟（女）为县人大常委会委员。

2020年

1月6日 县十七届人大常委会二十四次会议，补选哈尔滨市第十五届人民代表大会代表。

4月14日 县十七届人大常委会二十五次会议，听取审议《延寿县2020年财政预算调整方案（草案）的报告》。

9月22日 市人大社会建设委员会主任委员徐民虓率市人大第八监督组到延寿县监督检查贫困生救助工作。县委副书记、县长张洪岐陪同检查。

10月27日 市人大常委会委员农林委主任委员孙玉率农林委调研组到延寿县调研农村路桥建设情况、人大代表联络站建设和运行及脱贫攻坚防贫返贫机制等工作情况。县委常委、副县长马文峰，县人大常委会副主任李学雷陪同调研。

11月17日 县人大常委会部分常委、人大代表视察贯彻落实《黑龙江省营商环境条例》工作。县人大常委会党组书记高雪峰，县人大常委会副主任李学雷、李冰参加视察。县领导张洪岐、李丹陪同视察。

11月18日 县人大常委会部分常委、人大代表视察全民健身工作。县人大常委会党组书记高雪峰，县人大常委会副主任李学雷、李冰参加视察。县领导张洪岐、张仁洪陪同视察。

11月27日 县委书记刘金成主持召开县委人大工作会。县领导张洪岐、高雪峰、马文峰等参加会议。

11月30日 县人大检查组检查县城内部分小区物业管理工作，副县长苏英来等陪同检查。

12月4日 县十七届人大常委会二十八次会议，审议批准《2020年新增地方政府债券与抗疫特别国债预算调整方案（草案）》《延寿县债券结余资金调整方案（草案）》。接受王家砚辞去县人大常委会主任职务的请求。

12月29—31日 县十七届人民代表大会举行第五次会议。听取和审议了县长张洪岐作的《政府工作报告》、县人大常委会副主任李学雷作的《县人大常委会工作报告》、县人民法院院长王晓莉作的《县人民法院工作报告》、县人民检察院检察长张锐作的《县人民检察院工作报告》、副县长李丹作的《关于延寿县2020年财政预算执行情况和2021年财政预算（草案）安排情况的报告》、县人民政府《延寿县2020年国民经济和社会发展计划执行情况与2021年计划（草案）的报告》，并作出相应决议。

2021年

1月15日　县十七届人大第五次会议通过《关于延寿县2020年国民经济和社会发展计划执行情况和2021年计划的决议》《关于延寿县2020年财政预算执行情况和2021年预算的决议》《关于延寿县国民经济和社会发展第十四个五年规划纲要的决议》。

2月22日　县十七届人大常委会三十二次会议，补选王占龙为哈尔滨市第十五届人民代表大会代表。

4月8日　县第十七届人大常委会三十四次会议，听取了县人民政府《延寿县2021年财政预算调整方案（草案）的报告》，通过了县人大财政经济委员会《延寿县2021年财政预算调整方案（草案）的审查报告》，审议、批准县人民政府提出的2021年财政预算调整方案。决定免去张仁洪延寿县人民政府副县长职务。

4月16日　延寿县人大常委会召开“学党史、办实事，助力中国·延寿稻乡耕育文化展示馆建设——人大代表在行动”主题实践活动启动会议，公布《“学党史、办实事，助力中国·延寿稻乡耕育文化展示馆建设——人大代表在行动”主题实践活动的实施方案》。倡导延寿县所属的省、市、县、乡四级人大代表广泛参与延寿稻乡耕育文化展示馆建设。县人大常委会主任高雪峰，副主任李学雷、李冰、张秀以及县人大常委会委员，各乡镇人大主席和县人大常委会机关全体干部参加会议。

5月17日　市人大代表、县委副书记、县长张洪岐，延寿县人大常委会主任、党组书记高雪峰一行11人，旁听评议贩卖毒品容留他人吸毒案件庭审。根据庭审情况，就法官的庭审驾驭能力、庭审司法形象等方面进行评议打分，并在《旁听案件庭审评议表》上提出各自的意见和建议。

6月10日　县人大常委会组成的由主任会议成员、部分人大常委和部分县人大代表为成员的视察组视察具有代表性的肉鸡养殖小区、食用菌种植小区和光伏电站。

6月30日　县十七届人大常委会三十六次会议，决定任命祁锦有为延寿县人民政府副县长。

7月23日　市人大常委会法工委一行，对加信镇立法联系点正式授牌，并交流、研讨工作。县人大常委会副主任等参加活动。

9月3日　县人大常委会副主任张秀带领检查组，检查全县贯彻落实《哈尔滨市文明行为促进条例》工作。检查组深入相关部门，查看医德医风、交通秩序、窗口服务、农村风貌、移风易俗等方面落实情况，并听取了负责人的汇报。

9月7日　县十七届人大常委会三十八次会议，决定成立2021年延寿县县乡两级人大换届选举委员会；听取县政府《延寿县2020年财政决算（草案）的报告》、县人大财经委《关于延寿县2020年财政决算（草案）的审查报告》；通过关于《2021年县、乡两级人民代表大会换届选举工作实施方案》。

9月14日 延寿县举行县乡人大换届选举工作部署暨培训会议。县人大常委会主任高雪峰，县委常委、宣传部部长张凤平，县委常委、组织部部长李颖出席会议并分别讲话。县人大常委会副主任张秀主持会议。

10月14日 延寿县人大常委会执法检查组对全县贯彻落实《城市市容和环境卫生管理条例》情况进行执法检查，县人大常委会主任高雪峰、副县长王彦辉、县人大常委会副主任张秀参加检查。检查组查看了县经济开发区、北环路、卫东路、东同庆街等道路周边的城市容貌及环境卫生，实地踏查垃圾处理厂、存量垃圾治理项目等现场。

10月22日 县十七届人大常委会第三十九次会议批准县政府《关于延寿县2021年新增地方政府债券资金安排及预算调整方案（草案）的报告》、县人大财经委《关于延寿县2021年新增地方政府债券资金安排及财政预算调整方案（草案）的审查报告》。

11月15日 县十七届人大常委会四十次会议，审议批准县政府《关于延寿县债券结余资金调整方案（草案）的报告》《县人大财政经济委员会关于延寿县债券结余资金调整方案（草案）报告的审查报告》。接受李学雷辞去县十七届人大常委会副主任、县人大监察和司法委员会主任委员及社会建设委员会主任委员职务；接受李冰辞去县十七届人大常委会副主任、县人大财政经济委员会主任委员职务；决定免去王彦辉县人民政府副县长职务；决定免去何洪千延寿县人民政府副县长职务；决定免去苏英来县人民政府副县长职务。

12月19日 县人大十七届人大常委会四十一次会议，决定接受张洪岐辞去县人民政府县长职务的请求；决定任命徐涤非为县人民政府副县长、代理县长；接受王晓莉同志辞去县人民法院院长职务的请求；任命朱锐峰为县人民法院审判员、审判委员会委员、副院长、代理院长；任命穆福强为县人民检察院检察委员会委员、副检察长、代理检察长。

12月24日 县十七届人大常委会召开四十二次会议。听取审议县人民政府初选民生项目情况的报告，并投票确定备选民生项目。

第一篇
延寿县人民代表大会

第一章　延寿县人民代表大会制度的基础与过渡时期

第一节　延寿县民主政府参议会

1939年1月，中国共产党召开陕甘宁边区第一届参议会，确定陕甘宁边区参议会作为代议制机关。参议会制度是人民代表大会制度在特定历史条件下的变通形式，是党的抗日民族统一战线政策在政权建设上的一个体现，为后来的人民代表会议制度的建立提供丰富的经验。

1946年2月，延寿县召开首届参议会，参加会议的有工、农、商、饮食业等代表80名。会议选举朱殿超为参议长，刘经传为副议长。会上，学习毛泽东在陕甘宁边区会议上的讲话，讨论民主县政府的施政纲领，哈东专员公署专员何延川做报告、县长梁明德向大会致辞。何延川为大会题字“民主道路是用斗争铺平的”。县长梁明德题词“说人民要说的话，办人民要办的事”。大会发给每名议员一本纪念册。在当时的形势下，参议会起到了稳定政权、发挥民主统一战线的作用。县人民政府成立后，参议会解散。

同时，县政府成立参议室。

会议选举朱殿超、刘经传、郝作天、于汇海、尹长富、高殿卿为出席松江省人民代表会议代表。

第二节　延寿县各界人民代表会议

各界人民代表会议制度，在中华人民共和国成立初期，是中国共产党领导的解放区人民民主政权所实行的基本政治制度。中华人民共和国成立初期，各界人民代表会议成为地方政权向人民代表大会制度过渡的普遍形式。这种过渡是由法律明确规定的。《中国人民政治协商会议共同纲领》规定，人民行使国家政权的机关是在民主集中制基础上建立起来的各级人民代表大会和各级人民政府。各级人民代表大会将由人民普选产生。在普选之前，采取由地方各界人民代表会议部分代行地方人民代表大会职权的过渡形式，为召开人民代表大会创造条件。

根据中央人民政府委员会通过的《县各界人民代表会议组织通则》的规定，县各界人民代表会议的职权是：听取县人民政府的工作报告，并进行讨论，提出批评和建议；向县人民政府反映人民的意见和要求，讨论并建议有关县政兴革事宜；向人民传达并解释县各界人民代表会议决议案，并协助县人民政府动员人民推行之。

县各界人民代表会议代表的产生，由县人民政府主持和领导，具体工作由筹备委员会负责。每召开一次会议，产生一次代表。代表的产生方式有协商、指派、邀请、推选等。区域代表以区为单位分别召开各界代表会议选举产生；县人民政府代表由县人民政府指派；县人民政府可邀请特约代表；人民团体可选派代表；县各界人民代表会议的参加单位与名额分配，由县人民政府决定。延寿县从1950年1月至1953年12月召开第一届至第十一届各界人民代表会议。

第一届各界人民代表会议　1950年1月22日至24日召开。参加会议代表198名。代副县长邓时成作工作报告。会议重点讨论副业生产和巩固人民民主专政、开好村人民代表大会工作，并作出决议。

第二届各界人民代表会议　1950年3月8日至10日召开。参加会议代表176名。会议审议并通过代副县长邓时成作的《关于第一届会议决议执行情况及1950年农业生产计划的报告》。会议作出军属包耕、借贷利息、出租土地、耕作农具、耕作方法、维修水利工程等项工作的决议。

第三届各界人民代表会议　1950年9月4日至6日召开。参加会议代表193名。代副县长邓时成作《关于农业生产及供销工作的报告》，政委李第光作供销工作的报告。会议对供销合作社、秋收生产以及农副产品推销工作作出决议。大会根据中央人民政府《县各界人民代表会议组织通则》，选举出延寿县人民代表会议常务委员会委员14名。常务委员会的职权是：对县人民政府的工作提出建议；联系代表；协助政府动员全民推行各项工作。

第四届各界人民代表会议　1951年1月12日至13日召开。参加会议代表199名。会议听取代副县长邓时成作的《认清形势、搞好公粮、扩兵、出担架等各项工作的报告》，并作出相应的决议。

第五届各界人民代表会议 1951年1月31日至2月1日召开，参加会议代表178名，代副县长邓时成作《政府工作报告》，总结扩兵、战勤、公粮、公债等工作。会议通过《战勤负担办法》《军属包耕办法》。

第六届各界人民代表会议 1951年6月4日至6日召开。参加会议代表242名，特邀代表63名。会议同延寿县第二届团代会议、首届宣传员代表会议同时召开。县委书记李第光作《镇压反革命工作报告》，代副县长邓时成作《五届会议决议执行情况及春耕生产情况的报告》，农业科科长作《如何搞好夏锄生产开展劳动竞赛的专题报告》。会议作出《开展爱国主义丰产运动工作》决议。

第七届各界人民代表会议 1951年8月6日至7日召开。代副县长邓时成作《政府工作报告》，农业科科长作《护林防火工作》专题报告。《政府工作报告》总结夏锄生产，布置修路、优属、防火护林等工作。代表们批评政府过去执行政策不够严肃、对个别群众私自入山砍伐处理不及时的问题。会议召开期间代表提出18件提案，由有关部门予以解答。会议作出搞好夏锄生产、修路、优属、防火护林等工作的决议。

第八届各界人民代表会议 1951年12月2日至4日召开。参加会议代表189人，列席代表14人。县委书记李第光作《政府工作报告》，强调要以搞好生产的实际行动支援抗美援朝。代副县长邓时成就县政府对县七届人民代表会议决议执行情况作报告，肯定成绩，检讨在修路、优军工作中存在的问题，提出落实1952年生产指标关于进一步贯彻《中华人民共和国婚姻法》的措施。会议就征购、征收以及贯彻婚姻法等工作作出决议。

第九届各界人民代表会议 1952年3月26日至28日召开。会议讨论春耕生产、丰产运动、护林防火、防疫卫生等工作，并作出决议。

第十届各界人民代表会议 1952年5月26日至27日召开。出席会议代表182人，列席代表582人（区干部117人，村干部167人，互助组组长298人）。代副县长邓时成总结春耕生产工作，报告县政府对县九届人民代表会议决议执行情况及夏锄生产的安排意见。县委书记李第光就如何整顿互助组和开展生产竞赛工作作专题报告。有2个村、1个示范农场、125个互助组的128名代表上台发言，进行挑应战。代表提出部分群众缺少口粮影响夏锄生产，县政府决定拨发义仓粮65万斤贷给群众，保证人民生活和夏锄生产的需要。大会通过做好夏锄生产、整顿互助组、开展劳动竞赛的决议。

第十一届各界人民代表会议第一次会议 1952年12月7日至10日召开。参加会议代表172名。审议通过代县长赵钟麟作的《关于夏锄、秋收工作总结及冬季工作计划的报告》，听取县委副书记杨守田作的《关于实现5年计划及1953年生产指标的报告》、农业科长作的《关于农业技术应用的报告》。会议重点讨论冬季生产、购粮、购猪、整顿互助组等工作。会议召开期间收到代表提案25件，均在会上作了处理。会议选举产生常务委员会委员21名。会议作出开展冬季生产、农业合作互助以及农业丰产技术学习运动的决议。

第十一届各界人民代表会议第二次会议　1953年3月20日至4月1日召开。参加会议代表171名，特邀代表12名。县长赵钟麟作《政府工作报告》，县委副书记任兴洲作《关于反对官僚主义的报告》。会议就如何搞好春耕生产、优属代耕、护林防火、爱国卫生、贯彻《中华人民共和国婚姻法》作出决议。

第十一届各界人民代表会议第三次会议　1953年6月2日至4日召开。会议总结部署春耕生产、夏锄工作，优属土地代耕以及城乡供销工作，并作出相应的决议。

第十一届各界人民代表会议第四次会议　1953年9月1日至2日召开。参加会议的代表163名。县长赵钟麟作《政府工作报告》，部署秋收、护林防火、优属等工作。县委副书记杨守田就互助合作化运动工作作专题发言。会议通过关于秋收、互助合作等决议，会议收到并办理代表提案160件。

第十一届各界人民代表会议第五次会议　1953年12月7日至9日召开。参加会议代表154名。会议中心内容是贯彻过渡时期总路线，安排冬季生产及征购粮、义仓粮等工作，并作出相应的决议。

第二章　延寿县第一至第六届人民代表大会会议

第一节　第一届人民代表大会历次会议

第一届人民代表大会第一次会议　1954年3月31日至4月4日召开。出席大会的代表147名，列席人员21名。县委书记杨守田作《关于国家过渡时期总路线的报告》，县长赵钟麟作《政府工作报告》，副县长徐廷照作《今后政府工作意见的报告》。大会收到代表提案989件。成立提案整理办公室，下设秘书、地方财政、国合贸易、政法、农村5个组处理提案。大会选出县人民政府委员会委员21名，选举赵钟麟为县长、徐廷照为副县长，选举出席省人民代表大会代表6人。大会通过做好各项工作的决议，号召全县人民树立艰苦朴素的作风，廉洁奉公，努力工作，向社会主义猛进。

第一届人民代表大会第二次会议　1954年8月29日至30日召开。参加会议代表132名。县委书记韩孝恩致开幕词，县委副书记任兴洲致祝词。县长赵钟麟传达黑龙江省人民代表大会第一次会议精神，并作《关于增产保收的进一步计划和措施的报告》。会议收到代表提案300件全部处理，通过农业增产保收、不许美帝国主义侵略台湾的决议。

第一届人民代表大会第三次会议　1955年3月15日至27日召开。参加会议的代表147名。县长赵钟麟传达黑龙江省第一届人民代表大会第二次会议精神，县委书记杨守田作《关于开展以互助合作为中心的农业增产的报告》，副县长徐廷照作《政府第二季度工作计划的报告》。大会选出县人民政府委员会委员11人，选举赵钟麟为县长、徐廷照为副县长，选举门杰为延寿县人民法院院长。会议通过《关于坚决拥护迅速贯彻粮食统购统销的生产定购定销政策的决议》《关于迅速结束备耕，积极做好春耕生产工作的决议》。会议收到并处理424件代表提案。

第一届人民代表大会第四次会议 （缺资料）

第一届人民代表大会第五次会议　1956年6月1日至6日召开。出席会议的代表128名。县长赵钟麟传达黑龙江省第一届人民代表大会第四次会议精神。县委书记刘广田作《动员一切力量为建设社会主义而奋斗的报告》，副县长徐廷照作《五个月的工作总结和今后工作意见的报告》。会议审议通过《关于提高夏锄田间作业质量促使苗全苗壮以增产的决议》《做好夏锄期间农村物资供应工作的决议》《进一步贯彻合作社“三包”、“四固定”普遍推行夏锄小段计划、加强检查夏锄质量以及进一步贯彻执行勤俭办社方针的决议》《深入开展以灭“四害”防疾病为中心的爱国卫生运动的决议》《加强林业工作的决议》《关于发展农村副业生产的决议》。

第二节　第二届人民代表大会历次会议

第二届人民代表大会第一次会议　1956年9月14日至16日召开。出席大会代表127名。县长赵钟麟作《关于县人民委员会两年来工作总结和今后工作意见》的报告。选出县人民委员会委员17名，选举赵钟麟为县长，徐廷照、林培文、张显彬为副县长。会议就增产保收、秋收分配和跨年度生产准备等工作作出决议。

第二届人民代表大会第二次会议　1957年6月28日至29日召开。参加会议代表110名，列席人员109名。会议审议通过县长赵钟麟作的《正确处理人民内部矛盾为争取全面超额完成我县国民经济计划而奋斗的工作报告》《人民法院工作报告》。会议审查批准《1956年财政决算及1957年财政预算的报告》。会议通过农业生产合作社社队分级分权管理的规定、农业社的分配方案等19项决议。会议收到代表提案458件，在会上处理85件。

第二届人民代表大会第三次会议　1958年1月18日至20日召开。出席会议代表96名。这次会议的任务是：动员人民，鼓起革命干劲，为实现农业生产“大跃进”而奋斗。会议审议通过《政府工作报告》《1957年地方财政预算执行情况的报告》《法院工作报告》。选举杨浩天为副县长。会议号召全县人民以“愚公移山”的精神做好各项工作，并通过《农业生产大跃进》等决议。会议收到并处理24件代表提案。

第三节　第三届人民代表大会历次会议

第三届人民代表大会第一次会议　1958 年 4 月 16 日至 19 日召开。会议审议通过副县长张显彬作的《政府工作报告》，讨论如何做好夏锄生产，进一步开展爱国卫生运动等工作，落实文教、卫生工作措施。选出人民委员会委员 9 名，选举赵钟麟为县长，徐廷照、杨浩天为副县长。

第三届人民代表大会第二次会议　1959 年 2 月 4 日召开。会议审议通过《人民委员会工作报告》《卫生工作报告》，讨论兵员征集和复转军人安置的意见，以及实现增产施肥等措施。

第三届人民代表大会第三次会议　1959 年 6 月 29 日至 30 日召开。参加会议代表 110 名。会议审议通过副县长杨浩天作的《克服“右倾”情绪　鼓足干劲　掀起增产节约运动新高潮的工作报告》。审议批准财政局局长陈贵太作的《延寿县 1958 年财政决算和 1959 年财政预算的报告》。县委副书记任兴洲在会上讲话。与会代表学习《中国共产党第八届中央委员会第八次全体会议公报》和《关于开展增产节约运动的决议》。会议收到并处理 161 件代表提案。

第四节　第四届人民代表大会历次会议

第四届人民代表大会第一次会议　1960 年 12 月 16 日至 18 日召开，出席会议代表 139 名。会议审议通过县长李树德作的《依靠党的领导、动员全县人民发奋图强英勇前进的工作报告》及《县人民法院的工作报告》，审查批准《1959 年财政决算和 1960 年、1961 年财政预算报告》。会议选出县人民委员会委员 12 名，选举李树德为县长，杨浩天、张显彬为副县长。会议收到代表提案 105 件。

第四届人民代表大会第二次会议　1961 年 10 月 26 日至 28 日召开。出席会议的代表 115 名，列席人员 36 名。县委副书记韩孝恩作《高举三面红旗、团结一致奋勇前进的报告》。会议审议通过县长李树德作的《认清形势、鼓足干劲、贯彻政策，动员全县人民为完成今冬明春生产工作任务奋勇前进的工作报告》和《县人民法院工作报告》，审议批准《1960年财政决算和1961年财政预算安排意见的报告》。会议收到代表提案58件，立案52件，分别交由政府各部门办理。

第四届人民代表大会第三次会议　1962年4月21日至23日召开。出席会议代表118名，列席人员20名。县委书记任兴洲作《认清形势、鼓足干劲、奋发图强、搞好春耕，为争取1962年农业有个好收成而努力的报告》。会议审议通过副县长张显彬作的《延寿县人民委员会工作报告》，审查批准《1961年财政决算和1962年财政预算安排意见的报告》。会议选举雷雨田为副县长。会议收到代表提案97件，立案86件，交由政府及有关部门办理。

第五节　第五届人民代表大会历次会议

第五届人民代表大会第一次会议　1963年4月15日至17日召开。出席会议代表138名。会议审议通过县长雷雨田作的《更高地举起毛泽东思想伟大红旗，为开展增产节约运动、为争取农业全面丰收、为争取社会主义建设新高潮而奋斗的工作报告》。听取县委副书记毕仁太作的《关于形势任务的报告》。会议讨论研究春季护林防火、爱国卫生运动问题，并作出决议。会议审议批准《关于1962年财政决算和1963年财政预算的报告》和《县人民法院的工作报告》。会议选出县人民委员会委员13名，选举雷雨田为县长，徐廷照、杨浩天、张显彬为副县长。

第五届人民代表大会第二次会议　1964年9月11日至13日召开。出席会议代表125名。会议审议通过县长徐廷照作的《高举毛泽东思想伟大红旗、鼓足更大的革命干劲，为争取各项工作的新胜利而奋斗的政府工作报告》，听取县委副书记毕仁太作的《关于当前形势的报告》，审议批准副县长杨浩天作的《延寿县1963年财政决算和1964年财政预算的报告》。会议选举徐廷照为县长、邱立民为副县长。会议收到代表提案144件。

第六节　第六届人民代表大会历次会议

第六届人民代表大会第一次会议　1965年12月25日至27日召开。出席会议代表132名。会议审议通过《县人民委员会的工作报告》。听取县委副书记刘凤岐作的《形势报告》。会议审议批准副县长路青发作的《延寿县1964年财政决算和1965年财政预算安排意见的报告》《县人民法院工作报告》。会议选出县人民委员会委员13名，选举徐廷照为县长，杨浩天、邱立民、路青发为副县长，选举李树文为县人民法院院长。会议收到代表提案190件。

第六届人民代表大会第二次会议　1966年9月21日至24日召开。出席会议代表112名。会议听取县委书记雷雨田作的《高举毛泽东思想伟大红旗、抓革命促生产、全面完成秋冬各项任务，促进社会主义革命和社会主义建设新高潮的工作报告》。审议批准副县长杨浩天作的《1965年财政决算和1966年财政预算安排意见的报告》。会议选举郑福友、邵永林为副县长。会议收到代表提案92件。

第三章　“文化大革命”期间县人民代表大会

1966年5月16日，中共中央向全国发出了“五一六通知”，“文化大革命”开始。

1966年6月23日，中共延寿县委召开常委会会议，传达省委关于开展“文化大革命”的会议精神，县委成立了“文化大革命”领导小组。

1966年7月13日，县委召开“小五界”会议，动员开展“文化大革命”。7月19日，延寿县第一个红卫兵组织在延寿中学成立并召开“造反有理”大会。

1967年1月30日，造反派在延寿县剧场召开夺权大会，夺权者宣布夺取县委、县政府一切党、政、财、文大权，并将这次大会列入延寿县人民代表大会序列，称“延寿县第七届人民代表大会”。

1967年3月4日，县人武部贯彻中央关于“三支两军”指示，开始对公、检、法、邮电、粮食等部门实行军管军训，稳定局面。

1967年4月30日，全县城乡群众造反组织实行“革命大联合”，5月30日，成立延寿县革命委员会，简称革委会、县革委。它是集党政军大权于一身的权力机关，是行政机关、审判机关、检察机关合为一体的政治体制，是“文化大革命”这一特定历史时期的产物。延寿县人民代表大会这一地方国家权力机关，在“文化大革命”中被临时权力机构——革委会所取代，人民代表大会制度遭到严重破坏。县人民代表大会会议连续十多年没有召开，各级人民代表大会的选举也没有进行，人民代表大会的各项职权和任期内的各级人民代表的合法权利无法正常行使。

1976年“文化大革命”结束。

1980年9月召开县八届人民代表大会第一次会议。延寿县人民代表大会建设工作从此逐步走向正轨。

第四章　延寿县第八至第十七届人民代表大会会议

第一节　第八届人民代表大会历次会议

第八届人民代表大会第一次会议　1980 年 9 月 10 日至 13 日在延寿县革命委员会大会议室召开。实有代表 275 人，列席人员 69 人。

此次会议“正值五届全国人大三次会议胜利召开，延寿县人民响应中国共产党号召，满怀信心，同心同德为在本世纪末实现‘四化’宏伟目标奋勇前进的大好形势下，也是‘无产阶级文化大革命’以来召开的第一次人民代表大会”。

大会的主要任务是，进一步贯彻党的十一届三中、四中全会及五届全国人大三次会议精神，继续深入贯彻“调整、改革、整顿、提高”的八字方针，总结全县三年来的工作，商讨加速延寿县经济建设大计，讨论今后三年的经济建设任务，进一步动员全县人民同心同德、群策群力、完成和超额完成 1980 年国民经济计划，为实现省委提出的在 20 世纪末提前三五年实现国内生产总值人均一千美元的目标而奋斗！

会议听取和审议县委副书记邵永林作的《县革命委员会工作报告》、县人民法院院长李树文作的《延寿县人民法院工作报告》、县人民检察院代检察长冯国祥作的《延寿县人民检察院工作报告》以及县政府《1979 年财政决算和 1980 年财政预算（草案）报告》。

会议认为，《县革命委员会工作报告》完全符合延寿县的实际，反映出全县人民的共同愿望和意志，报告提出的三年的战斗任务和奋斗指标积极可行，只要全县人民共同努力，一定能够实现！

会议审议通过《关于延寿县革命委员会工作报告的决议》《关于延寿县人民法院和延寿县人民检察院工作报告的决议》。

会议还听取县革命委员会副主任李东林作的《提案审查委员会关于提案的审查报告》和县革命委员会副主任王久本作的《关于延寿县1979年财政决算和1980年财政预算的审查报告》。

会议选举王维为县第八届人民代表大会常务委员会主任，选举孙德隆、赵殿宝为延寿县第八届人民代表大会常务委员会副主任；选举门杰、王春芝、李复春、肖淑范、邵文信、庞善政、赵志忠、胡新民、崔长林、甄殿卿为延寿县第八届人民代表大会常务委员会委员；选举邵永林为延寿县人民政府县长，选举王敏、刘长年、李东林、张金凯、张景祥为延寿县人民政府副县长；选举李树文为延寿县人民法院院长、冯国祥为延寿县人民检察院检察长。

会议收到代表提案304件。提案审查委员会经审查提出处理意见，大会责成县政府及有关部门进行处理。

第八届人民代表大会第二次会议　1981年9月21日至23日在县政府大会议室召开。实有代表244人，列席人员54人。

会议听取和审议县长邵永林作的《政府工作报告》、县人大常委会副主任赵殿宝作的《县人大常务委员会工作报告》、副县长张景祥作的《关于延寿县1980年财政决算和1981年财政预算的报告》、县人民法院院长李树文作的《延寿县人民法院工作报告》、县人民检察院检察长冯国祥作的《延寿县人民检察院工作报告》，并作出相应的决议。

会议认为，1980年以来，在县委的正确领导下，县人民政府认真贯彻党的十一届三中全会以来的路线、方针、政策，各条战线、各项工作都有新进展。政府工作报告全面肯定1980年以来政府工作，指出缺点、问题，要求尽快做好城镇建设。

会议通过县人大常委会副主任孙德隆作的《延寿县第八届人民代表大会第二次会议议案审查委员会关于提案的审查报告》。

会议增选苏有富、蔡玉池为副县长。

第八届人民代表大会第三次会议　1983年3月17日至20日在县政府大会议室召开，实有代表211人，列席人员73人。

会议听取和审议代县长张金凯作的《政府工作报告》、县财政局局长杨守刚作的《关于延寿县1982年财政决算和1983年财政预算（草案）安排意见的报告》、人大常委会主任王维作的《延寿县人民代表大会常务委员会工作报告》、县人民法院院长李树文作的《延寿县人民法院工作报告》、县人民检察院检察长冯国祥作的《延寿县人民检察院工作报告》，并作出相应的决议。

会议认为，1982年县人民政府，在县委的领导下，坚定不移地贯彻执行党的十一届三中全会以来的路线、方针、政策，各条战线、各项工作都有新的进展，政治上进一步巩固和发展安定团结的政治局面，国民经济在调整中继续稳步前进。《政府工作报告》全面总结1982年的工作，既肯定成绩，又指出存在的问题，符合延寿县的实际情况，会议对县人民政府1982年的工作表示满意。

会议通过县人大常委会副主任孙德隆作的《延寿县第八届人民代表大会第三次会议议案审查委员会关于提案的审查报告》。

会议选举刘长年、李东林、张景祥为延寿县人民代表大会常务委员会副主任，张金凯为延寿县人民政府县长，选举王维、朴重根、胡新民、韩志刚为出席黑龙江省第六届人民代表大会代表。

会议收到代表提案82件，经议案审查委员会审查，符合立案条件的66件，不立案的16件，不立案的提案按来信来访转给有关部门处理，立案的66件提案分别转交县人民政府、县人民法院和有关部门处理，并将处理情况和结果及时向县人大常委会报告。

第二节　第九届人民代表大会历次会议

第九届人民代表大会第一次会议　1984年4月10日至13日在县政府大会议室召开。实有代表237人，列席人员53人。

会议听取和审议代县长邵志忠作的《政府工作报告》、副县长李复华作的《关于1983年财政决算和1984年财政预算安排意见的报告》。会议听取和审议县人大常务委员会副主任赵殿宝作的《延寿人民代表大会常务委员会工作报告》、县人民法院院长李树文作的《延寿县人民法院工作报告》、延寿县人民检察院代检察长陈维新作的《延寿县人民检察院工作报告》。会议作出《关于延寿县人民代表大会常务委员会工作报告的决议》《关于延寿县人民法院工作报告的决议》《关于延寿县人民检察院工作报告的决议》。

会议认为，1981年至1983年，是全面改革、全面振兴的三年。全县干部群众战胜连续三年各种严重的自然灾害，艰苦努力完成国民经济发展计划，各项工作都有新的进展。《政府工作报告》对政府工作肯定成绩，提出开创经济工作新局面的任务和各项措施。会议指出，延寿县经济建设同国家要求，同邻县比较，前进的步子不大，经济体制改革工作还不够彻底，经济效益不高，必须下决心努力改变这种局面。

会议通过《延寿县第九届人民代表大会关于提案改为议案的实施办法》。根据《地方组织法》第二章第十四条规定，本次大会开始，将提案改为议案，会议期间设立议案审查委员会，不再设提案审查委员会。以后，对人民代表在大会期间或闭会期间所提出的建议、批评和意见，不再称为代表提案。

会议通过人大常委会副主任刘长年作的《延寿县第九届人民代表大会第一次会议代表资格审查委员会关于代表资格的审查报告》。

会议选举王维为人大常委会主任，赵殿宝、李东林、张景祥、刘长年、孙德隆为副主任，庞善政、王春芝、邵文信、门杰、李复春、赵志忠、肖淑范、甄殿清为人大常委会委员。选举邵志忠为县长，王敏、苏有富、申龙日、李复华为副县长。李树文为县人民法院院长、陈维新为县人民检察院检察长。

会议收到代表议案39件，经过议案审查委员会审查，有9件议案大会予以立案，其中3件提交大会主席团审议，另外6件由县人大常委会审查并提出处理意见后交县政府等有关部门处理。其余30件议案，属于向县人民政府等有关部门提出的工作建议或批评，与代表提出的意见、批评和意见一并交由县人民政府及有关部门处理。另外，会议4月12日收到的代表书面建议、批评和意见40件，经分类整理，大会结束后交县人民政府及有关部门处理。

第九届人民代表大会第二次会议　1985年4月8日至11日在县政府大会议室举行。应出席代表235人。

会议听取和审议县长邵志忠作的《政府工作报告》、副县长李复华作的《关于1984年财政决算和1985年财政预算安排意见的报告》。听取和审议县人大常委会副主任刘长年作的《延寿县人大常委会工作报告》、县人民法院院长李树文作的《延寿县人民法院工作报告》、县人民检察院检察长陈维新作的《延寿县人民检察院工作报告》，并作出相应的决议。

会议收到代表议案35件，经议案审查委员会审查，将议案同4月9日代表提出的85条书面建议、批评和意见进行统一分类整理后，全部交由县人民政府及有关部门处理。

第九届人民代表大会第三次会议　1986年4月1日至3日在县政府大会议室召开。应出席代表239人，列席人员67人。

会议听取和审议县长邵志忠作的《政府工作报告》、副县长苏有富作的《关于延寿县国民经济和社会发展第七个五年计划（草案）的报告》、副县长李复华作的《关于1985年财政决算和1986年财政预算（草案）安排意见的报告》、县人大常委会副主任李东林作的《关于延寿县人大常委会工作报告》、县人民法院代院长王凤翔作的《延寿县人民法院工作报告》、县人民检察院检察长陈维新作的《延寿县人民检察院工作报告》，并作出相应的决议。

会议认为，县《政府工作报告》提出的延寿县1986年的各项任务，符合党的全国代表会议精神和省委关于“两改两开，富国富民”的方针，各项计划指标积极可行。全面完成1986年的各项任务，对于实现第七个五年计划有着重要意义。

会议通过《延寿县第九届人民代表大会第三次会议选举办法》。

会议选举孙衍林为延寿县第九届人民代表大会常务委员会副主任，选举刘英辉、邱桂兰、李晓娟、陈万清为人民代表大会常务委员会委员。选举闫杰民、张东辉为延寿县人民政府副县长。

会议接受王向东、吴世周辞去在延寿县第九届人民代表大会常务委员会中担任的职务和李树文辞去延寿县人民法院院长职务的请求。

会议收到代表提出的议案及代表建议、批评和意见114件。经议案审查委员会审查，认为需要立案的议案3件，这3件议案已经大会主席团审查批准立案，交由县人民政府做专案处理，县人大常委会负责催办和协助并将处理结果逐件向县九届人大四次会议做专题报告。其余议案，同代表提出的建议、批评和意见一并交由县人民政府及有关部门和“法检”两院研究处理。

第九届人民代表大会第四次会议　1987年4月12日至14日在县政府大会议室举行。应出席代表232人。

会议听取和审议代县长范德武作的《政府工作报告》、副县长李复华作的《关于延寿县1986年财政决算和1987年财政预算安排意见的报告》、县人大常委会副主任栾振芳作的《关于“发扬艰苦奋斗、勤俭建国的光荣传统，广泛深入地开展增产节约、增收节支运动决议”（草案）的说明》。听取县人大常委会主任王维作的《延寿县人大常委会工作报告》、县人民法院院长王凤翔作的《延寿县人民法院工作报告》、县人民检察院检察长陈维新作的《延寿县人民检察院工作报告》，并作出相应的决议。

会议通过《延寿县第九届人民代表大会第四次会议选举办法》，选举范德武为县人民政府县长。

会议收到代表提出的议案17件，代表建议、批评和意见85件，经议案审查委员会审查并分类整理，符合立案条件的议案12件，立案的议案及代表建议、批评和意见分别交由县政府及有关部门办理。

第三节　第十届人民代表大会历次会议

第十届人民代表大会第一次会议　1987年9月24日至25日在县政府大会议室召开。应出席代表147人，列席人员97人。

会议听取和审议人大常委会副主任孙衍林作的《延寿县县、乡两级人民代表大会换届选举工作报告》，审议通过《延寿县第十届人民代表大会第一次会议选举办法》。

会议选举刘长年为延寿县第十届人民代表大会常务委员会主任，选举孙衍林、王春芝、王玉为人大常委会副主任，选举王太生、庄大力、朱海、吴荣山、苏彦华、汪俊、李晓娟、邱桂兰、庞善政、郑越平、徐再军、高期、康甫贞为人大常委会委员[①]。会议选举范德武为延寿县人民政府县长，选举申龙日、刘峰、李复华、张东辉、胡新民为延寿县人民政府副县长。选举王凤翔为延寿县人民法院院长，选举陈维新为延寿县人民检察院检察长。

会议选举出延寿县出席黑龙江省第七届人民代表大会代表：马国良、范德武、金哲珠（朝鲜族）、徐文政、董克勇、鲁琪。

会议收到代表提出的议案7件，代表提出的建议、批评和意见42件，经议案审查委员会审查，全部交由县政府及相关部门处理。

第十届人民代表大会第二次会议　1988年3月29日至31日在县政府大会议室举行。应出席代表148人，列席人员105人。

会议听取和审议县长范德武作的《政府工作报告》、县政府《延寿县国民经济和社会发展一九八七年计划执行情况和一九八八年计划（草案）的报告》、县政府《关于延寿县1987年财政预算执行情况和1988年财政预算（草案）的报告》。会议听取和审议县人大常委会主任刘长年作的《延寿县人民代表大会常务委员会工作报告》、县人民法院院长王凤翔作的《延寿县人民法院工作报告》、县人民检察院检察长陈维新作的《延寿县人民检察院工作报告》，并作出相应的决议。

会议肯定1984年以来，延寿县认真贯彻执行党的十一届三中全会以来的路线、方针、政策，坚定不移地实行改革开放，国民经济逐步走向持续稳定增长的轨道，各项国

---

① 此名单为候选人名单，下同。

民经济发展指标逐年增长。粮食生产登上新台阶，工业生产稳步发展，基本建设、对外贸易和横向联合都取得一定的成绩。财政收入稳步增加，城乡市场繁荣活跃。人民的生活水平得到提高。教育、科学、文化、卫生、体育等各项事业得到发展，公安、司法、民兵工作取得成绩。

会议补选张振民为延寿县第十届人大常委会副主任。会议通过延寿县第十届人民代表大会常务委员会关于接受王太生辞去人大常委会委员的决定。

会议收到代表议案9件，代表建议、批评和意见39件。经议案审查委员会审查，认为王庆有等11名代表提出的关于人民生活经济负担越来越重的问题的议案，涉及面广，直接关系人民群众的经济利益，属于重大事项，拟交县人大常委会与有关部门进行专项调查，提请人大常委会审议。其他议案及代表建议、批评和意见交由县政府及有关部门处理。

第十届人民代表大会第三次会议 1989年3月27日至29日在县政府大会议室召开。应出席代表147人，列席人员101人。

会议听取和审议县长范德武作的《政府工作报告》、副县长张东辉作的《关于延寿县1988年财政预算执行情况和1989年财政预算（草案）完整意见的报告》、人大常委会副主任孙衍林作的《延寿人民代表大会常务委员会工作报告》，会议还听取和审议县人民法院院长王凤翔作的《延寿县人民法院工作报告》、县人民检察院检察长陈维新作的《延寿县人民检察院工作报告》，并作出相应的决议。

会议认为，在过去的一年里，县政府按县十届人民代表大会第二次会议确定的各项任务，在实际工作中，认真贯彻党的十三大和十三届三中全会精神，坚持改革开放和经济工作与思想政治工作并举的方针，推进两个文明建设，克服困难和各种不利因素，为推动延寿县整治、改革与发展，做出了艰苦的努力。全县国民经济持续稳定增长，经济体制改革逐步深化，财政收入稳步增加，粮食生产创历史最高水平，工业生产、财贸工作、基本建设都取得新进展。社会福利事业，科技、教育、卫生、社会秩序及政府的廉政建设都取得明显的效果，会议对县政府过去一年的工作表示满意。

会议审议通过《关于延寿县第十届人民代表大会第三次会议代表提出的议案处理意见的报告》。

会议收到代表提出的议案7件，代表建议、批评和意见35件。经议案审查委员会审查，认为王海清和王久本等21名代表提出的2件议案属于人民生活中的重大问题，拟交县政府列入重要议程，提出实施方案，并将议案落实情况向县人大常委会报告，其余议案及代表建议、批评和意见交由县政府研究处理。

第十届人民代表大会第四次会议 1990年3月26日至28日在县政府大会议室举行，应出席代表136人。

会议听取和审议代县长徐志文作的《政府工作报告》、副县长刘兆亿作的《延寿县1989年财政预算执行情况和1990年财政预算（草案）的报告》。会议听取和审议县人大常委会副主任孙衍林作的《县人大常务委员会工作报告》、县人民法院院长王凤翔作的《县人民法院工作报告》、县人民检察院副检察长耿长山作的《县人民检察院工作报告》、县人大常委会财政预算审查委员会《关于延寿县1989年财政预算执行情况和1990年财政预算（草案）安排意见的报告》、议案审查委员会《关于代表议案审查结果的报告》，并作出相应的决议。

会议认为，县人民政府在1989年，认真贯彻落实党的十三届三中、四中、五中全会精神，按照县十届人大三次会议的要求。在比较严峻的形势下，较好地履行政府的职责，为推动延寿县治理整顿、深化改革及国民经济和各项社会事业的发展，稳定全县政治、经济形势做出积极的努力。会议对县政府1989年的工作表示满意。

会议通过关于接受范德武辞去延寿县人民政府县长职务的决定。会议选举徐志文为延寿县人民政府县长。会议通过议案审查委员会主任委员王玉作的《关于延寿县第十届人民代表大会第四次会议代表提出的议案处理意见的报告》。

会议收到代表议案17件，代表建议、批评和意见65件。经议案审查委员会审查，王文学等10名代表提出的议案，大会责成县人大常委会督促县政府进行落实，其余7件议案不作立案处理，同代表建议、批评和意见一起交由县政府及有关部门处理。

第四节 第十一届人民代表大会历次会议

第十一届人民代表大会第一次会议 1991年2月23日至25日在县政府大会议室举行。应出席代表188人，列席人员68人。

会议听取和审议县长徐志文作的《政府工作报告》、副县长刘兆亿作的《1990年财政预算执行情况和1991年财政预算（草案）安排意见的报告》、县人大常委会副主任孙衍林作的《延寿县人民代表大会常务委员会工作报告》、县人民法院院长王凤翔作的《延寿县人民法院工作报告》、县人民检察院检察长耿长山作的《延寿县人民检察院工作报告》、财政审查委员会《关于1990年预算执行情况和1991年财政预算审查报告》、议案审查委员会《关于代表议案审查结果的报告》，并作出相应的决议。

会议认为，在过去三年多的时间里，县政府认真贯彻执行党的十一届三中全会以来的一系列方针政策，坚持以经济建设为中心，坚持改革开放，坚持发挥政治优势，带领全县人民振奋精神，艰苦奋斗，努力克服前进道路上的各种困难，促进两个文明建设。全县经济稳定、社会稳定，各项事业都有新进展。粮食生产突破4亿斤大关，工业生产在困境中初步抑制下滑的势头，为延寿县经济的发展创造有利条件。会议对政府过去三年多的工作表示满意。

会议通过《延寿县国民经济和社会发展“八五”计划和十年规划的决议》。

会议通过《延寿县人大常委会关于陈维新辞去县人民检察院检察长职务的决定》。

会议选举孙衍林为县人大常委会主任，选举王玉、王春芝（女）、刘秀峰、杨守刚、张志民为县人大常委会副主任，选举王福军、冯国军、朱海、庄大力、刘志清、苏彦华（女）、李云、李春、吴荣山、邱桂兰（女）、张兴、张延林、郑越平、黄庆新为县人大常委会委员。会议选举徐志文为延寿县人民政府县长，尹太、刘同富、刘兆亿、张东辉、张春雨、胡新民为延寿县人民政府副县长。选举王凤翔为延寿县人民法院院长、耿长山为延寿县人民检察院检察长。

第十一届人民代表大会第二次会议 1992年3月9日至11日在县政府大会议室召开。应出席代表188人，列席人员78人。

会议听取和审议县长徐志文作的《政府工作报告》、副县长刘兆亿作的《关于延寿县1991年财政预算执行情况和1992年财政预算安排意见的报告》、县人大常委会主任孙衍林作的《县人大常委会工作报告》、县人民法院院长王凤翔作的《延寿县人民法院工作报告》、县人民检察院检察长耿长山作的《延寿县人民检察院工作报告》、县财政预决算审查委员会主任委员杨守刚作的《延寿县第十一届人民代表大会第二次会议财政预决算审查委员会关于1991年财政预算执行情况和1992年财政预算安排意见的审查报告》、县人大常委会副主任、议案审查委员会主任王玉作的《延寿县第十一届人民代表大会第二次会议议案审查委员会关于议案审查的报告》，并作出相应的决议。

会议认为，在过去的一年里，县政府认真贯彻执行党的基本路线，带领全县人民努力克服前进道路上的各种困难，促进经济和社会的稳定发展。农业在大灾之年取得较好收成，工业生产滑坡初步得到抑制并出现回升势头，财政经济在极端困难的情况下基本上保证了正常运转，会议对政府过去的一年工作表示满意。

会议选举张兴为第十一届人大常委会委员。

会议收到代表议案7件，代表建议、批评和意见33件。经议案审查委员会审查，议案中3件予以立案，其余4件作为代表建议同代表建议、批评和意见一起交由县政府及有关部门处理。

第十一届人民代表大会第三次会议　1992年11月29日至30日在县政府大会议室召开，应出席代表184人，列席人员32人。

会议听取和审议延寿县第十一届人民代表大会常务委员代表资格审查委员会《关于延寿县第十一届人民代表大会第二次会议以来补选代表的代表资格审查报告》。

会议通过《关于接受徐志文辞去延寿县人民政府县长职务的决定》《关于接受王凤翔辞去延寿县人民法院院长职务的决定》。

会议选出延寿县出席黑龙江省第八届人民代表大会代表3人（按得票多少为序）：孙衍林、李春林、赵新民。

会议选举苏有富为延寿县第十一届人民代表大会常务委员会副主任，选举刘同富为延寿县人民政府县长，选举汪俊为县人民法院院长。

第十一届人民代表大会第四次会议　1993年3月8日至9日在县政府大会议室召开。应出席代表188人，列席人员86人。

会议听取和审议县长刘同富作的《政府工作报告》、副县长刘兆亿作的《关于延寿县1992年财政预算执行情况和1993年财政预算（草案）安排意见的报告》、县人大常委会副主任刘秀峰作的《县人大常委会工作报告》、县人民法院院长汪俊作的《延寿县人民法院工作报告》、县人民检察院检察长耿长山作的《延寿县人民检察院工作报告》、预决算审查委员会主任杨守刚作的《财政预决算审查委员会关于延寿县1994年预算执行情况和1993年预算安排意见的审查报告》、代表资格审查委员会主任委员王春芝作的《关于延寿县第十一届人民代表大会第三次会议以来补选代表的代表资格审查报告》，并作出相应的决议。

会议认为，在过去的一年里，县政府认真贯彻执行党的十四大精神，坚持以经济建设为中心，坚持改革开放，带领全县人民振奋精神，艰苦奋斗，全力拼搏，克服重重困难，促进全县经济和各项事业的发展。粮食生产获得2.03亿千克的好收成，工业生产结束长期亏损的局面，扭亏为盈。会议对县政府1992年的工作表示满意。

会议补选张海瑞为延寿县第十一届人民代表大会常委会副主任，补选田德才为延寿县出席黑龙江省第八届人民代表大会代表。

会议收到代表议案4件，代表建议批评和意见30件。经议案审查委员会审查，王文玉等4名代表提出的警队处理案件不及时的议案予以立案，其余3件作为代表建议同代表建议、批评和意见一起交由县政府及有关部门处理。

第五节　第十二届人民代表大会历次会议

第十二届人民代表大会第一次会议　1993年11月10日至12日在县政府会议室召开。应出席代表184人，列席人员56人。

会议听取和审议县长刘同富作的《政府工作报告》、县人大常委会副主任苏有富作的《延寿县人大常委会工作报告》、县人民法院院长汪俊作的《延寿县人民法院工作报告》、县人民检察院检察长耿长山作的《延寿县人民检察院工作报告》，并作出相应的决议。

会议认为，三年来，县政府认真贯彻执行党的十一届三中全会以来的路线、方针、政策，贯彻执行县十一届人民代表大会通过的决议，坚持以经济建设为中心，坚持四项基本原则和改革开放的方针，坚持实事求是的思想路线，发挥政治优势，带领全县人民振奋精神，艰苦奋斗，努力克服各种困难，促进两个文明建设。全县经济稳定，各项事业都有新进展，为延寿县经济发展和社会进步创造有利条件。会议对县政府三年来的工作表示满意。

会议接受尹太辞去副县长的请求。会议审议通过《关于延寿县第十二届人民代表大会第一次会议代表提出的议案处理意见的报告》。

会议选举苏有富为延寿县第十二届人民代表大会常务委员会主任，选举刘同富为延寿县人民政府县长，选举汪俊为县人民法院院长、耿长山为县人民检察院检察长，选举（以得票多少为序）尹太、王春芝（女）、张海瑞、郭玉昆为县第十二届人大常委会副主任，选举（以得票多少为序）张东辉、胡新民、刘兆亿、金秀吉、潘福生、杜春光为县政府副县长，选举（以得票多少为序）苏彦华（女）、李延华（女）、朱海、李春、邱桂兰（女）、王福军、张延林、黄庆新、吴荣山、才石、徐作良为县第十二届人大常委会委员。

会议审议通过《关于延寿县第十一届人民代表大会第四次会议期间王文玉等十四名代表联名提出的居民用电收费管理问题议案办理情况的报告》，县人大常委会副主任、县选举委员会副主任王春芝作的《关于县乡两级人大代表换届选举工作报告》、县人民政府《关于县十一届人大四次会议期间代表提出的议案，建议、批评和意见办理情况的报告》。

会议收到代表议案4件，代表建议、批评和意见32件。经议案审查委员会审议，全部作为建议、批评和意见交由县政府及有关部门处理。

第十二届人民代表大会第二次会议　1994年4月6日至7日在县政府大会议室召开。应出席代表185人，列席人员72人。

会议听取和审议县长刘同富作的《政府工作报告》、副县长刘兆亿作的《关于延寿县1993年财政预算执行情况和1994年财政预算（草案）安排意见的报告》、副县长刘兆亿作的《财政预决算审查委员会关于1993年财政预算执行情况和1994年财政预算安排意见的报告》、县人大常委会副主任王春芝作的《议案审查委员会关于议案审查的报告》，并作出相应的决议。

会议认为，过去的一年，县政府认真贯彻落实党的十四大精神，艰苦奋斗，努力克服诸多特殊困难，促进全县经济和各项事业的发展，城乡人民生活得到进一步改善。会议听取县政府《关于县十二届人大一次会议期间代表提出的议案、建议、批评和意见办理情况的报告》。会议补选李秀林为延寿县第十二届人民代表大会常务委员会委员。

会议收到代表议案5件，代表建议、批评和意见22件。经议案审查委员会审查，全部作为代表建议、批评和意见交由县政府及有关部门处理。

第十二届人民代表大会第三次会议　1995年3月28日至30日在县粮食局三楼会议室召开。实有代表185人，列席人员77人。

会议听取和审议县长刘同富作的《政府工作报告》、副县长杜春光作的《关于延寿县1994年财政预算执行情况和1995年财政预算（草案）安排意见的报告》、县政府《延寿县1994年国民经济和社会发展计划（草案）的报告》、县人大常委会副主任尹太作的《延寿县人民代表大会常务委员会工作报告》、县人民法院院长汪俊作的《延寿县人民法院工作报告》、县人民检察院检察长耿长山作的《延寿县人民检察院工作报告》、议案审查委员会主任委员王春芝作的《关于延寿县第十二届人民代表大会第三次会议代表提出的议案处理意见的报告》、财政预算审查委员会主任委员尹太作的《延寿县第十二届人民代表大会第三次会议财政审查委员会关于1994年财政预算执行情况和1995年财政安排意见的审查报告》，并作出相应的决议。

会议认为，1994年，县政府认真贯彻落实党的十四届三中、四中全会精神，艰苦奋斗，顽强拼搏，克服困难，加强协调，扎实工作，促进全县经济和各项事业的发展，人民生活得到改善。

会议通过县人民政府《关于县十二届人大二次会议期间代表提出议案建议、批评和意见办理情况的报告》。

会议选举王宏达、韩维新为延寿县第十二届人民代表大会常务委员会委员。

会议收到代表议案5件，代表建议、批评和意见32件。经议案审查委员会审查，5件议案均属于县政府职权范围内的事项，不予立案，作为代表建议同其他代表建议、批评和意见交由县政府及有关部门处理。

第十二届人民代表大会第四次会议　1996年3月27日至29日在县政府大会议室召开。应出席代表184人，列席人员77人。

会议听取和审议代县长杨靖武作的《政府工作报告》、副县长杜春光作的《关于延寿县1995年财政预算执行情况和1996年财政预算（草案）安排意见的报告》、县人大常委会副主任王春芝作的《县人大常委会工作报告》、县人民法院代院长王彬作的《延寿县人民法院工作报告》、县人民检察院代检察长张永新作的《延寿县人民检察院工作报告》，并作出相应的决议。

会议审议通过《延寿县"九五"计划和2010年远景目标》《延寿县1996年国民经济和社会发展计划（草案）的报告》。会议选举杨靖武为延寿县人民政府县长，选举王彬为县人民法院院长，选举张永新为县人民检察院检察长，选举于广富、张金为县第十二届人大常委会委员。

会议收到代表提出的议案、建议、批评和意见43件。经议案审查委员会审查，全部交由县政府及各有关部门办理。

第十二届人民代表大会第五次会议　1996年12月11日在县政府大会议室召开，实有代表182人。

会议通过《第十二届人民代表大会第五次会议选举办法》。

会议选举焦双武、李克军、苏有富、杨靖武、马明璋、王玉、白云子（女，朝鲜族）、祈国柱、张金、郑延民、韩维新为延寿县出席哈尔滨市第十届人民代表大会代表。

第十二届人民代表大会第六次会议　1997年3月23日至24日在县政府大会议室召开。应出席代表189人，列席人员116人。

会议听取和审议县长杨靖武作的《政府工作报告》、副县长杜春光作的《关于延寿县1996年财政预算执行情况和1997年财政预算安排意见的报告》、县人大常委会副主任尹太作的《延寿县人民代表大会常务委员会工作报告》、县人民法院院长王彬作的《延寿县人民法院工作报告》、县人民检察院检察长张永新作的《延寿县人民检察院工作报告》，并作出相应的决议。

会议认为，1996年，县政府认真实施"九五"计划和2010年远景规划，紧紧围绕脱贫致富，建设农业强县的战略目标，解放思想、实事求是、艰苦创业、开拓进取，战胜各种困难，两个文明建设取得突破性成果，全县经济和社会各项事业得到进一步发展，人民生活得到进一步改善。

会议审议通过议案审查委员会主任委员王春芝作的《关于代表议案审查结果的报告》、财政预决算审查委员会主任委员尹太作的《财政预算审查委员会关于1996年财政预算执行情况和1997年财政预算安排的审查报告》。

会议听取县人民政府《关于县十二届人大四次会期间代表提出的议案，建议、批评和意见办理情况的报告》。

会议收到代表议案8件，代表建议、批评和意见23件。全部转交县政府及各有关部门办理。

第六节　第十三届人民代表大会历次会议

第十三届人民代表大会第一次会议　1997年10月27日至29日在县政府大会议室召开。应出席代表169名，列席人员106名。

会议听取和审议县长杨靖武作的《政府工作报告》、县人大常委会副主任郭玉昆作的《延寿县人大常委会工作报告》、县人民法院院长王彬作的《延寿县人民法院工作报告》、县人民检察院检察长张永新作的《延寿县人民检察院工作报告》，并作出相应的决议。

会议认为，县人民政府圆满完成县十二届人大历次会议确定的各项工作任务，围绕脱贫致富、建设农业强县的战略目标，带领全县人民解放思想，深化改革，扩大开放，艰苦创业，开拓进取，全县经济建设步入正常的运行轨道，为实现今后五年跨世纪的目标，奠定坚实的基础。

会议通过县人大常委会副主任王春芝作的《十三届人民代表大会第一次会议代表议案审查报告》。

会议选举邵文信为延寿县第十三届人大常委会主任，选举贾振宝、王春芝（女）、张海瑞、郭玉昆为延寿县人大常委会副主任，选举李延超、张亚松、王宏达、张金、孙玉洁（女）、梁玉英（女）、关立新、石万春、刘迁、李明杰、李秀林、张承亨、邢玉亮、王福义、丁长林、孙钟万为延寿县第十三届人大常委会委员。

会议选举杨靖武为延寿县人民政府县长，选举徐增得、潘福生、赵玉江、张富江、赵长满为延寿县人民政府副县长。会议选举王彬为县人民法院院长、张永新为县人民检察院检察长。

会议选举马明璋、王兆忠、白云子（女，朝鲜族）、白桂俊（朝鲜族）、刘保江、孙玉洁（女）、李克军、张金、邵文信、杨靖武、姜明、贾德君、焦双武为出席哈尔滨市第十一届人民代表大会代表。

第十三届人民代表大会第二次会议 1998 年 3 月 25 日至 26 日在县政府大会议室召开。应出席代表 169 人，列席人员 109 人。

会议传达黑龙江省和哈尔滨市人民代表大会会议精神。

会议听取和审议县长杨靖武作的《政府工作报告》、县政府《延寿县人民政府关于 1997 年国民经济和社会发展计划执行情况与 1998 年计划（草案）的报告》、副县长徐增得作的《关于延寿县 1997 年财政预算执行情况和 1998 年财政预算（草案）安排意见的报告》、县人大常委会副主任贾振宝作的《延寿县人大常委会工作报告》、县人民法院院长王彬作的《延寿县人民法院工作报告》、县人民检察院检察长张永新作的《延寿县人民检察院工作报告》、财政预算审查委员会《关于 1997 年财政预算执行情况和 1998 年财政预算安排意见的审查报告》、议案审查委员会《关于议案审查的报告》，并作出相应的决议。

会议认为，1997 年县政府实施《延寿县“九五”计划和 2010 年远景目标》计划，围绕脱贫致富，建设农业强县，以经济建设为中心，解放思想，深化改革，扩大开放，战胜各种困难，两个文明建设取得突破性成果，全县经济和社会各项事业得到进一步发展，人民生活得到进一步改善。

会议收到代表议案 7 件，代表建议、批评和意见 19 件，经议案审查委员会审查全部交由县政府及有关部门办理。

第十三届人民代表大会第三次会议 1999 年 2 月 28 日至 3 月 1 日在县政府大会议室召开。应出席代表 169 人，列席人员 100 人。

会议听取和审议县长杨靖武作的《政府工作报告》、县政府《关于延寿县 1996 年国民经济和社会发展计划执行情况与 1999 年计划（草案）的报告》、副县长徐增得作的《关于延寿县 1998 年财政预算执行情况和 1999 年财政预算（草案）安排意见的报告》、县人大常委会副主任贾振宝作的《县人大常委会工作报告》、县人民法院院长王彬作的《延寿县人民法院工作报告》、县人民检察院检察长张永新作的《延寿县人民检察院工作报告》。会议还听取财政预算审查委员会《关于 1998 年财政预算执行情况和 1999 年财政预算安排意见的审查报告》，议案审查委员会《关于第十三届人民代表大会第三次会议代表提出的议案处理意见的报告》，并作出相应的决议。

会议认为，1998年县人民政府贯彻党的十五大精神，按照县委的部署和县十三届人大二次会议的要求，全面完成县十三届人大二次会议确定的各项任务。

会议收到代表议案1件，代表建议、批评和意见17件，经议案审查委员会审查，全部作为代表建议、批评和意见交由县政府及有关部门处理。

第十三届人民代表大会第四次会议　2000年1月19日至20日在县政府大会议室举行，应出席代表170人，列席人员98人。

会议听取和审议县长杨靖武作的《政府工作报告》、副县长赵玉江作的《关于延寿县1999年财政预算执行情况和2000年财政预算（草案）安排意见的报告》、县政府《关于1999年国民经济和社会发展计划执行情况与2000年计划（草案）的报告》、县人大常委会副主任贾振宝作的《延寿县人大常委会工作报告》、县人民法院院长王彬作的《延寿县人民法院工作报告》、县人民检察院检察长张永新作的《延寿县人民检察院工作报告》。会议还听取财政预算审查委员会《关于延寿县1999年财政预算执行情况和2000年财政预算安排意见的审查报告》和议案审查委员《关于议案处理结果的报告》，并作出相应的决议。

会议认为，1999年，县政府按照富民强县的总体思路和县委十二届二次全会、县人大十三届三次会议的部署，认真实施“九五”计划和2010年远景目标纲要，紧紧围绕富民强县，不断增强县域经济综合实力的目标，以经济建设为中心，不断解放思想，深化改革，扩大开放，加快发展，战胜各种困难，两个文明建设取得突破性成果，全县经济和社会各项事业得到发展，人民生活得到改善。

会议收到代表议案2件，代表建议、批评和意见20件，经议案审查委员会审查，全部作为代表建议、批评和意见交由县政府办理。

第十三届人民代表大会第五次会议　2001年1月11日至13日在县政府大会议室召开，应出席代表177人。

会议听取和审议代县长徐增得作的《政府工作报告》、县政府《关于2000年国民经济和社会发展计划执行情况与2001年计划（草案）报告》（书面）、副县长赵玉江作的《关于延寿县2000年财政预算执行情况和2001年财政预算（草案）安排意见的报告》、县政府《延寿县国民经济和社会发展“十五”计划和到2015年规划纲要》（书面）、县人大常委会副主任贾振宝作的《延寿县人大常委会工作报告》、县人民法院院长王彬作的《延寿县人民法院工作报告》、县人民检察院检察长张永新作的《延寿县人民检察院工作报告》、县政府《关于县十三届人大四次会议以来代表提出的建议、批评和意见办理情况的报告》、县人大常委会副主任贾振宝作的《延寿县第十三届人民代表大会第五次会议代表提出的议案处理意见的报告》、财政预算审查委员会主任委员王春芝作的《关于延寿县2000年财政预算执行情况和2001年财政预算的审查报告》，并作出相应的决议。

会议认为，“九五”期间和2000年全县人民在邓小平理论和党的基本路线指引下，在改革开放贯彻落实县委确定的各项重大决策，经济建设和社会发展等方面取得了成绩。

会议选举徐增得为延寿县人民政府县长，补选闫静海为延寿县人民代表大会常务委员会副主任，（以得票多少为序）补选马明璋、毛文玉、任宝福、蒋晓新（女）为县人民代表大会常务委员会委员。

会议收到代表议案1件，代表建议、批评和意见20件，经议案审查委员会审查，全部作为建议、批评和意见，交由县政府有关部门办理。

第十三届人民代表大会第六次会议 2002年3月13日至14日在县政府大会议室举行。应出席代表175名，列席人员106名。

会议听取和审议县长徐增得作的《政府工作报告》、县政府《关于延寿县2001年国民经济和社会发展计划执行情况与2002年计划（草案）的报告》、副县长李新友作的《关于延寿县2001年财政预算执行情况和2002年财政预算（草案）安排意见的报告》、县人大常委会副主任闫静海作的《延寿县人民代表大会常务委员会工作报告》、县人民法院院长王彬作的《延寿县人民法院工作报告》、县检察院检察长张永新作的《延寿县人民检察院工作报告》，会议听取和审议财政预算审查委员《关于延寿县2001年财政预算执行情况和2002年财政预算（草案）安排意见的审查报告》、议案审查委员会《关于代表议案审查结果的报告》，并作出相应的决议。

会议认为，县政府较好地完成十三届人大五次会议确定的各项工作任务，为实现“九五”计划和远景计划目标打下基础。会议指出，由于体制性，结构性矛盾仍然没有从根本上解决，导致经济发展中依然存在问题和困难。县政府要在从这今后一个时期的工作中，在县委和领导下，带领全县人民振奋精神、开拓进取、迎难而上，为延寿县的新发展而奋斗。

会议接受贾振宝、王春芝辞去延寿县人民代表大会常务委员会副主任的请求。

会议收到代表提出的议案7件，代表建议、批评和意见18件。经议案审查委员会审查，全部作为建议、批评和意见交由县政府有关部门办理。

第七节　第十四届人民代表大会历次会议

第十四届人民代表大会第一次会议　2002年10月29日至31日在政府大会议室举行。会议实有代表168名，列席人员108名。

会议听取和审议代县长黄明作的《政府工作报告》、县政府《延寿县1998至2002年国民经济和社会发展情况与2003年至2007年计划（草案）报告》、县人大常委会副主任闫静海作的《延寿县人民代表大会常务委员会工作报告》、县人民法院代院长隋海滨作的《延寿县人民法院工作报告》、县人民检察院代检察长李哲作的《延寿县人民检察院工作报告》，议案审查委员会《关于延寿县第十四届人民代表大会第一次会议代表议案处理意见的报告》，并就有关报告作出相应的决议。

会议认为，县政府紧紧围绕脱贫致富、富民强县的战略目标，带领全县人民解放思想，抓住机遇，深化改革，扩大开放，艰苦创业，开拓进取，较好地完成县第十三届人民代表大会第一次会议通过的各项工作任务和各项指标，全县经济建设已经步入快速发展的运行轨道，为实现“十五”计划的宏伟目标，奠定坚实的基础。

会议选举潘福生为延寿县人民代表大会常务委员会主任，选举马龙水、王金松、王彬、耿长山为副主任，选举马明璋、王林、任宝福、刘迁、闫华、关立新、孙钟万、李宝祥、张承亨、陈英杰、赵士然、徐雷、郭广友、高飞、韩丽（女）、蒋晓新（女）为延寿县人大常委会委员。选举黄明为延寿县人民政府县长，选举（按姓氏笔画排序）幺彦才、李新友、张英波（女）、赵长满、董绍涛为延寿县人民政府副县长。选举隋海滨为县人民法院院长、李哲为县人民检察院检察长。

会议选举延寿县出席哈尔滨市第十二届人民代表大会代表13人：马明璋、王运义、白桂俊（朝鲜族）、刘金昌、李志克、张兴福、姜明、黄玉生、黄明、曹慧（女）、阎俊义、温喜忠（满族）、潘福生。

会议通过《关于延寿县第十四届人民代表大会代表资格的审查报告》。

会议收到代表议案9件，代表建议、批评和意见38件。经议案审查委员会审查，认为9件议案并案办理为7件，均不属于议案，涉及的内容，作为代表建议同其他代表建议、批评和意见一并由县政府及有关部门办理。

第十四届人民代表大会第二次会议　2003年2月18日至19日在县政府大会议室召

开，实有代表165人，列席人员90人。

会议听取和审议县长黄明作的《政府工作报告》、县政府《延寿县2002年国民经济和社会发展计划执行情况及2003年计划安排（草案）的报告》、县财政局局长董利作的《关于延寿县2002年财政预算执行情况和2003年财政预算（草案）安排意见的报告》、县人大常委会副主任王彬作的《延寿县人民代表大会常务委员会工作报告》、县人民法院院长隋海滨作的《延寿县人民法院工作报告》、县人民检察院检察长李哲作的《延寿县人民检察院工作报告》、会议听取和审议县人大常委会副主任马龙水作的《关于延寿县2002年财政预算执行情况和2003年财政预算安排意见的审查报告》和县人大常委会副主任王彬作的《关于代表议案审查结果的报告》，并就有关报告作出相应的决议。

会议认为，2002年，县政府紧紧围绕发展经济、富民强县的战略目标，与时俱进、开拓创新，带领全县人民抢抓机遇、深化改革、加速产业结构调整，完成县第十三届人民代表大会第六次会议通过的各项工作任务，全县经济和社会各项事业有新的发展，为实施“十五”计划和2010年远景目标奠定基础。

会议收到代表议案2件，代表建议、批评和意见16件。经议案审查委员会审查，全部作为代表建议、批评和意见交由县政府及有关部门办理。

第十四届人民代表大会第三次会议 2004年1月8日至9日在县政府大会议室召开，实有代表169人，列席人员120人。

会议听取和审议县长黄明作的《政府工作报告》、县政府《延寿县人民政府关于延寿县2003年财政预算执行情况和2004年财政预算（草案）安排意见的报告》、县人大常委会副主任王彬作的《延寿县人民代表大会常务委员会工作报告》、县人民法院院长隋海滨作的《延寿县人民法院工作报告》、县人民检察院检察长李哲作的《延寿县人民检察院工作报告》，审议通过《延寿县2003年国民经济和社会发展计划执行情况与2004年计划安排（草案）的报告》，会议还听取和审议县人大常委会副主任马龙水作的《关于延寿县2003财政预算执行情况和2004年财政预算安排意见的审查报告》、县人大常委会副主任王彬作的《议案审查委员会关于议案审查的报告》、县政府《关于办理县十四届人大一次会议以来代表建议、批评、意见工作情况的报告》，并作出相应的决议。

会议认为，2003年县政府坚持“三个代表”重要思想，认真贯彻党的十六大精神，按照县委“负重前进快发展，求实苦干建小康”的要求，依靠全县人民，克服“非典疫情”等诸多困难，完成县十四届人大二次会议确定的各项任务，社会各项事业全面进步，人民生活水平进一步提高，全县经济实现两位数的较快增长，结束3年徘徊不前的被动局面。会议对2003年的政府工作表示满意。

会议收到代表提出的建议、批评和意见18件，经议案审查委员会审查，全部交由县政府及有关部门和县人民法院办理。

第十四届人民代表大会第四次会议　2005年1月12日至14日在县政府大会议室召开，实有代表171人，列席人员90人。

会议听取和审议代县长刘志国作的《政府工作报告》、县财政局局长董利作的《关于延寿县2004年财政预算执行情况和2005年财政预算（草案）安排意见的报告》、县政府《延寿县2004年国民经济和社会发展计划执行情况与2005年计划（草案）的报告》（书面），会议听取和审议县人大常委会副主任王彬作的《延寿县人民代表大会常务委员会工作报告》、县人民法院院长隋海滨作的《延寿县人民法院工作报告》、县人民检察院检察长李哲作的《延寿县人民检察院工作报告》，会议还听取和审议县人大常委会副主任马龙水作的《关于延寿县2004年财政预算执行情况和2005年财政预算安排意见的审查报告》、县人大常委会副主任王彬作的《关于代表议案审查结果的报告》，并就有关报告作出相应的决议。

会议认为，过去的一年，县政府坚持以邓小平理论和“三个代表”重要思想为指导，认真贯彻党的十六大和十六届三中、四中全会精神，在县委的领导下，全面落实委“负重前进快发展，求实苦干建小康”的要求，紧紧依靠全县人民，开拓进取，全面完成县十四届人大三次会议确定的各项任务，经济发展步伐进一步加快，社会各项事业不断进步，社会主义民主法治建设进一步加强，人民生活水平继续提高。会议对县政府一年来的工作表示满意。

会议还审议通过议案审查委员会《关于延寿县第十四届人民代表大会第四次会议代表议案处理意见的审查报告》。

会议选举刘志国为延寿县人民政府县长，补选吕凤阳为延寿县人民代表大会常务委员会委员。县人大常委会主任潘福生向当选县长、人大常委会委员颁发当选证书。

会议收到代表议案1件，代表建议、批评和意见40件，经议案审查委员会审查，全部作为代表建议、批评和意见交由县政府有关部门办理。

第十四届人民代表大会第五次会议　2006年1月18日至20日在县政府礼堂举行，实有代表171人，列席人员57人。

会议听取和审议县长刘志国作的《政府工作报告》、县政府《关于延寿县2005年财政预算执行情况和2006财政预算（草案）安排意见的报告》、县政府《关于延寿县2005年国民经济和社会发展计划执行情况及2006年计划（草案）的报告》、副县长幺彦才作的《延寿县国民经济和社会发展第十一个五年规划（纲要）的说明》、县人大常委会副主任王彬作的《延寿县人民代表大会常务委员会工作报告》、县人民法院代院长史山泰作的《延寿县人民法院工作报告》、县人民检察院检察长李哲作的《延寿县人民检察院工作报告》，并作出相应的决议。

会议认为，2005年，县政府在县委的领导下，以加快发展为第一要务，树立和落实科学发展观，解放思想，开拓创新，奋力拼搏，保持国民经济和社会事业的健康、全面发展。会议指出，县政府为加快推进全面建设小康社会的进程，提出的2006年国民经济和社会事业发展的主要目标和任务，符合延寿县实际，符合经济社会发展的要求。

会议听取和审议议案审查委员会《关于代表提出的议案处理意见的报告》。

会议收到代表提出的建议、批评和意见29件，经议案审查委员会审查，交由县政府及有关部门和县人民法院处理。

第八节　第十五届人民代表大会历次会议

第十五届人民代表大会第一次会议　2006年12月27日至29日在县政府礼堂召开，实有代表171名，列席55人。

会议听取和审议代县长马冰哲作的《政府工作报告》、县人大常委会副主任王彬作的《县人大常委会工作报告》、县政府《关于延寿县2003年至2006年国民经济和社会发展规划执行情况及2007年至2011年国民经济和社会发展规划（草案）的报告》、县政府《关于延寿县2003年至2006年财政预算执行情况和2007年财政预算（草案）安排意见的报告》、县人民法院院长史山泰作的《延寿县人民法院工作报告》、县人民检察院检察长李哲作的《延寿县人民检察院工作报告》，并作出相应的决议。

会议认为，县十四届人大一次会议以来，县政府坚持以邓小平理论和“三个代表”重要思想为指导，认真贯彻党的十六大精神，在县委的领导下，以加快发展为第一要务，树立和落实科学发展观，解放思想，开拓创新，奋力拼搏，较好地完成县十四届人大一次会议通过的各项任务和指标，保持全县国民经济和社会事业的持续、快速、健康发展。会议指出，县政府实事求是地指出工作中存在的困难和问题，并提出今后五年的发展思路和2007年工作安排，体现科学发展观的要求，符合延寿县实际。

会议还听取和审议财政预算审查委员会《关于延寿县2003年至2006年财政预算执行情况和2007年财政预算（草案）安排意见的审查报告》和议案审查委员会《关于延

寿县第十五届人民代表大会第一次会议代表议案处理意见的报告》。

会议选举潘福生为延寿县人民代表大会常务委员会主任，选举马龙水、王金松、李新友、赵延芝为县人大常委会副主任，选举马文峰、马明璋、王志民、叶涛、白桂俊、吕凤阳，乔悦怀，刘晓范、关立新、孙钟万，李少华、李凤林、李宝祥、张晓砚（女）、陈悦、郑松涛、单玉良、赵士然、柳玉海、徐鑫、徐贵辉、高飞、崔仁范为县人大常委会委员。

选举马冰哲为延寿县人民政府县长，选举李学雷、杨晓春、张英波（女）、武传刚①、郑义为延寿县人民政府副县长，选举史山泰为县人民法院院长、李哲为县人民检察院检察长。

会议收到代表议案1件，代表建议、批评和意见36件，经议案审查委员会审查，全部作为建议、批评和意见交由县政府及有关部门处理。

第十五届人民代表大会第二次会议　2008年1月18日至19日在县政府礼堂召开，实有代表169名。

会议听取和审议县长马冰哲作的《政府工作报告》、县政府《关于2007年国民经济和社会发展计划执行情况及2008年计划安排（草案）的报告》、县政府《关于延寿县2007年财政预算执行情况和2008财政预算（草案）安排意见的报告》。

会议听取和审议县人大常委会主任潘福生作的《延寿县人民代表大会常务委员会工作报告》、县人民法院院长史山泰作的《延寿县人民法院工作报告》、县人民检察院检察长李哲作的《延寿县人民检察院工作报告》，并作出相应的决议。

会议还听取和审议财政预算审查委员会主任委员赵延芝作的《关于延寿县2007年财政预算执行情况和2008年预算（草案）安排意见的审查报告》，议案审查委员会主任委员李新友作的《延寿县第十五届人民代表大会第二次会议议案办理意见的报告》。

会议补选于国强为延寿县第十五届人大常委会委员。

会议收到代表建议、批评和意见40件，经议案审查委员会审查，全部交由县政府有关部门处理。

第十五届人民代表大会第三次会议　2009年2月25日在县政府礼堂召开，实有代表171人，列席人员89人。

会议听取和审议县长马冰哲作的《政府工作报告》、县政府《关于延寿县2008年国民经济和社会发展计划执行情况与2009年计划（草案）的报告》、县政府《关于2008

① 武传刚于2018年受到刑事处罚。

年预算执行情况和2009年预算（草案）安排意见的报告》、县人大常委会主任潘福生作的《延寿县人大常委会工作报告》、县人民法院院长史山泰作的《延寿县人民法院工作报告》、县人民检察院检察长李哲作的《延寿县人民检察院工作报告》，并作出相应的决议。

会议听取和审议议案审查委员会《关于代表提出议案处理意见的报告》、财政审查委员会《关于延寿县2008年财政预算执行情况和2009年财政预算安排意见的审查报告》。

会议选举李凤林、张希、赫耀宇为县十五届人民代表大会常务委员会委员。

会议收到代表建议、批评和意见31件。经议案审查委员会审查，交由县政府及有关部门处理。

第十五届人民代表大会第四次会议　2010年1月30日在县政府礼堂召开，实有代表165名，列席人员81名。

会议听取和审议县长马冰哲作的《政府工作报告》、县政府《关于延寿县2009年国民经济和社会发展计划执行情况与2010年计划（草案）的报告》、县政府《关于延寿县2009年预算执行情况和2010年预算（草案）安排意见的报告》。会议听取和审议县人大常委会主任潘福生作的《县人大常委会工作报告》、县人民法院院长史山泰作的《延寿县人民法院工作报告》、县人民检察院检察长李哲作的《延寿县人民检察院工作报告》。会议听取和审议议案审查委员会《关于代表提出议案处理意见的审查报告》、财政预算审查委员会《关于延寿县2009年财政预算执行情况和2010年财政预算安排意见的审查报告》，并作出相应的决议。

会议收到代表提出的建议、批评和意见45件。经议案审查委员会审查，交由县政府及有关部门办理。

第十五届人民代表大会第五次会议　2011年1月7日至8日在县政府大礼堂举行。实有代表162人，列席人员104人。

会议听取和审议代县长封殿辉①作的《政府工作报告》、县政府《关于延寿县2010年国民经济和社会发展计划执行情况与2011年计划（草案）的报告》、县政府《关于延寿县2010年预算执行情况和2011年预算（草案）安排意见的报告》、县人大常委会主任潘福生作的《延寿县人大常委会工作报告》、县人民法院院长史山泰作的《延寿县人民法院工作报告》、延寿县人民检察院检察长李哲作的《延寿县人民检察院工作报告》，

① 封殿辉于2018年受到刑事处罚。

并作出相应的决议。

会议听取和审议议案审查委员会《关于代表提出议案处理意见的审查报告》，财政预算审查委员会《关于延寿县2010年预算执行情况和2011年财政预算安排意见的审查报告（草案）》。

会议选举封殿辉为县人民政府县长。

会议收到代表建议、批评和意见44件，经议案审查委员会审查，交由县政府及有关部门办理。

第九节　第十六届人民代表大会历次会议

第十六届人民代表大会第一次会议　2011年12月12日至14日在县政府大礼堂召开，应出席代表171人，列席人员91人。

会议听取和审议代县长丁宇航作的《政府工作报告》、县财政局局长杜玉龙作的《关于延寿县2007至2011年财政预算执行情况和2012年财政预算（草案）安排意见的报告》、县政府《关于延寿县2007至2011年国民经济社会发展规划执行情况及2012年至2016年国民经济和社会发展规划（草案）的报告》、县人大常委会副主任李新友作的《延寿县人大常委会工作报告》、县人民法院代院长马德军作的《延寿县人民法院工作报告》、县人民检察院检察长刘立波作的《延寿县人民检察院工作报告》，并作出相应的决议。

会议听取和审议议案审查委员会《关于延寿县第十五届人民代表建议、批评和意见办理情况的报告》和《关于延寿县第十六届人民代表大会第一次会议代表议案审查的报告》。听取和审议财政预算审查委员会主任委员郑小鹏作的《延寿县第十六届人民代表大会第一次会议财政预算审查委员会关于2007年至2011年财政预算执行情况和2012年财政预算的审查报告》。

会议认为，在过去五年里，县政府在县委的坚强领导下，圆满完成县第十五届人大会议确定的任务目标。经济结构明显优化，招商引资成果显著，农村经济健康发展，人居环境持续改善，社会保障体系日益健全，社会事业全面进步，法治建设不断加强，服务能力整体提升。过去五年，是延寿县历史上发展最好最快的时期。

会议选举王家砚为延寿县人大常委会主任，选举李新友、赵延芝（女）、郑小鹏、王金松为县人大常委会副主任，会议选举王志民、冯延新、叶涛、白晓风、关立新、吕广、吕凤阳、孙立臣、孙继成、张晓砚（女）、李帅、李凤林、李虹娇（女）、陈悦、柳玉海、赵东风、赵同奎、赵启迪、徐宏飞、高吉、高兴辉、薛继炜为延寿县人大常委会委员。

选举丁宇航为延寿县人民政府县长，选举武传刚、郭兆峰、李学雷、刘岩（女）、程晓飞为延寿县人民政府副县长，选举马德军为县人民法院院长、刘立波为县人民检察院检察长。

县委书记封殿辉为新当选的人大常委会主任王家砚颁发当选证书。王家砚为新当选的县长、县人大常委会副主任、副县长、法院院长、检察院检察长和县人大常委会委员颁发当选证书。丁宇航、王家砚分别在会上作表态发言。

会议选举出席哈尔滨市第十四届人民代表大会代表：凌振国、封殿辉、王家砚、丁宇航、陈静（女）、刘金成、罗兴远、宋建军、李俊、张童麟、张晓砚（女）、李冰、杜玉龙、杨春福、赵凤海、郭立军、闫俊毅、赫耀宇、薛海涛。

会议收到代表提出的建议、批评和意见 42 件。经议案审查委员会审查，整理后转交“一府两院”办理。

第十六届人民代表大会第二次会议 2013 年 1 月 14 日至 15 日在县政府大礼堂举行，会议实有代表 168 人，列席人员 103 人。

会议听取和审议县长丁宇航作的《政府工作报告》、县政府《关于延寿县 2012 年财政预算执行情况和 2013 年预算（草案）安排意见的报告》、县政府《关于延寿县 2012 年国民经济和社会发展计划执行情况及 2013 年计划（草案）的报告》，会议听取和审议县人大常委会主任王家砚作的《延寿县人民代表大会常务委员会工作报告》、县人民法院院长马德军作的《延寿县人民法院工作报告》、县人民检察院检察长刘立波作的《延寿县人民检察院工作报告》，并作出相应决议。

会议还听取县人民政府副县长郭兆峰作的《关于全县中小学校“送子车”规范管理的议案办理情况的报告》和县人民政府《关于县十六届人大一次会议以来代表意见、建议办理情况的报告》。

会议认为，县政府 2013 年工作安排思路清晰，目标明确，切实可行，符合科学发展观的要求。会议选举张秀为延寿县第十六届人民代表大会常务委员会委员。

会议收到代表提出的建议、批评和意见 94 件。经议案审查委员会审查，交由县政府有关部门办理。

第十六届人民代表大会第三次会议 2014 年 1 月 6 日至 7 日在县政府大礼堂召开，

实有代表167人，列席人员97人。

会议听取和审议县长丁宇航作的《政府工作报告》、县人大常委会主任王家砚作的《延寿县人大常委会工作报告》、县政府《关于延寿县2013年财政预算执行情况和2014年预算（草案）安排意见的报告》、县政府《关于延寿县2013年国民经济和社会发展计划执行情况及2014年计划（草案）的报告》。会议听取审议副县长郭兆峰作的《关于县十六届人大二次会议代表建议、批评和意见办理情况的报告》、财政预算审查委员会主任委员郑小鹏作的《关于延寿县2013年财政预算执行情况和2014年预算（草案）安排意见的审查报告》、县政府《关于延寿县2013年国民经济和社会发展计划执行情况及2014年计划（草案）的审查报告》，并作出相应的决议。

会议认为，2013年面对严峻的经济形势和繁重的改革发展稳定任务，在县委的坚强领导下，全县上下牢牢把握发展主题和稳中求进的工作总基调，围绕“强县、名城”战略，积极作为、攻坚克难，着力稳增长、调结构、促改革、惠民生，较好地完成全年经济社会发展任务。

会议审议和通过议案审查委员会主任委员李新友作的《延寿县第十六届人民代表大会第三次会议代表建议、批评和意见处理意见的审查报告》，

会议选举杜玉龙为延寿县第十六届人民代表大会常务委员会副主任，选举周延利（女）、赵迎春（女）为延寿县第十六届人民代表大会常务委员会委员，并颁发任命证书。

会议收到代表提出的建议、批评和意见132件。经议案审查委员会审查，交由县政府及有关部门办理。

第十六届人民代表大会第四次会议　2015年2月4日至6日在县政府大礼堂召开，实有代表171人，列席人员98人。

会议听取和审议县长丁宇航作的《政府工作报告》、县人大常委会主任王家砚作的《延寿县人大常委会工作报告》、县人民法院院长马德军作的《延寿县人民法院工作报告》、县人民检察院检察长刘立波作的《延寿县人民检察院工作报告》、副县长郭兆峰作的《关于县十六届人大三次会议代表建议办理情况的报告》、县政府《关于延寿县2014年财政预算执行情况和2015年预算（草案）安排意见的报告》、县政府《关于延寿县2014年国民经济和社会发展计划执行情况及2015年国民经济和社会发展计划（草案）的报告》，并作出相应的决议。

会议还听取和审议国民经济和社会发展审查委员会财政预算审查委员会主任委员郑小鹏作的《关于延寿县2014年财政预算执行情况和2015年预算（草案）安排意见的审

查报告》和《关于延寿县2014年国民经济和社会发展计划执行情况及2015年国民经济和社会发展计划（草案）的审查报告》，议案审查委员会主任委员李新友作的《延寿县第十六届人民代表大会第四次会议代表建议、批评和意见处理情况的报告》。

会议认为，2014年县政府在县委的坚强领导下，紧紧依靠全县人民，克服各种不利因素，有效应对经济下行压力和复杂局面，围绕“强县名城”发展目标，坚持“四新”总体要求，坚定实施“四兴”发展战略，凝心聚力，真抓实干，完成全年经济社会发展主要任务。

会议选举索延庆、韦学峰、顾垒为县第十六届人大常委会委员。

会议收到代表建议、批评和意见99件。经议案审查委员会审查，交由县政府及有关部门办理。

第十六届人民代表大会第五次会议　2016年2月3日至4日在县政府大礼堂召开。实有代表171人，列席人员90人。

会议听取和审议县长丁宇航作的《政府工作报告》、县人大常委会主任王家砚作的《延寿县人大常委会工作报告》、县人民法院院长马德军作的《延寿县人民法院工作报告》、县人民检察院副检察长贾斌作的《延寿县人民检察院工作报告》、副县长郭兆峰作的《关于县十六届人大四次会议代表建议、批评和意见办理情况的报告》、县政府《关于延寿县2015年财政预算执行情况和2016年财政预算（草案）安排意见的报告》、县政府《关于延寿县2015年国民经济和社会发展计划执行情况及2016年计划（草案）的报告》、议案审查委员会关于《延寿县第十六届人民代表大会第五次会议代表建议、批评和意见处理情况的报告》《关于延寿县2015年财政预算执行情况和2016年财政预算（草案）的审查报告》《关于延寿县2015年国民经济和社会发展计划执行情况及2016年计划（草案）的审查报告》《关于延寿县国民经济和社会发展第十三个五年规划纲要（草案）的审查报告》，并作出相应的决议。

会议认为，2015年，县政府在市委、市政府和县委的正确领导下，面对“十二五”时期艰巨繁重的改革、发展、稳定任务，攻坚克难，应对挑战，紧紧依靠全县人民，坚决贯彻落实县第十五次党代会决策部署，努力实现“强县名城”发展目标，全力推进“四兴”发展战略，凝心聚力，积极作为，精准施策，圆满完成“十二五”规划确定的目标任务和2015年经济社会发展主要任务。

会议收到代表建议、批评和意见97件。经议案审查委员会审查，交由县政府及有关部门办理。

第十节　第十七届人民代表大会历次会议

第十七届人民代表大会第一次会议　2016年12月14日至16日在县政府大礼堂召开。实有代表165人，列席130人。

会议听取和审议县长丁宇航作的《政府工作报告》、县人大常委会主任王家砚作的《延寿县人大常委会工作报告》、县人民法院代院长王晓莉作的《延寿县人民法院工作报告》、县人民检察院代检察长张锐作的《延寿县人民检察院工作报告》、县政府《关于延寿县2012年至2016年财政预算执行情况和2017年财政预算（草案）安排意见的报告》、县政府《关于2012年至2016年国民经济和社会发展计划执行情况与2017年计划（草案）的报告》、县政府《关于县十六届人大一次会议以来代表提出的议案、建议、批评和意见办理情况的报告》，并就有关报告作出相应的决议。

会议认为，过去的五年，县政府紧紧围绕"强县、名城"发展目标和"四兴"发展战略，克服了政策调整、环境影响、结构制约等诸多不利因素，科学谋划，稳妥施策，完成了"十二五"规划确定的主要目标和2016年经济社会发展主要任务。全县综合实力再上台阶，重点领域改革深入推进，产业发展势头良好，经济发展后劲持续增强，城乡面貌发生巨大变化，生态环境有所改善，各项社会事业快速发展，人民群众在民生、社会保障以及生活质量等方面有新的提升，全县经济社会发展实现全面进步。

会议选举王家砚为延寿县第十七届人民代表大会常务委员会主任，选举李学雷、郑小鹏、杜玉龙、李冰为延寿县第十七届人民代表大会常务委员会副主任。选举丁宇航为延寿县人民政府县长，选举马文峰、何洪千（女）、金兆海①、赵强、刘亮为延寿县人民政府副县长。选举王晓莉为县人民法院院长，张锐为县人民检察院检察长。选举王志民、韦学峰、白晓风、冯延新、刘枫、江涛、孙立臣、李虹娇（女）、李智、张秀、张忠君、范廷文、周延利（女）、赵东风、赵迎春（女）、赵启迪、胡春翼、高兴辉、郭立志、薛继炜为延寿县第十七届人民代表大会常务委员会委员。

县委书记封殿辉向当选的人大常委会主任颁发当选证书。人大常委会主任王家砚向当选的人员颁发当选证书。

---

① 金兆海于2018年受到刑事处罚。

丁宇航、王家砚在会议上作表态发言。

会议选举杜玉龙为县第十七届人民代表大会法制委员会主任委员，江涛为法制委员会副主任委员，王兴赋、杨少炜、张忠君为法制委员会委员，李冰为县第十七届人民代表大会财政经济委员会主任委员，周延利为财政经济委员会副主任委员，丁志林、马小川、赵忠德为财政经济委员会委员。

会议选举出席哈尔滨市第十五届人民代表大会的代表：丁宇航、王丽波（女）、王家砚、刘芳（女）、刘雷、刘晓艳（女）、孙立臣、李国林、张立民、张国君、封殿辉、赵士然、赵春玲（女）、姚宏亮、徐宝庆、徐贵辉、阎俊毅、董春玉（女）、傅广洁（女）。

会议收到代表建议、批评和意见 96 件。经议案审查委员会审查，全部交由县政府及有关部门办理。

第十七届人民代表大会第二次会议 2017 年 12 月 26 日至 28 日在县政府大礼堂举行。实有代表 168 人，实际出席 155 人，列席 128 人。

会议听取和审议县长丁宇航作的《政府工作报告》、县人大常委会主任王家砚作的《县人大常委会工作报告》、县人民法院院长王晓莉作的《县人民法院工作报告》、县人民检察院检察长张锐作的《县人民检察院工作报告》、县政府《关于延寿县 2017 年财政预算执行情况和 2018 年财政预算（草案）安排意见的报告》、县政府《关于延寿县 2017 年国民经济和社会发展计划执行情况与 2018 年计划（草案）报告》，并就有关报告作出相应的决议。

会议认为，2017 年，县政府牢牢把握新一届政府开局之年的工作定位，紧扣脱贫攻坚主线，开拓进取，扎实工作，全县经济社会实现平稳发展，综合实力不断提升，脱贫攻坚深入推进，重点领域改革不断深化，产业发展成效明显，人居环境得到改善，各项社会事业快速发展，人民群众在民生保障、生活质量以及法治环境等方面感受到新的变化，全县经济社会发展实现新的进步。

会议选举王彦辉为县监察委员会主任，选举胡中东、赵新华（女）为第十七届人民代表大会常务委员会委员，选举胡中东为县第十七届人民代表大会财政经济委员会副主任委员。

会议收到代表建议、批评和意见 78 件。经议案审查委员会审查，全部交由县政府及有关部门办理。

第十七届人民代表大会第三次会议 2019 年 1 月 4 日至 6 日在县政府大礼堂举行。实有代表 154 人，列席人员 135 人。

会议听取和审议代县长张洪岐作的《政府工作报告》、县人大常委会主任王家砚作的《延寿县人大常委工作报告》、县人民法院院长王晓莉作的《延寿县人民法院工作报告》，县人民检察院检察长张锐作的《延寿县人民检察院工作报告》、副县长刘亮作的《关于延寿县2018年财政预算执行情况和2019年财政预算（草案）安排意见的报告》、县政府《关于延寿县2018年国民经济和社会发展计划执行情况与2019年计划（草案）的报告》，并就有关报告作出相应的决议。

会议认为，2018年，县政府积极应对复杂形势，紧扣脱贫攻坚工作主题，实施乡村振兴战略，开拓进取，努力工作，全县经济社会发展实现新的进步，脱贫攻坚深入推进，经济发展平稳有序，综合实力不断提升，重点领域改革逐步深化，产业发展取得进展，人居环境积极改善，社会事业发展快速，依法行政水平提高，人民群众的幸福感增强。

会议选举张洪岐为延寿县人民政府县长，选举王兴赋、冯小伟、李成玉、单忠明、钟海燕（女）、俞延飞（女）、贾荣娜（女）、徐延明为县十七届人民代表大会常务委员会委员。

会议收到代表建议、批评和意见85件。经议案审查委员会审查，全部交由县政府及有关部门办理。

第十七届人民代表大会第四次会议　2019年12月29日至31日在县政府大礼堂举行。实有代表155人，实际出席代表146人，列席人员129人。

会议听取和审议县长张洪岐作的《政府工作报告》、县人大常委会主任王家砚作的《县人大常委会工作报告》、县人民法院院长王晓莉作的《县人民法院工作报告》、县人民检察院检察长张锐作的《县人民检察院工作报告》、副县长刘亮作的《延寿县2019年财政预算执行情况和2020年财政预算（草案）安排意见的报告》、县人民政府《延寿县2019年国民经济和社会发展计划执行情况与2020年计划（草案）的报告》，并作出相应决议。

会议认为，2019年，县政府以脱贫攻坚统揽经济社会发展全局，充分调动和凝聚一切积极因素，认真落实高质量发展要求，开拓进取，努力工作，全县经济社会实现新的发展，脱贫基础加强，工业经济稳中趋好，现代农业积极发展，城乡建设、社会事业和环境保护不断进步，社会大局和谐稳定，人民群众的幸福感增强。

会议选举张秀为县人大常委会副主任，选举王东伟、王春艳（女）、杜娟（女）为县人大常委会委员。

会议收到代表建议、批评和意见86件。经议案审查委员会审查，交由县政府及有关部门办理。

第十七届人民代表大会第五次会议 2020年12月29日至31日在县政府大礼堂举行。实有代表155人，实际出席代表131人，列席119人。

会议听取和审议县长张洪岐作的《政府工作报告》、县人大常委会副主任李学雷作的《延寿县人大常委会工作报告》、县人民法院院长王晓莉作的《延寿县人民法院工作报告》、县人民检察院检察长张锐作的《延寿县人民检察院工作报告》、副县长李丹作的《关于延寿县2020年财政预算执行情况和2021年财政预算（草案）安排意见的报告》、县人民政府《关于延寿县2020年国民经济和社会发展计划执行情况与2021年计划（草案）的报告》，并作出相应的决议。

会议认为，2020年，县政府在市委、市政府和县委的正确领导下，有效应对疫情影响，面对"十三五"时期艰巨繁重的改革、发展、稳定任务，攻坚克难，应对挑战，紧紧依靠全县人民，实施新战略，构建新格局，凝心聚力，积极作为，精准施策，较好完成了"十三五"规划确定的目标任务，统筹推进疫情防控和经济社会发展，为经济发展、社会进步、民生改善做出应有贡献。

会议选举高雪峰为县人大常委会主任，选举王义平、郭延文、韩旭东为县十七届人民代表大会常务委员会委员。

会议选举李学雷为县第十七届人民代表大会监察和司法委员会、社会建设委员会主任委员；康淑琴为县第十七届人民代表大会监察和司法委员会委员；王春艳、冯晓伟、韩旭东为县第十七届人民代表大会社会建设委员会委员；选举王翠红、俞延飞为县第十七届人民代表大会财政经济委员会委员。

会议收到代表提出建议、批评和意见78件。经议案审查委员会审查，交由县政府及有关部门办理。

第五章　历届县人民代表大会会议各项组织组成人员名单（1957—2021年）

第一节　主席团

《地方组织法》第十一条：地方各级人民代表大会举行会议的时候，选举主席团主持会议。

历届县人民代表大会主席团名单

表 1–1

<table>
<tr><th>届次</th><th>会次</th><th>名单</th></tr>
<tr><td rowspan="2">第二届</td><td>2</td><td>（1957 年 6 月 28 日，共 19 名）
王巨甫　毕耀廷　刘广田　辛德根　沈淑福　张鹏举　张家驹　张　发
张奎福　张显彬　林培文　孟广财　范凤刚　金镇寿　赵钟麟　娄玉芬
黄亚峰　温素琴　魏　艳</td></tr>
<tr><td>3</td><td>（1958 年 1 月 19 日，共 17 名）
王巨甫　刘广田　刘文品　毕耀廷　孟广才　沈淑福　赵钟麟　姚树越
徐廷照　范凤刚　张显彬　张鹏举　张　发　张家驹　张奎福　温淑琴
魏　艳</td></tr>
<tr><td>第三届</td><td>3</td><td>（1959 年 8 月 29 日，共 18 名）
丁云华　王　瑛（女）　于盛家　王永刚　尹振铎　李英根（女，朝鲜族）
任兴洲　安敬镐　邢宝春　孟广财　张广和　张玉山　张显彬　张　福
赵　富　徐廷照　杨浩天　雷雨田</td></tr>
</table>

续表 1–1

届次	会次	名单
第四届	1	（1960 年，共 21 名） 丁云华　王　瑛　王盛家　尹振铎　任兴洲　邢宝春　李树德　李桂林 陈贵太　胡国清　范宝富　张广和　张玉山　张显彬　赵　富　杨浩天 雷雨田　戴荣光　韩春恩　郭　仲　都连姬
	2	（1961 年 10 月 26 日，共 23 名） 丁云华　尹振铎　司素珍　任兴洲　陈贵太　邢玉春　李树德　李维新 金镇寿　林培文　果洪禄　张显彬　张文远　张玉山　胡国清　范宝富 南广林　杨浩天　韩孝恩　都连姬　郭　仲　雷雨田　戴荣光
	3	（1962 年 4 月 21—23 日，共 23 名） 丁云华　王　瑛　王显洲　尹振铎　司素珍　任兴洲　邢宝春　陈贵太 林培文　金镇寿　果洪禄　张显彬　张玉山　张文远　南广林　胡国清 范宝富　刁开智　雷雨田　杨浩天　都连姬　郭　仲　戴荣光 （主席团共 23 人，选举时未到会的有林培文、刁开智 2 人）
第五届	1	1964 年 4 月 15—17 日召开（名单资料无）
	2	（1964 年 9 月 11—13 日，共 23 名） 丁云华　林培文　田　义　杨浩天　戴荣光　范宝富　戴　治　刘绍卿 毕仁太　段玉洁　邱立民　胡国清　那亚轩　徐廷照　邢宝春　张士春 杜文钧　张文源　李维新　张　伦　李宝培　雷雨田　金镇寿
第六届	1	（1965 年 12 月 25 日，共 21 名） 丁云华　张永裕　刘凤歧　张殿臣　那雅轩　徐廷照　邢宝春　徐　铮 李维新　袁国禄　杜文均　杨浩天　邵永林　路青发　林培文　赵树林 金镇寿　戴荣光　金真玉　魏玉莲　张文源
	2	（1966 年 9 月 21—24 日，共 21 名） 左宪良　赵树林　刘凤歧　张振民　刘绍卿　张文源　那雅轩　徐廷照 邢宝春　郭　仲　邱立民　都莲姬　邵永林　袁国禄　林培文　雷雨田 杨浩天　潘海峰　金镇寿　魏玉莲　金真玉
第七届		1967 年 1 月 30 日召开夺权大会，这次大会被命名为“延寿县第七届人民代表大会”

续表 1–1

届次	会次	名单
第八届	1	（1980 年 9 月 10 日，共 39 名） 门　杰　马占顺　邓时成　王　维　王　杰　王　敏（女）王久本 王衍通　王景林　王春芝（女）王太生　冯国祥　刘　琨　刘长年 刘发达　朴明先　孙加琪　孙建基　孙德隆　邵永林　邵文信　李东林 李树文　李元植　李长平　李复春　张景祥　张金凯　庞善政　肖淑范（女） 陈瑞廷　周　济　赵殿宝　赵志忠　赵连胜　郭振昌　焦双武　崔长林 甄殿卿
	2	（1981 年 9 月 20 日，共 31 名） 门　杰　马占顺　才树森　邓时成　王　维　王久本　王太生　王春芝（女） 刘发达　刘玉德　朴明先　孙加琪　孙衍林　孙建基　孙德隆　吕宝才 邵文信　李元植　李长平　李复春　庞善政　肖淑范　陈瑞廷　周　济 赵志忠　赵殿宝　胡新民　郭振昌　崔长林　焦双武　甄殿卿
	3	（1983 年 3 月 17 日，共 30 名） 门　杰　马占顺　王　维　王久本　王太生　王春芝（女）刘长年　刘发达 刘玉德　孙加琪　孙衍林　孙建基　孙德隆　邵永林　邵文信　李东林 李元植　李长平　李复春　肖淑范（女）庞善政　周　济　张景祥　赵志忠 赵殿宝　胡新民　徐志文　崔长林　焦双武　甄殿卿
第九届	1	（1984 年 4 月 10 日，共 31 名） 马占顺　于维顺　王久本　王太生　王生怀　王向东　王春芝（女）王　维 刘长年　刘发达　孙衍林　孙德隆　朴重根　吴士周　李长平　李东林 李复春　邵文信　邵永林　张金凯　张东辉　张振民　张景祥　陈同瞻 苏彦华（女）肖淑范（女）庞善政　赵殿宝　徐志文　桑增林　焦双武
	2	（1985 年 4 月 8 日，共 33 名） 马占顺　于维顺　才树森　王久本　王太生　王　玉　王　维　王向东 王春芝（女）刘长年　刘发达　孙凤山　孙德隆　朴重根　吴士周 肖淑范（女）李长平　李东林　李栋民　李复春　苏彦华（女）邵文信 邵永林　张金凯　张东辉　张景祥　陈同瞻　庞善政　赵殿宝　赵福水 徐志文　栾振芳　焦双武

续表 1–1

届次	会次	名单
第九届	3	（1986 年 3 月 31 日，共 30 名） 马占顺　王　玉　王久本　王太生　王　维　王春芝（女）孙凤山　孙德隆 孙衍林　刘长年　刘发达　刘英辉　朴重根　李东林　李栋民　李晓娟（女） 邵永林　肖淑范（女）苏彦华（女）陈同瞻　邱振东　邱桂兰（女） 张金凯　张景祥　庞善政　赵殿宝　徐志文　徐振湖　栾振芳　焦双武
	4	（1987 年 4 月 11 日，共 31 名） 刁长山　马占顺　王　玉　王久本　王　维　王太生　王春芝（女）刘长年 刘发达　刘英辉　孙凤山　孙衍林　朴重根　李东林　李栋民　李晓娟（女） 邵文信　邵永林　张景祥　陈万清　陈同瞻　苏彦华（女）肖淑范（女） 庞善政　赵殿宝　徐志文　徐振湖　邱振东　邱桂兰（女）栾振芳　焦双武
第十届	1	（1987 年 9 月 23 日，共 21 名） 马占顺　王　玉　王久本　王　维　王春芝（女）刘长年　孙衍林　李东林 李晓娟（女）邱桂兰（女）邵永林　苏彦华（女）张景祥　金秀吉 范德武　赵殿宝　庞善政　徐志文　徐振湖　栾振芳　焦双武
	2	（1988 年 3 月 29 日，共 31 名） 马占顺　王　玉　王　维　王春芝（女）王久本　庄大力　刘长年　朱　海 孙衍林　邱桂兰（女）邱振东　吴荣山　汪　俊　李东林　李晓娟（女） 邵永林　张景祥　张振民　苏有富　苏彦华（女）郑越平　金秀吉　庞善政 范德武　赵殿宝　胡新民　徐志文　徐再君　徐振湖　栾振芳　焦双武
第十届	3	（1989 年 3 月 27 日，共 31 名） 马占顺　王　玉　王　维　王春芝（女）王久本　庄大力　刘长年　朱　海 孙衍林　邱桂兰（女）邱振东　吴荣山　汪　俊　李东林　李晓娟（女） 邵永林　张景祥　张振民　苏有富　苏彦华（女）郑越平　金秀吉　庞善政 范德武　赵殿宝　胡新民　徐志文　徐再君　徐振湖　栾振芳　焦双武
	4	（1990 年 3 月 26 日，共 29 名） 马占顺　王　玉　王　维　王春芝（女）王久本　庄大力　刘长年　朱　海 孙衍林　邱桂兰（女）邱振东　吴荣山　汪　俊　李东林　李洪超　李复华 李晓娟（女）邵文信　邵永林　张景祥　张振民　苏有富　苏彦华（女） 郑越平　金秀吉　庞善政　赵殿宝　徐再君　栾振芳

续表 1-1

届次	会次	名单
第十一届	1	（1991 年 2 月 22 日，共 27 名） 马占顺　王　玉　王　维　王春芝（女）庄大力　刘长年　刘秀峰　朱　海　孙衍林　邱桂兰（女）邱振东　吴荣山　汪　俊　李洪超　李复华　邵文信　邵永林　杨守刚　张志民　张振民　苏有富　苏彦华（女）郑越平　金秀吉　庞善政　耿长山　徐志文
	2	（1992 年 3 月 9 日，共 27 名） 王　玉　王　维　王春芝（女）王福军　冯国军　刘长年　刘志清　刘秀峰　朱　海　孙衍林　苏有富　苏彦华（女）吴荣山　李　春　李洪超　李复华　邵文信　邵永林　杨守刚　邱桂兰（女）邱振东　张延林　郑越平　金秀吉　耿长山　徐志文　黄庆新
	3	（1992 年 11 月 29 日，共 29 名） 王　玉　王　维　王春芝（女）王福军　冯国军　刘长年　刘同富　刘志清　刘秀峰　刘保江　朱　海　孙衍林　苏有富　苏彦华（女）汪　俊　吴荣山　李　春　李复华　邵文信　邵永林　杨守刚　邱桂兰（女）邱振东　张　兴　张延林　郑越平　金秀吉　耿长山　黄庆新
第十一届	4	（1993 年 3 月 8 日，共 31 名） 王　维　王春芝（女）王慎义[①]　王福军　冯国军　刘长年　刘同富　刘志清　刘秀峰　刘保江　朱　海　孙衍林　苏有富　苏彦华（女）吴荣山　李　春　李复华　汪　俊　邵文信　邵永林　杨守刚　杨靖武　邱桂兰（女）邱振东　张　兴　张延林　张海瑞　郑越平　金秀吉　耿长山　黄庆新
第十二届	1	（1993 年 11 月 10 日，共 30 名） 王太生　王春芝（女）王慎义　王福军　尹　太　刘同富　刘秀峰　刘保江　朱　海　孙衍林　苏有富　苏彦华（女）吴荣山　李　春　李复华　汪　俊　邵文信　邵永林　杨守刚　杨靖武　邱桂兰（女）邱振东　张东辉　张延林　张海瑞　周铭德　郭玉昆　耿长山　黄　明　黄庆新
	2	（1994 年 4 月 6 日，共 33 名） 才　石　王春芝（女）王慎义　王福军　尹　太　刘同富　刘秀峰　刘保江　朱　海　孙衍林　苏有富　苏彦华　吴荣山　李　春　李延华（女）李复华　汪　俊　邵文信　邵永林　杨守刚　杨靖武　邱桂兰　邱振东　张东辉　张延林　张海瑞　周铭德　郭玉昆　贾振宝　耿长山　徐作良　黄　明　黄庆新

① 王慎义于 2005 年受到刑事处罚。

续表 1-1

届次	会次	名单
第十二届	3	（1995 年 3 月 28 日，共 34 名） 才　石　王春芝（女）王慎义　王福军　尹　太　刘同富　刘兆亿　刘秀峰 刘保江　朱　海　孙衍林　苏有富　苏彦华（女）吴荣山　李　春 李延华（女）李秀林　李复华　汪　俊　邵文信　邵永林　杨守刚　杨靖武 邱桂兰（女）邱振东　张延林　张海瑞　周铭德　郭玉昆　贾振宝　耿长山 徐作良　黄　明　黄庆新
	4	（1996 年 3 月 27 日，共 33 名） 才　石　王　彬　王春芝（女）王宏达　王福军　尹　太　刘兆亿　刘秀峰 刘保江　朱　海　孙衍林　苏有富　吴荣山　李　春　李克军　李延华（女） 李秀林　李复华　邵文信　邵永林　杜春光　杨守刚　杨靖武　邱桂兰（女） 邱振东　张永新　张海瑞　郭玉昆　贾振宝　徐作良　黄　明　黄庆新 韩维新
	5	（1996 年 12 月 11 日，共 35 名） 于广富　才　石　王　彬　王春芝（女）王宏达　王福军　尹　太　刘兆亿 刘秀峰　刘保江　朱　海　孙衍林　苏有富　吴荣山　李　春　李克军 李延华（女）李秀林　李复华　邵文信　邵永林　杜春光　杨守刚　杨靖武 邱桂兰（女）邱振东　张　金　张永新　张海瑞　郭玉昆　贾振宝　徐作良 黄　明　黄庆新　韩维新
	6	（1997 年 3 月 23 日，共 33 名） 才　石　王　彬　王春芝（女）王宏达　尹　太　刘兆亿　刘秀峰　刘保江 朱　海　孙衍林　苏有富　吴荣山　李　春　李明杰　李克军　李秀林 李复华　邵文信　邵永林　杜春光　杨守刚　杨靖武　邱桂兰（女）邱振东 张　金　张永新　张海瑞　郭玉昆　贾振宝　徐作良　黄　明　黄庆新 韩维新
第十三届	1	（1997 年 10 月 27 日，共 31 名） 丁长林　才　石　于素华（女）王　彬　王春芝（女）王宏达　尹　太 闫静海　刘兆亿　刘保江　杜春光　杨靖武　苏有富　李克军　李明杰 李秀林　李延超　张　金　张永新　张承亨　张亚松　张海瑞　邵文信 邵永林　武允春　徐增得　郭玉昆　贾振宝　黄　明　黄庆新　梁玉英（女）

续表 1-1

届次	会次	名单
第十三届	2	（1998 年 3 月 25 日，共 36 名） 丁长林　才　石　于素华（女）王　彬　王春芝（女）王福义　王宏达 尹　太　石万春　刘　迁　刘兆亿　孙玉洁（女）孙钟万　闫静海　关立新 邢玉亮　李克军　李明杰　李秀林　李延超　张　金　张永新　张承亨 张亚松　张海瑞　杨靖武　杜春光　邵文信　邵永林　苏有富　武允春 贾振宝　郭玉昆　徐增得　黄　明　梁玉英（女）
	3	（1999 年 2 月 28 日，共 25 名） 丁长林　于素华（女）王　彬　王春芝（女）白云子（女）刘兆亿 刘金昌　祁国柱　李克军　李明杰　李延超　张　金　张永新　张海瑞 杨靖武　杜春光　苏有富　邵文信　邵永林　武允春　贾振宝　郭玉昆 徐增得　黄　明　梁玉英（女）
	4	（2000 年 1 月 19 日，共 25 名） 丁长林　于素华（女）王　彬　王春芝（女）白云子（女）刘兆亿 刘金昌　祁国柱　李克军　李延超　张　金　张亚松　张永新　张海瑞 杨靖武　杜春光　苏有富　邵文信　邵永林　武允春　贾振宝　郭玉昆 徐增得　黄　明　梁玉英（女）
	5	（2001 年 1 月 11 日，共 25 名） 于素华（女）王　彬　王春芝（女）毛文玉　白云子（女）闫静海 刘兆亿　刘金昌　李克军　李延超　张　冲　张　金　张亚松　张永新 张富江　张海瑞　苏有富　邵文信　邵永林　贾振宝　郭玉昆　徐增得 黄　明　高　飞　潘福生
	6	（2002 年 3 月 13 日，共 25 名） 于素华（女）王运义　王　彬　王春芝（女）毛文玉　白云子（女） 闫静海　刘兆亿　刘金昌　任宝福　李延超　关立新　张　冲　张亚松 张永新　张富江　张海瑞　苏有富　邵文信　贾振宝　郭玉昆　徐增得 黄　明　高　飞　潘福生
第十四届	1	（2002 年 10 月 29 日，共 33 名） 丁长林　于素华（女）马龙水　马明璋　王　彬　王少维　王运义　王金松 王家砚　毛文玉　闫　华　闫静海　任宝福　刘志国　刘金昌　关立新 孙钟万　苏有富　李　哲　李宝祥　张　冲　张志刚　张承亨　赵士然 赵长满①　耿长山　徐　雷　郭广友　高　飞　黄　明　隋海滨　蒋晓新（女） 潘福生

① 赵长满于 2018 年受到刑事处罚。

续表 1–1

届次	会次	名单
第十四届	2	（2003 年 2 月 18 日，共 33 名） 丁长林　于素华（女）马龙水　马明璋　王　彬　王少维　王运义　王金松　王家砚　毛文玉　闫　华　闫静海　刘志国　刘金昌　任宝福　关立新　孙钟万　苏有富　李　哲　李宝祥　张　冲　张志刚　张承亨　赵士然　赵长满　耿长山　徐　雷　郭广友　高　飞　黄　明　隋海滨　蒋晓新（女）潘福生
	3	（2004 年 1 月 8 日，共 33 名） 丁长林　于素华（女）马龙水　马明璋　王　彬　王少维　王运义　王金松　王家砚　毛文玉　闫　华　闫静海　刘志国　刘金昌　任宝福　关立新　孙钟万　苏有富　李　哲　李宝祥　张　冲　张志刚　张承亨　赵士然　赵长满　耿长山　徐　雷　郭广友　高　飞　黄　明　隋海滨　蒋晓新（女）潘福生
	4	（2005 年 1 月 12 日，共 33 名） 丁长林　于素华（女）马龙水　马明璋　王　彬　王运义　王少维　王金松　王家砚　毛文玉　闫　华　闫静海　刘志国　刘金昌　吕凤阳　任宝福　关立新　孙钟万　苏有富　李　哲　李宝祥　张冬梅（女）张志刚　沈振山　赵士然　赵长满　耿长山　徐　雷　郭广友　高　飞　隋海滨　蒋晓新（女）潘福生
	5	（2006 年 1 月 18 日，共 31 名） 丁长林　于素华（女）马龙水　马明璋　王　彬　王金松　王家砚　史山泰　闫静海　任宝福　吕凤阳　关立新　刘志国　刘金昌　孙钟万　苏有富　李　哲　李宝祥　杨乃珍　杨晓春　沈振山　张冬梅（女）张志刚　赵士然　耿长山　郭广友　高　飞　黄仕平　鲁志民　蒋晓新（女）潘福生
第十五届	1	（2006 年 12 月 27 日，共 35 名） 于素华（女）马龙水　马冰哲　马明璋　王　彬　王金松　王家砚　叶　涛　史山泰　吕凤阳　关立新　孙钟万　苏有富　李　哲　李少华　李凤林　李宝祥　李新友　杨晓春　沈振山　张志刚　张晓砚（女）单玉良　赵士然　赵延芝（女）柳玉海　耿长山　贾彦波（女）徐　鑫　徐向东　高　飞　董绍涛　鲁志民　赫耀宇　潘福生

续表 1-1

届次	会次	名单
第十五届	2	（2008 年 1 月 18 日，共 34 名） 于国强　于素华（女）　马龙水　马冰哲　马明璋　王　彬　王金松　王家砚　叶　涛　史山泰　吕凤阳　刘　岩（女）　关立新　孙钟万　苏有富　李　哲　李凤林　李宝祥　李新友　杨晓春　张志刚　张晓砚（女）　单玉良　赵士然　赵延芝（女）　柳玉海　耿长山　贾彦波（女）　徐向东　高　飞　董绍涛　鲁志民　赫耀宇　潘福生
	3	（2009 年 2 月 25 日，共 27 名） 于素华（女）　马文峰　马龙水　马冰哲　王金松　王家砚　白桂俊　史山泰　吕凤阳　刘　岩（女）　刘晓范　苏有富　李　哲　李凤林　李新友　杨晓春　张志刚　张晓砚（女）　赵延芝（女）　柳玉海　贾彦波（女）　徐向东　崔仁范　董绍涛　鲁志民　赫耀宇　潘福生
	4	（2010 年 1 月 30 日，共 27 名） 于素华（女）　马文峰　马龙水　马冰哲　王志民　王金松　王家砚　史山泰　吕凤阳　刘　岩（女）　苏有富　李　哲　李凤林　李新友　陈　悦　杨晓春　张　希　张志刚　张晓砚（女）　赵延芝（女）　柳玉海　贾彦波（女）　徐贵辉　董绍涛　鲁志民　赫耀宇　潘福生
	5	（2011 年 1 月 7—8 日，共 27 名） 于素华（女）　马文峰　马龙水　王金松　王家砚　史山泰　吕凤阳　刘　岩　刘　亮　苏有富　李　哲　李凤林　李新友　杨晓春　张英波（女）　张晓砚（女）　赵凤海　赵延芝（女）　封殿辉　柳玉海　高　飞　高兴辉　郭兆峰　董绍涛　鲁志民　赫耀宇　潘福生
第十六届	1	（2011 年 12 月 12 日，共 33 名） 丁宇航　马文峰　马龙水　马德军　王金松　王显峰　王家砚　白晓风　关立新　刘　亮　刘立波　吕　广　吕凤阳　孙立臣　邢志祥　张英波（女）　张晓砚（女）　李　帅　李凤林　李新友　杨晓春　苏有富　呼大鹏　武传刚　郑小鹏　封殿辉　柳玉海　赵凤海　赵兴嘉　赵同奎　赵延芝（女）　高兴辉　潘福生
	2	（2013 年 1 月 14 日，共 28 名） 丁宇航　马文峰　马德军　王金松　王显峰　王家砚　白晓风　吕　广　关立新　刘　亮　刘立波　刘学刚　孙立臣　苏有富　李　帅　李凤林　李新友　杨晓春　张凤平（女）　张晓砚（女）　郑小鹏　武传刚　封殿辉　柳玉海　赵凤海　赵兴嘉　郭立军　郭兆峰

续表 1–1

届次	会次	名单
第十六届	3	（2014年1月6日，共28名） 丁宇航　马文峰　马德军　王金松　王显峰　王家砚　白晓风　刘　亮 刘立波　刘学刚　关立新　孙立臣　杜玉龙　杨晓春　李　帅　苏有富 李新友　汪永辉　张　秀　张凤平（女）　武传刚　郑小鹏　柳玉海　封殿辉 赵迎春（女）　徐宝庆　郭立军　郭兆峰
	4	（2015年2月4日，共28名） 丁宇航　马文峰　马德军　王金松　王显峰　王家砚　白晓风　刘　亮 刘立波　刘学刚　关立新　孙立臣　杜玉龙　杨晓春　苏有富　李　帅 李新友　汪永辉　张　秀　张凤平（女）　武传刚　郑小鹏　柳玉海　封殿辉 赵迎春（女）　顾　垒　徐宝庆　郭兆峰
	5	（2016年2月3日，共30名） 丁宇航　马文峰　马德军　王金松　王显峰　王家砚　白晓风　刘　亮 刘立波　刘学刚　关立新　孙立臣　杜玉龙　杨晓春　苏有富　李　帅 李新友　汪永辉　张　秀　张凤平（女）　武传刚　郑小鹏　柳玉海　封殿辉 赵迎春（女）　都宝成　顾　垒　徐宝庆　郭兆峰　潘福生
第十七届	1	（2016年12月14日，共32名） 丁宇航　丁志林　马文峰　王兴赋　王彦辉　王家砚　白晓风　冯晓伟 朱志刚　刘　枫　孙立臣　苏有富　杜玉龙　李　冰　李学雷　李铁刚 汪永辉　张　秀　张凤平（女）　张东来　张淑英（女）　陈沈军　郑小鹏 封殿辉　赵兴旺　赵迎春（女）　胡春翼　都宝成　高雪峰　郭立志　郭兆峰 黄海勇
	2	（2017年12月26日，共33名） 丁宇航　马文峰　王彦辉　王宏君　王志鹏　王家砚　白晓风　朱志刚 朱延生　刘延涛　刘金成　刘宏伟　孙立臣　李　冰　李学雷　李铁刚 杜玉龙　张　秀　张凤平（女）　张东来　张淑英（女）　苏有富　吴伟波 汪永辉　陆延民　郑小鹏　赵迎春（女）　赵淑芳（女）　赵新华（女） 徐　茂　郭兆峰　高雪峰　寇金森
	3	（2019年1月4日，共30名） 马文峰　王永志　王宏君　王彦辉　王家砚　白晓风　朱延生　朱志刚 刘　欣（女）　刘延涛　刘宏伟　刘金成　孙立臣　孙继成　远志军　李　冰 李学雷　李铁刚　吴伟波　汪永辉　张　秀　张凤平（女）　张东来　张洪岐 张淑英（女）　郑小鹏　赵淑芳（女）　胡春翼　高雪峰　郭兆峰

续表 1-1

届次	会次	名单
第十七届	4	（2019 年 12 月 26 日，共 29 名） 马文峰　王永志　王彦辉　王宏君　王家砚　王春艳（女）　白晓风　朱延生　朱志刚　刘　欣（女）　刘延涛　刘宏伟　刘金成　孙立臣　孙继成　远志军　杜　鹃（女）　李　冰　李学雷　李铁刚　吴伟波　张　秀　张凤平（女）　张东来　张洪岐　张淑英（女）　赵淑芳（女）　胡春翼　高雪峰
	5	（2020 年 12 月 29 日，共 27 名） 马文峰　王永志　王宏君　王彦辉　王春艳（女）　白晓风　朱志刚　刘金成　孙继成　李大尉（女）　李　冰　李学雷　李铁刚　陈沈军　远志军　吴伟波　张　秀　张凤平（女）　张东来　张洪岐　张淑英（女）　杨世友　赵淑芳（女）　胡春翼　高雪峰　韩旭东　魏庆舒

第二节　秘书长、副秘书长

历届县人民代表大会秘书长、副秘书长名单

表 1-2

届次	会次	时间	名单	
			秘书长	副秘书长
第二届	2	1957 年 6 月 28 日	郭伟奇	—
	3	1958 年 1 月 19 日	郭伟奇	—
第三届	3	1959 年 8 月 29 日	王永刚	徐　铮　陈贵太
第四届	1	1960 年	张显彬	陈　鹏　陈贵太
	2	1961 年 10 月 26 日	张显彬	—
	3	1962 年 4 月 21—23 日	陈贵太	—
第五届	2	1964 年 9 月 11—13 日	邱立民	那雅轩　徐　铮
第六届	1	1965 年 12 月 25 日	杨浩天	那雅轩　张振民
	2	1966 年 9 月 21—24 日	邵永林	张振民　那雅轩

续表 1–2

届次	会次	时间	名单	
			秘书长	副秘书长
第八届	1	1980 年 9 月 10 日	焦双武	庞善政　王景林　王衍通
	2	1981 年 9 月 20 日	庞善政	王春芝（女）王衍通
	3	1983 年 3 月 17 日	赵殿宝	庞善政　王春芝（女）张　延
第九届	1	1984 年 4 月 10 日	赵殿宝	庞善政　张　延
	2	1985 年 4 月 8 日	赵殿宝	庞善政　张　延　李　春
	3	1986 年 3 月 31 日	赵殿宝	庞善政　张　延
	4	1987 年 4 月 11 日	赵殿宝	庞善政　张　延
第十届	1	1987 年 9 月 23 日	孙衍林	庞善政　王春芝（女）
	2	1988 年 3 月 29 日	孙衍林	庞善政　郑越平
	3	1989 年 3 月 27 日	孙衍林	庞善政　郑越平
	4	1990 年 3 月 26 日	孙衍林	庞善政　臧志民　赵玉江
第十一届	1	1991 年 2 月 22 日	王春芝（女）	庞善政　臧志民　王福军
	2	1992 年 3 月 9 日	刘秀峰	王福军　臧志民　郑越平
	3	1992 年 11 月 29 日	刘秀峰	王福军　臧志民　郑越平
	4	1993 年 3 月 8 日	刘秀峰	王福军　臧志民
第十二届	1	1993 年 11 月 10 日	尹　太	王福军　邹占军
	2	1994 年 4 月 6 日	尹　太	王福军　邹占军
	3	1995 年 3 月 28 日	尹　太	王福军　邹占军
	4	1996 年 3 月 27 日	尹　太	王福军　邹占军
	5	1996 年 12 月 11 日	尹　太	王福军　邹占军
	6	1997 年 3 月 23 日	尹　太	李明杰　邹占军
第十三届	1	1997 年 10 月 27 日	贾振宝	李明杰　邹占军
	2	1998 年 3 月 25 日	贾振宝	李明杰　邹占军
	3	1999 年 2 月 28 日	贾振宝	李明杰　邹占军
	4	2000 年 1 月 19 日	贾振宝	张亚松　邹占军
	5	2001 年 1 月 11 日	贾振宝	任宝福　张亚松　邹占军

续表 1-2

届次	会次	时间	名单	
			秘书长	副秘书长
第十三届	6	2002 年 3 月 13 日	贾振宝	任宝福　邹占军
第十四届	1	2002 年 10 月 29 日	王　彬	任宝福　邹占军　李宝祥
	2	2003 年 2 月 18 日	王　彬	任宝福　邹占军　李宝祥
	3	2004 年 1 月 8 日	王　彬	任宝福　邹占军
	4	2005 年 1 月 12 日	王　彬	任宝福　石宝库
	5	2006 年 1 月 18 日	王　彬	任宝福　石宝库
第十五届	1	2006 年 12 月 27 日	李新友	吕凤阳　黄成德
	2	2008 年 1 月 18 日	李新友	吕凤阳　程晓飞
	3	2009 年 2 月 25 日	李新友	吕凤阳　程晓飞
	4	2010 年 1 月 30 日	李新友	吕凤阳　程晓飞
	5	2011 年 1 月 7—8 日	李新友	—
第十六届	1	2011 年 12 月 12 日	李新友	吕凤阳　刘运涛　顾　垒
	2	2013 年 1 月 14 日	郑小鹏	张　秀　刘运涛　顾　垒　吕　广
	3	2014 年 1 月 6 日	李新友	张　秀　刘运涛　顾　垒　吕　广
	4	2015 年 2 月 4 日	李新友	张　秀　刘运涛　马洪军　韦学峰
	5	2016 年 2 月 3 日	李新友	张　秀　刘运涛　马洪军　韦学峰
第十七届	1	2016 年 12 月 14 日	郑小鹏	张　秀　韦学峰
	2	2017 年 12 月 26 日	郑小鹏	张　秀　韦学峰
	3	2019 年 1 月 4 日	郑小鹏	张　秀　李成玉
	4	2019 年 12 月 26 日	李学雷	张　秀　李成玉
	5	2020 年 12 月 29 日	李学雷	吴伟波　李成玉

第三节　常务主席

历届县人民代表大会常务主席名单

表 1-3

届次	会次	时间	名单
第八届	1	1980 年 9 月 10 日	邓时成　邵永林　王　维　焦双武　赵殿宝　王敏（女）　王久本　李东林　张景祥　刘长年
	2	1981 年 9 月 20 日	邓时成　王　维　焦双武　赵殿宝　孙德隆
	3	1983 年 3 月 18 日	王　维　赵殿宝　李东林　张景祥　刘长年　孙德隆
第九届	1	1984 年 4 月 10 日	邵永林　张金凯　王　维　焦双武　徐志文　赵殿宝　李东林　张景祥　刘长年　孙德隆
	2	1985 年 4 月 8 日	张金凯　王　维　焦双武　徐志文　赵殿宝　李东林　张景祥　刘长年　孙德隆　栾振芳
第九届	3	1986 年 3 月 31 日	王　维　赵殿宝　李东林　张景祥　刘长年　栾振芳　孙德隆
	4	1987 年 4 月 11 日	王　维　赵殿宝　李东林　张景祥　刘长年　栾振芳　孙衍林
第十届	1	1987 年 9 月 23 日	焦双武　王　维　赵殿宝　李东林　张景祥　刘长年　栾振芳　孙衍林
	2	1988 年 3 月 29 日	焦双武　刘长年　孙衍林　王春芝（女）　王　玉
	3	1989 年 3 月 27 日	焦双武　刘长年　孙衍林　王春芝（女）　张振民　王　玉
	4	1990 年 3 月 26 日	李洪超　刘长年　孙衍林　王春芝（女）　张振民　王　玉
第十一届	1	1991 年 2 月 22 日	王　玉　王春芝（女）　刘长年　刘秀峰　孙衍林　李洪超　李复华　杨守刚　张志民　张振民　邵文信

续表 1-3

届次	会次	时间	名单
第十一届	2	1992 年 3 月 9 日	李洪超　孙衍林　刘秀峰　王春芝（女） 王　玉　杨守刚
	3	1992 年 11 月 29 日	孙衍林　邵文信　刘秀峰　王春芝（女） 王　玉　杨守刚
	4	1993 年 3 月 8 日	王慎义　孙衍林　苏有富　王春芝（女） 王　玉　杨守刚
第十二届	1	1993 年 11 月 10 日	王慎义　孙衍林　苏有富　刘秀峰　王春芝（女） 张海瑞　杨守刚
	2	1994 年 4 月 6 日	王慎义　苏有富　尹　太　王春芝（女）张海瑞 郭玉昆
	3	1995 年 3 月 28 日	王慎义　苏有富　尹　太　王春芝（女） 张海瑞　郭玉昆
	4	1996 年 3 月 27 日	李克军　苏有富　尹　太　王春芝（女） 张海瑞　郭玉昆
	5	1996 年 12 月 11 日	李克军　苏有富　尹　太　王春芝（女） 张海瑞　郭玉昆
第十二届	6	1997 年 3 月 23 日	李克军　苏有富　尹　太　王春芝（女） 张海瑞　郭玉昆
第十三届	1	1997 年 10 月 27 日	李克军　苏有富　邵文信　尹　太　贾振宝 王春芝（女）张海瑞　郭玉昆
	2	1998 年 3 月 25 日	李克军　邵文信　贾振宝　王春芝（女）张海瑞 郭玉昆
	3	1999 年 2 月 28 日	李克军　邵文信　贾振宝　王春芝（女）张海瑞 郭玉昆
	4	2000 年 1 月 19 日	李克军　邵文信　贾振宝　王春芝（女）张海瑞 郭玉昆
	5	2001 年 1 月 11 日	李克军　邵文信　贾振宝　王春芝（女）张海瑞 郭玉昆
	6	2002 年 3 月 13 日	王运义　邵文信　贾振宝　闫静海　王春芝（女） 张海瑞　郭玉昆

续表 1–3

届次	会次	时间	名单
第十四届	1	2002 年 10 月 29 日	王运义　潘福生　闫静海　王　彬　耿长山　马龙水　王金松
	2	2003 年 2 月 18 日	王运义　潘福生　王　彬　耿长山　马龙水　王金松
	3	2004 年 1 月 8 日	王运义　潘福生　王　彬　耿长山　马龙水　王金松
	4	2005 年 1 月 12 日	王运义　潘福生　王　彬　耿长山　马龙水　王金松
	5	2006 年 1 月 18 日	鲁志民　潘福生　王　彬　耿长山　马龙水　王金松
第十五届	1	2006 年 12 月 27 日	鲁志民　潘福生　李新友　马龙水　赵延芝（女）　王金松
	2	2008 年 1 月 18 日	鲁志民　潘福生　李新友　马龙水　赵延芝（女）　王金松
	3	2009 年 2 月 25 日	鲁志民　潘福生　李新友　马龙水　赵延芝（女）　王金松
第十五届	4	2010 年 1 月 30 日	鲁志民　潘福生　李新友　马龙水　赵延芝（女）　王金松
	5	2011 年 1 月 7—8 日	鲁志民　潘福生　李新友　马龙水　赵延芝（女）　王金松
第十六届	1	2011 年 12 月 12 日	封殿辉　潘福生　王家砚　李新友　马龙水　赵延芝（女）　郑小鹏　王金松
	2	2013 年 1 月 14 日	封殿辉　王家砚　李新友　郑小鹏　王金松
	3	2014 年 1 月 6 日	封殿辉　王家砚　李新友　郑小鹏　杜玉龙　王金松
	4	2015 年 2 月 4 日	封殿辉　王家砚　李新友　郑小鹏　杜玉龙　王金松
	5	2016 年 2 月 3 日	封殿辉　王家砚　李新友　郑小鹏　杜玉龙　王金松

续表 1–3

届次	会次	时间	名单
第十七届	1	2016 年 12 月 14 日	封殿辉　王家砚　李学雷　郑小鹏　杜玉龙 李　冰
	2	2017 年 12 月 27 日	刘金成　王家砚　李学雷　郑小鹏　杜玉龙 李　冰
	3	2019 年 1 月 4 日	刘金成　王家砚　李学雷　郑小鹏　李　冰
	4	2019 年 12 月 29 日	刘金成　王家砚　李学雷　李　冰　张　秀
	5	2020 年 12 月 29 日	刘金成　高雪峰　李学雷　李　冰　张　秀

第四节　执行主席

历届县人民代表大会执行主席名单

表 1–4

届次	会次	时间	名单
第五届	2	1964 年 9 月 11 日	雷雨田　邱立民　那雅轩　张文源　张士春 李维新　田　义　李宝培
		1964 年 9 月 12 日	徐廷照　林培文　杜文钧　戴荣光　胡国清 张　伦　段玉洁（女）
		1964 年 9 月 13 日	杨浩天　毕仁太　丁云华　邢宝春　金镇寿 戴　治　刘绍清　范宝富
第六届	1	1965 年 12 月 25 日	杨浩天　邵永林　张永裕　邢宝春　袁国禄 金镇寿　那雅轩
		1965 年 12 月 26 日	刘凤岐　路青发　戴荣光　赵树林　丁云华 杜文均　张文源
		1965 年 12 月 27 日	徐廷照　林培文　魏玉莲（女）　金镇寿　张殿臣 徐　铮　李维新

续表 1–4

届次	会次	时间	名单
第六届	2	1966 年 9 月 21 日	刘凤岐　邵永林　刘少青　袁国禄　赵树林　都莲姬（女）
		1966 年 9 月 22 日	林培文　邱立民　魏玉莲（女）张振民　潘海峰
		1966 年 9 月 23 日	雷雨田　杨浩天　左宪良　张文源　金真玉
		1966 年 9 月 24 日	徐廷照　那亚轩　邢宝春　金镇寿　郭　仲
第七届	1	1980 年 9 月 11 日	王　维　赵殿宝　张景祥　刘长年　赵志忠　马占顺　刘发达　王春芝（女）赵连胜　王景林　李元植　孙加琪　李长平
		1980 年 9 月 12 日	邓时成　邵永林　李东林　王　杰　刘　琨　张金凯　门　杰　王衍通　崔长林　庞善政　肖淑范（女）孙德隆　朴明先
第八届	1	1980 年 9 月 13 日	焦双武　王　敏（女）王久本　李树文　郭振昌　孙建基　邵文信　冯国祥　甄殿卿　李复春　王太生　陈瑞廷　周　济
	2	1981 年 9 月 21 日	邓时成　赵殿宝　赵志忠　王春芝（女）李元植　刘发达　才树森　李长平　马占顺　孙加琪
		1981 年 9 月 22 日	王　维　孙德隆　门　杰　邵文信　孙建基　吕宝才　肖淑范（女）李复春　朴春先　王太生
		1981 年 9 月 23 日	焦双武　孙衍林　庞善政　王久本　甄殿卿　崔长林　胡新民　郭振昌　刘玉德　陈瑞廷　周　济
	3	1983 年 3 月 18 日	邵永林　王　维　王久本　崔长林　胡新民　王太生　刘玉德　马占顺　周　济　庞善政
		1983 年 3 月 19 日	孙德隆　张景祥　刘长年　赵志忠　门　杰　肖淑范（女）刘发达　李长平　孙加琪　甄殿卿
		1983 年 3 月 20 日	赵殿宝　焦双武　李东林　徐志文　李元植　李复春　王春芝（女）邵文信　孙建基　吕宝才
第九届	1	1984 年 4 月 10 日	王　维　邵永林　张景祥　王生怀　李复春　肖淑范（女）朴重根　桑增林

续表 1–4

届次	会次	时间	名单
第九届	1	1984 年 4 月 11 日	张金凯　李东林　徐志文　吴士周　于维顺　陈同瞻　马占顺　苏彦华（女）
		1984 年 4 月 12 日	刘长年　张振民　李长平　庞善政　孙衍林　刘发达　邵文信
		1984 年 4 月 13 日	焦双武　赵殿宝　孙德隆　张东辉　王春芝（女）　王太生　王久本　王向东
	2	1985 年 4 月 9 日	王　维　邵永林　李复春　肖淑范（女）　朴重根　庞善政　孙凤山　张东辉　李栋民　邵文信
		1985 年 4 月 10 日	李东林　张景祥　孙德隆　张金凯　徐志文　栾振芳　吴士周　于维顺　陈同瞻　马占顺　苏彦华（女）　刘发达
		1985 年 4 月 11 日	赵殿宝　刘长年　焦双武　王久本　王太生　王春芝（女）　王向东　赵福水　王　玉　李长平　才树森
	3	1986 年 4 月 1 日	王　维　邵永林　张金凯　张景祥　徐振湖　邱振东　肖淑范（女）　朴重根　孙凤山　李栋民
		1986 年 4 月 2 日	栾振芳　李东林　徐志文　王久本　邱桂兰（女）　刘英辉　陈同瞻　苏彦华（女）　刘发达　孙衍林
		1986 年 4 月 3 日	刘长年　赵殿宝　孙德隆　焦双武　马占顺　王太生　王春芝（女）　李晓娟（女）　王　玉　庞善政
	4	1987 年 4 月 12 日	王　维　李东林　邵永林　焦双武　邱振东　肖淑范（女）　朴重根　刁长山　陈万青　孙凤山
		1987 年 4 月 13 日	赵殿宝　栾振芳　徐志文　王久本　徐振湖　李栋民　邱桂兰（女）　李晓娟（女）　刘英辉　陈同瞻　刘发达
		1987 年 4 月 14 日	孙衍林　张景祥　刘长年　庞善政　马占顺　邵文信　苏彦华（女）　王春芝（女）　王太生
第十届	1	1987 年 9 月 24 日	王　维　刘长年　范德武　徐志文　孙衍林　王春芝（女）　王　玉　苏彦华（女）　李晓娟（女）　邱桂兰（女）　庞善政

续表 1–4

届次	会次	时间	名单
第十届	1	1987 年 9 月 25 日	焦双武　邵永林　王久本　赵殿宝　李东林　张景祥　栾振芳　徐振湖　金秀吉　马占顺
	2	1988 年 3 月 29 日	刘长年　王　维　范德武　徐振湖　张景祥　张振民　胡新民　汪　俊　苏彦华（女）　庄大力　吴荣山
		1988 年 3 月 30 日	王春芝（女）　王　玉　邵永林　徐志文　苏有富　邱振东　赵殿宝　栾振芳　庞善政　李晓娟（女）
		1988 年 3 月 31 日	焦双武　孙衍林　王久本　李东林　马占顺　金秀吉　朱　海　邱桂兰（女）　郑越平　徐再君
	3	1989 年 3 月 27 日	刘长年　焦双武　王　维　徐振湖　张景祥　金秀吉　胡新民　汪　俊　苏彦华（女）　吴荣山　庄大力
		1989 年 3 月 28 日	张振民　王　玉　邵永林　徐志文　苏有富　邱振东　赵殿宝　栾振芳　庞善政　李晓娟（女）
		1989 年 3 月 29 日	孙衍林　王春芝（女）　范德武　王久本　李东林　马占顺　朱　海　邱桂兰（女）　郑越平　徐再君
	4	1990 年 3 月 26 日	李洪超　刘长年　孙衍林　王春芝（女）　张振民　王　玉
第十一届	1	1991 年 2 月 22 日	刘长年　李洪超　徐志文　王　维　邵文信　刘秀峰　金秀吉　王　玉　朱　海
		1991 年 2 月 22 日	王春芝（女）　苏有富　邵永林　张志民　邱振东　吴荣山　汪　俊　耿长山　苏彦华（女）
		1991 年 2 月 22 日	李复华　孙衍林　张振民　马占顺　杨守刚　邱桂兰（女）　庄大力　郑越平　庞善政
	2	1992 年 3 月 9 日	孙衍林　李洪超　杨守刚　邵永林　王福军　吴荣山　邱桂兰（女）　朱　海　冯国军
		1992 年 3 月 9 日	王春芝（女）　徐志文　王　维　邵文信　邱振东　耿长山　李　春　郑越平　刘志清
		1992 年 3 月 9 日	刘秀峰　李复华　苏有富　刘长年　王　玉　金秀吉　苏彦华（女）　黄庆新　张延林

续表 1–4

届次	会次	时间	名单
第十一届	4	1993 年 3 月 8 日	王慎义　孙衍林　刘同富　刘秀峰　邵文信 金秀吉　邵永林　王　维　李复华　刘保江 朱　海　张海瑞　冯国军　刘志清　苏彦华（女） 吴荣山
		1993 年 3 月 8 日	苏有富　王春芝（女）杨守刚　杨靖武　刘长年 邱振东　邱桂兰（女）汪　俊　耿长山　张　兴 张延林　李　春　郑越平　黄庆新　王福军
第十二届	1	1993 年 11 月 10 日	王慎义　孙衍林　苏有富　刘秀峰　王春芝 张海瑞　杨守刚　刘同富　李复华　邵永林 尹　太　刘保江　王福军　苏彦华（女）吴荣山
		1993 年 11 月 10 日	王慎义　孙衍林　苏有富　刘秀峰　王春芝（女） 张海瑞　杨守刚　邵文信　张东辉　邱振东 汪　俊　耿长山　朱　海　李　春
		1993 年 11 月 10 日	王慎义　孙衍林　苏有富　刘秀峰　王春芝（女） 张海瑞　杨守刚　杨靖武　黄　明　周铭德 郭玉坤　邱桂兰（女）王太生　张延林　黄庆新
	2	1994 年 4 月 6 日	王慎义　苏有富　尹　太　王春芝（女）张海瑞 郭玉昆　刘同富　孙衍林　李复华　邵文信 刘秀峰　邱振东　张东辉　刘保江　贾振宝 汪　俊　耿长山　邱桂兰（女）王宝军
		1994 年 4 月 6 日	王慎义　苏有富　尹　太　王春芝（女）张海瑞 郭玉昆　邵永林　杨靖武　黄　明　杨守刚 周铭德　朱　海　张延林　才　石　苏彦华（女） 吴荣山　李　春　李延华（女）徐作良　黄庆新
	3	1995 年 3 月 28 日	王慎义　苏有富　尹　太　王春芝（女）张海瑞 郭玉昆　刘同富　李复华　孙衍林　邵永林 邵文信　刘保江　王福军　苏彦华（女） 吴荣山　才　石
		1995 年 3 月 28 日	王慎义　苏有富　尹　太　王春芝（女）张海瑞 郭玉昆　杨靖武　刘秀峰　刘兆亿　邱振东 耿长山　朱　海　李　春　李延华（女）徐作良

续表 1–4

届次	会次	时间	名单
第十二届	3	1995 年 3 月 28 日	王慎义　苏有富　尹　太　王春芝（女）张海瑞 郭玉昆　黄　明　杨守刚　周铭德　贾振宝 邱桂兰（女）汪　俊　张延林　李秀林　黄庆新
	4	1996 年 3 月 27 日	李克军　苏有富　尹　太　王春芝（女）张海瑞 郭玉昆　杨靖武　李复华　孙衍林　邵永林 邵文信　刘保江　王福军　杜春光　吴荣山 王　彬
		1996 年 3 月 27 日	李克军　苏有富　尹　太　王春芝（女）张海瑞 郭玉昆　刘秀峰　刘兆亿　邱振东　张永新 朱　海　李　春　李延华（女）韩维新　徐作良
		1996 年 3 月 27 日	李克军　苏有富　尹　太　王春芝（女）张海瑞 郭玉昆　黄　明　杨守刚　贾振宝　邱桂兰（女） 黄庆新　李秀林　王宏达　才　石
	5	1996 年 12 月 11 日	李克军　苏有富　杨靖武　尹　太　王春芝（女） 张海瑞　郭玉昆　李复华　孙衍林　邵永林 邵文信　刘保江　王福军　杜春光　吴荣山 张　金　王　彬　李延华（女）王宏达
		1996 年 12 月 11 日	李克军　苏有富　尹　太　王春芝（女）张海瑞 郭玉昆　黄　明　刘兆亿　刘秀峰　杨守刚 邱振东　贾振宝　朱　海　李　春　邱桂兰（女） 黄庆新　李秀林　才　石　于广富　韩维新 张永新
	6	1997 年 3 月 23 日	李克军　苏有富　尹　太　王春芝（女）张海瑞 郭玉昆　杨靖武　李复华　孙衍林　邵永林 邵文信　刘保江　杜春光　吴荣山　王　彬
		1997 年 3 月 23 日	李克军　苏有富　尹　太　王春芝（女）张海瑞 郭玉昆　黄　明　杨守刚　贾振宝　邱桂兰（女） 黄庆新　李秀林　才　石　王宏达　李明杰
		1997 年 3 月 23 日	李克军　苏有富　尹　太　王春芝（女）张海瑞 郭玉昆　刘秀峰　刘兆亿　邱振东　朱　海 张永新　李　春　徐作良　韩维新　张　金

续表 1–4

届次	会次	时间	名单
第十三届	1	1997 年 10 月 27 日	李克军　苏有富　邵文信　尹　太　贾振宝　王春芝（女）张海瑞　郭玉昆　杨靖武　杜春光　徐增得　邵永林　李明杰　张承亨　刘保江　王宏达
		1997 年 10 月 27 日	李克军　苏有富　邵文信　尹　太　贾振宝　王春芝（女）张海瑞　郭玉昆　刘兆亿　于素华（女）武允春　才　石　李延超　王　彬　张永新　张　金
		1997 年 10 月 27 日	李克军　苏有富　邵文信　尹　太　贾振宝　王春芝（女）张海瑞　郭玉昆　黄　明　闫静海　李明杰　李秀林　张亚松　梁玉英（女）丁长林　黄庆新
	2	1998 年 3 月 25 日	李克军　邵文信　贾振宝　王春芝（女）张海瑞　郭玉昆　苏有富　杨靖武　黄　明　尹　太　邵永林　闫静海　李明杰　李秀林　张亚松　刘　迁
		1998 年 3 月 25 日	李克军　邵文信　贾振宝　王春芝（女）张海瑞　郭玉昆　刘兆亿　于素华（女）才　石　丁长林　梁玉英（女）石万春　孙钟万　张　金　王宏达　孙玉沾（女）
		1998 年 3 月 25 日	李克军　邵文信　贾振宝　王春芝（女）张海瑞　郭玉昆　杜春光　徐增得　武允春　邢玉亮　李延超　王福义　王　彬　张永新　张承亨　关立新
	3	1999 年 2 月 28 日	李克军　邵文信　贾振宝　王春芝（女）张海瑞　郭玉昆　苏有富　丁长林　于素华（女）王　彬　白云子（女）刘金昌　张　金
		1999 年 2 月 28 日	李克军　邵文信　贾振宝　王春芝（女）张海瑞　郭玉昆　刘兆亿　祁国柱　李明杰　李延超　张永新　杜春光

续表 1–4

届次	会次	时间	名单
第十三届	3	1999 年 2 月 28 日	李克军 邵文信 贾振宝 王春芝（女） 张海瑞 郭玉昆 杨靖武 邵永林 武允春 徐增得 黄　明 梁玉英（女）
	4	2000 年 1 月 19 日	李克军 邵文信 贾振宝 王春芝（女） 张海瑞 郭玉昆 苏有富 丁长林 于素华（女） 王　彬 白云子（女） 刘金昌 张　金
		2000 年 1 月 19 日	李克军 邵文信 贾振宝 王春芝（女） 张海瑞 郭玉昆 刘兆亿 祁国柱 张亚松 李延超 张永新 杜春光
		2000 年 1 月 19 日	李克军 邵文信 贾振宝 王春芝（女） 张海瑞 郭玉昆 杨靖武 邵永林 武允春 徐增得 黄　明 梁玉英（女）
	5	2001 年 1 月 11 日	李克军 邵文信 贾振宝 王春芝（女） 张海瑞 郭玉昆 苏有富 毛文玉 于素华（女） 王　彬 白云子（女） 刘金昌 张　金 邵永林
		2001 年 1 月 11 日	李克军 邵文信 贾振宝 王春芝（女） 张海瑞 郭玉昆 刘兆亿 高　飞 张亚松 李延超 张永新 张　冲
		2001 年 1 月 11 日	李克军 邵文信 贾振宝 王春芝（女） 张海瑞 郭玉昆 徐增得 黄　明 张富江 潘福生 闫静海
	6	2002 年 3 月 13 日上午	王运义 邵文信 贾振宝 闫静海 王春芝（女） 张海瑞 郭玉昆 于素华（女） 苏有富 刘金昌 王　彬 毛文玉 关立新 白云子（女）
		2002 年 3 月 1 4 日上午	王运义 邵文信 贾振宝 闫静海 王春芝（女） 张海瑞 郭玉昆 刘兆亿 张永新 张亚松 李延超 张　冲 高　飞
		2002 年 3 月 1 4 日下午	王运义 邵文信 贾振宝 闫静海 王春芝（女） 张海瑞 郭玉昆 徐增得 黄　明 张富江 潘福生 任宝福

续表 1-4

届次	会次	时间	名单
第十四届	1	2002 年 10 月 29 日上午	王运义　潘福生　闫静海　王　彬　耿长山　马龙水　王金松　黄　明　于素华（女）　赵长满　刘金昌　苏有富　任宝福　毛文玉　马明璋　高　飞
		2002 年 10 月 30 日上午	王运义　潘福生　闫静海　王　彬　耿长山　马龙水　王金松　张志刚　王少维　张　冲　丁长林　隋海滨　李　哲　郭广友　赵士然　关立新
		2002 年 10 月 31 日下午	王运义　潘福生　闫静海　王　彬　耿长山　马龙水　王金松　刘志国　王家砚　任宝福　张承亨　徐　雷　李宝祥　蒋晓新（女）　闫　华　孙钟万
	2	2003 年 2 月 18 日上午	王运义　潘福生　王　彬　耿长山　马龙水　王金松　于素华（女）　赵长满　张　冲　丁长林　刘金昌　苏有富　闫静海　任宝福　张承亨　徐　雷　李宝祥　郭广友　蒋晓新（女）　孙钟万
		2003 年 2 月 19 日上午	王运义　潘福生　王　彬　耿长山　马龙水　王金松　黄　明　刘志国　张志刚　王少维　王家砚　隋海滨　李　哲　毛文玉　闫　华　马明璋
	3	2004 年 1 月 8 日上午	王运义　潘福生　王　彬　耿长山　马龙水　王金松　于素华（女）　赵长满　张　冲　丁长林　刘金昌　苏有富　闫静海　任宝福　张承亨　徐　雷　李宝祥　郭广友　蒋晓新（女）　孙钟万
		2004 年 1 月 9 日上午	王运义　潘福生　王　彬　耿长山　马龙水　王金松　黄　明　刘志国　张志刚　王少维　王家砚　隋海滨　李　哲　毛文玉　闫　华　马明璋　关立新　赵士然　高　飞
	4	2005 年 1 月 12 日	王运义　潘福生　王　彬　耿长山　马龙水　王金松　刘志国　于素华（女）　赵长满　刘金昌　苏有富　闫静海　毛文玉　马明璋　高　飞

续表 1–4

届次	会次	时间	名单
第十四届	4	2005 年 1 月 13 日	王运义　潘福生　王　彬　耿长山　马龙水　王金松　张志刚　王少维　沈振山　丁长林　隋海滨　李　哲　郭广友　吕凤阳　关立新
		2005 年 1 月 14 日	王运义　潘福生　王　彬　耿长山　马龙水　王金松　张冬梅（女）王家砚　任宝福　徐　雷　李宝祥　蒋晓新（女）闫　华　孙钟万　赵士然
	5	2006 年 1 月 18 日	鲁志民　潘福生　王　彬　耿长山　马龙水　王金松　刘志国　于素华（女）杨晓春　刘金昌　苏有富　闫静海　马明璋　高　飞
		2006 年 1 月 19 日	鲁志民　潘福生　王　彬　耿长山　马龙水　王金松　张志刚　黄仕平　沈振山　丁长林　李　哲　史山泰　郭广友　蒋晓新（女）
		2006 年 1 月 20 日	鲁志民　潘福生　王　彬　耿长山　马龙水　王金松　张冬梅（女）王家砚　任宝福　杨乃珍　李宝祥　吕凤阳　孙钟万　赵士然　关立新
第十五届	1	2006 年 12 月 27 日	鲁志民　潘福生　李新友　马龙水　赵延芝（女）王金松　杨晓春　张志刚　徐向东　沈振山　王　彬　耿长山　史山泰　李　哲　贾延波（女）赫耀宇
		2006 年 12 月 28 日	鲁志民　潘福生　李新友　马龙水　赵延芝（女）王金松　马冰哲　于素华（女）苏有富　柳玉海　单玉良　张晓砚（女）徐　鑫　吕凤阳　关立新　高　飞
		2006 年 12 月 29 日	鲁志民　潘福生　李新友　马龙水　赵延芝（女）王金松　王家砚　董绍涛　李宝祥　李少华　李凤林　孙钟万　马明璋　赵士然　叶　涛
	2	2008 年 1 月 18 日	鲁志民　潘福生　李新友　马龙水　赵延芝（女）王金松　马冰哲　于素华（女）杨晓春　张志刚　徐向东　贾延波（女）刘　岩（女）史山泰　李　哲　苏有富　王　彬　赫耀宇　于国强　李凤林

续表 1-4

届次	会次	时间	名单
第十五届	2	2008 年 1 月 19 日	鲁志民　潘福生　李新友　马龙水　赵延芝（女）　王金松　王家砚　董绍涛　耿长山　柳玉海　单玉良　张晓砚（女）　吕凤阳　李宝祥　孙钟万　马明璋　关立新　赵士然　叶　涛　高　飞
	3	2009 年 2 月 25 日上午	鲁志民　潘福生　李新友　马龙水　赵延芝（女）　王金松　马冰哲　于素华（女）　张志刚　杨晓春　徐向东　贾延波（女）　刘　岩（女）　史山泰　李　哲　赫耀宇　李凤林
		2009 年 2 月 25 日下午	鲁志民　潘福生　李新友　马龙水　赵延芝（女）　王金松　王家砚　董绍涛　苏有富　柳玉海　张晓砚（女）　吕凤阳　马文峰　白桂俊　崔仁范　刘晓范
	4	2010 年 1 月 30 日上午	鲁志民　潘福生　李新友　马龙水　赵延芝（女）　王金松　马冰哲　于素华（女）　张志刚　杨晓春　贾延波（女）　刘　岩（女）　史山泰　李　哲　赫耀宇　李凤林
		2010 年 1 月 30 日下午	鲁志民　潘福生　李新友　马龙水　赵延芝（女）　王金松　王家砚　董绍涛　苏有富　马文峰　张　希　柳玉海　张晓砚（女）　吕凤阳　王志民　徐贵辉　陈　悦
第十六届	1	2011 年 12 月 12 日	封殿辉　潘福生　王家砚　李新友　马龙水　赵延芝（女）　郑小鹏　王金松　丁宇航　武传刚　苏有富　吕凤阳　关立新　白晓风
		2011 年 12 月 13 日	封殿辉　潘福生　王家砚　李新友　马龙水　赵延芝（女）　郑小鹏　王金松　杨晓春　马文峰　邢志祥　马德军　刘立波　赵凤海
		2011 年 12 月 14 日	封殿辉　潘福生　王家砚　李新友　马龙水　赵延芝（女）　郑小鹏　王金松　刘　亮　张英波（女）　吕　广　张晓砚（女）　李　帅　高兴辉　赵兴嘉

续表 1–4

届次	会次	时间	名单
第十六届	2	2013 年 1 月 14 日	封殿辉　王家砚　李新友　郑小鹏　王金松　丁宇航　杨晓春　武传刚　刘　亮　郭兆峰　苏有富　马德军　刘立波　张晓砚（女）　吕　广　关立新　孙立臣
		2013 年 1 月 14 日	封殿辉　王家砚　李新友　郑小鹏　王金松　王显峰　马文峰　刘学刚　张凤平（女）　柳玉海　赵凤海　赵兴嘉　郭立军　李　帅　白晓风　李凤林
	3	2014 年 1 月 7 日	封殿辉　王家砚　李新友　郑小鹏　杜玉龙　王金松　丁宇航　杨晓春　武传刚　刘　亮　郭兆峰　刘学刚　苏有富　马德军　刘立波　张　秀　郭立军　关立新
		2014 年 1 月 7 日	封殿辉　王家砚　李新友　郑小鹏　杜玉龙　王金松　王显峰　马文峰　张凤平（女）　柳玉海　汪永辉　李　帅　白晓风　赵迎春（女）　孙立臣　徐宝庆
	4	2015 年 2 月 5 日	封殿辉　王家砚　李新友　郑小鹏　杜玉龙　王金松　丁宇航　杨晓春　武传刚　刘　亮　郭兆峰　苏有富　马德军　刘立波　白晓风　关立新　孙立臣
		2015 年 2 月 6 日	封殿辉　王家砚　李新友　郑小鹏　杜玉龙　王金松　王显峰　马文峰　刘学刚　张凤平（女）　柳玉海　汪永辉　张　秀　李　帅　徐宝庆　赵迎春（女）　顾　垒
	5	2016 年 2 月 4 日	封殿辉　王家砚　李新友　郑小鹏　杜玉龙　王金松　丁宇航　杨晓春　武传刚　都宝成　刘　亮　郭兆峰　苏有富　马德军　刘立波　白晓风　关立新　孙立臣
		2016 年 2 月 4 日	封殿辉　王家砚　李新友　郑小鹏　杜玉龙　王金松　王显峰　马文峰　刘学刚　张凤平（女）　潘福生　柳玉海　汪永辉　李　帅　徐宝庆　张　秀　赵迎春（女）　顾　垒

续表 1–4

届次	会次	时间	名单
第十七届	1	2016 年 12 月 15 日	封殿辉　王家砚　李学雷　郑小鹏　杜玉龙　李　冰　丁宇航　郭兆峰　高雪峰　都宝成　马文峰　张东来　张淑英（女）　苏有富　胡春翼　刘　枫　郭立志　赵兴旺　陈沈军
		2016 年 12 月 16 日	封殿辉　王家砚　李学雷　郑小鹏　杜玉龙　李　冰　张凤平（女）　朱志刚　王彦辉　李铁刚　汪永辉　张　秀　赵迎春（女）　王兴赋　黄海勇　丁志林　冯晓伟　孙立臣　白晓风
	2	2017 年 12 月 27 日	刘金成　王家砚　李学雷　郑小鹏　杜玉龙　李　冰　丁宇航　郭兆峰　高雪峰　马文峰　张东来　张淑英（女）　苏有富　赵新华（女）　徐　茂　赵淑芳（女）　王志鹏　陆延民　刘宏伟
		2017 年 12 月 28 日	刘金成　王家砚　李学雷　郑小鹏　杜玉龙　李　冰　张凤平（女）　朱志刚　王彦辉　李铁刚　刘延涛　汪永辉　张　秀　赵迎春（女）　寇金森　朱延生　王宏君　吴伟波　孙立臣　白晓风
	3	2019 年 1 月 5 日	刘金成　王家砚　李学雷　郑小鹏　李　冰　张洪岐　郭兆峰　高雪峰　马文峰　张东来　张淑英（女）　赵淑芳（女）　孙继成　王永志　刘宏伟　胡春翼　远志军
		2019 年 1 月 6 日	刘金成　王家砚　李学雷　郑小鹏　李　冰　刘　欣（女）　张凤平（女）　朱志刚　王彦辉　李铁刚　刘延涛　汪永辉　张　秀　朱延生　王宏君　吴伟波　孙立臣　白晓风
	4	2019 年 12 月 30 日	刘金成　王家砚　李学雷　李　冰　张　秀　张洪岐　高雪峰　马文峰　张东来　张淑英（女）　赵淑芳（女）　孙继成　王永志　刘宏伟　胡春翼　远志军　杜　娟（女）

续表 1–4

届次	会次	时间	名单
第十七届	4	2019 年 12 月 31 日	刘金成　王家砚　李学雷　李　冰　张　秀　刘　欣（女）张凤平（女）朱志刚　王彦辉　李铁刚　刘延涛　朱延生　王宏君　吴伟波　王春艳（女）孙立臣　白晓风
	5	2020 年 12 月 30 日	刘金成　高雪峰　李学雷　李　冰　张　秀　张洪岐　马文峰　张东来　张淑英（女）赵淑芳（女）孙继成　韩旭东　王永志　陈沈军　胡春翼　远志军
		2020 年 12 月 31 日	刘金成　高雪峰　李学雷　李　冰　张　秀　张凤平（女）朱志刚　王彦辉　李铁刚　杨世友　吴伟波　王宏君　李大尉（女）魏庆舒　王春艳（女）白晓风

第五节　代表资格审查委员会

历届会议代表资格审查委员会名单

表 1–5

届次	会次	时间	名单		
			主任委员	副主任委员	委　员
第二届	2	1957 年 6 月 28 日	林培文	—	黄亚峰　张殿举　沈淑福　佟永丰
	3	1958 年 1 月 19 日	张显彬	—	刘文品　范凤刚　张鹏举　魏　艳
第三届	3	1959 年 8 月 29 日	张显彬	—	王　显　胡怀鲁　郑仁淑　冯国祥

续表 1-5

届次	会次	时间	名单		
			主任委员	副主任委员	委　员
第四届	1	1960 年	孙孝忠 王　显	—	范文秀　冯国祥　甄慧云
	2	1961 年 10 月 26 日	王　显 冯国祥	—	王显州　田　义　范文秀
	3	1962 年 4 月 21—23 日	王　显	冯国祥	王显州　田　义　范文秀
第五届	2	1964 年 9 月 11—13 日	王　显	—	汪治平　孟庆云　吕贵春 段玉洁
第六届	1	1965 年 12 月 25 日	邵永林	—	孟庆云　张永裕　徐　铮 冯国祥
	2	1966 年 9 月 21—24 日	杨浩天	—	王　瑛　田　义　姜海涛 都秉泽
第八届	1	1980 年 9 月 10 日	王　敏	王景林 孙衍林 郑士祥	才树森　金秀吉　侯　文 朴明先　周　济
	2	1981 年 9 月 20 日	孙衍林	王春芝 王景林 郑士祥	才树森　金秀吉　侯　文 朴明先　周　济
	3	1983 年 3 月 17 日	孙衍林	王春芝 王景林 郑士祥	才树森　金秀吉　侯　文 朴明先　周　济
第九届	1	1984 年 4 月 5 日	刘长年	王春芝	吴士周　李复春　王向东
第十届	1	无考	—	—	—
	2	1998 年 3 月 25 日	贾振宝	张亚松	王　彬　邢玉亮　李延超
	3	1998 年 2 月 28 日	贾振宝	张亚松	王　彬　邢玉亮　李延超
	4	2000 年 1 月 19 日	贾振宝	张亚松	王　彬　邢玉亮　李延超
	5	2001 年 1 月 11 日	贾振宝	张亚松	王　彬　邢玉亮　李延超
	6	2002 年 3 月 13 日	贾振宝	张亚松	王　彬　邢玉亮　李延超

第六节　财政预决算　国民经济和社会发展审查委员会

历届县财政预决算　国民经济和社会发展审查委员会名单

表 1–6

届次	会次	时间	名单		
			主任委员	副主任委员	委员
第三届	3	1959 年 8 月 29 日	那亚轩	—	王　瑛　刘海波　李维新　苏　贵　张家驹　张元凯
第四届	1	1960 年	那亚轩　王　瑛	—	刘浮波　果洪路　张文凯
	2	1961 年 10 月 26 日	肖广德	—	于长珍　刘浮波　果洪禄　崔长林
	3	1962 年 4 月 21—23 日	肖广德	于成珍	刘浮波　果洪禄　崔长林
第五届	2	1964 年 9 月 11—13 日	崔长林	—	戴荣光　李继双　张元凯　颜景祥
第六届	1	1965 年 12 月 25 日	赵文儒	—	侯杰飞　崔百合　崔长林　戴荣光
	2	1966 年 9 月 21—24 日	门　杰	—	白龙旭　赵桂君　张玉珊　黄金库
第八届	1	1980 年 9 月 10 日	王久本	甄殿卿	徐　铮　王永刚　肖淑范　李复春　刘玉德
	2	1981 年 9 月 20 日	王久本	甄殿卿	徐　铮　王永刚　肖淑范　李复春　刘玉德
	3	1983 年 3 月 17 日	王久本	甄殿卿	徐　铮　王永刚　肖淑范　李复春　刘玉德
第九届	1	1984 年 4 月 10 日	张景祥	王衍通	孙梅五　卢士儒　康甫祯　肖淑范
	2	1985 年 4 月 8 日	张景祥	王衍通	卢士儒　康甫祯　肖淑范
	3	1986 年 3 月 31 日	张景祥	王衍通	卢士儒　肖淑范　康甫祯

续表 1–6

届次	会次	时间	名单		
			主任委员	副主任委员	委　员
第九届	4	1987 年 4 月 11 日	张景祥	栾振芳 王衍通	卢士儒　肖淑范　康甫祯
第十届	2	1988 年 3 月 29 日	王　玉	王衍通	张　延　杨立臣　康甫祯
	4	1990 年 3 月 26 日	张振民	王衍通 郑越平	张　延　杨立臣　康甫祯
第十一届	1	1991 年 2 月 22 日	张振民	郑越平 王衍通	庄大力　郑祖凤
	2	1992 年 3 月 9 日	杨守刚	郑越平 王衍通	冯国军　郑祖凤
	4	1993 年 3 月 8 日	杨守刚	郑越平	张　兴　冯国军　郑祖凤
第十二届	2	1994 年 4 月 6 日	尹　太	李秀林	郑祖凤　杨立臣　张文生
	3	1995 年 3 月 28 日	尹　太	李秀林	郑祖凤　杨立臣　张文生
	4	1996 年 3 月 27 日	尹　太	李秀林	马龙水　郑祖凤　臧志民
	6	1997 年 3 月 23 日	尹　太	李秀林	郑祖凤　臧志民　马龙水
第十三届	2	1998 年 3 月 25 日	王春芝	李秀林	马龙水　郑祖凤
	3	1999 年 2 月 28 日	王春芝	李秀林	马龙水　郑祖凤　韦　峰
	4	2000 年 1 月 19 日	王春芝	李秀林	马龙水　郑祖凤　李　福
	5	2001 年 1 月 11 日	王春芝	李秀林	马龙水　郑祖凤　李　福
	6	2002 年 3 月 13 日	闫静海	徐　雷	李　福　任宝贵
第十四届	2	2003 年 2 月 18 日	马龙水	徐　雷	李　福　金文良　任宝贵
	3	2004 年 1 月 8 日	马龙水	徐　雷	李　福　金文良　任宝贵
	4	2005 年 1 月 12 日	马龙水	徐　雷	李　福　郑小鹏　任宝贵
	5	2006 年 1 月 18 日	马龙水	任宝福	董　禄　于国强　李　福
第十五届	1	2006 年 12 月 27 日	赵延芝（女）	李少华	张亚松　郑小鹏　董　禄
	2	2008 年 1 月 18 日	赵延芝（女）	于国强	董　禄　张亚松　郑小鹏
	3	2009 年 2 月 25 日	赵延芝（女）	吕凤阳	董　禄　张亚松　郑小鹏
	4	2010 年 1 月 30 日	赵延芝（女）	高兴辉	董　禄　张亚松　郑小鹏 赵兴嘉

续表 1–6

届次	会次	时间	名单		
			主任委员	副主任委员	委　员
第十五届	5	2011 年 1 月 7—8 日	赵延芝（女）	高兴辉	张亚松　郑小鹏　任宝福
第十六届	1	2011 年 12 月 12 日	郑小鹏	高兴辉	张亚松　沈　涛　赵兴嘉
	2	2013 年 1 月 14 日	郑小鹏	周延利	张淑英　沈　涛　赵兴嘉
	3	2014 年 1 月 6 日	郑小鹏	周延利	张淑英　沈　涛　侯立臣
	4	2015 年 2 月 4 日	郑小鹏	周延利	李　冰　张淑英　沈　涛　侯立臣　侯振刚　张晶超
	5	2016 年 2 月 3 日	郑小鹏	周延利	李　冰　张淑英　沈　涛　侯立臣　侯振刚　朱延生
第十七届	1	2016 年 12 月 14 日	李　冰	周延利	丁志林　马小川　赵忠德
	2	2017 年 12 月 26 日	李　冰	胡中东	丁志林　马小川　赵忠德
	3	2019 年 1 月 4 日	李　冰	—	丁志林　马小川　赵忠德
	4	2019 年 12 月 26 日	李　冰	王东伟	高兴辉　俞延飞　马小川
	5	2020 年 12 月 29 日	李　冰	徐延明	马小川　俞延飞　王翠红

第七节　议（提）案审查委员会

历届县议（提）案审查委员会名单

表 1–7

届次	会次	时间	名单		
			主任委员	副主任委员	委　员
第二届	2	1956 年 9 月 14 日	王正礼	—	张志洁　金镇寿　门　杰　阎广林
	3	1958 年 1 月 19 日	门　杰	—	王巨甫　张志清　温素琴　阎广林
第三届	3	1959 年 8 月 29 日	徐　铮	—	王正礼　刘志祥　张景祥　张玉珊　赵景岚　都连姬

续表 1–7

届次	会次	时间	名单		
			主任委员	副主任委员	委　员
第四届	1	1960 年	肖广德 司素珍	—	郭伟奇　崔长林　苏　贵 张玉珊　张　伦
	2	1961 年 10 月 26 日	张玉珊	—	苏　贵　张　伦　赵文儒 郭伟奇
	3	1962 年 4 月 21—23 日	陈贵太	张玉珊	张　伦　赵文儒　郭伟奇
第五届	2	1964 年 9 月 11—13 日	戴　治	—	王正礼　李贵全　周振宽 胡　栋　张　伦　赵文儒
第六届	1	1965 年 12 月 25 日	杨浩天	—	左宪良　王光武　李贵全 国春久　张玉珊　黄亚峰
	2	1966 年 9 月 21—24 日	张振民	—	王兴武　吕贵春　祖宝玉 杨茂堂
第八届	1	1980 年 9 月 10 日	李东林	冯国祥 庞善政	崔长林　赵连胜　门　杰 赵文儒　李远发　王永贵
	2	1981 年 9 月 20 日	孙德隆	庞善政 冯国祥	崔长林　门　杰　赵文儒 李远发　王永贵
	3	1983 年 3 月 17 日	孙德隆	庞善政 冯国祥	崔长林　门　杰　赵文儒 李远发　王永贵
第九届	1	1984 年 4 月 10 日	李东林	孙德隆	庞善政　张　延　张东辉 宁国武　郑士贵　郑子安 张文杰
	2	1985 年 4 月 8 日	李东林	孙德隆	庞善政　张　延　张东辉 宁国武　郑士贵　郑子安 张文杰
	3	1986 年 3 月 31 日	李东林	孙德隆	宁国武　张文杰　张东辉 张　延　郑子安　郑士贵 庞善政
	4	1987 年 4 月 11 日	李东林	孙衍林	宁国武　张文杰　张　延 郑子安　郑士贵　庞善政

续表 1–7

届次	会次	时间	名单		
			主任委员	副主任委员	委　员
第十届	1	1987 年 9 月 23 日	李东林	孙衍林	庞善政　张　延　丁宪臣　郑越平
	2	1988 年 3 月 29 日	孙衍林	郑越平	王太生　朱　海　庞善政
	4	1990 年 3 月 26 日	王　玉	庞善政	王太生　朱　海　苏彦华（女）
第十一届	1	1991 年 2 月 22 日	王　玉	庞善政　黄庆新	臧志民　汪　俊
	2	1992 年 3 月 9 日	王　玉	庞善政　黄庆新	臧志民　汪　俊
	3	1992 年 11 月 29 日	王　玉	黄庆新	臧志民　汪　俊
	4	1993 年 3 月 8 日	王春芝	黄庆新	臧志民　汪　俊　邱桂兰
第十二届	1	1993 年 11 月 10 日	王春芝	黄庆新	邹占军　汪　俊　邱桂兰
	2	1994 年 4 月 6 日	王春芝	黄庆新	邹占军　汪　俊　邱桂兰
	3	1995 年 3 月 28 日	王春芝	黄庆新	邹占军　汪　俊　邱桂兰
	4	1996 年 3 月 27 日	王春芝	黄庆新	王　彬　邱桂兰　邹占军
	5	1996 年 12 月 11 日	王春芝	黄庆新	王　彬　邱桂兰　邹占军
	6	1997 年 3 月 23 日	王春芝	黄庆新	王　彬　邱桂兰　邹占军
第十三届	1	1997 年 10 月 27 日	王春芝	张亚松	邹占军　王　彬　李延超
	2	1998 年 3 月 25 日	贾振宝	张亚松　邹占军	梁玉英　刘凤仁
	3	1999 年 2 月 28 日	贾振宝	张亚松　邹占军	梁玉英　刘凤仁
	4	2000 年 1 月 19 日	贾振宝	张亚松　邹占军	梁玉英　韦　峰
	5	2001 年 1 月 11 日	贾振宝	张亚松　邹占军	张锡美　韦　峰
	6	2002 年 3 月 13 日	贾振宝	张亚松　邹占军	张锡美　韦　峰

续表 1-7

届次	会次	时间	名单		
			主任委员	副主任委员	委　员
第十四届	1	2002 年 10 月 29 日	王　彬	李宝祥	隋海滨　邹占军　郭广友
	2	2003 年 2 月 18 日	王　彬	李宝祥	隋海滨　邹占军　郭广友
	3	2004 年 1 月 8 日	王　彬	李宝祥	邹占军　王　林　郭广友
	4	2005 年 1 月 12 日	王　彬	李宝祥	石宝库　王　林　郭广友
	5	2006 年 1 月 18 日	王　彬	李宝祥	石宝库　王　林　郭广友
第十五届	1	2006 年 12 月 27 日	李新友	李宝祥	史山泰　黄成德　柳玉海
	2	2008 年 1 月 18 日	李新友	李宝祥	史山泰　程晓飞　柳玉海
	3	2009 年 2 月 25 日	李新友	李凤林	史山泰　程晓飞　柳玉海
	4	2010 年 1 月 30 日	李新友	李凤林	史山泰　程晓飞　柳玉海
	5	2011 年 1 月 7—8 日	李新友	李凤林	史山泰　柳玉海　徐　鑫
第十六届	1	2011 年 12 月 12 日	李新友	李凤林	李文本　索延庆　杜玉龙
	2	2013 年 1 月 14 日	王金松	李凤林	刘运涛　杜玉龙　索延庆
	3	2014 年 1 月 6 日	李新友	高兴辉	刘运涛　侯振刚　索延庆
	4	2015 年 2 月 4 日	李新友	索延庆	刘运涛　高兴辉　马洪军 吴伟波　王　路
	5	2016 年 2 月 3 日	李新友	索延庆	刘运涛　高兴辉　马洪军 吴伟波　王　路
第十七届	1	2016 年 12 月 14 日	郑小鹏	张　秀	江　涛　徐　茂　刘　枫
	2	2017 年 12 月 26 日	郑小鹏	张　秀	江　涛　张立伟　刘　枫
	3	2019 年 1 月 4 日	郑小鹏	张　秀	高兴辉　杨少炜　胡春翼
	4	2019 年 12 月 26 日	李学雷	贾荣娜	胡春翼　王兴赋　徐国莲
	5	2020 年 12 月 29 日	李学雷	贾荣娜	胡春翼　王兴赋　徐国莲

第二篇
延寿县人民代表大会代表

第一章　延寿县八至十七届人民代表大会代表简况

第一节　代表产生

一、县八届人大代表的产生

根据《选举法》的规定和上级领导机关的决定，延寿县从1980年7月26日至8月25日，发扬民主，反复讨论，上下协商，差额选举，无记名投票，由选民直接选举产生延寿县第八届人民代表大会代表275名。在这些代表中，有全国三八红旗手，省特级劳动模范，省、地、县、乡的劳动模范和先进工作者，具有广泛的代表性和先进性，受全县23万人民的信任和委托，代表着各条战线和各个阶层。从提名推荐到选举产生正式代表的整个程序，完全符合《选举法》的规定。经县八届一次人民代表大会第一次会议代表资格审查委员会审查，第八届人民代表大会第一次会议通过确认代表资格有效。

二、县九届人大代表的产生

根据《选举法》的规定，延寿县从1984年2月14日至3月15日，利用30天时间，经过充分发扬民主，反复讨论，上下协商，采取差额选举、无记名投票的方法，依照法律程序由选民直接选举产生延寿县第九届人民代表大会代表237名。在这些代表中，有全国三八红旗手、省特级劳动模范，也有当选为省、地、县、乡的劳动模范和先进工作者，具有广泛的代表性和先进性，受全县人民的委托，代表着各条战线和各个阶层。从提名推荐到选举产生正式代表的整个程序，完全符合《选举法》的规定。

三、县十届人大代表的产生

按照《地方组织法》关于各级人民代表大会任期的规定，根据《选举法》和《地方组织法》规定以及省、地部署，延寿县从1987年6月1日至8月13日，进行县、乡两级人大代表换届选举工作。通过宣传教育、发扬民主、广泛征求选民意见，由选民10人以上联名提名和县委推荐，共提出县人大代表候选人536名，在此基础上，又经过选民反复讨论、民主协商确定正式候选人361名。最后，采取差额选举和无记名投票的方式，依照法律程序由选民直接选举产生延寿县第十届人民代表大会代表147名。代表的群体构成合理，体现《选举法》关于"使各民族、各地区、各方面都能有适当数量的代表的要求"。代表中，有连续两届当选的代表，有省、地、县、乡的劳动模范和先进工作者，还有全国三八红旗手，具有广泛的代表性和先进性，受全县24万人民的委托，代表着各条战线和各个阶层。从提名推荐到选举产生正式代表的整个程序，符合《选举法》的规定。

四、县十一届人大代表的产生

按照省、地统一部署，延寿县第十一届县、乡两级人民代表大会换届选举工作，从1990年8月中旬开始至12月25日。经过宣传教育、发扬民主、广泛征求选民意见，提出县人大代表候选人759名、乡镇代表候选人2089名，经过反复酝酿、协商，确定正式县代表候选人278名、正式乡镇代表候选人1198名。最后，采取差额选举和无记名投票的方式，依照法律程序，由选民直接选举产生延寿县第十一届人民代表大会代表188名、乡镇人大代表799名。代表的群体构成合理，代表中有连续两届当选的代表，有省、地、县、乡的劳动模范和先进工作者，具有广泛的代表性和先进性，受全县24万人民的委托，代表着各条战线和各个阶层。从提名推荐到选举产生正式代表的整个程序，符合《选举法》的规定。

五、县十二届人大代表的产生

根据中央和省选举委员会、地区选举领导小组的部署，延寿县的县、乡换届选举工作，从1993年7月下旬开始，至9月25日，经过宣传教育、发扬民主、广泛征求选民意见，在提名推荐代表候选人过程中，做到选民十人联名推荐与政党人民团体联合或单独推荐具有同样的法律效力，让选民提名推荐代表候选人，并根据较多数选民意见确定候选人，坚持差额选举，按法律程序办事。共选出县人大代表 188 名、乡镇人大代表 784 名。从提名推荐到选举产生正式代表的整个程序，符合《选举法》的规定。

六、县十三届人大代表的产生

按照《黑龙江省人大常委会关于省、设区的市、县（市、区）的人民代表大会代表选举时间的决定》，县十二届人民代表大会提前一年换届。全县从 1997 年 7 月开始进行换届选举工作，在县委和县选举委员会的领导下，通过宣传教育、发扬民主、征求选民意见，由选民 10 人以上联名提名和县委提名推荐，共提出县人大代表候选人 305 名，在此基础上，又经过选民反复讨论，民主协商确定正式候选人 260 名，最后采取差额选举和无记名投票的方式，依照法律程序由选民直接选举产生延寿县十三届人民代表大会代表 169 名。经代表资格审查委员会审查，从代表的提名推荐到选举产生正式代表的整个程序，符合《选举法》的规定。

七、县十四届人大代表的产生

根据《黑龙江省人大常委会关于各县（市、区）下一届代表名额的决定》，延寿县第十四届人民代表大会代表名额为 171 名。2002 年 9 月在选举代表过程中，根据《选举法》的规定，由全县各级党组织、各人民团体以及选民 10 人以上联名，按照代表名额分配方案构成比例要求，共提名推荐初步代表候选人 266 名，在此基础上，经选民反复酝酿讨论和民主协商，确定正式代表候选人 248 人，最后按照差额选举的有关规定，通过无记名投票选举产生县十四届人民代表大会代表 168 名，空额 3 名以备届中调整补选。所选出的代表基本符合县十三届人大常委会第二十六次会议通过的《延寿县及有关乡（镇）人民代表大会代表换届选举工作方案》的要求。经县十三届人大常委会代表资格审查委员会审查，认为县十四届人民代表大会代表，从候选人的提名、酝酿到投票选举代表，各个环节都符合《选举法》的规定，确认当选代表资格有效。

八、县十五届人大代表的产生

根据《黑龙江省人大常委会关于各县（市、区）下一届代表名额的决定》，延寿县第十五届人民代表大会代表名额为171名，在选举代表过程中，根据《选举法》的规定，由全县各级党组织、各人民团体以及选民10人以上联名，按照代表名额和构成比例要求，共提名推荐初步代表候选人279名，在此基础上，根据多数选民的意见，确定正式代表候选人260人。2006年12月8日，全县90个选区按照差额选举的有关规定，通过无记名投票选举产生县十五届人民代表大会代表171名。经县十四届人大常委会代表资格审查委员会审查，认为县十五届人民代表大会代表，从候选人的提名、酝酿到投票选举代表，各个环节都符合《选举法》的规定，确认当选的代表资格有效。

九、县十六届人大代表的产生

根据《黑龙江省人大常委会关于各县（市、区）下一届代表名额的决定》，延寿县第十六届人民代表大会代表名额171名。在县委的领导下，县人大常委会和县选举委员会按照《选举法》和省人大常委会意见要求，发扬民主，依法办事，开展代表选举工作。2011年10月14日为延寿县人大代表选举日，全县共有183289名选民参加投票选举，参选率为86.5%。全县设立中心会场121个、分会场216个、流动票箱497个，依法实行差额选举，产生人大代表163名，因相关职位的人选未确定暂空缺8名。11月18日在相关选区依法补选了8名代表。在代表选举过程中，从提名推荐代表候选人、公布正式代表候选人，到选举产生人大代表各个阶段依法依时，各个环节都符合《选举法》的规定，没有出现违法情况。选举结果已及时报市人大备案。经县选举委员会和延寿县十五届人大常委会代表资格审查委员会审查，确认选举产生的170名代表资格全部有效。

十、县十七届人大代表的产生

根据《黑龙江省人大常委会关于各县（市、区）下一届代表名额的决定》，延寿县第十七届人民代表大会代表名额为171名。在县委的领导下，县人大常委会和县选举委员会严格按照《选举法》和省人大常委会意见要求，充分发扬民主，严格依法办事，扎实开展代表选举工作。2016年10月14日为延寿县人大代表选举日，全县共有169800名选民参加了投票选举，参选率为86%。全县设立投票站376个、流动票箱389个，依法实行差额选举，产生人大代表137名。因相关职位的人选未确定，12月5日在相关选区依法补选了28名代表。至此，共选举产生延寿县第十七届人民代表大会代表165名。

在代表选举过程中，从提名推荐代表候选人、公布正式代表候选人，到选举产生人大代表，各个阶段、各个环节都严格做到依法依时，没有出现违法情况。选举结果及时报市人大备案。经县选举委员会和延寿县十六届人大常委会代表资格审查委员会审查，确定选举产生的165名代表资格全部有效。

第二节　代表构成

一、第八届人大代表的构成

第八届人民代表大会代表275名。其中，农村代表165名，占代表总数的60%；城镇代表110人，占代表总数的40%。在代表中有共产党员178名，占代表总数的64.7%；非党群代表97名，占代表总数的35.3%。妇女代表47人，占总代表数的17.1%；少数民族代表23人，占代表总人数的8.4%；党外人士4名，占代表总数的1.5%。各方面、各阶层代表的比例是：干部代表70人，占代表总数的25.5%；农民代表135人，占代表总数的49%；工人代表17名，占代表总数的6.2%；财贸战线代表11名，占代表总数的4%；文化教育界代表10名，占代表总数的3.6%；卫生界代表8名，占代表总数的2.9%；科技界代表7名，占代表总数的2.5%；解放军代表2名，占代表总数的0.8%；其他方面代表15名，占代表总数的5.5%。

二、第九届人大代表的构成

县第九届人民代表大会的237名代表中，农村代表134人，占代表总数的56.5%；城镇代表103人，占代表总数的43.5%。其中，妇女46人，占代表总数的19.4%。少数民族29人，占代表总数的12.2%。中共党员115人，占代表总数的48.5%；非党群众89人，占代表总数的37.6%；无党派爱国人士29人，占代表总数的12.2%；共青团员4人，占代表总数的1.7%。各阶层代表：干部72人，占代表总数的30.4%；工人（包括专业户）12人，占代表总数的5%；农民（包括专业户、重点户）92人，占代表总数的38.8%；解放军2人，占代表总数的0.8%；居住本县台属1人，占代表总数的0.4%；其他7人，占代表总数的2.95%；知识分子51人，占代表总数的21.5%。在知识分子中，科学技术人员 14 人，占知识分子的 27.5%；教学人员 12 人，占知识分子的 23.5%；卫生技术人员 10 人，占知识分子的 19.6%；社会科学人员 5 人，占知识分子的 9.8%；经济管理人员 9 人，占知识分子的 17.6%；文化艺术人员 1 人，占知识分子的 1.96%。文化程度：大专 38 人，占代表总数的 16%；中专 25 人，占代表总数的 10.5%；高中 42 人，占代表总数的 17.7%；初中 80 人，占代表总数的 33.8%；小学 51 人，占代表总数的 21.5%；文盲 1 人，占代表总数的 0.4%。

三、第十届人大代表的构成

县十届人民代表大会的 147 名代表中，农村代表 78 人，占代表总数的 53.1%；城镇代表 69 人，占代表总数的 46.9%。其中，妇女代表 32 人 ，占代表总数的 21.8%；男性代表 115 人，占代表总数的 78.2%。少数民族 15 人，占代表总数的 10.2%。党员 98 人，占代表总数的 66.7%；非党群众 49 人，占代表总数的 33.3%。各阶层代表：工人 7 人，占代表总数的 4.8%；农民 42 人，占代表总数的 28.6%；知识分子 35 人，占代表总数的 23.8%；干部 59 人，占代表总数的 40.1%；其他 4 人，占代表总数的 2.7%。

四、第十一届人大代表的构成

县十一届人民代表大会的 188 名代表中，农村代表 95 人，占代表总数的 50.5%；城镇代表 93 人，占代表总数的 49.5%。其中，妇女代表 41 人，占代表总数的 21.8%；男性代表 147 人，占代表总数的 78.2%；少数民族 23 人，占代表总数的 12.2%；党员 126 人，占代表总数的 67%；非党群众 62 人，占代表总数的 33%。各阶层代表：工人 13 人，占代表总数的 6.9%；农民 46 人，占代表总数的 24.5%；知识分子 36 人，占代表总数的 19.1%；干部 86 人，占代表总数的 45.7%；其他 7 人，占代表总数的 3.7%。

五、第十二届人大代表的构成

县十二届人民代表大会的 184 名代表中，农村代表 97 人，占代表总数的 52.7%；城镇代表 87 人，占代表总数的 47.3%。其中，妇女代表 44 人，占代表总数的 23.9%；男性代表 140 人，占代表总数的 76.1%；少数民族 18 人，占代表总数的 9.8%；党员 128 人，占代表总数的 69.6%；非党群众 56 人，占代表总数的 30.4%。各阶层代表：工人 11

人，占代表总数的 6%；农民 49 人，占代表总数的 26.6%；知识分子 35 人，占代表总数的 19%；干部 82 人，占代表总数的 44.6%；其他 7 人，占代表总数的 3.8%。

六、第十三届人大代表的构成

县十三届人民代表大会的 169 名代表中，农村代表 96 人，占代表总数的 56.8%；城镇代表 73 人，占代表总数的 43.2%。其中，妇女代表 42 人，占代表总数的 24.9%；男性代表 127 人，占代表总数的 75.1%；少数民族 15 人，占代表总数的 8.9%；党员 119 人，占代表总数的 70.4%；非党群众 50 人，占代表总数的 29.6%。各阶层代表：工人 16 人，占代表总数的 9.5%；农民 50 人，占代表总数的 29.6%；知识分子 43 人，占代表总数的 25.4%；干部 60 人，占代表总数的 35.5%。

七、第十四届人大代表的构成

县十四届人民代表大会的 168 名代表中，工人、农民 65 名，占代表总数的 38.7%；知识分子代表 37 名，占代表总数的 22%；党员代表 138 名，占代表总数的 82.1%；非党代表 30 名，占代表总数的 17.9%；妇女代表 33 名，占代表总数的 19.6%；少数民族代表 13 名，占代表总数的 7.7%；连选连任代表 44 名，占代表总数的 26.2%；大专文化程度以上 102 名，占代表总数 60.7%。

八、第十五届人大代表的构成

县十五届人民代表大会的 171 名代表中，工人和农民代表 75 名，约占 43.9%；知识分子代表 16 人，约占 9.4%；干部代表 80 名，约占 46.8%。新一届人大代表中，妇女代表 25 名，约占 14.6%；非中共党员代表 19 名，约占 11.1%；少数民族代表 9 名，约占 5.3%；上届连任代表 88 名，约占 51.5%。大专文化程度以上的代表 122 名，占 71.3%，比上届提高 10.8 个百分点；本科文化程度的代表 66 名，占 38.6%，比上届提高 23.7 个百分点。

九、第十六届人大代表的构成

县十六届人民代表大会的 171 名代表中，公务员 61 名，占代表总数的 35.7%，与省人大要求的比例相比超出5.6个百分点，同上届相比下降了10个百分点；企业负责人16名，占代表总数的9.4%，专业技术人员和工人均为25名，占代表总数的14.6%，基本符合省人大要求的比例；农民29名，占代表总数17.0%，同省人大要求的比例相比下降3个百分点；其他各方面代表15名，占代表总数的8.8%，其中解放军代表2名。选举产生妇女代表29名，占代表总数的17%，同省人大要求的比例相比下降8个百分点，与上届相比增加5个百分点。选举产生中共党员代表152名，占代表总数的88.9%，高出省人大要求的比例。连任代表107名，占代表总数的62.6%，符合省人大要求的比例。代表平均年龄45岁，比上届代表平均年龄小1岁。代表中研究生以上学历的10名，大学本科学历的74名，大专学历的52名，中专、高中学历的29名，初中学历的6名，少数民族代表7名。

十、第十七届人大代表的构成

县十七届人民代表大会的165名代表中，公务员53名，占代表总数的32.1%；企业负责人12名，占代表总数的7.3%；专业技术人员29名，占代表总数的17.6%；工人、农民61名，占代表总数的37%；其他各方面代表10名，占当选代表总数的6.1%。选举产生妇女代表42名，占当选代表总数的25.5%；选举产生中共党员代表138名，占当选代表总数的83.6%。

第三节　代表变动

第八届人民代表大会第二次会议　第一次代表大会到第二次代表大会期间，平安公社星光大队原大队长金元哲因病逝世，太安公社黎明大队原大队长因犯严重错误被原选区罢免撤销代表资格。因工作变动调离本县工作的有6人，分别是县委原宣传部部长赵连胜、原县武装部部长王杰、原县邮电局局长许木善、原卫华厂党委副书记刘琨、原县人民医院副院长刘洪恩、原县人民医院大夫王弼臣。其间，依法补选第八届县人民代表1人，即县武装部部长吕宝财。

延寿县第八届人民代表大会代表，在第二次会议时有268人，第二次会议到第三次会议期间，玉河公社长胜大队周玉林、中和公社万江大队任广纯因病逝世，原中共延寿县委书记邓时成、延河公社尤素荣因工作需要调往外地。第二次会议到第三次会议期间，减少代表4名。

第九届人民代表大会第二次会议 第一次代表大会到第二次代表大会期间，因工作需要调离和迁出6人，分别是县委宣传部原部长王生怀、县人武部原部长桑增林、卫华厂原副厂长孟祥山、县人民银行原行长孙梅玉、县林业局原副局长王德玺、华炉乡卫星村农民阎兆雨。因犯严重错误，违犯党纪国法被原选区罢免撤销代表资格的有2人。根据工作需要依照法律补选了县第九届人民代表大会代表6人，即高台乡乡长王振峰、太安乡乡长张延林、加信镇镇长李明杰、寿山乡乡长孙成才、玉河乡乡长刘柏、平安乡乡长邹占春。

第九届人民代表大会第三次会议 代表减少6人。其中，因工作需要调离延寿县的3人，分别是农业技术推广中心主任、县人大常委会委员李复春，县武装部部长、县人大常委会委员于维顺，县兽医卫生防疫站副站长、县人大常委会委员赵福水。因病逝世1人，加信镇裕民村白杰。原选区接受本人申请辞去代表资格2人：安山乡卫生院佟宝玉、安山乡兴山村刘国林。

第九届人民代表大会第三次会议依法补选代表10人。分别是县总工会主席邱桂兰、县妇联主任李晓娟、团县委书记刘英辉、延河镇镇长刘延清、新村乡乡长解延忠、县人民法院代理院长王凤翔、县农业技术推广中心党支部书记陈万清、县纪检委书记徐振湖，县人民武装政委邱振东、县农业技术推广中心副主任刘志超。

第九届人民代表大会第四次会议 代表减少7人。其中因工作需要调离延寿县的有5人，分别是县委书记张金凯、县长邵志忠、副县长王敏、科委主任王喜玉、安山乡经委主任盛守海。因病逝世2人，分别是原县人大常委会副主任、电子元件厂厂长孙德隆，新村乡永安村原党支部书记刘继先。

第十届人民代表大会 代表增加1人，因工作需要调离本县1人，即原县卫生局局长吴荣举。因工作需要，请示省人大常委会给延寿县增加代表名额2名。依照法律补选县第十届人民代表大会代表2人，即县政协原主席苏有富、县政协原副主席张振民。

第十一届人民代表大会第二次会议 从县十一届人大二次会议到十一届人大常委会第十五次会议，李洪超、徐志文因工作调离本行政区域，自动终止代表职务。庆阳农场1名代表因犯受贿罪被追究法律责任；青川乡1名代表因有经济和赌博问题失去代表作用，上述2人经原选区过半数选民通过终止代表资格。机关代表王衍通因病去世。共减少代表5人。根据工作需要，依法补选代表1人，即庆阳农场场长刘宝江。

第十一届人民代表大会第四次会议 从县第十一届人大四次会议到第十一届人大常

委会第十六次会议因工作需要，补选代表 4 人：县委书记王慎义、县委副书记杨靖武、副县长张东辉、县计委信息中心负责人张海瑞。

第十二届人民代表大会第五次会议　依法补选代表 7 人。分别是县人民武装部部长武允春、县委组织部部长闫静海、县委宣传部部长于素华、县人大办公室主任李明杰、玉河乡乡长刘贵发、高台乡乡长郑小鹏、青川乡乡长韩增金。

第十三届人民代表大会第二次会议　第一次会议后，庆阳农场刘保江因工作调离本行政区域，代表资格自行终止。延寿县第十三届人民代表大会代表名额为 171 人（空额 2 人），实有代表 168 人。

第十三届人民代表大会第三次会议　第二次会议后，代表有所变动，县林业局局长田金龙因工作调离本行政区域，代表资格自行终止。第二次人民代表大会后，依法补选庆阳农场场长刘金昌为县人大代表。

第十三届人民代表大会第四次会议　第四次会议后，由于领导干部调整较大，干部代表分配不够合理，代表阶层发生很大变化，情况有四种：一是调离本行政区域 1 名；二是病故 1 名；三是长期在国外打工 2 名；四是因工作变动由乡（镇）调入县科局失去代表阶层的 13 名。由于上述四种情况的变动，使县代表发生变化，其中有 7 个乡（镇）主要领导不是县代表，9 个乡（镇）人大常务副主席不是县代表。根据县人大常委会主任会议的意见，经县委同意，部分因工作变动、乡（镇）调入县科局的县代表请求辞去县人大代表职务，原县农委主任刘凤仁因工作调转离开本行政区域，寿山乡代表徐春富病故，李国章、马广印、张延林、王有义、王福山、商洪纯、张庆学、崔金凤、姜洪宝、宁喜发、孙立法、姚宪忠、赵金宝 13 名代表因工作变动辞去代表职务。加信镇张贞姬、中和镇白英爱因长期在国外打工，两次没有参加本届人民代表大会，不能履行人民代表职责。以上 17 名代表，代表资格终止。根据县委意见和县人大常委会主任会议的决定，依法补选 19 名县人大代表，分别是：李生（县建设局局长）、杨杰（县文体局局长）、王文成（新村乡党委书记）、王志奇（新村乡人大副主席）、栾振山（加信镇党委书记）、赵明启（加信镇人大副主席）、张良超（中和镇人大副主席）、冯保廷（安山乡人大副主席）、周国忠（寿山乡人大副主席）、张金华（寿山乡民志村妇女主任）、董禄（延安乡党委书记）、刘国军（平安乡党委书记）、陈宝珠（平安乡人大副主席）、武孝清（青川乡乡长）、胡勇（青川乡人大副主席）、于桂兰（延寿镇镇长）、郭立志（高台乡人大副主席）、闫永林（河乡乡长）、侯希坤（玉河乡人大副主席）。

第十三届人民代表大会第五次会议　第五次会议后，杨靖武调离本行政区域，代表资格终止。两次没有参加人民代表大会，代表资格终止。根据工作需要，依法补选 7 名县人大代表，分别是：张富江（县委副书记）、潘福生（县人民政府常务副县长）、张冲（县人民武装部政委）、任宝福（县人大办公室主任）、马明璋（高锦包装制品有限公司董事长）、蒋晓新（县妇联主席）、张锡美（团县委书记）。第六次会议后，李克军、朱春华、武允春3名代表调离本行政区域，邵永林病故，代表资格终止。根据工作需要，依法补选2名县人大代表，分别是王运义（县委书记）、徐雷（县人大经济科教办主任）。

第十四届人民代表大会 在换届选举时，经县选举委员会研究决定留机动名额3名以备届中调整补选使用，实选代表168名。十四届人大一次会议以来，代表因故空缺8人，其中因工作调离本行政区域，代表资格自动终止的有3人：沈斌、姜桂香、赵春光；因工作变动，提出辞去代表职务的有2人：边秋林、张良超；因健康原因提出辞去代表职务的1人：李金环；因病、因故去世的有2人：朴正烈、孔祥水。

第十四届人民代表大会第二次会议 空缺2人。由各有关选区依法补选的代表9名，分别是：第6选区李冰，第8选区栾振山，第14选区张宪志，第16选区林俊元，第35选区单玉良，中和镇选区何淼，加信镇选区徐国莲、崔东杰，玉河乡选区刘久清。

第十四届人民代表大会第三次会议 因故空缺12人。其中因工作调离本行政区域，代表资格自行终止的有3人：黄明、诸葛续亮、曾凡辉；因工作职务变动提出辞去代表职务的有5人：于洪波、李凤和、王浩军、邹占军、臧志民；因其他原因提出辞去代表职务的有3人：高成亮、王永钧、闫广祯；按《代表法》规定代表职务终止1人。由各有关选区依法补选的代表14人，分别是张冬梅（女）、袁树君、沈振山、石宝库、李君、李生、李亚青（女）、李文本、程晓飞、吴长山、吕凤阳、丁志林、王逸星、王玉莲（女）。

第十四届人民代表大会第四次会议 代表因故空缺13人。其中因工作调离本行政区域，代表资格自行终止的有6人：王运义、王绍维、赵长满、隋海滨、张冲、李亚青；因工作职务变动辞去代表职务的有6人：闫华、王逸星、马贵军、王玉莲、刘延生、刘凤云；被依法罢免代表职务1人。

第十五届人民代表大会第二次会议 延寿镇选区沈振山、张宪志、才洪彬、刘汉武因工作变动调离本行政区域；加信镇选区纪振海提出辞去代表职务；玉河乡选区李少华因病去世，上述6人代表资格终止。根据工作需要，在有关选区依法补选县十五届人民代表大会代表4人，分别是：县委常委、县人民武装部政委刘岩，县地税局局长郎延波，县招商局局长张淑英，安山乡党委书记张凤平。

第十五届人民代表大会第三次会议 李生调离延寿行政区域，于国强、徐国莲、赵兴旺、高永祥、王贵双5名代表提出辞职请求，刘景阳代表因故去世。根据《代表法》规定，以上7人代表资格终止。

2008年12月，根据工作需要，在有关选区依法补选县人大代表9人，分别是：中国人民银行延寿支行行长刘国义、盛达物资经销处经理康胜、团县委书记张希、加信镇人大副主席蒋安文、延河镇人大副主席黄海勇、玉河乡人大副主席吕文东、安山乡人大副主席李国忠、寿山乡人大副主席崔跃春、县水产总站鱼种场场长石宝珠。

第十五届人民代表大会第四次会议　县十五届人大三次会议以来，县人大代表中，徐向东、乔悦怀、袁树君、崔起国4名代表调离本行政区，邢玉亮、杨杰、李恒君、赵志民、闫华、吕文栋、李昌林、徐国臣、金英宝、崔跃春10名代表向县人大常委会辞去了代表职务。上述14名代表的代表资格终止。2009年12月，根据工作需要，在有关选区依法补选县人大代表8人，分别是：县公安局局长赵凤海、县粮食局局长商化南、县招商局局长那振香、县国土资源管理局局长佟贵志、延寿镇党委书记任治学、县水务局局长侯振刚、县发展改革局局长赵兴嘉、玉河乡人大副主席于文建。

第十六届人民代表大会第二次会议　十六届一次会议以来，延寿县第十六届人民代表大会代表张英波、郎延波、迟金生3名代表调离本行政区域，按照《代表法》的规定，其代表资格自行终止；赵延芝、陈怀宝因健康原因，呼大鹏、徐雷、邢建全、李文本、邢志祥、刘国义、张亚松因职务变化原因，以上9名同志辞去代表职务。

2012年12月13日，县十六届人大常委会第五次会议决定在相关选区依法补选代表9名。分别是：县委常委、县政府常务副县长郭兆峰，延寿镇党委书记、人大主席团主席张晶超，青川乡党委书记、人大主席团主席朱延生，县人民银行行长赵忠德，县人大常委会科教办主任刘敏，县人大常委会经济办主任周延利，县东升建筑工程有限公司董事长赵士然，县人民医院院长徐宝庆，县天一商城经理王洪霞。

第十六届人民代表大会第三次会议　十六届二次会议以来，延寿县第十六届人民代表大会代表赵凤海、林俊元、张树杰3位代表调离本行政区域，按照《代表法》的规定，其代表资格自行终止；县人大代表马龙水、崔东杰因长期不在县内，赵兴嘉、吴增利、陈兴国、赵淑芳、徐洪飞5名代表因工作变动，1名代表因违纪问题，辞去代表职务。

按照代表结构需要，本着留有余地的原则，经县人大常委会代表资格审查委员会提请，决定在相关选区依法补选代表10名。分别是：水务局党委书记、局长张亚轩，县直机关工委书记张树臣，发展改革局党委书记、局长侯立臣，县妇联主席赵迎春，中和镇党委书记刘宏伟，公安局党委书记、局长孙振宇，庆阳农场场长汪永辉，青川乡党委书记张锡美，寿山乡党委书记、人大主席寇金森，融兴村镇银行行长侯建林。

第十六届人民代表大会第四次会议 十六届三次会议以来，县人大代表董利、孙振宇、苏晶森、赵同奎因工作变动，辞去县第十六届人大代表职务；县人大代表侯建林、韩玉勇因调离本行政区域，其代表资格自行终止；县人大代表王巨才和司丽新因长期不在县内，辞去县第十六届人大代表职务。以上同志提出辞去代表职务请求被人大常委会接受，按照《代表法》的规定，其代表资格终止。

截至 2014 年 11 月，十六届三次会议以来共有 8 名县人大代表的代表资格终止，加上原代表名额空缺 4 名，共空缺代表名额 12 名。

根据《代表法》的有关规定，县十六届代表资格审查委员会决定在相关选区依法补选代表 12 名。分别是：县委组织部副部长韦学峰，县政府办公室主任马洪军，县信访办主任王路，县公安局党委书记、局长赵朝贵，县地税局党组书记、局长宋志刚，县电业局长赵炳程，县招商局长狄昌治，县司法局副局长兼公证处主任张忠君，县评剧团团长张国君，六团镇中心校校长陈维忠，延大牧业有限公司总经理修立彬，县金牌联盟青年志愿者企业家协会秘书长司宇宁。2015 年 1 月 19 日，县十六届人大常委会第二十一次会议予以确认，延寿县第十六届人民代表大会实有代表 171 人。

第十七届人民代表大会第二次会议 县人大十七届一次会议以来，封殿辉、都宝成、柳玉海、周延利、郭立志 5 名同志因各种原因，辞去县第十七届人大代表职务，按照《代表法》的规定，以上 5 人代表资格终止。

根据《选举法》和《黑龙江省县、乡两级人民代表大会代表选举实施细则》关于补选代表的有关规定，经县委同意，于 2017 年 12 月 14 日在相关选区依法补选刘延涛、赵新华、张立伟、胡中东、赵淑芳、王宏君、孙玉文 7 人为延寿县第十七届人民代表大会代表；2017 年 12 月 20 日在相关选区依法补选刘金成为延寿县第十七届人民代表大会代表。以上 8 人的代表资格已于 2017 年 12 月 22 日县十七届人大常委会第八次会议予以确认，延寿县第十七届人民代表大会实有代表 168 人。

第十七届人民代表大会第三次会议 县十七届人大二次会议以来，丁宇航、王志鹏、韦学峰、刘枫、刘敏、关立新、孙玉文、苏有富、杜玉龙、李虹娇、李新友、吴志刚、张立伟、张树臣、陆延民、陈士鹏、赵迎春、赵新华、胡丹、胡中东、徐茂、寇金森 22 名同志因各种原因，辞去县第十七届人大代表职务，经县人大常委会代表资格审查委员会审查和县人大常委会会议第 12 次（1 人）、第 14 次（5 人）、第 15 次（14 人）、第 16 次（2 人）会议决定，以上 22 名代表的代表资格终止。1 名代表因涉嫌违纪，县人大常委会于 2018 年 12 月 25 日第 16 次会议决定暂停其县人大代表职务。

根据《选举法》《黑龙江省县、乡两级人民代表大会代表选举实施细则》和关于补选代表的有关规定，经县委批准，于 2018 年 12 月 12 日在相关选区依法补选张洪岐、刘欣、李成玉、孙继成、王永志、远志军、徐延明、俞延飞、贾荣娜 9 人为延寿县第十七届人民代表大会代表。2018 年 12 月 13 日，延寿县人大常委会代表资格审查委员会对上述同志补选情况进行审查，确认当选为延寿县第十七届人民代表大会代表。以上 9 人的代表资格已于 2018 年 12 月 25 日县十七届人大常委会第 16 次会议予以确认，至此，延寿县第十七届人民代表大会代表 155 名。

第十七届人民代表大会第四次会议　十七届三次会议以来，共有王林、丁志林、黄海勇、吴晓国、汪永辉、赵忠德，赵启迪 7 名同志因各种原因，申请辞去县第十七届人大代表职务并已被县人大常委会接受，按照《代表法》的规定，以上 7 人代表资格终止。

根据《选举法》和《黑龙江省县、乡两级人民代表大会代表选举实施细则》关于补选代表的有关规定，经县委同意，于 2019 年 12 月 3 日在相关选区依法补选王东伟、杜娟、王春艳、徐国莲、王翠红、崔延华、王泰祺 7 人为延寿县第十七届人民代表大会代表。2018 年 12 月 6 日，延寿县人大常委会代表资格审查委员会对上述同志补选程序进行审查，全部符合法律要求，予以确定当选为延寿县第十七届人民代表大会代表，至此延寿县第十七届人民代表大会现有代表 155 名，暂停代表职务 1 名。

第十七届人民代表大会第五次会议　十七届四次会议以来，刘欣、刘延涛、孙兴明、杜娟、朱延生，刘宏伟 6 名同志因各种原因，申请辞去县第十七届人大代表职务并已被县人大常委会接受，按照《代表法》的规定，以上 6 人代表资格终止。

根据《选举法》和《黑龙江省县、乡两级人民代表大会代表选举实施细则》关于补选代表的有关规定，经县委同意，于 2020 年 12 月 21 日在相关选区依法补选杨世友、李大尉、郭延文、王义平、魏庆舒、韩旭东 6 人为延寿县第十七届人民代表大会代表。暂停代表职务 1 名。

第二章　历届县人民代表大会代表

第一节　第二至第六届人民代表大会代表

县第二届人民代表大会代表

延寿镇代表团（27人）

王巨浦	王永奎	田玉林	司久坤
刘文品	刘恒久	张显彬	张玉兰
张化祥	张　发	张玉山	闫庆林
李维新	李玉芬	李素云	西靖芳
沈淑福	孟广财	金镇寿	林庆祥
郭伟奇	姚树越	徐清宝	黄景秀
贾　坤	詹文举	肖　义	

高台乡代表团（4人）

贾凤林	韩起贵	郝永洁	赵　发

兴安乡代表团（4人）

林培文	屠桂胜	薛桂兰	王正才

友爱乡代表团（4人）

董振芳	李贵珍	王少清	代明义

长发乡代表团（3人）

鞠贵芝	林成义	黄亚峰	

六团镇代表团（5人）

代淑芝	韩孝恩	孙洪吉	张占岐
佟永丰			

奎兴乡代表团（3人）

王成贵	高士贵	赵殿方	

凌河乡代表团（5人）

徐廷照	徐大忠	俞占贤	朴太成
姜凤珍			

太安乡代表团（4人）

张雨堂	王玉清	毕耀廷	叶谋义

加信乡代表团（9人）

柳顺子	朴汉柱	魏　彦	毕玉琢
辛德根	刘守祐	赵明远	李殿方
张元凯			

凤山乡代表团（4人）

米　珍	石永山	闫喜山	陈　荣

崇和乡代表团（4人）

西万才	王正礼	关宝恩	于桂芳

中和乡代表团（5人）

郭正禄	闻清贵	尹洪超	金钟焕
付　杰			

华炉乡代表团（4 人）

颜景祥　　刘兴汉　　王玉奎　　李凤林

安山乡代表团（5 人）

陆景兰　　门　杰　　胡　庆　　杨锡奎
季长清

寿山乡代表团（4 人）

张家驹　　赵永贵　　闫　英　　司东臣

向阳乡代表团（4 人）

李桂芬　　滕德山　　于成祥　　张朋举

玉河乡代表团（4 人）

赵钟麟　　宋瑞兰　　张志清　　张奎福

黄玉乡代表团（4 人）

刘广田　　王德山　　车秀兰　　辛德根

延安乡代表团（4 人）

米　义　　郑树林　　李妇莲　　王国忠

平安乡代表团（4 人）

朴海舟　　刘志杰　　于占泉　　权秀芳

盘龙乡代表团（4 人）

万桂兰　　于兴方　　朴东植　　杨殿铭

柳河乡代表团（8 人）

刘德新　　李福太　　范凤刚　　温淑琴

刘志祥	翁国忠	蔡兴国	沈希朋

青川乡代表团（4 人）

张淑珍	王喜臣	宁永原	于德清

北宁乡代表团（3 人）

卢洪运	朴龙雨	张殿英

石城乡代表团（4 人）

常永海	常玉荣	张凤兰	费连山

庆阳农场代表团（2 人）

于丙林	孙国祥

县第三届人民代表大会代表

延寿镇代表团（48 人）

王永刚	王永奎	王盛家	田玉林
司淑珍	刘文品	刘恒久	李玉芬
李维新	那雅轩	邢宝春	高庆明
孟广财	金凤才	周才生	胡怀曾
马殿臣	张显彬	张丽新	张玉山
张振民	张玉珊	关淑兰	张广源
陈贵太	崔长林	衣羽麟	相素云
张万良	王　荣	胡　奎	孟宪华
张　新	赵荣珍	郑海山	任兴洲
任秀琴	林奎武	王正才	才秉全
杨殿阁	赵凯章	王　英	刘发达
张广和	刘玉保	雷雨田	韩孝恩

六团镇代表团（18人）

崔百合	刘长年	赵钟麟	张铁成
王守民	申桂柱	张　福	孙胜才
任兰茹	王文生	王景林	王淑兰
陆景兰	阚　富	宋成占	杜青山
梁　超	毕跃廷		

加信镇代表团（9人）

毕玉琢	徐廷照	杨浩天	王　显
郑仁淑	安敬镐	郝慧茹	赵圭彰
张文凯			

中和镇代表团（9人）

尹振铎	张景祥	吴　海	陶元波
苏　贵	朴太善	丁素清	金凤琴
赵文儒			

华炉乡代表团（5人）

张　杰	刘浮波	侯国金	冯国祥
韩宝珠			

安山乡代表团（5人）

郭伟奇	张一新	于奎榜	相锡銮
陆景兰			

寿山乡代表团（10人）

徐　峥	韩孝忠	李林秀	岳新珍
王禄才	田世恩	史振友	闫　英
金顺熙	刘长年		

玉河乡代表团（9 人）

曾庆山	杨　石	金镇寿	赵景峰
李淑琴	都连姬	张宝富	张希斌
王焕友			

平安乡代表团（14 人）

苏文生	金昌尧	左宝富	边文清
王桂琴	陈竞秋	魏　彦	赵文安
于占全	张家驹	刘　贵	任素琴
金文龙	艾利文		

柳河乡代表团（9 人）

丁云华	刘广田	王衍通	刘志祥
白龙得	翁国忠	张　伦	曹明堂
甄会云（慧、惠）			

青川乡代表团（9 人）

陈　朋	赵　富	蒲金如	张士庆
王忠会	安阳桥	赵广祥	周振宽
张素珍			

大山乡代表团（3 人）

孙国祥	王　悦	李素清

县第四届人民代表大会代表

延寿镇代表团（16 人）

衣羽麟	范亚杰（女）	果鸿路（满族）	戴　治
杜宝章	王显周	司淑珍（女）	陈桂香（女）
李维新	韩孝恩	马　志（女）	王盛家

田玉林	李桂林	郑子安	周汉林

高台乡代表团（9人）

马殿臣	杜景生	田　义	范文蕾（女）
孟宪华	颜云清	贾明远	魏文强
杨素云（女）			

六团镇代表团（12人）

尹桂兰（女）	李继双	黄广德	王　海
邱振文	徐作云	郑魁武	朴太成（朝鲜族）
叶谋义	王高云	赵文安	陈海有

加信镇代表团（12人）

林培文	田志厚	李范龙（朝鲜族）	章林根（朝鲜族）
郭　仲	吴秀芝	金粉吉（女，朝鲜族）	孔庆生
杜文钧（满族）	张元凯	胡　魁	崔长林

中和镇代表团（8人）

李士鹏	张海清	伍　倪	冯国祥
李尚元	杨秀兰	赵文儒	宝于良

安山乡代表团（7人）

赵　富	王　显	赵景才（满族）	陈香义（女）
李永江	王立国	刘浮波	

寿山乡代表团（7个）

那亚轩（满族）	姜执权	孙清文	占连芝
周振殿	田士思	崔延彬	

玉河乡代表团（9人）

尹振铎	张一新	金昌尧（朝鲜族）	刘　坤

高成德　　张宝富　　张玉珊　　王　凤
孙长林

平安乡代表团（14人）

郭伟奇　　李桂欣　　杨占荣　　赵圭彰（朝鲜族）
任兴洲　　李廷太（朝鲜族）　　王桂琴（女）　　申秀彬
于成珍　　隋秀义　　胡姿业　　李　明
陈　朋　　李宝培（女）

柳河乡代表团（6人）

雷雨田　　蒲金如　　张　伦　　金春坤
崔雨岩（朝鲜族）　　白龙德（朝鲜族）

青川乡代表团（12人）

李长平（满族）　　王忠良（满族）　　丁云华　　范海臣
刘支桂　　陈香全　　张殿臣　　黄金库
王　柴　　王忠会　　朱亚文（女）　　张桂兰（女，蒙古族）

庆阳农场代表团（4人）

孙孝忠　　郑圣学（女，朝鲜族）　　孙玉昌　　丁继德

县第五届人民代表大会代表

延寿镇人民公社代表团（26人）

王显周　　张　明　　衣羽麟　　刘德山
戴　治　　习开智　　李贵全　　邢宝春
何玉升　　崔长林　　刘克敬　　王正礼
王盛家　　李维新　　果鸿路（满族）　　胡　栋
戴荣光　　张文源　　田玉林　　沈治清
周凤惠（女）　　隋福兴　　陈桂香（女）　　张兴武

范亚杰（女）　李裕太（女，朝鲜族）

高台人民公社代表团（8 人）

王　庆　陈　鹏　隗亚桓（女）　卜振帮
李素云（女）　田　义　尹学忠　陈贵太

六团人民公社代表团（10 人）

李继双　崔百合　徐　铮　历风林
吕世环（朝鲜族）　尹桂兰（女）　阚守云（女）　徐作云
田太植（朝鲜族）　韩孝恩

太安人民公社代表团（7 人）

周振殿　张士春　贺继英　陈海有
从春荣　叶谋义　姜海臣

加信人民公社代表团（12 人）

吕贵春　田志厚　杨浩天（朝鲜族）　林培文
李范龙（朝鲜族）　辛德根（朝鲜族）　郭　仲　刘桂兰（女）
杜文钧（满族）　金锦玉（女，朝鲜族）　刘廷毅　张元凯

中和人民公社代表团（9 人）

都炳泽（朝鲜族）　张　军　汪志平　张海青
祖宝玉（女）　车玉春　金镇寿（朝鲜族）　宋洪元
赵文儒

华炉人民公社代表团（8 人）

刘浮波　胡国清　邵永林　张显彬
李春长　王　瑛（女）　金殿举　颜井祥

安山人民公社代表团（9人）

胡　魁	谭金铎	王　显	陈香义（女）
王贵春	嵇长胜	王洪礼	赵景财（满族）
张永裕			

寿山人民公社代表团（9人）

李林秀	崔延彬	王　靖（女）	那雅轩（满族）
韩　宁	于德水	刘绍卿	都炳镐（朝鲜族）
金真德（女，朝鲜族）			

玉河人民公社代表团（10人）

尹振铎	董相阁（满族）	张宝富	明浩元（朝鲜族）
高成德	刘淑清（女）	甄殿卿	金昌尧（朝鲜族）
张一新	蔡元洲		

延安人民公社代表团（8人）

郭伟奇	张玉兰（女）	段玉洁（女）	周敬胜
黄　祥	李佑山	金振泰（朝鲜族）	白龙旭（朝鲜族）

平安人民公社代表团（7人）

赵圭章（朝鲜族）	毕仁泰	李宝培（女，朝鲜族）	于占全
申秀彬	潘殿增	张　昆	

柳河人民公社代表团（8人）

张　伦	甄慧云（女）	崔相缘（朝鲜族）	孙时俊（朝鲜族）
范希斌	袭普均	苑宝富	雷雨田

青川人民公社代表团（9人）

臧耀忠	朱玉树	潘九苓	徐廷照
丁云华	周振宽	黄金库	张宝辉
许广岩			

庆阳农场代表团（3人）

孙玉昌	黄旭光	孟庆云

县第六届人民代表大会代表

延寿镇代表团（24人）

郭喜廷	赵　德	徐中山	衣羽麟
邢宝春	李维新	宋洪禄（满族）	沈治清
张文远	王盛家	王正礼	孙永昌
赵树林	郭喜昌	潘海峰	杨玉山
周凤惠（女）	王兴武	石玉琛	戴荣光
张玉珊	崔长林	李贵全	戴　治

高台乡代表团（13人）

段玉洁（女）	张喜良	陈贵太	张一新
尹学忠	郭光荣（女）	徐万年	单有府
张士珍（女）	高贵生	薛延同	袁兆利
胡　栋			

六团镇代表团（14人）

左宪良	冯国祥	徐　铮	金　石
张　伦	崔百合	吕世環（朝鲜族）	岳清俊
孙玉兰（女）	周玉莹（女）	华起贵	王宽升
潘　文	杜文钧		

太安乡代表团（8人）

历风林	邱桂兰（女）	王　贵	潘九苓
万洪均	路青发	张振民	叶谋义

加信乡代表团（15 人）

林培文	杨浩天（朝鲜族）	张元凯	毕玉琢
吕贵春	张　富	辛德根	祖宝玉（女）
沙延平	孔庆生	金万述	魏玉莲（女）
金粉吉（女，朝鲜族）	郭　仲	迟洪武	

中和乡代表团（9 人）

都炳泽	宋洪元	赵玉琛	朴玉植（女，朝鲜族）
车玉春	金镇寿（朝鲜族）	孟庆恒	侯捷飞
张士春			

华炉乡代表团（8 人）

邵永林	金殿举	李春茂	高永贵
郝文学	陶风岐	刘浮波	王　瑛（女）

安山乡代表团（9 人）

赵景才	赵　祥	王立国	王桂荣（女）
王贵春	邱立民	张永裕	满福堂
谭金铎			

寿山乡代表团（11 人）

李树文	那雅轩（满族）	胡国荣	骆　金
潘文杰	赵桂琴（女）	刘绍卿	赵永贵
曹顺姬（女，朝鲜族）	韩　宁	孟繁春	

玉河乡代表团（12 人）

谷云丰	都连姬（女，朝鲜族）	刘继先	张宝富
国春久	王得文	刘淑清（女）	金昌尧（朝鲜族）
门　杰	王淬鲁	蔡源州	董相阁（满族）

延安乡代表团（9人）

刘兴树　张玉兰（女）　金贞玉（女，朝鲜族）　王　钰
张信经　崔永江　白龙旭（朝鲜族）　郭伟奇
金道成（朝鲜族）

平安乡代表团（9人）

申秀彬　于占全　金炳俊（朝鲜族）　刘志云（女）
徐淑贤（女）　金应瑞（男，朝鲜族）　殷福祥　毕仁太
周振殿

柳河乡代表团（11人）

李继双　甄惠云（女）　张时俊（朝鲜族）　王　靖（女）
袭普君　单云清　范希彬　商永福
雷雨田　赵文儒　袁国禄

青川乡代表团（15人）

黄金库　姜海涛　王成贵　孙长信　贾湘岚（女）
张文兴　刘凤岐　徐廷照　丁云华　黄亚峰
刘德山　张殿臣　陈仲连　郭淑珍（女）　朱玉树

大山乡代表团（5人）

孟庆云　孙　富　赵振和　梁　治　孙荣华（女）

第二节 第八至第十七届人民代表大会代表

县第八届人民代表大会代表

延寿镇人民公社代表团（21人）

李远发	赵协密	曲炳林	李庆春
孙 青	曾广均	金信姬（女，朝鲜族）	张秀荣（女）
李 洁（女）	张一新	于玲素（女）	方凤芝（女）
党永和	白汉章	姚淑珍（女）	彭道波（女）
杨萌芝	毕淑云（女）	宁春山	朱盈声
阚 云（女）			

新村人民公社代表团（7人）

王德坤	孙 旺	辛久芹（女）	王金山
高俊峰	刘继先	王相臣	

高台人民公社代表团（10人）

赵殿宝	胡显锋	刁丛义	李英发
孟宪宝	张跃福	宋庆珍（女）	薄汉臣
李生义	贾廷杰（女）		

六团人民公社代表团（16人）

刘长年	金秀吉（朝鲜族）	纪根会	刘 贵
张兆安	金粉玉（女，朝鲜族）	黄 岐	董殿奎
潘 得（女）	吴挂芝（女）	张永良	王守志
李 维	宋显君	康有才	王尧珍

太安人民公社代表团（7人）

王国忠　郭绍录　严炳修　开瑞和
张文录　宋玉芝（女）　陈瑞延（蒙古族）

加信人民公社代表团（18人）

邓时成　金英瑞（朝鲜族）　于海全　王永臣
赵长久　张宝林　王庆林　金尚孝（朝鲜族）
赵长生　张应善（朝鲜族）　马　芬（女）　房文学
石永山　马德凤（女）　侯占树　孙立法
黄会珍（女）　孔繁涛

中和人民公社代表团（11人）

李东林（朝鲜族）　李元植（朝鲜族）　陈　荣　崔永才
张维忠　崔锦礼（女，朝鲜族）　黄八龙（朝鲜族）　任广纯
郭桂珍（女）　张玉泉　彭　真

华炉公社代表团（7人）

张志民　金荣岭　孙宝江　李　富
于兴海　段文才　王　金

安山人民公社代表团（9人）

宋志新　付艳华（女）　李　财　王　波（女）
姜凤武　冯金发　于振家　孙景录
田福喜

寿山人民公社代表团（14人）

邵永林　潘福生　谷传文　邢广富
李春江　郑桂香（女）　曹青山　宋喜久
隋际平　车凤兰（女）　汪　义　罗贵卿
孙晋根（朝鲜族）　车荣昌

玉河人民公社代表团（14 人）

陈德林	李相廷	郑忠贤	刘　斌
周玉林	曲永年	王永贵	高月亮
于淑杰（女）	赵桂英（女）	姚桂芳（女）	明东镇
宋关发	董春山		

延安人民公社代表团（8 人）

卢文志	李顺南（女，朝鲜族）	朴明先（朝鲜族）	袁学芹(女)
刘　珍	崔永江	陶春富	赵云跃

平安人民公社代表团（8 人）

刘长山	金元哲	张宝华	李淑尧（女）
汪　发	张连会	孙孟登	孟庆仁

柳河人民公社代表团（15 人）

张金凯	臧志民	韩玉山	曲　韧
刘月友	史占娣（女）	张国忠	荣纯令
刘文胜	裴长有	尤素荣(女)	霍廷金
徐　凤(女)	朴承夏（朝鲜族）	高贵发	

青川人民公社代表团（18 人）

张景祥	王大野	孟庆芳(女)	陈玉双
韩素琴(女)	赵　华（女）	钱书祥	刘玉德
蒙玉财	郝亚芬（女）	韩喜明	满福栋（满族）
曹洪金	佟作彬（满族）	郑　启	尚尔志
李景阳	王宝玲		

县直机关代表团（17 人）

焦双武	李树文	王春芝（女）	邵文信
王淬鲁	才树森	郑士祥	王衍通
王景林	侯　文	于　跃	庞善政

冯国祥	王永刚	朱　平	王　杰
赵志忠			

工业第一代表团（15 人）

王　维	赵成选	许本善	刘理琨
关敬茹（女）	周　济	孙德隆	崔长林
程林三	杨玉兰（女）	王利峰	金英玉（女，朝鲜族）
张友来	郭振昌	马　云	

工业第二代表团（12 人）

王　敏（女）	门　杰	赵文儒	蔡玉池
胡新民	李玉烈	冯德贵	孙庆仁
吴铁石	赵国志	李长平	邓　玉

财贸代表团（19 人）

王久本	甄殿卿	孙衍林	郑子安
陈英文	焦希华	于安珍	肖淑范（女）
金宝印	张德元	费景阳	张玉林
张永琴（女）	肖长春	康普祯	戴　治
徐　铮	杨守刚	杜　福	

农业代表团（13 人）

王焕章	张　申	徐志文	田　义
景　志	王德玺	李复春	王　臣
金镇寿（朝鲜族）	都炳泽（朝鲜族）	华起贵	马占顺
潘　志			

文卫代表团（16 人）

赵连胜	冯　波	刘发达	孙加琪
郑士贵	王太生（回族）	王淑一（女）	彭尔强
宋丹凤（女）	张继承	高庆桐	刘洪恩

万友高	孙建基	王弼臣	张景岩

县第九届代表大会代表

延寿镇代表团（16人）

孙衍林	宁国武	孙忠田	唐永文
张玉兰（女）	张宝桐	司秀芬（女）	李长平
王　奇（女）	孟桂香（女）	张　克	于玲素（女）
毕淑云（女）	刘发达	于桂艳（女）	吴佩霞（女）

新村乡代表团（7人）

杨　荣（女）	杨茂阁	刘长满	张宝成
吕　清	刘继先（满族）	朱福灵	

高台乡代表团（8人）

张跃福	赵殿宝	袁成山	王德山
宋庆珍（女）	薄汉臣	张丙瑞	齐亚秋（女）

六团乡代表团（13人）

张金凯	杨维新	刘长年	李长恩
张永良	王兴福	文贤一（朝鲜族）	陈学起
刘殿林	张兆安	陈学艳（女）	王延华（女）
田秀云（女）			

太安乡代表团（6人）

王　云	付桂英（女，蒙古族）	杨培奎
丛广山	张文生	陈会纪

加信镇代表团（14人）

苏有富	申龙日（朝鲜族）	杜春光（满族）	朴顺子（女，朝鲜族）

张安民　刘玉林　贾淑英（女）　谢继文
王德福　孙立法　刘　成　侯占树
白　杰（朝鲜族）　桑桂芹（女）

中和镇代表团（8人）

吴　贵　李汉塘　金龙吉（朝鲜族）　徐　志
吕志坤　贾福贤（女）　朴贞植（女，朝鲜族）　李东林（朝鲜族）

华炉乡代表团（6人）

李　发　杨桂荣（女）　阎兆雨　赵宝洪
陈德林　张春山

安山乡代表团（8人）

栾振芳　佟宝玉（女）　陈德学　白国义
付延华（女）　李　才　刘国林　谢恒华

寿山乡代表团（12人）

邵永林　王得坤　陈殿武　谢忠清
隋季平　邢培香　孙继荣（女）　张春生
于可和　于在水　李万在（朝鲜族）　史丽华（女）

玉河乡代表团（11人）

邵志忠　邱学昌　张所平　郑昌平
明东镇（朝鲜族）　邵桂清（女）　姚桂芳（女）　吕文录
焦井春　董春生　崔永贵

延安乡代表团（6人）

李又全　权宁大（朝鲜族）　宋学义　石万成
于淑琴（女）　张连君

平安乡代表团（6 人）

朴时花（女，朝鲜族）	王同彬	徐　和	于铁山
全光彬（朝鲜族）	张世成		

延河乡代表团（12 人）

徐志文	白龙得（朝鲜族）	盛守海	黄殿臣
王瑞生	高翠兰（女）	朴重根（朝鲜族）	王殿江
辛　伟（女）	张国忠	赵跃君	薛明全

青川乡代表团（14 人）

翟福民	王大野	王　敏（女）	张贵福
张景祥	满福栋（满族）	唐德民	孟庆芳（女）
褚延民	张延清	佟作彬（满族）	陈　俊
温喜军	常淑香（女）		

县委机关代表团（12 人）

邵文信	张振民	才树森	刁长山
于　跃	丁宪臣	焦双武	王向东
吴士周（朝鲜族）	白莲英（女）	桑增林	于维顺

政府机关代表团（13 人）

张　延	郑士贵	国春久	巴庆余
王喜玉	王春芝（女）	庞善政	陈维新
李树文	甄殿卿	王衍通	孙志学
臧志民			

工业代表团（22 人）

任振勇	李玉兰（女）	李复华	刘士民
孙德隆	胡新民	王利锋	史月兰（女）
孙凤山	赵雪梅（女）	段景新	张永德
刘作奇	厉百超	张文杰	战　斗

王　维　梁春华（女）　马宝仁　严喜生
张淑芹（女）　孟祥山

财贸代表团（17 人）

卢世儒　孙梅五　杜　福　杨守刚
康甫祯　刘长山　李春阳　韩　艳（女）
王国柱　苏彦华（女）　肖淑范（女）　郑子安
王盛家　马连富　王久本　张文源
杨立臣

农业代表团（12 人）

张春喜　赵福水　王德玺　李复春
王　玉　张东辉　白国忠　玄士富
庄大利　李庆吉　马占顺（满族）　张延生

文教卫生代表团（14 人）

马广印　孙敬华（女）　吴荣举（满族）　孙建基
高久如　李栋民　宋克云（女）　王安义
江世光　王生怀　郭秀琴（女）　王太生（回族）
李芬伊（女，朝鲜族）　陈同瞻

县第十届人民代表大会代表

延寿镇代表团（14 人）

朱　海　丁宪臣　于玲素（女）　司秀芬（女）
金海询（女，朝鲜族）　单桂芝（女）　毛清海　唐永文
关瑞明　王　维　王春芝（女）　苏彦华（女）
徐振湖　李晓娟（女）

新村乡代表团（4人）

张松柏　　赵荣霞（女）　　白玉柱　　张　学

高台乡代表团（4人）

李延超　　占素芹（女）　　杨文祥　　袁成山

六团镇代表团（6人）

刘　延　　张兆安　　金哲珠（朝鲜族）　　韩　菊（女）
贲希普　　栾振芳

太安乡代表团（3人）

马　富　　付桂英（女）　　姜永祥

加信镇代表团（9人）

李明杰　　邹洪福　　李仁淑（女，朝鲜族）　　董万财
马　芬（女）　　金秀吉（朝鲜族）　　邵永林　　李玉贵
马文祥

中和镇代表团（5人）

徐　和　　徐志文　　黄允锡（朝鲜族）　　王玉霞（女）
李汉堂

华炉乡代表团（3人）

梁玉秀　　宋桂云（女）　　李　发

安山乡代表团（4人）

俞　民　　赵云芝（女）　　王景学　　董会民

寿山乡代表团（7人）

孙成才　　刘长年　　张志阳　　车荣昌

葛亚芹（女）　于在水　徐春富

玉河乡代表团（8 人）

刘　柏　孙衍林　张庆祥　胡新文
曲延年　王靖玉（女）　席永和　董春山

延安乡代表团（4 人）

伍立平　李顺南（女，朝鲜族）　王庆有　于庆涛

平安乡代表团（3 人）

那云发　王同彬　姜炳世（朝鲜族）

延河镇代表团（7 人）

刘延清　朴重根（朝鲜族）　石光兴　高翠兰（女）
郭维新　刘　玉　李东林

青川乡代表团（8 人）

张宝珍　翟福民　赵桂琴（女）　李凤和
包凤云（女）　张景祥　张士祥　温喜军（满族）

机关代表团（11 人）

庞善政　王衍通　才洪昌　陈维新
王凤祥　甄殿卿　张淑清（女）　焦双武
汪　俊　邱振东　刘发达

工业代表团（10 人）

张维民　张树霞（女）　史月兰（女）　张兴有
邹介风　徐再君（朝鲜族）　宁国钧　胡新民
邱桂兰（女）　范德武

财贸代表团（12 人）

张　延	赵殿宝	杨立臣	王志坚
丛喜玲（女）	门丽华（女）	王久本	刘全生
赵秀英（女）	康普贞	杨守刚	齐树堂

农业代表团（9 人）

汪　贵	卢文志	高　期	庄大力
王　玉	周文选	刘忠海	马占顺（满族）
孙树义			

文教卫生代表团（6 人）

马广印	薛亚茹（女）	王太生（回族）	王文学
吴荣山	吴荣举		

二轻代表团（10 人）

刘成海	梁春华（女）	张清玉	刘英辉
马清和	郑越平	谭凤兰（女）	孙凤山
吕连生	程显明		

县第十一届人民代表大会代表

延寿镇代表团（20 人）

朱　海	宋世英	王　维	刘秀锋
王春芝	庞善政	苏彦华	赵国有
韩福年	张淑琴	许　兰	于玲素
高桂兰	王文钰	双文芳	单桂芝
周秀英	毛清海	王宝君	司秀芳

六团乡、高台乡代表团（13 人）

李　福	邢国文	苏有富	王文学
赵双凤	王　凤	张兆安	韩　菊

解延忠	张万甫	占素琴	冯国君
杨文祥			

加信镇代表团（11 人）

邹占军	刘志清	邵文信	杨守刚
马文祥	吴金芳	邹洪福	李仁淑
董万财	马　芳	白明昌	

中和镇、太安乡、华炉乡代表团（13 人）

徐　和	姜洪宝	刘长年	金天德
张正允	吕志坤	王太富	李　发
蒋树林	董万良	武孝清	祁国柱
丛广林			

安山乡、寿山乡代表团（13 人）

黄恩财	高　顺	张振明	付金萍
江　涛	刘瑞莲	陆德林	李洪超
蔡贵有	金顺子	于在水	骆荣喜
车荣昌			

玉河乡、延安乡代表团（14 人）

包万禄	廉永镇	邱振东	张　喜
王静玉	姜殿发	于淑杰	焦井春
席永和	阎　泉	王　庆	邵玉阁
金有万	郑丽琴		

延河乡、平安乡代表团（13 人）

林德利	金镇泰	黄庆新	金在龙
杨玉珠	王振华	伊　清	乔桂兰
董云耀	刘凤仁	李万富	王同彬
金元植			

青川、新村代表团（15 人）

张宝库	张贵臣	张志民	徐志文
温喜军	常丽芹	霍秀英	赵桂琴
蒋连忠	梁玉秀	李相金	金秀吉
叶春林	赵荣华	刘　延	

机关代表团（14 人）

潘守阳	李复华	邵永林	王福军
耿长山	汪　俊	张连君	臧志民
刘同富	郭玉坤	贾　昆	张峰水
王衍通	白国忠		

工业一代表团（13 人）

赵玉江	邱桂兰	李　云	关敬茹
费树桐	汪解放	张天君	边文学
程福良	王玉庭	姜明爱	曾繁英
张晓砚			

工业二代表团（14 人）

刘成海	郑越平	赵德俭	张庆印
张永平	梁春华	马清和	焦守志
吕连生	李　春	王　宽	张　申
胡东来	孙凤山		

财贸代表团（12 人）

杨立臣	孙衍林	张　兴	刘文阁
于永刚	王德坤	李云忠	马桂芳
张春雨	郑祖凤	王玉兰	金东一

农业代表团（13 人）

杜春光	王　玉	马占顺	朱春华

孙树义　　冯延戎　　高　品　　薛　敏
周文选　　庄大力　　张志民　　张延生
卢文志

文教卫生代表团（10人）

王太生　　张延林　　赫洪峰　　王世英
朱贞顺　　孙铁军　　马广印　　宋克云
吴荣山　　李维栋

县第十二届人民代表大会代表

延寿镇代表团（20人）

朱　海　　张春本　　刘秀峰　　王春芝（女）
张海瑞　　苏彦华（女）　　韩维新（回族）　　王有义
贾德军　　石桂芝（女）　　张淑琴（女）　　张宝桐
王宝军　　王崇跃（女）　　司秀芬（女）　　于玲素（女）
高桂兰（女）　　王文钰（女）　　李金环（女，满族）　　单桂芝（女）

新村乡代表团（5人）

姜维义　　李相金　　邱振东　　朱宝生
赵荣华（女）

高台乡代表团（4人）

李文录　　杨靖武　　杨文祥　　田凤侠（女）

六团镇代表团（8人）

徐殿武　　刘中伟　　苏有富　　李宝宏
田秀云（女）　　申永哲（朝鲜族）　　王德军　　刘凤琴（女）

太安乡代表团（5人）

王　林　　黄　明　　郭玉坤　　王延辉（女、蒙古族）

祁国柱（女）

加信镇代表团（11 人）

王福义　孙立法　邵文信　杨守刚
邹洪福　张贞玉（女，朝鲜族）　纪振海
马　芬（女）　梁　君　马文祥　于广发

中和镇代表团（7 人）

汪国玉　姜洪宝　孙衍林　金天德（朝鲜族）
王国金　吕志坤　王玉清（女）

华炉乡代表团（4 人）

张德祥　李传林　左桂霞（女）　李　发

安山乡代表团（6 人）

徐春俭　宁喜发　黄庆新　陈庆和
张金明　付金萍（女）

寿山乡代表团（8 人）

黄恩才　刘瑞莲（女）　李延华　隋继平
于在水　徐春富　李泽玉　邱亚云（女）

玉河乡代表团（8 人）

包万禄　李成哲（朝鲜族）　李复华　展会臣
隋长山　焦井春　于树杰（女）　崔素琴（女）

延安乡代表团（5 人）

阎　泉　王　庆　才　石　朴锦善（女，朝鲜族）
袁承辉

平安乡代表团（5人）

王贵昌　刘宝贵　金元植（朝鲜族）　姜信波（女）
谢延忠

延河镇代表团（8人）

刘凤仁　王秀华（女）　贾振宝　杨玉珠（女）
孙福晋（朝鲜族）　伊　青　王振华　乔桂兰（女）

青川乡代表团（9人）

张东辉　任立国　李振民　常丽芹（女，满族）
孟庆芬（女）　霍秀英（女）　崔锦泉　丁会忠
李长在

机关代表团（13人）

王慎义　刘同富　邵永林　周铭德
邹占军　王福军　李延超　刘延清
马　富　汪　俊　臧志民　耿长山
柳玉林

工交一代表团（13人）

李　云　尹　太　邱桂兰（女）　陈　忠
王玉霞（女）　罗玉红　秦　贵　李春青（女）
杨东城　张晓燕　边文学　王绍清
马桂清

工交二代表团（12人）

张　申　张维民　王世延　刘文玉（女）
王宏达　孙凤云（女）　梁春华（女）　王世杰
于淑华（女）　李立柱　李　春　王　军

财贸代表团（12人）

杨立臣	王得坤	郑祖凤	宋志新
董延松	马龙水	张文生	徐作良
黄伟淑（女，朝鲜族）	李希章	任宝贵	张英志

农业代表团（12人）

杜春光	周文选	张志民	潘守阳
刘保江	朱春华	孙树义	冯延戎
李远发	黄义峰	赵长江	李学山（满族）

文教卫生代表团（9人）

王太生（回族）	宋克云（女）	王颖超	王世英
张延林	唐宝龄	马广印（满族）	吴荣山
朴冬春（女，朝鲜族）			

县第十三届人民代表大会代表

延寿镇代表团（21人）

王有义	刘凤艳（女）	李延超	梁玉英（女）
石桂芝（女）	王凤兰（女）	李金环（女）	张宝桐
尹　太	高桂兰（女）	计铁成	曲志华（女）
贾德君	孙焕琴（女）	王　琦（女）	朱　海
张海瑞	朱孔瑞	王春芝（女）	王文玉（女）
王崇跃（女）			

六团乡、高台乡代表团（13人）

姜忠志	郑小鹏	邵文信	李牛君（满族）
杨文祥	田凤侠（女）	刘忠伟	苏有富
房显华	李宝宏	王德君	于凤连（女）
汪金萍（女）			

加信镇代表团（11 人）

王福义	孙立法	马文祥	刘兆亿
佟　军	梁　军	李明杰	马　芬（女）
纪振海	王秀杰（女）	张贞姬（女，朝鲜族）	

中和镇、安山乡、太安乡代表团（17 人）

王文祥	商洪纯	李延滨	姜洪宝
贾振宝	谢　清	白英爱（朝鲜族）	王奎选
黄　明	宁喜发	宋景春	李延玲（女）
卢国山	王　林	祈国柱	王延辉（女，蒙古族）
郭玉昆			

华炉乡、寿山乡代表团（13 人）

朱乃富	郭金宝	姚宪忠	赵士然
李传林	于素华（女）	陆连贵	李泽玉
邱亚云（女）	徐春富	王淑英（女）	丁长林
闫静海			

玉河乡、延安乡代表团（12 人）

李　福	徐殿武	王德军	臧兴东
董艳秋（女）	平　金	张树林	肖　华（女）
刘　迁	贾奎权	杨贞淑（女，朝鲜族）	张承亨

延河乡、平安乡代表团（12 人）

刘凤仁	王福山	徐跃林	申永范（朝鲜族）
张亚松	高文福	乔桂兰（女）	翼宝泉
张庆学	王宏达	姜信波（女）	陈庆学

青川乡、新村乡代表团（14 人）

韩增金	张志国	崔锦凤（女）	王春江
徐增得	张润娥（女）	高　飞	唐德民

李秀林	金桂兰	武允春	赵金宝
石万春	赵荣华（女）		

机关代表团（13 人）

李克军	李新友	邢玉亮	杨靖武
邹占军	张　金	张延林	张永新
王　彬	邵永林	杜春光	李国章
李学雷			

工交代表团（11 人）

张维民	王成彦	李立柱	刘文玉（女）
包显刚	腾元跃	郑延民	于淑华（女）
韩延兴	张靖涛	齐淑娟（女）	

财贸代表团（12 人）

马龙水	黄庆新	张景瑞	付长河
黄伟淑（女，朝鲜族）	任宝贵	吴玉凤（女）	刘志远
郑祖凤	关立新	苏　刚	赵启之

农业代表团（10 人）

韦　峰	田金龙	王占洪	郭广友
徐文智	李俊峰	孙树义	刘保江
朱春华	李云珍（女）		

文卫代表团（10 人）

于广富	韩维新（回族）	马红花（女，朝鲜族）	孙玉洁（女）
马广印（满族）	孙钟万（朝鲜族）	杨光成（朝鲜族）	白云子（女）
王绍清	才　石		

县第十四届人民代表大会代表

延寿镇代表团（25 人）

王　彬	王金松	毛文玉	曾凡辉
王浩军	马明璋	朱孔祥	张宝桐
万高和	徐贵辉	姜树春	王宇平
薛继炜	赵宝礼	王光福	唐凤仁
王崇跃（女）	康淑琴（女）	朴凤琴（女）	李金环（女）
王凤兰（女）	石桂芝（女）	赵荣华（女）	战淑琴（女）
田凤侠（女）			

六团乡、安山乡代表团（21 人）

刘志国	张　冲	董　禄	赵兴嘉
马贵君	刘瑞勇	李宝宏	董殿奎
王国军	闫广祯	李树祥	汤敬国
王玉香（女）	宋玉顺（女）	汪金萍（女）	王淑香（女）
李延玲（女）	赵士然	孙长春	乔永富
张仰信			

加信乡、中和乡代表团（15 人）

黄　明	闫静海	郑小鹏	杨乃珍
张良超	边秋林	张志林	张福德
梁　军	马　芬（女）	魏秀荣（女）	纪振海
崔永财	谢　清	朴正烈	

玉河乡、寿山乡代表团（21 人）

潘福生	王家砚	刘延生	褚树斌
张承亨	李宝祥	于洪波	孟庆文
黄成德	张树林	翟同全	平　金
石万富	袁承辉	杨贞淑（女）	姜桂香（女）
王艳波（女）	付立萍（女）	赵淑凤（女）	王　金
柳玉香			

延河镇、青川乡代表团（20 人）

于素华（女）	杨宝财	景　森	任宝福
徐　雷	李凤和	李占阳	石新利
王宏权	沈兆堂	高　飞	董长江
李景芬（女）	张　静（女）	金华红（女）	申永范
常　华	冀宝泉	王振华	常　富

机关代表团（16 人）

王运义	赵长满	耿长山	隋海滨
李　哲	苏有富	宋有金	邹占军
郭广友	刘延清	房显华	郭秀全
王　林	蒋晓新（女）	高成亮	闫　华

工交代表团（14 人）

张志刚	韩增金	金文良	赵春光
王成延	刘凤云（女）	王　军	郑延民
李延安	王永钧	张兴友	郑延生
刘淑娟（女）	梁春华（女）		

财贸代表团（14 人）

马龙水	董　利	李　福	臧志民
于国强	诸葛绪亮	沈　斌	才洪彬
任宝贵	商化南	张春华（女）	王洪霞（女）
关立新	赫崇志		

农业代表团（12 人）

王少维	刘金昌	韦　峰	崔起国
张志国	孔祥水	高洪金	白桂俊
陈英杰	张忠泽	冯延新	朱振声

文卫代表团（10人）

丁长林	吴　贵	孙钟万	陆宏禹
齐荣宝	韩　丽（女）	刘　迁	王绍清
金大力	江桂娟（女）		

县第十五届人民代表大会代表

延寿镇代表团（23人）

杨晓春	单玉良	徐　雷	李凤学
李延福	卢兰民	万高和	徐国臣
王宇平	单长安	刘会杰	薛继炜
牛家登	赵宝礼	陈怀宝	李昌林
王振才	赵东风	王崇跃（女）	康淑琴（女）
苏雪凤（女）	韩延华（女）	郭秀兰（女）	

六团镇、安山乡代表团（20人）

潘福生	张东来	吴长山	吕凤阳
程　军	邢雪峰	寇金森	王贵双
李　宝	刘光伟	王巨才	刘圣海
李树祥	王玉香（女）	汪金萍（女）	王淑香（女）
古宴锢（女）	赵士然	孙长春	乔永富

加信镇、中和镇代表团（17人）

董绍涛	马龙水	曾繁石	齐小华
赵志民	李凤林	何　淼	徐国莲（女）
孙立臣	赵有亮	梁　君	马　芬（女）
李莲淑（女）	纪振海	崔永财	石新利
崔东杰			

玉河乡、寿山乡代表团（22人）

于素华（女）	王家砚	王　彬	杜玉龙

陈兴国	李宝祥	李少华	闫　华
郭立军	高永祥	赵兴旺	张树林
翟同全	曹　峰	石万富	袁承辉
王继祥	刘玉梅（女）	王立波（女）	田金河
徐国庆	张怀宇		

延河镇、青川乡代表团（19人）

张志刚	耿长山	程晓飞	胡中东
董　秀	寇　伟	刘景阳	张良程
高　飞	陈　悦	卢长江	常　富
王宏权	金英宝	张立英（女）	王飞鹏（女）
黄淑娟（女）	常　华	冀宝泉	

机关代表团（16人）

鲁志民	徐向东	沈振山	李　哲
史山泰	袁树君	苏有富	张　秀
黄成德	邢玉亮	柳玉海	李文本
杨　杰	马文峰	张晓砚（女）	徐　鑫

工交代表团（15人）

马冰哲	董　禄	郑小鹏	任宝福
林俊元	褚树斌	刘汉武	张永清
叶　涛	郑松涛	乔悦怀	马明璋
刘文辉	郑延生	齐淑娟（女）	

财贸代表团（13人）

赵延芝（女）	董　利	管　怀	于国强
李　君	张宪志	才洪彬	张亚松
关立新	刘晓范	王义秀	王洪霞（女）
王志民			

农业代表团（15 人）

李新友	赫耀宇	景　森	崔起国
李　生	李　冰	高兴辉	任宝贵
白桂俊	吴增利	宋玉山	姜树春
冯延新	刘振东	朱振声	

文卫代表团（11 人）

贾彦波（女）	王金松	李恒君	王　林
孙忠力	崔仁范	李虹娇（女）	白晓风
徐贵辉	王绍清	许晓杰（女）	

县第十六届人民代表大会代表

延寿镇代表团（17 人）

任治学	郑云峰	封殿辉	白晓风
王崇跃（女）	郭秀兰（女）	王振才	田运全
康淑琴（女）	张阁娟（女）	郑学林	张邦明
西　敏（女）	陈怀宝	赵宝礼	卢兰民
王宇平			

农业代表团（14 人）

景　森	侯振刚	王家砚	黄成德
吴增利	李　智	姜树春	刘振东
冯延新	王志友	徐贵辉	徐宏飞
孙忠国	商化南		

综合代表团（14 人）

李　冰	赵兴嘉	丁宇航	张东来
董　利	那振香（女）	李文本	索延庆
任宝福	沈　涛	张淑英（女）	赵启迪
胡中东	杜玉龙		

玉河乡代表团（14人）

石宝林	汪玉聪	杨晓春	王金松
高兴辉	崔汉文	陈兴国	张永清
王继祥	曹　峰	翟同权	张树林
袁成辉	王丽波（女）		

机关代表团（14人）

刘运涛	张亚松	张英波（女）	苏有富
刘学刚	柳玉海	吕　广	顾　垒
赵淑芳（女）	李　帅	张晓砚（女）	任宝贵
刘国义	韩　丽（女）		

中和镇代表团（14人）

程　军	刘际东	刘　亮	马龙水
曾凡石	陈国泰	贾德君	高　吉
崔永财	闻金双	李莲淑（女）	石新立
韩玉勇	张树杰		

六团镇代表团（14人）

徐　雷	冯晓伟	武传刚	刘立波
苏晶淼	吕凤阳	郎延波	李宝祥
关立新	王巨才	汪金萍（女）	李宝宏
刘光伟	王玉香（女）		

安山乡代表团（14人）

吴伟波	李国忠	王显锋	王　林
郭　敏（女）	孙继成	付国民	李虹娇（女）
刘忠民	宋延坤	刘延邦	金志军
田玉香（女）	古晏锢（女）		

青川乡代表团（14人）

邢雪枫	张良程	马文峰	郑小鹏
赵凤海	褚树斌	王铁英	赵东风
佟贵志	高　飞	卢长江	陈　悦
崔　军	张丽英（女）		

加信镇代表团（13人）

张凤平（女）	谷万悦	呼大鹏	赵延芝（女）
马德军	曾宪军	王喜文	孙立臣
张　茹（女）	石宝珠	崔东杰	孟宪利
高　萍（女）			

寿山乡代表团（14人）

郭立军	邹清洁（女）	邢志祥	钟海燕（女）
叶　涛	袁伟海	刘玉君	薛继炜
赵金芝（女）	张云龙	邢建权	孟庆福
戴金钟	邝全国		

延河镇代表团（14人）

赵同奎	黄海勇	潘福生	李新友
张　秀	林俊元	李凤林	王志民
王洪权	司丽新（女）	冀宝权	蔡云飞
徐玉梅（女）	常　华		

县第十七届人民代表大会代表

延寿镇代表团（48人）

徐　茂	胡春翼	韩　丽	封殿辉
马文峰	张树臣	马小川	范廷文
白晓风	刘光伟	袁伟海	赵东风
王志民	王宇平	陈国泰	刘振东

孙忠国	毕建文	刘　敏	杨少炜
于文龙	韩春延	薛继炜	王志友
柳志君	单忠明	刘凤军	张忠君
郑学林	张邦明	冯延新	李　智
曹　峰	张庆忠	戴金忠	王薇薇（女）
常亚萍（女）	张永永（女）	杨秀梅（女）	姜德芳（女）
马建文（女）	张晓砚（女）	康淑琴（女）	张雪晶（女）
李虹娇（女）	王洪霞（女）	宋国珍（女）	任晓燕（女）

六团镇代表团（16 人）

王志鹏	郭立志	陈维忠	王家砚
王　林	张　秀	关立新	刘志军
董殿奎	王延海	刘国宾	刘　军
闻永慧	刘百春（女）	王玉香（女）	王晓芳（女）

延河镇代表团（16 人）

朱延生	黄海勇	王飞鹏	丁宇航
李学雷	李新友	修立彬	曹玉鹏
李贵福	刘立军	王志才	王洪权
吴志刚	司宇宁	周延利（女）	孟凡杰（女）

玉河乡代表团（16 人）

陆延民	赵兴旺	康洪丽（女）	郭兆峰
张淑英（女）	江　涛	窦金彪	周元清
翟同权	袁成辉	路志刚	赵忠德
任晓静（女）	祖云华（女）	栾焕秋（女）	陈世朋

寿山乡代表团（12 人）

寇金森	王兴赋	王延波	高雪峰
张凤平（女）	邝全国	沈树卿	柴学新
钟海燕（女）	刘美丽（女）	赵金芝（女）	胡　丹（女）

加信镇代表团（15 人）

刘　枫	谷雪翠	都宝成	郑小鹏
苏有富	孙立臣	石宝珠	张国言
张书成	张洪珍	刘有华	崔连池
赵迎春（女）	李晶鑫（女）	毕亚丽（女）	

中和镇代表团（14 人）

刘宏伟	陈沈军	闻金双	朱志刚
李　冰	柳玉海	汪永辉	刘　敏
谢　清	熊光来	王文忠	王树林
王长松（女）	李莲淑（女）		

安山乡代表团（16 人）

吴伟波	冯晓伟	李国静	王彦辉
张东来	高兴辉	贾德君	徐　明
易延伟	李振东	邱佳春	刘忠民
于洪俊	赵启迪	关彩霞（女）	蔡丽秋（女）

青川乡代表团（12 人）

丁志林	董　博	李铁刚	杜玉龙
韦学峰	陈　悦	韩凤岐	李井富
吴晓国	孙兴明	徐晓慧（女）	孟庆萍（女）

第三篇
延寿县人民代表大会常务委员会

第一章　常务委员会职权和组成人员

第一节　职权

县人大常委会是县人民代表大会的常设机关，对县人民代表大会负责并报告工作，县人民代表大会闭会期间，由县人大常委会依法行使地方国家权力机关的职权。县人民政府、县监察委员会、县人民法院和县人民检察院对县人民代表大会负责并报告工作，在县人民代表大会闭会期间，对县人大常委会负责并报告工作。

县人大常委会行使的职权是：领导或者主持县人民代表大会代表的选举；召集县人民代表大会会议；讨论、决定本行政区域的政治、经济、教育、科学、文化、卫生、民政、民族工作的重大事项；根据县人民政府的建议，决定对本行政区域内的国民经济计划和预算的部分变更；监督县人民政府、县监督委员会、县人民法院和县人民检察院工作，联系县人民代表大会代表，受理人民群众对上述机关和国家工作人员的申诉和意见；在县人民代表大会闭会期间，决定副县长的个别任免，在县长、监察委主任、法院院长、检察院检察长因故不能担任职务的时候，决定代理人选（决定的代理检察长需报市人民检察院和市人大常委会备案）；根据县长的提请，决定县人民政府局长、主任的任免；根据《中华人民共和国监察法》的规定决定监委副主任、委员的任免；按照《中华人民共和国人民法院组织法》和《中华人民共和国人民检察院组织法》规定，任免县人民法院副院长、庭长、副庭长、审判委员会委员、审判员，任免县人民检察院副检察长、检察委员会委员、检察员；在本县人民代表大会闭会期间，补选省、市人民代表大会出缺的代表和撤换个别代表；决定授予县级荣誉称号。1986 年 12 月，县人大常委会根据全国人大常委会修改的《地方组织法》，在行使的职权中又增加在本行政区域内，保证对宪法、法律、行政法规和上级人民代表大会及其常务委员会决议遵守和执行；撤销本级人民政府的不适当的决定和命令；在本级人民代表大会闭会期间，决定撤销个别副县长和政府组成人员以及县监察委员会副主任、委员，县人民法院副院长、县人民检察院副检察长等法职人员；制定地方性法规等职权。概括起来，县人大常委会行使的职权主要是：对本县重大事项的决定权，对“一府一委两院”工作的监督权，对县级国家机关工作人员的任免权，对本行政区域内地方性法规的制定权。

县人大常委会的职权，根据民主集中制原则，由县人大常委会会议集体行使。它行使职权的工作程序主要是：县人大常委会会议由主任或主任委托副主任召集，每两个月至少举行一次。有紧急议案可随时召开。常委会会议必须有全体组成人员的过半数出席，才能举行。县人大常委会会议的议题，主要是听取和审议“一府一委两院”的工作报告；审议县人大常委会和县人民代表大会各专门委员会以及县人大常委会组成人员五人以上联名提出的议案；审议通过人事任免案和质询案；审定县人大常委会的有关工作。每次会议的议题由主任会议提出议程草案，在会前一周通知常委会组成人员，举行常委会会议时，由全体组成人员过半数审议通过才正式确立。县人大常委会会议举行前，常委会组成人员和常委会的工作部门，围绕议题进行调查研究，为审议做准备；会后视必要组织视察与检查，督促县人大常委会决议、决定的贯彻落实。

县人大常委会会议听取审议“一府一委两院”工作报告，由县长或县长委托副县长、政府其他组成人员，监察委主任或主任委托副主任，法院院长或院长委托副院长，检察院检察长或检察长委托副检察长到会报告。县人大常委会举行会议时，召开全体会议、分组会议或联组会议。分组或联组会议审议有关工作报告时，通知有关部门负责人到会听取意见，回答询问。县人大常委会会议对决议、决定和人事任免等进行表决时，充分发扬民主，尊重每位组成人员的权利，采取无记名投票方式、举手方式或其他方式进行。但都必须以全体组成人员的过半数通过才能生效。表决结果，由会议主持人当场宣布。在审议中，有多数组成人员提出异议或者有重要情况需要进一步调查或研究的，暂不付表决，待情况清楚后，再提交全体会议审议、表决。县人大常委会举行会议时，县长或副县长、县监察委主任、县人民法院院长、县人民检察院检察长、县人大常委会有关专门委员会成员、县人大常委会办事机构主要负责人，以及其他有关部门主要负责人，各乡（镇）人大主席团主席或副主席列席会议。

县人大常委会任期同县人民代表大会相同，县人大常委会根据《地方组织法》规定，任期为 5 年，每届行使职权到下届县人民代表大会选出新一届县人大常委会为止。

第二节　组成人员

八至十七届县人大常委会组成人员一览表

表 3–1

届别	主任	副主任	委员
第八届 1980 年 9 月至 1983 年 3 月	王　维	赵殿宝 孙德隆 （不驻会）	胡新民　门　杰　王春芝（女） 李复春　邵文信　肖淑范（女） 庞善政　赵志忠　崔长林　甄殿卿
第九届 1983 年 9 月至 1987 年 9 月	王　维	赵殿宝 李东林 张景祥 刘长年 孙德隆 （不驻会） 兰振芳	庞善政　王春芝（女）　邵文信 门　杰　李复春　赵志忠　肖淑范（女） 甄殿卿　刘英辉　陈万清　邱桂兰（女） 李晓娟（女）
第十届 1987 年 9 月至 1991 年 2 月	刘长年	孙衍林 王春芝（女） 王　玉 （不驻会） 张振民	王太生　庄大力　朱　海　吴荣山 苏彦华（女）　汪　俊　李晓娟（女） 邱桂兰（女）　庞善政　郑越平　徐再军 高　期　康福贞
第十一届 1991 年 2 月至 1993 年 11 月	孙衍林	王　玉 （不驻会） 王春芝（女） 刘秀峰 杨守刚 张志民 张海瑞 （不驻会）	王福军　冯国军　朱　海　庄大力 刘志清　苏彦华（女）　李　云　李　春 吴荣山　邱桂兰（女）　张　兴　张延林 郑越平　黄庆新

续表 3-1

届别	主任	副主任	委员
第十二届 1993 年 11 月至 1997 年 10 月	苏有富	尹　太 王春芝（女） 张海瑞 郭玉昆	苏彦华（女）李延华（女）朱　海 李　春　邱桂兰（女）王福军　张延林 黄庆新　吴荣山　才　石　徐作良 王宏达　韩维新　于广富　张　金 李秀林
第十三届 1997 年 10 月至 2002 年 10 月	邵文信	贾振宝 王春芝（女） 郭玉昆 张海瑞 闫静海	李延超　张亚松　王宏达　黄庆新 孙玉洁（女）梁玉英（女）关立新 石万春　刘　迁　李明杰　李秀林 张承亨　邢玉亮　王福义　丁长林 孙钟万　马明璋　毛文玉　任宝福 蒋晓新（女）
第十四届 2002 年 10 月至 2006 年 12 月	潘福生	王　彬 耿长山 马龙水 王金松	马明璋　王　林　任宝福　刘　迁 闫　华　关立新　孙钟万　李宝祥 张承亨　陈英杰　赵士然　徐　雷 郭广友　高　飞　韩　丽（女） 蒋晓新（女）吕凤阳
第十五届 2006 年 12 月至 2011 年 12 月	潘福生	马龙水 王金松 李新友 赵延芝（女）	马文峰　马明璋　王志民　叶　涛 白桂俊　吕凤阳　乔悦怀　刘晓范 关立新　孙钟万　李少华　李凤林 李宝祥　张晓砚（女）陈　悦　郑松涛 单玉良　赵士然　柳玉海　徐　鑫 徐贵辉　高　飞　崔仁范　于国强 李凤林　张　希　赫耀宇
第十六届 2011 年 12 月至 2016 年 2 月	王家砚	李新友 赵延芝（女） 郑小鹏 王金松 杜玉龙 张　秀	王志民　冯延新　叶　涛　白晓风 关立新　吕　广　吕凤阳　孙立臣 孙继成　张晓砚（女）李　帅　李凤林 李虹娇（女）陈　悦　柳玉海　赵东风 赵同奎　赵启迪　徐宏飞　高　吉 高兴辉　薛继炜　张　秀　周延利（女） 赵迎春（女）索延庆　韦学峰　顾　垒

续表 3–1

届别	主任	副主任	委员
第十七届 2016 年 12 月至 2021 年 12 月	王家砚 高雪峰	李学雷 郑小鹏 杜玉龙 李　冰 张　秀 张凤平（女） 杨少炜 宗佰军	王志民　韦学峰　白晓风　冯延新 刘　枫　江　涛　孙立臣　李虹娇（女） 李　智　张　秀　张忠君　范廷文 周延利（女）赵东风　赵迎春（女） 赵启迪　胡春翼　高兴辉　郭立志 薛继炜　胡中东　赵新华　王兴赋 冯晓伟　李成玉　单忠明　钟海燕（女） 俞延飞（女）贾荣娜（女）徐延明 王东伟　王春艳（女）杜　娟（女） 王义平　郭延文　韩旭东

第二章　常务委员会会议

第一节　第八届人大常委会会议

县八届人大常委会历次会议情况表

表 3–2

会次	日期	主要议题
1	1980 年 9 月 15 日	1. 王维主任关于做好人大工作的讲话 2. 通过县政府各科局组成人员任命名单
2	1980 年 10 月 7 日	1. 传达全国人大三次会议精神、省人大五届三次会议精神 2. 批准县检察院副检察长与县检察委员会组成人员的任命
3	1980 年 12 月 19—10 日	1. 听取县八届人大一次会议提案处理情况、全县整顿社会治安工作的情况 2. 讨论决定法院、人大办事机构干部任免
4	1981 年 2 月 19 日	1. 通过人事任免事项 2. 听取县物价工作情况的汇报
5	1981 年 3 月 31 日	传达黑龙江省五届人大三次会议精神
6	1981 年 5 月 30 日	1. 听取 1980 年国民经济执行情况和 1981 年国民经济计划安排 2. 听取 1980 年财政决算和 1981 年财政预算 3. 听取 1980 年全县开展爱国卫生运动的情况和 1981 年工作安排意见 4. 通过人事任免事项 5. 听取 1980 年地方病防治工作和 1981 年工作安排意见 6. 通过人大常委会《关于搞好地方病防治的决议》 7. 通过县人大常委会《关于搞好 1981 年爱国卫生运动的决议》

续表 3–2

会次	日期	主要议题
7	1981 年 7 月 23 日	1. 听取县政府 1981 年国民经济计划上半年执行情况、县人民法院工作报告、县人民检察院工作报告、县人民政府关于整顿社会治安情况的报告、县政府关于城镇爱国卫生运动工作报告 2. 讨论县人大常委会办公室关于召开县八届二次会议的意见 3. 通过《延寿县进一步整顿社会治安的决议》
8	1981 年 9 月 8 日	1. 讨论《人大常委会工作报告》、代表大会主席团名单、代表大会议程和大会召开时间 2. 通过人事任免事项
9	1981 年 11 月 15 日	1. 学习《黑龙江省土地管理暂行条例》; 听取贯彻《黑龙江省土地管理暂行条例》, 进一步加强土地管理工作的汇报 2. 县政府汇报县人大常委会关于地方病和爱国卫生运动决议的贯彻落实情况和教育科技工作 3. 贯彻县人大八届七次常委会《关于进一步整顿好社会治安的决议》的情况与下步工作意见 4. 通过延寿县《关于认真贯彻黑龙江省土地管理暂行条例》、加强土地管理的决议 5. 通过人事任免事项
10	1981 年 12 月 11 日	通过县人民政府组成人员任免、县法院干部任免和县人大干部任免
11	1981 年 12 月 21 日	人事任免
12	1982 年 3 月 19 日	1. 听取和审议县政府《关于一九八一年国民经济执行情况和一九八二年国民经济安排意见》《一九八一年财政决算和一九八二年财政预算的报告》 2. 人事任免 3. 通过人大常委会 1982 年工作计划 4. 审议通过县政府《关于一九八一年国民经济执行情况和一九八二年国民经济安排意见的报告》《关于一九八一年财政决算和一九八二年财政预算的报告》
13	1982 年 6 月 10 日	1. 传达省人大召开的地市县人大常委会主任座谈会精神; 省委书记李剑白在地市县人大常委会主任座谈会上的讲话

续表 3–2

会次	日期	主要议题
13	1982 年 6 月 10 日	2. 辅导学习《中华人民共和国宪法修改草案说明》，讨论《中华人民共和国宪法修改草案》；通过延寿县人大常委会《关于在全县讨论〈中华人民共和国宪法修改草案〉的决议》 3. 学习彭真、杨尚昆讲话
14	1982 年 8 月 3 日	人事任免
15	1982 年 9 月 25 日	人事任免
16	1982 年 12 月 7 日	1. 学习《中华人民共和国宪法》 2. 听取财贸旺季工作和生产自救情况的汇报 3. 审议县人大常委会办公室关于召开县八届人民代表大会三次会议意见
17	1983 年 3 月 7 日	1. 听取县林业局关于贯彻《中华人民共和国森林法》和中央“紧急指示”制止乱砍滥伐执行情况的汇报；通过县人大常委会关于贯彻《中华人民共和国森林法》和中央“紧急指示”制止乱砍滥伐、保护森林的决议 2. 听取县人大办关于县八届人大第三次会议筹备工作的汇报 3. 人事任免
18	1983 年 4 月 5 日—6 日	1. 听取林业局关于 1983 年植树造林工作的报告 2. 听取县爱卫办关于春季爱国卫生运动开展情况的报告 3. 听取县卫生科开展食品卫生法宣传情况及下步工作安排意见的报告 4. 听取县公安局关于三起治安案件处理情况的汇报 5. 听取县公安局关于几起治安案件的汇报 6. 通过关于大力开展植树造林的决议 7. 通过一九八三年工作要点
19	1983 年 6 月 17 日	人事任免
20	1983 年 7 月 22 日	1. 传达第六届全国人民代表大会第一次会议精神 2. 听取县计委汇报 1983 年上半年国民经济计划执行情况 3. 听取县公安局关于当前社会治安情况和今后工作意见的报告
21	1983 年 9 月 27 日	1. 听取教育科关于中小学教育工作情况的汇报 2. 听取土地办关于土地管理工作的汇报 3. 人事任免

续表 3-2

会次	日期	主要议题
22	1983 年 12 月 8 日	1. 听取县公安局关于严厉打击刑事犯罪工作情况的汇报 2. 听取县妇联关于保护妇女儿童合法权益情况的汇报 3. 通过县人大常委会关于保护妇女儿童合法权益的决议
23	1984 年 1 月 17 日	人事任免： 1. 讨论通过代理县长邵志忠提请：胡新民任延寿县人民政府经委主任，孙延生任延寿县人民政府农牧渔业局局长 2. 讨论通过人大常委会主任王维提请陈维新任延寿县人民检察院代检察长，张文彦免延寿县人民检察院代检察长
24	1984 年 1 月 20 日	人事任免： 1. 杨柱山任县人大办副主任 2. 王春芝任县人大人事办主任，免去人大办副主任 3. 于元彬任县人大科教办主任，免去人大科教办副主任
25	1984 年 4 月 5 日	1. 听取人大办关于县九届人民代表大会第一次会议筹备情况的汇报 2. 审议县九届人代会一次会议议程 3. 决定九届一次会议召开时间 4. 决定九届一次会议日程 5. 通过九届一次会议主席团、秘书长名单 6. 通过设立九届一次会议代表资格审查委员会 7. 通过设立九届一次会议财政预算委员会 8. 通过设立九届一次会议议案审查委员会 9. 通过县人大常委会工作报告 10. 通过县八届人大常委会将提案改为议案 11. 人事任免 12. 传达省六届人民代表大会第三次会议精神 13. 学习中共黑龙江省委关于进一步加强县级以上地方各级人大常委会的指示，彭真在全国人大常委会在京委员座谈会上的讲话及在省市区人大常委会主任座谈会上的讲话

第二节　第九届人大常委会会议

县九届人大常委会历次会议情况表

表 3-3

会次	日期	主要议题
1	1984 年 4 月 25— 26 日	1. 学习彭真讲话，省委副书记陈俊生在省六届人大二次会议党员代表会上的讲话 2. 通过一九八四年人大常委会工作计划 3. 讨论通过《县人大常委会工作细则》 4. 讨论通过《县人大常委会和人民代表联系规定》 5. 听取关于县九届人大一次会议案审查情况的汇报 6. 人事任免 7. 讨论通过人大常委会主任、副主任、委员分工
2	1984 年 7 月 31— 8 月 1 日	1. 听取审议县人民政府关于国民经济计划上半年执行情况的报告 2. 审议通过《延寿县殡葬改革暂行规定（草案）》 3. 审议通过《延寿县普及初等义务教育暂行规定（草案）》
3	1984 年 9 月 25 日	1. 听取环保局关于城乡建设情况的汇报 2. 听取县政府办公室汇报议案处理情况的汇报 3. 人事任免 4. 听取县政府关于县人大常委会第二次例会委员提出的问题的办理情况的报告 5. 学习胡耀邦在黑龙江省视察时谈话要点
4	1984 年 11 月 23 日	1. 听取县妇联《关于贯彻实施〈中华人民共和国婚姻法〉和保护妇女儿童合法权益的决议的调查报告》 2. 听取 1984 年科技工作汇报 3. 人事任免
5	1985 年 2 月 5 日	1. 传达省人大召开的市县人大常委会主任座谈会会议精神 2. 讨论通过县人大常委会 1985 年工作要点 3. 讨论通过召开县九届人民代表大会第二次会议的决定 4. 人事任免

续表 3–3

会次	日期	主要议题
6	1985 年 3 月 27 日	1. 听取审议九届人大二次会议筹备情况汇报 2. 通过县九届人大二次会议主席团、秘书长建议名单 3. 审议通过县九届人大二次会议议程和召开的日期 4. 审议通过代表资格审查报告 5. 审议通过县政府《延寿县矿产资源管理暂行规定》
7	1985 年 6 月 4 日	1. 传达省六届人大三次会议精神 2. 听取县政府《关于全面清理集体提留和农民负担情况的报告》 3. 听取县政府关于延寿县普及初等义务教育和《延寿县普及初等义务教育的暂行规定》执行情况的报告 4. 听取县政府关于城镇建设工作的报告 5. 人事任免
8	1985 年 7 月 23 日	1. 听取审议县政府关于 1985 年上半年国民经济计划执行情况的报告 2. 听取审议县政府关于 1985 年财政预算上半年执行情况的报告 3. 听取县政府关于法制宣传教育工作的汇报 4. 听取法制办《关于进一步明确几种民事纠纷案件受案范围的决定》的说明
9	1985 年 9 月 19 日	1. 听取关于审计监督工作情况的汇报 2. 听取县政府关于贯彻物价管理暂行条例和 1985 年以来物价工作情况的报告 3. 听取县政府关于公安工作的报告 4. 听取县人民法院关于审判工作的报告 5. 听取县人民检察院工作报告
10	1985 年 12 月 20 日	1. 传达全省市、县人大常委会主任座谈会议精神 2. 听取审议县政府关于九届人大二次会议代表提出批评、意见、建议处理情况的报告 3. 人事任免
11	1986 年 1 月 28 日	1. 讨论通过县人大常委会一九八六年工作要点 2. 审议通过召开县九届人大第三次会议决定 3. 审议决定成立县人大常委会法律顾问委员会 4. 人事任免

续表 3–3

会次	日期	主要议题
12	1986 年 3 月 25 日	1. 听取和审议关于县九届人大三次会议筹备情况的汇报；讨论、决定九届人大三次会议召开的时间 2. 审议通过九届三次会议议程 3. 审议通过九届人大三次会议主席团、秘书长建议名单 4. 听取审议关于代表资格的审查报告 5. 讨论县人大常委会工作报告 6. 听取审议县政府关于《中华人民共和国经济合同法》执行情况的报告 7. 听取和审议县政府关于清理收费罚没集资情况和实施《省收费罚没集资管理条例》意见的报告 8. 讨论通过县人大常委会关于认真执行《省收费罚没集资管理条例》的决议 9. 听取审议县政府关于 5 年内普及法律常识安排意见和实施情况的汇报 10. 通过县人大常委会关于加强法制宣传教育，普及法律常识的决议
13	1986 年 6 月 24 日	1. 听取县政府关于扶贫工作情况的报告 2. 听取县“五四三”办公室关于精神文明建设情况的汇报 3. 听取县人大人事办关于乡（镇）召开人代会情况的汇报 4. 审议县政府关于修建城镇道路集资的议案 5. 审议关于制发、使用《延寿县人民代表大会代表视察证的决定（草案）》 6. 人事任免 7. 传达省六届人大四次会议精神 8. 传达孙维本同志在省六届人大四次会议上的讲话
14	1986 年 8 月 8 日	1. 审议通过县政府关于上半年国民经济和社会发展计划执行情况与财政预算执行情况的报告 2. 听取县政府关于贯彻实施《黑龙江省实施〈中华人民共和国义务教育法〉条例》安排意见的报告 3. 审议《延寿县人大常委会对公安、司法机关依法监督试行办法》（讨论稿未通过）
15	1986 年 9 月 26 日	1. 审议县政府关于县九届人大三次会议代表提出的议案、批评、建议和意见处理情况的报告 2. 听取审议县政府关于《中华人民共和国食品卫生法》和《省食品商贩和城乡集市贸易食品卫生管理条例》实施情况的报告 3. 人事任免

续表 3–3

会次	日期	主要议题
16	1986 年 10 月 30 日	1. 听取县政府关于农业贷款管理、使用、回收情况的报告 2. 听取县政府《关于农村“一费两金”提取管理、使用情况的报告》并作出决议 3. 听取县人民政府关于老干部工作情况的报告，并作出决议 4. 听取县人民政府关于农业技术推广应用情况的报告
17	1987 年 3 月 2 日	1. 学习全国人大《关于加强法制教育维护安定团结的决定》，并作出决议 2. 传达省委人大工作会议精神 3. 通过县人大常委会一九八七年工作要点 4. 听取县政府关于贯彻人大《关于按期缴纳农业税、回收农业贷款和兑现集体提留合同的规定》情况的报告 5. 审议通过召开县九届人大四次会议的决定 6. 通过县选举委员会名单 7. 人事任免
18	1987 年 4 月 28 日	1. 传达省六届人大五次会议精神 2. 通过召开县九届人大四次会议日期 3. 通过县九届人大四次会议议程（草案） 4. 讨论县人大常委会工作报告 5. 审议《关于“双增双节”决议工作的（草案）》 6. 通过九届人大四次会议主席建议名单 7. 通过九届人大四次会议财政预决算审查委员会名单、议案审查委员会名单 8. 通过县九届人大常委会代表资格审查委员会名单 9. 通过邵志忠辞去县长职务决定 10. 人事任免。决定任命范德武为县政府代理县长、刘峰为县政府副县长
19	1987 年 6 月 25 日	1. 听取审议县政府关于上半年国民经济和社会发展计划执行情况以及财政预算执行情况的报告 2. 听取县政府关于县九届人大四次会议通过的开展“双增双节”运动的决议执行情况的报告 3. 听取县选举办公室关于延寿县选举工作进展情况和下步工作安排的汇报 4. 人事任免
20	1987 年 7 月 12 日	1. 人事任免 2. 听取县选举工作进展情况的汇报

续表 3–3

会次	日期	主要议题
21	1987 年 8 月 6 日	人事任免
22	1987 年 9 月	1. 听取审议代表资格审查委员会关于第十届人民代表大会代表资格审查报告 2. 通过召开延寿县第十届人民代表大会第一次会议的决定 3. 通过县第十届人大第一次会议主席团、秘书长人选建议 4. 听取县政府关于县九届人大四次会议案和代表提出批评、意见和建议处理情况的报告

第三节　第十届人大常委会会议

县十届人大常委会历次会议情况表

表 3–4

会次	日期	主要议题
1	1987 年 10 月 20 日	1. 研究县人大常委会自身建设工作 2. 听取县政府关于安全生产、护林防火的报告 3. 听取县政府关于《中华人民共和国土地管理法》贯彻实施情况的汇报 4. 人事任免
2	1987 年 12 月 29 日	1. 听取审议县政府关于政府系统行政法规执行情况的报告 2. 听取审议县法院关于审判工作情况的报告 3. 听取审议县检察院关于政法队伍法纪情况的报告 4. 审议人大常委会四位委员关于加强社会治安的议案 5. 讨论通过县人大 1988 年工作要点 6. 补选省七届人民代表大会代表 7. 人事任免 8. 接受王太生辞去县十届人大常委会委员的请求

续表 3–4

会次	日期	主要议题
3	1988 年 3 月 21 日	1. 听取审议县政府关于县十届人大一次会议代表提出批评、意见、建议办理情况的报告 2. 听取审议县政府关于贯彻执行《县人大常委会关于打击盗杀耕畜、盗伐林木、撬门压锁、流氓滋扰和赌博等犯罪活动，加强社会治安管理的决议》情况的报告 3. 审议通过召开县第十届人民代表大会第二次会议的决定 4. 通过县十届人大第二次会议建议议程 5. 通过县十届人大第二次会议主席团、秘书长建议名单 6. 通过县十届人大第二次会议，财政预决算审查委员会建议名单 7. 通过县十届人大第二次会议议案审查委员会建议名单 8. 听取审议代表资格审查委员会关于代表资格的审查报告 9. 通过县人大常委会工作报告 10. 人事任免
4	1988 年 5 月 4 日 （预备会议）	1. 传达全国七届人大会议精神 2. 听取县政府关于种子条例的汇报 3. 听取县政府关于“工商企业承包”情况的汇报 4. 人事任免
5	1988 年 6 月 27 日 下午	1. 听取审议县政府计划生育工作情况的报告 2. 听取审议县人大关于农民负担重议案办理情况的报告 3. 审议通过《县人大常委会议事规则》
6	1988 年 8 月 25 日	1. 听取审议县政府关于上半年国民经济和社会发展计划执行情况的报告 2. 听取审议县政府关于上半年财政预算计划执行情况的报告 3. 听取审议县政府关于县十届人大二次会议代表议案、建议、批评和意见办理情况的报告 4. 人事任免
7	1988 年 9 月 12 日	听取县政府关于邮电设备改造集资情况的报告
8	1988 年 12 月 6 日	1. 听取审议县政府关于农村普法工作情况的报告 2. 听取审议县政府关于贯彻实施《中华人民共和国合伙企业法》情况的报告 3. 听取审议县政府关于筹集部分资金在全县城乡开通环路载波电话的报告 4. 审议通过《县人大常委会人事任免暂行办法》

续表 3–4

会次	日期	主要议题
9	1989 年 1 月 20 日	1. 审议通过县人大常委会法制工作要点 2. 审议通过县政府关于电业集资的报告
10	1989 年 3 月 17 日	1. 通过关于召开县十届人大第三次会议时间的决定 2. 通过县十届人大三次会议议程 3. 通过县十届人大三次会议主席团、秘书长名单 4. 通过县十届人大三次会议议案审查委员会组成名单 5. 通过县十届人大三次会议财政预决算审查委员会名单 6. 审议通过县人大常委会工作报告 7. 人事任免
11	1989 年 6 月 3 日	1. 人事任免 2. 听取审议县政府关于认真贯彻落实“383 工程”，加强物价管理情况的报告 3. 听取审议县政府关于税法执行和税收完成情况的报告
13	1989 年 10 月 9 日	1. 听取审议县政府关于邮电集资决定执行情况的报告 2. 听取审议县政府关于县十届人大三次会议对于城镇建设议案落实情况的报告 3. 听取审议县人民法院关于民事审判工作的报告 4. 人事任免
14	1989 年 11 月 4 日	1. 听取审议县政府关于廉政建设情况的报告 2. 审议通过延寿县人民代表大会常务委员会《关于贯彻执行〈黑龙江省人大常委会关于加强廉政建设监督的决定〉的决议》
15	1989 年 12 月 28 日	1. 传达五中全会和省七届人大第十二次会议精神 2. 审议批准县政府关于 1988 年财政决算的报告 3. 通过 1990 年人大常委会工作要点 4. 通过召开县十届人大四次会议决定 5. 人事任免
16	1990 年 1 月 26 日	选举徐志文、刘兆亿为延寿县人民政府副县长
17	1990 年 2 月 23 日	1. 通过范德武辞去县人民政府县长职务的请求 2. 审议通过县政府关于财政、税收、物价检查工作的报告

续表 3–4

会次	日期	主要议题
18	1990 年 3 月 16 日	1. 通过召开县十届人大四次会议时间的决定 2. 通过县十届人大四次会议议程 3. 通过县十届人大四次会议主席团和秘书长建议名单 4. 通过县十届人大四次会议议案、审查委员会主任委员、副主任委员、委员建议名单 5. 听取审议代表资格审查委员会关于补选代表资格审查报告 6. 审议通过县十届人大四次会议财政预决算审查委员会主任、副主任、委员名单 7. 审议通过县人大常委会工作报告 8. 审议通过十届人大四次会议列席人员名单
19	1990 年 4 月 18 日	1. 听取审议县政府关于清理公司情况的报告 2. 听取县人民检察院关于开展反腐贪污贿赂斗争情况的汇报 3. 人事任免
20	1990 年 5 月 14 日	1. 听取审议县人民法院关于《中华人民共和国行政诉讼法》实施准备工作情况的报告 2. 传达省关于县乡换届选举会议精神 3. 听取关于县乡换届选举工作意见 4. 通过县乡选举委员会组成人员名单 5. 人事任免
21	1990 年 8 月 30 日	1. 听取审议县政府关于 1990 年上半年国民经济和社会发展计划执行情况的报告 2. 听取审议县政府关于 1990 年上半年财政预算执行情况的报告 3. 听取县政府关于增强农业后劲情况的汇报 4. 听取县政府关于上半年整治社会治安情况的汇报 5. 人事任免
22	1990 年 9 月 22 日	人事任免
23	1990 年 11 月 23 日	1. 传达省委人大工作会议精神 2. 听取审议县政府关于代表提出的维修西同庆街道路集资议案办理情况的报告，并作出决议 3. 听取、审议县政府关于县十届人大四次会议期间代表提出的建议、批评和意见办理情况的报告

续表 3-4

会次	日期	主要议题
24	1991 年 1 月 8 日	1. 传达中共十三届中央委员会第七次会议精神 2. 审议通过县选举委员会工作报告 3. 通过召开县十一届人大一次会议时间 4. 通过人大常委会 1991 年工作要点 5. 人事任免

第四节　第十一届人大常委会会议

县十一届人大常委会历次会议情况表

表 3-5

会次	日期	主要议题
1	1991 年 3 月 20 日	1. 人大常委会主任孙衍林传达省七届人大四次会议精神 2. 学习贯彻财政预算管理条例和农民负担管理条例 3. 学习《中华人民共和国宪法》《地方组织法》有关内容 4. 人大常委会副主任王春芝作关于做好常委会工作的发言 5. 审议通过关于设立法治工作委员会、经济工作委员会、科教工作委员会、人事工作委员会的报告（草案） 6. 通过代表资格审查委员会组成人员名单（草案） 7. 总结 1990 年乡镇人大主席团工作评比方案落实检查评比结果 8. 人事任免
2	1991 年 4 月 18 日	1. 审议通过《县人大常委会议事规则》 2. 审议《“一五”普法教育汇报和“二五”普法教育规划》，并作出决议 3. 审议《治理“三乱”情况汇报》 4. 人事任免
3	1991 年 6 月 18 日	1. 传达地委人大工作会议精神 2. 通过《延寿县农民负担条例暂行办法》 3. 听取审议县九年义务教育工作情况

续表 3–5

会次	日期	主要议题
4	1991 年 7 月 5 日	1. 审议通过延寿县 1991 年财政预算报告 2. 人事任免
5	1991 年 9 月 5 日	1. 听取审议县政府《关于编制延寿县综合发展规划的说明》 2. 审议通过县政府《关于 1990 年财政决算批复和 1991 年预算批复及半年预算执行情况的报告》，并做相应决定 3. 审议通过《关于延寿县 1991 年上半年国民经济和社会发展计划执行情况的报告》 4. 审议《关于延寿县人民政府廉政建设工作情况的报告》 5. 审议县政府《关于延寿县民族工作情况的报告》 6. 听取审议县人大常委会视察组《关于公路法规执行情况的视察报告》
6	1991 年 11 月 5 日	1. 听取审议县政府关于抗灾自救工作情况的报告 2. 听取审议县人民法院关于前段工作情况的报告 3. 听取审议县人民检察院关于前段工作情况的报告 4. 通过庄大力辞去县第十一届人大常委会委员职务的报告
7	1991 年 12 月 26 日	听取审议《一九九一年财政收支变动情况》，并做出相应决定
8	1992 年 1 月 14 日	1. 人事任免 2. 讨论人大常委会 1992 年工作要点 3. 学习有关法律、法规 4. 听取县政府对人大常委会视察工作建议、意见落实情况 5. 听取和审议县政府关于税收、财务、物价检查情况的报告
	1 月 15 日	1. 听取审议县政府关于物价、财务、税收检查情况的报告 2. 听取审议《县政府关于“人大常委会三次视察工作意见、建议”落实情况的报告》 3. 审议通过县人大常委会 1992 年工作要点 4. 审议通过县十一届人大二次会议代表的议案 5. 人事任免事项
9	1992 年 2 月 25 日	1. 审议通过关于召开县第十一届人民代表大会第二次会议时间 2. 审议通过关于县十一届人大二次会议议程的建议（草案） 3. 审议通过县十一届人大二次会议主席团组成人员和秘书长的建议名单 4. 审议通过县十一届人大二次会议议案审查委员会和财政预算审查委员会组成人员的建设名单

续表 3–5

会次	日期	主要议题
9	1992 年 2 月 25 日	5. 听取审议代表资格审查委员会关于代表资格审查的报告 6. 审议通过县第十一届人大会二次会议选举办法（草案） 7. 听取关于“争先创新”竞赛活动检查评比结果的报告 8. 审议通过《关于表彰乡镇人大工作先进集体、县代表活动先进小组、代表活动积极分子的决定（草案）》 9. 审议通过县人大常委会工作报告（草案） 10. 人事任免事项
10	1992 年 3 月 4 日	1. 审议县检察院关于逮捕县十一届人大代表马某某的提请报告 2. 讨论通过县十一届人代会二次会议日程
11	1992 年 4 月 8 日	1. 听取审议《县政府反盗窃斗争第一阶段工作的报告》 2. 听取审议县政府 1991 年“质量、品种效益年”活动开展情况的报告 3. 听取审议县政府 1992 年春季爱国卫生运动安排和开展情况的报告 4. 听取审议县政府《延寿县人民政府 1991—1995 年依法治县实施方案》，并作出相应的决定 5. 人事任免
12	1992 年 5 月 28 日	1. 学习《代表法》，并作出学习、贯彻、实施代表法的决定 2. 听取审议《县十一届人大二次会议期间代表提出的关于生猪屠宰销售问题的议案的调查报告》，并作出相应的决议 3. 听取审议县政府 1992 年财政预算情况的报告，并作相应的决议 4. 听取审议县政府关于“二五”普法工作开展情况的报告 5. 听取审议《县十一届人大二次会议期间代表提出的小学升初中比例为 100% 和再建一所高中的议案的调查报告》，并作相应的决议 6. 人事任免
13	1992 年 7 月 14 日	1. 听取审议安山乡人大代表评议驻乡部门和乡直部门试点工作情况的报告 2. 听取审议县政府关于乡镇企业工作情况的报告 3. 听取审议县政府关于《文化市场管理条例》实施情况的报告 4. 听取审议县政府关于县公安局执法执纪工作情况的报告 5. 听取审议县政府关于广播电视工作开展情况的报告 6. 听取审议县政府关于县十一届人大二次会议期间代表提出的建议、批评和意见办理情况的报告 7. 人事任免

续表 3-5

会次	日期	主要议题
14	1992 年 9 月 8 日	1. 听取审议县政府关于《中华人民共和国矿产资源法》贯彻实施情况的报告 2. 听取审议县政府关于《黑龙江省农民负担管理条例》暂行办法实施情况的报告 3. 听取审议县政府关于《中国人口计划生育条例》实施情况的报告 4. 听取审议县政府关于企业法实施情况的报告 5. 听取审议县政府关于体育工作开展情况的报告 6. 听取审议县政府关于婚姻法实施情况的报告 7. 人事任免
15	1992 年 11 月 25 日	1. 审议县十一届人大三次会议筹备工作情况的报告和会议议程（草案） 2. 作出关于召开县十一届人大三次会议的决定 3. 通过延寿县第十一届人大三次会议大会主席团组成人员、秘书长、副秘书长建议名单和议案审查委员会成员建议名单 4. 听取审议代表资格审查委员会关于代表资格审查的报告 5. 人事任免
16	1993 年 2 月 20 日	1. 通过延寿县人大常委会 1993 年工作要点（草案） 2. 关于十一届人大四次会议筹备情况的报告 3. 作出关于召开县十一届人大四次会议日期的决定 4. 听取审议王玉同志辞去县人大常委会副主任职务的议案，并做出相应的决定 5. 审议通过县十一届人大常委会代表资格审查委员会关于十一届人大四次会议代表资格审查的报告 6. 听取审议县十一届人大常委会工作报告（草案） 7. 通过延寿县十一届人大四次会议主席团组成人员、常务主席、秘书长建议名单；议案审查委员会主任委员、副主任委员、委员建议名单；财政预决算审查委员会主任委员、副主任委员、委员建议名单；代表资格审查委员会主任委员、副主任委员、委员调整名单 8. 审议通过县十一届人大四次会议议程（草案） 9. 传达省八届人大一次会议精神
17	1993 年 4 月 9 日	1. 学习八届全国人大一次会议精神，并作出相应的决定 2. 听取审议《关于全县开展县、乡代表评议工作情况的报告》 3. 听取县政府关于《中华人民共和国家禽家畜防疫条例》实施情况的报告 4. 人事任免

续表 3–5

会次	日期	主要议题
18	1993 年 6 月 10 日	1. 听取审议县十一届人大四次会议期间代表提出的有关电业方面议案的调查报告 2. 听取审议县政府上半年减轻农民负担工作情况的报告 3. 听取审议县政府关于农村职业教育发展情况和中、小学收费管理情况的报告 4. 听取审议县政府关于贯彻实施《中华人民共和国村民委员会组织法》工作情况的报告 5. 听取审议县政府关于 1993 年财政预算的报告，并作相应的决议
19	1993 年 8 月 2 日	1. 听取审议县十一届人大四次会议期间代表提出的批评、意见、建议办理情况的报告 2. 听取审议县政府上半年财政预算执行情况的报告 3. 听取审议县法院经济审判工作情况的报告 4. 审议批准县检察院关于提请设置乡镇检察室的请示 5. 传达地区选举工作会议精神 6. 审议通过选举工作方案 7. 通过换届选举时间的决定 8. 听取关于成立延寿县选举委员会的情况，并审议通过组成人员名单 9. 人事任免
20	1993 年 9 月 28 日	1. 听取审议县电业局关于落实县十一届人大四次会议代表提出的有关居民用电议案情况的报告 2. 听取审议县选举委员会关于县乡换届选举工作情况的报告 3. 审议通过关于召开县十二届人大一次会议日期的决定 4. 人事任免事项
21	1993 年 10 月 30 日	1. 通过召开第十二届人大一次会议的决定 2. 审议人大常委会工作报告 3. 人事任免

第五节　第十二届人大常委会会议

县十二届人大常委会历次会议情况表

表 3–6

会次	日期	主要议题
1	1994 年 1 月 10 日	1. 学习《地方组织法》有关内容 2. 通过县人大同“一府两院”联系办法 3. 通过《人大常委会联系代表制度》 4. 通过《人大常委会议事规则》 5. 审议通过县十二届人大常委会代表资格审查委员会组成人员名单 6. 审议通过县人大常委会 1994 年工作要点（草案） 7. 人事任免
2	1994 年 3 月 21 日	1. 学习传达省八届人大二次会议精神 2. 听取审议县法院关于案件执行情况的报告 3. 听取审议县人民政府关于企业产权改造进展情况的报告 4. 听取审议代表资格审查委员会关于代表资格审查的报告 5. 审议通过关于召开县十二届人大二次会议时间的决定，并作说明 6. 审议通过县十二届人大二次会议议程（草案），并作说明 7. 审议通过县十二届人大二次会议主席团组成人员、常务主席、秘书长、副秘书长建议名单 8. 审议通过县十二届人大二次会议财政预决算审查委员会组成人员建议名单 9. 审议通过县十二届人大二次会议议案审查委员会组成人员建议名单 10. 审议通过选举办法 11. 人事任免
3	1994 年 6 月 22 日	1. 听取审议县政府关于《中华人民共和国税收征管法》实施情况的报告 2. 听取审议县政府关于工业企业产业改革后运行情况的报告 3. 听取审议县公安局关于打击罪犯、保障社会安定工作进展情况的报告 4. 听取县评议领导小组办公室关于组织人民代表评议司法机关工作进展情况的报告 5. 人事任免

续表 3–6

会次	日期	主要议题
4	1994 年 7 月 29 日	1. 审议通过表彰司法机关先进集体（个人）名单 2. 听取审议县政府关于上半年财政预算执行情况的报告 3. 人事任免
5	1994 年 9 月 28 日	1. 听取县政府关于流通领域产权制度改革及其进展情况的报告 2. 听取审议县政府关于进一步加强物价管理工作情况的报告 3. 听取审议县政府关于乡镇企业发展情况的报告 4. 听取县政府关于县人大常委会检查《中华人民共和国食品卫生法》提出的几点建议落实情况的报告 5. 听取审议县政府关于《中华人民共和国妇女权益保护法》贯彻实施情况的报告
6	1994 年 12 月 1 日	人事任免： 1. 审议通过张东辉免职的决定 2. 审议通过曾胜利任职的决定
7	1995 年 1 月 23 日	1. 听取审议县政府关于计划生育工作情况的报告 2. 听取审议县政府《关于县十二届人大二次会议期间代表提出的议案及建议、批评和意见办理的报告》 3. 听取审议县政府关于“二五”普法工作开展情况的报告 4. 审议通过县十二届人大三次会议日期的决议 5. 审议通过县十二届人大常委会 1995 年工作要点
8	1995 年 3 月 20 日	1. 审议通过关于召开县十二届人大三次会议时间的决定 2. 审议通过县十二届人大三次会议议程 3. 通过县十二届人大三次会议主席团组成人员、秘书长建议名单 4. 通过县十二届人大三次会议常务主席建议名单 5. 通过议案审查委员会主任委员、副主任委员、委员建议名单 6. 通过财政预决算审查委员会主任委员、副主任委员、委员建议名单 7. 通过张英志辞去县人大代表的报告和审议通过县人大常委会代表资格审查委员会关于县十二届人大二次会议以来补选的代表资格审查的报告 8. 关于增补县人大常委会委员的说明 9. 听取审议县十二届人大常委会工作报告
9	1995 年 5 月 12 日	1. 听取审议县政府关于医药市场整顿情况的报告 2. 听取审议县政府关于农用物资下摆及市场管理情况的报告 3. 听取审议县政府关于《中华人民共和国消费者权益保护法》宣传、贯彻、实施情况的报告 4. 听取审议县政府关于打击犯罪、处理违法犯罪人员情况的报告 5. 人事任免

续表 3-6

会次	日期	主要议题
10	1995 年 6 月 16 日	1. 审议通过《县人大常委会关于开展查禁取缔文化娱乐市场卖淫嫖娼、色情服务活动的决定》 2. 人事任免
11	1995 年 8 月 15 日	1. 审议通过《延寿县城镇总体规划修编（1994—2010）》 2. 听取审议县政府关于县十二届人大三次会议期间代表提出建议、批评和意见办理情况的报告 3. 听取审议县政府关于 1995 年上半年财政预算执行情况的报告 4. 听取审议县政府贯彻落实《延寿县人大常委会关于开展查禁取缔文化娱乐场所卖淫嫖娼、色情服务活动的决定》情况的报告 5. 听取审议县公安局关于“两所”整顿情况的报告 6. 听取审议县人民法院关于开展“三清”工作情况的报告
12	1995 年 10 月 18 日	接受苏彦华同志辞去延寿县第十二届人大常委会委员职务的请求
13	1995 年 11 月 30 日	1 接受汪俊同志辞去延寿县人民法院院长职务的请求 2 接受耿长山同志辞去延寿县人民检察院检察长职务的请求
14	1996 年 2 月 8 日	1. 讨论延寿县人大常委会在县十二届人大四次会议上的工作报告 2. 讨论县人大常委会 1996 年工作要点 3. 听取县人大常委会经济办关于检查农用生产资料市场情况的报告 4. 听取县人大常委会法制办关于视察“两所”情况的报告 5. 决定县十二届人大四次会议召开的时间
15	1996 年 3 月 15 日	1. 通过关于召开县第十二届人民代表大会第四次会议时间的决定 2. 通过县十二届人大四次会议议程 3. 通过县十二届人大四次会议主席团、秘书长名单 4. 通过县十二届人大四次会议常务主席名单 5. 通过县十二届人大四次会议财政预决算审查委员会主任委员、副主任委员、委员名单 6. 通过县十二届人大四次会议议案审查委员会主任委员、副主任委员、委员名单 7. 听取审议关于县十二届人大三次会议以来补选代表资格的审查报告 8. 人事任免

续表 3–6

会次	日期	主要议题
16	1996 年 5 月 21 日	1. 听取审议县政府关于开展严厉打击严重刑事犯罪活动情况的报告 2. 听取审议县政府关于贯彻《中华人民共和国森林法》及《黑龙江省森林管理条例》情况的报告 3. 人事任免
17	1996 年 7 月 24 日	1. 听取审议县政府《关于 1995 年财政决算和 1996 年上半年财政预算执行情况的报告》 2. 听取审议县人民法院 1996 年上半年工作报告 3. 听取审议县人民检察院 1996 年上半年工作报告 4. 听取审议县政府关于贯彻《中华人民共和国道路交通管理条例》情况的报告
18	1996 年 9 月 24 日	1. 听取审议县政府关于《黑龙江省统计监督处罚条例》贯彻执行情况的报告 2. 听取审议县政府《中华人民共和国药品管理法》贯彻执行情况的报告 3. 听取审议县政府“普九”工作验收准备情况的报告 4. 听取审议县政府关于贯彻《延寿县人大常委会关于加强水土保持工作的决定》情况的报告 5. 人事任免
19	1996 年 11 月 14 日	1. 辅导《中共中央关于加强社会主义精神文明建设若干重要问题的决议》 2. 传达省委八号文件；传达省（委）人大工作会议精神
20	1996 年 12 月 4 日	1. 审议本次会议议程 2. 审议十二届五次人代会议程 3. 审议十二届五次主席团、秘书长名单 4. 审议十二届五次议案审查委员会主任委员、副主任委员、委员名单 5. 审议十二届五次选举办法 6. 审议十二届五次议案审查报告 7. 审议延寿县人大常委会《关于开展查禁取缔文化娱乐场所卖淫嫖娼、色情服务活动的补充决定》 8. 选举牛洪波为县人民政府副县长
26	1997 年 10 月 22 日	1. 通过十三届人大一次会议时间 2. 通过十三届人大一次会议议程 3. 通过十三届人大一次会议主席团、秘书长、副秘书长名单 4. 审议十三届人大一次会议代表资格审查报告

第六节　第十三届人大常委会会议

县十三届人大常委会历次会议情况表

表 3–7

会次	日期	主要议题
1	1997 年 11 月 26 日	1. 审议通过《延寿县人民代表大会常务委员会议议事规则》 2. 审议通过《延寿县人民代表大会常务委员会人事任免规则》 3. 审议通过《延寿县人大常委会同委员和人民代表联系的决定》和人大常委会机关各项制度 4. 审议通过《延寿县人大常委会同县政府、县法院、县人民检察院联系办法》 5. 审议人大常委会主任、副主任分工
2	1998 年 1 月 18 日	1. 人事任免 2. 听取审议《关于部分派出所乱收费的调查》，并作出决议 3. 审议《延寿县延寿镇污水处理工程配套资金筹资方案》
3	1998 年 3 月 13 日	1. 审议通过县人大常委会 1998 年工作要点 2. 听取审议县人民政府关于县十三届人大一次会议代表批评、意见和建议办理情况的报告 3. 通过延寿县人大常委会工作报告 4. 通过关于召开县第十三届人大二次会议时间的决定 5. 通过县十三届人大二次会议议程 6. 通过延寿县第十三届人大二次会议主席团、秘书长名单 7. 通过县十三届人大二次会议常务主席名单 8. 通过县十三届人大二次会议财政预决算审查委员会主任委员、副主任委员、委员名单 9. 通过县十三届人大二次会议议案审查委员会主任委员、副主任委员、委员名单 10. 通过县十三届人大二次会议列席人员名单 11. 听取审议关于县十三届人大一次会议以来代表资格的审查报告 12. 听取审议延寿县城镇排水工程建设集资办法 13. 审议通过县人大常委会同县政府、县法院、县人民检察院联系办法

续表 3–7

会次	日期	主要议题
4	1998 年 5 月 15 日	1. 听取审议《延寿县集体林地管理办法》 2. 听取县政府落实《延寿县人大常委会关于取消部分派出所乱收费的决定》情况的汇报 3. 听取审议《关于新城水库水源地管理办法》 4. 听取县下水工程进展情况的汇报 5. 人事任免
5	1998 年 7 月 24 日	1. 听取上半年财政预算执行情况的报告 2. 听取文化局汇报文化市场情况；
6	1998 年 8 月 24 日	1. 听取公安局做关于佟某、王某某涉嫌非法贷款金融诈骗犯罪的报告 2. 审议公安局关于对佟某刑事拘留的请示
7	1998 年 12 月 22 日	1. 听取审议县人民政府减轻农民负担工作情况的汇报 2. 听取审议县人民政府整顿文化市场情况的汇报 3. 人事任免
8	1999 年 2 月 9 日	1. 审议通过县人大常委会 1999 年工作要点 2. 通过县人大常委会 1998 年工作总结 3. 通过县人大常委会工作报告 4. 听取审议县人民政府关于县十三届人大二次会议代表批评、意见、建议办理情况的报告 5. 通过关于召开县十三届人大三次会议时间的决定 6. 通过县十二届人大三次会议议程 7. 通过县十三届人大三次会议主席团、秘书长名单 8. 通过县十三届人大第三次会议财政预决算审查委员会主任委员、副主任委员、委员名单 9. 通过县十三届人大三次会议常务主席名单 10. 通过县十三届人大三次会议议案审查委员会主任委员、副主任委员、委员名单 11. 通过县十三届人大三次会议列席人员范围 12. 听取审议关于县十三届人大二次会议以来代表资格的审查报告 13. 人事任免
9	1999 年 4 月 28 日	1. 听取审议县人民政府关于延寿镇自来水水质改善情况的报告 2. 听取审议县人民政府关于贯彻森林法情况的报告 3. 人事任免

续表 3–7

会次	日期	主要议题
10	1999 年 7 月 20 日	1. 听取上半年国民经济和社会发展计划执行情况和下半年工作安排的汇报 2. 听取上半年财政预算执行情况和下半年工作安排的报告 3. 听取县十三届人大三次会议代表批评、建议和意见办理情况的报告 4. 通过县人大常委会 1999 年上半年工作总结 5. 人事任免
11	1999 年 9 月 8 日	1. 审议通过延寿县乡（镇）人民代表大会换届选举工作方案 2. 通过乡（镇）换届选举工作领导小组名单 3. 确定代表选举日 4. 人事任免
12	1999 年 11 月 11 日	1. 听取审议县政府关于调整 1999 年财政预算的报告 2. 人事任免
13	2000 年 1 月 6 日	1. 审议通过县人大常委会 2000 年工作要点 2. 通过县人大常委会 1999 年工作总结 3. 通过县人大常委会工作报告 4. 通过关于召开县十三届人大四次会议时间的决定 5. 通过县十三届人大四次会议议程 6. 通过县十三届人大四次会议主席团、秘书长名单 7. 通过县十三届人大四次会议财政预决算审查委员会主任委员、副主任委员、委员名单 8. 通过县十三届人大四次会议常务主席名单 9. 通过县十三届人大四次会议议案审查委员会主任委员、副主任委员、委员名单 10. 通过县十三届人大四次会议列席人员名单 11. 听取审议县十三届人大三次会议以来代表资格的审查报告 12. 听取县工商管理局关于市、县人大代表评议工商工作提出意见、建议整改情况的报告 13. 听取关于评议全县工商行政管理工作情况的报告
14	2000 年 4 月 5 日	1. 听取审议县政府对中小学减轻课业负担、收费及并校情况的汇报 2. 听取审议县政府关于农业产业化经营情况的汇报 3. 听取审议县政府关于村民委员会换届选举工作进展情况及并村情况的汇报 4. 通过《关于表彰县优秀代表及先进代表小组的决定》

续表 3–7

会次	日期	主要议题
15	2000 年 6 月 22 日	1. 通过杨靖武辞去县长职务的决定 2. 表决通过徐增得为延寿县人政府代理县长
16	2000 年 8 月 30 日	1. 审议县政府关于 2000 年上半年国民经济和社会发展计划执行情况的报告 2. 审议县政府关于 2000 年上半年财政预算执行情况的报告 3. 听取县政府执行县人大常委会 1997 年 3 月 27 日通过的《延寿县城镇市容和环境卫生管理实施办法》和实施细则
17	2000 年 11 月 28 日	1. 听取县《政府关于 2000 年社会治安情况的报告》 2. 听取县政府关于发展乡镇企业情况的报告 3. 审议通过《延寿县城镇市容和环境卫生管理实施办法（修改稿）》 4. 听取审议县人民政府关于 2000 年财政预算调整意见的报告 5. 通过王宏达辞去县十三届人大常委会委员的请求
18	2001 年 1 月 4 日	1. 审议通过县人大常委会 2001 年工作要点 2. 通过县人大常委会工作报告 3. 通过人大常委会 2000 年工作总结 4. 通过关于召开县十三届人大五次会议时间的决定 5. 通过县十三届人大五次会议议程 6. 通过县十三届人大五次会议主席团、秘书长名单 7. 通过县十三届人大五次会议财政预决算审查委员会主任委员、副主任委员、委员名单 8. 通过县十三届人大五次会议常务主席名单 9. 通过县十三届人大五次会议议案审查委员会主任委员、副主任委员、委员名单（草案） 10. 通过县十三届人大五次会议列席人员名单 11. 听取审议县十三届人大四次会议以来代表资格的审查报告 12. 听取审议县政府关于县十三届人大四次会议以来代表提出的建议、批评和意见办理情况的报告 13. 选举市人大代表 14. 人事任免 15. 审议部分人大常委会委员辞呈
19	2001 年 4 月 10 日	1. 听取县政府关于延寿县农业和农村经济结构调整情况汇报 2. 听取县政府关于企业下岗职工基本生活保障和再就业工作情况的汇报 3. 人事任免

续表 3–7

会次	日期	主要议题
20	2001 年 7 月 20 日	l. 审议县政府《关于 2001 年上半年财政预算执行情况的报告》 2. 审议县政府《关于 2001 年上半年国民经济和社会发展计划执行情况的报告》 3. 听取关于全县“严打”整治斗争情况的汇报
21	2001 年 8 月 27 日	1. 审议通过《延寿县城镇供水节水和水污染防治工作暂行办法》 2. 审议县政府《关于在全县公民中开展法制宣传教育的第四个五年规划》的报告并作出相应的决议
22	2001 年 12 月 20 日	审议延寿县人民政府关于调整 2001 年财政预算的报告
23	2002 年 3 月 5 日	1. 审议通过延寿县人大常委会 2002 年工作要点 2. 通过延寿县人大常委会工作报告 3. 通过关于召开县十三届人大六次会议时间的决定 4. 通过县十三届人大六次会议议程 5. 通过县十三届人大六次会议主席团、秘书长名单 6. 通过县十三届人大六次会议财政预决算审查委员会主任委员、副主任委员、委员名单 7. 通过县十三届人大六次会议常务主席名单 8. 通过县十三届人大六次会议议案审查委员会主任委员、副主任委员、委员名单 9. 通过县十三届人大六次会议列席人员名单 10. 听取审议关于县十三届人大五次会议以来代表资格的审查报告 11. 听取审议县政府关于县十三届人大五次会议以来代表提出的建议、批评和意见办理情况的报告 12. 人事任免
24	2002 年 3 月 22 日	人事任免
25	2002 年 6 月 14 日	1. 学习江泽民总书记“5・31”讲话精神 2. 听取县政府关于延寿县建立和实施城镇居民最低生活保障制度工作情况的汇报 3. 人事任免

续表 3-7

会次	日期	主要议题
26	2002 年 7 月 16 日	1. 传达省市有关县乡换届选举的文件和会议精神 2. 审议通过关于县及有关乡（镇）人民代表大会代表换届选举时间的决定 3. 审议通过延寿县涉及换届的乡（镇）下一届人民代表大会代表名额的决定 4. 审议通过关于县和有关乡（镇）人民代表大会代表换届选举工作方案 5. 审议通过关于成立延寿县选举委员会的决定 6. 人事任免
27	2002 年 9 月 16 日	人事任免
28	2002 年 10 月 9 日	1. 通过《延寿县人大常委会工作报告》 2. 通过召开县十四届人大一次会议时间的决定 3. 通过县十四届人大一次会议议程
28	2002 年 10 月 9 日	4. 通过县十四届人大一会议主席团、秘书长名单 5. 通过县十四届人大一次会议常务主席名单 6. 通过县十四届人大一次会议议案审查委员会主任委员、副主任委员、委员名单 7. 通过县十四届人大一次会议列席人员名单 8. 听取审议关于县十四届人大会议代表资格的审查报告 9. 人事任免

第七节　第十四届人大常委会会议

县十四届人大常委会历次会议情况表

表 3–8

会次	日期	主要议题
1	2002 年 11 月 13 日	1. 通报县人大常委会领导分工和人大常委会各办公室分工情况 2. 审议通过县人大常委会有关工作制度： ①常委会议事规则 ②常委会人事任免规则 ③常委会联系代表制度 ④常委会联系县人民政府、县人民法院、县人民检察院制度 3. 学习党的十六大会议精神
2	2002 年 12 月 20 日	1. 人事任免 2. 听取和审议县人民政府关于调整 2002 年财政预算的报告，并作相应的决定
3	2003 年 1 月 17 日	1. 审议通过检察院关于对县人大代表高某某执行刑事拘留的报告 2. 审议通过县人大常委会 2003 年工作要点 3. 通过县人大常委会工作报告 4. 通过关于召开县十四届人大二次会议时间的决定 5. 通过县十四届人大二次会议议程 6. 通过县十四届人大二次会议主席团、秘书长名单 7. 通过县十四届人大二次会议财政预决算审查委员会主任委员、副主任委员、委员名单 8. 通过县十四届人大二次会议常务主席名单 9. 通过县十四届人大二次会议议案审查委员会主任委员、副主任委员、委员名单 10. 通过县十四届人大二次会议列席人员名单 11. 通过县十四届人大二次会议代表资格审查委员会主任委员、副主任委员、委员名单 12. 听取和审议县十四届人大一次会议以来代表资格审查报告 13. 听取审议县政府关于县十三届人大六次会议以来代表提出的建议、批评和意见办理情况的报告

续表 3-8

会次	日期	主要议题
4	2003 年 2 月 25 日	人事任免
5	2003 年 5 月 13 日	1. 听取县政府关于防治“非典”工作情况的汇报 2. 审议《有关案件报告制度》 3. 听取县公安局关于换发新居民户口本等情况的汇报
6	2003 年 6 月 6 日	人事任免
7	2003 年 7 月 21 日	1. 听取和审议县政府 2003 年上半年国民经济和社会发展计划执行情况 2. 听取和审议县政府 2003 年上半年财政预决算执行情况 3. 对上半年被评议部门——国土资源环保局和质量技术监督局进行述职评议
8	2003 年 10 月 22 日	1. 听取县政府关于城镇建设工作情况的汇报 2. 审议通过《延寿县人大常委会关于县级人大代表届内辞职的暂行规定》 3. 通过三位县人大代表的辞呈 4. 学习十六届三中全会精神
9	2003 年 12 月 19 日	1. 审议通过县人大常委会 2004 年工作要点 2. 审议通过县人大常委会工作报告 3. 通过关于召开县十四届人大三次会议时间的决定 4. 通过县十四届人大三次会议议程 5. 通过县十四届人大三次会议主席团、秘书长名单 6. 通过县十四届人大三次会议常务主席名单 7. 通过议案审查委员会主任委员、副主任委员、委员名单 8. 通过县十四届人大三次会议财政预决算审查委员会主任委员、副主任委员、委员名单 9. 通过县十四届人大三次会议列席人员名单 10. 听取县十四届人大二次会议以来代表资格审查报告 11. 听取县政府关于县十四届人大二次会议代表提出建议、批评和意见办理情况的报告 12. 对卫生局局长进行述职评议 13. 人事任免

续表 3–8

会次	日期	主要议题
10	2004 年 3 月 2 日	1. 讨论通过人大常委会 2004 年“三查（察）”工作计划，即调查、检查、视察 2. 对人大常委会任命人员进行民主测评 3. 人事任免
11	2004 年 5 月 25 日	1. 听取 2003 年被评议部门整改情况的汇报 2. 审议延寿镇总体规划 3. 听取县政府创建平安延寿工作情况的汇报 4. 学习宪法
12	2004 年 7 月 5 日	人事任免 1. 通过黄明的辞呈 2. 选举刘志国为县人民政府副县长、代县长 3. 通过任命刘志国为代县长的决定
13	2004 年 7 月 12 日	1. 审议通过检察院关于对县人大代表王某某执行刑事拘留的请示 2. 通报两项评议工作情况
14	2004 年 8 月 2 日	1. 听取审议县政府关于 2004 年上半年国民经济和社会发展计划执行情况的报告 2. 听取审议县政府关于 2004 年上半年财政预算执行情况及下半年工作安排的汇报 3. 人事任免
15	2004 年 9 月 13 日	人事任免
16	2004 年 10 月 21 日	1. 审议通过检察院关于对县人大代表韩某某执行行政拘留的请示 2. 学习省人大工作会议精神
17	2004 年 11 月 1 日	1. 人事任免 2. 审议关于对县人大代表韩某某执行刑事拘留的请示
18	2004 年 12 月 16 日	1. 审议通过《延寿县生态建设规划》，并做相应的决定 2. 听取县政府关于实施《哈尔滨物业管理规定》情况的汇报 3. 听取县政府关于国有企业改革情况的汇报 4. 述职评议 5. 补选市人大代表

续表 3-8

会次	日期	主要议题
19	2004 年 12 月 28 日	1. 听取并审议县政府《关于调整 2004 年财政预算的报告》 2. 审议通过《延寿县人民代表大会常务委员会讨论决定重大事项的规定》《延寿县人民代表大会常务委员会关于本级国家机关负责工作人员述职评议工作暂行办法》《延寿县人民代表大会常务委员会预算监督办法》《延寿县人大常委会对司法机关具体案件实施监督的暂行办法》 3. 审议通过县人大常委会 2004 年工作总结 4. 审议通过县人大常委会 2005 年工作要点 5. 审议通过县人大常委会工作报告 6. 通过关于召开县十四届人大四次会议时间的决定 7. 通过县十四届人大四次会议议程 8. 通过县十四届人大四次会议主席团、秘书长名单 9. 通过县十四届人大四次会议常务主席名单 10. 通过议案审查委员会主任委员、副主任委员、委员名单 11. 通过县十四届人大四次会议财政预决算审查委员会主任委员、副主任委员、委员名单 12. 通过县十四届人大四次会议列席人员名单 13. 通过选举办法 14. 听取县十四届人大三次会议以来代表资格审查报告 15. 听取县十四届人大三次会议以来代表提出建议、批评和意见办理情况的报告
20	2005 年 4 月 7 日	1. 征询县人大常委会对人大常委会党组和人大常委会机关党支部的意见 2. 表决确定 2005 年两项评议的对象 3. 审议通过《2005 年“三查”工作计划》 4. 人事任免
21	2005 年 4 月 18 日	1. 人事任免 2. 听取 2004 年评议单位整改情况汇报 3. 法制讲座
22	2005 年 5 月 14 日	1. 审议通过县公安局关于对县人大代表李某某采取强制措施的决定 2. 对 2005 年述职评议对象作部分调整
23	2005 年 7 月 20 日	1. 听取县政府作 2005 年上半年财政预算执行情况的报告 2. 听取县政府作 2005 年上半年国民经济和社会发展计划执行情况的报告 3. 审议通过 2005 年评议工作方案

续表 3-8

会次	日期	主要议题
23	2005 年 7 月 20 日	4. 听取工商局 2005 年评议整改情况的汇报 5. 人事任免 6. 学习传达全省乡镇人大工作会议精神
24	2005 年 10 月 13 日	审议通过县检察院对县人大代表宋某某采取强制措施的请示
25	2005 年 10 月 24 日	1. 学习贯彻党的十六届五中全会精神 2. 述职评议 3. 审议《延寿县城镇规划管理办法》 4. 听取县政府对物业市场清理整顿情况汇报 5. 人事任免
26	2006 年 1 月 12 日	1. 审议通过县人大常委会 2006 年度工作要点 2. 审议通过县人大常委会工作报告 3. 通过关于召开县十四届人大五次会议时间的决定 4. 通过县十四届人大五次会议议程 5. 通过县十四届人大五次会议主席团、秘书长名单 6. 通过县十四届人大五次会议常务主席名单 7. 通过县十四届人大五次会议议案审查委员会主任委员、副主任委员、委员名单 8. 通过县十四届人大五次会议财政预决算审查委员会主任委员、副主任委员、委员名单 9. 通过县十四届人大五次会议列席人员名单 10. 听取县十四届人大五次会议以来代表资格审查报告 11. 审议通过大会选举办法 12. 听取县十四届人大四次会议以来代表提出建议、批评和意见办理情况的报告 13. 述职评议 14. 人事任免
28	2006 年 7 月 25 日	1. 听取县政府各位副县长分管重点工作上半年进展情况的汇报 2. 法制讲座 3. 审议通过县政府《关于修改〈城镇管理规划办法〉有关条款的报告》 4. 审议通过《延寿县城镇市容环境卫生及城镇道路管理办法》

续表 3-8

会次	日期	主要议题
29	2006年 8月17日	1. 审议通过《延寿县人大常委会关于县、乡（镇）人民代表大会换届选举时间的决定》 2. 审议通过《关于成立延寿县选举委员会的决定》 3. 审议通过《延寿县人大常委会关于各乡（镇）下一届人民代表大会代表名额的决定》 4. 审议通过《延寿县县、乡（镇）人大换届选举工作方案》 5. 人事任免 6. 法制讲座
30	2006年 9月19日	1. 审议通过《哈尔滨延寿工业园区规划》 2. 审议通过《关于调整延寿县县、乡（镇）人民代表大会换届选举时间的决定》
31	2006年 11月21日	1. 关于调整换届选举时间的决定 2. 人事任免

第八节　第十五届人大常委会会议

县十五届人大常委会历次会议情况表

表 3-9

会次	日期	主要议题
1	2007年 1月21日	1. 审议通过县人大常委会2007年“三查（察）”工作计划 2. 审议通过县人大常委会2007年听取和审议“一府两院”专项工作报告计划 3. 确定县人大常委会2007年评议对象 4. 审议通过县人大常委会工作守则 5. 人事任免
2	2007年 4月2日	1. 法制讲座 2. 审议通过县十五届人民代表大会代表资格审查委员会名单 3. 审议通过县人大2007年评议工作方案 4. 人事任免

续表 3–9

会次	日期	主要议题
3	2007 年 6 月 27 日	1. 审议通过县法、检两院法职人员述职测评方案 2. 审议通过关于废止《延寿县人大常委会述职评议工作办法》的决定 3. 审议通过关于废止《延寿县人大常委会个案监督办法》的决定 4. 审议通过县政府关于调整部分规划用地的报告 5. 审议通过《延寿县人大常委会审查规范性文件办法》 6. 听取和审议县人民检察院关于预防职务犯罪工作情况的汇报
4	2007 年 7 月 31 日	1. 法制讲座 2. 人事任免 3. 听取和审议县政府 2007 年上半年国民经济和社会发展规划执行情况的报告 4. 听取和审议县政府 2007 年上半年财政预算执行情况的报告
5	2007 年 9 月 27 日	1. 听取审议县人民法院关于执行工作情况的汇报 2. 听取审议县人民政府关于普法工作情况的汇报 3. 对县两院法职人员进行述职测评
6	2007 年 11 月 22 日	1. 学习党的十七大会议精神 2. 听取和审议县政府关于新农村建设情况的汇报 3. 听取和审议县政府关于工业园区建设情况的汇报 4. 通过辞呈。
7	2008 年 1 月 9 日	1. 人事任免 2. 听取县政府关于招商引资和改善经济发展环境的报告 3. 审议通过县人大常委会 2008 年工作要点 4. 审议通过县人大常委会工作报告 5. 通过关于召开县十五届人大二次会议时间的决定 6. 通过县十五届人大二次会议议程 7. 通过县十五届人大二次会议主席团、秘书长名单 8. 通过县十五届人大二次会议常务主席名单 9. 通过县十五届人大二次会议议案审查委员会主任委员、副主任委员、委员名单 10. 通过县十五届人大二次会议财政预算审查委员会主任委员、副主任委员、委员名单 11. 通过县十五届人大二次会议列席人员名单 12. 通过县十五届人大二次会议选举办法 13. 听取县十五届人大一次会议以来补选代表资格审查报告；

续表 3–9

会次	日期	主要议题
7	2008 年 1 月 9 日	14. 听取县十五届人大一次会议以来代表提出建议、批评和意见办理情况的报告
9	2008 年 5 月 7 日	1. 听取审议县政府关于贯彻执行《中华人民共和国审计法》情况的报告 2. 听取审议县政府关于抗旱工作情况的报告 3. 人事任免
10	2008 年 7 月 22 日	1. 开展关于《中华人民共和国物权法》的讲座 2. 听取和审议县政府 2008 年上半年国民经济发展计划执行情况的报告 3. 听取和审议县政府 2008 年上半财政预算执行情况的报告 4. 听取经济办对农村合作医疗调研情况的报告 5. 人事任免
11	2008 年 10 月 13 日	通过高永祥、徐国莲、赵兴旺、王贵双、刘景阳辞去县人大代表职务的请求
12	2008 年 12 月 5 日	1. 听取和审议县人民政府关于人大代表建议、意见办理情况的报告 2. 听取审议县人民检察院关于依法履行检察职能，强化法律监督工作情况的报告
13	2009 年 2 月 20 日	1. 通过于国强的辞呈 2. 通过关于召开县十五届人大三次会议时间的决定 3. 通过县十五届人大三次会议议程 4. 审议通过延寿县人大常委会 2009 年工作要点 5. 审议通过延寿县人大常委会工作报告 6. 通过县十五届人大三次会议主席团、秘书长名单 7. 通过县十五届人大三次会议常务主席名单 8. 通过县十五届人大三次会议议案审查委员会主任委员、副主任委员、委员名单 9. 通过县十五届人大三次会议财政预算审查委员会主任委员、副主任委员、委员名单 10. 通过县十五届人大三次会议列席人员名单 11. 通过县十五届人大三次会议选举办法 12. 听取县十五届人大二次会议以来补选代表资格审查报告 13. 听取县十五届人大二次会议以来代表提出建议、批评和意见办理情况的报告 14. 通过李宝祥等同志的辞呈

续表 3–9

会次	日期	主要议题
14	2009 年 4 月 24 日	1. 开展关于《地方组织法》的讲座 2. 调整代表资格审查委员会组成人员 3. 通过部分县人大代表的辞呈 4. 人事任免
15	2009 年 5 月 27 日	1. 听取和审议县政府关于社会保险、事业保险工作情况的报告 2. 听取审议县人民政府、县人民法院、县人民检察院关于落实 2008 年人大“三查（察）”活动和专项检查代表所提意见情况的报告 3. 听取县人大常委会法制办和办公室就两个议题的审议报告和检查的说明，并就上述议题分两组进行讨论审议
16	2009 年 7 月 8 日	1. 听取审议延寿县 2009 年上半年国民经济和社会发展计划执行情况和上半年财政预算执行情况的报告 2. 听取了 2009 年上半年延寿县国民经济和社会发展计划执行情况分析报告及上半年县财政预算执行情况分析报告 3. 审议通过县人大常委会关于开展对政府组成人员素质测评方案 4. 表决通过了袁树君同志的辞呈，决定任命赵凤海同志为县公安局局长 5. 县人大常委会主任潘福生颁发任命证书
17	2009 年 9 月 8 日	1. 开展关于《中华人民共和国行政许可法》的讲座 2. 对县政府办主任等人进行述职测评 3. 人事任免
18	2009 年 9 月 24 日	审议通过县政府《关于申请信贷支持工业园区开发和建设的报告》
19	2009 年 11 月 24 日	1. 听取审议县政府关于扶贫开发和农业综合开发工作情况的报告和关于《中华人民共和国道路交通安全法》执行情况的报告 2. 听取审议县人民法院关于审判模式改革的报告 3. 通过代表辞呈
20	2010 年 1 月 15 日	1. 通过关于召开县十五届人大四次会议时间的决定 2. 通过县十五届人大四次会议议程 3. 通过县十五届人大四次会议主席团、秘书长名单 4. 通过县十五届人大四次会议常务主席名单 5. 通过县十五届人大四次会议议案审查委员会主任委员、副主任委员、委员名单；

续表 3–9

会次	日期	主要议题
20	2010 年 1 月 15 日	6. 通过县十五届人大四次会议财政预算审查委员会主任委员、副主任委员、委员名单 7. 通过县十五届人大四次会议列席人员名单 8. 审议通过延寿县人大常委会 2010 年工作要点 9. 审议通过延寿县人大常委会工作报告 10. 听取县十五届人大三次会议以来补选代表资格审查报告 11. 听取县十五届人大三次会议以来代表提出建议、批评和意见办理情况的报告 12. 人事任免
21	2010 年 4 月 13 日	1. 开展关于《中华人民共和国森林法》的讲座 2. 听取审议县政府关于电力保障工作情况的报告和县人大经济科教办关于电力保障情况的调查报告 3. 通过县人民法院院长任职提请
22	2010 年 5 月 7 日	1. 审议通过马冰哲辞去县长职务，杨晓春、张英波、郑义辞去副县长职务的请求 2. 审议通过董禄、董秀、寇伟、何森、苏雪凤辞去县人大代表职务的请求 3. 通过封殿辉、董绍涛任职提请 4. 人事任免
23	2010 年 5 月 31 日	1. 通过马冰哲辞去市人大代表职务的请求、徐鑫辞去县人大常委会委员职务的请求 2. 选举王显峰、刘岩为县人民政府副县长 3. 通过免去程晓飞同志县政府办公室主任职务，董禄县劳动和社会保障局局长职务的提请 4. 通过徐鑫、沈涛、任宝福、景森、索延庆、郑小鹏、商化南、张代江、佟贵志、王延江、严鹏飞、江坤、刘家因、申玲玲、高淑峰、边文学任职提请 5. 投票表决补选封殿辉为哈尔滨市第十三届人大代表
24	2010 年 7 月 23 日	1. 开展关于《中华人民共和国统计法》的讲座 2. 通过王延利、於德华作任职提请 3. 人事任免 4. 听取审议县政府《关于 2010 年上半年财政预算执行情况的报告和 2010 年上半年国民经济和社会发展计划执行情况的报告》 5. 听取县政府关于 2010 年上半年国民经济发展计划执行情况、财政预算执行情况的审查报告

续表 3–9

会次	日期	主要议题
25	2010 年 11 月 5 日	1. 听取和审议县人民检察院《关于专项治理工作情况》的报告 2. 听取和审议县政府关于贯彻实施《中华人民共和国消防法》工作情况和城镇建设工作情况的报告 3. 听取审议县人大法制办、人大常委会办公室关于县人民检察院专项治理、延寿县贯彻实施《中华人民共和国消防法》及城镇建设等工作的调查情况报告 4. 人事任免
26	2010 年 12 月 28 日	1. 通过关于召开县十五届人大五次会议时间的决定 2. 审议通过县人大常委会 2011 年工作要点 3. 审议通过县人大常委会工作报告 4. 通过县十五届人大五次会议主席团、秘书长名单 5. 通过县十五届人大五次会议常务主席名单 6. 通过县十五届人大五次会议议案审查委员会主任委员、副主任委员、委员名单 7. 通过县十五届人大四次会议财政预算审查委员会主任委员、副主任委员、委员名单 8. 通过选举办法 9. 通过县十五届人大五次会议列席人员名单 10. 听取县十五届人大四次会议以来补选代表资格审查报告 11. 听取县十五届人大四次会议以来代表提出建议、批评和意见办理情况报告 12. 通过辛万金辞去哈尔滨市人大代表职务、马文峰、张希、于文建辞去延寿县人大代表职务的请求；会议投票补选刘金成为哈尔滨市人大代表
27	2011 年 4 月 7 日	1. 开展关于《选举法》的讲座 2. 听取和审议县政府关于新型农村合作医疗工作情况的报告 3. 听取县人大常委会经济办关于新型农村合作医疗工作调研情况的报告 4. 听取和审议县政府关于大项目谋划工作情况的报告
28	2011 年 5 月 27 日	1. 选举丁宇航为县政府代县长 2. 听取和审议县政府关于延寿县城镇供水工作情况和人大经济科教办关于延寿县城镇供水工作调研情况的报告 3. 听取和审议县政府关于延寿县 2011 年房屋征收计划工作的报告

续表 3–9

会次	日期	主要议题
29	2011 年 7 月 28 日	听取和审议县政府副县长王显峰关于《延寿县上半年国民经济和社会发展计划执行情况的汇报》及《延寿县 2011 年上半年预算执行情况报告》；听取审议县人大经济科教办关于延寿县 2011 年上半年经济运行情况的报告
30	2011 年 8 月 20 日	1. 通过《延寿县人大常委会关于县乡（镇）人民代表大会换届选举时间的决定》 2. 通过《延寿县人大常委会关于下一届乡（镇）人民代表大会代表名额的决定》《中共延寿县人大常委会党组关于 2011 年县乡（镇）两级人民代表大会换届选举工作的意见》 3. 通过《延寿县人大常委会党组关于提请任命延寿县人大换届选举委员会组成人员的决定》 4. 通过《延寿县人大常委会党组关于提请任命乡（镇）人大换届选举委员会组成人员的决定》 5. 听取并通过辞呈 6. 学习胡锦涛同志“七一”讲话
31	2011 年 9 月 29 日	1. 通过董绍涛、王显峰、史山泰、薛晓斌、李哲的辞职请求 2. 选举郭兆峰、程晓飞为县人民政府副县长；马德军为县人民法院副院长、代理院长、审判委员会委员，刘立波为县人民检察院副检察长、检察委员会委员
32	2011 年 12 月 3 日	1. 人事任免 2. 听取县政府关于县十五届人代会五次会议以来代表议案、建议、批评和意见办理情况的汇报 3. 审议通过县人民政府关于县第六个五年法律宣传教育规划制定情况的报告 4. 审议通过关于县十六届人大一次会议相关议题的汇报 5. 听取关于县十六届人大代表资格审查情况的报告

第九节　第十六届人大常委会会议

县十六届人大常委会历次会议情况表

表 3–10

会次	日期	主要议题
1	2012 年 2 月 23 日	1. 人事任免 2. 通过《延寿县第十六届人大常委会委员管理办法》 3. 审议通过《延寿县第十六届人民代表大会代表管理工作细则》 4. 审议通过县十六届人大常委会 2012 年工作要点 5. 审议通过县十六届人民代表大会常务委员会资格审查委员会主任委员、副主任委员名单 6. 通报县十六届人大常委会主任会议成员工作分工
2	2012 年 5 月 9 日	1. 人事任免 2. 听取县人大常委会关于《中华人民共和国水法》贯彻执行情况的报告及市委对延寿县人大工作检查的情况的通报 3. 武传刚作《关于延寿镇城市总体规划修编的说明》 4. 哈尔滨市松北新城规划设计院专家刘伟为与会人员讲解《关于延寿镇城市总体规划修编的说明》 5. 审议通过《延寿镇城市总体规划修编》
3	2012 年 7 月 19 日	1. 人事任免 2. 听取审议县人大常委会关于视察农业科技推广及普及工作情况的报告 3. 听取审议县政府《关于延寿县 2012 年上半年国民经济和社会发展计划执行情况的报告》 4. 听取审议县政府《关于延寿县 2012 年上半年财政预算执行情况及下半年工作安排的报告》 5. 听取审议县政府《关于 2012 年上半年国民经济和社会发展计划执行情况审议结果的报告和 2012 年上半年财政预算执行情况审议结果的报告》

续表 3–10

会次	日期	主要议题
4	2012 年 9 月 26 日	1. 听取县政府关于人大常委会视察、检查工作提出的意见，落实人大代表关于规范送子车管理问题议案的办理情况 2. 听取审议《延寿县人大常委会“六五”普法工作情况的检查报告》 3. 听取县人大常委会关于全县文化事业发展状况的调研报告 4. 听取县人大常委会 2012 年上半年工作情况的通报 5. 开展关于《中华人民共和国各级人民代表大会常务委员会监督法》的讲座
5	2012 年 12 月 13 日	1. 人事任免 2. 接受代表辞职请求 3. 补选市人大代表
6	2012 年 12 月 30 日	1. 听取县十六届人大二次会议相关议题的汇报： 2. 听取关于“送子车”规范管理的议案、县十六届人大一次会议以来代表建议、批评和意见办理情况以及关于全县招商引资工作情况的报告 3. 审议关于县人大常委会 2012 年工作报告，县人大常委会关于视察、调研情况的报告，县人大常委会关于决议、决定执行和审议意见办理落实暂行办法 4. 审议县人大常委会关于讨论决定重大事项的规定和规范性文件备案审查办法
7	2013 年 2 月 27 日	1. 传达省、市人代会会议精神 2. 审议通过《县人大常委会关于讨论决定重大事项的规定》 3. 审议通过《县人大常委会关于规范性文件备案审查暂行办法》 4. 审议通过《县人大常委会 2013 年工作要点》 5. 审议通过《县人大常委会关于讨论决定重大事项的规定》 6. 通报县十六届人大二次会议代表提出的意见、建议情况
8	2013 年 5 月 3 日	1. 听取和审议县人大常委会关于《中华人民共和国动物防疫法》贯彻执行情况检查报告、县城乡低保工作情况调研报告 2. 审议通过《延寿县人大常委会议事规则（征求意见稿）》 3. 人事任免 4. 开展关于《常委如何履职》的讲座

续表 3-10

会次	日期	主要议题
9	2013 年 7 月 12 日	1. 通过有关县人大常委会委员和代表提出辞呈的申请 2. 听取审议延寿县 2013 年财政预算调整的提请 3. 听取、审议并通过县政府关于 2013 年上半年国民经济和社会发展计划执行情况的报告、县政府关于延寿县 2012 年决算和 2013 年上半年财政预算执行情况的报告、延寿县 2012 年度预算执行和其他财政收支的审计工作报告 4. 听取审议县政府关于 2013 年上半年代表建议、批评和意见办理情况的报告，县人大常委会关于视察《中华人民共和国食品安全法》执行情况的报告以及县人大常委会关于民主评议政府工作部门的实施方案
10	2013 年 8 月 30 日	1. 人事任免 2. 听取审议县人大常委会关于延寿县贯彻实施《中华人民共和国城乡规划法》和《哈尔滨市城乡规划条例》工作情况的检查报告 3. 听取延寿县职业教育发展情况的调研报告 4. 听取关于进一步发挥人大代表作用的调查报告 5. 传达县委关于党的群众路线教育实践活动上下联动工作方案 6. 通过县人大开展党的群众路线教育实践活动方案 7. 通报县人大常委会关于民主评议政府工作部门工作启动情况
11	2013 年 11 月 8 日	1. 人事任免 2. 审议通过县人大常委会关于视察城镇物业管理工作情况的报告 3. 审议通过县人大常委会关于检查社会治安综合治理工作情况的报告 4. 审议通过县人大常委会关于人大代表建议办理工作的调研报告
12	2013 年 12 月 25 日	1. 通过有关委员和代表提出辞职的申请 2. 听取和审议县法院执行工作情况的报告 3. 听取和审议县检察院预防职务犯罪工作情况的报告 4. 听取和审议《中华人民共和国道路交通安全法》执行情况的检查报告 5. 听取和审议农业现代化情况的调研报告 6. 听取审议关于三次人代会代表资格审查报告 7. 关于三次会议有关议题的汇报 8. 讨论 2013 年常委会工作报告

续表 3–10

会次	日期	主要议题
13	2014 年 1 月 4 日	1. 人事任免 2. 通过县人大常委会民主评议政府五部门的评价意见 3. 讨论通过县人大常委会工作报告
14	2014 年 2 月 27 日	1. 通过有关县人大常委会委员的辞职请求 2. 人事任免 3. 通报三次人代会代表建议意见情况 4. 通过 2014 年县人大常委会工作要点
15	2014 年 4 月 29 日	1. 听取和审议县人大常委会关于教育、卫生系统重点工程的视察报告 2. 听取和审议关于县人大常委会委员作用发挥情况的调研报告 3. 听取县人民法院中层法职人员的述职并做满意度测评
16	2014 年 5 月 13 日	听取和审议县人民检察院关于对赵同奎采取强制措施的提请及说明，并对提请进行票决
17	2014 年 6 月 27 日	1. 听取和审议关于县政府贯彻落实 2013 年县人大视察《中华人民共和国食品安全法》代表建议、意见情况的检查报告 2. 听取部门预算编制情况的调研报告 3. 听取和审议县政府 2014 年财政预算具体安排情况的报告 4. 听取关于《推动政府立足发展、打造历史名城》的调研报告 5. 听取和审议县政府关于上半年代表建议、批评和意见办理情况的报告 6. 听取县人民检察院检察员的述职并做满意度测评
18	2014 年 8 月 27 日	1. 审议通过侯建林终止代表资格的报告 2. 人事任免 3. 听取《关于乡村文化建设情况的调研报告》 4. 听取关于延寿镇社区建设和社区服务发展情况的调研报告 5. 听取和审议《关于延寿县特色产业发展情况的视察报告》 6. 听取和审议 2014 年国民经济和社会发展计划执行情况的报告 7. 听取和审议县人民政府 2013 年财政决算和 2014 年上半年预算执行情况的报告 8. 听取和审议县人民政府 2013 年财政预算执行和其他财政收支审计情况的报告

续表 3–10

会次	日期	主要议题
19	2014 年 10 月 31 日	1. 人事任免 2. 听取关于六团镇信访稳定工作情况的调研报告 3. 听取延寿县社区矫正工作情况的调研报告 4. 听取和审议检查县税法贯彻执行情况的报告 5. 听取和审议县人民法院《关于涉法涉诉信访工作情况的报告》 6. 听取和审议县人民检察院《关于法律监督工作的报告》
20	2014 年 12 月 23 日	1. 通过董利等同志辞去代表职务请求 2. 补选市人大代表 3. 人事任免 4. 听取关于县财源建设情况的调研报告 5. 听取关于县人大代表述职活动情况的调研报告 6. 听取和审议关于检查各乡镇开展人大工作情况的报告 7. 听取和审议关于检查《代表法》贯彻落实情况的报告 8. 听取法、检两院 2014 年任命干部的述职，并做满意度测评
21	2015 年 1 月 19 日	1. 人事任免 2. 听取三次人代会以来代表和委员的变化情况的汇报 3. 听取和审议四次人代会相关议题 4. 审议常委会工作报告
22	2015 年 3 月 10 日	1. 审议通过常委会 2015 年工作要点 2. 通报十六届四次人代会代表意见、建议情况 3. 审议通过常委会组成人员联系人大代表、代表团及相关单位的意见 4. 通过常委会征集专题询问内容和调研课题
23	2015 年 4 月 28 日	1. 人事任免 2. 听取和审议县国有资产监督管理情况的报告 3. 听取和审议县政府 2015 年财政预算具体项目安排情况的报告
24	2015 年 6 月 9 日	补选哈尔滨市第十四届人民代表大会代表

续表 3–10

会次	日期	主要议题
25	2015 年 7 月 14 日	1. 人事任免 2. 听取和审议县政府 2014 年决算和 2015 年上半年预算执行情况的报告 3. 听取和审议县政府 2015 年上半年国民经济和社会发展计划执行情况的报告 4. 听取和审议县政府 2014 年预算执行和其他财政收支情况的审计工作报告 5. 听取县政府 2015 年上半年代表建议、批评和意见办理情况的报告 6. 听取《关于县农村小学发展状况的调研报告》
26	2015 年 9 月 1 日	1. 听取关于全县农民合作社发展情况的调研报告 2. 听取和审议"一法一例"执法检查工作情况的报告 3. 对"一法一例"贯彻执行情况进行专题询问
27	2015 年 12 月 28 日	1. 审查批准预算调查方案 2. 听取审议规定工业企业发展情况的视察报告 3. 听取审议《中华人民共和国预算法》执行情况检查报告 4. 听取审议《中华人民共和国环境环保法》执行情况检查报告 5. 听取人民法院审判工作报告 6. 听取人民检察院反贪污、贿赂工作的报告 7. 听取教育局局长和法、检两院常务领导述职，并做民主测评 8. 听取人大代表履职载体活动开展情况的调研报告 9. 听取人民调解工作情况的调研报告（书面） 10. 讨论通过县十六届五次会议筹备工作方案 11. 讨论常委会报告（征求意见稿）
29	2016 年 4 月 22 日	1. 审议通过《延寿县 2015 年政府债务限额方案（草案）》 2. 审议通过《关于继续开展"一法一例"，优化经济发展环境检查方案》 3. 听取县政府师资队伍建设工作情况的报告 4. 听取县政府关于落实"六五"普法工作情况的工作报告 5. 审议通过县人大常委会《关于蚂蜒河水资源保护立法的建议》 6. 听取关于县、乡换届准备工作情况的调研报告 7. 传达县委动员社会力量参与精准扶贫工作会议精神

续表 3–10

会次	日期	主要议题
30	2016 年 6 月 28 日	1. 人事任免 2. 听取县政府关于 2016 年上半年代表建议、批评和意见办理情况的报告 3. 传达省人大换届工作培训会议精神 4. 传达县委全会精神和习近平总书记在黑龙江考察工作结束时的讲话精神
31	2016 年 8 月 4 日	1. 通过换届选举准备工作的有关事项 2. 通过成立换届选举委会的意见 3. 通过换届选举时间的决定 4. 通过换届选举选区划分的意见 5. 观看警示教育片
32	2016 年 10 月 28 日	1. 人事任免 2. 审议通过县十六届人大代表资格审查的报告 3. 听取和审议检查延寿县《中华人民共和国劳动合同法》贯彻执行情况的报告 4. 传达市编委关于人大改革的文件精神 5. 听取和审议 2015 年度延寿县财政决算的报告 6. 听取和审议 2015 年县本级财政预算执行及其他收支的审计工作报告
33	2016 年 11 月 25 日	1. 接受人大代表的辞呈 2. 任免县人民政府副县长、“法检”两长和政府组成部门负责人
34	2016 年 12 月 11 日	1. 听取和审议县政府 2016 年代表建议办理情况的报告 2. 审查批准县政府 2016 年预算调整草案 3. 审议县十七届人大一次会议有关议题 4. 审议县人大常委会工作报告 5. 审议县人大常委会 2016 年工作要点

第十节　第十七届人大常委会会议

县十七届人大常委会历次会议情况表

表 3–11

会次	日期	主要议题
1	2017 年 3 月 3 日	1. 通报代表意见、建议与县政府对接确认情况 2. 传达中央关于健全人大讨论决定重大事项制度，各级政府重大决策出台前向本级人大报告的实施意见 3. 传达市委进一步加强人大工作和建设的实施意见 4. 审议通过县政府《关于在全县公民中开展法治宣传教育第七个五年规划（2016—2020 年）草案》 5. 审议通过县政府《关于实施延寿县棚户区基础设施路网工程重大建设项目的报告》
2	2017 年 4 月 25 日	1. 任免县政府组成部门负责人 2. 审议通过县人大法制委关于视察县农作物种子市场管理情况的报告 3. 审查批准县政府《关于延寿县 2017 年财政预算调整方案（草案）的报告》
3	2017 年 5 月 26 日	接受徐宝庆辞去市十五届人大代表职务的请求
4	2017 年 7 月 12 日	1. 人事任免 2. 听取县人民政府上半年代表建议、批评和意见办理情况的报告 3. 听取和审议县人民政府 2017 年上半年国民经济和社会发展计划执行情况的报告 4. 听取审议 2016 年审计发现问题整改情况的报告 5. 审查批准 2016 年决算（草案）的报告 6. 听取审议县人民政府 2016 年财政预算执行和其他财政收支的审计工作报告 7. 听取审议 2017 年上半年预算执行情况的报告 8. 审查批准 2017 年预算调整方案（草案）的报告

续表 3–11

会次	日期	主要议题
5	2017年 9月12日	1. 传达学习县委十六届二次全会精神 2. 审议通过关于调整县人大常委会代表资格审查委员会组成人员的意见 3. 通过关于终止2名同志县人大代表职务的提请 4. 审议通过县人大法制委《关于延寿县"一法一例"贯彻落实情况及改善经济发展环境的检查报告》 5. 人事任免
6	2017年 11月9日	接受封殿辉辞去县十七届人大代表和市十五届人大代表职务的请求
7	2017年 11月21日	1. 人事任免 2. 审议通过人事委关于补选县人大代表的意见 3. 听取审议《县人大、县政协联合视察产业扶贫工作的报告》 4. 听取审议县人大城建环保委检查《关于〈中华人民共和国土地管理法〉贯彻落实情况的报告》 5. 听取城建环保委关于全县建筑市场管理情况的调研报告 6. 听取财经委关于乡镇财政管理状况的调研报告 7. 听取科教文卫委关于社区卫生服务工作情况的调研报告 8. 听取审议县人民检察院关于反贪污贿赂职务犯罪侦查工作的报告 9. 听取审议县人民法院关于审判工作情况的报告 10. 听取审议县人民法院关于执行工作情况的报告 11. 接受部分代表、委员辞去代表及委员职务的请求
8	2017年 12月22日	1. 补选市人大代表 2. 审议通过《2017年财政预算调整方案的报告》 3. 审议县十七届二次会议相关议题 4. 通报县十七届一次会议以来代表和人大常委会组成人员变动情况 5. 审议通过《2018年人大常委会"三查(察)"工作要点》 6. 审议通过县人大常委会工作报告
9	2017年 12月28日	任命县监察委员会副主任和委员
10	2018年 2月6日	1. 接受市人大代表傅广洁的辞职请求 2. 补选市十五届人大代表

续表 3-11

会次	日期	主要议题
11	2018 年 3 月 14 日	1. 决定任命县政府副县长 2. 通报人大常委会工作任务分解安排情况 3. 通报代表意见、建议与政府对接情况 4. 审议通过委员调研工作安排意见 5. 审议通过“脱贫攻坚人大代表在行动”实施方案 6. 审议通过整顿人大常委会机关工作作风实施方案 7. 审议通过“代表活动月”方案
12	2018 年 4 月 26 日	接受胡丹辞去县人大代表职务的请求
13	2018 年 8 月 7 日	1. 人事任免 2. 听取审议视察城镇道路建设、管理和安全情况的报告 3. 听取审议 2017 年以来环保工作报告 4. 听取审议 2017 年财政决算的报告 5. 听取审议《2018 年财政预算调整方案（草案）的报告》 6. 听取审议《2018 年上半年国民经济和社会发展计划执行情况的报告》 7. 听取审议检查职业教育法实施情况的报告（书面） 8. 听取审议上半年代表建议、意见办理工作的报告（书面） 9. 听取保障基层代表履职有关问题的调研报告（书面）
14	2018 年 9 月 13 日	1. 决定接受部分市、县人大代表和县人大常委会委员辞呈 2. 决定任免县人民政府负责人 3. 决定任命县监察委员会委员
15	2018 年 11 月 20 日	1. 接受县人大常委会部分组成人员及代表辞呈 2. 人事任免 3. 听取“法、检”两院干部述职并进行测评 4. 听取审议 2017 年审计发现问题整改情况的报告 5. 听取审议 2017 年度财政执行和其他收支的审计工作报告 6. 听取审议 2018 年预算调整方案（草案）报告 7. 听取审议 2018 年上半年预算执行情况报告（书面） 8. 听取审议法院执行工作报告 9. 听取审议县人民检察院民事行政检察工作报告 10. 听取审议美丽乡村文化建设调研报告 11. 听取秸秆焚烧调研报告 12. 听取县人民政府债券资金使用情况的调研报告

续表 3-11

会次	日期	主要议题
16	2018 年 12 月 25 日	1. 人事任免 2. 接受部分代表辞去县人大代表职务及暂停个别人大代表职务的提请 3. 听取县十七届人大三次会议有关议题的汇报 4. 通报十七届人大二次会议以来常委会组成人员及代表变动情况 5. 听取审议关于《中华人民共和国预算法》贯彻执行情况的检查报告 6. 听取审议《县政府关于 2018 年财政预算调整方案（草案）的报告》 7. 审议通过县人大常委会工作报告
17	2018 年 12 月 28 日	补选市十五届人民代表大会代表
18	2019 年 2 月 28 日	1. 人事任免 2. 听取县政府关于 2018 年新增债券资金情况的说明 3. 听取县政府关于暂付款消化的意见 4. 审查批准《县政府关于财政预算具体项目安排情况的报告》 5. 听取审议县政府环保工作情况的报告 6. 通报代表建议与县政府对接情况和跟踪落实的意见 7. 通过年度县人大常委会主任会议成员联系委员、组成人员联系代表的意见 8. 通过重点调研工作的安排意见
19	2019 年 4 月 1 日	听取审议延寿县 2018 年财政预算调整方案的报告（草案）
20	2019 年 6 月 5 日	1. 接受代表辞呈 2. 接受县人大常委会部分委员辞职请求 3. 人事任免 4. 审查批准《2019 年县政府财政预算调整方案（草案）》 5. 听取关于延寿县人大代表联络站建设的意见 6. 听取人大代表参与脱贫攻坚工作的调研报告 7. 听取关于乡镇人大依法监督工作情况的调研报告
21	2019 年 8 月 13 日	1. 审查批准《延寿县 2018 年财政决算的报告》 2. 审查批准《延寿县 2019 年预算调整方案（草案）的报告》 3. 听取审议《延寿县 2019 年上半年财政预算执行情况的报告》 4. 听取和审议《延寿县 2019 年上半年国民经济和社会发展计划执行情况报告》 5. 听取审议《延寿县 2018 年审计发现问题整改情况的报告》

续表 3–11

会次	日期	主要议题
21	2019 年 8 月 13 日	6. 听取审议《延寿县 2018 年预算执行和其他财政收支的审计工作报告》 7. 听取审议《延寿县国有资产管理情况的报告》 8. 听取审议县人大常委会关于脱贫攻坚“两不愁三保障”政策落实的视察报告 9. 听取县政府上半年人大代表建议、批评和意见办理进展情况的报告
22	2019 年 11 月 15 日	1. 人事任免 2. 接受县人大常委会委员、县人大代表辞去委员和代表职务的请求 3. 听取审议县人民法院关于执行工作情况的报告 4. 听取审议县人民检察院关于公益诉讼开展情况的报告 5. 听取审议对城镇饮用水安全情况的调研报告
23	2019 年 12 月 26 日	1. 接受郑小鹏辞去人大常委会副主任职务的请求 2. 通报关于县十七届人大三次会议以来人大代表及常委会组成人员变化情况 3. 人事任免 4. 听取关于县十七届人大四次相关议题的汇报 5. 审查批准县政府关于 2019 年预算调整方案（草案）的报告 6. 审议通过县人大财经委关于预算调整方案（草案）的审查报告 7. 听取审议关于《中华人民共和国个人所得税法》贯彻情况的检查报告（书面） 8. 听取“河长制”贯彻落实情况的调研报告 9. 听取延寿县义务教育均衡发展情况的调研报告 10. 听取关于延寿县《中华人民共和国食品安全法》贯彻执行情况的调研报告 11. 听取审议《黑龙江省优化营商环境条例》执行检查情况的报告 12. 审议通过县人大常委会工作报告
24	2020 年 1 月 6 日	补选哈尔滨市第十五届人民代表大会代表
25	2020 年 4 月 14 日	1. 通过关于 2020 年县人大常委会工作要点的说明 2. 听取审议加强《延寿县 2020 年财政预算调整方案（草案）》的报告 3. 听取审议县政府性基金调整情况
27	2020 年 11 月 6 日	人事任免

续表 3–11

会次	日期	主要议题
28	2020 年 12 月 4 日	1. 接受王家砚辞去县人大常委会主任职务的请求 2. 人事任免 3. 听取补选县人大代表的建议 4. 审议批准县《2020 年新增地方政府债券与抗疫特别国债预算调整方案（草案）》 5. 审议批准《延寿县债券结余资金调整方案（草案）》的报告 6. 听取延寿县全民健身情况的视察报告 7. 听取关于营商环境条例贯彻实施工作的视察报告 8. 审议通过 4 项检查报告 9. 听取 7 个调研报告
29	2020 年 12 月 21 日	1. 通过部分市人大代表辞去职务的请求 2. 补选市人大代表 3. 人事任免 4. 审议通过调整代表资格审查委员会的建议 5. 听取审议县国有资产管理情况的报告 6. 听取审议县人民法院诉讼服务工作情况的报告 7. 听取审议县人民检察院关于刑事执行检察工作情况的报告
30	2020 年 12 月 26 日	1. 审议通过县十七届五次会议相关议题 2. 通报县人大代表和县人大常委会组成人员变动情况 3. 审议通过县人大常委会工作报告
31	2021 年 1 月 19 日	1. 接受王东伟辞去县人大常委会委员职务的请求 2. 人事任免
32	2021 年 2 月 22 日	1. 补选哈尔滨市第十五届人民代表大会代表 2. 人事任免
33	2021 年 4 月 2 日	接受曹玉鹏辞去县第十七县人大代表职务的请求
34	2021 年 4 月 8 日	1. 人事任免 2. 审查批准县政府《关于 2021 年财政预算调整方案（草案）》的报告 3. 审议通过县人大常委会 2021 年度工作要点 4. 听取关于县人大常委会主任会议成员联系委员、人大常委会组成人员联系人大代表的意见

续表 3–11

会次	日期	主要议题
35	2021 年 6 月 11 日	1. 接受赵淑芳、王树林辞去县人大代表职务的请求 2. 人事任免 3. 听取县政府关于 2020 年延寿县国有资产综合管理情况的报告 4. 审议通过关于延寿县脱贫攻坚重点产业项目情况的视察报告 5. 听取关于县十七届人大一次会议以来代表意见、建议情况的调研报告
36	2021 年 6 月 30 日	1. 通过各乡镇人大代表名额分配的意见 2. 决定任命祁锦有为延寿县人民政府副县长
37	2021 年 7 月 15 日	1. 接受陈悦辞去县人大代表职务的请求 2. 免去张锐县人民检察院检察长职务 3. 审议通过关于调整县人大常委会代表资格审查委员会组成人员的意见
38	2021 年 9 月 7 日	1. 接受韩旭东辞去人大常委会委员和代表职务，接受司宇宁辞去县人大代表职务 2. 人事任免 3. 听取审议县政府关于 2020 年度县本级预算执行和其他财政收支的审计工作报告 4. 听取审议县政府关于 2020 年度审计发现的问题整改情况报告 5. 审查批准县政府关于 2020 年财政决算的报告 6. 听取审议县政府关于 2021 年上半年财政预算执行情况的报告 7. 听取审议县政府关于 2021 年上半年国民经济和社会发展计划执行情况的报告 8. 听取县政府关于上半年人大代表建议、批评和意见办理进展情况的报告 9. 审议通过县乡人大换届选举工作有关事宜
39	2021 年 10 月 22 日	1. 审查批准关于延寿县 2021 年新增地方政府债券资金安排及财政预算调整方案（草案）的报告 2. 审议通过关于延寿县贯彻执行《中华人民共和国森林法》情况的检查报告 3. 审议通过关于延寿县贯彻执行省、市《城市市容和环境卫生管理条例》情况的检查报告 4. 审议通过关于延寿县贯彻落实《哈尔滨市文明行为促进条例》情况的检查报告

续表 3-11

会次	日期	主要议题
40	2021 年 11 月 15 日	1. 接受李学雷辞去第十七届人民代表大会常务委员会副主任、县人大监察和司法委员会主任委员及社会建设委员会主任委员；李冰辞去第十七届人民代表大会常务委员会副主任、县人大财政经济委员会主任委员职务的请求 2. 人事任免 3. 听取审议县政府关于 2020 年以来生态环保工作情况的报告 4. 审查批准县政府《关于延寿县债券结余资金调整方案（草案）》的报告
41	2021 年 12 月 19 日	1. 人事任免 2. 审查批准县政府《关于 2021 年新增地方政府债券资金安排及预算调整方案（草案）》的报告 3. 听取和审议县政府《关于 2021 年人大代表提出的建议、批评和意见办理情况》的报告 4. 听取县人大常委会科教文卫工作委员会《关于延寿县康养旅游产业发展战略实施情况》的调研报告 5. 听取县人大社会建设委员会关于重点市政、交通项目建设情况的调研报告
42	2021 年 12 月 24 日	1. 听取和审议县政府 2022 年初选民生项目情况的报告 2. 审议通过县十七届人大代表资格审查委员会关于延寿县第十八届人民代表大会代表资格的审查报告 3. 听取和审议关于县十八届人大一次会议相关议题的汇报 4. 审议通过县人大常委会工作报告

第三章　依法行使职权

第一节　依法行使决定权

八届人大常委会就全县重大事项作出决议、决定

1980年9月，第三次会议听取和审议县政府《关于延寿县1980年国民经济计划执行情况和1981年财政预算的报告》《关于延寿县1980年财政决算和1981年财政预算的报告》，并作出决议。

1981年5月，第六次会议听取县政府《关于地方病防治工作和全县开展爱国卫生运动情况汇报》，通过《关于进一步搞好一九八一年爱国卫生运动》和《关于全面搞好地方病防治工作》两个决议。

1981年7月，第七次会议听取和审议县政府《关于县人民政府整顿社会治安的报告》，并作出《关于进一步整顿好社会治安的决议》。第九次会议听取县政府《关于认真贯彻〈黑龙江省土地管理暂行条例〉情况的报告》，并作出《关于认真贯彻〈黑龙江省土地管理暂行条例〉加强土地管理工作的决议》。

1982年12月，第十六次会议听取县政府《关于财贸旺季工作》和《生产自救情况的报告》，并作出决议。

1983年3月，第十七次会议听取县政府关于贯彻《中华人民共和国森林法（试行）》和中共中央、国务院紧急指示，制止乱砍滥伐，保护森林的汇报，作出关于进一步贯彻《中华人民共和国森林法（试行）》和中共中央、国务院紧急指示，制止乱砍滥伐，保护森林的决议。

九届人大常委会就全县重大事项作出决议、决定

1984 年 7 月，第二次会议听取和审议县政府《关于 1984 年上半年国民经济计划执行情况的报告》、县政府《关于城镇建设的报告》、县政府《关于县九届人大一次会议议案和代表提出的建议、批评、意见处理情况的报告》《延寿县殡葬改革管理暂行规定》《延寿县普及初等教育暂行规定》，并作出决议。

1985 年 6 月，听取和审议县政府《关于全面清理集体提留和农民负担情况的报告》，并作出决议。

1985 年 7 月，第八次会议听取和审议县政府《关于 1985 年上半年国民经济计划执行情况的报告》和《关于 1985 年财政预算上半年执行情况的报告》，并作出决议。

1986 年 1 月，第十一次会议审议决定成立县人大常委会法律顾问委员会。3 月，第十二次会议听取和审议县政府《关于清理收费罚没集资情况和实施〈省收费罚没集资管理条例〉意见的报告》，作出《关于认真执行〈省收费罚没集资管理条例〉的决议》；听取和审议县政府关于 5 年内普及法律常识安排意见和实施情况的汇报，通过《关于加强法治宣传教育，普及法律常识的决议》。10 月，第十六次会议听取县政府《关于农村“一费两金”提取管理的报告》，并作出决议。

1987 年 3 月，第十七次会议审议通过《关于加强法制教育，维护安定团结的决定》。4 月，第十八次会议听取和审议县政府《关于“双增双节”工作报告》，并作出决议。

十届人大常委会就全县重大事项作出决议、决定

1987 年 10 月，第一次会议听取和审议县政府《关于安全生产、护林防火的报告》。12 月，第二次会议听取和审议县政府《关于政府系统行政法规执行情况的报告》，审议通过县人大常委会四位委员《关于加强社会治安的议案》，作出相应决议。

1988 年 3 月，第三次会议审议通过县政府关于贯彻执行《县人大常委会关于打击盗杀耕畜、盗伐林木、撬门压锁、流氓滋扰和赌博犯罪活动，加强社会治安管理的决议》。6 月，听取和审议县人大《关于农民负担重议案办理情况的报告》，并作出决议。

1989 年 6 月，第十一次会议听取和审议县政府《关于认真贯彻落实“383 工程”，加强物价管理情况的报告》，并作出决议。10 月，第十四次会议听取和审议县政府《关于邮电集资决定执行情况的报告》，并作出决议。

1990 年 5 月，第二十次会议听取《关于县换届选举工作意见》，并作出决议。8 月，

第二十一次会议听取和审议县政府《关于1990年上半年国民经济和社会发展计划执行情况的报告》，并作出决议。11月，听取和审议县政府《关于代表提出的维修西同庆街道路集资议案办理情况的报告》，并作出决议。

十一届人大常委会就全县重大事项作出决议、决定

1991年4月，第二次会议审议通过《县人大常委会议事规则》和《“一五”普法教育工作总结和“二五”普法教育规划》，并作出决议。6月，第三次会议审议通过《延寿县农民负担条例暂行办法》。9月，第五次会议审议通过县政府《关于1990年财政决算批复和1991年预算批复及半年预算执行情况的报告》《关于编制延寿县综合发展规划的说明》《延寿县人民政府关于廉政建设工作情况的报告》《关于延寿县民族工作情况的报告》，并作出决议。12月，第七次会议听取和审议县政府《关于1991年财政收支变动情况》，并作出决议。

1992年1月，第八次会议听取和审议县政府《关于税收、财务、物价检查情况的报告》，并作出决议。4月，第十一次会议听取和审议县政府《关于1991—1995年依法治县实施方案》、县政府《1991年“质量、品种效益年”活动开展情况的报告》，并作出决议。5月，第十二次会议听取和审议县政府《关于“二五”普法工作开展情况的报告》、县政府《1992年财政预算的情况报告》，并做出决议。7月，第十三次会议听取和审议县政府《关于乡镇企业工作情况的报告》，并作出决议。9月，第十四次会议听取和审议县政府关于《黑龙江省农民负担管理条例暂行办法实施情况的报告》，并作出决议。

1993年4月，第十七次会议听取和审议《中华人民共和国家畜家禽防疫条例》实施情况的报告，并作出决议。6月，第十八次会议听取和审议县政府《关于1993年财政预算的报告》，并作出决议。9月，第十九次会议审议批准县人民检察院设置乡镇检察室。

十二届人大常委会就全县重大事项作出决议、决定

1994年1月，第一次会议审议通过《人大同“一府两院”联系办法》《人大常委会联系代表制度》《人大常委会议事规则》。3月，第二次会议听取和审议县政府《关于企业产权改造进展情况的报告》，并作出决议。6月，第三次会议听取和审议县政府《关于工业企业产业改革后运行情况的报告》《关于打击罪犯保障社会安定工作进展情况的报告》，并作出决议。7月，第四次会议听取和审议县政府《关于上半年财政预算执行情况

的报告》，并作出决议。9 月，第五次会议听取县政府《关于县人大常委会检查〈食品卫生法〉提出的几点建议落实情况的报告》、县政府《关于流通领域产权制度及其进展情况的报告》，并作出决议。

1995 年 1 月，第七次会议审议通过县政府《关于“二五”普法工作开展情况的报告》，并作出决议。5 月，第九次会议听取和审议县政府《关于医药市场整顿情况的报告》《关于农用物资下摆及市场管理情况的报告》，并作出决议。6 月，第十次会议会审议通过《延寿县人大常委会关于开展查禁取缔文化娱乐市场卖淫嫖娼、色情服务活动的决定》。8 月，第十一次会议审议通过《延寿县城镇总体规划修编（1994—2010）》。

1996 年 5 月，第十六次会议听取和审议县政府《关于开展严厉打击刑事犯罪活动情况的报告》，并作出决议。7 月，第十七次会议听取和审议县政府《关于 1995 年财政决算和 1996 年上半年财政预算执行情况的报告》，并作出决议。9 月，第十八次会议听取和审议县政府《关于贯彻〈延寿县人大常委会关于加强水土保持工作的决定〉情况的报告》，并作出决议。12 月，第二十次会议审议通过《延寿县人大常委会关于开展查禁取缔文化娱乐场所卖淫嫖娼、色情服务活动的补充决定》。

十三届人大常委会就全县重大事项作出决议、决定

1997 年 11 月，第一次会议审议通过《延寿县人民代表大会常务委员会议事规则》《延寿县人民代表大会常务委员会人事任免规则》《延寿县人大常委会同委员和人民代表联系的决定》。

1998 年 1 月，第二次会议听取和审议《关于部分派出所乱收费的调查报告》，并作出决议。审议通过《延寿县延寿镇污水处理工程配套资金筹资方案》，并作出决议。3 月，第三次会议听取和审议《延寿县城镇排水工程建设集资办法》和《县人大常委会同县政府、县法院、县检察院联系办法》。5 月，第四次会议听取和审议县政府《延寿县集体林地管理办法》和《新城水库水源地管理办法》。7 月，第五次会议听取和审议《县政府上半年财政预算执行情况的报告》，并作出决议。12 月，第七次会议听取和审议县政府《关于减轻农民负担工作情况的报告》和县政府《关于整顿文化市场情况的报告》，并作出决议。

1999 年 4 月，第九次会议听取和审议县政府《关于延寿镇自来水水质改善情况的报告》《关于贯彻〈中华人民共和国森林法〉情况的报告》，并作出决议。7 月，第十次会议听取和审议县政府《上半年国民经济和社会发展计划执行情况和下半年工作安排的报

告》《上半年财政预算执行情况和下半年工作安排的报告》，并作出决议。

2000 年 8 月，第十六次会议听取和审议县政府《关于 2000 年上半年国民经济和社会发展计划执行情况的报告》《关于 2000 年上半年财政预算执行情况的报告》，并作出决议。审议通过《关于延寿县城镇市容和环境卫生管理实施办法》和细则。11 月，第十七次会议听取和审议县政府《关于 2000 年社会治安工作情况的报告》，并作出决议。

2001 年 4 月，第十九次会议听取和审议县政府《关于企业下岗职工基本生活保障和再就业工作情况的报告》，并作出决议。7 月，第二十次会议听取和审议县政府《关于 2001 年上半年财政预算执行情况的报告》《关于 2001 年上半年国民经济和社会发展计划执行情况的报告》《关于全县“严打”整治斗争情况的报告》，并作出决议。8 月，第二十一次会议审议通过县政府《关于延寿县城镇供水节水和水污染防治工作暂行办法》《关于在全县公民中开展法制宣传教育的第四个五年规划的报告》，并作出决议。

2002 年 6 月，第二十五次会议听取县政府《关于建立和实施城镇居民最低生活保障制度工作情况的汇报》，并作出决议。7 月，第二十六次会议审议通过县政府《关于县及有关乡（镇）人民代表大会代表换届选举工作的决定》。

十四届人大常委会就全县重大事项作出决议、决定

2002 年 11 月，第一次会议审议通过《延寿县人大常委会议事规则》《延寿县人大常委会人事任免规则》《延寿县人大常委会“三查（察）制度》《延寿县人大常委会联系代表制度》《延寿县人大常委会联系县人民政府、县人民法院、县人民检察院制度》。12 月，第二次会议听取和审议县政府《关于调整 2002 年财政预算的报告》，并作出决议。

2003 年 5 月，第五次会议审议通过《有关案件报告制度》。7 月，第七次会议听取和审议县政府《2003 年上半年国民经济和社会发展计划执行情况的报告》《2003 年上半年财政预决算执行情况的报告》，并作出决议。10 月，第八次会议审议通过《延寿县人大常委会关于县级人大代表届内辞职的暂行规定》。

2004 年 5 月，第十一次会议审议通过《延寿镇总体规划》。8 月，第十四次会议听取和审议县政府《关于 2004 年上半年国民经济和社会发展计划执行情况的报告》《关于 2004 年上半年财政预算执行情况及下半年工作安排的报告》，并作出决议。12 月，第十八次会议审议通过《延寿县生态县建设规划》。12 月，第十九次会议审议通过《延寿县人民代表大会常务委员会讨论决定重大事项的规定》《延寿县人民代表大会常务委员会关于本级国家机关负责工作人员述职评议工作暂行办法》《延寿县人大常委会对司法

机关具体案件实施监督的暂行办法》《延寿县人民代表大会常务委员会预算监督办法》。

2005年7月，第二十三次会议听取和审议县政府《关于2005年上半年财政预算执行情况的报告》《关于2005年上半年国民经济和社会发展计划执行情况的报告》，并作出决议。10月，第二十五次会议审议通过县政府《延寿县城镇规划管理办法》《关于物业市场清理整顿情况的报告》，并作出决议。

2006年7月，第二十八次会议审议通过县政府《关于修改〈城镇管理规划办法〉有关条款的报告》《延寿县城镇市容环境卫生及城镇道路管理办法》。9月，第三十次会议审议通过《哈尔滨延寿工业园区规划》。

十五届人大常委会就全县重大事项作出决议、决定

2007年1月，十五届人大常委会第一次会议，审议通过《县人大常委会工作守则》。6月，第三次会议审议通过废止《延寿县人大常委会述职评议工作办法》《延寿县人大常委会个案监督办法》。6月，第三次会议审议通过《延寿县人大常委会审查规范性文件办法》。7月，第四次会议听取和审议县政府《2007年上半年国民经济和社会发展规划执行情况的报告》《2007年上半年财政预算执行情况的报告》，并作出决议。9月，第五次会议审议通过县政府《关于普法工作情况的报告》，并作出决议。

2008年1月，第七次会议听取和审议县政府《关于招商引资和改善经济发展环境的报告》，并作出决议。7月，第十次会议听取和审议县政府《2008年上半年国民经济发展计划执行情况的报告》《2008年上半年财政预算执行情况的报告》，并作出决议。

2009年5月，第十五次会议听取和审议县政府《关于社会保险、事业保险工作情况的报告》，并作出决议。7月，听取和审议县政府《关于2009年上半年国民经济和社会发展计划执行情况和上半年财政预算执行情况的报告》，并作出决议。9月，第十八次会议审议通过县政府《关于申请信贷支持工业园区开发和建设的报告》。11月，第十九次会议听取和审议县政府《关于扶贫开发和农业综合开发工作情况的报告》《〈中华人民共和国道路交通安全法〉执行情况的报告》，并作出决议。

2010年4月，第二十一次会议听取和审议县政府《关于电力保障工作情况的报告》，并作出决议。7月，第二十四次会议听取和审议县政府《关于2010年上半年财政预算执行情况的报告》《2010年上半年国民经济和社会发展计划执行情况的报告》《关于2010年上半年国民经济发展计划执行情况、财政预算执行情况的审查报告》，并作出决议。

2011年4月，第二十七次会议听取和审议县政府《关于大项目谋划工作情况的报

告》，并作出决议。5 月，第二十八次会议听取和审议县政府《关于延寿县城镇供水工作报告》和《关于延寿县 2011 年房屋征收计划工作的报告》，并作出决议。7 月，第二十九次会议听取和审议县政府《关于上半年国民经济和社会发展计划执行情况的报告》《2011 年上半年预算执行情况的报告》，并作出决议。

十六届人大常委会就全县重大事项作出决议、决定

2012 年 2 月，第一次会议审议通过《延寿县第十六届人民代表大会代表管理工作细则》。5 月，第二次会议审议通过县政府《延寿镇城市总体规划修编》。7 月，第三次会议听取和审议县政府《关于延寿县 2012 年上半年国民经济和社会发展计划执行情况的报告》《关于延寿县 2012 年上半年财政预算执行情况及下半年工作安排的报告》，并作出决议。9 月，第四次会议听取和审议县政府《关于人大常委会视察、检查提出的工作意见，落实人大代表关于规范送子车管理问题议案的办理情况的报告》，并作出决议。听取和审议县人大常委会《关于全县“六五”普法工作情况的检查报告》。12 月，第六次会议审议通过了县人大常委会《关于决议、决定执行和审议意见办理落实暂行办法》《县人大常委会关于讨论决定重大事项的规定》《规范性文件备案审查办法》。

2013 年 2 月，第七次会议审议通过县人大常委会《关于讨论决定重大事项的规定》《延寿县人大常委会议事规则》。7 月，第九次会议听取和审议县政府《关于 2013 年财政预算调整的报告》《关于 2013 年上半年国民经济和社会发展计划执行情况的报告》《关于延寿县 2012 年决算和 2013 年上半年财政预算执行情况的报告》《关于 2012 年度预算执行和其他财政收支的审计工作报告》《县人大常委会关于民主评议政府工作部门的实施方案》，并作出决议。8 月，第十次会议听取和审议县人大常委会《关于延寿县贯彻实施〈中华人民共和国城乡规划法〉和〈哈尔滨市城乡规划条例〉工作情况的检查报告》，并作出决议。11 月，第十一次会议审议通过县人大常委会《关于视察城镇物业管理工作情况的报告》《关于社会治安综合治理工作检查情况的报告》，并作出决议。

2014 年 4 月，第十五次会议听取和审议县人大常委会《关于教育卫生系统重点工程的视察报告》，并作出决议。6 月，第十七次会议听取和审议县政府《关于贯彻落实 2013 年人大视察〈中华人民共和国食品安全法〉代表建议、意见情况的检查报告》《县政府 2014 年财政预算具体安排情况的报告》，并作出决议。8 月，第十八次会议听取和审议县人大常委会《关于延寿县特色产业发展情况的视察报告》《2014 年国民经济和社会发展计划执行情况的报告》《2013 年财政决算和 2014 年上半年预算执行情况的报告》《2013

年财政预算执行和其他财政收支审计情况的报告》，并作出决议。12月，第二十次会议听取和审议《关于检查〈中华人民共和国全国人民代表大会和地方各级人民代表大会代表法〉贯彻落实情况的报告》，并作出决议。

2015年4月，第二十三次会议听取和审议县政府《2015年财政预算具体项目安排情况的报告》，并作出决议。7月，第二十五次会议听取和审议县政府《2014年决算和2015年上半年预算执行情况的报告》《2015年上半年国民经济和社会发展计划执行情况的报告》《2014年预算执行和其他财政收支情况的审计工作报告》，并作出决议。9月，第二十六次会议听取和审议《人大常委会关于"一法一例"执法检查工作情况的报告》，并作出决议。

2016年4月，第二十九次会议审议通过县政府《关于延寿县2015年政府债务限额方案》，并作出决议。审议通过《关于继续开展"一法一例"优化经济发展环境检查方案》《关于落实"六五"普法工作情况的工作报告》，并作出决议。审议通过县人大常委会《关于蚂蜒河水资源保护立法的建议》。10月，第三十二次会议听取和审议县政府《2015年度延寿县财政决算的报告》《2015年县本级财政预算执行及其他收支的审计工作报告》，并作出决议。12月，第三十四次会议听取和审议县政府《关于2016年代表建议办理情况的报告》，审查批准县政府《关于2016年预算调整草案》，并作出决议。

十七届人大常委会就全县重大事项作出决议、决定

2017年3月，十七届人大常委会第一次会议，审议通过县政府《关于在全县公民中开展法治宣传教育第七个五年规划（2016—2020年）的报告》《关于实施延寿县棚户区基础设施路网工程重大建设项目的报告》，并作出决议。4月，第二次会议审议通过县政府《关于延寿县2017年财政预算调整方案（草案）的报告》，并作出决议。7月，第四次会议听取和审议县政府《关于2017年上半年国民经济和社会发展计划执行情况的报告》《关于2016年审计发现问题整改情况的报告》《2016年财政决算的报告》《2017年上半年预算执行情况的报告》《2017年预算调整方案的报告》，并作出决议。9月，第五次会议审议通过县人大法制委《关于延寿县"一法一例"贯彻落实情况及改善经济发展环境的检查报告》。11月，第七次会议听取和审议县人大、县政协《联合视察产业扶贫工作的报告》、县人大常委会城建环保委《关于〈中华人民共和国土地管理法〉贯彻落实情况的报告》，并作出决议。12月，第八次会议审议通过县政府《关于2017年财政预算调整方案的报告》，并作出决议。

2018 年 3 月，第十一次会议审议通过县人大常委会《关于“脱贫攻坚人大代表在行动”实施方案》《关于整顿人大常委会机关工作作风实施方案》《县人大关于“代表活动月”方案》。8 月，第十三次会议听取和审议县人大常委会《关于视察城镇道路建设管理和安全情况的报告》《关于 2017 年财政决算、2018 年财政预算调整方案的报告》、县政府《关于 2018 年上半年国民经济和社会发展计划执行情况的报告》，并作出决议。11 月，第十五次会议听取和审议县政府《关于 2017 年审计发现问题整改情况的报告》《2017 年度财政执行和其他收支的审计工作报告》《2018 年预算调整方案报告》《2018 年上半年预算执行情况报告》，并作出决议。12 月，第十六次会议听取和审议县政府《关于〈中华人民共和国预算法〉贯彻执行情况的检查报告》《关于 2018 年财政预算调整方案的报告》，并作出决议。

2019 年 2 月，第十八次会议听取和审议县政府《关于财政预算具体项目安排情况的报告》，并作出决议。6 月，第二十次会议审议通过县政府《关于 2019 年财政预算调整方案》。8 月，第二十一次会议听取和审议县政府《延寿县 2018 年财政决算的报告》《延寿县 2019 年预算调整方案的报告》《延寿县 2019 年上半年财政预算执行情况的报告》《延寿县 2019 年上半年国民经济和社会发展计划执行情况报告》《延寿县 2018 年审计发现问题整改情况的报告》《延寿县 2018 年预算执行和其他财政收支的审计工作报告》，并作出决议。12 月，第二十三次会议听取和审议了县政府《关于 2019 年预算调整方案的报告》，并作出决议。

2020 年 12 月，第二十八次会议听取和审议县政府《关于 2020 年新增地方政府债券与抗疫特别国债预算调整方案》《延寿县债券结余资金调整方案的报告》，并作出决议。审议通过了县人大常委会《关于我县全民健身情况的视察报告》《关于营商环境条例贯彻实施工作的视察报告》，并作出决议。

2021 年 4 月，第三十四次会议审查批准县政府《关于 2021 年财政预算调整方案（草案）的报告》。6 月，第三十五次会议听取和审议县政府《关于 2020 年延寿县国有资产综合管理情况的报告》，并作出决议。9 月，第三十八次会议听取和审议县政府《关于 2020 年度本级预算执行和其他财政收支的审计工作报告》《关于 2020 年度审计发现的问题整改情况报告》《关于 2021 年上半年财政预算执行情况的报告》《关于 2021 年上半年国民经济和社会发展计划执行情况的报告》，并作出决议。审查批准县政府《关于 2020 年财政决算的报告》。第三十九次会议审查批准《关于延寿县 2021 年新增地方政府债券资金安排及财政预算调整方案（草案）》的报告，并作出决议。11 月，第四十次会议审查批准县政府《关于地方债券结余资金调整方案（草案）》的报告。12 月，第四十一次会议审查批准县政府《关于2021年新增地方政府债券资金安排及预算调整方案（草案）的报告》，并作出决议。

第二节 依法行使监督权

八届人大常委会对“一府两院”的监督

1980年，县八届人大一次会议的1/3提案是对城镇建设和居民饮水方面的建议和意见，县人大常委会组织部分委员对城镇建设和居民饮水进行视察。在视察中听取县建委、自来水公司、城建处等有关单位负责人的汇报。委员们分头到现场调查了解，指出问题，提出改进意见。人大常委会的意见得到县委和县政府的重视，县政府专题研究城镇建设工作，调整机构，增拨城建用款。

1982年5月，县人大常委会和县人民政府组织联合调查组对社队企业进行调查后认为，延寿县自1975年以来社队企业发展速度快，已占人民公社三级经济收入的1/5以上，社队企业对发展县域经济作用突出，向县委提出《关于调整中办好社队企业的调查报告》。1981年延寿县遭受洪涝等严重自然灾害，给1982年春耕生产带来困难。人大常委会在春耕前视察平安、六团等公社的备耕生产，提出搞好春耕生产的意见，县政府积极采纳。在落实1982年国民经济计划前，常委会视察延安、平安、华炉、六团等公社，以及一工业科的制药、电子元件生产等工程。在挂锄期，县委提出以精神文明建设为中心大搞农村“两管五改”，县人大常委会同县人民政府，组织人大常委会委员及县政府有关部门负责人参加视察组，利用4天时间重点视察玉河、延河、加信、华炉、安山公社的18个生产队，打开农村以精神文明建设为中心的“两管五改”（管水、管粪；改良水井、改良厕所、改良畜厩、改良炉灶、改良环境）新局面。人大常委会还会同县政府，组织县人大常委会委员、政协委员视察看守所、收容所、拘留所贯彻执行《中华人民共和国刑法》《中华人民共和国刑事诉讼法》《中华人民共和国治安管理处罚条例》的情况。根据县委的中心工作和县人民代表反映县医院医护人员外流、县浴池的经营和服务、自来水收费以及全民义务植树和春季造林等情况进行调查和视察，并提出建议、意见。

1983 年“五讲四美三热爱”活动中，县人大常委会第十七次会议，听取县人民政府《关于春季爱国卫生运动开展情况的汇报》，对治脏、治乱、治差成果表示满意，同时提出具体要求，“两管五改”取得效果，农村整修道路 1802 条、860 多延长千米，拉砂石 27000 多立方米，有 2 个公社、95 个大队接近“两管五改”标准，12 个村（屯、场）达到县级卫生文明村标准，青川公社、黄玉林场等单位评为典型，受到省和地区的表扬。人大常委会二十一次会议听取县人民政府关于中小学教育工作的汇报。人大常委会组织委员和部分代表先后对全县春季植树造林、贯彻《中华人民共和国食品卫生法》、多种经营、一中重点中学教学质量等情况开展 9 次检查、视察。对贯彻执行《黑龙江省土地管理暂行条例》和基本建设等情况进行 6 项专题调查。视察中要求发现问题的单位改正、解决存在的问题。常委会加强对县政府和两院处理人民代表提案的监督，对立案的提案，县人大常委会迅速转给县人民政府和“两院”处理，不立案的也作为代表来信转有关部门进行办理。在提案处理过程中，县人大常委会责成办公室协同县政府有关单位办理，对重要提案进行调查，县人民政府召开 2 次县长办公会议专题研究议案办理，对不认真处理和答复代表提案的部门进行了通报批评。

九届人大常委会对“一府两院”的监督

1984 年，县人大常委会围绕春耕生产、工业、商业体制改革等方面进行 3 次视察。第一次视察围绕推广水稻旱育苗新技术进行。水稻旱育苗是水稻生产上的重大改革，又是延寿县第一年大面积推广。县人大协助政府推行这项工作。1984 年 4 月 20 日至 21 日，县人大常委会会同县政府深入加信、中和、延河、平安 4 个乡（镇）进行专题视察，发现思想认识、操作技术、缺少资金等问题影响水稻旱育苗技术地推广。人大视察组同县政府一起研究解决办法。为旱育苗缺少资金的乡（镇）解决贷款 36 万元。各乡（镇）人民政府对县人大在视察中提出的问题都认真研究和解决，全县水稻旱育苗推广工作迅速打开新局面。春耕生产开始以后，人大常委会又组织第二次视察，组成 3 个视察组，从 4 月 27 日至 4 月 29 日视察六团等 9 个乡的春耕生产，并把发现的问题及时向县委汇报，同时向县政府提出建议，县委召开广播电话会议，人大视察组提出视察意见。1984 年 6 月下旬，县人大常委会围绕工业、商业的经济体制改革组织第三次视察，由常委会主任、副主任带领 2 个视察组，深入工业系统 6 个工厂和商业、供销所属的 4 个基层厂店进行实地调查了解。视察后，人大常委会召开会议，研究改革中存在的问题，提出意见和要求，协助县政府把经济改革推向深入。

1985年，县人大常委会围绕经济建设和体制改革，听取审议政府和“两院”的工作报告。县九届人大二次会议以来，常务委员会共召开6次会议，听取和审议县政府和“两院”各方面的工作报告15次，其中，听取和审议县政府工作报告13项、县人民法院和县人民检察院工作报告各1项，作出决议、决定5项。常委会坚持围绕经济建设和经济体制改革这个全党的中心工作，抓住全县一些带有关键性、全局性的问题，对农村代表提出的农村集体提留偏高等问题多次提出批评意见，维护农民的利益和合理要求，解决一些带有全局性的问题。常委会深入部分乡（镇）、村（屯）调查研究后，专题听取县政府《关于全面清理集体提留和农民负担情况的报告》，对解决农民负担过重问题提出建议和要求，县、乡各级政府采取措施，对不合理负担进行清理和纠正。县人大常委会还注意把群众反映强烈，迫切要求解决的问题列入常委会监督工作的重要议题，听取县政府工作汇报，及时提出建议和意见，推动各级人民政府改进工作。县九届二次人代会期间，代表对城镇建设问题提出的议案和批评意见多达39件，占会议全部议案和批评意见的1/3。为了督促尽快解决这些问题，在县第七次常务委员会会议上，委员听取县政府关于城镇建设工作的汇报，要求县政府采取措施，解决代表提出的吃水难、走路难、排水难、路灯少和农贸市场条件差等问题。县长办公会议进行专门研究，在县财政困难、资金紧缺的情况下，县政府更换全部路灯，增加照明路段；发动职工清理疏通主要排水沟，解决吉盛路北段和胜利小学等处排水难的问题；农贸市场全部铺设水泥预制块，县政府采取措施，筹集资金，解决吃水难的问题。推动普及初等义务教育工作的开展，5月，县人大常委会对部分乡（镇）普及初等义务教育情况进行调查。常委会在6月召开的第七次会议上，听取县政府关于普及初等义务教育和执行《延寿县普及义务教育暂行规定》情况的报告，对有关部门和部分乡（镇）实施《普及初等义务教育暂行规定》重视不够，执行不力的问题提出严肃批评，引起各级领导的重视。县政府和有关部门对此狠抓整改和落实，并在8月再一次向人大常委会报告这方面工作情况，推动全县普及初等义务教育工作的深入开展。常务委员会还先后听取审议县政府关于1985年上半年国民经济和社会发展计划以及财政预算计划执行情况、关于审计监督工作情况、关于物价管理工作情况、关于公安工作情况的汇报，同时还听取审议县人民法院关于审判工作情况和县人民检察院关于检察工作情况的汇报，并提出建议和意见。县人大常委会还重点加强对政府和“两院”执法工作的监督。《中华人民共和国经济合同法》（以下简称《经济合同法》）实施后，一些地方和单位在经济往来中，仍然有不按《经济合同法》办事的现象，特别是在签订和执行粮食订购合同工作中出现很多问题。常委会组织人员以粮食定购合同为重点，对《经济合同法》执行情况进行调查，在常委会第十二次会议上听取县政府关于《经济合同法》执行情况的汇报，对执行中存在的一些问题提出建议和意见。推动《黑龙江省收费罚没集资管理条例》实施，常委会第十二次会议听取县政府《关于清理我县收费罚没集资工作》情况的汇报，并对今后贯彻实施问题提出建议与要求。县人大常委会在监督执法工作中，除了听取汇报、作出相应的决议、决定，还通过调查、视察和检查等形式推动各项法规的贯彻实施，组织委员和部分代表对县城和延河镇贯彻实施《中华人民共和国食品卫生法》《黑龙江省食品商贩和城乡集市贸易食品卫生管理条例》的情况进行视察和检查。先后检查《物价管理暂行条例》《中央预算挂靠情况审计监督暂行规定》《中华人民共和国药品管理法》《结核病防治管理条例》等法规的贯彻执行情况，对存在的问题分别向有关部门提出改进意见。对公检法机关的监督，过去是县人大常委会的一个薄弱环节。1985 年九届二次人代会以后，常务委员会加强对公检法机关执法工作的监督，及时纠正违法现象。一段时间里一些群众接连到县人大上访，反映他们“告状难”的问题。县人大常委会调查发现“告状难”的问题确实存在，特别是民事纠纷案件尤为突出，出现问题的重要原因是受案范围不明确。常务委员会召开公检法三机关及有关部门负责人参加的联席会议，制定《几种民事纠纷案件受理范围》，并在第八次常务委员会会议上作出《关于认真贯彻执行几种民事纠纷案件受理范围的决定》，推进多年推诿扯皮积案的迅速解决。1985 年 8 月，县人大常委会视察县收容所和看守所，对执行收审规定和办案时限情况进行检查。对存在的扩大收审范围和办案超时限等问题提出批评，并要求限期纠正。公检法机关对人大的批评、意见诚恳接受。公安局主管局长、检察院的主要领导亲自抓超范围收审人员和超时限案件的处理工作，问题迅速得到纠正，保证法律的实施。县人大常委会监督公检法机关认真执法的做法得到省人大常委会的肯定，并在 1985 年 12 月召开的全省市县人大常委会主任座谈会上介绍。为保证人大常委会正确实施法律监督，常委会第十一次会议决定，聘请具有实践经验、熟悉法律常识和专业特长、有一定代表性的人员成立县人大常委会法律顾问委员会，通过列席人大常委会有关会议，参加有关执法检查、视察、调查和研讨会等形式，对人大常委会需要做出的决议、决定，从法律的角度进行研究，提出建议和意见，保证县人大常委会正确行使决定权、监督权。县人大常委会还把组织和推动法制宣传教育，提高全县干部群众法治观念，纳入重要议事日程。常委会组织人员调查全县法制宣传教育情况。分别在常委会第八次会议和第十二次会议上听取县政府关于法制宣传教育工作的汇报，并做出《关于加强法制宣传教育在五年内普及法律常识的决议》，推动全县法制宣传教育工作的开展。县人大常委会承办省人大常委会关于《黑龙江省公路管理条例》《黑龙江省城市房地产管理条例》《黑龙江省九年制义务教育条例》等法规草案的征求意见工作，及时提出修改意见上报省人大常委会，有些意见引起立法机关的重视并被采纳。

1986年，县人大常委会按照《地方组织法》的要求，对“一府两院”制定的决定、决议、条例、命令等，依据宪法和法律进行监督检查，及时纠正违宪违法现象。针对有些乡（镇）在签订生猪订购合同中，采取行政命令手段，强行派养派购，并向非订购农民摊派国家收购价与市场价的差额，增加农民不合理负担问题和违反《经济合同法》的做法，这些乡（镇）按县人大常委会的要求取消摊派合同和农民不合理负担。6月，常委会还依法纠正县政府制定的《延寿县建筑工程质量监督实施办法》中不符合法律规定的条款，维护法律的严肃性。县人大常委会还注意对国家有关法律、法规执行情况的监督。鉴于农村一些地方在签订和执行粮食订购合同中不按《经济合同法》办事的现象，在春订和秋购期间组织人员深入乡（镇）、村、屯和农户进行调查和检查，纠正不依法办事的问题。常委会还分别对《中华人民共和国食品卫生法》《黑龙江省食品商贩和城乡集市贸易食品卫生管理条例》《结核病防治条例》《黑龙江省农作物种子管理条例》《中华人民共和国物价管理暂行条例》《实施〈中华人民共和国义务教育法〉条例》等国家和地方性法规的执行情况进行检查，监督和推动这些法规的贯彻实施。加强对公检法机关执法工作的监督。1986年，县人大常委会会议和主任会议先后5次听取公检法机关关于执法工作情况的汇报。6月，常委会第七次主任会议就一些判决案件不按期执行问题专门听取县人民法院的汇报，要求法院全面清理多年来判决而未执行的案件，采取有效措施，尽快解决判决案件执行不力的问题。根据县人大常委会的要求，县人民法院组织力量，狠抓落实，对一些有执行能力而无理取闹、拒不执行的老大难案件依法进行强制执行，维护法律的尊严。在工作监督方面，常委会通过听取和审议政府工作报告、开展专项工作调查、检查或视察等方式进行监督。8月，听取县政府工作计划执行情况的报告。县人大常委会组织有关委员和部分代表深入县直工商企业和农村乡（镇）进行实际考察，并在第十四次会议上听取县政府关于1986年上半年国民经济和社会发展以及财政预算计划执行情况的两项汇报。指出计划执行中存在的问题和薄弱环节，如工业企业经济效益不理想、利润下降幅度较大、一些部门和单位非生产性开支增多、铺张浪费严重等。要求政府和有关部门要认真抓好计划执行中的薄弱环节，加强检查指导，狠抓增产节约、增收节支，努力完成全年计划指标。常委会第十六次会议听取和审议县政府关于农业科技推广应用情况的汇报，要求政府有关部门在“水田热”的情况下，保持清醒头脑，克服盲目情绪，注意和加强对玉米、大豆攻关项目和优良品种的研究，确保粮食生产全面、稳步地发展。

十届人大常委会对“一府两院”的监督

1987 年，县人大常委会检查县国民经济和社会发展计划执行情况以及财政预算计划执行情况，在第十九次会议上，听取和审议县政府这两个方面的报告。要求县政府和有关部门认真抓好执行中的薄弱环节，加强检查指导，采取有效措施，确保各项计划指标的完成。1987 年县九届四次人代会做出关于《发扬艰苦奋斗、勤俭建国的光荣传统，广泛深入地开展增产节约、增收节支运动的决议》。为检查决议的贯彻执行情况，推动双增双节省活动的深入开展。1987 年上半年，县人大常委会主任、副主任和部分委员，先后到工业局、粮食局、商业局、县社、华炉乡、安山乡以及 8 个工厂、4 个公司、4 个商店和 1 个旅店进行实地调查和视察。常委会第十九次会议听取和审议县政府关于贯彻执行县九届四次人代会关于开展“双增双节”活动决议情况的报告。在审议中，委员们充分肯定“双增双节”工作取得的成绩，指出一些部门和单位对“双增双节”工作重视不够，宣传不力、抓得不紧、措施不实、开展不平衡等问题。要求县政府加强对“双增双节”运动的领导，认真总结推广双增双节的典型，进一步抓好双增双节指标、措施的落实。为检查县九届四次人代会通过的《关于在三年内实现全县城乡村屯和道路绿化议案的决议》贯彻落实，县人大常委会主任、副主任和部分委员分别视察六团、加信、高台、新村、青川、华炉、寿山、玉河 8 个乡（镇）、47 个村（屯）、21 条道路的绿化情况。对一些乡（镇）贯彻决议不力，重栽轻管、只图形式、不求效果等问题提出批评，对进一步深入贯彻县人代会决议，搞好绿化工作，对县乡各级政府提出具体要求和建议。1987 年大兴安岭特大森林火灾和哈尔滨亚麻厂粉尘爆炸事故发生后，常委会及时听取县政府关于安全工作的汇报。委员们指出，延寿县重大事故屡有发生，重要原因就是有些部门和单位有法不依、执法不严、违法不究，对全国人大、国务院和省人大制定的有关安全方面的法律、法规宣传不够、实施不力，出现事故不依法处理，姑息迁就。委员们对这些问题提出批评，并就如何加强安全工作提出建议。县人大常委会对灾区群众生产生活情况、贯彻县人大《关于按期缴纳农业税、回收农业贷款和兑现集体提留合同的规定》执行情况、县城农贸市场出售伪劣质蔬菜种子情况、物价管理情况、部分单位知识分子使用情况等进行了视察、调查和检查。对存在的问题及时向县政府和有关部门提出建议。常委会组织有关人员对《中华人民共和国土地管理法》的执行情况进行调查，并在十届人大常委会第一次会议上听取和审议县政府《关于贯彻实施土地管理法情况的报告》。要求县政府继续抓好《中华人民共和国土地管理法》的宣传教育，制定切实可行的实施细则，建立健全土地管理组织，加强对《中华人民共和国土地管理法》执行情况的检查，解决乱批、乱建、乱占等问题，要求县人民法院加强对土地纠纷案件的审理工作，推动《中华人民共和国土地管理法》的贯彻实施。按照上级统一部署，县人大常委会在全县范围内进行执法大检查，重点检查执法机关、政府部门对国家法律和地方性法规的执行情况，检查之后，常委会第二次会议听取检查汇报，纠正违法现象。县九届四次会议就社会治安问题对县公安局提出质询。县公安局认真贯彻人代会精神，采取果断措施，开展对盗窃、流氓滋扰和播放淫秽录像等犯罪活动的专项打击，在较短时间里扭转社会治安的被动局面。10月以后，延寿县的社会治安问题出现反复，一些犯罪分子明目张胆地进行盗杀耕畜、盗伐林木、撬门压锁、流氓滋扰和赌博等犯罪活动。针对这种情况，县人大常委会副主任王玉，委员庞善政、朱海、李晓娟等联名向县人大常委会提出《关于加强社会治安管理的议案》。县人大常委会主任会议经过认真研究，将议案列入第二次常委会会议议程，审议后，做出《关于严厉打击盗杀耕畜、盗伐林木、撬门压锁、流氓滋扰和赌博等犯罪活动，加强社会治安管理的决议》。县政府召集政法公安机关负责人研究落实县人大决议的具体措施。公安机关按照县人大决议的要求开展对盗杀耕畜、盗伐林木、撬门压锁、流氓滋扰和赌博等方面的专项打击，在较短时间里，破获一批盗杀耕牛、盗伐林木、撬门压锁和赌博等案件，并对犯罪分子进行公开宣判处理。12月，常委会组织部分委员视察县公安局看守所、收容所、行政拘留所的执法情况。从干警执法水平、收审范围、羁押期限、人犯管教、所容管理等方面看执法机关和干警的法治观念状况，以对话形式同有关方面人员交换意见。对“三所”存在的超期羁押、扩大收容范围、以收代拘、收后不审、乱用械具等违法现象提出严肃批评，要求尽快采取措施解决和纠正。1987年，县人大常委会听取县人民法院关于延寿县粮食局“苇穴”纠纷一案办理情况的汇报和关于审判工作的汇报；听取县人民检察院关于中和派出所民警孙某某开枪杀人案件的调查汇报以及关于政法队伍法纪情况的汇报；听取县公安局关于贯彻县人大决议、开展专项打击情况的汇报，依法纠正执法机关存在的违法问题。

1988年，县人大常委会组织部分委员调查全县实施《中华人民共和国种子管理条例》的情况，在常委会第四次会议上听取县政府关于贯彻《中华人民共和国种子管理条例》情况的汇报，指出延寿县种子管理工作中存在的问题，要求县政府加强对《中华人民共和国种子管理条例》的宣传，提高人们对关于种子法规的认识，强化对种子市场的管理，依法制止乱引、乱繁、抬价、掺杂、倒卖等违法现象，保护国家和农民的合法权益。促进《中华人民共和国全民所有制工业企业法》的实施，推动工商企业治理整顿工作的开展，常务委员会第八次会议听取县政府《关于全民所有制工业企业法贯彻执行情况的报告》，对有关部门法规宣传不够、实施不力的问题提出批评和建议，要求县政府和有关部门把宣传贯彻《中华人民共和国全民所有制工业企业法》作为深化企业改革、兴工富县的大事来抓，依法治理整顿企业的生产经营环境和秩序，协调企业内部和外部各种关系，解决好企业管理体制、经营机制、分配制度等问题，促进企业的振兴和发展。常委会组织委员对《中华人民共和国环境保护法》《中华人民共和国水污染防治法》《中华人民共和国大气污染防治法》执行情况进行视察，对群众反应比较强烈的白灰厂粉尘污染问题和麻棉有限公司污染区居民饮水问题提出限期解决的意见。1988 年是《中华人民共和国食品卫生法》实施五周年，县人大常委会根据省人大要求，对《中华人民共和国食品卫生法》实施情况进行视察。常委会还先后对《中华人民共和国义务教育法》《中华人民共和国药品管理法》《中华人民共和国草原法》《中华人民共和国治安管理处罚法》等 15 项法律法规的执行情况进行检查和调查，监督这些法律法规的贯彻实施。党的十三届三中全会之后，及时把监督工作的重点转移到治理经济环境、整顿经济秩序上来，督促“一府两院”认真贯彻三中全会精神，依法搞好治理整顿工作，常委会主任会议听取了政府主管部门关于财务、税收、物价、信贷大检查情况的汇报，并针对存在的问题提出具体要求，保证治理整顿工作的深入开展。

1989 年，县人大常委会组织部分委员对全县实施“383 工程”、加强物价管理情况进行调查，并在第十一次常务委员会会议上听取县政府关于这方面工作情况的汇报，对个别部门工作不力提出严肃的批评，要求县政府和有关部门采取有效措施，对全县集体、个体批发市场，农贸、工贸、粮食、熟食制品市场进行整顿，扭转管理混乱的局面。责成县经济办跟踪督促检查，在第二十次主任会议上听取有关部门落实整顿“四个市场”工作情况的汇报，推动“383 工程”的实施。人大常委会还先后听取和审议县政府关于税收、财务、物价大检查工作、邮电集资决定落实情况、产品质量监督管理情况等方面的工作报告。同时组织委员和代表对农贷发放使用，种子、化肥、柴油、水利排灌设备，多种经营生产，科技兴县，减轻农民负担等方面的工作进行检查和调查，指出存在的问题，提出改进建议。1989 年，常委会和主任会议听取“一府两院”法律、法规执行情况的报告 6 次，重点检查与治整改有关的《物价管理暂行条例》《黑龙江省收费罚没集资管理条例》《黑龙江省农民负担管理条例》《黑龙江省赌博处罚条例》等 18 项法律、法规的实施情况。7 月，人大常委会对《中华人民共和国食品卫生法》《中华人民共和国环境保护法》的实施情况进行视察，对群众反映强烈的新华街、农贸市场一带脏乱差等问题提出尖锐的批评，并要求有关部门立即行动，改变新华街脏、乱、差的问题。11 月，常委会组织委员和代表对“扫黄”、除“六害”工作情况，整顿医药市场工作情况，改进医风医德工作情况进行视察，要求县政府切实加强领导，组织有关部门协同作战，搞好综合治理，促进延寿县精神文明建设取得更大的成效。常务委员会加强对司法机关的执法监督，先后听取县人民法院和县人民检察院的工作汇报，人大常委会第十三次会议作出《关于县人民法院审理民事案件加强公开审判和推行举证制度的决议》。人大常委会第十四次会议，专题听取县政府关于政府廉政建设情况的报告，并就延寿县的实际情况作出《加强廉政建设的决议》。要求全县各行政机关和审判机关、检察机关要切实抓好自身的廉政建设，解决以权谋私、弄权勒卡和贪污受贿等群众反映强烈的问题，提高国家工作人员的反腐蚀能力，人大常委会一方面加强对廉政建设工作的监督检查，另一方面加强对人民群众控告国家机关工作人员以权谋私、贪污受贿、徇私枉法案件的督办工作，1989 年下半年，常委会受理和督促有关部门查处这类案件 19 起。

十一届人大常委会对“一府两院”的监督

1991 年，县人大常委会组织委员和部分代表深入城乡，对全县农用物资、资金下摆情况进行检查，对农药和化肥在购销方面存在的问题，向有关部门提出改进意见。6 月，常委会针对有些家长反应强烈的镇内学校办学条件差、收费高的问题，常委会对镇内 6 所小学和 1 所中学进行视察，对改善办学条件提出改进意见。县、镇两级政府多方筹集 65 万元资金，为东风中学、新华中学、第四中学等学校翻建校舍 2580 平方米、为同福小学建围墙 230 延长米。对群众反映强烈的公安系统乱收、乱罚款问题，责成法治工作委员会进行调查，常委会专门听取县公安局关于清理“三乱”情况的报告，并提出整改意见和具体要求。常委会重点对《中华人民共和国土地管理法》《中华人民共和国义务教育法》《中华人民共和国食品卫生法》《黑龙江省地方病防治条例》《中华人民共和国公路管理条例》《黑龙江省人口与计划生育条例》等十几项法律、法规的实施工作进行监督。在执行《中华人民共和国公路管理条例》工作的视察、检查中，经过常委会四次检查落实和全面视察，指导改进工作，1991 年在全省公路评比中，延寿县取得好的成绩。本着执法必严，违法必究的原则，县人大常委会对安山派出所非法拘禁案、六团镇集体上访案进行全面深入调查，对查出的干警违法、违纪等问题督促有关部门依法严肃处理。8 月，县自来水供应不足，水质差，群众对此意见很大。常委会组织部分委员和代表进行实地视察，发现由于地下水含铁量大，已有两眼井锈死，造成水源供水严重不足，随着自来水进户不断增加，供需矛盾越来越大，建议县政府解决城镇自来水供水不足的问题。县政府与主管部门多方筹集资金，增加水源井，缓解城镇居民吃水的供需矛盾。

1992年，县人大常委会第七次、第十二次会议听取审议县政府《关于1991年财政预算部分变更情况的报告》，并及时地作出《关于延寿县1992年财政预算的决议》。严肃财经法纪，常务委员会于第八次会议上听取和审议县政府《关于物价、财务、税收工作检查情况的报告》，委员们提出改进意见。为了促进延寿县工业产品质量的提高，增强市场竞争能力，提高经济效益，常委会组织部分委员结合“产品、质量、品种、效益年”活动对全县工业产品、质量、品种、效益等进行调查，并于第十一次常委会会议上听取审议县政府《关于1991年开展“质量、品种、效益年”活动情况的报告》。为落实省委、省人大关于强化农业基础地位，加快乡镇企业发展的精神，常委会组织委员和部分代表先后对乡（镇）企业、乡村公路建设、稻田养鱼工作、农药市场管理等情况进行检查、调查和视察，听取县政府对以上工作情况的报告，并提出建议和意见。第十三次常委会会议专门听取和审议县政府《关于乡镇企业工作情况的报告》，指出全县乡（镇）企业发展中存在的问题，建议县政府在工作中加以改进。农民负担是群众反映强烈的热点问题，常委会把解决这个问题作为一项大事来抓，多次组织委员、机关工作人员深入农村进行调查。6月，第十四次常委会会议专题听取和审议县政府《关于〈黑龙江省农民负担管理条例〉实施情况的报告》，作出《关于进一步贯彻实施〈黑龙江省农民负担管理条例〉和延寿县实施〈黑龙江省农民负担管理条例〉暂行办法修正案的决议》，12月，常委会检查决议的落实情况，并将检查的结果和建议反馈给县政府。为全县经济发展有一个良好的环境，搞好社会治安综合治理，常委会对全县“二五”普法工作开展情况进行检查，并于第十一次、第十二次常委会会议上听取和审议县政府《关于反盗窃斗争第一阶段工作情况的报告》《关于“二五”普法工作开展情况的报告》，审议通过《延寿县人民政府1992年至1995年依法治县实施方案》，并作出相应的决议。1992年，常委会在监督方面主要采取三种形式：一是对国家重大法律以及新颁布的法规及时督促宣传、贯彻和实施。二是对贯彻难度较大的法律、法规进行专题调查。三是对专业性法规及执法部门执法情况进行重点监督。常委会采取四项措施加强工作监督，促进“一府两院”的工作：定期召开“一府两院”联席会议，通过会议形式交流情况；采取常务委员会会议形式听取审议“一府两院”工作报告，提出建议和改进意见，加强“一府两院”工作的实效性，避免或减少失误；督促“一府两院”认真落实各项法律、法规和人大的决议、决定，促使“一府两院”改进工作；采取跟踪问效的方式，一件事做到底，一项工作抓出头，对委员和代表在“三查（察）”过程中提出的意见和建议，通过定期听取“一府两院”落实情况的报告，促进问题得到解决。为了督促国家机关工作人员尽职尽责，当好人民公仆，常务委员会依法加强对被任命人员的监督。坚持实施延寿县人大常委会人事任免暂行办法，坚持被任命人员到会作供职报告的制度，坚持当面颁发任命证书制度，并向被任命人员提出希望和要求。通过群众来信来访对国家机关工作人员进行监督。凡是群众对干部提出的违法违纪问题，常务委员会都高度重视，认真对待，及时转有关部门办理，并听取办理结果的报告。对政府组成人员进行评议。被任命人员定期向常务委员会写出书面述职报告，由委员进行评议，以达到对他们监督的目的。

十二届人大常委会对“一府两院”的监督

1994 年，县人大常委会对《中华人民共和国环境保护法》的执行情况进行检查，重点检查新发展起来的乡镇企业、城镇居民集中区的扰民企业和与人民生产、生活密切相关的公益事业单位。在检查中剖析污染长期得不到治理的后进单位，调查了解环保工作的先进典型，对影响全县环境的关键性问题提出切实可行的意见和建议。9 月，县人大常委会组织有关部门对全县《中华人民共和国产品质量法》《中华人民共和国消费者权益保护法》的执行情况进行检查，规范市场经济的发展方向。常委会还对《中华人民共和国城市规划法》《中华人民共和国工会法》《中华人民共和国税收征管法》《黑龙江省人口与计划生育条例》《中华人民共和国教师法》《中华人民共和国食品卫生法》《代表法》等法律、法规的执行情况进行检查、调查和视察。县人大常委会按照省人大和地区人大工委的部署，组织全县县、乡人大代表对司法机关工作进行评议。收到人民代表评议司法机关的意见 1189 条，整理归纳后为 304 件，绝大多数意见查证落实。通过评议，县人大常委会对 5 个司法先进集体和 6 个司法先进个人授予荣誉称号，同时根据代表在评议中所反映的问题，有关部门查处违纪干警，有 17 名干警分别受到党纪、政纪处分。

1995 年备耕生产阶段，县农业生产资料市场上的尿素、玉米种子等农用物资曾一度供应短缺且价格偏高，特别是玉米种子销售价格问题尤为突出。县人大常委会及时组织部分委员对农用物资供应及市场管理情况进行专项检查，并按照《黑龙江省种子管理条例》的有关规定，责成县政府对全县农用生产资料市场进行整顿。4 月，县人大常委会对全县医药市场清理整顿情况进行检查，分析造成延寿县医药市场管理混乱、清理整顿工作进展迟缓的主要原因，是有关部门在贯彻执行《中华人民共和国药品管理法》过程中，存在着执法不严、责任不清、相互推诿的现象。常委会要求有关执法部门加大执法力度，严格执法，保证法律、法规的实施，尽快改变和规范延寿县医药市场不利局面。1995 年，县人大常委会针对执法过程中的难点问题进行重点检查，针对经济发展过程中的相关问题进行跟踪检查、对以往执法检查过程中提出的整改措施落实情况进行督促检查、对“一府两院”工作中的重大执法行为进行适时检查。全年共组织开展“三查（察）”活动37次，涉及政治、经济、教育、科学、文化、卫生、环境和资源保护、民政、民族等各项领域工作，对重点问题以跟踪问效的方式进行监督，做到一件事抓起步、抓到底。县人大常委会《关于开展查禁取缔文化娱乐场所卖淫嫖娼、色情服务活动的决定》，得到了县委的重视和支持，县政府采取果断措施，查禁工作取得成效。县人大常委会第11次委员会议专门听取审议县政府《关于贯彻落实县人大常委会决定清理整顿文化市场情况的报告》，全面分析延寿县文化娱乐场所的现状，指出必须解决的问题，要求有关职能部门加大整顿力度，严格落实整改措施，认真规范延寿县文化市场的发展。为进一步掌握政府有关部门贯彻县人大常委会的决定及整改措施的落实情况，县人大常委会对全县的部分文化娱乐场所进行两次重点检查，发现有关职能部门在工作中存在严重问题，致使一些文化娱乐场所卖淫嫖娼、色情服务现象非但没有得到有效禁止，反而愈演愈烈，形成了“回潮”。人大常委会对工作不力的有关职能部门提出严肃的批评，明确各有关部门的工作职责，要求县政府及有关部门本着对党、对人民负责的态度，加强工作力度，推进查禁工作有突破性进展。

1996年，县人大常委会从加强社会主义民主和法制建设着手，有计划、有步骤地开展“三查（察）”活动，共开展“三查（察）”活动32次。在对《中华人民共和国预算法》《中华人民共和国审计法》检查的基础上，听取县政府《关于实施〈预算法〉、〈审计法〉情况的汇报》，对实施“两法”存在的问题提出改进意见和建议，督促县政府及有关部门依法履行职责。常委会还对《中华人民共和国食品卫生法》《中华人民共和国环境保护法》《中华人民共和国水土保持法》《黑龙江省社会力量办学条例》《黑龙江省建筑市场管理条例》等十几部法律法规的执行情况进行检查。在对《省文化市场管理条例》实施情况进行检查时，除听取有关部门汇报外，还采取明察暗访的方法，了解真实情况，摸清存在的问题和产生的原因，督促县政府及有关部门及时查处违法经营的娱乐场所，加强对文化市场的管理。在对农用生产资料市场情况进行检查时，采取检查与调查相结合的方法，就全县农用生产资料综合服务、农用物资供应等问题进行重点调查，对典型案件进行个案监督，保证全县农用物资的质量和价格平稳。群众对工商行建住宅楼过程中行贿受贿案反映强烈，认为受贿人被判刑，对行贿人放纵不管，纷纷到县人大上访。县人大常委会为维护法律的尊严，保护国家及人民群众的合法权益，对此案在审理过程中存在问题进行监督，排除各种干扰，纠正案件审理过程中存在的问题。常委会坚持依法行使人事任免权，加强对国家机关工作人员的监督。正确处理党管干部原则与国家权力机关依法行使人事任免权的关系，注意与县委的沟通与协调，及时反映对被任命干部的不同意见，注重对被任命干部任职前的考察了解，按照干部的“四化”标准和人民群众的意愿去衡量和选择干部，履行法定任免程序，注重对人事任免事项的审议，充分行使委员集体任免权，执行任职干部的供、述职制度，及时了解，掌握他们的工作情况，使其自觉地接受人大及其常委会的监督，接受人民群众的监督，永葆公仆本色。

十三届人大常委会对“一府两院”的监督

1997 年，县人大常委会对《黑龙江省种子管理条例》落实情况进行监督检查，检查组深入寿山、安山、新村三个乡了解农贸市场情况，走访征求农民和乡村干部的意见，听取有关部门的汇报，查看县化肥库、县种子库和寿山、安山供销社肥药膜经销部以及安山种子站，对发现的问题提出解决办法。常委会为促进农村经济发展，巩固农业基础地位，听取和审议县政府关于农村经济发展情况的汇报，针对延寿县农业整体素质不高、卖粮难现象突出，减轻农民负担出现反弹等问题，提出加快农业产业化进程、加强农田基本建设、保护和调动农民种粮积极性的具体建议和意见。1997 年，常委会对《中华人民共和国刑事诉讼法》《黑龙江省农业机械管理条例》《中华人民共和国水土保持法》《中华人民共和国森林法》《黑龙江省文化市场管理条例》《中华人民共和国乡镇企业法》《哈尔滨市城市供水条例》等 20 余部法律、法规的执法情况进行重点检查，听取和审议有关法律、法规执行情况的报告，对检查后的整改工作跟踪问效，要求县政府及有关部门及时报告办理结果。推动“三五”普法工作的开展，常委会组织部分人大代表进行专题视察，针对少数人对普法工作认识不够端正、组织领导没有完全到位和面上工作进展不够平衡、普法环境不够理想等问题，提出有针对性的建议和意见。常委会向县政府提出关于取消向企事业、职工收取教育基金的建议，县政府及时采纳了这一建议。人大常委会开展纠正办案工作中存在问题的专项检查。如针对群众反映林业派出所办案执法不公问题，对林业派出所办理的案件进行全面的检查中发现的问题，引起林业局领导的重视，及时纠正 6 起错案，并对办案进行严格把关，确保办案工作依法进行。常委会对全县“普九”工作进行检查，对检查中发现的 6 个方面的问题提出 4 项意见和建议，县政府予以采纳。重视信访监督，全年共接待人民群众来信来访 188 件次，处理信访案件 134 件，对 5 批集体上访采取稳定、协调、疏导的方式，经与有关单位沟通，使问题得到妥善解决。8 月，常委会听取和审议县政府《关于 1997 年上半年国民经济和社会发展计划执行情况的报告和 1996 年财政决算及 1997 年上半年财政预算执行情况的报告》，并针对县域经济运行存在的问题提出建议。

1998年，县人大常委会围绕全县税收完成情况，对《中华人民共和国税收征收管理法》和教育费附加的有关规定贯彻执行情况进行检查和视察；对法、检两院执行《中华人民共和国刑法》《中华人民共和国刑事诉讼法》情况进行检查。围绕落实可持续发展战略，检查农田水利建设情况，并对《中华人民共和国环境保护法》《中华人民共和国水土保持法》《中华人民共和国森林法》《中华人民共和国土地管理法》贯彻执行情况进行检查。围绕巩固“普九”成果，促进教育事业发展，对教育“三法”(《中华人民共和国义务教育法》《中华人民共和国教师法》《中华人民共和国教育法》)贯彻执行情况进行检查；围绕整顿市场秩序，规范市场经营行为对《中华人民共和国种子管理条例》和《黑龙江省农作物种子管理条例》的贯彻执行情况进行检查；围绕群众反映的热点问题，对《黑龙江省农民负担管理条例》执行情况进行检查，指出执法部门在法律、法规实施中存在的问题，提出改进意见和建议。贯彻落实中共中央、国务院《关于治理向企业乱收费、乱罚款和各种摊派问题的决定》，县人大常委会对群众反映的乡镇派出所以上微机和换户口本为名向农民乱收费问题进行专项检查，并做出《延寿县人大常委会关于取消部分派出所乱收费的决定》，县公安局按照决定要求将310468元不符合规定的收费全部清退给农民。7月至10月，常委会组织评议全县司法行政工作活动，成立评议工作领导小组和工作机构，制定评议司法行政工作实施方案，印发《致县人大代表的一封信》和《县人大代表评议全县司法行政工作调查表》，组织召开全县评议工作动员大会，广泛发动代表参加评议活动。召开县人大评议工作座谈会和经验交流会，在评议过程中，召开各类座谈会5次，组织发动县乡（镇）两级人大代表500余人参加评议活动，联系和走访群众11625人次，征集批评意见776条，从中筛选出一些问题交有关部门进行处理。

1999年，县人大常委会对24项法律法规的执行情况进行检查。围绕经济发展，增加财政收入，对《中华人民共和国税收征收管理法》《中华人民共和国审计法》贯彻执行情况进行检查；对县政府执行《中华人民共和国消防法》《中华人民共和国老年人权益保障法》情况进行检查；围绕落实可持续发展，重点检查《中华人民共和国环境保护法》《中华人民共和国森林法》《黑龙江省计划生育管理条例》《黑龙江省农民负担管理条例》的贯彻执行情况；围绕整顿市场秩序，规范市场经营行为，对《中华人民共和国种子法》《黑龙江省种子管理条例》《中华人民共和国消费者权益保护法》的贯彻执行情况进行检查；围绕群众反映的热点问题，对延寿镇内自来水水质、城镇建设、检察院决定不起诉案件、无牌照及外地牌照车辆的管理、抓逃犯等工作进行检查或视察；对公安局开展打击黄、赌、毒工作及基层法庭工作开展情况进行检查。9月至11月，县人大常委会组织市、县人大代表评议全县工商行政管理工作。为达到预期效果，成立评议工作领导小组和工作机构，制定评议工商行政工作实施方案，印发《致市、县人大代表的一封信》和《市、县人大代表评议全县工商行政管理工作调查表》，组织召开全县评议工作动员大会，广泛发动代表参加评议活动。总结推广评议典型经验，指导评议工作深入开展，召开县人大评议工作座谈会和经验交流会。在评议过程中，共召开各类座谈会87次，组织发动市县人大代表176人参加评议活动，联系和走访群众1810人次，征集批评意见36条，整理后转交工商局进行整改。认真受理人民群众来信来访，加强个案监督。常委会把受理人民群众来信来访特别是申诉控告案，作为对国家工作人员实施监督的重要渠道。全年共受理人民群众来信来访208件次。对久拖不决有重大影响的典型案件，常委会领导批示，督促有关部门严格依法办理，使7起案件得到公正解决，依法纠正3起处理不当的行政和司法案件。常委会围绕县委关于经济、社会发展战略决策的贯彻实施和改革、建设中的重大问题，重点听取审议县政府《关于1999年上半年国民经济和社会发展计划执行情况的报告》《1998年财政决算和1999年财政预算执行情况等工作报告》。为加强城市规划建设管理，县人大常委会检查城建工作后，要求县政府研究跨世纪城镇建设总体思路，严格按规划实施建设和管理。围绕人民群众关心和反映强烈的热点、难点问题，分别听取和审议县法院、县检察院、县公安局的工作汇报，对依法办案，公正司法，发展公证事业，搞好社会治安综合治理，纠正行业不正之风，加强廉政建设提出许多有益的建议和意见。

2000年，县人大常委会对26项法律法规的执行情况进行检查。围绕经济发展，增加财政收入，对《中华人民共和国税收征收管理法》《中华人民共和国乡镇企业法》贯彻执行情况进行检查；对县政府执行《中华人民共和国治安管理条例》、司法机关打击贪污贿赂工作情况进行检查；围绕落实可持续发展战略，对《黑龙江省流动人口计划生育管理办法》《黑龙江省农民负担管理条例》《黑龙江省城市市容和环境卫生管理条例》《延寿县新城水库自然保护区管理办法》的贯彻执行情况进行检查。围绕整顿市场秩序，规范市场经营行为，对《中华人民共和国种子法》《黑龙江省种子管理条例》《中华人民共和国食品卫生法》《中华人民共和国物价法》的贯彻执行情况进行检查；围绕群众反映的热点问题，对液化气的质量与数量，延寿镇内自来水水质、城乡低压线改造、农村并校、全县发生的纵火案、县法院执行难等工作进行检查或视察；对全县开展打击黄、赌、毒、抓逃犯，民族宗教工作进行检查。常委会会议先后听取和审议县政府及“两院”关于这些法律、法规执行情况的汇报，指出执法部门在法律、法规实施中存在的问题，提出改进工作的意见和建议，并对检查后的整改工作进行跟踪问效。进一步贯彻《中华人民共和国信访条例》，受理人民群众来信来访，加强个案监督工作。常委会把受理人民群众来信来访，作为监督工作的重要渠道。依法纠正了5起处理不当的行政和司法案件，8起案件得到了公正解决。全年共听取和审议“一府两院”工作报告21项，听取和审议县政府关于《2000年上半年国民经济和社会发展计划执行情况的报告》《1999年财政决算和2000年财政预算执行情况等工作报告》，在审议以上报告时，针对影响延寿县企业改革与发展步伐不快，工业结构性矛盾突出，财务监督管理不严等问题，要求县政府大力推进企业改革，加快工业结构调整，提高经济运行质量，把工业经济搞上去，全面发展农村经济，努力增加农民收入，强化税收征管工作，严格控制财政支出，大力发展高新技术产业，提高经济增长的质量和效益，加大扭亏增盈工作力度，开拓内需市场，促进销售，以及扩大对外开放等方面提出建议和意见。为贯彻落实党的十五届四中全会精神，促进农村经济全面发展，县人大常委会配合国家、省、市人大代表对延寿县减轻农民负担及农业产业化经营情况视察，代表们听取审议县政府关于这两项工作的汇报，建议县政府努力发展优势农副产品生产，加强龙头企业和农副产品生产基地建设，健全产业链之间的利益联结机制，大力开拓农副产品市场。县人大常委会对城镇建设及环境卫生工作进行检查，要求县政府在城镇改造时要严格按规划依法有序进行。围绕人民群众关心和反映强烈的热点、难点问题，分别听取和审议县人民法院、县人民检察院、县公安局的工作报告，对依法办案，公正司法，发展公证事业，搞好社会治安综合治理，纠正行业不正之风，加强廉政建设等方面提出建议和意见。监督村民委员会换届选举工作，加强村级政权建设。第五届村委会换届选举是新修订的《中华人民共和国村委会组织法》颁布实施以来的首次村委会换届选举，县人大常委会进行重点监督，做到选举工作目标明确、方法有效、程序清晰，保证选举工作顺利进行。全县162个村有161个村完成换届选举工作，选出161名村委会主任、648名委员。2001年的选举，广大农民群众要求纠正在选举时不合法的问题比较突出，到人大上访较多，县人大常委会对每一起上访都认真接待，配合信访办、民政局妥善处理这些问题，确保选举依法、稳定进行。

2001年，县人大常委会对18项法律法规的执行情况进行检查。为加强农用物资市场管理，防止伪劣化肥、农药、农膜及农作物种子进入市场，打击违法经营和坑农害农行为，确保农业生产再登新台阶。常委会对全县备春耕生产情况以及《中华人民共和国农药管理条例》《黑龙江省农作物种子管理条例》等法规的贯彻执行情况进行检查，并针对检查中发现的问题提出相应的意见和建议。为强化税收征收管理，促进税收计划完成，6月，常委会对全县贯彻《中华人民共和国税收征收管理法》情况进行检查，针对税收工作中存在的问题，提出挖掘税源、培植税源、打击偷税、强化征管、严格执法等意见和建议。为净化延寿县文化市场，促进精神文明建设，丰富人民群众健康向上的文化娱乐生活，常委会对全县文化娱乐场所以及《娱乐场所管理条例》和《黑龙江省文化市场管理条例》的贯彻执行情况进行检查。对检查中发现的部分文化娱乐场所存在无证经营、偷税漏税、色情服务，以及职能部门以罚代管、执法不严等问题，提出加强延寿县文化娱乐场所管理，要求文化、公安等有关部门研究措施，解决存在的问题，促进文化市场和娱乐场所健康发展的建议和意见。7月，常委会对《广播电视管理条例》的贯彻执行情况进行检查，对有线管理、维护费收缴、农村有线电视普及等工作提出建议。为进一步搞好计划生育工作，实现计划生育工作的“两个转变”，常委会于11月对全县计划生育生殖保健工作以及《黑龙江省人口与计划生育条例》贯彻执行情况进行检查。提出要进一步提高认识、加强领导、改善计划生育服务设施、提高工作人员素质、保证经费投入等建议。常委会检查《中华人民共和国义务教育法》的贯彻执行情况，要求巩固“普九”成果，强化基础教育和素质教育。在有计划、有重点地开展执法检查的同时，还根据全年各阶段的重点工作，认真开展视察活动，提高监督工作实效。2001年，先后视察国有企业下岗职工基本生活保障和再就业情况、全县多种经营工作情况、延寿镇居民饮用水质量情况和污水处理工程进展情况、工业企业改革及发展情况、农业和农村经济结构调整情况、增资减债情况、退耕还林情况、粮食收购情况以及农民收入和农民负担情况等，并根据检查中发现的问题，有针对性地提出相应的意见和建议。在视察延寿镇城镇供水和污水处理工程进展情况时，委员们深入新城水源地、自来水公司水处理厂、城镇住宅楼以及污水处理工程现场，调查了解情况，针对防止供水二次污染、保护饮用水源、强化供水企业内部管理、搞好优质服务、加快污水处理工程进度、保证施工质量等问题提出意见和建议。常委会还根据市人大的部署和要求，相继对《中华人民共和国老年人权益保障法》、黑龙江省实施《中华人民共和国老年人权益保障法》条例、《中华人民共和国消防法》、《中华人民共和国保守国家秘密法》、《中华人民共和国档案法》、《中华人民共和国台湾同胞投资保护法》以及《哈尔滨市少数民族权益保护条例》等法律法规的贯彻执行情况进行检查。常委会把执法监督作为监督工作的重点，有针对性地解决公安司法部门工作中存在的有法不依、执法不严、违法不究以及以权代法、以权压法、徇私枉法等弊端，维护司法公正，促进社会生活沿法治化轨道健康发展。为保护当事人的合法权益，维护法律的严肃性。常委会针对法院执行工作力度不够、效率不高、外因干预等问题提出意见和建议，要求县法院要切实加强对案件执行工作的领导，克服畏难情绪，加大执行力度，积极探索执行工作的有效方法，依法惩处拒执行为，切实维护法律尊严。同时要求提高执行人员综合素质，树立良好的执法形象，努力适应执行工作的需要。为落实市人大内务司法委员会关于对超期羁押案件进行专项监督的有关要求，县人大常委会部署公安司法机关开展超期羁押案件清理工作，于 12 月对这项工作进行专项检查，围绕贯彻执行市检察院制定的“两查三书一通报”制度以及严格执行侦察、起诉、审判等环节的法定羁押期限等方面提出意见和建议，经过清理，延寿县 2001 年年末的超期羁押人数下降到多年来的最低水平。

十四届人大常委会对“一府两院”的监督

2002 年，县人大常委会围绕法律、法规实施过程中涉及全县经济发展和群众普遍关注的热点、难点问题开展“三查（察）”活动，特别是加强对经济工作的执法监督。围绕保护、培育和合理利用森林资源，加快延寿县国土绿化，发挥森林蓄水保土、改善环境和提供林产品资源的作用，对全县贯彻执行《中华人民共和国森林法》，实施退耕还林封山育林、植树造林工作的情况进行视察。对《中华人民共和国种子法》和《农药管理条例》等法规的执行情况进行检查。为预防、控制和消除传染病的发生与流行，保障人体健康，推动全县传染病防治工作，根据哈尔滨市人大常委会要求，县人大常委会 5 月对全县贯彻《中华人民共和国传染病防治法》情况进行检查，并针对检查中发现的延寿县传染病发病率已高于全国平均水平等问题，要求各相关部门提高认识，改善防治方法，加大传染病防治知识的宣传力度为人民群众的身体健康提供保障。为保证延寿县民办助学的健康发展，11 月，县人大常委会对全县民办公助学校进行视察，并针对检查中发现的校舍紧张、师资短缺、周边环境差等问题，提出七点建议，以书面形式交县政府落实。常委会加强对公、检、法的监督。针对县公安局在办理身份证时收费超标，引起群众不满的问题，要求县公安局限期整改，严格按照市公安局的规定，每个身份证收费限制在 40~50 元。加强个案监督，处理好人民群众的来信来访。六团镇永兴村村民赵某某上访反映，1996 年被方正县宝兴乡派出所以盗窃耕牛罪错拘，在拘留期间遭受酷刑拷打，逼迫招供，致使腿部残疾。释放后，曾多次上访。2002 年 5 月 30 日，上访到延寿县人大常委会，人大常委会批复法制办进行调查监督。根据调查掌握，赵某某是盗牛者雇用他杀牛的人，并未参与盗牛。此案中办案干警存在明显违法行为，但考虑办案干警隶属于方正县公安局，不属于延寿县人大监督范围。但百姓的冤案不能不管，最后经人大常委会主任会议研究，请市人大内务司法委协助监督，在市内务司法委的联合监督下，最终方正县公安局承认错抓，并同意给受害人赵某某经济赔偿。

2003 年，县人大常委会围绕县委制定的县域经济发展的总体思路和“负重前进快发展，求实苦干建小康”的主题，充分发挥工作监督和法律监督职能，把县委的主张变为人民群众的自觉行动，促进各项工作的开展和落实。常委会听取审议“一府两院”和有关方面的工作报告 12 项，并作出相应的决定、决议。为加强对全县经济运行情况和财政预算执行工作的监督，常委会听取和审议县政府《关于延寿县 2003 年上半年财政预算执行情况及下半年工作安排的报告》《关于延寿县 2003 年上半年国民经济和社会发展计划执行情况的报告》，对县政府经济工作提出继续加大经济结构调整力度，着力解决经济运行中存在的矛盾和问题，提高经济运行质量的建议和意见。为加快全县经济结构调整，促进畜牧业快速健康发展，听取县政府《关于延寿县畜牧业发展情况的报告》。对安山乡万金屯畜牧业发展情况进行专题调查，以安山乡万金屯为典型，分析延寿县在发展畜牧业过程中存在的问题，提出一系列促进畜牧业发展的建议。为加快城镇建设，强化城镇管理，在组织视察和调查的基础上，常委会听取和审议县政府《关于我县城镇建设工作情况的汇报》，并就进一步加大城镇建设力度，保证城镇建设质量，提高城镇建设品位提出建议。针对人民群众反映强烈的居民户口簿换发拖拉的问题，听取县公安局的专题汇报，对公安局换发居民户口簿工作进行监督，使城乡 14495 户居民户口簿拖延 6 年得不到及时换发的问题彻底解决。为县域经济发展提供优质的法律服务和司法保障，加强对公、检、法的监督，创建优良法治环境，常委会审议通过《县人民法院、县人民检察院、县公安局有关案件向县人大常委会报告制度》，规范有序地对公安司法机关进行法律监督。突出对走好四条经济发展的路子相关法律法规的贯彻执行情况开展执法监督。为保护、培育和合理利用森林资源，加快全县国土绿化，发挥森林蓄水保土、调节气候、改善环境和提供林产品资源的作用，促进退耕还林、封山育林、植树造林工作，对县政府贯彻执行《中华人民共和国森林法》情况进行专题视察，提出巩固造林成果，加大护林力度的建议。针对一些代表和广大农民反映在亚麻和万寿菊收购中存在的压等、压价，扣杂扣水过高等问题，常委会组织代表视察亚麻和万寿菊收购情况，并且安排人大代表会同有关部门的同志驻厂监督收购工作。为促进社会主义市场经济健康发展开展执法监督，常委会对县全额财政开支单位和差额开支单位的重大基建项目情况进行调查后发现，因建楼而欠债的问题较为普遍，针对这类问题，对今后的重大建项目的立项、审批等事项提出建议和要求。常委会对移动通信公司和联通通信公司执行《中华人民共和国反不正当竞争法》情况进行检查，规范延寿县通信市场经济秩序。开展对公安司法部门的执法监督。常委会分别对县人民法院、县人民检察院、县公安局开展案件质量情况的执法检查，对严格依法办案、公正司法等工作提出要求。

2004 年，县人大常委会对全县贯彻执行《中华人民共和国森林法》情况进行检查。常委会还对《社会保险费征缴条例》和《黑龙江省扶贫开发条例》等法规的执行情况进行视察。为促进社会治安工作，对农村社会治安工作情况和公安局刑拘人员处理情况进行检查。为了促进安全防火工作，对《中华人民共和国消防法》贯彻实施情况进行检查。为促进司法局工作，检查了司法局法治化管理创建活动情况和农村法治化管理创建活动。为了促进县人民法院依法办案、公正执法，对法院 2003 年 7 月以来刑事案件判处拘、缓、管、免案件质量情况和 2003 年 7 月以来民商事上诉案件情况进行检查。为监督促进县人民检察院工作，对检察院 2003 年以来职务犯罪查处和预防职务犯罪工作情况进行了检查。县人大常委会还组织部分人大代表视察延寿县公安局“两所”工作，针对视察中发现的问题，提出要高度重视监所安全，加大对监所的投入，加强对监所的管理，做到防患于未然。为促进人大常委会对司法机关监督规范化、制度化，制定《延寿县人大常委会对司法机关具体案件实施监督的暂行办法》。认真行使任免权，深化对国家机关工作人员的监督，正确处理党管干部原则与人大依法任命的关系，注重与县委的沟通与协调，使党组织推荐的人选能够被代表和委员接受。全年坚持开展述职评议和工作评议工作。人大常委会坚持依靠群众、民主公开、公平公正、讲求实效的原则，紧紧围绕党的中心工作，讲求针对性，抓住群众关心的热点、难点问题，促进被评议对象依法行政、勤政廉政，促进评议工作规范化、制度化，制定《延寿县人民代表大会常务委员会关于本级国家机关负责工作人员述职评议工作暂行办法》。

2005 年，县人大常委会把增强监督实效作为加强和改进监督工作的重点，积极探索改进监督方式，突出“三查（察）”重点，努力为全县经济发展和社会进步创造优良的法治环境。开展执法检查，保障法律、法规的贯彻实施。针对春季农资价格大幅度上升的趋势，常委会组成视察组深入种子、化肥、农药经销点，实地察看农资销售情况，与部分农户座谈，倾听农民群众对农资市场管理的要求和意见。在视察后，视察组建议进一步加强对农资市场的监管，稳定农资价格，严厉打击制假售假、哄抬物价等违法行为，保障农民利益。对贯彻实施《中华人民共和国水土保持法》情况和农村劳动力转移工作情况进行视察；对《中华人民共和国药品管理法》贯彻实施情况、殡葬工作情况进行检查。常委会组成视察组深入县法院，视察审判工作及机关建设情况，听取县法院工作情况汇报。视察组就县法院工作面临的困难和存在的问题及下一步法院工作提出意见和建议。依法行使人事任免权，强化对被任命干部的监督。2005 年，对县政府副县长、县法院院长、县检察院检察长、县财政局、县建设局、县劳动和社会保障局、县信用联社主要领导进行述职评议。评议考察期间向社会各界发出述职评议民主测评票140多份，广泛听取和征集各方面的意见。改进考察评议方式。考察期间采取面对面谈话和背对背填写征求意见表相结合，为评议人员充分表达真实意愿创造条件。考察组对考察及测评意见采取写实的方式，综合汇总，形成写实报告，为常委会组成人员客观、公正地评议和评价提供较为实际的依据。同时，还请审计部门对评议对象中的法检两院和政府组成部门领导进行经济责任审计。常委会会议专题听取并审议被评议对象的述职报告，以无记名投票的方式对被评议对象的工作做出客观公正的评价。

十五届人大常委会对“一府两院”的监督

2007年，县人大常委会围绕经济社会发展计划和预算执行情况，加强对经济运行质量的监督。常委会听取审议县政府《关于2007年上半年国民经济和社会发展计划执行情况的报告》《关于2007年上半年财政预算执行情况的报告》，提出强化工业强县思想，做好招商引资工作；着眼发展现代农业，扎实推进新农村建设；加快小城镇建设，实现城乡同步发展；做好财政工作，为改革发展稳定提供财力支持、保证等意见和建议。加大对专项工作报告的审议力度。常委会听取和审议县政府关于调整部分规划用地、普法工作、新农村建设工作、工业园区建设、招商引资工作、改善经济发展环境等专项工作报告；听取和审议县人民法院关于执行工作情况和县人民检察院关于预防职务犯罪工作情况的报告。常委会加强对各项法律法规执行情况的监督，积极探索改进“三查（察）”方式，突出“三查（察）”工作重点，全年共开展执法检查4次、工作视察4次、专题调查研究3次、代表团、组“三查（察）”活动20次。针对农民群众反映种子市场存在的问题，常委会检查《中华人民共和国种子法》执行情况，提出进一步加强宣传和教育工作，提高种子经营者守法经营的意识；加强监管，规范种子市场，维护种子市场秩序，保护农民合法权益的建议。保证义务教育的健康发展，组织在延寿县的市人大代表对贯彻实施《中华人民共和国义务教育法》情况进行视察，提出要切实抓好中小学教师队伍建设，提高教育教学质量；优化整合教育网点，合理配置和利用教育资源；提高义务教育阶段的入学率和巩固率，防止辍学现象反弹；要加大学校周边环境的治理力度，以及确保“送子车”安全，严格控制城镇中、小学班额等问题和建议，并要求有关部门及时进行整改。围绕经济和社会发展中的重点问题开展“三查（察）”活动。检查全县贯彻实施《中华人民共和国税收征收管理法》情况，建议加大税收管理工作力度和稽查力度，做到应收尽收，完成和超额完成全年税收任务。针对城镇建设大项目多，建设工期紧等特点，组织视察《中华人民共和国建筑法》贯彻实施情况，提出要按照建设适宜创业、适宜人居、全面发展的城市的要求，严格执行城镇建设规划，统筹城乡发展，提高建设质量和标准，依法加强城镇建设和管理的建议。对新农村建设和招商引资等重点工作，常委会组织委员逐乡视察，对试点村逐村检查，综合分析全县新农村建设和招商引资工作情况，形成综合视察报告转发至乡（镇）党委、乡（镇）政府。常委会检查监所执法和安全管理工作情况，公安局派出所执法工作情况，并视察法院、检察院的全面工作。在视察法院工作时建议要不断提高审判工作的质量和效率，充分发挥法院为经济社会服务的职能作用，为实现县域经济的快发展、大发展提供强有力的法律保障。在视察检察院工作时建议检察院要继续巩固成果，不断提高检察案件质量，发挥检察监督职能，加强班子和队伍建设，创造出更优异的检察业绩。创新“三查（察）”工作方式。在每次检查或视察前都组织有关工作人员学习相关法律法规和业务知识，深入基层，广泛征询意见，了解情况，在检查和视察过程中准确地指明问题，中肯地提出建议。检查和视察后，所提意见综合整理，以文件形式反馈到“一府两院”，并对意见建议办理工作提出明确要求。

2008 年，常委会听取和审议县政府《关于延寿县 2008 年上半年国民经济和社会发展计划执行情况的报告》《关于延寿县 2008 年上半年财政预算执行情况的报告》，提出进一步加快工业园区建设，扩大招商引资成果，扎实推进新农村建设，实现收支平衡等意见。围绕经济社会发展中的重点问题听取和审议县政府关于《中华人民共和国审计法》贯彻实施情况和关于抗旱工作情况的报告，县法院关于刑事案件审判工作情况的报告，县检察院关于法律监督工作情况的报告，分别有针对性地提出审议意见。针对《中华人民共和国审计法》贯彻执行情况，提出要深入扎实地开展《中华人民共和国审计法》宣传活动，努力营造良好的执法氛围；要强化审计职能作用，维护经济秩序；针对刑事审判工作，提出加强审判队伍建设，提高审判人员素质，保证案件质量，维护公平与正义，坚持和完善人民陪审员制度，增强审判工作透明度等建议。针对法律监督工作，提出要加大监督力度，增强监督实效，改进监督工作，完善法律监督机制，提高法律监督能力等意见。“一府两院”采取措施，落实常委会这些专项报告的审议意见。改进“三查（察）”工作的方式方法，科学选定监督内容，突出监督重点，力求取得监督实效。全年开展检查 4 次、工作视察 5 次、专题调研 12 次。围绕改善民生问题，开展“三查（察）”活动。针对事关人民群众切身利益的新型农村合作医疗、城镇居民供水、城乡最低生活保障等工作开展视察、调查和检查。在对新型农村合作医疗工作调研后，调研组建议要进一步强化宣传教育工作；不断改善农村医疗机构基础条件和服务模式，提高医务人员业务素质；降低医院药品价格，保证药品质量；合理确定报销比例，逐步提高报销标准。在视察城镇供水工作中，针对县城自来水供水设备陈旧、管线老化、居民饮用水质量不达标服务不到位等问题，视察组建议县政府要高度重视城镇居民供水工作，尽快解决水源不足和水质不好的问题，要科学规划，改善供水设施，提高供水能力，确保居民吃上安全放心水。针对城乡最低生活保障工作提出相应的意见建议。围绕促进经济发展开展“三查（察）”活动。常委会对以工代赈、土地整理等工作开展视察活动。视察以工代赈工作，代表提出要提高对以工代赈工作的认识，做好立项和项目储备工作，做好资金的争取和配套资金的落实工作，加强以工代赈项目的监督管理等意见建议。对于土地整理工作，参加视察的代表指出，延寿县土地整理项目投入资金多，工程面积大，受益人口多，经济效益、社会效益、环境效益好，对于增加农民收入，稳定粮食产量有作用。同时提出要继续做好项目立项和争取工作，科学管理，扎实推进土地整理项目的实施工作，严格执行工程招投标制、工程建设监理制。围绕法律法规执行情况开展“三查（察）”活动。常委会先后对《中华人民共和国环境保护法》《中华人民共和国治安管理处罚法》等法律法规执行情况进行检查或视察。在检查《中华人民共和国环境保护法》执行情况的过程中，群众反映个别供暖企业用稻壳烧锅炉，烟尘弥漫，空气严重污染，影响了人民群众的生活质量和延寿形象。常委会建议县政府关注群众呼声，重视空气污染问题，尽快研究措施，及早妥善解决。县政府及时研究措施，加强监管，控制空气污染。

2009 年，县人大常委会围绕“人大干部提升素质，人大监督取得实效，监督方式实现创新，监督效果人民满意”这个主题开展学习实践活动，深入贯彻落实《中华人民共和国各级人民代表大会常务委员会监督法》，围绕中心，突出重点，制定并实施年度工作计划，大力支持和推动“一府两院”依法履行职责，充分发挥人大监督对促进依法行政、公正司法和维护人民群众利益的作用。常委会围绕关系全县改革发展稳定大局和人民群众切身利益、社会普遍关注的热点难点问题，有计划、有针对性地听取和审议“一府两院”的专项工作报告，开展“三查（察）”活动，将委员和代表提出的意见建议交“一府两院”及时研究办理，并抓好督办。提高审议质量，强化监督实效。2009 年，常委会共听取审议“一府两院”专项工作报告 10 项，主任会议听取专项工作报告 1 项。围绕经济社会发展计划和预算执行情况，听取和审议县政府《关于延寿县 2009 年上半年国民经济和社会发展计划执行情况的报告》《关于延寿县 2009 年上半年财政预算执行情况的报告》，委员们结合发展实际，提出许多有见地有价值的意见，包括进一步树立工业强县思想，全力做好招商引资工作；着眼发展现代农业，扎实推进社会主义新农村建设；千方百计做好财政工作，为改革发展稳定提供财力支持和保证等。围绕事关经济社会发展的重点问题听取和审议县政府关于扶贫开发与农业综合开发工作情况的报告。鉴于延寿县是国家级扶贫开发重点县又是农业县，建议县政府及有关部门要坚持把扶贫开发和农业综合开发工作摆到突出的位置，强化领导，调整思路，突出重点，加大投入，攻坚克难，促进农村经济社会全面协调发展，为加快建设社会主义新农村进程奠定坚实基础。常委会听取和审议县法院关于审判模式改革工作情况的报告，会议建议要充分认识审判模式改革的重要性，不断深化体制机制改革，完善制度建设，使审判模式改革不断深入，落实司法为民措施，营造出良好的执法氛围。常委会听取和审议县政府关于企业养老保险和事业养老保险工作情况的报告，建议要切实抓好两项保险的扩面工作，千方百计做好保费的征收征缴和管理工作，依法管好用好社保经费。对于群众关注的道路安全事故频发的现象，常委会听取和审议县政府关于《中华人民共和国道路交通安全法》执行情况的报告，就维护道路交通安全，减少事故发生提出相应的意见建议。围绕对人大代表所提意见建议办理情况听取和审议报告。常委会安排听取和审议“一府两院”关于2008年人大代表在“三查（察）”活动和听取审议专项报告中所提意见建议办理情况的报告。注重改进方式方法。将调研工作与视察、检查紧密结合，做到每次视察和检查前必须进行相关内容的调研。通过调研，熟悉情况，发现问题，使监督更具针对性。全年开展检查3次、工作视察5次、专题调研2次，结合听取审议专项报告和开展“三查（察）”活动调研8次。围绕县委中心工作开展“三查（察）”活动。2009年年初，县委制定发展肉鸡养殖的战略部署，县人大常委会及时调整工作计划，将原来关于畜牧业发展状况的调研改为关于肉鸡产业发展前景的调研。调研组深入全县几个乡（镇），向乡（镇）领导、养殖户代表、畜牧专业人员了解情况，对全县发展肉鸡养殖的优势和存在的主要困难进行客观分析，并就如何降低养殖风险、增加养殖收益、促进肉鸡养殖业健康发展提出意见建议。人大的专题调研为肉鸡养殖产业的发展提供参考和借鉴。按照县委关于贯彻市委十二届七次全会精神的有关要求，县人大常委会主任会议成员深入基层，走访企业界代表，开展关于人大代表在经济建设中发挥作用情况的调研活动。围绕保民生促发展开展“三查（察）”活动。常委会对蚂蜒河大堤城南段管护工作情况、旅游业发展状况、职工医疗保险工作情况，人民检察院检委会建设及人民监督员工作情况分别进行了视察检查。在视察蚂蜒河大堤城南段管护工作中，代表们建议有关部门要明确职责，密切配合，做好城南段大堤的绿化、养护、建设和改造工作，将这一区域建设成为延寿城南的景观带，增添延寿县城的活力和灵气。视察检察院工作，代表们对检察院如何继续发挥检察职能，更好地服务于经济建设提出意见和建议。围绕法律法规执行情况开展“三查（察）”活动。常委会先后对《中华人民共和国土地管理法》《中华人民共和国食品安全法》《中华人民共和国职业教育法》《中华人民共和国广播电视条例》等法律法规执行情况进行检查、视察。在视察《中华人民共和国食品安全法》执行情况过程中，代表们建议县政府及各职能部门要进一步建立健全相应的配套制度，明确部门责任，依法搞好监管，各相关部门必须形成共识，密切配合，积极推行联合执法，形成职能清晰、分工明确、协同配合的执法网络体系，提高食品安全监督执法的效果。

2010年，县人大常委会围绕县委的总体部署，听取“一府两院”工作报告，对每项专项工作报告都提出相应的审议意见。围绕经济社会发展计划和预算执行情况加强监督。常委会听取和审议了县政府《关于延寿县2010年上半年国民经济和社会发展计划执行情况的报告》《关于延寿县2010年上半年财政预算执行情况的报告》，委员们提出要牢固树立工业强县思想，全力做好招商引资工作；着眼发展现代农业，扎实推进社会主义新农村建设；加大城镇建设力度，推进城乡建设一体化进程等意见建议。围绕经济社会发展的重点问题加强监督。常委会针对县电网结构不适应经济发展等问题，听取和审议县政府关于电力保障工作情况的专项工作报告，听取和审议县检察院关于专项治理工作情况的专项工作报告，并提出意见和建议。围绕群众关心的热点问题加强监督，针对群众反映的镇内停车场秩序混乱、给排水等基础设施建设滞后等问题，常委会专题听取和审议县政府《关于城镇建设工作情况的报告》，提出要加强城乡建设的规划和管理，统筹城乡建设同步发展，完善停车场、供水、排水等城镇基础设施建设，建立健全城镇管理机制等方面意见和建议。针对群众反映火灾事故频发、救助不及时、消防基础设施建设滞后等问题，常委会专题听取和审议县政府关于贯彻执行《中华人民共和国消防法》工作情况的专项工作报告，提出提高消防工作重要性的认识，加强消防法的宣传教育，加快消防基础设施建设进度，加大消防工作执法力度，提高消防安全保障能力和水平等意见和建议。突出重点，依法行政，搞好法律监督。常委会加强对“一府两院”法律法规执行情况的监督，突出“三查（察）”工作重点。2010年以保民生、保稳定为重点开展“三查（察）”工作。针对《中华人民共和国就业促进法》的宣传力度不够、知晓程度不高，劳动保障平台作用发挥不充分，社区机构薄弱，就业培训工作缺乏实效性等问题，先后视察基层部分人力资源和社会保障网点建设及劳动就业大厅运行情况，建议县政府及各职能部门加强有关就业法律法规的学习宣传，加快就业保障平台建设，加大待业人员的培训指导，抓好各项就业扶持政策的落实等几方面意见和建议。针对农村卫生技术人才匮乏、人员工资待遇较低、农民群众看病就医难、医疗服务水平不高等问题，视察延河、玉河、安山等乡镇卫生院建设及医疗卫生服务情况，建议县政府要充分认识乡镇卫生事业发展的重要性和艰巨性，建立城镇医院对口支援乡镇医疗卫生工作的制度，制定鼓励城镇卫生技术人员到乡镇基层服务的优惠政策，加强农村医生的培训工作，加大财政对农村计划免疫及农村卫生工作的投入力度，切实保证农民就医安全等方面的意见和建议。常委会还对全县教育工作进行视察，重点在加强教育“三个队伍”建设，加强高中阶段教育和教学管理，促进教育均衡发展，提高幼儿教育质量和水平，规范民办教育等方面提出意见和建议。以促进经济发展为重点开展“三查（察）”工作。针对中小企业自身金融实力不强、地方性金融机构缺乏、社会信用担保体系不健全、中介服务体系不完善等诸多不利因素和问题，向县政府提出重视和加强企业融资工作，加强企业信用体系建设，健全信用奖惩机制，放宽金融业的准入条件，建立中小企业发展激励机制，积极争取延寿县金融机构的升级等方面意见和建议。针对部分群众森林保护意识不强，林地纠纷矛盾突出，林业产业化经营发展滞后等问题，对县政府贯彻执行《中华人民共和国森林法》工作进行视察，视察组实地查看蚂蜒河大堤城南段造林绿化、村屯绿化、森林植被保护、林业产业发展等情况。代表们向县政府提出加大对《中华人民共和国森林法》的宣传力度，做好造林绿化工作，切实加强后期管护工作，深化林业产权制度改革，加快推进林业产业化建设等方面意见和建议。以司法机关公正司法为重点开展“三查（察）”工作，从根本上保障和维护群众利益，常委会对法院执行工作进行视察，针对执行工作中存在着涉及乡村政府、特困群体案件执行难、个别干警素质不高、社会联动机制不健全等突出问题，建议县法院要加大执行工作宣传力度，强化执行工作格局，改进执行工作方式方法，拓展司法救助功能，加强对执行工作的领导，加强队伍建设，提高干警业务素质，为执行工作提供有力保障。常委会视察公安局看守所工作，针对监所班子新调整，干警队伍老化，安全管理存在隐患等问题，提出进一步树立依法治所理念，强化内部监督机制，严格分管分押，严格规章制度执行机制，加强节假日探监管理，坚决杜绝监所管理中的违法违纪行为，尊重和保护在押人员的合法权益，完善监所基础设施建设等方面的意见和建议。常委会坚持党管干部和依法任免干部相统一的原则，严格执行任前主任会议审议、法律知识考试、任中供职、任后跟踪监督等制度，规范有序地做好人事任免工作。

十六届人大常委会对“一府两院”的监督

2011 年，县人大常委会搭建代表发挥作用平台，丰富代表民主参与形式，拓展履职空间，监督司法工作，促进司法公正。人大常委会选择6名熟悉法律的人大代表担任检察院人民监督员和法院人民陪审员，参与检察院办案工作和法院审判工作，参加法院、检察院有关执法活动，对两院工作和队伍建设提出意见和建议，每年安排10名人大代表，参与法院窗口单位征求意见活动，提高“两院”执法水平和办案质量。切入政务工作，监督工作落到实处，人大常委会安排10名县人大代表担任政府政务公开监督员，监督政府及其组织部门政务公开、廉洁从政工作。选派4名人大代表全程监督全县国有粮库清仓查库工作，参与行风评议，促进行风好转。每年安排10名人大代表参加对行政执法、经济管理和公共服务等部门的风气评议，代表民意公正评价。加大法治宣传力度，增强各级行政机关依法行政意识，举办法制讲座，对《中华人民共和国森林法》《中华人民共和国统计法》等11部法律进行专题辅导。监督普法工作，听取县政府关于“五五”普法工作情况的报告，对全县普法工作提出意见和建议，开展普法监督。通过视察、检查监督法律法规执行和落实，推动执法部门及其工作人员增强法律意识，强化法律监督职责，促进法律法规正确实施。促进司法公正，保证司法为民。人大常委会采取视察和听取报告等形式，加强对法院执行工作、刑事审判工作的监督；加强对检察院诉讼、打击职务犯罪工作的监督，推动政府依法行政。常委会积极运用检查、视察等形式，对《中华人民共和国道路交通安全法》《中华人民共和国食品安全法》《中华人民共和国职业教育法》《中华人民共和国环境保护法》等法律法规实施情况进行监督。依法开展工作监督，督促工作深度落实。人大常委会以推动工作落实为工作监督着力点，对人代会决定事项，每年都梳理出监督重点，抓好专题落实；把握了解群众关心和反应强烈问题的解决，在行风建设、公正执法、维护群众权益等方面开展专题视察活动10次；把握民生建设和重点环节，对事关改善人民群众生产生活环境的重点工作开展视察、检查活动。常委会对城镇居民饮用水、城乡最低生活保障、新型农村合作医疗、基础教育、学前教育等18项重点工作进行监督。

2012年，县人大常委会围绕县委中心工作和县政府重点工作，系统安排监督工作。研究确定6项重点视察、检查的工作内容，涵盖经济社会、民生事业等各个方面。先后对工业园区、城镇基础设施建设、农村教育发展、贫困群众生活、社会基础建设等进行视察、检查、调研。为县政府提出有针对性、操作性的意见和建议24项70条，得到县政府的高度重视并采取有力措施研究解决。全年参加“三查（察）”活动的代表93人次、常委46人次，参与的相关部门36个，总人数达198人次。人大常委会组织相关部门及人员带着监督题目，深入全县9个乡镇、40余个村屯和县直10多个相关部门开展调研活动，全年开展调研活动9次，参与代表和群众达700余人次。把听证等方法引入监督工作。针对城镇建设总体规划修编等重大问题，组织全体常委和相关部门进行听证和分组审议，广泛听取各方面意见，提升代表意见层次。在十六届人大一次会议上代表提出的“送子车”议案，打破了延寿县人大会议从未提出议案的历史，把代表意见、建议依法纳入监督和落实程序。对常委会任命的政府组成部门主要负责人、法检两院法职人员开展书面述职活动，并将述职报告向代表发放，增进代表对“一府两院”、县政府各部门和全县工作深入系统地了解和监督。

2013 年，县人大常委会围绕群众反映强烈的热点问题，全年开展视察 2 次。开展《中华人民共和国食品安全法》执行情况的视察，提出改善生猪屠宰环境等 5 条建议。开展《中华人民共和国物业管理法》和《哈尔滨市物业管理条例》执行情况的视察，针对供热达标、规范物业管理、物业费收缴等问题，提出加强新老小区建设等 6 条建议。计划性完成检查工作。计划开展 4 次执法检查全部完成，有 30 余名代表参与检查活动。检查《中华人民共和国动物防疫法》贯彻执行情况，就防疫检疫条件差、执法力度弱等问题，提出抓好市场监管等 5 条建议。检查《中华人民共和国城乡规划法》和《哈尔滨市城乡规划条例》贯彻执行情况，就城乡存在私建滥建等问题，提出加强规划执法监督、提高规划管理水平等 5 条建议。检查社会治安综合治理工作，围绕综合治理措施、队伍建设、社会管理创新等问题，提出加强指挥中心建设、优化警力配置等 3 条建议。检查《中华人民共和国道路交通安全法》贯彻执行情况，提出加强道路交通秩序和车辆管理等 5 条建议。自主性完成调研工作。县人大常委会年初确定专题调研 7 项，视察、检查前调研 6 项，安排专项调研 1 次。形成调研报告 14 个，提出工作建议 30 多条。就城乡低保工作中低保户动态管理难度大、“人情保”、“关系保”、“工作保”等问题，提出创新低保动态管理、打造“阳光低保”等 5 条建议；就社会管理创新工作中公共服务能力弱、机制不健全，社区功能行政化明显，自主性不强等问题，提出加强流动人口管理等 5 条建议；就职业教育基础设施薄弱、专任教师不足等问题，提出科学设置专业、加强师资建设等 5 条建议；就代表履职热情不高、结构不尽合理等问题，提出抓好代表素质建设等 4 条建议；就代表建议办理工作中职责交叉、交办不准、办理质量不高等问题，提出提高办理质量、强化办理落实等 3 条建议；就农业产业化程度低、农民专业合作经济组织发展滞后等问题，提出推进标准化生产和规模化经营等 4 条建议；就涉法涉诉信访发展趋势，提出健全机制、强化职责、注重调解等 5 条建议。在县人大工作史上首次启动“专题询问”。以群众反响强烈、问题突出的城镇供热为专题询问主题，县人大常委会组成人员深入小区与居民座谈，针对县级领导、中层干部和城镇居民三个层面发放调查问卷 230 份。人大常委会依据征集的问题，设计询问内容。县人大常委会主任会议成员、常委会组成人员、县政府主管领导、县供热办、集中供热企业、分散供热小区物业负责人、部分社区干部和群众代表，总计100余人参加专题询问会议。采取“边听、边问、边答、边测”的形式，听取县政府汇报，人大常委会组成人员和群众代表提问，人大常委会组成人员当场对所回答问题进行满意度测评。突出第二热源厂建设焦点问题，提出科学统筹规划、解决供需矛盾、加强工作协调、确保居民安全过冬等工作意见。系统性完成民主评议工作。县人大常委会制发《民主评议政府工作部门实施方案》，先后组织县直各部门，中、省、市直部门以及县人大常委会组成人员进行民主推荐，确定县国税局、公安局、国土局、工商局、教育局五部门为被评议对象。围绕执行政策、依法行政、工作实绩、服务大局、作风效能、廉政建设六个方面，采取部门自查、会议述职、民主测评等方法，全面评议五部门工作。直接参与测评层面包括县四个班子成员、乡镇、部委办局主要负责人、人大代表、政协委员和人大常委会组成人员，共计195人，其间收到群众反映意见131件。综合各界测评及被评议对象自评，人大常委会对被评议对象做出客观公正的评价，形成评议工作情况通报，指出社会对被评议部门关注的焦点问题和今后努力方向。规范性完成审议工作。按法定程序，人大常委会审议专项报告6个。听取和审议《县政府关于人大代表建议、批评和意见办理情况的报告》《县政府关于2012年决算和2013年上半年财政预算执行情况的报告》《县政府关于2013年上半年国民经济和社会发展计划执行情况的报告》《县人民法院关于执行工作情况的报告》《县人民检察院关于预防职务犯罪工作报告》等专项报告。县人大常委会首次审议了审计部门对2012年度财政预算执行和其他财政收支情况的审计报告，对存在的突出问题提出规范财政收支管理、提高收入质量等意见。在审议县政府关于2013年上半年国民经济和社会发展计划执行情况时，建议把亚麻纺织业规模化发展、推进新产品开发、逐步延长亚麻产业链列入国民经济和社会发展计划。建设性完成制度完善工作。全年修订完善监督工作、代表工作、机关工作等方面制度13项。经县委常委会批准，制定《县人大常委会审议决定重大事项的规定》《县人大常委会规范性文件备案审查暂行办法》2项重要制度，经人大常委会讨论通过付诸实施。在实施过程中，备案审查《景区管理办法》等规范性文件。县人大常委会贯彻县委意图，依法高质量完成干部任免工作。全年任免“一府两院”干部26人。其中，任命县政府副县长1人，任免政府有关工作部门负责人14人，任命法院副院长1人、中层法职人员4人、人民陪审员6人。

2014年，县人大常委会打破单独依靠人代会听取和审议“一府两院”工作报告的惯例，增加常态化听取工作报告的程序，在推动人代会决议落实上下功夫，常委会听取和审议政府专项工作报告4个，在视察、检查中，听取专项工作汇报6次，听取法、检两院专项工作报告各 1 次，实现由泛泛监督向层类监督转。把监督的重点确立在三大主类上，即监督法律法规的贯彻执行，监督人代会决议贯彻落实，监督代表意见、建议办理。把确定的代表建议，根据轻重缓急划分办理等级，突出问题列为视察内容，重点问题列为检查内容，热点问题列为专题询问内容，建设性问题列为调研内容。为经济社会发展提出意见和建议 60 条。实现由人大职能部门监督向代表广泛参与监督转，改变依靠人大常委会机关职能部门开展监督工作的状况，扩大代表参与监督工作的实践。坚持代表列席常委会会议和参与视察检查工作制度，全年 8 次常委会有 60 名代表列席，有 89 人次参与视察、检查活动；提高代表资源的社会化利用率，有 212 人次参与“一府两院”组织的听证，研讨征求意见活动。人大常委会委员通过“定点、定题、定时”的工作方法，活动在代表和群众中。了解社情民意，调研有关意见、建议和相关法律法规的贯彻落实，实现监督的全面性。

2015 年，县人大常委会开展“三查（察）”工作 12 次，开展视察 2 次。视察医疗卫生事业发展情况总结农村卫生事业发展的经验，针对基本公共卫生服务进展不均衡，行业技术水平相对落后，基本技术人员水平不高等问题，提出制定基层卫生医疗事业中长期发展规划、健全投入机制、强化基层卫生医疗队伍建设等工作建议。视察全县规模以上工业企业发展情况。宣传规模以上企业在县域经济发展中的重要地位，针对企业瓶颈尚未突破、产业支撑较弱、总体规模较小、贡献率较低、可持续发展能力较差等问题，提出加大招商引资力度，优化经济发展环境，向创新型、科技型企业进军等发展建议。开展检查 4 次。组织开展“一法一例”执法检查。按照省、市、县三级联动的部署，召开动员会，制发工作方案，邀请法律专家辅导讲座以及对 27 个重点单位主要领导、主管领导进行法律知识测试等形式，启动执法检查工作。通过专项审查与集中检查相结合，明察与暗访相结合以及向代表和行政相对人发放调查问卷等方式，对贯彻落实“一法一例”情况进行全面检查，对检查中发现的七个方面问题及时向县政府及有关部门反馈。就贯彻执行“一法一例”中的有关问题，开展专题询问。全县 27 个重点行政许可部门和 9 个乡镇负责人到会应询，70 多名群众和行政相对人列席旁听。围绕生态文明建设和绿色发展理念，对全县贯彻执行《中华人民共和国环境保护法》情况进行检查。针对存在的环保意识淡薄、基础设施落后、执法力量不足等问题，提出加强生态保护宣传，改善基础条件，强化监督检查，科学制定“十三五”生态建设规划等若干建议。推动《中华人民共和国预算法》的贯彻执行，检查新预算法执行、部门预算编制公开、预算单位宣传学习《中华人民共和国预算法》等工作情况。针对个别部门对《中华人民共和国预算法》学习宣传重视不够、执行《中华人民共和国预算法》力度不足、预算收入编制科学性不高、预决算公开的内容不规范等问题，提出深入宣传贯彻《中华人民共和国预算法》、进一步完善预算编制、全面加强预算管理、提高财政资金使用效益等工作建议。落实代表意见、建议办理跟踪督办制度，与县政府对接确认65件重点建议，年中听取审议办理工作专项报告，年末组织开展办理情况满意度测评，依据跟踪检查中发现的问题，及时向有关方面反馈办理落实意见19次，代表意见、建议办结率达到83%。开展专题调研6次，围绕农村小学发展状况，农民专业合作社发展情况，人民调解工作情况，人大代表履职载体创建情况，县乡换届面临的形势和任务，蚂蜒河水资源保护立法等内容开展调研活动。其中，蚂蜒河立法调研，得到县委、县政府、县政协及有关部门的支持。县四个班子主要领导出席考察启动仪式，并参与实地明查。考察队历时20多天，对蚂蜒河流域（尚志鱼池乡虎峰岭西南坡的蚂秃岭至方正松南乡入江口）徒步实地勘察，完成对全程340千米的流域水文水质、生态现状、人文特征、生产方式、污染源探查、样品采集等外业考察工作，并通过近2个月内业整理，形成3个专题报告、1个总体考察报告、1部考察专题片和16个立法建议的议案向县人代会提出，市人大十四届三次会议确定为2016年立法议案。县人大常委会会议6次听取和审议县政府《关于国有资产监督管理情况的报告》《财政预算具体项目安排情况的报告》《2015年上半年代表意见、建议办理落实情况的报告》《2015年上半年国民经济和社会发展计划执行情况的报告》《2014年财政决算和2015年上半年预算执行情况的报告》《2014年度财政预算执行情况和其他财政收支审计工作报告》《县政府2015年预算调整方案的报告》以及《县人民法院审判工作情况的报告》《县人民检察院反贪污贿赂工作情况的报告》等9个专项报告，形成审议意见4个、做出决议2项。创新监督方式，综合运用视察、检查、专题询问等监督手段，建立媒体参与的公开方式，在依法监督工作中，利用新闻媒体公开报道视察、检查情况10次，增加监督工作的透明度，建立明察暗访的助推方式。把提前调研与视察、检查相结合，发放调查问卷，走访座谈，征集有关部门和群众意见、建议300多条。围绕“一法一例”贯彻落实，组织常委会委员和人大代表深入行政部门进行暗访，现场听取服务对象的意见，抽查部门行政许可卷宗以及工作人员依法履职情况，发现问题30件，向有关部门反馈工作意见20多条，促进提升依法行政质量和水平。

十七届人大常委会对“一府一委两院”的监督

2017年，县人大常委会坚持务求实效的原则，紧紧围绕全县发展大局，突出“三查

（察）”活动的针对性，监督工作向深层次迈进。围绕民生建设和法律法规的贯彻落实，扎实开展“三查（察）”工作。开展视察2次，对《中华人民共和国种子法》贯彻落实情况开展视察，提出强化执法能力建设等工作意见5项。与县政协联动，组织人大代表和政协委员共同视察产业扶贫工作，提出完善产业扶贫规划等工作意见7项。开展执法检查2次，对9个乡镇贯彻落实《中共中央、国务院关于加强和完善城乡社区治理的意见》情况进行专项检查，提出加强乡镇人大基础建设等意见9项。对《中华人民共和国土地管理法》贯彻落实情况进行专项检查，提出强化土地执法监管等工作意见4项。开展专项工作检查2次。采取明察暗访等形式对行政服务窗口单位依法行政情况进行专项检查，提出对权责清单进行全面清理检查等工作意见4项。对公安基层派出所和刑事拘留所、行政拘留所基础设施建设进行专项检查，提出加大投入力度、合理配置警力等工作意见6项。开展专题调研4次，配合上级部门调研3次。针对建筑市场管理、社区卫生服务、乡镇财政管理、规范性文件备案审查等社会关注的问题开展专题调研，提出有针对性的工作建议23项。配合省、市人大对代表联系群众工作、《中华人民共和国各级人民代表大会常务委员会监督法》和《人大审议决定重大事项制度》贯彻落实情况以及法检两院专项工作情况进行调研，为上级部门提供相关调研成果14项。通过“三查（察）”活动，累计向“一府两院”提出意见和建议58项，向“一府两院”反馈，通报有关情况10次。推行系统监督模式，提高监督质量，把调查研究作为开展监督工作的基础，开展视察、检查前调研7次，为提升视察、检查针对性提供了有力参考。切实发挥常委会审议、审查功能，召开8次人大常委会会议，听取和审议县政府关于审计发现问题整改情况、“七五”普法规划、财政预算执行、调整及决算、国民经济和社会发展计划执行情况等专项报告11项；听取县法院关于审判工作、执行工作2项专项报告，县检察院关于贪污贿赂职务犯罪侦查工作情况的报告。作出相应决议6个。坚持代表参与“三查（察）”活动制度。参与代表达145人次，邀请“一府两院”相关部门人员参与“三查（察）”活动112人次。落实代表建议办理问效机制。实施人大常委会机关职能机构分类督办，代表直接参与意见和建议办理过程的办法，推行“八步流程”落实机制。常委会还专门听取县政府办理情况的专项报告，保证代表意见、建议办理工作实效，办结率达74%。实施财政预算监督新模式。新建并开通了财政预算在线监督平台，县人大财经委与县财政预算管理部门数据联网，实现预算收支情况即时监督。人大常委会落实重大事项审议决定权，通过了县政府棚户区基础设施路网工程建设项目的提请。

2018年，县人大常委会依法履行职能，监督工作实现“五化”目标。以“三查（察）”工作为基础，实现监督事项具体化。服从服务全县大局，明确监督重点，促进人大监督从“节点式”监督向“常态式”监督转变。围绕民生事业，专项视察城镇道路建设和交通安全情况，提出统筹安排城镇道路及基础设施建设规划、加强道路建设和交通管理等工作意见6项；围绕法律执行，对《中华人民共和国职业教育法》和《中华人民共和国预算法》执法情况进行检查，提出建立健全职业教育机制、推动预算管理规范化等工作意见12项；围绕提升工作质效，专项检查行政执法情况和乡镇人大工作情况，提出规范行政执法行为、加强执法队伍建设、依法履行乡镇人大职责等意见13项；围绕工作热点，对秸秆禁烧、美丽乡村文化建设、债券资金使用、代表履职情况、规范性文件备案审查等问题开展专题调研，提出工作建议24项；为上级部门提供相关意见14项。通过“三查（察）”活动，向“一府两院”提出意见和建议40多项，反馈、通报有关情况9次。以代表和群众参与为支撑，实现监督意见民意化。落实代表参与“三查（察）”活动制度，参与代表达85人次。邀请“一府两院”相关部门人员参与“三查（察）”活动112人次。建立代表反映民意直通车制度。做到县人大常委会机关有群众来信来访接待室、乡镇有人大代表之家，实现代表与县人大常委会机关直通、与乡镇代表之家直通、与选民直通。全年接待代表和群众来访60人次，处理解决信访事项15件，其中群众反映的涉法涉诉事项6件、生产生活难题9件。完善群众参与监督工作机制。通过发放调查问卷、征求意见函以及人大网站、微信公众号交流互动等形式，广泛收集代表和群众意见。全年向代表及群众发放调查问卷、征求意见函等1000多份，开展网络征集意见活动2次，收集群众意见建议430余条，梳理有价值信息167条。以发挥常委会作用为保障，实现监督决策专业化，坚持集体审议决策重大事项，促进人大监督从注重代表监督向集中权威监督与代表监督相结合转变。全年召开8次人大常委会会议，听取和审议县政府关于审计发现问题整改情况，财政预算执行调整及决算，国民经济和社会发展计划执行情况、环保工作情况等专项报告9项；作出相应决议5个；听取县法院执行工作情况和县检察院行政检查工作情况的专项报告；专门听取县政府关于代表建议意见办理情况的专项报告；建成并实施人大常委会电子表决系统，推动人大决策科学民主，以强化跟踪督办为手段，实现代表意见办理系统化，高度关注代表意见建议的办理落实，促进人大监督从“柔性”监督向“刚性”监督转变。深化落实“八步流程”工作机制，构建县人大与政府职能部门协调联动模式，与政府召开代表意见建议办理对接会，与相关单位召开办理工作协调会，共同研究问题，形成办理合力。建立通报机制，对代表意见建议办理情况，采取《人大工作交流》期刊通报、人大网站公开等方式，监督办理时效，强化人大职能机构分类督办、建议提出代表直接参与办理过程的跟踪力度。代表直接参与跟踪督办率达70%，代表意见、建议办理答复率达100%。

2019 年，县人大常委会深入贯彻落实中共黑龙江省委转发《省人大常委会关于进一步加强和改进新时代人大监督工作的意见》的通知精神，开展“三查（察）”工作。围绕民生工作视察 2 次，对义务教育均衡发展情况、脱贫攻坚“两不愁三保障”政策落实情况进行专项视察，提出加大教育发展投入，改善教育基础设施，优化教育资源配置；发挥政策支撑作用，梳理明晰脱贫任务，抓好问题整改等意见 10 条。开展专项检查 5 次。围绕法律法规贯彻实施，推动县域经济社会高质量发展，对《中华人民共和国税收征收管理法》《中华人民共和国企业所得税法》《黑龙江省优化营商环境条例》贯彻落实情况开展执法检查 2 次，提出加强重点税源、重点项目管理，完善纳税评估体系，提高税源监控质效；制定和完善优化办理审批流程各项具体措施，推动投资项目并联审批，优化政务服务等建议 11 条。围绕提升工作质效，对人民陪审员发挥作用情况、乡（镇）人大代表联络站建设及作用发挥情况、城镇饮用水安全情况开展工作检查 3 次，提出各类建议 17 条，开展调研 6 次，即围绕乡（镇）人大依法监督、人大代表参与脱贫攻坚、国有资产监督管理、食品安全法贯彻执行、社区矫正工作、河长制贯彻落实进行专题调研，向有关部门提出工作建议 27 条。配合省、市人大开展关于农村危房改造及立法等方面调研，为上级部门提出参考建议 9 条。通过“三查（察）”活动，累计向政府及有关部门提出意见和建议 40 多项，反馈、通报有关情况 7 次。落实全国人大提出的“全链条”“六环节”监督模式，围绕执法检查内容、设计方案、检查前调研、听汇报、召开座谈会、实地察看、明察暗访、随机查阅卷宗、个别访谈，增强执法检查工作实效。在开展《黑龙江省优化营商环境条例》贯彻落实执法检查中，召开检查组与企业人士、相关执法部门座谈会 3 次，进行明察暗访 2 次，访谈企业群众 56 人次，下发征求意见表及调查问卷 80 份，抽查执法卷宗 65 件，并集中组织代表 22 人对行政管理部门、服务窗口工作状态进行实地集中检查，形成有针对性的执法检查报告。围绕群众反映集中的城镇饮用水安全问题，采取专题调研、法律培训、民主测评、代表介入与群众参与相结合等方式，深入基层发现问题，分析原因，提出有针对性的建议。深化落实“八步流程”工作机制，与政府召开代表意见、建议办理对接会、与相关单位召开办理工作协调会，形成办理合力；强化人大职能机构分类督办、建议提出代表直接参与办理过程的跟踪力度。代表直接参与跟踪督办率达 80%，代表意见建议办理答复率达 100%。全年召开 6 次人大常委会会议，听取和审议县政府关于财政预决算等审计发现问题整改情况、财政预算执行、调整及决算、国民经济和社会发展计划执行情况、环保工作情况、国有资产管理情况等专项报告 9 项，作出相应决议 6 个。听取县法院执行工作情况和县检察院行政公益诉讼工作的专项报告。常委会专门听取县政府关于代表建议、意见办理情况的专项报告。严格执行任前法律考试制度、宪法宣誓制度，坚持实行人大常委会任命人员会议供职程序，开展监督对象述职评议工作。全年依据有关提请，任免“一府一委两院”及人大干部 30 名。

2020 年，县人大常委会对全县贯彻实施《黑龙江省优化营商环境条例》情况进行视察，针对宣传贯彻条例力度不够大、只进“一扇门”还需推进、简政放权和优化流程还有差距等问题，提出进一步抓好政务服务大厅建设、营商环境监管、行政效能监督和诚信建设等工作建议 4 项，及时与县政府沟通反馈，政府协同发力、打造合力。保障法律贯彻实施。积极维护法律权威，促进社会公平正义。对《宗教事务管理条例》《关于人民法院执行工作若干问题的规定》开展执法检查，提出有关工作建议 8 项。专题听取县人民法院诉讼服务工作情况和县人民检察院刑事执行检察工作情况 2 项报告，对县检察院公益诉讼工作开展了 1 次专题调研。加强规范性文件备案审查，备案审查县政府提供的《消防安全责任制实施办法》《人工影响天气安全管理实施意见》《农村饮水安全工程运行管理办法》等规范性文件 6 件。配合市人大开展立法调研，借助立法联系点、人大代表联络站，对《哈尔滨市中小学校用地保护条例》等法律文本提供修改意见。关注民生事业改善。针对全民健身基础设施不完善、健身器材维护不及时、群众健身意识不足、健身服务体系不完善等问题，提出加强场地设施建设、完善服务体系、丰富健身活动内容、加大宣传力度等工作建议 6 项。

2021 年，县人大常委会紧跟县委工作步伐，把全县工作大局和工作重点贯穿于监督全过程，监督领域不断拓宽，监督方式不断改进。加强经济运行监督。坚持程序性和实质性监督相结合，听取国民经济和社会发展计划、财政预算执行、财政决算、审计情况报告，针对审计发现问题，建议县政府认真分析原因，积极整改到位，并向常委会报告整改落实情况。为规范大规模债券资金使用，制定《关于加强预算调整审查监督的暂行办法》，对前期要件、政策依据、审批程序等进行明确规范，先后审批县政府关于预算调整、债券结余资金调整 3 次，并正确监督使用，防范化解风险。对《黑龙江省优化营商环境条例》先后开展执法检查和专项视察，提出意见、建议 8 项。开通预算在线监督平台，实施部门预算执行情况的线上监督。助力脱贫攻坚。面对繁重的脱贫攻坚任务，常委会准确切入，助力攻坚。对脱贫攻坚产业扶贫、“两不愁三保障”政策落实、重点产业项目建设等开展专项检查。2021 年，省、市、县人大三级联动，对《中华人民共和国固体废物污染环境防治法》执行情况开展执法检查，推动固体废弃物依法治理工作持续深化；采取前期调研和集中检查相结合、座谈研讨和实地察看相结合、查阅卷宗和现场询问相结合等方式，对《中华人民共和国森林法》《城市市容及环境卫生管理条例》

开展执法检查，强化执法检查的针对性，得到了政府有关方面的重视和积极落实。执法检查全县贯彻落实《城市市容和环境卫生管理条例》情况，针对市容卫生环境现状，提出进一步加大宣传力度，深化责任落实，创新管理体制，增加投入，完善基础设施，加强市容市貌整治等建设性意见。对全县贯彻落实《哈尔滨市文明行为促进条例》情况开展执法检查，提出进一步贯彻落实好条例，各乡镇、各部门要立足职能特点和工作实际进一步明晰工作职责，坚持努力落实与监督执行双向发力，双轮驱动；坚持问题导向，严格执法，通力合作，形成合力，整治难点，补强弱项，同频共振，对标对表，集中整改，治理顽疾等建议。对全县贯彻执行《中华人民共和国森林法》情况开展执法检查。针对检查中发现的爱林护林法制意识淡薄、造林绿化植被修复不均衡、林业工作保障能力不足等问题，提出了 4 条工作建议。在 2021 年脱贫攻坚重点产业项目专项视察中，探索推行与政府对接确认问题，共同把脉会诊的方法，提高视察工作实效。积极维护法律权威。加强规范性文件备案审查工作，备案审查规范性文件 2 件。2021 年，在市人大常委会工作调研中，延寿县规范性文件备案审查工作和立法联系点“四化”建设举措得到了市人大常委会的高度评价，相关做法被市人大网站、公众号采纳发表。

第三节　依法行使任免权

县人大常委会依照《地方组织法》《中华人民共和国人民法院组织法》《中华人民共和国人民检察院组织法》的规定，任免地方国家机关工作人员。县人大常委会人事任免的职权范围是：在县人代会闭会期间，决定个别副县长的任免；在县长和县人民法院院长、县人民检察院检察长因故不能担任职务的时候，从县人民政府、县人民法院、县人民检察院副职领导人员中决定代理的人选；根据县长的提名，决定县人民政府组成人员，即政府序列科（局）长、主任的任免；任免县人民法院副院长、庭长、副庭长、审判委员会委员、审判员；任免县人民检察院副检察长、检察委员会委员、检察员；根据县人大常委会主任会议提名，任免县人大常委会各委、办（室）正副主任；补充任命县人大专门委员会的个别副主任委员和部分委员。决定撤销由常委会任命、决定任命、补充任命和批准任命的地方国家机关工作人员的职务。在县人民代表大会闭会期间，决定接受县人大常委会组成人员、县人大专门委员会组成人员和县长、副县长、县人民法院院长、县人民检察院检察长的辞职请求，并报县人大备案。县人大常委会审议地方国家机关负责工作人员的任命时，拟任职人员需到会作供职发言。决定人事任免事项以全体组成的人员过半数通过有效。经常委会任命的地方国家机关负责工作人员，均需进行宪法宣誓，并颁发由县人大常委会主任署名的任命书。

县八届人大常委会人事任免

县八届人大常委会根据《地方组织法》的规定，本着党管干部的原则，坚持依法任免干部程序，按照法律规定需要上报批准的均上报。对提请任免的干部，提请单位向人大常委会委员详细介绍情况，委员讨论时特别注意“文化大革命”中和党的十一届三中全会以来的政治表现、文化程度、专业知识、组织领导才能、年龄、身体条件的审查，把德才兼备、符合四化标准的干部任用到领导岗位上。

任免名单（部分）

（1980年9月15日；县八届人大常委会第一次会议）

决定任命：

王衍通　县人民政府办主任

王景林　县民政局局长

陈英文　县粮食局局长

杨守刚　县财政局局长

王　福　县工商科科长

冯　波　县教育局局长

孙延生　县农业局局长

王焕章　县林业局局长

李长平　县交通科科长

张　申　县水利科科长

张　延　县人事监察局局长

张荫民　县统计局局长

郑世祥　县公安局局长

李春普　县税务局局长

杨凤兰　县卫生局局长

戴　治　县联社主任

赵文儒　县建设科科长
赵成选　县工业科科长
郑子安　县商业局局长
都炳泽　县畜牧局局长
於福全　县劳动科科长
张　伦　县广播电视局局长
阎庆林　县外贸科科长
崔长林　县经委主任

（1980 年 10 月 7 日；县八届人大常委会第二次会议）

任命：

闻宝春　县人民检察院检察员
郑延生　县人民检察院检察员
权重根　县人民检察院检察员
郝永春　县人民检察院检察员
丁喜文　县人民检察院检察员
张淑洁　县人民检察院检察员

（1980 年 12 月 19 日；县八届人大常委会第三次会议）

任命：

兰承烈　县人民法院副院长、审判委员会委员
刘庆宝　县人民法院审判委员会委员、刑事审判庭庭长
李昌浩　县人民法院审判委员会委员、加信人民法庭庭长
赵振刚　县人民法院审判员
赵邦振　县庆阳农场人民法庭审判员
耿德贵　县人民检察院检察员
胡勤先　县人大常委会法制组副组长
闻宝春　县人大常委会文卫组组长

（1980 年 12 月 12 日；县八届人大常委会第三次会议）

免去：

胡勤先　县人民法院审判员

闻宝春　县人民检察院检察员

姜锡镛　县人民法院审判员

（1981 年 2 月 19；县八届人大常委会第四次会议）

决定免去：

王景林　县民政科科长

免去：

徐庆和　县人大常委会办公室副主任

（1981 年 3 月 21 日；县八届人大常委会第五次会议）

任命：

王春芝　县人大常委会办公室副主任

（1981 年 5 月 30 日；县八届人大常委会第六次会议）

任命：

王振廷　县人民法院副院长

郑越平　县人大常委会经济组副组长

免去：

张淑洁　县人民检察院检察员

（1981 年 6 月 12 日；县八届人大常委会第九次会议）

任命：

冯国祥　县人民检察院检察长

崔延彬　县人民检察院副检察长

冯国祥　县人民检察院检察委员会委员

崔延彬　县人民检察院检察委员会委员
郑延生　县人民检察院检察委员会委员
权重根　县人民检察院检察委员会委员
郝永春　县人民检察院检察委员会委员
丁喜文　县人民检察院检察委员会委员

（1981 年 12 月 11 日；县八届人大常委会第十次会议）
任命：
崔忠守　县人民法院审判员、经济审判庭庭长

免去：
闻宝春　县人大常委会科教组组长
胡勤仙　县人大常委会法制组副组长

（1981 年 12 月 2 日；县八届人大常委会第十一次会议）
决定免去：
张金凯　县人民政府副县长

（1982 年 3 月 19 日；县八届人大常委会第十二次会议）
任命：
郑越平　县人大经济办公室副主任
李树柏　县人大科技文教办公室副主任
蒋国学　县人大法制办公室副主任
崔中守　县人民法院审判委员会委员
赵振刚　县人民法院民事审判庭副庭长、审判委员会委员
马如印　县人民检察院检察员

（1982 年 3 月 20 日；县八届人大常委会第十二次会议）
免去：
郑越平　县人大经济组副组长

（1982年9月25日；县八届人大常委会第十五次会议）

决定任命：

张　延　县人民政府办公室主任

国春久　县人事科科长

曲长发　县农业科科长

尹振臣　县林业局局长

贾　昆　县水利科科长

玄世富　县农机局局长

战　斗　县第二工业科科长

巴庆余　县工商行政管理局局长

王成贵　县供销合作社主任

郑士贵　县教育科科长

刁长山　县文化科科长（兼）

张　伦　县广播科科长

任命：

耿长山　县人民检察院检察员

（1982年9月27日；县八届人大常委会第十五次会议）

决定免去：

王衍通　县人民政府办公室主任

冯　波　县教育科科长

姚洪生　县第二工业科科长

王焕章　县林业局局长

王　福　县工商行政管理局局长

张　延　县人事科科长

免去：

李树柏　县人大常委会科教办副主任

（1982 年 12 月；县八届人大常委会第十六次会议）

任命：

彭延杰　县人民检察院检察员

（1983 年 1 月 18 日；县八届人大常委会第十八次会议）

任命：

王凤翔　县人民检察院副检察长、检察委员会委员

（1983 年 6 月 17 日；县八届人大常委会第十九次会议）

决定任命：

赵成选　县基本建设委员会主任

战　斗　县工业科科长

任命：

于元滨　县人大常委会科教办公室副主任

接受辞职：

冯国祥　县人民检察院检察长

决定免去：

赵成选　县工业科科长

战　斗　县第二工业科科长

梁　超　县电业局局长

苗化甫　县建设银行行长

闫庆林　县外贸科科长

免去：

兰承烈　县人民法院副院长

（1983 年 7 月 22 日；县八届人大常委会第二十次会议）

决定代理：

张文艳　县人民检察院代理院长

（1983 年 9 月 27 日；县八届人大常委会第二十一次会议）

任命：

崔广金　县人民检察院检察员、检察委员会委员

常文权　县人民检察院检察员

耿德贵　县人民检察院检察委员会委员

耿长山　县人民检察院检察委员会委员

（1983 年 9 月 30 日；县八届人大常委会第二十一次会议）

免去：

权重根　县人民检察院检察委员会委员

（1984 年 1 月 12 日；县八届人大常委会第二十三次会议）

决定任命：

李复华　县人民政府副县长

申龙日　县人民政府副县长

决定代理：

邵志忠　县人民政府代理县长

接受辞职：

张金凯　县人民政府县长

（1984 年 1 月 13 日；县八届人大常委会第二十三次会议）

决定免去：

蔡雨池　县人民政府副县长

（1984 年 1 月 28 日；县八届人大常委会第二十四会议）

决定任命：

孙延生　县农业局局长

胡新民　县经济委员会主任

杨守刚　县财政局局长

张　申　县交通局局长

国春久　县人事监察局局长

赵成选　县城乡建设环保局局长

曲长发　县民政局局长

郑士贵　县劳动局局长

朱　平　县物价局局长

晁秀山　县税务局局长

马广印　县文化局局长

王衍通　县计划委员会主任

甄殿卿　县公安局局长

杨立臣　县商业局局长

吴荣举　县卫生局局长

邹安正　县体育运动委员会主任

王喜玉　县科学技术委员会主任

江世光　县教育局局长

白国忠　县水利局局长

决定代理：

陈维新　县人民检察院代理院长、检察委员会委员

任命：

刘庆宝　县人民法院副院长

张凤琴　县人民法院副院长、延寿县人民法院审判委员会委员

耿长山　县人民检察院副检察长

杨柱山　县人大常委会办公室副主任

王春芝　县人大常委会人事办公室主任
于元滨　县人大常委会科教办公室主任

免去：
张文艳　县人民检察院代理检察长、检察委员会委员
刘庆宝　县人民法院刑庭庭长
耿长山　县人民检察院检察员
王春芝　县人大常委会办公室副主任
于元滨　县人大常委会科教办公室副主任
蒋国学　县人大常委会法制办公室副主任

决定免去：
曲长发　县农业科科长
郑士贵　县教育科科长
朱　平　县物资局局长
刁长山　县文化科科长
贾　昆　县水利科科长
郑士祥　县公安局局长
张　伦　县广播科科长
赵文儒　县税务局局长
郑子安　县商业科科长
王成贵　县供销合作社主任
都炳泽　县畜牧科科长
崔长林　县经济委员会主任
王文生　县社队企业局局长
於福权　县劳动科科长
黄亚峰　县计量科科长
陈英文　县粮食局局长
刘兴树　县水利科科长
玄世富　县农机局局长

杨凤兰　县卫生科科长
战　斗　县工业科科长

县九届人大常委会人事任免

县九届人大常委会在审议任免过程中，从适应体制改革和开创新局面的需要出发，本着“不走形式、认真负责、行使权力”的原则，对任职干部考核审查，坚持标准，依法办事。

任免名单（部分）

（1984 年 4 月 30 日；县九届人大常委会第一次会议）

决定任命：

张　延　县人民政府办公室主任
王衍通　县计划委员会主任
胡新民　县经济委员会主任
王喜玉　县科学技术委员会主任
邹安正　县体育运动委员会主任
曲长发　县民政局局长
甄殿卿　县公安局局长
郑士贵　县劳动局局长
国春久　县人事监察局局长
赵成选　县城乡建设环境保护局局长
张　申　县交通局局长
朱　平　县物价局局长
巴庆余　县工商行政管理局局长
杨守刚　县财政局局长
晁秀山　县税务局局长
杨立臣　具商业局局长
吴荣举　县卫生局局长
马广印　县文化局局长
江世光　县教育局局长

白国忠　县水利局局长

尹振臣　县林业局局长

卢文志　县农业局局长

任命：

金光日　县人民法院审判员、刑事审判庭副庭长

赵兴忠　县人民法院审判员、民事审判庭副庭长

郑守田　县人民法院审判员

（1984 年 10 月 4 日；县九届人大常委会第三次会议）

决定任命：

张德山　县人事监察局局长

王国柱　县粮食局局长

那瑞琴　县工农教育委员会办公室主任

决定免去：

国春久　县人事监察局局长

（1984 年 11 月 24 日；县九届人大常委会第四次会议）

决定任命：

胡新民　县人民政府副县长

曹秉俊　县经济委员会主任

决定免去：

胡新民　县经济委员会主任

（1985 年 2 月 7 日；县九届人大常委会第五次会议）

任命：

李　春　县人大常委会办公室副主任

金太玉　县司法局局长

国俊卿　县人民检察院检察员
王喜武　县人民检察院检察员

（1985 年 6 月 6 日；县九届人大常委会第七次会议）
决定任命：
胡国兴　县计划生育委员会主任

决定代理：
王凤翔　县人民法院代理院长、审判委员会委员

任命：
王茂盛　县人民检察院副检察长、检察委员会委员

接受辞职：
李树文　县人民法院院长

免去：
王凤翔　县人民检察院副检察长、检察委员会委员
丁喜文　县人民检察检察员、检察委员会委员

决定免去：
赵成选　县城乡建设环保局局长

（1985 年 7 月 27 日；县九届人大常委会第八次会议）
决定任命：
吕连生　县建设委员会主任

任命：
崔永华　县人民法院审判员、刑事审判庭副庭长
杨培鲁　县人民法院审判员、经济审判庭副庭长

王贺章　县人民法院审判员

彭延杰　县人民检察院检察委员会委员

常文全　县人民检察院检察委员会委员

（1985 年 12 月 30 日；县九届人大常委会第十次会议）

任命：

李树文　县人民法院审判员

魏振凯　县人民法院审判员、延寿镇人民法庭副庭长

张延超　县人民法院审判员、延河镇人民法庭副庭长

王贺章　六团镇人民法庭副庭长

冯　云　县人民法院审判员

张文芳　县人民法院审判员

（1986 年 1 月 29 日；县九届人大常委会第十一次会议）

决定任命：

张荫民　县统计局局长

任命：

郑越平　县人大常委会经济办公室主任

免去：

郑越平　县人大常委会经济办公室副主任

杨柱山　县人大常委会办公室副主任

（1986 年 3 月 26 日；县九届人大常委会第十二次会议）

决定任命：

卢世儒　县审计局局长

（1986 年 6 月 26 日；县九届人大常委会第十三次会议）

任命：

钱兴鹏　庆阳农场法庭审判员、法庭副庭长

（1986 年 9 月 27 日；县九届人大常委会第十五次会议）

决定任命：

杜凤笙　县工商行政管理局局长

李　德　县科学技术委员会主任

决定免去：

巴庆余　县工商行政管理局局长

邹安政　县体育运动委员会主任

王喜玉　县科学技术委员会主任

（1987 年 3 月 5 日；县九届人大常委会第十七次会议）

免去：

郑延生　县人民检察院检察委员会委员、检察员

（1987 年 4 月 6 日；县九届人大常委会第十八次会议）

接受辞职：

邵志忠　县人民政府县长

（1987 年 4 月 7 日；县九届人大常委会第十八次会议）

决定代理：

范德武　县人民政府代理县长

决定任命：

刘　锋　县人民政府副县长

胡显峰　县土地管理局局长

决定免去：

那瑞琴　县工农教育委员会办公室主任

（1987 年 6 月 25 日；县九届人大常委会第十九次会议）

免去：

于元彬　县人大常委会科教办公室主任

王之秀　县人大常委会法制办公室副主任

决定任命：

祁德范　县标准计量局局长

臧志民　县乡镇企业管理局局长

王有义　县经济体制改革委员会主任

战　斗　县经济技术协作委员会主任

宁国武　县物资局局长

张维民　县工业局局长

（1987 年 7 月 12 日；县九届人大常委会第二十次会议）

决定任命：

史跃德　县环境保护局局长

吴　贵　县物价局局长

周铭德　县司法局局长

周文选　县水利局局长

任命：

李　春　县人大法制办公室主任

苏彦华　县人大科教办公室主任

赵玉江　县人大常委会办公室副主任

金光日　县人民法院刑事审判二庭庭长、县人民法院审判委员会委员

崔永华　县人民法院刑事审判一庭庭长、县人民法院审判委员会委员

决定免去：

金太玉　县司法局局长

朱　平　县物价局局长

白国忠　县水利局局长

免去：

李　春　县人大常委会办公室副主任

张凤琴　县人民法院副院长、审判委员会委员、审判员

县十届人大常委会人事任免

县十届人大常委会适应干部管理制度改革，完善任免工作，第八次会议审议通过了《延寿县人大常委会人事任免暂行办法》，对任免范围、任免程序、表决方式和任免人员的考核监督等做了详细规定，主要改进三个方面：改过去举手表决为无记名投票表决，委员能按照自己的意志充分行使权利；被任命的干部到会作供职发言，有利于委员更多了解拟任干部的情况，也利于增强被拟任干部的意识和法制观念；加强对被拟任干部任免前的考核和任职后的监督。常委会还同县委、县政府和两院以及组织部、人事局等主管部门就人事任免工作举行职席会议，总结任免工作，研究和探讨贯彻任免暂行办法。理顺党委推荐、政府提请和人大任免的关系。推进依法任免干部的民主化程度。做到三个坚持：严格依法办事，执行《地方组织法》关于任免国家工作人员的有关规定和省、县人大常委会人事任免工作条例及办法；坚持对党负责和对人民负责的一致性，既贯彻党委意图，又尊重委员的民主权利，正确处理常委推荐和依法任免的关系；坚持无记名投票表决拟任干部到会做供职报告和颁发任免证书。

任免名单（部分）

（1987 年 10 月 22 日；县十届人大常委会第一次会议）

决定任命：

臧志民　县政府办公室主任

王衍通　县计划委员会主任

曹秉俊　县经济委员会主任

李　德　县科学技术委员会主任
战　斗　县经济技术协作委员会主任
王有义　县经济体制改革委员会主任
吕连生　县建设委员会主任
胡国兴　县计划生育委员会主任
吴士周　县民族事务委员会主任
贾　昆　县民政局局长
张德山　县人事监察局局长
郑士贵　县劳动局局长
张荫民　县统计局局长
吴　贵　县物价局局长
宁国武　县物资局局长
甄殿卿　县公安局局长
周明德　县司法局局长
杨守刚　县财政局局长
杨立臣　县商业局局长
张　延　县粮食局局长
晁秀山　县税务局局长
卢士儒　县审计局局长
张文生　县工商行政管理局局长
张维民　县工业局局长
张　申　县交通局局长
史跃德　县环境保护局局长
祁德范　县计量局局长
韩明皋　县乡企局局长
卢文志　县农业局局长
尹振辰　县林业局局长
周文选　县水利局局长
胡显峰　县土地局局长
江世光　县教育局局长
马广印　县文化局局长

吴荣举　县卫生局局长
吴　迪　县广播电视局局长

任命：
黄庆新　延寿县人大常委会人事办公室副主任
金光日　延寿县人民法院副院长

（1987 年 12 月 29 日；县十届人大常委会第二次会议）
决定任命：
刘嘉量　延寿县人民政府副县长

接受辞职：
王太生　县第十届人民代表大会常务委员会委员

（1988 年 3 月 22 日；县十届人大常委会第三次会议）
任命：
赵兴忠　延寿县人民法院经济审判庭庭长、审判委员会委员
郑守田　延寿县人民法院刑事审判二庭副庭长

免去：
赵兴忠　县人民法院民事审判庭副庭长
崔忠守　县人民法院经济审判庭庭长、审判委员会委员

决定免去：
吴荣举　县卫生局局长

（1988 年 5 月 6 日；县十届人大常委会第四次会议）
决定任命：
宋志新　县监察局局长

决定免去：

祁德范　县标准计量局局长

（1988 年 8 月 25 日；县十届人大常委会第六次会议）

任命：

冯　云　县人民法院行政审判庭副庭长

唐振华　县人民法院审判员

决定任命：

宋克云　县卫生局局长

王向东　县环境保护局局长

吴士宣　县体育运动委员会主任

决定免去：

史跃德　县环境保护局局长

战　斗　县经济技术合作委员会主任

（1989 年 1 月 20 日；县十届人大常委会第九次会议）

免去：

崔永华　县人民法院审判委员会委员、刑事审判一庭庭长、审判员

（1989 年 3 月 17 日；县十届人大常委会第十次会议）

任命：

赵秋光　县人民法院审判员、刑事审判一庭庭长、审判委员会委员

决定免去：

尹振辰　县林业局局长

江世光　县教育局局长

免去：

王茂盛　县人民检察院副检察长、检察委员会委员

（1989 年 6 月 3 日；县十届人大常委会第十一次会议）

任命：

李昌浩　县人民法院审判员、民事审判庭庭长

郑守田　县人民法院刑事审判二庭庭长

魏振凯　县人民法院执行庭庭长

唐振华　县人民法院延寿法庭庭长

彭延杰　县人民检察院副检察长

陈学博　县人民检察院检察员

陆德才　县人民检察院检察员

决定任命：

李同敬　县人民政府副县长

江世光　县广播电视局局长

孙永锡　县审计局局长

免去：

李昌浩　县人民法院加信法庭庭长

郑守田　县人民法院刑事审判二庭庭长

魏振凯　县人民法院延寿法庭副庭长

（1989 年 7 月 25 日；县十届人大常委会第十二次会议）

决定任命：

邱学昌　县乡镇企业管理局局长

冯延戎　县农业局局长

卢文志　县土地管理局局长

张延禄　县监察局局长

宋志新　县税务局局长

陈福林　县公安局局长
王太生　县教育局局长
杨培勤　县林业局局长
梁　平　县经济技术协作委员会主任
金镇安　县人事局局长
张德山　县标准计量局局长
杜春光　县农业委员会主任

任命：
赵玉江　县人大信访办主任
金　涛　县人大法制办副主任

决定免去：
卢文志　县农业局局长
宋志新　县监督局局长
张德山　县人事局局长
胡显峰　县土地管理局局长
韩鸣皋　县乡镇企业管理局局长
晁秀山　县税务局局长
甄殿卿　县公安局局长

免去：
李　春　县人大常委会法制办主任

（1989年10月10日；县十届人大常委会第十三次会议）
决定任命：
刘同富　县人民政府副县长

决定免去：
刘　锋　县人民政府副县长

（1989 年 11 月 4 日；县十届人大常委会第十四次会议）

决定任命：

胡新民　县人民政府副县长

决定免去：

申龙日　县人民政府副县长

（1989 年 12 月 28 日；县十届人大常委会第十五次会议）

免去：

李树文　县人民法院审判员、审判委员会委员

（1990 年 1 月 26 日；县十届人大常委会第十六次会议）

决定任命：

徐志文　县人民政府副县长

刘兆亿　县人民政府副县长

（1990 年 2 月 23 日；县十届人大常委会第十七次会议）

决定代理：

徐志文　县人民政府代理县长

接受辞职：

范德武　县人民政府县长

决定免去：

李复华　县人民政府副县长

江世光　县广播电视局局长

（1990 年 4 月 18 日；县十届人大常委会第十九次会议）

决定任命：

王德坤　县粮食局局长

王化乡　县司法局局长
刘万庆　县审计局局长
王忠信　县广播电视局局长
王太生　县教育委员会主任

任命：
李　春　县人大常委会法制办公室主任
祝振玺　县人大常委会选举办公室（副）主任
薛晓峰　县人民检察院检察员、刑一科副科长
郑守田　县人民法院审判委员会委员
孙宝银　县人民法院审判员、玉河人民法庭副庭长

决定免去：
刘嘉量　县人民政府副县长
张　延　县粮食局局长
周铭德　县司法局局长
孙永锡　县审计局局长

（1990 年 5 月 14 日；县十届人大常委会第二十次会议）
任命：
杨守刚　县人大常委会选举办公室主任

决定任命：
郭玉昆　县公安局局长
张春雨　县财政局局长
张峰水　县劳动局局长
赵玉江　县工业局局长

免去：
赵玉江　县人大常委会办公室副主任兼人大常委会信访办公室主任

决定免去：

陈福林　县公安局局长

杨守刚　县财政局局长

郑士贵　县劳动局局长

张维民　县工业局局长

（1990 年 8 月 31 日；县十届人大常委会第二十一次会议）

决定任命：

尹　太　县人民政府副县长

任命：

耿长山　县人民检察院代理检察长

（1990 年 9 月 22 日；县十届人大常委会第二十二次会议）

决定任命：

白国忠　县物资局局长

任命：

王福军　县人大常委会办公室副主任、县人大常委会信访办公室主任

决定免去：

宁国武　县物资局局长

（1991 年 1 月 8 日；县十届人大常委会第二十四次会议）

任命：

国俊卿　县人民检察院副检察长

决定免去：

卢世儒　县审计局局长

县十一届人大常委会人事任免

县十一届人大常委会的人事任免工作重点抓了干部素质的提高。注意三个方面的工作：尊重县委意图，随时沟通情况；系统听取代表和群众意见；加强对干部意识的教育。凡是经县人大常委会任命的干部，群众反应较大，一时把握不准的采取缓任的办法，把问题交有关部门查证核实后，再提请常委会审议决定任免。保证对党委、群众和干部本人的负责；达到教育干部的目的；保证事业不受损失；增强领导干部的公仆意识，树立为人民服务的观念；提高依法办事的自觉性。

任免名单（部分）

（1991 年 3 月 20 日；县十一届人大常委会第一次会议）

决定任命：

陈福林　县司法局局长

（1991 年 4 月 18 日；县十一届人大常委会第二次会议）

决定任命：

臧志民　县人民政府办公室主任
王衍通　县计划委员会主任
吴世周　县民族事务委员会主任
杜春光　县农业委员会主任
李　德　县科学技术委员会主任
曹秉俊　县经济委员会主任
胡国兴　县计划生育委员会主任
吴世宣　县体育运动委员会主任
陈　福　县经济体制改革委员会主任
张峰水　县劳动局局长
张荫民　县统计局局长
金镇安　县人事局局长
吴　贵　县物价局局长
张延禄　县监察局局长
王忠信　县广播电视局局长

贾　昆　县民政局局长
郭玉昆　县公安局局长
白国忠　县物资局局长
赵玉江　县工业局局长
张　申　县交通局局长
张德山　县技术监督局局长
王向东　县环境保护局局长
冯延戎　县农业局局长
周文选　县水利局局长
邱学昌　县乡镇企业管理局局长
张春雨　县财政局局长
杨立臣　县商业局局长
王得坤　县粮食局局长
刘万庆　县审计局局长
张文生　县工商行政管理局局长
马广印　县文化局局长
宋克云　县卫生局局长
柳长林　县档案局局长
王大野　县矿产资源管理局局长

任命：
吴　迪　县人民法院副院长

（1991 年 7 月 5 日；县十一届人大常委会第四次会议）
任命：
王福军　县人大常委会办公室主任
祝振玺　县人大常委会办公室副主任
吴　迪　县人民法院审判委员会委员
张延超　县人民法院民事审判庭庭长、审判委员会委员
李　友　县人民法院审判员、延河人民法庭副庭长

程文海　县人民法院审判员、六团人民法庭副庭长
崔俊福　县人民法院审判员、安山人民法庭副庭长

决定任命：
张志民　县林业局局长
王太生　县教育委员会主任
卢文志　县土地管理局局长

免去：
庞善政　县人大常委会办公室主任
王福军　县人大常委会办公室副主任、人大信访办公室主任
祝振玺　县人大常委会选举办公室副主任
李昌浩　县人民法院民事审判庭庭长、审判委员会委员
张延超　县人民法院延河法庭副庭长

（1991 年 11 月 5 日；县十一届人大常委会第六次会议）
接受辞职：
张东辉　县人民政府副县长

（1992 年 1 月 15 日；县十一届人大常委会第八次会议）
决定任命：
李延超　县劳动局局长
程万昌　县民政局局长
赵国有　县统计局局长
崔雨龙　县民族事务委员会主任

决定免去：
张峰水　县劳动局局长
贾　昆　县民政局局长
张荫民　县统计局局长

吴世周　县民族事务委员会主任
吴世宣　县体育运动委员会主任

免去：
郑越平　县人大经济办主任

（1992 年 2 月 25 日；县十一届人大常委会第九次会议）
决定任命：
王德显　县体育运动委员会主任

（1992 年 4 月 8 日；县十一届人大常委会第十一次会议）
任命：
李秀林　县人大常委会经济办公室主任
黄庆新　县人大常委会人事办公室主任

（1992 年 7 月 14 日；县十一届人大常委会第十三次会议）
决定任命：
李　云　县工业局局长
赵玉江　县经济委员会主任
刘延清　县对外经济协作委员会主任

任命：
唐振华　县人民法院告诉申诉庭庭长
周远忠　县人民检察院检察员
张清江　县人民检察院检察员
于桂兰　县人民检察院检察员

决定免去：
曹秉俊　县经济委员会主任
赵玉江　县工业局局长

免去：

郑守田　县人民法院告诉申诉庭庭长、审判委员会委员

唐振华　县人民法院延寿法庭庭长

孙宝银　县人民法院玉河法庭副庭长

（1992 年 9 月 8 日；县十一届人大常委会第十四次会议）

决定任命：

吕连生　县建设委员会主任

董延松　县财政局局长

王孝轩　县林业局局长

决定免去：

张春雨　县财政局局长

张志民　县林业局局长

（1993 年 4 月 9 日；县十一届人大常委会第十七次会议）

决定任命：

潘守阳　县林业局局长

决定免去：

王孝轩　县林业局局长

（1993 年 8 月 2 日；县十一届人大常委会第十九次会议）

决定任命：

臧志民　县公安局局长

李立柱　县建设委员会主任

刘延清　县物资局局长

王忠信　县统计局局长

白国忠　县对外经济协作委员会主任

邹占军　县人民政府办公室主任

任延成　县广播电视局局长
宋有金　县计划委员会主任

任命：
王素琴　县人民代表大会常务委员会选举办公室副主任

决定免去：
郭玉昆　县公安局局长
臧志民　县人民政府办公室主任
刘延清　县对外经济协作委员会主任
王忠信　县广播电视局局长
白国忠　县物资局局长
吕连生　县建设委员会主任
张延禄　县监察局局长
陈福林　县司法局局长
赵国有　县统计局局长

（1993 年 9 月 28 日；县十一届人大常委会第二十次会议）
决定任命：
金秀吉　县人民政府副县长

（1993 年 10 月 30 日；县十一届人大常委会第二十一次会议）
任命：
宋长文　庆阳农场法庭审判员、副庭长

免去：
钱兴鹏　庆阳农场法庭审判员、副庭长

县十二届人大常委会人事任免

县十二届人大常委会贯彻中共中央《关于地方党委向国家机关推荐领导干部的若干

规定》，正确处理党管干部原则与国家权力机关依法行使人事任免权的关系，注重与县委的沟通、协调，及时反映对被任命干部的不同意见，使党组织推荐的人选能为代表和委员接受，使期顺利通过。注意对被任命干部任职前的考察了解，按照干部的“四化”标准和人民群众的意愿衡量、选择干部。

任免名单（部分）

（1994 年 1 月 10 日；县十二届人大常委会第一次会议）

决定任命：

邹占军　县人民政府办公室主任

宋有金　县计划委员会主任

崔雨龙　县民族事务委员会主任

陈　福　县体制改革委员会主任

金镇安　县人事局局长

吴　贵　县物价局局长

李延超　县劳动局局长

程万昌　县民政局局长

臧志民　县公安局局长

李立柱　县建设委员会主任

李　德　县科学技术委员会主任

张　申　县交通局局长

张德山　县技术监督局局长

王向东　县环境保护局局长

潘守阳　县林业局局长

周文选　县水利局局长

卢文志　县土地局局长

杨立臣　县商业局局长

王得坤　县粮食局局长

张文生　县工商行政管理局局长

董延松　县财政局局长

刘万庆　县审计局局长

刘延清　县物资局局长
马广印　县文化局局长
王太生　县教育委员会主任
宋克云　县卫生局局长
王德显　县体育运动委员会主任
任延成　县广播电视局局长
胡国兴　县计划生育委员会主任
柳长林　县档案局局长
王大野　县矿产资源管理局局长
李　云　县经济委员会主任
冯延戎　县农业委员会主任
韦　峰　县农业局局长
冯家询　县工业局局长
邢玉亮　县监察局局长

任命：
张淑洁　县人民检察院检察员

免去：
金　涛　县人大法制办副主任

（1994 年 3 月 21 日；县十二届人大常委会第二次会议）
决定任命：
杨志明　县人民政府副县长
邱学昌　县乡镇企业局局长

（1994 年 6 月 22 日；县十二届人大常委会第三次会议）
决定任命：
李经建　县人民政府副县长

（1994 年 7 月 29 日；县十二届人大常委会第四次会议）

决定任命：

张德山　县物价局局长

吴　贵　县审计局局长

张　寅　县技术监督局局长

俞　民　县司法局局长

宋学民　县对外经济协作委员会主任

任命：

王茂盛　县人民法院副院长、审判委员会委员

程文海　县人民法院经济审判庭副庭长

赵亚胜　县人民检察院副检察长、检察委员会委员

张淑洁　县人民检察院检察委员会委员

陈学博　县人民检察院检察委员会委员

决定免去：

吴　贵　县物价局局长

张德山　县技术监督局局长

（1994 年 12 月 1 日；县十二届人大常委会第六次会议）

决定任命：

曾胜利　县人民政府副县长

（1995 年 5 月 12 日；县十二届人大常委会第九次会议）

决定任命：

吕洪奎　县人民政府副县长

臧志民　县工商局局长

陈福林　县公安局局长

李成武　县土地局局长

郭广友　县乡企局局长

任命：

赵同奎　县人大常委会人事办公室副主任
李维群　县人大常委会办公室副主任
尚振和　县人大常委会信访办公室副主任
张承亨　县人大常委会法制办公室副主任
张延超　县人民法院刑事审判庭庭长
魏振凯　县人民法院民事审判庭庭长
冯　云　县人民法院行政审判庭庭长
崔俊福　县人民法院民事审判庭副庭长
孙宝银　县人民法院审判员会委员
王延秋　县人民法院审判员、告诉申诉审判庭副庭长
刘继民　县人民法院审判员、加信法庭庭长
张建东　县人民法院审判员、六团法庭副庭长

决定免去：

张文生　县工商局局长
卢文志　县土地局局长
臧志民　县公安局局长
邱学昌　县乡企局局长

免去：

黄庆新　县人大常委会人事办公室主任
赵同奎　县人大常委会法制办公室副主任
赵秋光　县人民法院审判员、刑事审判庭庭长、审判委员会委员
张延超　县人民法院民事审判庭庭长
魏振凯　县人民法院执行庭庭长
冯　云　县人民法院行政审判庭副庭长
刘庆宝　县人民法院副院长、审判员审判委员会委员
程文海　县六团法庭副庭长
崔俊福　县安山法庭副庭长

国俊卿　县人民检察院副检察长、检察委员会委员

（1995 年 6 月 16 日；县十二届人大常委会第十次会议）

决定任命：

李克军　县人民政府副县长

（1995 年 11 月 30 日；县十二届人大常委会第十三次会议）

决定代理：

王　斌　县人民法院代理院长

张永新　县人民检察院代理检察长

任命：

迟维太　县公安局局长

决定免去：

陈福林　县公安局局长

（1996 年 3 月 15 日；县十二届人大常委会第十五次会议）

决定任命：

杨靖武　县人民政府副县长

赵玉江　县人民政府副县长

张富江　县人民政府副县长

李立柱　县交通局局长

李国章　县建设局局长

周铭志　县统计局局长

任命：

张亚松　县人大常委会科教办公室副主任

许岩峰　县人大常委会人事办公室副主任

决定免去：

张　申　县交通局局长

李立柱　县建设委员会主任

免去：

李　春　县人大常委会法制办公室主任

赵同奎　县人大人事办公室副主任

（1996 年 5 月 21 日；县十二届人大常委会第十六次会议）

决定任命：

于建明　县人民政府副县长

赵启之　县财政局局长

马龙水　县粮食局局长

任命：

董国舜　县人民法院副院长、审判委员会委员、审判员

宋学民　县人民检察院检察委员会委员、检察员

决定免去：

董延松　县财政局局长

王德坤　县粮食局局长

免去：

王茂盛　县人民法院审判员、审判委员会委员、副院长

（1996 年 9 月 24 日；县十二届人大常委会第十八次会议）

决定任命：

冯家询　县国有资产管理局局长

任命：

李秀林　县人大常委会经济科教办公室主任

王素琴　县人大常委会人事办公室主任

张承亨　县人大常委会法制办公室主任

张亚松　县人大常委会经济科教办公室副主任

尚振和　县人大常委会办公室副主任

田荣立　县人大常委会人事办公室副主任

免去：

李秀林　县人大常委会经济办主任

王素琴　县人大常委会选举办副主任

张承亨　县人大常委会法制办副主任

张亚松　县人大常委会科教办副主任

尚振和　县人大常委会信访办副主任

许岩峰　县人大常委会人事办副主任

（1996 年 12 月 4 日；县十二届人大常委会第二十次会议）

决定任命：

牛洪波　县人民政府副县长

县十三届人大常委会人事任免

县十三届人大常委会按照《党政领导干部选拔任用条例》的要求，提高由人大依法选举和任命干部的素质；增强公仆意识和廉政勤政意识。任职考核坚持重能力、重政绩、重公论的原则，把好提请材料审查关，保证任职干部的质量。

任免名单（部分）

（1998 年 1 月 18 日；县十三届人大常委会第二次会议）

任命：

陈学博　县人民检察院副检察长

决定任命：

尹德亮　县人民政府科技副县长

邹占军　县人民政府办公室主任

潘守阳　县人事局局长

马广印　县文体局局长

任延成　县广播电视局局长

宋克云　县卫生局局长

俞　民　县司法局局长

胡国兴　县计划生育委员会主任

于广富　县教育委员会主任

李　德　县科学技术委员会主任

宋桂芬　县监察局局长

王大野　县矿产管理局局长

崔玉山　县环保局局长

张　寅　县技术监督局局长

郭广友　县乡企局局长

李立柱　县交通局局长

张维民　县经委主任

宋有金　县计划委员会主任

王福军　县民政局局长

李　云　县劳动局局长

周铭志　县统计局局长

刘凤仁　县农业办公室主任

马龙水　县粮食局局长

吴　贵　县审计局局长

杨彩珍　县财贸办主任

程万昌　县物价局局长

臧志民　县工商局局长

刘志远　县贸易局局长

冯家询　县国有资产管理局局长

赵启之　县财政局局长

李国章　县建设局局长
韦　峰　县农业局局长
房显华　县公安局局长
李成武　县土地局局长
冯延戎　县水利局局长
袁成野　县多种经营办公室主任
田金龙　县林业局局长
刘　柏　县畜牧局局长

（1998 年 5 月 15 日；县十三届人大常委会第四次会议）

任命：

徐　雷　县人民代表大会常务委员会经济科教办公室副主任

（1998 年 12 月 22 日；县十三届人大常委会第七次会议）

决定任命：

李　生　县建设局局长

任命：

徐文平　县人民法院执行庭庭长
薛晓斌　县人民法院审判员、延寿人民法庭副庭长
刘立斌　县人民法院审判员、加信法庭副庭长

决定免去：

李国章　县建设局局长

免去：

刘继民　县人民法院加信法庭副庭长

（1999 年 2 月 9 日；县十三届人大常委会第八次会议）

任命：

王喜武　县人民检察院检察委员会委员

于桂兰　县人民检察院检察委员会委员

薛晓峰　县人民检察院检查委员会委员

冯　云　县人民法院告诉立案庭庭长

程文海　县人民法院行政审判庭庭长

崔俊福　县人民法院审判监督庭庭长

李　友　县人民法院执行庭副庭长

姜利荣　县人民法院审判员

决定任命：

王福义　县计划生育委员会主任

吴　贵　县卫生局局长

李　福　县审计局局长

任命：

宋学民　县人民检察院检察委员会委员

冯　云　县人民法院告诉申诉庭庭长

崔俊福　县人民法院告诉申诉庭副庭长

李　友　县人民法院延河法庭庭长

李秀林　县人大常委会经济科教办公室主任

决定任命：

吴　贵　县审计局局长

宋克云　县卫生局局长

胡国兴　县计划生育委员会主任

（2000 年 6 月 22 日；县十三届人大常委会第十五次会议）

决定代理：

徐增得　县人民政府代理县长

（2001 年 1 月 4 日；县十三届人大常委会第十八次会议）

任命：

赵兴中　县人民法院副院长

张延超　县人民法院副院长

任宝福　县人大常委会办公室主任

王彦祥　县人民检察院检察员

张恩厚　县人民检察院检察员

宋尧臣　县人民检察院检察员

李洁滨　县人民检察院检察员

贾　斌　县人民检察院检察员

吴　迪　县人民法院副院长

孙清海　县人民法院副院长

李明杰　县人大常委会办公室主任

决定任命：

王少维　县人民政府副县长

隋海滨　县人民政府副县长

李新友　县人民政府副县长

金文良　县交通局局长

王福信　县环保局局长

刘志远　县国有资产管理局局长

齐荣宝　县教育委员会主任

任宝贵　县贸易局局长

袁世民　县多种经营办主任

高兴辉　县科学技术委员会主任

康宝库　县地矿局局长

张富江　县人民政府副县长
李立柱　县交通局局长
崔玉山　县环保局局长
冯家询　县国有资产管理局局长
于广富　县教育委员会主任
刘志远　县贸易局局长
袁成野　县多种经营办主任
李　德　县科学技术委员会主任
王大野　县地矿局局长
李　生　县建设局局长
宋桂芬　县监察局局长
潘守阳　县人事局局长
王福军　县民政局局长
赵启之　县财政局局长

接受辞职：
李明杰　县人大常委会委员
丁长林　县人大常委会委员
梁玉英　县人大常委会委员

（2001 年 4 月 10 日；县十三届人大常委会第十九次会议）
任命：
徐　雷　县人大常委会经济科教办公室主任
李宝祥　县人大常委会法制办公室副主任
张建东　县人民法院审判委员会委员、刑事审判庭庭长
薛晓斌　县人民法院审判委员会委员、经济审判庭庭长
程文海　县人民法院审判委员会委员
王延秋　县人民法院民事审判二庭庭长
刘立斌　县人民法院经济审判庭副庭长
姜利荣　县人民法院民事审判二庭副庭长

任命：

孙宝银　县人民法院审判委员会委员

薛晓斌　县人民法院民事审判二庭副庭长

王延秋　县人民法院经济审判庭副庭长

刘立斌　县人民法院加信法庭副庭长

刘金玲　县人民法院延河法庭副庭长

（2002 年 3 月 22 日；县十三届人大常委会第二十四次会议）

决定任命：

王福义　县计划生育局局长

宋有金　县经济计划局局长

齐荣宝　县教育局局长

刘延清　县民政局局长

董　利　县财政局局长

韦　峰　县农业委员会主任

杨　杰　县劳动和社会保障局局长

李　生　县国土资源环保局局长

郭秀全　县建设局局长

徐殿武　县水务局局长

张志国　县林业局局长

高兴辉　县科学技术与信息产业局局长

决定免去：

李　生　县建设局局长

宋桂芬　县监察局局长

潘守阳　县人事局局长

王福军　县民政局局长

赵启之　县财政局局长

县十四届人大常委会人事任免

县十四届人大常委会坚持对“一府两院”提请的拟任命人选实行任前公示、任前考察制度，严格履行干部任免程序，坚持不公示不任职，考法不合格不任职的原则。切实贯彻党的干部路线，贯彻依法管理的原则，实现县委意图。

任免名单（部分）

（2003 年 2 月 25 日；县十四届人大常委会第四次会议）

决定任命：

曾凡辉　县公安局局长

张志国　县建设局局长

张立君　县统计局局长

李　冰　县林业局局长

房显华　县司法局局长

任命：

李宝祥　延寿县人大常委会人事办主任

决定免去：

房显华　县公安局局长

郭秀全　县建设局局长

张志国　县林业局局长

周铭志　县统计局局长

俞　民　县司法局局长

（2003 年 6 月 6 日；县十四届人大常委会第六次会议）

任命：

干延秋　县人民法院刑事审判庭庭长

刘金玲　县人民法院民事审判一庭庭长

薛晓斌　县人民法院民事审判二庭庭长

田学东　县人民法院立案庭庭长

单贵德　县人民法院审判监督庭庭长
贾文阁　县人民法院执行局副局长
时延民　县人民法院延河人民法庭庭长
蔡永华　县人民法院加信人民法庭庭长
郑玉琴　县人民法院刑事审判庭副庭长
许语评　县人民法院行政审判庭副庭长
张志新　县人民法院民事审判一庭副庭长
严自才　县人民法院民事审判二庭副庭长
殷洪伟　县人民法院执行一庭庭长

免去：
魏振凯　县人民法院民事审判庭庭长
冯　云　县人民法院告诉立案庭庭长
徐文平　县人民法院执行庭庭长
姜利荣　县人民法院民事审判二庭副庭长
李　友　县人民法院执行庭副庭长
王延秋　县人民法院民事审判二庭庭长
薛晓斌　县人民法院经济审判庭庭长
刘立斌　县人民法院经济审判庭副庭长

（2003 年 12 月 19 日；县十四届人大常委会第九次会议）
任命：
王延秋　县人民法院审判委员会委员
刘金玲　县人民法院审判委员会委员

免去：
魏振凯　县人民法院审判委员会委员
冯　云　县人民法院审判委员会委员

（2004 年 3 月 2 日；县十四届人大常委会第十次会议）

任命：

张　冲　县人民法院副院长、审判委员会委员、审判员

吕凤阳　县人大常委会法制办主任

决定任命：

郑小鹏　县交通局局长

免去：

陈学博　县人民检察院副检察长、检察委员会委员

常文全　县人民检察院检察员

张承亨　县人大常委会法制办主任

决定免去：

金文良　县交通局局长

（2004 年 7 月 5 日；县十四届人大常委会第十二次会议）

决定任命：

刘志国　县人民政府副县长

决定代理：

刘志国　县人民政府代理县长

接受辞职：

黄　明　县人民政府县长

（2004 年 8 月 2 日；县十四届人大常委会第十四次会议）

决定任命：

代尔米　县人民政府副县长

（2004 年 9 月 13 日；县十四届人大常委会第十五次会议）

决定任命：

袁树君　县公安局局长

任命：

张恩厚　县人民检察院副检察长、检察委员会委员

宋尧臣　县人民检察院检察委员会委员

（2004 年 11 月 1 日；县十四届人大常委会第十七次会议）

决定任命：

董　禄　县经济计划局局长

（2005 年 4 月 7 日；县十四届人大常委会第二十次会议）

接受辞职：

徐　雷　人大常委会委员

决定免去：

高兴辉　县县科学技术与信息产业局局长

李　福　县审计局局长

免去：

薛晓斌　县人民法院民事审判二庭庭长

张志新　县人民法院民事审判一庭副庭长

（2005 年 4 月 7 日；县十四届人大常委会第二十次会议）

决定任命：

杨宝财　县审计局局长

李　福　县科学技术与信息产业局局长

任命：

薛晓斌　县人民法院副院长

王金林　县人民法院六团法庭庭长

张志新　县人民法院执行二庭庭长

王公仆　县人民法院民事审判一庭副庭长

金志军　县人民法院人民陪审员

张晓华　县人民法院人民陪审员

郭启新　县人民法院人民陪审员

张　宏　县人民法院人民陪审员

高　岩　县人民法院人民陪审员

张　健　县人民法院人民陪审员

孙玉文　县人民法院人民陪审员

姜　林　县人民法院人民陪审员

蒋安文　县人民法院人民陪审员

王福余　县人民法院人民陪审员

（2005 年 4 月 18 日；县十四届人大常委会第二十一次会议）

决定任命：

杨晓春　县人民政府副县长

接受辞职：

赵长满　人民政府副县长

（2005 年 7 月 20 日；县十四届人大常委会第二十三次会议）

任命：

王延秋　县人民法院执行局局长

刘继民　县人民法院刑事审判庭庭长

王文阁　县人民法院民事审判二庭庭长

殷洪伟　县人民法院执行局副局长

免去：

王延秋　县人民法院刑事审判庭庭长

贾文阁　县人民法院执行局副局长

（2005 年 10 月 24 日；县十四届人大常委会第二十五次会议）

决定任命：

高兴辉　县水务局局长

决定免去：

徐殿武　县水务局局长

（2006 年 1 月 12 日；县十四届人大常委会第二十六次会议）

任命：

史山泰　县人民法院副院长、代理县人民法院院长

接受辞职：

隋海滨　县人民法院院长

（2006 年 4 月 12 日；县十四届人大常委会第二十七次会议）

决定任命：

张亚松　县审计局局长

安永胜　县统计局局长

决定免去：

杨宝财　县审计局局长

张立君　县统计局局长

（2006 年 8 月 17 日；县十四届人大常委会第二十九次会议）

任命：

严自才　县人民法院加信法庭庭长

县十五届人大常委会人事任免

县十五届人大常委会坚持“初审、考法、供职、审议、票决”五项程序，提请县人大常委会任命的国家机关工作人员，按规定公示期满后，提请机关在人大常委会召开前向人大提出书面任免案。县人大常委会审查任命草案。坚持拟任人选法律知识考试程序，根据拟任人选德、能、勤、绩、廉情况作出公正评价。

任免名单（部分）

（2007 年 1 月 21 日；县十五届人大常委会第一次会议）

决定任命：

黄成德　县政府办公室主任
董　禄　县发展改革局局长
李恒君　县教育局局长
袁树君　县公安局局长
邢玉亮　县人事局局长
陈　科　县监察局局长
李文本　县民政局局长
董　利　县财政局局长
杨　杰　县劳动和社会保障局局长
郑小鹏　县交通局局长
景　森　县农业委员会主任
李　冰　县林业局局长
高兴辉　县水务局局长
王　林　县卫生局局长
任宝福　县建设局局长
张亚松　县审计局局长
李　福　县科学技术与信息产业局局长
李延斌　县司法局局长
蒋晓新　县计划生育局局长
安永胜　县统计局局长

任命：

谷延玲　县人民法院民事审判二庭副庭长

嵇怀林　县人民检察院副检察长、检察委员会委员

（2007年4月2日；县十五届人大常委会第二次会议）

任命：

吕凤阳　县人大常委会办公室主任

李凤林　县人大常委会法制办副主任

决定任命：

于国强　县粮食局局长

免去：

吕凤阳　县人大常委会法制办主任

（2007年6月27日；县十五届人大常委会第三次会议）

任命：

单贵德　县人民法院审判委员会委员

刘立斌　县人民法院审判委员会委员

（2007年7月31日；县十五届人大常委会第四次会议）

任命：

于国强　县人大经济科教办公室主任

（2008年1月9日；县十五届人大常委会第七次会议）

决定任命：

程晓飞　县政府办公室主任

黄成德　县林业局局长

索延庆　县人事局局长

决定免去

黄成德　县人民政府办公室主任

李　冰　县林业局局长

邢玉亮　县人事局局长

（2008 年 3 月 18 日；县十五届人大常委会第八次会议）

决定任命：

高有林　县统计局局长

商化南　县粮食局局长

任命：

李凤林　县人大常委会法制办主任

敖亚东　县人民检察院检察委员会委员

张　伟　县人民检察院检察员

王立兵　县人民检察院检察员

刘远辉　县人民检察院检察员

郎延波　县人民检察院第二届人民监督员

董维峰　县人民检察院第二届人民监督员

徐　茂　县人民检察院第二届人民监督员

王绍华　县人民检察院第二届人民监督员

徐重阳　县人民检察院第二届人民监督员

苏雪凤　县人民检察院第二届人民监督员

薛继炜　县人民检察院第二届人民监督员

免去：

薛晓峰　县人民检察院检察委员会委员

（2008 年 5 月 7 日；县十五届人大常委会第九次会议）

决定任命：

沈　涛　县科学技术与信息产业局局长

任命：

白士军　县人民检察院检察委员会委员

王延秋　县人民法院副院长

殷洪伟　县人民法院执行局局长

刘立斌　县人民法院行政审判庭庭长

王公仆　县人民法院民事审判一庭庭长

贾文阁　县人民法院六团法庭庭长

王金林　县人民法院延河法庭庭长

张志新　县人民法院执行局副局长

张绍春　县人民法院执行一庭庭长

吴铁军　县人民法院民事审判一庭副庭长

崔万珠　县人民法院人民陪审员

冯　莹　县人民法院人民陪审员

康淑琴　县人民法院人民陪审员

李金萍　县人民法院人民陪审员

决定免去：

李　福　县科学技术与信息产业局局长

免去：

王延秋　县人民法院执行局局长

刘金玲　县人民法院民事审判庭庭长

殷洪伟　县人民法院执行局副局长、执行一庭庭长

王公仆　县人民法院民事审判一庭副庭长

时延民　县人民法院延河法庭庭长

王金林　县人民法院六团法庭庭长

张志新　县人民法院执行二庭庭长

程文海　县人民法院行政审判庭庭长、审判委员会委员

于国强　县人大常委会经济科教办主任

尚振和　县人大常委会办公室副主任

（2008 年 7 月 22 日；县十五届人大常委会第十次会议）

任命：

臧　青　县人民法院执行二庭庭长

（2009 年 4 月 24 日；县十五届人大常委会第十四次会议）

决定任命：

董　利　县监察局局长

杜玉龙　县财政局局长

单玉良　县人口和计划生育局局长

张　秀　县教育局局长

董　禄　县劳动和社会保障局局长

赵兴嘉　县发展改革局局长

张立伟　县统计局局长

任命：

李凤林　县人大常委会人事办公室主任；

刘　敏　县人大常委会法制办公室副主任；

孙继成　县人大常委会经济科教办公室副主任。

殷洪伟　县人民法院审判员、审判委员会委员

时延民　县人民法院审判员、审判委员会专职委员

贾文阁　县人民法院审判员、加信法庭庭长

严自才　县人民法院审判员

单贵德　县人民法院审判员

田学东　县人民法院审判员

王文阁　县人民法院审判员

王金林　县人民法院审判员

吴长富　县人民法院审判员

金景楠　县人民法院审判员

臧　青　县人民法院审判员

郑玉琴　县人民法院审判员

姚文艳　县人民法院审判员
佟淑芬　县人民法院审判员
李　爽　县人民法院审判员
孙景春　县人民法院审判员、行政审判庭副庭长
许语评　县人民法院执行局执行一庭庭长
张绍春　县人民法院六团法庭庭长

免去：
李宝祥　县人大常委会人事办主任
李凤林　县人大常委会法制办主任
严自才　县人民法院加信法庭庭长
贾文阁　县人民法院六团法庭庭长
王金林　县人民法院延河法庭庭长
张绍春　县人民法院执行局执行一庭庭长
许语评　县人民法院行政审判庭副庭长
谷延玲　县人民法院民事审判庭二庭副庭长

决定免去：
陈　科　县监察局局长
董　利　县财政局局长
蒋晓薪　县人口和计划生育局局长
李恒君　县教育局局长
杨　杰　县劳动和社会保障局局长
董　禄　县发展改革局局长
高有林　县统计局局长

（2009 年 7 月 8 日；县十五届人大常委会第十六次会议）
决定任命：
赵凤海　县公安局局长

决定免去：

袁树君　县公安局局长

免去：

郑玉琴　县人民法院刑庭副庭长

（2009 年 9 月 8 日；县十五届人大常委会第十七次会议）

任命：

郑玉琴　县人民法院延河法庭庭长

张浩轩　县人民检察院检察员

（2010 年 1 月 15 日；县十五届人大常委会第二十次会议）

任命：

高兴辉　县人大常委会经济科教办主任

决定任命：

侯振刚　县水务局局长

决定免去：

高兴辉　县水务局局长

（2010 年 4 月 13 日；县十五届人大常委会第二十一次会议）

任命：

许语评　县人民法院审判员

林乐春　县人民法院审判员

石新民　县人民法院审判员

（2010 年 5 月 7 日；县十五届人大常委会第二十二次会议）

决定代理：

封殿辉　县人民政府副县长、代理县长

决定任命：

董绍涛　县人民政府副县长

（2010 年 5 月 31 日；县十五届人大常委会第二十三次会议）

决定任命：

王显峰　县人民政府副县长

刘　岩　县人民政府副县长

徐　鑫　县政府办公室主任

沈　涛　县工业和科技信息化局局长

任宝福　县住房和城乡建设局局长

景　森　县农业局局长

索延庆　县人力资源和社会保障局局长

郑小鹏　县交通运输局局长

商化南　县商务粮食局局长

张代江　县安全生产监督管理局局长

佟贵志　县国土资源局局长

任命：

王延江　县人民法院刑庭副庭长

严鹏飞　县人民检察院检察员

江　坤　县人民检察院检察员

刘家因　县人民检察院检察员

申玲玲　县人民检察院检察员

高淑峰　县人民检察院检察员

边文学　县人民检察院检察员

决定免去：

程晓飞　县人民政府办公室主任

董　禄　县劳动和社会保障局局长

（2010 年 7 月 23 日；县十五届人大常委会第二十四次会议）

决定任命：

王延利　县人民政府副县长

於德华　县文化体育局局长

（2010 年 11 月 5 日；县十五届人大常委会第二十五次会议）

任命：

王公仆　县人民法院审判员

张志新　县人民法院审判员

张绍春　县人民法院审判员

谷延玲　县人民法院审判员

吴铁军　县人民法院审判员

王延江　县人民法院审判员

耿亚东　县人民法院审判员

免去：

张延超　县人民法院审判委员会委员

（2011 年 5 月 27 日；县十五届人大常委会第二十八次会议）

决定任命：

丁宇航　县人民政府副县长、代理县人民政府县长

（2011 年 7 月 28 日；县十五届人大常委会第二十九次会议）

决定任命：

陈兴国　县人口和计划生育局局长

任命：

严自才　县人民法院审判委员会委员、审监庭庭长

王公仆　县人民法院审判委员会委员

王　洋　县人民法院立案庭副庭长

决定免去：

单玉良　县人口和计划生育局局长

免去：

单贵德　县人民法院审判委员会委员、审监庭庭长

（2011年8月20日；县十五届人大常委会第三十次会议）

免去：

孙继成　县人大常委会经济科教办副主任

（2011年9月29日；县十五届人大常委会第三十一次会议）

决定任命：

郭兆峰　县人民政府副县长

程晓飞　县人民政府副县长

决定代理：

马德军　县人民法院副院长、审判委员会委员、代理县人民法院院长

任命：

刘立波　县人民检察院副检察长、检察委员会委员

接受辞职：

李　哲　县人民检察院检察长、检察委员会委员

决定免去：

董绍涛　县人民政府副县长

王显峰　县人民政府副县长

免去：

史山泰　县人民法院院长、审判委员会委员

薛晓斌　县人民法院副院长、审判委员会委员

（2011年12月3日；县十五届人大常委会第三十二次会议）

决定代理：

刘立波　县人民检察院代理检察长

决定任命：

顾　垒　县人民政府办公室主任

曾繁石　县交通运输局局长

决定免去：

徐　鑫　县人民政府办公室主任

郑小鹏　县交通运输局局长

县十六届人大常委会人事任免

县十六届人大常委会贯彻县委意图，依法高质量完成任免工作。实行人大常委会任命人员向宪法宣誓制度，常委会任命的政府部门负责人和法检两院常务领导向人大常委会述职制度。采用民主测评的方法，增强被任命人员履职意识。

任免名单（部分）

（2012年2月23日；县十六届人大常委会第一次会议）

决定任命：

顾　垒　县政府办公室主任

赵凤海　县公安局局长

董　利　县监察局局长

杜玉龙　县财政局局长

景　森　县农业局局长

赵兴嘉　县发展改革局局长

任宝福　县住房和城乡建设局局长

张亚松　县审计局局长

於德华　县文化体育局局长
王　林　县卫生局局长
李文本　县民政局局长
李延斌　县司法局局长
沈　涛　县工业和科技信息化局局长
张　秀　县教育局局长
张代江　县安全生产监督管理局局长
张立伟　县统计局局长
陈兴国　县人口和计划生育局局长
侯振刚　县水务局局长
索延庆　县人力资源和社会保障局局长
郭　敏　县食品药品监督管理局局长
黄成德　县林业局局长
商化南　县商务粮食局局长
曾繁石　县交通运输局局长

（2012年5月9日；县十六届人大常委会第二次会议）

决定任命：

段德武　县人民政府副县长

（2012年7月19日；县十六届人大常委会第三次会议）

决定任命：

张淑英　县审计局局长
任治学　县教育局局长
赵志民　县民政局局长

任命：

殷洪伟　县人民法院副院长

决定免去：
张亚松　县审计局局长
张　秀　县教育局局长
李文本　县民政局局长

（2012 年 12 月 13 日；县十六届人大常委会第五次会议）
决定任命：
呼大鹏　县人民政府副县长

决定免去：
武传刚　县人民政府副县长

（2013 年 5 月 3 日；县十六届人大常委会第八次会议）
任命：
王公仆　县人民法院审判委员会专职委员
贾文阁　县人民法院执行局局长
张志新　县人民法院加信法庭庭长
汪彦昆　县人民法院立案庭副庭长

免去：
殷洪伟　县人民法院执行局局长
贾文阁　县人民法院加信法庭庭长
张志新　县人民法院执行局副局长
王　洋　县人民法院立案庭副庭长

（2013 年 7 月 12 日；县十六届人大常委会第九次会议）
决定任命：
那振香　县卫生局局长
侯立臣　县发展改革局局长
张亚轩　县水务局局长

侯振刚　县财政局局长
任宝贵　县人口和计划生育局局长

决定免去：
王　林　县卫生局局长
赵兴嘉　县发展改革局局长
侯振刚　县水务局局长
杜玉龙　县财政局局长
陈兴国　县人口和计划生育局局长

（2013 年 8 月 30 日；县十六届人大常委会第十次会议）
任命：
田晓辉　县人民法院副院长、审判委员会委员

（2013 年 11 月 8 日；县十六届人大常委会第十一次会议）
决定任命：
马贵君　县文化体育局局长
孙振宇　县公安局局长

任命：
刁洪臣　具人民法院人民陪审员

决定免去：
於德华　县文化体育局局长
赵凤海　县公安局局长

免去：
李海滨　县人民法院人民陪审员
张阁娟　县人民法院人民陪审员
杨景峰　县人民法院人民陪审员

韩德鸿　县人民法院人民陪审员
张春燕　县人民法院人民陪审员

（2014 年 1 月 4 日；县十六届人大常委会第十三次会议）
决定任命：
何洪千　县人民政府副县长

（2014 年 2 月 27 日；县十六届人大常委会第十四次会议）
决定任命：
杨　勇　县人民政府副县长
王义平　县监察局局长
王玉莲　县司法局局长
郭立军　县住房和城乡建设局局长
吕　广　县人力资源和社会保障局局长
程　军　县林业局局长

（2014 年 8 月 27 日；县十六届人大常委会第十八次会议）
任命（县人民法院人民陪审员）：
王宏伟　王海洋　耿志伟　刘春红　郭亚清　孙爱民　孟庆伟　郭宏岩
侯佳亮　杜凤丽　李学庆　毕淑娥　白永亮　徐延华　郜建军　李红芬
张春慧　张学莹　吴洪涛　赵金宝　高　岩　张桂华　洪宝成　刘　敏
康淑琴　郑学林　王宝山　温喜忠　张艳丽　宋国珍　刘冬梅　郭艳茹
刘建民　朱延峰　王希军　轩林珍　赵秀媛　肖薄龙　康延成　许志超
奚传富　王　龙　王宏伟　李海章　姜　冶　郭大明　吕洪喜　王雅男
张丽娜　韩贵喜　那尔森　毛建国　刘利军　高志国　高洪丽　吕凤波
韩景恩　徐国薇　孟庆伟　张　强　张凤霞　曲成龙　杨文斌　高春艳
贾煜辉　高海波　董庆文　田雨龙　宫占国　朴凤琴　展德胜　曲红梅
刘剑锋　徐明翰　王松林　纪德真

（2014 年 10 月 31 日；县十六届人大常委会第十九次会议）

决定任命：

林　岩　县人民政府副县长

（2014 年 12 月 23 日；县十六届人大常委会第二十次会议）

决定任命：

许语评　县人民法院执行局副局长

免去：

许语评　县人民法院执行局执行一庭庭长

（2015 年 1 月 19 日；县十六届人大常委会第二十一次会议）

决定任命：

赵朝贵　县公安局局长

马洪军　县人民政府办公室主任

于永洋　县市场监督管理局局长

那振香　县卫生和计划生育局局长

决定免去：

孙振宇　县公安局局长

那振香　县卫生局局长

任宝贵　县人口和计划生育局局长

郭　敏　县食品药品监督管理局局长

（2015 年 4 月 28 日；县十六届人大常委会第二十三次会议）

任命：

王公仆　县人民法院副院长

免去：

王公仆　县人民法院审判委员会专职委员、民一庭庭长

（2015 年 7 月 14 日；县十六届人大常委会第二十五次会议）

决定任命：

张晶超　县教育局局长

任命：

田学东　县人民法院审判委员会委员

贾文阁　县人民法院审判委员会委员

王　洋　县人民法院审判员、民一庭庭长

陈金玲　县人民法院审判员

汪彦昆　县人民法院审判员

张艳娟　县人民法院审判员

周丽靖　县人民法院审判员

决定免去：

任治学　县教育局局长

（2016 年 6 月 28 日；县十六届人大常委会第三十次会议）

决定任命：

丁会仁　县农业局局长

决定免去：

景　森　县农业局局长

（2016 年 10 月 28 日；县十六届人大常委会第三十二次会议）

决定任命：

刘宏伟　县人民政府副县长

（2016 年 11 月 25 日；县十六届人大常委会第三十三次会议）

决定任命：

马文峰　县人民政府副县长

金兆海　县人民政府副县长
赵　强　县人民政府副县长
刘　亮　县人民政府副县长
金兆海　县公安局局长
石宝林　县住房和城乡建设局局长
邢雪枫　县水务局局长

任命：
王晓莉　县人民法院副院长、审判委员会委员、代理人民法院院长
马德军　县人民法院院长、审判委员会委员
张　锐　县人民检察院副检察长、检察委员会委员、代理县人民检察院检察长

接受辞职：
程晓飞　县人民政府副县长

决定免去：
郭兆峰　县人民政府副县长
呼大鹏　县人民政府副县长
李学雷　县人民政府副县长
赵朝贵　县公安局局长
张淑英　县审计局局长
郭立军　县住房和城乡建设局局长
张亚轩　县水务局局长

免去：
马德军　县人民法院院长、审判委员会委员
刘立波　县人民检察院检察长、检察委员会委员

县十七届人大常委会人事任免

县十七届人大常委会坚持党管干部原则与人大依法任免有机统一，及时任免干部，政治生态修复工作依法有效落实。健全任前法律知识考试、任前供职发言、向宪法宣誓以及任后监督等形式，确保县委人事调整意图通过人大法定程序予以落实。

任免名单（部分）

决定任命：

（2017 年 4 月 25 日；县十七届人大常委会第二次会议）

马洪军　县人民政府办公室主任

侯立臣　县发展改革局局长

沈　涛　县工业和科技信息化局局长

石宝林　县住房和城乡建设局局长

丁会仁　县农业局局长

张晶超　县教育局局长

金兆海　县公安局局长

王玉莲　县司法局局长

侯振刚　县财政局局长

吕　广　县人力资源和社会保障局局长

曾繁石　县交通运输局局长

赵志民　县林业局局长

那振香　县卫生和计划生育局局长

商化南　县商务粮食局局长

王义平　县监察局局长

程　军　县审计局局长

张代江　县安全生产监督管理局局长

决定免去：

程　军　县林业局局长

赵志民　县民政局局长

（2017 年 7 月 12 日；县十七届人大常委会第四次会议）

决定任命：

李晓丹　县民政局局长

邢雪枫　县水务局局长

于永洋　县市场监督管理局局长

任命：

汪彦昆　县人民法院延河人民法庭庭长

高延春　县人民法院执行局执行一庭庭长、审判员

马跃雷　县人民法院执行局执行二庭庭长、审判员

陈金玲　县人民法院延寿人民法庭庭长

郇迎迎　县人民法院审判员

白天舒　县人民法院审判员

王秀泉　县人民检察院检察员

梁善冬　县人民检察院检察员

免去：

汪彦昆　县人民法院立案庭副庭长

郑玉琴　县人民法院延河人民法庭庭长

臧　青　县人民法院执行局执行二庭庭长

王延秋　县人民法院审判委员会委员

刘立斌　县人民法院审判委员会委员

贾文阁　县人民法院审判委员会委员

（2017 年 9 月 12 日；县十七届人大常委会第五次会议）

任命：

唐星野　县人民检察院检察委员会委员

张　伟　县人民检察院检察委员会委员

李洁滨　县人民检察院检察委员会委员

刘远辉　县人民检察院检察委员会委员

刘家因　县人民检察院检察委员会委员
张浩轩　县人民检察院检察委员会委员

（2017 年 11 月 21 日；县十七届人大常委会第七次会议）
任命：
白士军　县人民检察院副检察长

（2017 年 12 月 28 日；县十七届人大常委会第九次会议）
决定任命：
冯延峰　县监察委员会副主任
于文革　县监察委员会委员
王志强　县监察委员会委员
马骁驰　县监察委员会委员

（2018 年 3 月 14 日；县十七届人大常委会第十一次会议）
决定任命：
张仁洪　县人民政府副县长

（2018 年 8 月 7 日；县十七届人大常委会第十三次会议）
任命：
刘立斌　县人民法院审判委员会委员
贾文阁　县人民法院审判委员会委员
张志新　县人民法院审判委员会委员
王　洋　县人民法院审判委员会委员
吕　超　县人民法院审判员
闫立国　县人民法院审判员
江　坤　县人民检察院检察委员会委员
王秀泉　县人民检察院检察委员会委员
梁善冬　县人民检察院检察委员会委员

决定任命：
张洪岐　县人民政府副县长、代理县长

决定免去：
金兆海　县人民政府副县长、县公安局局长

（2018 年 9 月 13 日；县十七届人大常委会第十四次会议）
决定任命：
张　伟　县监察委员会委员

决定免去：
丁宇航　县人民政府县长

（2018 年 11 月 20 日；县十七届人大常委会第十五次会议）
决定任命：
周延利　县监察委员会副主任
辛崇森　县政府办公室主任
曾繁石　县住房和城乡建设局局长
于永洋　县农业局局长
王　刚　县林业局局长
关建忠　县水务局局长
吕　广　县交通运输局局长
张立伟　县财政局局长
那振香　县市场监督管理局局长
马洪军　县教育局局长
狄昌治　县发展改革局局长
赵迎春　县人力资源和社会保障局局长
韦学峰　县民政局局长
张树臣　县审计局局长
赵新华　县卫生和计划生育局局长

任命（县人民陪审员）：

白子轩　毕子坤　常雅萍　陈　锋　崔　涛　范思文　谷长慧
黄延丽　金相华　景晓琳　李淑梅　李晓梅　李艳华　李艳丽
刘国英　刘勇志　刘　政　毛微微　史延宇　唐洪萍　王冬梅
王洪彬　王金凤　王金兰　王力卓　王子梁　许　诺　杨亚萍
尹　欣　张雪晶

决定免去：

曾繁石　县交通运输局局长
于永洋　县市场监督管理局局长
吕　广　县人力资源和社会保障局局长
那振香　县卫生和计划生育局局长
马洪军　县人民政府办公室主任
李晓丹　县民政局局长
程　军　县审计局局长
石宝林　县住房和城乡建设局局长
邢雪枫　县水务局局长
张晶超　县教育局局长
丁会仁　县农业局局长
侯振刚　县财政局局长
赵志民　县林业局局长
侯立臣　县发展改革局局长

免去（县人民法院陪审员）：

白永亮、刁洪臣、郭宏岩、郭亚清、韩喜贵、韩景恩、李海章、孟庆锋、肖薄龙、杨景峰、赵金宝

（2018 年 12 月 25 日；县十七届人大常委会第十六次会议）

决定任命：

于广生　县人民政府副县长、县公安局局长

（2019 年 2 月 28 日；县十七届人大常委会第十八次会议）

决定任命：

蔡显凯　县人民政府副县长

（2019 年 6 月 5 日；县十七届人大常委会第二十次会议）

任命：

王东伟　县人大财政经济委员会副主任委员

郭延文　县人大社会建设委员会副主任委员

决定任命：

王志强　县监察委员会副主任

冯延峰　县退役军人事务局局长

王义平　县统计局局长

赵启东　县营商环境建设监督局局长

狄昌治　县发展和改革局局长

沈　涛　县工业信息科技局局长

于永洋　县农业农村局局长

马贵君　县文体广电和旅游局局长

张代江　县应急管理局局长

免去（县人民法院陪审员）：

陈锋、韩德鸿、李海滨、张春燕、张阁娟

决定免去：

冯延峰　县监察委员会副主任

（2019 年 11 月 15 日；县十七届人大常委会第二十二次会议）

任命：

吕　广　县人大常委会人事和代表联络工作委员会主任

决定任命：

马贵君　县交通运输局局长

赵新华　县卫生健康局局长

董维丰　县文体广电和旅游局局长

王　刚　县林业和草原局局长

决定免去：

吕　广　县交通运输局局长

马贵君　县文体广电和旅游局局长

免去：

张恩厚　县人民检察院副检察长、检察委员会委员

张浩轩　县人民检察院检察委员会委员、检察员

张　伟　县人民检察院检察委员会委员、检察员

刘家因　县人民检察院检察委员会委员、检察员

唐星野　县人民检察院检察委员会委员、检察员

李洁滨　县人民检察院检察委员会委员、检察员

申玲玲　县人民检察院检察员

严鹏飞　县人民检察院检察员

（2019 年 12 月 26 日；县十七届人大常委会第二十三次会议）

任命：

王学辉　县人民法院审判员

薛丽娜　县人民法院审判员

韩　芳　县人民法院审判员

周家丹　县人民法院审判员

高淑峰　县人民检察院检察员、检察委员会委员

王振红　县人民检察院检察员、检察委员会委员

决定任命：

王　路　哈尔滨市延寿生态环境局局长

（2020 年 7 月 31 日；县十七届人大常委会第二十六次会议）

决定任命：

苏英来　县人民政府副县长（挂职）

王志奇　县统计局局长

赵晓峰　县医疗保障局局长

刘宏伟　县自然资源局局长

朱延生　县农业农村局局长

任命：

吴伟波　县人大常委会办公室主任

王义平　县人大常委会科教文卫工作委员会主任

决定免去：

赵　强　县人民政府副县长

刘　亮　县人民政府副县长

王义平　县统计局局长

于永洋　县农业农村局局长

免去：

张　秀　县人大常委会办公室主任

钟海燕　县人大常委会科教文卫工作委员会主任

（2020 年 11 月 6 日；县十七届人大常委会第二十七次会议）

决定任命：

李　丹　县人民政府副县长

徐晓进　县林业和草原局局长

王志鹏　县扶贫开发工作办公室主任

任命：

田学东　县人民法院副院长
张绍春　县人民法院审判委员会委员
郇迎迎　县人民法院刑事审判庭庭长
张志新　县人民法院民事审判庭庭长
刘立斌　县人民法院行政审判庭（综合审判庭）庭长
王　洋　县人民法院立案庭（诉讼服务中心）庭长
吕　超　县人民法院审判管理办公室（研究室）主任
吴铁军　县人民法院六团法庭庭长
周丽靖　县人民法院延寿法庭庭长
薛丽娜　县人民法院加信法庭庭长
王学辉　县人民法院刑事审判庭副庭长
孙景春　县人民法院民事审判庭副庭长
綦恩惠　县人民法院立案庭（诉讼服务中心）副庭长
王金林　县人民法院执行局副局长
闫立国　县人民法院执行局副局长

任命（县人民法院陪审员）：

孙长久　杨丽坤　朱丽恩　李锡明　刘恩萍　王　丹　王洪亮　徐露莹
于立波　马兰琴　王虹博　刘春红　轩林珍　杨忠富　皮　娜　郭艳茹
杜凤丽　段桂霞　金文琦　赵红军　王嘉兴　杨　洋　康淑琴　刘秀丽
张桂华　徐延华　李营玉　常志强　王佳明　张永健　刘　丽　周艳华
汪　洋　孙智峰　王　磊　扬麒靖　邱　宇　刘亚菲　郝　爽　张晓欢
张　磊　贾雪松　刘英丹　冯丽艳　刘　洋　张　冲　周继平　刘　鹏
陈绍昆　李　达　王丽苹　王丽波　王君苹　徐占军　赵秀媛　王文娟
卢婷婷　李元元　赵红艳　石　峰　耿显宇　李海滨　李虹燃　崔月娟
王志霞　张永永　魏晓娟　王世海　顾延玲　张国艳

徐铭玮　延寿县人民检察院副检察长

决定免去：

马文峰　县人民政府副县长

王　刚　县林业和草原局局长

黄大勇　县扶贫办主任

免去：

田学东　县人民法院立案庭庭长

张绍春　县人民法院六团法庭庭长

王延江　县人民法院刑事审判庭副庭长

陈金玲　县人民法院延寿法庭庭长

高延春　县人民法院执行局执行一庭庭长

张志新　县人民法院加信法庭庭长

刘立斌　县人民法院行政审判庭庭长

王　洋　县人民法院民事审判一庭庭长

吴铁军　县人民法院民事审判一庭副庭长

孙景春　县人民法院行政审判庭副庭长

（2020 年 12 月 4 日；县十七届人大常委会第二十八次会议）

决定任命：

王彦辉　县人民政府副县长

决定免去：

王彦辉　县监察委员会主任

（2020 年 12 月 21 日；县十七届人大常委会第二十九次会议）

撤销：

嵇怀林　县人民检察院副检察长、检察委员会委员

免去：

王立兵　县人民检察院检察员

梁善冬　县人民检察院检察员、检察委员会委员

（2021 年 1 月 19 日；县十七届人大常委会第三十一次会议）

决定任命：

王占龙　县监察委员会副主任、代理主任

王东伟　县监察委员会委员

任命：

徐延明　县人大财政经济委员会副主任委员

免去：

王东伟　县人大财政经济委员会副主任委员

（2021 年 2 月 22 日；县十七届人大常委会第三十二次会议）

免去：

贾文阁　县人民法院执行局局长

（2021 年 4 月 8 日；县十七届人大常委会第三十四次会议）

决定任命：

李百超　县人民政府副县长

决定免去：

张仁宏　县人民政府副县长

（2021 年 6 月 11 日；县十七届人大常委会第三十五次会议）

决定任命：

李铁刚　县监察委员会副主任、代理主任

王志鹏　县乡村振兴局局长

接受辞职：

赵淑芳　县第十七届人大代表

王树林　县第十七届人大代表

决定免去：

王占龙　县监察委员会副主任、代理主任

（2021 年 6 月 30 日；县十七届人大常委会第三十六次会议）

决定任命：

祁锦有　县人民政府副县长

（2021 年 7 月 15 日；县十七届人大常委会第三十七次会议）

接受辞职：

陈　悦　县第十七届人大代表

（2021 年 9 月 7 日；县十七届人大常委会第三十八次会议）

决定任命：

许祥龙　县人民政府办公室主任

崔延斌　县司法局局长

董宏鑫　县住房和城乡建设局局长

王宏君　县财政局局长

郭立志　县应急管理局局长

李立峰　县营商环境建设监督局局长

闫　华　县工业信息科技局局长

任命：

曾繁石　县人大常委会城建环保工作委员会主任

俞延飞　县人大常委会科教文卫工作委员会主任

接受辞职：

司宇宁　县第十七届人民代表大会代表

江　涛　县人大法制委员会副主任委员

免去：

张　锐　县人民检察院检察长

决定免去：

辛崇森　县人民政府办公室主任

王玉莲　县司法局局长

曾繁石　县住房和城乡建设局局长

张立伟　县财政局局长

张代江　县应急管理局局长

赵启东　县营商环境建设监督局局长

沈　涛　县工业信息科技局局长

免去：

高兴辉　县人大常委会城建环保工作委员会主任

王义平　县人大常委会科教文卫工作委员会主任

接受辞职：

李学雷　县人大常委会副主任、县人民代表大会监察司法委主任委员、县人民代表大会社会建设委员会主任委员

李　冰　县人大常委会副主任、县人民代表大会财政经济委员会主任委员

（2021 年 11 月 15 日；第四十次会议）

接受辞职：

李学雷　县十七届人大常委会副主任县人大监察和司法委员会主任委员及社会建设委员会主任委员

李　冰　县十七届人民代表大会常务委员会副主任、县人大财政经济委员会主任委员

决定免去：

王彦辉　县人民政府副县长

何洪千　县人民政府副县长

苏英来　县人民政府副县长

（2021年12月19日；县十七届人大常委会第四十一次会议）

决定任命：

徐涤非　县人民政府副县长、代理县长

任命：

朱锐锋　县人民法院审判员、审判委员会委员、副院长、代理院长

穆福强　县人检察院检察委员会委员、副检察长、代理检察长

李龙玺　县人民检察院检察员

高　俊　县人民检察院检察员

接受辞职：

张洪岐　县人民政府县长

王晓莉　县人民法院院长

第四章　主任会议

第一节　主任会议组成和职责

县人大常委会主任会议由常委会主任、副主任共同参与，负责处理常委会的重要日常工作。主任会议的主要职责是：决定召开常委会会议日期和会期，提出会议议程、日程草案；决定将各项议案包括地方性法规草案、质询案等提请常委会会议审议或交有关专门委员会审议；向常委会提出属于常委会职权范围内的议案；决定受质询机关向常委会会议或有关专门委员会会议作答复；提出召开县人代会有关事宜的建议，并主持筹备工作；提出常委会年度工作要点草案、工作报告草稿和常委会会议审议的决议、决定草案；听取“一府一委两院”有关工作汇报；听取公安、司法机关对县人大代表采取限制人身自由措施的请示，决定是否提请常委会会议审议；确定常委会开展视察、检查、调查和评议等活动事项；讨论决定代表工作重要事项；讨论撤销县人民政府不适当的决定、命令、规章，向常委会提出报告；讨论县、乡（镇）人大代表换届选举工作中的重要问题；听取关于县人大及其常委会决议、决定的贯彻执行情况，以及代表提出的重要议案和建议、申诉、控告案件；提出代表资格审查委员会组成人员名单草案、专门委员会组成人员和常委会办事机构负责人拟任职人员名单；确定将有关人事任免事项提请常委会会议审议；提出专门委员会和常委会办事机构设立、撤销、变更的建议与意见；听取专门委员会和常委会办事机构的工作汇报，指导和协调专门委员会的工作，加强对常委会办事机构工作的领导；决定常委会机关中的重大问题，完成常委会委托的重要事项，处理常委会其他重要日常工作。主任会议由常委会主任或主任委托的副主任召集并主持，每月至少举行一次，必要时可随时举行。主任会议召开的日期和议题，由分管常务工作的副主任提出，主任确定。在举行主任会议的前两天由办公室将开会日期、建议讨论的主要事项通知主任会议成员。临时召集的会议，可以临时通知。主任会议的决定，由主任会议全体成员的过半数通过才有效。举行主任会议时，根据需要，由主任或者分管常务工作的副主任确定主任会议的列席人员，比较固定的列席人员有常委会驻会委员、县人大各专门委员会和常委会各办事机构负责人。有时根据会议内容，还指定“一府一委两院”及有关部门的负责人列席。

第二节　主任会议概况

县十至十七届县人大常委会主任（办公）会议一览表

表 3–12

届次	会次	时间	主要议题
十届	1	1987 年 10 月 4 日	1. 研究确定县人大常委会主任、副主任分工 2. 人员安排 3. 研究县人大常委会自身建设 4. 研究县人大常委会第四季度工作安排
	2	1987 年 11 月 9 日	1. 听取县人民检察院汇报中和派出所孙某某开枪打死人一案 2. 听取县人民法院汇报县粮食局苵子案件
	3	1987 年 12 月 22 日	一、听取法制办主任李春汇报县人大部分委员视察“三所”情况 二、讨论县人大常委会二次会议议题 1. 听取“一府两院”执法情况汇报 2. 通过县人大 1988 年常委会工作要点 3. 研究任免事项 三、赵玉江汇报县人大常委会 1988 年工作要点，听取关于执行《中华人民共和国森林法》情况汇报 四、讨论县人大常委会机关干部年终总评工作 1. 按责任制和工作进行总结（各办自评） 2. 对机关进行联评 3. 个人工作总结安排
	4	1988 年 2 月 29 日	1. 研究召开县十届二次会议筹备工作 2. 研究有关代表名额问题

续表 3–12

届次	会次	时间	主要议题
十届	5	1988 年 4 月 23 日	1. 确定第四次常委会会议议题 2. 人事任免
	6	1988 年 6 月 15 日	1. 研究第五次常委会会议议题 2. 听取县人民政府关于计划生育工作报告 3. 听取县十届二次会议关于农民负担议案调查的报告 4. 听取县人大常委会议事规则 5. 听取《关于几种民事纠纷案件受理范围决定》
	7	1988 年 7 月 30 日	1. 研究第六次常委会会议时间、议程 2. 研究确定县政府关于《大牲畜安全管理条例》
	8	1988 年 9 月 5 日	1. 研究筹集资金更新视化设备问题 2. 学习《黑龙江省收费罚没集资管理条例》
	9	1988 年 10 月 5 日	1. 研究第四季度工作 2. 各办汇报
	10	1988 年 11 月 8 日	1. 检查四季度工作 2. 各办汇报工作
	11	1988 年 12 月 1 日	1. 研究人事任免有关事项 2. 听取关于检查农村普法教育情况的汇报
	12	1989 年 1 月 3 日	1. 研究 1988 年工作总结 2. 研究 1989 年工作要点 3. 研究第一季度工作安排 4. 听取县政府关于电业集资情况的报告
	13	1989 年 2 月 21 日	研究召开县十届三次会议筹备工作
	14	1989 年 3 月 14 日	研究召开县十届三次会议筹备工作
	15	1989 年 3 月 20 日	研究人事任免
	16	1989 年 4 月 28 日	1. 安排当前工作 2. 各办汇报工作

续表 3–12

届次	会次	时间	主要议题
十届	17	1989 年 5 月 19 日	研究确定常委会会议议题
	18	1989 年 7 月 5 日	研究第三季度工作计划
	19	1989 年 7 月 24 日	1. 研究第十次常委会会议议题 2. 研究人事任免
	20	1989 年 8 月 7 日	1. 听取关于市场物价管理工作和集市贸易管理条例执行情况汇报 2. 传达海林座谈会议精神
	21	1989 年 8 月 18 日	安排当前工作
	22	1989 年 9 月 6 日	1. 听取县人民检察院关于《延寿县人民检察院 1989 年 1—8 月开展“两反”工作情况》的汇报 2. 听取县人民法院《关于 1989 年上半年案件执行工作的报告》 3. 研究省人大十二月召开会议的上报材料
	23	1989 年 9 月 28 日	1. 研究确定县人大常委会第十三次会议议题 2. 安排第四季度工作
	24	1989 年 10 月 21 日	1. 研究确定县人大常委会第十四次会议议题 2. 安排第四季度工作 3. 研究人事任免 4. 学习江泽民同志国庆讲话精神 5. 听取县政府有关廉政建设工作汇报
	25	1989 年 12 月 16 日	1. 传达省人大七届十二次常委会会议精神和有关文件 2. 研究确定县人大常委会第十五次会议内容
	26	1989 年 12 月 23 日	1. 研究确定县人大常委会第十五次会议议题 2. 讨论修订 1990 年人大工作要点
	29	1990 年 2 月 23 日	讨论中共延寿县委推荐提名徐志文为延寿县人民政府代理县长
	31	1990 年 4 月 14 日	1. 研究确定县人大常委会第十九次会议议题 2. 研究人事任免 3. 安排《中华人民共和国档案法》执行情况检查工作

续表 3–12

届次	会次	时间	主要议题
十届	32	1990 年 5 月 15 日	1. 学习《中共中央关于加强同人民群众联系的决定》《黑龙江省贯彻加强党同人民群众联系决定的细则》 2. 传达邵奇惠省长讲话精神
	33	1990 年 6 月 1 日	研究确定县人大常委会会议议题
	34	1990 年 6 月 13 日	1. 研究人事任免 2. 听取县人民法院关于《中华人民共和国行政诉讼法》执行情况的汇报 3. 研究成立县选举委员会事项
	35	1990 年 8 月 10 日	1. 研究确定县人大常委会第二十一次会议议题 2. 听取社会治安工作情况汇报 3. 听取培肥地力工作情况汇报
	36	1990 年 8 月 20 日	1. 研究确定县人大常委会会议议题 2. 研究人事任免
	37	1990 年 9 月 21 日	研究人事任免
	38	1990 年 11 月 15 日	1. 传达省人大工作会议精神 2. 研究确定县人大常委会会议议题
	39	1990 年 12 月 26 日	1. 研究确定县人大常委会第二十四次会议议题 2. 听取县选举委员会关于选举工作的汇报 3. 研究县人大常委会 1991 年工作要点
	40	1991 年 1 月 21 日	1. 传达地区人大工作会议精神 2. 研究确定县人大常委会会议议题
十一届	1	1991 年 3 月 15 日	1. 研究主任、副主任分工 2. 研究县人大宪法理论建设研讨会有关事宜 3. 研究确定县十一届人大常委会第一次会议议题
	2	1991 年 4 月 1 日	1. 研究确定县人大常委会第二次会议议题 2. 安排当前工作
	3	1991 年 4 月 12 日	听取县粮食局关于储备粮食情况的汇报
	4	1991 年 5 月 4 日	研究确定县人大常委会第三次会议议题

续表 3–12

届次	会次	时间	主要议题
十一届	5	1991 年 5 月 30 日	1. 传达地区人大工作会议精神 2. 研究确定县人大常委会会议议题
	6	1991 年 6 月 14 日	1. 研究县委人大工作会议汇报事宜 2. 传达地委人大工作会议精神
	7	1991 年 6 月 29 日	1. 研究确定县人大常委会会议议题 2. 安排当前工作 3. 研究地区经济科教委在延寿县召开会议准备事宜
	8	1991 年 8 月 2 日	研究关于县人民检察院对董某某采取强制措施的请求报告
	9	1991 年 8 月 15 日	1. 研究确定县人大常委会第五次会议议题 2. 研究县人大法制办对董某某一案提出设专案组的建议 3. 听取县人大人事办关于县人大代表活动经费下拨比例及说明 4. 研究县人民法院关于人事管理权限下放的请示
	10	1991 年 11 月 27 日	1. 研究确定县人大常委会第七次会议议题 2. 安排争先创新检查评比工作 3. 听取人大办关于财务工作情况的汇报 4. 研究 1992 年工作要点
	11	1991 年 12 月 9 日	1. 传达地区人大工委会议精神 2. 安排当前工作 3. 研究确定县人大常委会第七次会议议题 4. 研究县委书记李洪超关于对安山乡光明村曹凤军上访问题批示的调查解决事宜
	12	1992 年 1 月 13 日	1. 听取地区“争先创新”活动评比情况的汇报 2. 研究 1992 年工作要点 3. 研究人事任免
	13	1992 年 1 月 18 日	1. 研究县十一届二次人代会筹备工作 2. 春节前工作安排
	14	1992 年 2 月 11 日	1. 研究确定召开人代会的具体时间 2. 研究第九次常委会议程

续表 3–12

届次	会次	时间	主要议题
十一届	15	1992 年 3 月 17—18 日	1. 研究确定第十一次常委会 2. 讨论人代会提出的两个议案、办理意见 3. 研究人大四个委员会的人员调整问题 4. 讨论评议县人民政府工作人员、乡（镇、站）、所方案 5. 安排第二季度工作 6. 研究地区“争先创新”方案 7. 听取办公室 1991 年经费情况汇报
	16	1992 年 4 月 9 日	1. 传达地区人大工委会议精神 2. 研究部署关于开展评议乡（镇）所站试点工作问题 3. 研究县人民检察院立案两起案件反响大，检察院调查核实情况的汇报
	17	1992 年 5 月 16 日	1. 研究第十二次常委会议程 2. 讨论机关办实体引联 40 万元项目问题
	30	1993 年 1 月 29 日	1. 讨论 1993 年工作要点 2. 研究 1993 年乡（镇）评议工作 3. 讨论省人大代表补选方式 4. 研究县四次人大会议有关事项 5. 研究确定县人大常委会第十六次会议议题
	31	1993 年 3 月 2 日	1. 研究落实地区工委关于各市县人大常委会主任联席会议材料安排 2. 通报乡（镇）人大评比结果 3 汇报人代会筹备情况
	32	1993 年 3 月 12 日	研究评议乡（镇）所站工作
	33	1993 年 3 月 24 日	1. 研究确定县人大常委会第十七次会议议题 2. 研究确定听取“一府两院”工作报告 3. 讨论第四次人代会期间议案办理办法 4. 研究人代会经费使用情况 5. 讨论地区人大工委换届工作调查提纲 6. 研究经济实体问题
	34	1993 年 5 月 3 日	1. 安排第二季度工作 2. 研究县人大常委会会议议题

续表 3–12

届次	会次	时间	主要议题
十一届	35	1993 年 6 月 4 日	1. 确定县人大常委会第十八次会议议题 2. 议定人环贸易公司承包合同书
	36	1993 年 7 月 1 日	1. 研究当前县人大财务状况 2. 研究第三季度工作计划 3. 研究庆阳基地情况 4. 研究机关办实体事宜
	37	1993 年 7 月 27 日	1. 传达地区选举工作会议精神 2. 部署全县选举工作
	38	1993 年 9 月 14 日	1. 研究确定县人大常委会第二十次会议议题 2. 研究确定十二届人大一次会议时间
	39	1993 年 10 月 4 日	安排第四季度工作
	42	1993 年 10 月 25 日	讨论十二届人大一次会议时间、议程、主席团人员名单 讨论代表资格审查报告 讨论十二届人大一次会议选举办法（草案） 讨论人大报告、议案审查委员会名单
十二届	1	1993 年 11 月 16 日	1. 研究县人大常委会主任、副主任分工 2. 研究年末前的工作
	2	1993 年 12 月 21 日	1. 研究确定县人大常委会第一次会议议题 2. 讨论修改各项规章制度 3. 讨论通过 1992 年人大常委会工作总结 4. 听取人大常委会机关财务情况汇报 5. 传达人大工委会议精神
	3	1994 年 1 月 15 日	1. 讨论县十二届人大二次会议有关事宜 2. 研究 1994 年第一季度工作计划 3. 听取 1993 年财务收支情况汇报 4. 研究庆阳农场基地情况及 1994 年工作安排
	4	1994 年 2 月 18 日	1. 研究确定县人大常委会第二次会议议题 2. 讨论关于十二届人大二次会议筹备情况 3. 研究补选代表事宜 4. 听取庆阳农场基地有关情况处理结果汇报

续表 3–12

届次	会次	时间	主要议题
十二届	5	1994 年 4 月 11 日	1. 研究第二季度工作计划 2. 安排人大常委会机关办公室基地工作 3. 听取庆阳农场基地处理情况汇报
	6	1994 年 4 月 15 日	1. 传达地区司法监督工作会议精神 2. 讨论省人大、地工委关于贯彻实施《中华人民共和国税收征管法》检查方案
	7	1994 年 6 月 15 日	1. 研究确定县人大常委会第三次会议议题 2. 听取评议材料整理情况汇报
	8	1994 年 7 月 18 日	1. 讨论 1994 年上半年工作总结 2. 研究确定第三季度工作要点 3. 研究确定县人大常委会第四次会议议题 4. 讨论表彰“公、检、法、司”四机关先进集体（个人）名单 5. 听取 1994 年上半年经费使用情况汇报 6. 研究庆阳农场欠款问题 7. 研究人事任免
	9	1994 年 8 月 30 日	1. 传达人大工委会议精神 2. 听取“公、检、法、司”四机关关于代表意见办理情况汇报 3. 研究人事工作
	10	1994 年 9 月 12 日	1. 研究确定常委会会议议题 2. 研究关于召开评议、总结、表彰大会的有关事宜
	11	1994 年 10 月 6 日	1. 研究第四季度工作计划 2. 研究庆阳农场基地有关事宜 3. 研究车辆使用事宜
	12	1994 年 12 月 1 日	研究人事任免
	13	1994 年 12 月 19 日	1. 讨论财政预算变更情况 2. 研究 1994 年工作总结材料思路 3. 讨论张英志代表资格问题
	14	1994 年 12 月 30 日	1. 研究全国人大代表、省人大代表 1995 年 1 月活动事宜 2. 传达地区人大工委会议精神 3. 讨论 1994 年县人大工作总结 4. 听取人大常委会机关 1994 年财务情况汇报

续表 3-12

届次	会次	时间	主要议题
十二届	15	1995 年 1 月 13 日	1. 研究确定县人大常委会第七次会议议题 2. 研究十二届人大三次会议筹备情况 3. 安排春节工会活动
	16	1995 年 3 月 8 日	1. 确定第八次常委会会议议题 2. 研究关于补选、罢免代表问题 3. 研究关于补选县人大常委会委员问题 4. 讨论人大工作报告
	17	1995 年 4 月 10 日	1. 研究二季度工作要点 2. 研究、制定县人大各办岗位目标责任制 3. 听取庆阳农场基地建设情况汇报 4. 研究确定第九次常委会会议议题
	18	1995 年 5 月 8 日	研究确定常委会会议议题
	19	1995 年 6 月 12 日	1. 研究确定第十次常委会会议议题 2. 研究关于对城乡“三陪”歌舞厅进行打击、整顿
	20	1995 年 6 月 16 日	研究县人民政府代理县长人选问题
	21	1995 年 6 月 19 日	1. 审定《延寿县人大常委会关于开展查禁取缔文化娱乐场所卖淫嫖娼、色情服务活动的决定》 2. 研究人大常委会第三季度工作
	22	1995 年 7 月 10 日	1. 研究县人大常委会 1995 年上半年工作总结 2. 研究庆阳农场基地抬款回收事宜 3. 安排 7 月工作
	23	1995 年 8 月 4 日	1. 研究确定第八次常委会会议议题 2. 听取县人民法院《关于开展“清贷、清欠、清贷款”的暂行办法》的汇报 3. 听取县政府关于 1995 年上半年财政预算执行情况的报告 4. 听取县人大常委会机关 1995 年上半年的财务工作情况的报告 5. 研究庆阳农场基地处理意见

续表 3-12

届次	会次	时间	主要议题
十二届	25	1995 年 11 月 10 日	1. 研究《关于组织县人大代表评议政府工作方案》 2. 讨论确定省人大代表视察项目、时间
	26	1995 年 11 月 21 日	研究十三次常委会议程
	27	1995 年 11 月 30 日	确定县人民法院、人民检察院代理负责人人选
	28	1995 年 12 月 25 日	1. 听取审议县人大常委会 1995 年工作总结 2. 传达省人大会议精神；
	29	1995 年 12 月 27 日	听取县政法委关于近期开展清理整顿文化市场、打击卖淫嫖娼、色情服务工作情况的汇报
	30	1996 年 1 月 9 日	1. 研究县人大常委会 1996 年工作要点 2. 研究县人大常委会 1996 年一季度工作计划 3. 研究县十二届人大四次会议筹备工作 4. 研究补选县代表问题
	31	1996 年 1 月 31 日	1. 讨论县十二届人大四次常委工作报告 2. 研究确定县人大常委会第十四次会议议题 3. 研究确定人大代表经验座谈会有关事宜
	32	1996 年 3 月 11 日	1. 讨论关于召开县十二届人大四次会议时间的决定 2. 讨论县十二届人大四次会议主席团、秘书长名单 3. 讨论县十二届人大四次会议常务主席、副秘书长名单 4. 讨论县十二届人大四次会议议程 5. 讨论县十二届人大四次会议财政预决算审查委员会主任委员、副主任委员、委员名单 6. 讨论县十二届人大四次会议议案审查委员会主任委员、副主任委员、委员名单 7. 讨论关于县十二届人大三次会议以来补选代表资格的审查报告 8. 研究人事任免
	33	1996 年 4 月 5 日	1. 研究县人大常委会 1996 年第二季度工作计划 2. 研究确定第十六次常委会会议议题；

续表 3–12

届次	会次	时间	主要议题
十二届	34	1996 年 5 月 16 日	研究确定第十六次常委会会议议题
	35	1996 年 6 月 10 日	1. 研究人大常委会机关工作 2. 听取关于建筑市场管理条例检查情况汇报
	36	1996 年 6 月 17 日	1. 研究县人大常委会机关电话费包干事宜 2. 研究县人大常委会机关招待费包干事宜
	37	1996 年 6 月 26 日	1. 研究县人大常委会第三季度工作计划 2. 讨论县人大常委会 1996 年上半年工作总结 3. 研究确定县人大十七次会议议题 4. 研究决定县检察院追究马某某行贿案的刑事责任问题
	38	1996 年 9 月 10 日	研究确定县人大常委会十八次会会议议题
	39	1996 年 9 月 25 日	研究马某某行贿问题处理意见
	40	1996 年 9 月 25 日	1. 研究关于人大常委会办公室更新小汽车问题 2. 研究县人大常委会第四季度工作计划
	41	1996 年 10 月 16 日	研究马某某等人行贿问题处理意见
	42	1996 年 10 月 25 日	听取县人大检查各乡（镇）筹备召开人代会的情况汇报
	43	1996 年 10 月 30 日	1. 传达省人大会议精神 2. 研究确定县人大常委会十九次会会议议题 3. 研究人事问题
	44	1996 年 11 月 20 日	1. 研究准备市人大到延寿县调研的接待问题 2. 讨论《延寿县人大常委会关于取缔卖淫嫖娼、色情服务的补充决定》 3. 研究准备县委人大工作会议汇报事宜

续表 3–12

届次	会次	时间	主要议题
十二届	45	1996 年 11 月 28 日	1. 传达市人大会议精神 2. 研究确定县人大常委会会议议题 3. 研究县十二届五次代表会议筹备工作 4. 讨论确定市人大代表名额比例问题
	46	1996 年 12 月 4 日	1. 研究市人大代表人选 2. 通过《延寿县人大常委会关于查禁取缔文化娱乐场所卖淫嫖娼、色情服务的补充决定》 3. 研究县十二届人大五次会议筹备工作
	47	1997 年 1 月 8 日	听取关于筹备第十二届六次人代会情况的汇报
	48	1997 年 1 月 12 日	1. 研究 1996 年县人大常委会工作总结 2. 研究 1996 年县人大常委会工作要点 3. 研究 1996 年县人大常委会季度工作计划
	49	1997 年 3 月 26 日	1. 传达省八届人大五次会议精神 2. 研究确定县人大常委会会议议题 3. 听取关于县十二届人大六次会议准备情况汇报
	50	1997 年 3 月 27 日	1. 讨论《延寿县城镇建设动迁管理实施办法》 2. 讨论《延寿县城镇市容和环境卫生管理细则》
	51	1997 年 4 月 8 日	1. 传达市人代会精神 2. 讨论通过县人大常委会二季度计划 3. 研究确定县人大常委会第 22 次会议议题 4. 安排县人大常委会当前工作
	52	1997 年 4 月 21 日	1. 研究确定县人大常委会会议议题 2. 讨论关于选举程万昌、刘柏事项
	53	1997 年 4 月 30 日	听取法、检两院关于马某某案件的汇报
	54	1997 年 6 月 2 日	1. 听取县人大常委会第二季度工作完成情况 2. 研究县人大常委会 1997 年上半年工作总结及第三季度工作计划

续表 3-12

届次	会次	时间	主要议题
十二届	55	1997 年 6 月 16 日	1. 研究县人大常委会 1997 年上半年工作总结 2. 研究确定县人大常委会 23 次会议议题 3. 听取县政府关于贯彻执行《延寿县人大常委会关于查禁、取缔文化娱乐场所卖淫嫖娼、色情服务的补充决定》情况汇报
	56	1997 年 7 月 11 日	传达省、市人大关于换届选举工作会议精神
	57	1997 年 8 月 11 日	传达省四级人大会议精神
	58	1997 年 8 月 14 日	研究县人大常委会办公室有关工作
	59	1997 年 9 月 15 日	1. 研究确定县人大常委会会议议题 2. 研究人事任免
	60	1997 年 10 月 17 日	1. 确定县人大常委会会议议题 2. 研究确定县十三届人大一次会议时间
十三届	3	1997 年 12 月 30 日	1. 春节前工作安排 2. 听取新村派出所乱收费问题汇报 3. 听取办公室财务工作汇报
	4	1998 年 1 月 17 日	1. 研究人事任免工作 2. 研究新村派出所乱收费的问题 3. 研究县人大常委会春节前的工作安排 4. 研究霍某某案件问题
	5	1998 年 2 月 18 日	1. 传达市人大预备会议精神 2. 安排县人大常委会当前工作
	6	1997 年 3 月 2 日	1. 研究县十三届人大二次会议筹备工作 2. 研究召开各乡（镇）人大主席团工作会议有关工作
	7	1998 年 3 月 3 日	1. 听取县人大会议前联系代表情况汇报 2. 安排县十三届人大二次会议前的准备工作
	8	1998 年 3 月 6 日	1. 传达县委办公会议精神 2. 研究县人大常委会第二季度工作计划 3. 听取县人大办财务情况汇报

续表 3-12

届次	会次	时间	主要议题
十三届	9	1998 年 5 月 17 日	1. 研究确定县人大常委会会议议题 2. 安排当前工作 3. 研究人事任免 4. 听取公安局追（退）款情况的汇报 5. 讨论《新城水库水源保护办法》 6. 听取下水工程情况汇报
	10	1998 年 6 月 22 日	1. 研究修红旗车问题 2. 研究县人大代表培训问题
	11	1998 年 7 月 6 日	1. 听取县政府上半年财政预算情况的汇报 2. 听取文化市场情况汇报 3. 研究半年工作总结
	12	1998 年 8 月 10 日	1. 听取经济办关于赴五常学习情况汇报 2. 研究机关建设问题
	13	1998 年 8 月 24 日	听取公安局关于佟某、王某某涉嫌非法贷款金融诈骗犯罪的汇报
	14	1998 年 10 月 16 日	听取县政府关于电业线路改造、用户收费标准情况汇报
	15	1998 年 10 月 19 日	1. 研究第四季度工作计划 2. 讨论贯彻县委整顿工作会议精神 3. 通报寿山乡评议材料
	16	1998 年 10 月 28 日	讨论落实“电路改造、用户收费”情况
	17	1998 年 11 月 27 日	1. 传达县委常委会会议精神 2. 研究法职人员考试事宜 3. 研究常委会工作事宜
	18	1998 年 12 月 4 日	1. 讨论县法院提请任职人员法律专业考试事宜 2. 讨论法制办检查乡（镇）3 个检察室的问题
	19	1998 年 12 月 17 日	1. 研究确定常委会会议议题 2. 听取法职人员考试情况汇报 3. 研究关于提请任职人员问题

续表 3-12

届次	会次	时间	主要议题
十三届	28	2000 年 1 月 17 日	听取人代会筹备工作情况的汇报
	29	2000 年 3 月 6 日	听取调查组关于贾延臣交通肇事案件的调查情况汇报
	30	2000 年 3 月 28 日	1. 研究确定县人大常委会会议议题 2. 研究第二季度工作 3. 研究确定表彰会名单
	31	2000 年 6 月 15 日	1. 研究依法治县工作 2. 听取 2000 年上半年打击经济犯罪工作汇报 3. 研究人事任免
	32	2000 年 8 月 14 日	1. 听取县政府上半年国民经济计划执行情况汇报 2. 听取县政府财政上半年预算执行情况汇报 3. 听取县政府关于《城镇建设管理办法》贯彻执行情况汇报
	33	2000 年 11 月 8 日	1. 安排当前工作 2. 研究确定县人大常委会第十七次会议议题 3. 听取县政府关于财政工作情况汇报
	34	2000 年 11 月 21 日	听取县法院关于交通事故三个案件的汇报
	35	2001 年 3 月 27 日	1. 安排第二季度工作 2. 研究确定县人大常委会会议议题
	36	2001 年 7 月 11 日	1. 听取县人民检察院反贪污贿赂工作汇报 2. 研究当前工作
	37	2001 年 8 月 20 日	1. 听取关于《延寿县城镇供水和水污染防治工作实施办法》的汇报 2. 研究确定县人大常委会第二十次会议议题
	38	2001 年 9 月 5 日	听取县公安局关于换发居民户口簿工作及红星街洗头城卖淫嫖娼案件处罚情况汇报
	39	2001 年 11 月 9 日	1. 传达省人大工作会议及信访工作会议精神 2. 研究当前工作

续表 3-12

届次	会次	时间	主要议题
十三届	40	2002 年 1 月 9 日	1. 研究筹备召开十三届六次人代会及当前工作 2. 听取 2001 年人大常委会机关经费收支情况汇报 3. 研究卖车买车事宜
	41	2002 年 2 月 28 日	研究召开县十三届人大六次会议有关事宜
	42	2002 年 3 月 20 日	研究确定县人大常委会第二十四次会议议题
	43	2002 年 3 月 25 日	研究人大常委会主任、副主任分工及工作调整问题
	44	2002 年 4 月 1 日	安排 2002 年二季度工作
	45	2002 年 5 月 22 日	1. 传达全县整顿机关作风会议精神 2. 研究上报科级后备干部问题
	46	2002 年 6 月 5 日	研究确定县人大常委会第二十五次会议议题
	47	2002 年 7 月 15 日	研究县及有关乡（镇）人大代表换届选举问题
	48	2002 年 7 月 19 日	研究县、乡（镇）换届选举有关材料、表册印刷问题
	50	2002 年 8 月 15 日	1. 传达市人大换届选举会议精神 2. 传达市人大换届指导组会议精神 3. 研究部署延寿县换届选举工作
	51	2002 年 9 月 15 日	研究县人大常委会第二十七次会议议题
	52	2002 年 9 月 18 日	1. 研究新一届人大常委会委员人选 2. 向新的班子成员介绍人大工作
十四届	1	2002 年 11 月 5 日	1. 研究常委会领导及各办公室分工 2. 安排当前工作 3. 研究人大常委会有关规章制度 4. 研究筹备召开十四届人大常委会第一次会议有关事宜

续表 3–12

届次	会次	时间	主要议题
十四届	2	2002 年 11 月 15 日	研究近期视察民办校办学情况有关事宜
	3	2002 年 11 月 19 日	1. 研究筹备召开县十四届人大常委会第二次会议事宜 2. 研究各代表团学习十六大精神活动
	4	2002 年 12 月 9 日	1. 听取有关干部任前考试的情况汇报 2. 研究确定县人大常委会第二次会议议题 3. 研究当前工作
	5	2003 年 1 月 7 日	研究当前工作
	6	2003 年 1 月 17 日	研究县人大常委会第三次会议议题
	7	2003 年 2 月 10 日	研究关于十四届人大二次会议材料准备情况
	8	2003 年 2 月 14 日	研究常委会选出的评议部门有关评议问题
	10	2003 年 2 月 27 日	安排 3 月工作
	11	2003 年 3 月 31 日	1. 研究 4 月重点工作 2. 讨论《有关案件报告制度》和《两项评议工作制度》
	13	2003 年 5 月 12 日	1. 研究关于常委会会议议程变动的问题 2. 听取关于土地纠纷案的处理意见
	14	2003 年 6 月 3 日	研究 6 月重点工作
	15	2003 年 6 月 19 日	听取经济科教办关于对重大建设项目资金来源情况检查的汇报
	16	2003 年 6 月 26 日	研究下半年人大重点工作计划
	17	2003 年 7 月 2 日	研究确定县人大常委会第七次会议议题

续表 3-12

届次	会次	时间	主要议题
十四届	18	2003 年 7 月 10 日	研究讨论《全县人大代表中掀起学习“三个代表”重要思想新高潮的方案》
	19	2003 年 7 月 17 日	1. 听取县政府财政预算执行情况的汇报和国民经济发展计划执行情况准备工作的汇报 2. 听取人事办关于述职评议安排情况汇报
	20	2003 年 8 月 18 日	1. 研究关于视察亚麻和万寿菊收购工作情况的一些问题 2. 研究关于修车问题
	21	2003 年 9 月 3 日	安排 9 月工作
	22	2003 年 9 月 25 日	研究 10 月重点工作及县人大常委会会议议题
	23	2003 年 10 月 17 日	研究确定县人大常委会会议议题
	24	2003 年 11 月 4 日	1. 安排 11 月工作 2. 研究招商引资工作
	25	2003 年 11 月 17 日	1. 研究确定县人大常委会第九次会议议题 2. 研究县十四届人大三次会议的筹备工作 3. 听取重大基建项目调查情况的汇报 4. 研究关于延寿桥维修调查问题
	26	2003 年 12 月 8 日	1. 讨论县十四届人大三次会议有关材料 2. 研究补选代表的问题
	27	2003 年 12 月 10 日	1. 听取延寿桥桥面维修问题的汇报 2. 听取公安局关于案件的汇报 3. 讨论延河粮库债务纠纷案情况
	28	2004 年 1 月 30 日	研究当前工作
	29	2004 年 2 月 25 日	1. 研究确定县人大常委会第十次会议议题 2. 研究召开乡（镇）人代会的有关事宜 3. 听取人大信访工作情况的汇报

续表 3–12

届次	会次	时间	主要议题
十四届	30	2004 年 3 月 12 日	1. 研究 2004 年评议单位 2. 讨论“三查（察）”工作计划 3. 听取乡（镇）人代会召开的有关情况的汇报
	31	2004 年 3 月 31 日	关于徐雷挂职期间经济办工作安排
	32	2004 年 4 月 26 日	1. 研究当前工作 2. 研究十一次常委会会议议题 3. 研究上访案件问题
	33	2004 年 6 月 30 日	研究确定县人大常委会会议议题
	34	2004 年 7 月 6 日	安排 7 月工作
	35	2004 年 7 月 12 日	研究确定召开紧急常委会会议议题
	36	2004 年 9 月 2 日	1. 听取县人民法院关于李淑芳、刘佩桥债务纠纷案情况汇报 2. 研究 9 月重点工作 3. 研究确定县人大常委会会议议题 4. 研究纪念人大成立 50 周年活动安排
	37	2004 年 9 月 6 日	研究庆祝人大成立 50 周年活动安排
	38	2004 年 10 月 8 日	传达省委人大工作会议精神
	39	2004 年 10 月 10 日	安排 10 月工作
	40	2004 年 10 月 15 日	研究做好县委人大工作会议筹备工作及贯彻常委会精神有关事宜
	41	2004 年 10 月 20 日	研究五常检察院关于对县人大代表行政拘留的请示问题
	42	2004 年 10 月 27 日	讨论对刑事拘留的申请

续表 3-12

届次	会次	时间	主要议题
十四届	43	2004 年 11 月 12 日	研究当前工作
	44	2004 年 12 月 2 日	1. 研究关于起草议题办法 2. 研究人大代表会议筹备工作情况 3. 研究县人大代表补选问题 4. 研究人大常委会委员调整问题 5. 研究下次常委会会议议程
	45	2004 年 12 月 6 日	1. 讨论人大制定议题办法 2. 研究人大代表会议筹备工作情况 3. 研究下次常委会有关议程
	46	2004 年 12 月 17 日	研究关于如何处理韩某某县人大代表职务的问题
	47	2004 年 12 月 20 日	1. 研究确定县人大常委会第十九次会议议题 2. 研究县十四届人大四次会议筹备工作
	48	2005 年 1 月 4 日	研究当前县人大工作和人代会筹备工作有关事宜
	49	2005 年 1 月 18 日	安排当前工作
	50	2005 年 2 月 17 日	1. 传达市人大信访工作会议精神 2. 安排当前工作
	51	2005 年 2 月 28 日	安排 3 月工作
	52	2005 年 3 月 18 日	1. 研究“三查（察）”计划 2. 研究评议计划
	53	2005 年 3 月 29 日	1. 研究确定县人大常委会会议议题 2. 研究乡（镇）人代会召开时间、议程 3. 研究评议工作
	54	2005 年 5 月 13 日	安排 5 月工作
	55	2005 年 5 月 14 日	研究公安局申请对县人大代表采取强制措施一事

续表 3–12

届次	会次	时间	主要议题
十四届	56	2005 年 5 月 30 日	1. 听取关于物业管理工作情况汇报 2. 听取招商引资工作情况汇报
	57	2005 年 6 月 13 日	安排当前工作
	58	2005 年 6 月 21 日	1. 讨论自来水公司和物价局征询人大意见 2. 听取关于延河招商引资情况的汇报 3. 研究确定县人大常委会会议议题
	59	2005 年 7 月 18 日	1. 研究确定县人大常委会会议议题 2. 安排当前工作 3. 传达全省乡（镇）人大工作座谈会会议精神
	60	2005 年 8 月 4 日	安排乡（镇）人大工作调研
	61	2005 年 8 月 18 日	安排当前工作
	62	2005 年 9 月 22 日	1. 研究确定县人大常委会第二十四次会议议题 2. 征询乡（镇）人大工作意见和建议 3. 安排当前工作
	63	2005 年 11 月 18 日	研究县人大常委会第二十五次会议议题
	64	2005 年 10 月 20 日	研究确定县人大常委会会议议题
	65	2005 年 11 月 2 日	安排当前工作
	66	2005 年 11 月 24 日	听取经济办视察民营经济的准备工作情况汇报
	67	2005 年 11 月 29 日	听取电业局统建综合楼电表改造情况汇报
	68	2005 年 12 月 1 日	研究关于代表变动情况
	69	2005 年 12 月 9 日	学习省委检查组关于《省委关于进一步加强和改进人大工作的决定》的检查报告

续表 3–12

届次	会次	时间	主要议题
十四届	70	2005 年 12 月 14 日	1. 研究县人代会筹备工作有关事宜 2. 讨论“三查（察）”报告
	71	2005 年 12 月 31 日	1. 传达市人大主席团团长会议精神 2. 研究筹备县人代会有关事宜 3. 讨论 2005 年县人大工作总结和 2006 年县人大工作思路 4. 听取信访工作总结汇报
	72	2006 年 1 月 4 日	1. 讨论通过人代会日程 2. 讨论县人大常委会工作报告 3. 研究确定县人大常委会会议议题
	74	2006 年 2 月 14 日	安排当前工作
	75	2006 年 3 月 1 日	研究召开乡（镇）人代会有关事宜
	76	2006 年 3 月 10 日	1. 研究两个案件 2. 安排当前工作
	77	2006 年 3 月 15 日	安排当前工作
	79	2006 年 4 月 3 日	1. 研究“三查（察）”工作 2. 研究重点工作监督 3. 研究评议工作 4. 研究常委会有关事宜 5. 研究代表小组活动意见
	80	2006 年 4 月 17 日	1. 讨论市人大志区县人大联系征求意见稿 2. 听取贯彻落实市委人大工作会议精神情况的汇报 3. 讨论后备干部的申报问题
	81	2006 年 4 月 20 日	听取两个案件情况的汇报
	82	2006 年 4 月 26 日	研究招商引资工作
	83	2006 年 6 月 23 日	1. 传达市委换届工作会议精神 2. 安排当前工作

续表 3-12

届次	会次	时间	主要议题
十四届	84	2006 年 7 月 10 日	1. 安排当前工作 2. 研究确定县人大常委会会议议题
	85	2006 年 7 月 28 日	研究换届选举有关事宜
	86	2006 年 8 月 3 日	传达鲁志民关于做好迎接市委考核组考核工作的讲话精神
	87	2006 年 8 月 8 日	1. 讨论换届选举工作方案 2. 讨论向县委汇报的材料 3. 研究确定县人大常委会议议题
	88	2006 年 8 月 10 日	研究召开县乡换届选举动员会有关事宜
	89	2006 年 8 月 14 日	1. 研究选区划分有关事宜 2. 研究确定县人大常委会会议议题 3. 安排当前工作
	90	2006 年 9 月 4 日	安排当前工作
	91	2006 年 9 月 1 日	研究确定关于调整县乡人大代表换届选举时间
	92	2006 年 10 月 23 日	听取县物价局关于物业管理服务收费测算情况说明
	93	2006 年 11 月 1 日	1. 听取关于排污费定价情况的汇报 2. 讨论关于县人大常委会委员、市人大代表推荐名单 3. 听取关于当前换届选举工作情况汇报
	94	2006 年 11 月 13 日	1. 安排当前工作 2. 研究人事任免
	95	2006 年 11 月 20 日	1. 研究有关县乡代表换届选举及人代会时间安排 2. 研究确定县人大常委会会议议题 3. 讨论推荐一名乡（镇）党委书记进人大常委会或市人大代表
	96	2006 年 11 月 22 日	1. 研究人大信访室有关人事安排问题 2. 研究当前的几项工作

续表 3–12

届次	会次	时间	主要议题
十四届	97	2006 年 11 月 27 日	1. 研究人代会筹备工作分工 2. 研究县乡换届选举日前后工作安排 3. 研究人代会期间代表培训工作
	98	2006 年 12 月 6 日	1. 传达市换届选举座谈会精神 2. 听取换届选举工作进展情况汇报 3. 研究选举日具体工作安排
	99	2006 年 12 月 11 日	1. 听取人事办关于县乡代表换届选举情况的汇报 2. 听取人事办关于乡（镇）人代会筹备情况的汇报 3. 听取办公室关于县人代会前常委会有关议题情况的汇报
十五届	1	2007 年 1 月 8 日	安排当前工作
	2	2007 年 1 月 15 日	1. 研究 2007 年“三查（察）”工作计划 2. 研究确定县人大常委会第一次会议议题
	3	2007 年 1 月 18 日	1. 讨论 2007 年“三查（察）”工作计划 2. 讨论 2007 年听取专项工作报告计划 3. 讨论常委会组成人员守则
	4	2007 年 3 月 7 日	1. 研究经济科教办的工作安排 2. 安排当前工作 3. 研究确定县人大常委会第二次会议议题
	5	2007 年 3 月 26 日	安排当前工作
	6	2007 年 4 月 16 日	1. 安排当前工作 2. 通报市人大代表走访情况
	7	2007 年 5 月 14 日	1. 传达省人大常委会主任座谈会议精神 2. 安排县委要求人大开展两个项目的调研工作 3. 讨论法检两院法职人员述职方案 4. 安排当前工作
	8	2007 年 6 月 19 日	1. 听取信访室前 5 个月工作汇报 2. 讨论废止两个文件的意见 3. 确定县人大常委会第三次会议议题 4. 安排当前工作

续表 3-12

届次	会次	时间	主要议题
十五届	9	2007 年 6 月 27 日	讨论法职人员测评方案
	10	2007 年 7 月 6 日	1. 研究确定县人大常委会会议议题 2. 安排各办近期工作 3. 研究县委办两个调研任务的调研方案
	11	2007 年 7 月 18 日	安排下乡调研分工
	12	2007 年 8 月 6 日	研究确定县人大常委会会议议题
	13	2007 年 8 月 13 日	讨论关于新农村建设、招商引资工作、县人大主席团建设情况的调研报告
	14	2007 年 8 月 15 日	听取县政府 2007 年重点项目进展情况的汇报
	15	2007 年 9 月 26 日	研究确定县人大常委会会议议题
	16	2007 年 10 月 23 日	1. 研究确定县人大常委会会议议题 2. 研究 10 月、11 月工作 3. 研究人大招商引资工作
	17	2007 年 11 月 13 日	1. 研究落实县委党政干部大会关于招商引资工作 2. 研究确定县人大常委会会议议题 3. 安排《中华人民共和国建筑法》视察活动
	18	2007 年 11 月 30 日	1. 研究确定县人大常委会会议议题 2. 研究确定乡（镇）人代会召开的时间 3. 研究确定县人代会召开的时间 4. 安排当前工作
	19	2007 年 12 月 19 日	1. 研究确定县十五届人大二次会议召开时间 2. 研究确定县十五届人大二次会议议题 3. 研究确定县人代会的组织分工 4. 讨论向县委常委会汇报关于召开人代会的有关事宜的报告 5. 讨论常委会工作报告提纲

续表 3–12

届次	会次	时间	主要议题
十五届	20	2007 年 12 月 24 日	1. 讨论县人民检察院关于人民监督员名单 2. 研究县人大代表补选问题 3. 听取各办工作总结 4. 研究筹备县人代会有关事宜
	21	2008 年 1 月 4 日	讨论修改县人大工作报告
	22	2008 年 1 月 7 日	1. 讨论县人大工作报告 2. 研究确定县人大常委会会议议题 3. 研究确定县人代会召开时间
	23	2008 年 1 月 11 日	研究县人代会有关事宜
	24	2008 年 1 月 11 日	研究召开县人代会有关事宜
	25	2008 年 1 月 17 日	1. 研究县人代会会议通知问题 2. 研究县人代会材料问题 3. 研究县人代会食宿安排 4. 研究县人代会新闻报道事宜
	26	2008 年 2 月 25 日	1. 安排县人大常委会近期工作 2. 研究市管干部培训有关事宜
	27	2008 年 3 月 3 日	安排当前工作
	28	2008 年 3 月 29 日	1. 研究召开乡（镇）人代会的有关问题 2. 研究县人大代表刘某某涉嫌犯罪的问题 3. 安排当前工作
	29	2008 年 4 月 2 日	1. 研究因干部调整，对相关工作做出安排 2. 研究确定县人大常委会会议议题 3. 安排当前工作 4. 讨论先进代表评选方案 5. 讨论刘某某涉嫌犯罪一案

续表 3–12

届次	会次	时间	主要议题
十五届	31	2008 年 5 月 5 日	1. 传达市人大人事和代表工作会议、市宪法和人大理论研究会会议精神 2. 研究确定县人大常委会会议议题
	32	2008 年 6 月 18 日	1. 听取关于对全县开展新型农村合作医疗情况的调研情况的汇报 2. 听取“三查（察）”工作和审议专项工作报告意见情况汇报 3. 研究确定县人大常委会会议议题
	33	2008 年 7 月 15 日	1. 听取经济办关于农村合作医疗调查情况的汇报 2. 听取办公室关于检查“一府两院”贯彻落实 2008 年人大代表和委员意见、建议办理情况的汇报 3. 研究确定县人大常委会会议议题 4. 听取县政府关于 2008 年上半年国民经济发展计划执行的报告 5. 听取县政府 2008 年上半年财政预算执行情况的汇报 6. 研究人事任免 7. 讨论通过县人民法院提请对单某某采取强制措施的报告 8. 安排当前工作
	35	2008 年 9 月 11 日	1. 研究关于优秀代表和先进主席团的评选问题 2. 研究 10 月 1 日前“三查（察）”活动安排 3. 研究招商引资工作
	36	2008 年 10 月 10 日	1. 研究关于补选市人大代表问题 2. 安排当前工作
	37	2008 年 10 月 20 日	研究县人大招商引资工作
	38	2008 年 11 月 17 日	1. 安排当前工作 2. 安排招商引资工作
	39	2008 年 11 月 25 日	研究当前工作
	42	2008 年 12 月 29 日	研究讨论有关代表补选问题

续表 3–12

届次	会次	时间	主要议题
十五届	43	2009 年 2 月 6 日	1. 听取各组关于人代会筹备情况的汇报 2. 研究确定人大常委会会议议题 3. 研究准备县委组织部考核 4. 其他工作 ①继续做好信访工作 ②继续做好招商引资工作 ③做好科学发展观学习实践活动的准备 ④做好人大计划内工作
	44	2009 年 2 月 12 日	听取关于县城供暖锅炉燃烧稻壳粉造成污染治理情况的汇报
	45	2009 年 3 月 2 日	1. 县人代会总结 2. 研究确定县人大常委会会议议题 3. 研究人事任免 4. 讨论通过对政府组成的人员述职测评方案 5. 听取县政府关于社会保险和事业保险工作情况汇报 6. 调研活动 7. 安排当前工作 8. 研究招商引资工作 9. 研究提出不再适合当代表的代表调整名单
	46	2009 年 4 月 20 日	1. 研究确定县人大常委会会议议题 2. 研究人事任免 3. 安排义务植树、理论研讨、集中学习活动 4. 讨论《关于社会保险和失业保险工作情况的报告》
	47	2009 年 5 月 11 日	1. 研究确定县人大常委会会议议题： 2. 研究当前工作 3. 述职测评工作 4. 听取关于视察蚂蜒河大堤城南段管护工作情况汇报 5. 听取关于《广播电视管理条例》检查和《土地管理法》视察的汇报
	48	2009 年 6 月 8 日	1. 安排当前工作 2. 研究确定县人大常委会会议议题
	49	2009 年	研究确定县人大常委会会议议题

续表 3–12

届次	会次	时间	主要议题
十五届	50	2009 年 7 月 6 日	1. 研究确定县人大常委会会议议题及召开地点等事宜 2. 安排 7 月工作
	51	2009 年 9 月 1 日	1. 研究确定县人大常委会会议议题 2. 人事任免 3. 研究向市人大报优秀代表个人、优秀代表小组、优秀建议领衔个人问题 4. 安排县人大常委会视察、检查工作 5. 研究乡（镇）人大工作的调研活动 6. 安排县人大机关干部集中休假
	52	2009 年 9 月 23 日	研究工业园区贷款事宜
	53	2009 年 10 月 9 日	安排当前工作
	54	2009 年 11 月 5 日	1. 研究确定县人大常委会会议议题 2. 研究补选县人大代表问题 3. 安排代表视察工作 4. 研究走访企业界代表活动安排
	55	2009 年 11 月 25 日	1. 传达市委全会精神 2. 安排走访企业界代表活动 3. 研究补选县人大代表
	56	2009 年	1. 安排当前工作 2. 研究县人代会筹备工作
	57	2009 年 12 月 14 日	1. 研究人员分工 2. 研究 2010 年工作要点 3. 研究确定县人大常委会会议议题
	58	2009 年	1. 听取各办工作总结 2. 研究县人代会筹备工作 3. 研究人事任免

续表 3-12

届次	会次	时间	主要议题
十五届	60	2010 年 3 月 5 日	1. 研究当前工作 2. 研究县人大常委会会议议题 3. 研究县人代会建议案办理工作 4. 研究确定法制讲座内容 5. 讨论人大代表参加县人大常委会活动计划 6. 研究招商引资工作
	61	2010 年 4 月 7 日	1. 开展关于《中华人民共和国森林法》的讲座 2. 听取电力保障工作情况的汇报 3. 研究人事任免
	63	2010 年 5 月 31 日	1. 研究确定县人大常委会会议议题 2. 研究人事任免 3. 研究补选县人大代表
	64	2010 年 7 月 15 日	1. 传达省、市委人大工作会议精神 2. 安排当前工作 3. 研究确定县人大常委会会议议题 4. 听取县政府 2010 年上半年财政预算执行情况和国民经济社会发展计划情况的汇报 5. 人事任免 6. 安排县人大招商工作
	65	2010 年 7 月 22 日	1. 听取延寿县 2010 年上半年财政分析汇报 2. 传达省、市委人大工作会议精神 3. 安排当前工作 4. 研究确定县人大常委会会议议题 5. 研究人事任免
	66	2010 年 8 月 11 日	1. 研究人大各项调研、检查、视察活动安排 2. 研究确定第二十五次县人大常委会会议议题 3. 布置各办在省、市人大刊物发表文章 4. 研究落实县人大招商引资工作
	67	2010 年 9 月 3 日	安排延寿首届养生文化旅游节接待工作

续表 3–12

届次	会次	时间	主要议题
十五届	68	2010 年 11 月 2 日	1. 研究确定县人大二十五次常委会会议议题 2. 研究人事任免 3. 听取县人民法院拟任职人员情况介绍 4. 当前工作安排
	69	2010 年 11 月 29 日	1. 当前工作安排 2. 研究进一步作好招商引资工作
	70	2010 年 12 月 6 日	1. 研究召开县人大各办分管部门征求意见协调会事宜 2. 研究召开县各代表团团长会议事宜 3. 研究召开“一府两院”联席会议事宜;
	71	2010 年 12 月 20 日	1. 各筹备小组关于十五届五次会议筹备情况的汇报 2. 各办 2010 年工作总结 3. 研究县人大常委会关于“三查（察）”工作计划 4. 听取专项工作报告 5. 讨论 2011 年县人大常委会工作要点 6. 讨论修改县人大常委会工作报告 7. 研究确定县人大二十六次常委会会议议题
	75	2011 年 3 月 28 日	1. 讨论新型农村合作医疗保险试点工作预案 2. 推荐后备干部和挂职干部人选
	76	2011 年 5 月 3 日	1. 安排当前工作 2. 研究确定县人大常委会的议题 3. 研究专项检查工作、法制办调研工作
	77	2011 年 5 月 25 日	1. 研究确定县人大常委会 2. 安排当前工作 3. 研究人事任免
	78	2011 年 5 月 25 日	讨论县政府关于《延寿县 2011 年房屋征收计划的报告》
	79	2011 年 5 月 31 日	1. 研究如何加强县人大宣传报道工作 2. 研究落实对县人大常委会督办工作 3. 研究换届准备工作 4. 研究关于传达落实好市人大会议精神 5. 安排当前工作

续表 3–12

届次	会次	时间	主要议题
十五届	80	2011 年 7 月 8 日	1. 研究确定县人大常委会会议议题 2. 安排当前工作
	81	2011 年 7 月 27 日	1. 研究人事任免 2. 讨论关于 2011 年上半年国民经济和预算执行情况的分析调研报告 3. 传达《关于进一步加强人大工作的意见的责任分解》
	82	2011 年 8 月 9 日	1. 讨论《延寿县贯彻落实省市人大工作会议精神实施意见》 2. 研究制定换届工作的相关方案和日程表 3. 听取关于代表履职情况总结 4. 确定换届县人大常委会主任、副主任
	83	2011 年 8 月 17 日	1. 研究确定县人大常委会三十次会议议题 2. 研究人事任免 3. 研究换届动员大会召开的时间和议程 4. 安排当前工作
	84	2011 年 11 月 24 日	研究召开县人代会筹备工作
	85	2011 年 11 月 25 日	研究县人代会筹备工作
	86	2011 年 12 月 5 日	研究县人代会筹备工作
十六届	1※	2012 年 2 月 3 日	研究确定县人大常委会第一次会议议题
	2※	2012 年 2 月 13 日	研究筹备十六届一次会议的相关事宜
	1	2012 年 2 月 20 日	研究落实县委推荐后备干部意见
	3※	2012 年 3 月 6 日	1. 讨论《2012 年人大办招商引资奖励办法》 2. 讨论延寿县人大常委会关于开展纪念《代表法》颁布实施二十周年宣传月活动方案
	2	2012 年 3 月 25 日	1. 讨论机关建设载体活动方案 2. 讨论人大常委会机关学习制度

续表 3–12

届次	会次	时间	主要议题
十六届	3	2012 年 5 月 7 日	研究确定县人大常委会二次会议议题
	4※	2012 年 6 月 19 日	1. 传达市委人大工作推进会议精神 2. 研究确定各主管主任下步工作安排 3. 研究确定县人大下步总体工作安排
	4	2012 年 7 月 13 日	研究确定县人大常委会第三次会议议题
	5	2012 年 7 月 15 日	研究确定县人大常委会第四次会议议题
	6	2012 年 7 月 18 日	研究民主评议政府工作部门相关事宜
	5※	2012 年 9 月 4 日	总结近阶段工作，部署下阶段工作
	6※	2012 年 11 月 6 日	安排当前工作
	7※	2012 年 11 月 12 日	1. 研究增补代表资格审查委员会成员 2. 研究补选代表 3. 研究十六届人大二次会议筹备工作 4. 通报调研报告情况
	8※	2013 年 4 月 17 日	1. 听取到浙江温岭考察的准备情况汇报 2. 研究确定县人大常委会第二次会议议题
	7	2013 年 10 月 29 日（主任办公会）	1. 研究县人大常委会第十一次会议议题 2. 研究选调县人大常委会秘书
	8	2013 年 11 月 14 日	1. 听取关于车辆“2997”事故的处理情况汇报 2. 讨论人大车辆管理制度 3. 研究 2013 年度民主法制工作考核分组 4. 研究县人代会筹备工作 5. 研究补选县人大常委会委员和人大代表 6. 研究代表经费使用和拨付问题 7. 讨论民主评议政府工作部门的评价意见的原则

续表 3–12

届次	会次	时间	主要议题
十六届	9※	2013 年 12 月 2 日	1. 研究十六届人大三次会议筹备工作 2. 研究代表、代表团表彰大会的筹备工作
	9	2013 年 12 月 24 日	1. 研究县人大常委会第三次会议议题 2. 研究表彰会议筹备工作
	10※	2014 年 2 月 13 日	1. 研究确定县人大常委会第一次会议议题 2. 讨论 2014 年县人大工作要点
	11※	2014 年 2 月 25 日	讨论 2014 年工作要点
	10	2014 年 5 月 12 日	研究开展专题询问有关事宜
	11	2014 年 10 月 30	研究确定县人大常委会会议议题
	12※	2014 年 12 月 18 日	1. 总结 2014 年工作和安排 2015 年工作 2. 研究第四次人代会筹备工作 3. 研究确定县人大常委会第二十次会议议题
	12	2015 年 3 月 9 日	1. 研究确定县人大常委会第二十二次会议议题 2. 讨论县人大常委会组成人员联系代表、代表团和相关单位分工 3. 讨论工作要点
	13※	2015 年 4 月 10 日	1. 讨论“一法一例”执法检查工作方案 2. 讨论“代表活动月”活动工作方案 3. 研究确定县人大常委会会议议题 4. 安排当前工作
	14※	2015 年 6 月 30 日	1. 研究确定县人大常委会第二十五次会议议题 2. 研究聘请常委会法律顾问相关事宜 3. 讨论对“一法一例”中 29 个行政许可部门主要领导进行法律考试相关事宜 4. 研究立法工作站建设相关事宜 5. 研究人大代表培训相关事宜 6. 听取各办 2015 年上半年工作汇报

续表 3–12

届次	会次	时间	主要议题
十六届	13	2015 年 8 月 31 日	1. 研究确定县人大常委会第二十六次会议议题 2. 讨论通过“一法一例”专题询问相关事宜
	15※	2015 年 10 月 27 日	1. 研究蚂蜒河考察相关事宜 2. 研究市人大代表（延寿代表团）“知市情、晓县情、人大代表基层行”主题实践活动相关事宜
	14	2015 年 10 月 30 日	1. 研究确定蚂蜒河考察的预算安排 2. 研究县人大网络平台建设的有关事宜
	15	2015 年 11 月 12 日	1. 研究《中华人民共和国宪法》知识竞赛有关事宜 2. 研究县人大常委会机关支部结对共建有关事宜 3. 研究蚂蜒河考察有关情况及下一步安排
	16※	2015 年 12 月 23 日	1. 听取各办工作总结和明年工作安排 2. 听取蚂蜒河考察进展情况的汇报 3. 研究关于十六届五次会议筹备工作的相关事宜 4. 讨论县人大常委会工作报告提纲 5. 研究关于召开县人大十六届二十七次常委会会议的相关事宜 6. 研究关于筹备县人大代表创业、建功表彰会相关事宜 7. 研究《延寿县人民代表大会志》编修问题
	16	2016 年 9 月 28 日	1. 传达省编委关于加强人大工作和建设的文件精神 2. 通报县委常委会关于代表候选人情况
十七届	1	2017 年 2 月 23 日	1. 研究确定县第一次常委会会议 2. 讨论建立县、乡人大网络系统的意见 3. 讨论 2017 年县乡人大代表及各级人大干部培训工作的意见 4. 听取县十七届人代会一次会议上代表意见、建议和批评梳理情况汇报 5. 传达县委专题会议精神
	2	2017 年 5 月 26 日	研究接受徐宝庆辞去十五届人大代表职务的请求

续表 3–12

届次	会次	时间	主要议题
十七届	1※	2017 年 5 月 23 日	1. 听取关于迎接市人大相关检查、调研工作准备情况的汇报 2. 讨论 2017 年代表培训具体计划，代表活动方案的意见，以及代表之家、代表联络站和乡（镇）人大工作制度建设的意见 3. 讨论网络平台建设的具体意见和管理制度 4. 安排县人大常委会机关脱贫攻坚工作
	3	2017 年 7 月 10 日	1. 研究确定县人大常委会第四次会议议题 2. 研究人事任免 3. 听取上半年代表建议、批评和意见办理情况汇报 4. 听取审议 2017 年上半年国民经济和社会发展计划执行情况汇报 5. 听取 2016 年审计发展问题的整改情况汇报 6. 讨论修改 2016 年财政决算（草案）报告 7. 讨论修改 2016 年财政预算执行和其他财政收入的审计工作报告 8. 讨论修改 2017 年上半年预算执行情况的报告 9. 讨论修改 2017 年财政预算调整方案（草案）的报告
	4	2017 年 7 月 19 日	1. 研究乡（镇）人大代表之家建设的有关事宜 2. 通报近期外出培训情况
	5	2017 年 9 月 11 日	1. 研究代表资格审查委员会组成人员调整的意见 2. 研究检察院提请任命检察委员会委员的意见 3. 研究县人大常委会第五次会议议题
	2※	2017 年 11 月 20 日	1. 安排当前工作 2. 研究十七届二次人代会筹备工作相关事宜
	6	2017 年 12 月 10 日	1. 研究确定人大常委会机关信访工作职责 2. 研究成立信息中心的事宜 3. 研究成立县人大办工会委员会事宜 4. 研究关于成立县人大常委会机关工会委员会人选问题
	3※	2018 年 1 月 23 日	1. 讨论 2018 年县人大常委会工作任务分解安排意见 2. 讨论十七届人大二次会议代表意见建议的办理情况
	4※	2018 年 6 月 28 日	1. 听取电子表决系统建设进展情况汇报 2. 听取县人大机关干部和人大代表外出学习培训安排意见 3. 听取视察城镇道路建设和交通管理情况的筹备工作 4. 研究“七一”期间机关活动的意见

续表 3–12

届次	会次	时间	主要议题
十七届	7	2018 年 9 月 12 日	研究县人大常委会十四次会议议程
	5※	2018 年 9 月 27 日	听取各委办年初以来工作情况汇报并对下一步工作进行安排
	8	2018 年 11 月 14 日	1. 研究确定县人大常委会会议议题 2. 讨论人大代表的有关事宜
	9	2019 年 4 月 3 日	1. 研究年度考核，推选先进个人、优秀公务员事宜 2. 听取履职平台建设情况汇报 3. 听取代表联络站建设情况汇报 4. 研究关于代表活动月安排 5. 研究机关队伍建设问题，选人进人
	10	2019 年 6 月 4 日	1. 研究确定县人大常委会二十次会议议题 2. 听取县人大财经委《关于 2019 年政府预算调整方案（草案）审查情况的报告》 3. 讨论关于人大代表联络站建设的意见
	11	2019 年 7 月 8 日	1. 听取关于县政府债务情况汇报 2. 听取关于国有资产监督工作汇报 3. 研究帮扶责任和帮扶任务调整 4. 研究确定营商环境建设监督管理工作 5. 通报县人大机关干部调整情况 6. 安排当前工作
	12	2019 年 11 月 14 日	1. 研究确定县人大常委会二十二次会会议议题 2. 研究关于人民代表大会第四次会议的筹备工作
	13	2020 年 7 月 4 日	1. 传达市十五届人大常委会第三十一次会议精神 2. 研究县人大办党支部、人大常委会机关、工会改选事宜 3. 研究县人大办主任交接事宜 4. 推荐徐延明为正科级干部人选
	14	2020 年 11 月 3 日	1. 研究确定县人大常委会二十七次会会议议题 2. 研究决定由李学雷副主任主持第二十七次常委会会议

续表 3–12

届次	会次	时间	主要议题
十七届	15	2020 年 12 月 2 日	1. 研究人事任免 2. 研究关于补选县人大代表的事宜 3. 研究财政预算调整方案有关问题 4. 讨论通过 2 项视察、4 项检查、5 项调研报告
	16	2020 年 12 月 21 日	1. 研究接受部分市代表职务的请求 2. 研究新选市人大代表 3. 研究人事任免 4. 研究调整代表资格审查委员会组成人员 5. 听取《县政府国有资产管理报告》《县人民法院诉讼服务工作报告》《县人民检察院刑事执行检察工作报告》
	17	2020 年 12 月 24 日	研究确定县人大常委会第三十次会议议题
	18	2021 年 1 月 18 日	1. 安排近期县人大常委会工作 2. 讨论确定县人大常委会第三十一次会议议题 3. 安排县十七届人大五次会议相关材料整理归档工作
	19	2021 年 1 月 27 日	1. 讨论确定机关事业单位年度考核优秀名额推荐事宜 2. 研究县人大代表服务中心主任人选问题
	20	2021 年 2 月 20 日	讨论县人大常委会第三十三次会议议题
	21	2021 年 3 月 19 日	1. 传达学习第十三届全国人大会四次会议精神与哈尔滨市十五届人大六次会议精神 2. 讨论通过 2021 年县人大常委会工作要点 3. 讨论通过县人大各委办工作规则 4. 讨论通过调整县人大常委会主任会议成员联系委员、组成人员联系县级人大代表制度的意见 5. 讨论《延寿县人大志》编撰工作的有关事项 6. 讨论通过 2021 年人大系统开展调研活动的实施方案 7. 讨论通过关于县人大系统 2021 年培训工作计划安排的意见 8. 听取代表建议交办情况的汇报 9. 讨论下次常委会有关议题

续表 3–12

届次	会次	时间	主要议题
十七届	22	2021 年 4 月 6 日	1. 讨论县十七届人大常委会第三十四次会议议题 2. 讨论 2021 年人大系统“履行人大职能、访实情办实事、助推高质量发展”调研活动动员会相关事宜 3. 讨论“学党史、办实事，助力中国延寿稻乡耕育文化展示馆建设——人大代表在行动”主题实践活动启动会议相关事宜
	23	2021 年 4 月 23 日	1. 传达市县乡人大换届工作部署会议精神 2. 讨论贯彻落实全县“走基层、进村户、解难题、办实事、促整改”大走访、大调研动员会的部署要求的有关事宜 3. 讨论调整机关干部帮扶工作的有关事宜
	24	2021 年 5 月 10 日	1. 听取县人大各委办关于“三查（察）”任务及主题调研，助力稻乡耕育文化展示馆建设活动，全县扶贫大走访、大调研活动的进展情况，并部署下步工作 2. 传达省委转发省人大党组关于市县乡换届选举工作的意见
	25	2021 年 6 月 3 日	1. 研究讨论县人大常委会机关开展规范津贴补贴自检自查的有关事宜 2. 讨论县人大常委会三十五次会议的相关议题 3. 讨论省人大组织外出培训的相关事宜
	26	2021 年 6 月 10 日	1. 讨论关于全县脱贫攻坚重点产业项目情况的视察报告 2. 讨论关于十七届人大一次会议以来代表意见、建议情况的调研报告
	27	2021 年 6 月 29 日	1. 讨论乡（镇）人大代表名额的事宜 2. 讨论人事任免的有关事宜 3. 讨论县十七届人大常委会第三十六次会议有关事宜
	28	2021 年 7 月 14 日	1. 讨论停止部分县人大代表资格的事宜 2. 讨论对张锐免去县检察院检察长职务的事宜 3. 讨论调查县人大常委会代表资格审查委员会组成人员的相关事宜
	29	2021 年 8 月 27 日	1. 讨论各委办工作分工的调整问题 2. 讨论县人大代表司宇宁的相关问题 3. 讨论县人大常委会下一次主任会议的相关议题 4. 讨论县人大常委会机关人事调动问题

续表 3-12

届次	会次	时间	主要议题
十七届	30	2021 年 9 月 3 日	1. 研究县乡两级人大换届选举的有关问题 2. 讨论下次县人大常委会的其他方面议题 3. 听取各委办“三查（察）”工作进展情况的汇报 4. 讨论关于债务审查监督的相关事宜
	31	2021 年 10 月 11 日	讨论鸡西市公安局关于对李智采取监视居住强制措施的事项
	32	2021 年 10 月 19 日	讨论确定第三十九次人大常委会会议的相关事宜
	33	2021 年 11 月 4 日	1. 通报县人大常委会党组及主任会议成员分工 2. 安排近期县人大工作 3. 集体谈话
	34	2021 年 11 月 11 日	1. 讨论下次人大常委会会议议题 2. 安排县十八届人大一次会议筹备工作 3. 安排开展政府组成部门履职评议工作 4. 讨论举办新一届代表培训班的工作方案

注：※ 的是主任扩大会

第五章　办事（工作）机构

第一节　机构设置

1979年7月1日，全国人民代表大会通过的《地方组织法》规定：县级以上地方各级人大常委会根据工作需要，设立办事机构。

1980年9月，县人大常委会设立办公室，同年6月增设法制组、经济组、文卫组。

1982年2月，法制组改称法制办公室，经济组改称经济办公室，文卫组改称文卫办公室。

1985年4月11日，县九届二次会议上决定成立人事办公室。

1986年，人大常委会工作机构有办公室、法制办公室、经济办公室、人事办公室、科技文教办公室。

1991年，增设信访办公室、选举办公室。

1996年，科技文教办公室与经济办公室合并为经科办公室。撤销信访办公室、选举办公室。

2005年，人大常委会工作机构有办公室、人事办公室、经济办公室、科教办公室、法制办公室。

2009年，县人大设人大常委会办公室、法制办公室、人事办公室。

2011年，人大常委会机关新增内设机构代表联络办公室、人大科教办公室。人大信访办公室更名为信访办。

2012年，内设7个机构有综合办、人事办、法制办、经济办、科教办、代表联络办、信访办。

2019年，根据县人大《关于成立延寿县人大代表服务中心的请示》，经县委机构编制委员会第五次全体会议研究同意按照“撤一建一”原则，撤销县人工降雨防雹办公室，成立延寿县人大代表服务中心，隶属县人大机关管理，机构规格为正股级，公益一类。

第二节　机构职责

办公室　负责县人民代表大会的筹备工作，县人大常委会、主任办公会议的材料准备、会议记录、纪要整理；综合、催办、贯彻县人民代表大会和县人民代表大会常务委员会各项决议执行情况；协助常务副主任催办和综合各办的工作情况；接待和受理人民来信来访；起草县人大常委会年度工作要点、季度工作计划、半年和全年工作总结等文件；办好县人大常委会会刊、县人大常委会工作简报；做好文档印发整理，做好保密工作；做好机关行政事务和财务管理工作。财务工作要直接对主管的主任负责；做好人大常委会机关的后勤工作和安全保卫工作；认真完成领导临时交办的各项工作任务；督促、检察对机关制定的各项制度的执行；协调各办搞好综合性工作，负责人大常委会联系“一府一委两院”工作。

科技文教卫生办公室　在县人民代表大会常务委员会的领导下，按照国家的法律、法令、政策和县人民代表大会、人民代表大会常务委员会的决议、决定，检查全县科技、教育、卫生、文化、广播、体育、计划生育等方面的工作情况；依法提请县人大常委会，改变和撤销乡（镇）人民代表大会所做的关于科技、教育、卫生、文化、广播、体育、计划生育等方面的不适当的决定和规定；承办人民代表和人民群众有关科技文教方面的来信来访；做好县人民代表大会常务委员会对科技、文教、卫生部门视察的具体工作；对全国、省、县人大常委会通过的有关科技、文教、卫生方面法律、法令、决议及时地做好宣传、督促、检查、调查；协助人事办做好科教文卫方面人民代表联系，听取代表意见和要求，及时向人大常委会进行汇报；完成主任、副主任交办的各项工作任务。

经济办公室　对县政府提请的延寿县年度国民经济发展计划和财政预算安排及部分变更的建议，及时地进行审核，并提出审核意见，提前交县人大常委会。为讨论决定做好准备；组织协同有关部门认真做好有关经济方面的法规宣传和贯彻落实；协同组织有关部门检查和监督各项经济法规的执行情况，发现有不符合法律规定的问题，及时向人大常委会提出意见；认真贯彻执行县人民代表大会及其常委会通过的有关经济方面的决议和决定；做好县人大常委会对经济方面进行视察的各项具体工作。为县市场经济的发展，做好调查研究工作，及时向人大常委会写出调查报告；完成县人大常委会和主任、副主任交办的各项工作任务。按时做好年初的全年工作规划、季度工作计划和半年、全年总结。

法制办公室 认真贯彻执行人代会及常委会对法制工作所做的决议和决定；根据常委会的工作部署，起草法制办的工作计划、总结，提出法制工作意见；为常委会开展好法制工作方面的视察、检查，做好准备工作。对视察、检查中提出的问题督促有关部门认真解决；在常委会领导下，检查、监督司法机关执法、执纪情况；围绕例会议题做好法制办分管工作的准备；检查宪法、刑法、社会治安管理处罚条例、综合治理条例等法律、法规实施情况。督促公、检、法、司、民等部门开展法制宣传工作。调查了解依法行政、维护社会稳定、保障经济发展和公民合法权益、打击经济犯罪等情况，为常委会在市场经济活动中做好工作服务；接待受理对司法机关两裁两审后的申诉，以及控告司法机关及其工作人员构成违法违纪应受到行政以上处罚的上诉案件；做好主管的主任批办和常委会内部互相协调的其他工作。

人大代表服务中心 负责为全县各级人大代表提供信息服务，主要提供工作信息、政策信息、履职信息等；负责县级人大代表履职档案的建设、管理和档案更新工作；负责县人大常委会信息网络平台建设（内、外网）、运行、管理和更新工作；负责对县、乡人大代表议案、批评、意见和建议的收集、整理和反馈工作；负责县级人大代表培训的安排、组织和落实工作；负责县人大及其他常委会交办的其他工作。

第三节 机构负责人

办公室

主　任：庞善政　1980.9—1991.6（任职时间，下同）

王福军　1991.7—1997.3

李明杰 1997.3—2000.12
任宝福 2000.12—2006.11
吕凤阳 2006.11—2012.5
张 秀 2012.5—2020.7
吴伟波 2020.7—
副主任：徐庆和 1980.9—1981.5
王春芝 1981.3—
于元滨 —1984.1
杨柱山 1984.1—1986.1
李 春 1986.1—1987.7
赵玉江 1987.7—1990.6
祝振玺 1991.7—1994.7
李维群 1995.5—2002.3
尚振和 1996.9—2006.9

法制组

副组长：胡勤仙 1981.6—1982.8

法制办公室

主 任：李 春 1987.7—1996.9
张承亨 1996—
吕凤阳 2004.1—2006.11
李凤林 2008.1—2009.2
孙继成 2011.7—2014.2
副主任：蒋国学 1982.8—
王之秀 —1987.7
金 涛 1989.7—
赵同奎 1994—1996.9
张承亨 1995.4—1996.9
李宝祥 2001.3—2002.6

李凤林　2006.11—2008.11

刘　敏　2009.2—2011.12

江　涛　2013.2—

经济组

副组长：郑越平　1981.6—

经济办公室

主　任：郑越平　1984.4—1991.12

李秀林　1992—1996.9

周延利　2012—2016.11

副主任：郑越平　1981.6—1991.12

李秀林　1987.10—1992.4

周延利　2011.12—2012.12

科技文教办公室

主　任：闻宝春　1981.6—1983.3

于元彬　1983.3—1987.7

苏彦华　1987.11—1996.9

李晓春　2011.11—2012.5

刘　敏　2012.5—2016

副主任：李树柏　1982.2—1984.4

寇桂清　1984.4—1986.6

张亚松　1996.3—1996.9

刘　敏　2011.12—2012.5

人事办公室

主　任：王春芝　1984.4—1987.10

黄庆新　1992.4—1995.4

张亚松　1997.9—2003.3

李宝祥　2003.2—2009.2
李凤林　2009.2—2013.5
索延庆　2014.2—
副主任：黄庆新　1987.10—1992.4
赵同奎　1995.4—1996.3
许岩峰　1996.3—1996.9
田荣立　1996.9—2001.3
李宝祥　2002.6—2003.2

经济科教办公室

主　任：李秀林　1996.9—2001.3
徐　雷　2001.3—2005.3
李少华　2006.11—
于国强　2007.3—2008.4
高兴辉　2009.12—2011.1
副主任：张亚松　1996.9—1997.9
徐　雷　1996.6—2001.3
江　涛　2008.11—2009.3
孙继成　2009.3—2011.7

人大代表联络办公室

主　任：高兴辉　2011.12—
副主任：俞延飞　2012.5

选举办公室

主　任：
副主任：王淑琴　1993.7—1996.9

信访办公室

主　任：王福军（兼）1991.6—

尚振和　2005.9—

刘　敏　2008.1—2009.3

钟海燕　2009.3—2016.11

副主任：尚振和　1995.4—1996.9

人大代表服务中心

主　任：杨柏成　2019—2021.8

王秀文　2021.12—

注：1.1996 年 9 月，由经济办公室与科技文教办公室合并为经济科教办公室，后于 2011 年 11 月由经济科教办公室又分为经济办公室和科技文教办公室。

2.2011 年 11 月，信访办公室从人大办公室中分出单设，规格为正科级。

第六章　日常工作

第一节　联系代表与发挥代表作用

联系代表是县人大常委会工作的重要组成部分，密切联系代表、紧紧依靠代表、充分发挥代表作用是人大常委会的一项极其重要的经常性工作。

第八届人大常委会　1980年，按照《地方组织法》第二十一条关于“有代表三人以上的居民地区或者生产单位可以组建代表小组，协助本级人民政府推行工作”的规定，县第八届人民代表大会第一次会议以后，人大常委会本着联系群众、方便活动的原则，城镇以选区或系统、农村以公社为单位，把全县275名县人民代表编成了35个代表小组。县人大常委会确定代表小组的任务和活动内容五项：学习宣传国家颁布的法律、法令和政策；走访选民，听取和反映群众对政府及国家工作人员的意见；调查研究群众普遍关心的问题，汇集群众的意见和要求，及时向县人大常委会及政府有关部门反映并提出建议；了解和掌握政府各个时期的中心工作，协助政府推行工作；交流代表联系群众开展活动的经验和做法。规定代表小组每两个月至少召开一次会议，及时把小组的活动情况向人大常委会反映。人大常委会注意抓好代表和选民的密切联系，督促代表小组开展活动。县人大常委会召开代表组长会议，交流代表小组活动经验。县人大代表积极走访选民，了解选民对国家机关工作人员的意见，向人大常委会和政府有关部门反映情况。人大常委会与人民代表经常联系，改变了过去那种“开会时当代表，不开会就拉倒”的现象。1981年，全县35个代表小组普遍开展活动，活动较好的有青川公社、工业、财贸等代表小组。青川公社代表小组活动时，向县人民政府和公社管委会提出修通青川至延河新改公路、解决公社所在地吃水难、修建公社电影院3条意见，得到县政府和公社管委会的重视，在有关部门的协助下，一年时间全部解决。县人大常委会主任、副主任、委员还深入基层参加自己所在的代表小组活动，走访县代表，征求代表意见，有的县代表还深入选区、走访选民、宣传党的政策，征求群众意见，给县人大常委会写信反映自己的意见和要求，密切县人大常委会与县代表联系。1983 年进行代表小组整顿，重新划分代表小组。县人大常委会主任、副主任、委员实行定点包组联系，不定期地深入代表组，把听取到的代表意见和要求转给“一府两院”办理。县八届三次人代会后召开代表组组长座谈会议，明确代表组的任务和活动要求，青川公社、工业科代表组在会上交流了活动经验。县人大常委会在组织视察时聘请县人大代表参加，视察县一中，聘请教育系统的县人大代表到一中听课、座谈，对如何提高教育质量，办好重点校提出了建议。

第九届人大常委会 县人大常委会开展代表组活动，了解人民群众的意见和要求，解决人民群众普遍关心的重大问题，协助政府推行工作。1984 年重新组建代表小组，农村以乡（镇）为单位，县直以系统为单位，根据工作性质不同，组建 32 个代表小组，召开代表组组长会议，部署代表小组活动任务和要求。各代表组制订活动计划，建立活动制度，加强同代表的联系。县九届人大常委会第一次会议通过《延寿县人民代表大会常务委员会同委员和人民代表联系制度》，人大常委会主任、副主任在联系本选区代表的同时做到经常联系和集中联系相结合、个人联系和集体联系相结合，主任、副主任、部分委员用一周时间走访全县各代表组，通过召开座谈会、个别交谈等形式，听取代表的意见和要求，解决代表学习、工作、生产、生活的实际问题。在经济改革和监督协助政府推行工作中，县人大代表发挥应有的作用。寿山乡人大代表积极向乡政府反映群众的意见和要求，为群众办好事：集资 14 万元维修危险校舍；集资 7 万元给 4 个地方病严重的村屯打深水井、安装自来水管；建立敬老院，解决全乡 14 名孤寡老人生活上的困难。全县各条战线都有很多的模范、典型人大代表：带头致富的加信镇县人大代表白杰、高台乡县人大代表张跃福；扶持贫困户共同走富路的寿山乡县人大代表李万再、加信镇县人大代表谢继文；精神文明建设中起到模范作用，被评为全国三八红旗手的延河乡县人大代表高翠兰。省《人大工作通讯》转发延寿县人大代表发挥模范带头作用的经验。县人大常委会召开代表活动经验交流会，寿山乡党委、太安乡政府、延寿镇第一代表组、卫生代表组，延河乡乡长、代表组组长盛守海和县人民代表张珂等先进集体和先进个人在会上介绍经验。在联系代表活动中，注意对代表进行法制宣传教育，引导代表做学法、懂法、守法、执法的模范。1985 年，县九届二次人代会后，县人大常委会组织补选 7 个乡镇出缺的代表组组长，从组织上保证代表活动的开展。县人大常委会在九届二次人代会后，专门召开代表组组长会议，就开展代表活动和发挥代表作用提出任务和要求。人大常委会通过《人大工作简报》总结推广寿山、加信、卫生等代表组开展活动和发挥代表作用的经验。10月，县人大常委会召开了代表活动经验交流会，表彰一批先进代表组和先进代表个人。春耕开始时，专门组织了60多名代表视察春耕生产，解决春耕生产中政策性和关键性问题。常委会主任、副主任和委员，采取个别联系和集中联系相结合的方法，两次到11个乡（镇）同代表进行座谈，听取代表意见和要求。在召开县九届三次人代会之前，县人大常委会组织县人大代表围绕经济体制改革、国民经济和社会发展计划以及中央一号文件执行情况进行视察，提出多方面建议。1986年，常委会主任、副主任和委员结合下乡、下基层工作走访代表，询问、了解代表工作、生产、生活及代表活动情况。10月，由主任、副主任和部分委员组成2个组，分别深入8个乡（镇）和县直2个系统同代表座谈，广泛征求代表对县人大常委会和各级人民政府的意见和要求，将代表提出的24条批评意见和要求分别转给县政府和有关部门，并督促办理。常委会利用《人大工作通讯》等，总结、推广延寿镇代表在精神文明建设中发挥先锋模范作用、加信镇代表在普法工作中发挥骨干作用、玉河乡代表在扶贫致富中发挥带头作用、寿山乡和卫生系统代表在参政议政中发挥监督作用等一批先进典型经验。

第十届人大常委会 1987年，县人大常委会主任、副主任和委员深入所在选区的代表小组参加活动，收集代表意见和要求。常委会给县人大代表邮寄县人大常委会会刊、《人大工作通讯》，还为各代表小组印发《怎样当好人民代表》等学习材料，召开乡（镇）人大主席团常务主席和联络员会议，学习有关法律和人大工作业务，交流工作经验，进行专题辅导，强调重点抓代表组的建设。人大常委会领导深入各乡（镇）帮助划分代表组、制定和完善代表学习制度、视察制度、联系选民制度、评议政府工作制度，以及常务主席和联络员工作制度等。1988年，县人大领导和部分委员分3个组深入延寿镇、青川、延河、寿山、新村、高台6个乡（镇）和县直工交、财贸代表组，同县乡代表座谈。代表围绕延寿县工农业生产、深化改革和群众关心的热点问题同县人大、县政府领导对话，提出很多批评意见和建议，整理出14条重要的批评意见和建议以正式文件转给县政府解决。县人大召开乡（镇）人大工作和代表活动经验交流会，推广加信镇人大主席团、青川乡代表组、寿山乡代表组开展活动的经验。延河镇代表组组长刘延清介绍当好代表组组长的经验，代表李凤和、王同彬、杨文祥介绍发挥代表作用的经验。为代表开展活动创造条件、搞好服务。在延寿县的省人大代表小组，有4名代表在哈尔滨市工作，为协助省人大代表组开展活动，常委会的领导先后去哈尔滨市与在哈的代表进行联系，协商代表活动有关事宜，保证延寿县省人大代表小组开展活动。省人大代表小组被评为省先进代表小组，受到表彰和奖励。1988—1990年，坚持同代表的联系制度。人大常委会有计划地走访代表外，结合其他工作，随时随地走访代表了解情况，收集代表意见和要求。三年间，人大常委会共走访县人大代表562人次、省人大代表18人次，组织省、县代表参加对土地法、森林法、食品卫生法、省计划生育管理条例等二十几项法律、法规的贯彻落实情况的监督活动，参加县人大常委会开展的对工业、农业、财贸、春耕生产、物资供应、廉政建设、“扫黄”、“打丑”等方面的检查和调查达80人次。

第十一届人大常委会 1991年，县人大常委会深化与代表的联系。常委会主任、副主任以及各办同代表组建立联系点，制定、修改联系代表和群众的办法，抓好省代表工作条例的贯彻实施，召开代表活动座谈会，总结代表活动先进集体和先进个人典型经验。鉴于代表新成分增多，常委会培训全县县乡代表，根据区域和专业特点组建32个代表组，建立“三联系”制度，形成联系代表网络。常委会全年共走访代表100余人次，收集代表意见和建议240多条，组织代表组围绕县委中心工作和执法情况开展“三查（察）”活动。同代表保持经常性联系，常委会主任、副主任和委员通过检查、调查和视察，就近走访代表，全年走访代表平均19人次。通过人大常委会会刊同代表保持联系，沟通工作情况。1992年，常委会召开代表座谈会13次，了解代表生产、生活状况，征求代表对人大、“一府两院”工作的建议、意见。1992年组织县、乡代表开展“三查（察）”活动60余次。《代表法》颁布后，县人大常委会组织代表学习，在十二次人大常委会会议上作出《关于学习、宣传、贯彻、实施〈中华人民共和国全国人民代表大会及地方各级人民代表大会代表法〉的决议》，向各代表组印发学习材料。县人大常委会召开表彰大会，表彰10个乡（镇）人大主席团，4个人大代表组，32名县、乡代表活动积极分子。1991年至1993年常委会共联系代表1200余人次，收集代表意见和建议325条，共有2700人次参加县、乡人大组织的“三察（查）”活动，召开代表座谈会125次。

第十二届人大常委会 根据换届选举后的新形势、新特点，县人大常委会重新制定《延寿县人大常务委员会联系代表制度》，于1994年1月在第一次人大常务委员会会议上审议通过。针对县十二届人大代表新成分多的特点，6月至7月，县人大常务委员会举办人大代表培训班。通过下发辅导材料、讲课辅导等形式，组织代表学习《代表法》《组织法》《中华人民共和国宪法》和有关社会主义市场经济等方面的理论。结合《代表法》的贯彻落实工作，于8月至10月，分两个阶段，深入代表当中，检查《代表法》的贯彻实施情况，指导县、乡人大代表开展活动，搞好每年两次的集中联系代表活动。按照《延寿县人大常务委员会联系代表制度》的规定，县人大常委会组成人员分别于年初、年末两次深入各乡（镇）和各系统的代表小组中开展联系代表活动，了解代表的生产、生活情况，征集到代表对“一府两院”及人大常务委员会工作的意见、建议180件，交付县政府各有关部门办理。1994年9月，县人大常务委员会组成人员全面联系各乡镇和县直各系统的县人大代表，了解代表们在生产和生活中的情况，征集到代表对政府工作的建议、意见13条，转给县政府办理。县人大常委会贯彻省人大《关于动员和组织全省各级人大代表为振兴黑龙江做贡献的决定》精神，引导代表在经济建设中发挥作用，多次进行落实检查，及时总结、表彰先进代表典型。1995年，常委会组织代表学习《中华人民共和国宪法》《代表法》《地方组织法》。督促政府及有关部门做好代表提出的建议、批评和意见的办理工作。针对政府有关部门在办理人大代表提案工作中存在的问题，提出明确要求和改进措施，组织部分委员和人大常委会机关工作人员检查人大代表提案的办理工作，加快有关部门办理代表提案进程。1996年，各级人大代表带头宣传和贯彻县委经济发展的总体思路，深入实际调查研究，为解决改革和经济发展中的难点问题，积极献计献策。

第十三届人大常委会　县人大常委会密切与代表的联系，为代表发挥作用创造条件。在县人代会期间密切联系代表。人大常委会组成人员组织代表讨论县国民经济和社会发展计划、财政预决算报告、“一府两院”工作报告和常委会的工作报告，听取代表的意见和建议，采纳合理建议，完善报告和各项计划。征集整理代表意见、批评和建议。对县人代会期间代表提出的意见和建议及时转交政府办理，并依法督办，限期反馈。坚持定期走访代表制度。按照省、市人大的有关要求，动员和组织代表开展“尽职责、树形象、做贡献”活动，树立典型，推广经验。为代表发挥作用创造条件。常委会每年都组织在延寿县的省、市人大代表和部分县人大代表对延寿县农业和农村经济结构调整情况、粮食收购情况、农民收入和负担等情况进行视察，把在视察中征集的代表们的意见和建议，转交有关部门办理。

第十四届人大常委会　通过召开座谈会、走访等形式，加强与代表沟通联系。2003年至2006年，主任会议成员联系走访县乡两级人大代表2000多人次，征集意见和建议210多条。常委会以会代训、会训结合的方式开办培训班5次，受训代表960多人次。主任会议成员经常深入各代表小组，开展以代表小组为单位的培训活动，宣讲法律法规，学习党的方针政策。常委会筹措资金，为全县人大代表订阅省人大机关刊物《法治》杂志，供代表们学习参考。闭会期间组织人大代表围绕“工业强县”、“三农”、市场经济秩序等人民群众普遍关心的问题进行专项视察、检查，召开各级人大代表参加的座谈会。代表们在全面了解各方面工作情况的基础上，提出意见、建议。一些代表组开展持证视察活动，延河镇人大主席团在2005年应本镇县人大代表的要求，视察延河镇招商引资工作，提出相应的意见建议。各乡（镇）人大主席团多次开展代表视察活动。县人大常委会加强对乡（镇）人大工作的指导，不定期邀请各乡（镇）人大主席团主席、副主席列席县人大常委会会议，加强与乡（镇）人大主席团的联系与指导，为乡（镇）人大主席团开展工作创造便利条件，提高基层人大主席团的依法监督能力。常委会多次调研全县乡（镇）人大工作，总结乡（镇）人大工作的好经验、做法，分析研究乡（镇）人大工作面临的困难和存在的问题，有针对性地提出加强和改进乡（镇）人大工作的意见和建议，2005 年县委以文件的形式转发县人大《关于加强乡镇人大工作的意见》。

第十五届人大常委会 县人大常委会把调动人大代表履行职责的积极性作为人大工作的基础工程来抓，创造议政条件，建设高素质代表群体，夯实民主政治基础。以人大换届选举为契机，着力保证代表素质。开展代表履职情况考核，保证连选连任代表质量。人大常委会经过考核，把表现突出的代表作为县十五届人大代表候选人推荐出来，有 62.5% 的代表连选连任。优胜劣汰，提升代表的素质。从改善代表结构入手提高代表质量，县十五届人大代表中，在文化结构上，本科学历以上达到 84 人，专科学历达到 81 人。在专业结构上，专业技术人才 25 人，占代表总数 14.6%。在代表层面上，适当增加农民代表，农民代表占代表总数 17%，比上届上升 3 个百分点。加强代表培训，提高人大代表整体素质。县十五届人大一次会议期间，邀请市人大专家为代表做了关于《监督法》的专题讲座。新一届人大代表产生后，人大常委会对新当选代表进行集中培训，做到代表在明确代表地位和作用的同时，增强当好代表的光荣感、责任感和使命感。扩大代表会议张力，提高代表参政议政水平。人大常委会以人代会为核心，把视点向会前和会后扩张。每次人代会召开前提前通知代表会议讨论内容，代表深入开展工作调研，广泛了解社情民意，提前进入社会状态。会议期间，组织代表参加全体会议和分组讨论，认真听取审议各项报告、决议，深度参与经济与社会发展重大事项决策。会后，按照决议要求，督促有关部门落实决议、兑现承诺，保证各项决议落实。搭建代表发挥作用平台，丰富代表民主参与形式，拓展履职空间，监督司法工作，促进司法公正。人大常委会选择 6 名熟悉法律的人大代表担任县检察院人民监督员和法院人民陪审员，参与检察院办案工作和法院审判工作，应邀参加法院和检察院有关执法活动，对“两院”工作和队伍建设提出意见、建议，每年安排 10 名人大代表，参与法院窗口单位征求意见活动，提高“两院”执法水平和办案质量。切入政务工作，监督工作落实。人大常委会安排 10 名县人大代表担任政府政务公开监督员，监督政府及其组成部门政务公开、廉洁从政。2008 年选派 4 名人大代表全程监督全县国有粮库清仓查库工作。参与行风评议，促进行风好转。每年安排10名人大代表参加对行政执法、经济管理和公共服务等部门的风气评议，代表民意公正评价。拓宽代表社会实践途径，激发代表建言献策热情。人大常委会把代表在发展实践中发挥作用，作为科学参政议政的重要手段。常委会组成人员定期深入选民中调查研究。十五届会议期间，视察活动共提出意见和建议300余条。邀请人大代表列席常委会会议210人次，参加视察、检查活动330人次。增加代表了解县情、参与重大决策的机会。2010年，常委会加强和改进代表工作，为人大代表履职尽责搭建平台。密切同代表的联系。常委会坚持和完善主任会议成员联系县人大代表制度，结合市人大开展的代表"访民日"活动，常委会成员深入基层"访贫问苦、访民问计、访富问经"，听取基层群众、人民代表提出的意见及建议。主任会议成员共走访基层代表110人次，收集到包括城镇规划、道路硬化、环境美化、社区建设、市场管理、企业用电、自来水管网改造、新农村建设等方面工作30多条建议。县政府及有关部门及时办理和答复这些建议，群众满意率达到100%。保障代表知情知政权，常委会坚持邀请县人大代表列席常委会议和参加常委会组织的"三查（察）"活动，共邀请人大代表参加常委会活动43人次，参加各类社会活动310人次。人大常委会组织部分人大代表参加县城镇建设、教育改革与发展、高中教育、乡镇卫生院建设、公安看守所管理、法院执行等视察活动。激发代表履职热情。年初，常委会就县人大代表要在招商引资和项目建设中"争先锋，做表率"下发了专门的文件。开展创建"项目建设提速年、人大代表在行动"活动。人大代表直接参与谋划、编制项目436个，占全县谋划项目总数的67%；直接参与招商引进项目107个，占全县招商项目的89%；直接参与开工建设项目186个，占全县重点建设项目的87%。加大代表建议办理力度。常委会要求相关部门综合分析和归纳整理，提交"一府两院"办理。县政府将代表建议办理工作列入督办的重点工作，确定重点建议进行跟踪督办。

十六届人大常委会　县人大常委会制定《代表工作实施细则》，对代表参与监督工作、会议审议、学习培训、履职考核等实行规范化管理，全县各级代表都建立履职档案。制发代表"四情"手册，代表对选区社情、政情、舆情和民情进行纪实；畅通代表"出口"，依法停止代表职务31人，及时补选代表31人，保持代表队伍的稳定。拓宽代表培训渠道，依托省、市视频培训平台培训代表500多人次；按上级人大培训计划，分批次组织基层代表到北京、深圳、厦门等全国人大培训中心参加高层次培训150多人次。增加代表社会实践，开展"代表活动月"活动，参加活动的县乡人大代表600多人次；创建实施代表工作"12345"载体工程，代表联系创业户、帮助贫困户、为选民办实事成为常态；开展"代表亮身份"活动，代表参与率达30%以上。搭建代表发挥作用平台，坚持代表参与“三查（察）”活动和列席常委会会议制度，有363人次参与“三查（察）”活动，242人次列席常委会会议。坚持向代表通报工作制度，创办《人大工作交流》期刊，向代表通报情况52期。代表参与县委、“一府两院”重大决策征求意见等150人次，发挥参政议政作用。开展县、乡两级人大代表到选区述职活动，县人大代表述职率达到70%以上，乡镇人大代表述职率达到90%以上，增强代表履职意识。坚持“围绕中心，服务大局”的指导思想，人大代表自觉投身全县经济社会建设。围绕促进经济增长，主动开展招商引资。建立代表人力信息资源库，充分发挥代表的人脉优势，各界代表投身招商引资工作，为县域经济发展做出积极贡献。五年间，实现财税增收2000多万元，招商企业投资5.02亿元。遵循县委安排部署，承担亚麻特色产业基地建设。制定延寿亚麻产业中长期发展规划，召开中国哈尔滨延寿亚麻产业恳谈会，以延寿为龙头成立哈尔滨亚麻产业协会；引进上海柳川大桥麻业，建成哈尔滨延寿亚麻纺织有限公司，新增亚麻纺纱一万锭。在六团镇开展“设百问、走千家、访民情、定思路、抓落实”活动；全力投入脱贫攻坚，向全体代表发出投身脱贫攻坚倡议，组织机关干部和各级人大代表积极参与脱贫攻坚精准帮扶工作。建立代表议案、意见、建议“提出、审议、定性、分类、会商、交办、反馈、报告”八步落实机制，推行“参与式”监督的工作方法，代表参与意见建议的办理过程。县人大常委会对群众或代表提出的尖锐问题不回避，在事关民生重大问题上积极回应。针对群众和代表多次反映的水源地保护问题，人大常委会成立专题调研组，历经1个多月时间，深入长寿湖、蚂蜒河、北岗深井等水源地、供水厂、水质监测点和住宅楼小区、平房居民区进行实地调研，发放城镇居民饮用水质量安全调查问卷170多份，征集到相关意见、建议69条。对反映集中的长寿湖、蚂蜒河水质安全问题，开展专题询问。在听取部门专项报告的基础上，征询群众、代表意见，形成关于切实加强水源地保护的意见，得到县委、县政府高度重视和支持。有关部门停止在建的可能影响长寿湖生态环境和水源地保护的建设项目。环保、水务部门开展水源地保护标识和保护围栏建设，长寿湖水源地和蚂蜒河水源地一级保护区内设立明显的保护标识；蚂蜒河水源地建设立保护围网。实施蚂蜒河全流域考察重大举措。为推动蚂蜒河流域依法保护和治理工作，2015年10月末，由县人大常委会发起并组织实施蚂蜒河全流域考察。县人大常委会机关全体干部会同环保、水务、卫生等专业部门科研人员组成三支考察队，历时一个月时间，对蚂蜒河全流域进行徒步实地考察，完成蚂蜒河341千米流域水文、水质、生态现状、生产方式、污染源散布、样品采集等考察工作，形成考察报告，向市人大提出立法建议，在市人大十四届五次会议第三次主席团会议上审议通过，作为议案处理。市人大常委会主任会议、常委会会议专题讨论研究蚂蜒河流域保护立法议案问题，向市政府提出工作和治理意见，反映延寿人民对蚂蜒河生态建设和保护的强烈愿望。设计并实施了代表创业建功活动。利用企业家代表的优势，围绕经济社会发展，开展“创业建功”活动。五年间，代表投资额达10多亿元，企业家代表创办的物流公司，填补延寿物流业空白；企业家代表创办的延寿医药零售企业由6家发展到12家，实现连锁经营并组建集团公司；企业家代表创办的中实源米业，仓储能力达到16万吨，与近百家农户发展订单关系，探索“公司加农户”路子；企业家代表投资建设的延寿金街，改变延寿县商业发展格局。县人大常委会专题召开人大代表“创业绩、稳增长”现场会，举办2届人大代表“创业建功”评选表彰活动，评选先进典型20多人次。支持和鼓励各界代表积极参与社会公益和慈善事业。人大代表组建的“挚友”爱心社，吸收了50多名爱心人士参加，定期开展扶贫济困活动；人大代表在特教中心成立“爱心食堂”，每年捐助优质大米4吨，已建立长期扶助关系。科学打造人大工作“作用体”。为使人大整体功能发挥得更好，县人大常委会把打造人大工作“作用体”作为自身建设目标，构建“以人大代表为基础、以常委会委员为支撑、以主任会议成员为核心”，上下贯通，运行合理的工作体系。代表基础作用显现，十六届人大会议期间，人大代表通过会议审议提出意见、建议、议案630件。委员与代表“结对子”达到代表总数的30%以上，帮助代表反映或解决履职中的实际问题720件。

十七届人大常委会　县人大常委会坚持人大工作向基层工作倾斜、基层工作向代表工作倾斜的理念，增强代表履职功能，提高代表履职成效。加强培训，提升代表综合素质。采取“走出去、请进来”等方式，累计培训县乡人大代表450余人次，组织基层人大代表和人大干部110余人次赴全国人大培训中心参加高层次培训，邀请国防大学教授孟宪生到延寿县为人大干部及代表作国际形势专题报告，邀请“延安精神”专家郝凤年到延寿县为人大干部及代表开展专题培训。指导乡镇人大主席团累计开展乡镇人大代表集中培训70余次。多措并举，巩固拓展代表议政渠道。代表列席人大常委会会议累计394人次，提出相关意见建议400余条。代表参与县委、县政府重大决策征求意见、法检两院的审判监督、检察监督以及有关部门民主测评等工作453人次。建立代表意见、建议办理“八步流程”问效机制，组织代表200余人次直接参与办理工作跟踪督办，400余人次参与办理情况评估及满意度测评，县十七届人大会议期间代表书面提出意见建议357件，办理答复率达到100%。其中，2021年代表书面提出的82件意见建议，办结率达到95%以上。在9个乡镇建成人大代表联络中心站13个、分站16个，并参与全市星级代表联络站创建工作，实现人大代表联络站联系群众、联系部门、联系代表、联系人大常委会机关的“四联”功能，为人大代表开展工作创造条件，成为党和政府联系群众的桥梁纽带。代表联络站累计接待群众432人次，为群众反映问题或意愿101件，跟踪办理92件，开展学习交流、议事议政等活动114次，推动解决地方自来水、道路、桥涵维修维护等群众关心关注问题157件。2021年，在全市星级代表联络站创建中，延河镇代表联络站评为全市一星级代表联络站。四是强化管理，代表履职意识明显增强。落实人大代表联系群众制度，推动代表履职档案规范化建设，配合组织、纪检等部门，严把代表进出关口。依法停止代表资格46人、暂停代表职务1人，补选代表30人，保持代表队伍的稳定。先后开展代表创业建功、“脱贫攻坚人大代表在行动”、“疫情防控人大代表在行动”等载体活动，各级人大代表与522个贫困家庭结成帮扶对子，为贫困户捐赠被褥衣物、米面油、农药化肥以及泥草房改造、村屯路建设资金等210多万元。疫情防控中，各级代表带头参与一线疫情防控，捐款捐物49万元。服务县域经济振兴发展中，各级代表在肉鸡养殖产业、亚麻产业、稻米产业以及新业态、新型经济组织发展上发挥典型引领作用。

第二节　检查督促代表议案（提案）和建议、批评、意见办理工作

代表议案是县人大代表依照法律，向县人民代表大会提出属于县人民代表大会及其常委会职权范围内的议事原案。代表建议、批评和意见（以下简称代表建议），市县人大代表依照法律规定向县人民代表大会或者常务委员会提出的对各方面工作的建议、批评和意见。

县八届人大一次会议以前，对代表提出的议案称提案或议案。根据《地方组织法》第二章第十四条的规定，从第九届人民代表大会第一次会议开始，将提案改为议案，在会议期间设议案审查委员会，不再设提案审查委员会。此后，对人民代表不论在大会期间或闭会期间所提出的建议、批评和意见，不再称为代表提案。

八届人大常委会　八届人大一次会议收到代表提案304件。这些提案中，工业、交通、基本建设方面的43件，财贸方面的18件，文化、教育、卫生、科学方面的53件，人民生活方面的69件，农业、水利方面的22件，粮食系统方面的2件，政法方面的11件，林业方面的4件，其他方面的82件。提案审查委员会根据提案的具体内容，提出审查意见：凡是应该办理而且条件具备的，交县政府及有关部门立即办理；凡是涉及部门较多，需要协商和通盘考虑或条件尚不完全具备的，交县政府及各主管部门研究办

理；凡一时不能解决、需要经过调查研究摸清情况以后才能确定的，交县政府及各主管部门调查研究提出处理意见；不属于本县工作权限之内的，转请行署、省政府及有关部门研究处理。截止时间以后接到的提案交县人大常委会处理。

第八届人民代表大会第二次会议收到代表提案209件。经议案审查委员会审查，符合立案条件立案的160件，没有立案的49件。立案的提案中，农业、林业、机电、水利方面的9件，工业、交通、财贸方面的21件，城建方面的45件，文教卫生方面的16件，计划生育、劳动就业方面的2件，公安司法方面的11件，人民生活方面的25件，其他方面的6件。议案审查委员会根据提案的具体内容，提出了审查意见：凡是具备条件应该办理的，交县政府及有关部门办理；凡涉及部门较多，需要协商和通盘考虑或条件尚不完全具备的，交县政府及主管部门办理；需要经过调查研究以后才能确定的，交县政府及主管部门办理。

第八届人民代表大会第三次会议收到代表提案82件，这些提案中，农林、水利方面的6件，工业、交通、财贸方面的33件，文化、教育、卫生方面的10件，司法和治安方面的15件，城建方面的6件，其他方面的12件。经过提案委员会审查立案的66件，不立案的16件，不立案的提案按来信来访转给县政府及有关部门处理。代表提案分别转交县人民政府及有关部门和县人民法院处理。

九届人大常委会　县九届人大一次会议收到代表提出的议案39件。其中，属于农业、林业方面的10件，工业、交通方面的4件，城乡建设方面的4件。议案审查委员会对代表议案进行审议研究，其中3件提交大会主席团审议，另外6条建议由县人大常委会进行审查并提出处理意见，交县人民政府等有关部门处理。有30件议案是向县人民政府等有关部门提出的工作建议或批评，这部分议案和代表提出的建议、批评和意见一并交由县人民政府等有关部门处理。

县九届人大二次会议期间，代表向大会提出各方面工作的建议、批评和意见共128件。按照建议的内容和性质区分，城镇建设方面的39件，农业、林业、水利工作方面的14件，文化、教育、卫生工作方面的22件，工业、交通工作方面的21件，财贸、工业、交通方面的21件，计划、劳动和人事工作方面的7件，公安、司法工作方面的4件。代表大会之后，县人大常委会将这些建议、批评和意见交由县政府及有关部门研究处理。县政府领导多次指示办公室处理好代表的建议。县政府办公室下发《关于认真办理好人民代表建议的通知》，对代表建议的办理办法、审查程序、答复时间等提出具体要求。代表提出的关于县城走路难、吃水难的建议，县长办公会议研究成立延寿县自来水进户指挥部，县财政、有关单位和居民三条渠道，集资21万元，解决壕南区和亚麻厂家属区1014户居民吃自来水问题。才树森、张振民、邵文信、陈维新等代表提出的县城排水差、路灯少、垃圾不能及时清理、居民吃水难等批评意见，县政府多次召开会议研究，采取措施解决。1985年7月，县政府组织机关单位职工，在县城东北部挖了1100米的排水沟，同东大沟相通，解决胜利小学附近排水难的问题。秋季，县政府组织职工对东西2条排水沟进行清淤，缓解雨季城镇受水害问题。解决城镇内交叉路口排水的问题，筹款25000元，建设500厘米口径以上的涵管30处，建“水簸箕”15处。解决路灯少的问题，县政府拨款18000元，在公安、同庆、吉盛3条路上安装60盏高压钠灯。陈维新、王国柱、刁长山等代表提出的吃自来水难的问题，县长办公会研究决定拨款56000元，安装壕南居民区和亚麻厂家属居民区自来水，完成主干线1500米工程任务。各单位筹集2万元，建设支线管道1千米，1985年筹款后，完成余下的6千米支线安装任务，缓解吃自来水难的问题。张文杰等代表提出发挥城建处作用的建议，经县政府第九次县长办公会决定，把城建处划归延寿镇政府管辖。代表提出的改变教师生活条件及解决教师吃供应粮和民办教师工资等建议，县政府在1985年6月召开全县教育工作会议期间，下发《关于尊重教师、兴办教育的暂行规定》，全县筹集教育资金587848元，其中用于改变办学条件的481022元，对过去全县拖欠的民办教师工资107089元，到1985年9月，已付给54499元。全县下拨给各乡（镇）供应粮指标213个用于教师的159个，占指标的74.6%。给调进县城的27名教师落实城镇户口，给51名教师子女安排工作，给教师解决住房70间，维修校舍524间。张炳瑞代表提出的加强农民技术学校建设的建议，县政府批准给农民技术学校建房费2万元，省农民教育处和省财政厅拨款7万元。农村代表提出的减轻农民负担的建议，县政府下发《关于合理提取、使用1985年土地提留和乡镇统筹费会议纪要的通知》，规定土地提留要由上年占承包收入的7%，下降到5%左右，统筹费不超过上年实际承包收入的3%。清理不合理负担，把农民负担由1321000元下降到702000元，人均负担由7.82元下降到4.16元，清理后比清理前下降47.3%。段景新等代表提出的“市场小、拥挤，应多设一处市场”的建议，工商局用29万元的市场管理费和罚没款，购买车马店大院，7月开始修建，铺设水泥预制块7200平方米，修厕所1处，围墙60米，买下原二饭店房子350平方米，做室内市场。增设一处北市场和一处工业品市场，解决市场拥挤的问题。朴重根、白龙德代表提出的恢复延河客运站的建议，县运输公司终止个人承包合同，恢复原貌，并进行维修，充实工作人员，恢复营业，解决平安、青川、延河3乡（镇）旅客乘车难的问题。王同彬、于铁山等代表提出的补偿1983年平安乡新生、农兴两个村的农民种子损失的建议，民政局补发原议定的900元救灾款。代表们提出的加强物价管理的建议，物价部门集中开展物价大检查，检查 1052 个单位，占有价单位的 76.2%，查出违价单位 220 个，占被检查单位的 21.1%；查出非法收入 144000 元，上缴 34000 元；退还给用户 1900 元，罚款 6700 元，稳定市场物价，保护消费者利益。寿山乡人大代表于再水等提出“关于解决开道林场与壮志村林权纠纷问题”的建议，县人大会同县政府有关部门一起调查，圆满解决。

县九届人大三次会议期间，代表提出议案 24 件，议案审查委员会审查，大会主席团决定立案 3 件。第一件议案是关于进一步落实回民政策，县政府及有关主管部门从外地请一名阿訇，负责主持教仪、讲授经典工作；由商业局负责对县城回民饭店工作人员按政策规定比例逐步进行调整；为回民筹建专用屠宰间；为回民规划一块墓地。代表提出的解决城镇居民吃自来水的议案，县政府请求省里帮助解决高区供水工程，省有关部门同意建高区供水站。工程总概算 48 万元，落实资金 20 万元。工程完成后解决镇内高区 1000 余户居民和生产单位以及镇内高层建筑物内的用水。自来水公司积极组织自来水入户，1986 年县城有 1800 户、7500 人吃上自来水。代表提出的关于县城内东西大沟治理、解决排水的议案，县政府同延寿镇政府及有关部门对东西两条大沟实地查看，提出清理沟内低矮树丛，保证汛期泄洪的意见；组织各单位对东西大沟和南大沟及富强大沟进行清淤，保证排水畅通；结合植树造林，在沟边种榆树，形成绿色篱笆，美化环境。

十届人大常委会　县十届人大一次会议期间代表提出建议、批评、意见 49 件，人民来信 1 件，共计 50 件，一并转县政府办理。这些建议，按所提内容和性质划分，属于农业方面的 6 件，属于工业、交通方面的 10 件，属于财贸方面的 20 件，属于文化、卫生方面的 6 件，属于城建方面的 5 件，属于民政、公安等方面的 3 件。建议所提问题已经解决或基本解决的有 4 件，占代表建议总数的 8%。代表提出的新村乡农技站高价倒卖农药等物资牟取暴利要求处理的建议，县物价局成立调查组调查处理。查实该农技站有高价购进农药、良种，再加价出售的问题，非法获利 528.82 元，物价部门依法没收。代表于玲素、单桂芝等人提出的“要求为卫东区配备委主任，加强管理”的建议。延寿镇政府及派出所干警、街道干部三次前往卫东区现场办公，对当地的 124 户逐户调查，征求居民的意见，与公安局协商将卫东区划入延寿镇第一派出所，为前进街第 16 委，分 5 个居民组，确定 1 名包委民警，按条件选配 1 名委主任。代表建议所提问题正在解决的有 9 件，占代表建议数的 18%。代表马富、付桂英等 11 人提出的“要求为太安乡团结村蒙古包屯修建道路”的建议。县政府组织有关部门到蒙古包屯，现场办公，确定从蒙古包屯至团结村养猪场修建一条 7 千米的砂石路，县交通局负责建一座永久性的桥梁，林业局负责道路的7个涵洞，民委负责一台推土机，民政局负责向省民政厅请示资金，太安乡负责建道路所需砂石料和人力、运力，全部工程预算为18万元，2年完成。代表王景学、刘延等提出的关于强化社会治安、抓好干警队伍建设的建议。公安局围绕保卫党的“十三大”这一中心任务，在全县开展各种专项打击活动，仅10月，就侦破刑事案件45起、处理治安案件27起。学习外地经验积极进行夜间巡查，收到效果。公安局抓干警队伍建设，提高干警素质，组织集中学习和教育，组成警容警风纠察队，随时对干警进行检查、监督，决议，全局干警展开百日大会战行动。县政府主管领导坚持每10天听一次治安情况的汇报，帮助指导公安局做好工作。所提建议因条件不完全具备只能部分解决或逐步解决的有16件，占代表建议的32%。代表石光兴、刘延等10人提出的“要求扩大普通高中招生问题”的建议，县教育局依据省、地对教育发展的要求对普通高中和二中、三中的高中部做了调整，再增设高中部不符合上级要求，也很难保证办学质量。县政府常务会议研究，责成教育局、计委等有关部门提出综合方案，通过大力发展职业技术教育来解决。张兆安、刘延等代表提出农民对粮肥挂钩的化肥供应有意见，财贸办从组织货源发放票证和供应办法等环节上进行完善，堵塞漏洞，做好服务工作。所提建议因条件不具备暂时不能解决的有6件，占代表建议的12%。代表于玲素、单桂芝等3人提出的“要求增加委主任工资”的建议，按文件规定，已经落实，至于再提高工资标准，上级没有规定，如果街道为了办企业可以适当考虑，但街道还不具备办企业的条件。代表于庆涛提出“为延安中学教师解决吃商品粮和农村中学伙食点豆油、细粮”的建议等，均因条件不具备暂时无力解决或不能全部解决。所提建议供有关部门参考或需向代表解释的15件，占代表建议的30%，代表关瑞明提出的县市场蔬菜价格过高的建议，蔬菜价格属于市场调节价格，有关部门不能硬性降低价格，待在工作中加以研究。代表俞民提出“延寿县的人参收购价格比哈尔滨市低”的意见，工业局根据国务院及省物价局和省医药总公司的规定作以详细解释。代表提出的有关化肥、贷款不足等问题，有关部门都作了解释。

县十届人大二次会议期间，人大代表提出对各方面工作的议案、建议、批评和意见共46件。这些建议涉及农业方面的5件，涉及工业、交通方面的6件，涉及财贸方面的有12件，涉及文卫方面的6件，涉及城建方面的9件，涉及社会治安方面的4件，涉及少数民族工作以及人民生活等方面的4件。所提建议已经解决或基本解决的9件，占办理总件数的20%。徐和等4名代表提出的“关于解决中和镇修路用的砂石取料场”的建议，县政府及有关部门积极工作，松花江地区批准在中和的天台山开辟砂石取料场，并为开辟工程投放资金，取料场已投付使用。代表王文学提出的“关于亚麻帆布厂扩散出的麻灰严重污染附近居民区”的问题，县环保局和工业局组成调查组调查，提出解决问题的办法和完成限期。代表徐再君提出的“关于粮店供应粮一些品种限量限月供应”的问题，经粮食局研究决定，从1988年1月开始，各粮店对居民月定量各品种结存，都可过下月继续供给，并且做到品种齐全，保证供应。代表建议正在解决或已列入规划逐步解决的有11件，占办理总件数的24%。卢文志、金秀吉、张宝珍等10名代表提出的“关于建立种子管理机构”的建议，县农业局积极与有关部门协商，解决建立种子管理机构有关具体问题。孙树义等10名代表提出的“关于亚麻种子繁育问题”的建议，县政府为提高种子纯度，种子繁育采取集中地块、集中人员、集中管理的办法，设专点加强管理。邹介丰、徐再君等代表分别提出的有关加强城镇规划建设、解决公共厕所少和街道排水等问题的建议，县政府责成有关部门逐步加以解决。所提建议因目前条件限制或其他原因，暂时解决不了的有6件，占办理总件数的13%。张士祥代表提出的关于解决农村教师吃商品粮的建议，根据省粮食厅、省公安厅、省财政厅下发文件规定，对乡（镇）所在地农村人口一律按非农业人口1.5‰比例转吃商品粮，但指标控制在省，县里只能根据省批给的指标逐步解决。王太生、薛亚茹、王文学3位代表提出的“关于建立教育电视卫星地面接收站”的建议，由于县财力紧张，暂时没有解决这一问题的能力，待县财政状况好转时，解决这件事。代表建议可供有关部门研究参考或需有关部门解释的有20件，占办理总件数的43%。邹介丰代表提出的“关于城镇建设管理和加强物价管理”的建议，延寿镇城建部门和县物价局分别表示在以后的工作中认真检查，加强管理，避免所提问题再次发生。庞善政代表提出的“关于在农村推广节柴灶、栽植薪炭林、开发新能源、解决农用燃料越来越紧张问题”的问题，县科委和林业局都认为建议提得好，将逐步抓好这项建议的实施。

县十届人大三次会议期间，延寿镇代表团10名代表联名提出的“关于加强城镇建设管理问题”的议案和财贸代表团10名代表联名提出的“关于城镇街道和环境卫生管理方面”的议案，县政府多次召集有关部门领导及工程技术人员到现场勘察，研究加强城镇建设工作，成立以主管城建的副县长为组长的城镇建设领导小组，将城建处划归建委所属，理顺了关系、方便了规划。在延寿镇开展交通秩序、环境卫生、市场秩序、镇容镇貌四个方面治理整顿工作。县政府对东大沟的“脏、乱、差”状况，进行综合治理，主体工程主要包括：大沟的砌石与加盖封闭、输电与通信线路按规划移位取直、东风路的维修，在县财力十分紧张的情况下，采取“取之于民，用之于民”的出售商亭等办法解决资金来源，到1988年7月25日，工程全部结束。对西同庆街、北吉盛路、红星街进行拓宽与整修，对天顺街进行整修，共拓宽与整修主干道2700延长米。西同庆街拓宽后，缓解了车辆与人流的拥挤状况。综合治理中群众反映最大的脏、乱、排水不畅、道路泥泞的810米长的新华街，按规划清理各种临建棚厦及人行道，清挖排水沟涵，调整路面坡比，按标准铺垫毛石、石粉、河沙。整修后，新华街形成了标准化的砂石路面。清理县城主干道及其两侧环境卫生，对主干道两侧的垃圾，做到日产日清，落实机关、单位、商店等门前卫生三包责任制。为开辟城镇建设资金来源渠道，根据中共中央、国务院、建设部及省委、省政府有关文件精神，参考外市、县的做法，结合延寿县实际情况，县政府颁发实施《延寿县收取城镇建设配套费暂行办法》。

县十届人大四次会议期间，人大代表对县政府各方面工作提出建议、批评和意见共72件，其中议案7件转为批评、建议。议案1件是关于试行教育基金制度的问题。这些建议按内容分类。其中，涉及农业、林业工作的有21件，涉及财贸工作的有13件，涉及工业、交通工作的16件，涉及文化、教育、卫生工作的有6件，涉及城建工作的有7件，涉及社会治安工作的有6件，涉及其他方面工作的有3件。以上建议，全部办理完毕。所提问题已经解决或基本解决的有21件，占办理总件数的29%。在这些建议中，代表提出件数最多的是“农民盼望亟待解决的拖欠亚麻款”的问题，有8件。县政府通过粮食部门借款115万元转拨亚麻厂，兑付了所欠麻款的50%（包括扣种子款），剩下的115万元，由县委、县政府有关领导和工商银行的负责人亲自到地区银行增贷，一次全部付给了麻农。人大代表提出的关于镇内道路维修和排水问题，县政府坚持贯彻“人民城镇人民建”的方针，采取专群结合的办法，主干道由城建部门负责维修和管理，次干道和主巷道动员各单位干部、职工通过义务劳动来维修并落实门前三包的管理办法，次巷道由居民委负责维修和管理。整修道路是重点加宽加深边沟，疏通排水；垫坑找平，整修路型，不再加高路面，对个别路段起拱垫坑后，铺石粉、粗砂。代表姜炳世提出星光村由于2004年受灾较重，直接影响2005年的生产、生活，建议县政府及有关部门给予重点帮助。县政府补助20万元，打13眼机井解决了水源不足；拨5万斤救灾粮解决口粮；种子、化肥、农药等生产资料全部落实。代表所提问题已列入工作计划正着手解决的有13件，占办理总件数的18%。代表王庆有、李顺南提出的“关于防洪堤修筑质量低”的问题，县政府已安排在1990年秋季“黑龙杯”竞赛活动中完成。朴重根等代表提出的社会治安差的问题，县委、县政府在贯彻实施《黑龙江省整治社会治安总体作战方案》中，紧紧抓住以打击徐长江流氓犯罪集团为重要突破口，推动全县治安工作的开展。在严厉打击各种犯罪活动的同时，县委、县政府还对全县政法队伍进行整顿，县有关部门对违纪干警给予党纪、政纪处分，对不适合继续做公安工作的人员，调离公安队伍。代表建议可供政府有关部门研究参考或需要有关部门解释的有21件，占办理总件数的31%。有代表提出的“关于多层次乱收土地使用费”的问题，土地局通过调查，没有发现不按国家标准乱收费的现象。杨立臣等代表提出的“关于进一步整顿永达商场”的建议，县工商局会同公安局进行调查，就该企业的性质、经营范围和经营方式等问题都作出说明和解释。代表朱海提出的“关于整顿建筑市场”的建议，县建委按上级的精神，结合延寿县的实际情况，提出延寿县建筑市场整顿与管理、存在的问题以及解决的办法等供县政府参考。所提问题暂时解决不了的有16件，占建议总数的22%。

十一届人大常委会 县十一届人大一次会议期间，人大代表对县政府各方面工作提出议案、建议、批评和意见47件，其中议案4件。王维等代表提出的“关于全县人民集资完成县医院住院部大楼收尾工程”的议案，经县政府第四次常委会讨论后报地区行署审批，行署5月9日下发《关于对延寿县医院住院楼结尾工程资金不足申请集资的报告的批复》文件，原则同意延寿县利用集资的办法解决结尾工程资金不足部分，县政府实施其集资方案，此件议案单独办理。其余3件议案按一般建议办理。集中办理代表的建议46件，其中，涉及农林工作的有12件，涉及财政工作的有4件，涉及工交工作的有4件，涉及文教卫生工作的有7件，涉及城建工作的有3件，涉及其他方面工作的有16件。所提问题已经解决或基本解决的7件，占办理总数的15%。马文祥代表提出的“关于三欠办代扣职工欠农村三角债未还”的问题，县政府责成农业局处理。经过核实，农业局决定，由县农村合作经济管理站派专人携带现金返给欠款人，并向他们表示歉意。代表司秀芬提出的“关于街道委主任工资过低”的问题，延寿镇政府决定，给街道委主任每月增加20元生活补贴。刘延等代表提出关于刑场设置场所的问题，县政府与县法院联系，县法院表示虚心接受，并对造成学生害怕这一问题表达歉意，决定立即更换刑场地址。所提问题已列入工作计划正在落实解决的有12件，占办理总件数的26%。代表许兰、司秀芬提出的“关于城镇环境卫生”问题，县政府在1989年通过向各单位集资办法修建公厕3处、维修公厕5处，缓解主次街道两侧居民及流动人员如厕难问题。在居民区建公厕问题县建委已列入计划，待财力允许后修建。饮食服务行业的环境卫生，县建委根据实际情况，按“依法治城”的方针，起草《市容卫生管理条例》报请有关部门批准实施解决。代表金元植提出的关于解决盘龙灌区水源问题，县政府多次向上级有关部门汇报，省水利厅召开专门会议，制订“两站一库”方案解决盘龙灌区严重渴水问题，为落实该方案，与省、地水利部门和尚志市达成协议。代表赵桂琴提出的拖欠亚麻款问题，由于受国际大气候影响，1989、1990两年亚麻纤维外销受阻，致使资金紧张，县亚麻厂收麻时没有做到现金结算，1990年亚麻款已付88%，其余12%的亚麻款县政府积极筹集，全部付清。拖欠亚麻款利息按县委文件执行，即“收麻时做到及时结算，如果出现欠农民麻款问题由厂方按银行合理利率承付利息，直到结清账目为止”。所提建议有关部门经过研究准备办的有8件，占办理总件数的17%。王文钰等代表提出的“关于居民区供电”的问题，电业部门根据“全国供电规则”采取措施，把城镇总表全部更换成5A电表，配上电流相感器，解决中度表超载问题。所提问题需要请示上级部门解决的有1件，占办理总件数的2.1%。代表金元植提出的“关于星光村水源不足、行政区划归属未解决”的问题，县政府多次向省地有关部门反映，并已提出灌区归属意见，需待上级批准后方能执行，以解决星光村水源不足问题。所提问题因条件不具备暂不能解决的有5件，占办理总件数的10.9%。刘延等代表提出的关于火化厂搬迁问题，会议认为是影响居民身体健康的实际问题。县政府多次计划将火化厂搬迁到离县城较远的老黑山脚下，但需搬迁资金60多万元，县财政经费极度紧张，暂时无力解决这个问题，县政府将其列入工作日程，争取尽早解决。所提建议需要有关部门研究参考或需要有关部门解释的有14件，占办理总件数的29%。代表金元植提出的“关于盘龙灌区免交水利费”的问题。省、地水利部门规定，国家投资在灌区内打的补水井和其他补水工程，是属于一次性补助工程，国家在工程运行中不再给任何补助，水利费不减，更不能免，要免水利费唯一的办法是不需国家管理，变成民管灌区，国家也不再投资，这个方案由群众自己选择。王维、双文芳等代表提出的尊老敬贤、加强青少年教育等问题，此类问题属于全社会问题，是用道德规范来约束人们自觉遵守社会公德，需要全社会各个方面共同努力来完成。

县十一届人大二次会议期间，人大代表对县政府各方面工作提出建议、批评和意见37件，内容涉及农业方面的15件，工业、交通方面的4件，财贸方面的9件，文教方面的3件，其他方面的6件。代表所提建议已被采纳、所提问题已经解决或基本解决的有13件，占办理总件数的35.4%。金有万等代表提出的“关于蚂蚁河堤防延安段防洪闸”的问题，已解决。延安堤防段排水闸三座，经上级有关部门批准列项投资，汛前完成施工任务。刘志清代表所提关于乡（镇）企业贷款一事，县政府共投放乡企流动资金贷款131万元，先后三次分配放满到位。张正允等代表提出的“关于兑付专储粮款”的问题，县政府派专人调查催办，到4月中旬，粮款全部兑现。代表所提建议正在落实、正在解决或部分解决的有6件，占办理总件数的11.6%。黄庆新代表提出的“关于加快房改步伐”的建议，县政府专门召开常务会议研究房改工作，下发《城镇住房制度改革工作方案》，延寿县的房改工作已进入实际操作阶段，宣传发动，调查摸底，评优测算工作已完成，交款办照工作于6月15日开始。阎泉等代表提出的“关于团结水库工程配套占地”的问题，这个问题县政府有规划，修团结水库主要是解决盘龙和朝阳两个灌区补水问题。平安、延安2乡按面积负担土方、沙石备料，群众负担较重，省水利厅拨200万元货款修构造物基础。所提建议有关部门经过研究准备办的4件，占办理总件数10.2%。代表解延忠提出的“关于城镇排水造成东华村耕地受淹”的问题，县政府接到此意见后与有关部门研究在防洪大堤合水处修建一处排洪闸或修一处洪水强排塔。代表所提建议因条件限制暂时解决不了的6件，占办理总数的16.6%。代表许兰提出的“关于城镇修建排放污水下水道”的问题。经过多方努力，由省规划设计室设计了工程图纸，省环保局参与论证，县政府对所需资金2000多万元虽没有能力解决，但将其列入重要议事日程，力争尽早解决。所提建议可供政府及有关部门研究参考或需要解释的有8件，占办理总数的21.2%。杨文祥等代表提出的“关于公路管理站拖欠伐路边树款”的问题，经调查，公路管理站间伐行道树，是由公路管理站员工栽植，由公路管理站员工管护，产权归公路管理站所有，不存在与乡镇分成问题。六团镇所辖行道树是由公路部门提供树苗，由六团镇组织村民栽植和管护，三年后交给公路部门管护，这部分行道树按当时协议，公路部门按比例分成，所以在树木采伐时，才给六团镇应得的分成部分。

十二届人大常委会　十二届人大一次会议期间代表提出议案、建议、批评和意见34件，其中，议案3件，建议中农业方面的17件，工业方面的6件，财贸方面的4件，文化、卫生方面的3件，城镇建设方面的4件。所提建议已经解决或基本解决的有11件，占办理总件数的32%。代表张金明提出的“关于拖欠麻农亚麻款”的问题，县政府积极采取措施，帮助企业追陈欠款30万元，处理库存积压50万元，多渠道借款20万元，于春节前一次性解决了拖欠全县麻农的所有亚麻款问题。代表刘忠伟、李文录提出的“关于第四中学某班教学质量低”的问题，县教委到第四中学调查处理，调整学校的领导班子，整顿、充实四中的师资队伍，增加对四中的教学设备投入。代表石桂芝、张淑琴提出的关于发展教育事业的建议，县委、县政府每年对教育的投入都占全县财政总支出的37%，与全省对教育投入最高的鹤岗市相等，1993年，全县对教育的投入占全县总支出的38.8%，如果把当年兑付给教师的工资和补贴计163万元包括进去实际投入就是45.2%，同时，还给教育许多优惠政策。延寿县的教育教学工作跨入省、地的先进行列，基本上控制住小学生流失，1993年年底解决多年来拖欠教师的工资问题。通过对全县文化市场的检查整顿，控制中小学生到游戏厅玩游戏的不良现象。代表张金明提出的“关于解决林区内木材加工厂偷盗林木问题”的建议，县政府责成林业局专门调查，并根据调查结果印发文件《关于转发县林业局清理整顿木材加工厂点的情况的通知》，取缔全县林场施业区内的50户木材加工厂点，解决木材加工厂收购偷盗木材问题。代表所提建议正在落实、解决、或部分解决的有10件，占办理总件数的30%。代表阎泉提出的“关于黄泥河灌区治理维修供水工程”的建议，水利部门采取对灌区水库加强管理，控制运用的办法，达到设计效益标准。保证灌区多补水多灌地，缓解全灌区水田缺水现象。代表朴东春所提的“关于整顿个体药店”的建议，县政府对医药市场的整顿工作做了部署，对全县个体药店进行全面彻底的整顿。建议所提问题因目前条件限制或其他原因，需待以后解决的6件，占办理总件数的18%。代表李立柱提出的“关于加强城镇基础设施建设”的建议，根据国家财政收支安排，城市维护费收入只能用于城市建设支出，而国家城市建设支出包括的范围是城建处、乡建处、规划处、消防队、房产、交易所及临时一次性城维支出。代表所提建议可供政府及有关部门研究参考或需要解释的有7件，占办理总数的20%。代表马桂清提出的关于县亚麻厂生存问题，中华人民共和国成立以来，亚麻厂曾在历史上对全县经济做出很大的贡献，带动了全县亚麻行业的发展，但由于前几年多种原因形成了债务大，包袱重，亏损经营的局面，被迫于1992年经省政府批准正式关停。亚麻制品在国际国内市场走俏，为亚麻厂的复产带来机遇，县里决定一年试种，二年大种，1994年要达种植面积5万亩，又采取“行政推进，利益吸引，优质服务”三结合的办法，由县级领导分工负责，相应提高亚麻收购价格等，为亚麻厂复产做必要的准备，亚麻厂将在适当时机启动，恢复生产。

县十二届人大二次会议期间，人大代表对县政府各方面工作提出的批评、意见、建议26件，其中包括议案转为建议、批评、意见办理的4件。建议所提问题已经解决或基本解决的6件，占办理总件数的24%。延寿镇代表提出的“关于尽快落实集资办学具体措施”的建议，县政府召开的第六次政府常务会议决定，向实施义务教育阶段的学生家长借资以及动员机关单位、社会团体及人民群众为教育捐资助学。代表宋志新提出的“关于工贸市场道路整修”的问题，县政府召集建委和工商局具体研究，决定由工商局负责筹集资金将路重新维修，该路段已于5月17日全部维修完毕并投入使用。任立国等代表提出的“关于亚麻收购价格低”的意见，县政府采取2次提价措施，在春定收购价格上每千克提高五分钱，6月初又参照省亚麻原径收购价格，在收购亚麻时每千克再提价2分。代表建议所提问题正在解决或列入规划将逐步解决的8件，占办理总件数的32%。代表张海瑞提出的“关于测土施肥应以乡镇为主全面开展”的建议，县政府正在完善过程中，尚差购买部分测验仪器、试剂等备品。1993年已投资24万元，在省农业厅的统一安排下，购置了一套较先进的测验仪器，并于当年安装完毕，年底开始采样、测试。代表提出的“关于修建太平川畜牧场至延寿公路”的问题，县政府责成县交通局向省边境处呈报1994—2000年以工代赈计划，其中列有新村至太平川公路的工程项目，待省列项后由县政府实施修建。建议所提问题因目前条件限制或其他原因需待以后解决的 3 件，占办理总件数的 12%。所提建议可供政府及有关部门研究参考或需要解释的 8 件，占办理总件数的 32%。代表提出的“关于国营林场公司收取农民自行开垦荒地”的问题。1992 年 11 月开始，县林场公司根据有关文件精神省地二级林业部门林地保护管理会议要求，依法对国营林场施业区内被占林地进行清理和回收，并依照中华人民共和国林业部发布的《林地管理暂行办法》第二条、第八条第四款、第六款和第二十三条规定，遵照林业部、省林业厅等部门的有关规定的办法和收费标准，对非法占用国营林场林地的单位及个人，凡在 15 度坡以上的必须无偿收回；15 度坡以下的，已经开垦多年的农用地或其他林业用地，林场公司将根据有关规定与土地使用者签订使用合同，分年度收取一定比例的费用，具体收费标准上级有明确规定。代表提出的农用机车收费及柴油供应问题，1994 年延寿县农用机车收费项目有年检费、培训费、密封胶、《安全报》、增效剂、抗磨剂 6 个项目。其中抗磨剂是省政府办公厅文件规定而收费项目，增效剂是县政府文件规定的收费项目，其余 4 项均属省地农机部门及物价部门要求收取的，上述 6 项合计 67 元。农用柴油分配指标是每台机车 100 千克，如有 1994 年或 1993 年的油票没兑现的可找农机局帮助兑现。

县十二届人大三次会议期间，人民代表对县政府各项工作提出议案、建议、批评和意见共计 37 件，县十二届人大常委会组成人员联系代表建议 13 件。全年共计收到建议 50 件。其中，涉及城镇建设方面的 7 件，文化、教育、卫生方面的 8 件，农业、林业方面的 13 件，综合方面 1 件，政法方面 3 件，财贸方面 8 件，工业方面 10 件。所提建议已经解决或基本解决的有 15 件，占办理总数的 30%。张申、张维民等 10 名代表提出的“关于加强对建筑市场管理”的议案，建委会同有关部门对建筑市场进行调查办理：一是下发《延寿县建筑市场管理办法》来规范全县建筑市场中的各种行为。二是采取现场集体办公的方法，严格控制外地施工队进入延寿县施工，对进入延寿县的外地施工队，除对其进行严格的资质审查外，还要按工程造价加收 5% 管理费，并预收一定数额风险抵押金。三是对本地工程队坚持严格资审，在杜绝无证、越级和挂靠施工的同时，采取支持和扶持政策，1995 年全县近 95 万平方米工程全部由当地五家施工队承担。四是加强质量监督，健全质量保障体系，实行目标管理，开展经常性质量检验，发现质量问题随时解决。1995 年竣工工程验收合格率 100%，优质品率 32%。六团镇、延安乡、高台乡的代表提出“关于农用生产资料供应”的问题，县农委收到建议后，专门组织稽查队，会同工商局等有关部门在全县范围内进行清理整顿。重新核准经销化肥、农药、农膜单位的营业执照。严厉打击市场出现的无证经营、掺杂、使假、牟取暴利等行为，对不符合规定的、无经营权的单位予以注销、取缔其经营执照。通过以上措施净化化肥等农资销售市场。代表所提出延寿镇内城建管理混乱问题，县政府责成建委进行专门处理。一是城建处建立了停车场，占地 880 平方米，对各种出租车、营运车规定必须到指定地点停放，严禁到主要干道、街道停放。二是在北东风路指定煤炭市场，由交警队和市政警察队日夜监察，保持该区环境卫生。三是根据市容管理条例，组织市政警察队逐户逐个单位落实牌匾的位置，统一标准。四是规定固定的水果市场位置 14 处，坚决取缔流动摊床。五是积极清理基建施工占道，1993 年全部清理完毕。代表所提建议正在落实，正在解决或部分解决的有 16 件，占办理总件数的 32%。代表提出的修建中和镇万江大桥工程问题，正在解决中。建万江大桥对长亭、万江两村的人民生活及经济发展有着深远的意义，县交通部门积极努力，多方工作，于 1993 年立项，聘请哈尔滨市城建工程设计院遂行实地勘察设计，拟定修建一座 80 至 100 延长米的大桥。由于资金严重不足，所以没能修建，县政府及交通部门正积极筹集资金，资金到位后即开工兴建。代表提出的“关于彻底整顿医药市场”的建议，县政府组织工商、卫生、技术监督、物价、公安等部门对全县零售药店清理整顿，对全县 10 家无证无照药店下发取缔通知书，对“三证不全”及“一证多室”的 9 家药店下发关闭通知书，由于缺乏硬性措施等原因，仍有几家药店公开或半公开营业，致使无证药店的整顿没能得到彻底解决，县政府研究有关措施，以确保延寿县整顿医药市场工作顺利进行。建议所提问题因条件限制或其他原因需待以后解决的 3 件，占办理总件数 6%。代表提出“关于延河镇小城镇建设、规划”的问题，《延河镇小城镇建设规划》于 1985 年底规划完成，已实施 10 年。延河镇如果能提供 3 万元资金，乡建处可负责落实总体规划的设计问题。县财政无力落实，建设维护费不能到位，只能靠“人民城市人民建”的方针来解决小城镇的建设问题。所提建议可供政府及有关部门研究参考或需要解释的有 13 件，占办理总数的 26%。

县十二届人大四次会议期间，人民代表对政府各项工作提出议案、建议、批评和意见共 43 件。建议中涉及农业方面的 18 件、工业、交通方面的 4 件、综合方面的 7 件、财贸方面的 3 件、政法方面的 2 件，城镇建设方面的 3 件，文化、教育、卫生方面的 6 件。所提建议已经解决或基本解决的有 14 件，占办理总件数的 32.5%，比上年上升 8 个百分点。代表提出的“关于回民墓地管理”的建议，县政府责成民政局、土地局、林业局等有关部门进行了处理，一是协调土地局、林业局，明确回民墓地界限，办理土地使用证。二是加强回民墓地管理，禁止汉族人在该处埋葬，已葬者坚决清除。黄伟淑代表提出的纸箱厂废水泄漏问题，县政府责成环保局处理此事。隋继平、徐春富等代表提出的“关于落实亚麻种植面积、核减粮食任务”的问题，县政府研究后进行办理，一是种植亚麻核减粮食定购任务数量已由15千克增加到20千克。二是亚麻收购价格在1995年价格的基础上，再次上调19.9%到23.7%，平均上调19.68%，其中一等从1.12元调到1.30元，二等从0.9元调到1.20元，三等从0.92元上调到1.10元，县政府将文件下发到各乡镇。所提建议正在解决或部分解决的有7件，占总件数的16.39%。刘保江、宋春华等代表提出的“关于加强打击力度，狠刹盗伐林木等违法犯罪行为”的议案，县政府下发文件，针对林业系统内部执法不严、以罚代处，以及内外勾结、滥砍盗伐等犯罪行为，在全县范围内开展严厉打击滥砍盗伐的专项斗争，收到效果。代表建议所提问题因条件限制或其他原因需待以后解决的有3件，占办理总件数的7%。代表于在水提出的“关于县良种场欠养鸡款”的问题。由于企业资金紧张，只有乡镇养鸡服务站将养鸡户欠企业鸡雏、饲料款清回后才能偿还养鸡户鸡款，企业通过法院等部门依法追欠。代表王德军、李宝宏提出的“关于多种经营贷款”的问题。由于受国家紧缩银根大环境制约，资金调控规模限制，难以向多种经营生产投入更多资金，县政府决定在扶贫贷款和多种商业性贷款的安排上，适度向多种经营项目上倾斜，确保多种经营生产乃至县域经济的全面发展。代表所提建议可供政府及有关部门研究参考或需要解释的有19件，占办理总数的44%。代表王庆、李成哲提出的“关于种子公司种子价格不合理”的问题，延寿县黑单301玉米进价每千克14元，按规定加价50%，零差5%，批发价每千克20元，零售价每千克21元。尚志种子公司的黑单301玉米种由于芽率不足70%。所以降价销售每千克7.5元。1996年的种子价格，特别是玉米种子价格，由于制种基地受灾减产，所以购进价格是省种子管理局确定的种子作价，依据是黑农厅联〔1995〕40号文件，种子作价是经过县物价局核准，县政府批准后下发文件。关于种子的质量问题，尤其是芽率问题，种子公司从购进种子入库后，按规定做发芽实验，同时请公证处进行保全公证，完全符合种子质量标准。

十三届人大常委会　县十三届人大二次会议期间，县人大代表对县政府各项工作提出的议案、建议、批评和意见25件。其中，涉及农业方面的建议18件，城镇建设方面的2件，工业、交通方面的3件，文化、卫生方面的1件，民族工作方面的1件。涉及农业方面的18件，占所提建议总数的72%。所提建议已经解决或基本解决的有8件，占办理总件数的32%。冀宝泉等代表提出“关于解决县电业局违建水库”的建议，县政府责成农办处理，按协议电业局给予赔偿。代表郑小鹏提出的“关于修复山河灌区渠首水毁工程”的建议，县政府组织延寿镇、六团镇、良种场多渠道筹资12万元，向上争取资金50万元，对水毁工程进行全面整修。代表所提建议正在解决或部分解决的有5件，占办理总件数的20%。郭金宝、姚宪忠、陆连贵等代表提出“关于解决城镇引用新城水库水造成部分村屯水田严重缺水”的问题，新城水库灌区采用早放水，先下游后上游的轮灌制度，用来缓解用水紧张问题。县政府多方筹资，将水库库容增容，请省勘测设计院专家对水库加固增容进行论证，水库通过加固增容，基本解决城镇饮水及农田灌溉问题。高文福、徐殿武等代表提出的“关于控制中小学生流失”的建议，县政府，制定了控制中小学生辍学的多项措施，教育及相关部门都加大控辍的工作力度，控辍工作取得效果。所提建议因条件限制或其他原因需待以后解决的有 4 件，占办理总件数的 16%。王德军等代表提出的“关于解决玉山水库维修补水问题”的建议，经市水利部门认证，确定有补水 1 万亩的能力。县政府积极工作，解决淹没土地赔偿及工程配套问题，提高玉山水库的补水能力。乔桂兰代表提出的关于柳树河治理的建议，因涉及受益乡村及农民增加投入进行治理问题，县政府考虑不能增加乡村及农民负担，采取其他方式尽快治理。所提建议可供政府及有关部门研究参考或需要解释的有 8 件，占办理总件数的 32%。

十三届三次会议期间，代表对县政府各项工作提出的议案、建议、批评和意见共 17 件。其中，涉及农业方面的建议 4 件，城镇建设方面的 4 件，文化、卫生方面的 4 件，工业、交通方面的 4 件，财贸方面的 1 件。所提建议已经解决或基本解决的有 5 件，占办理总件数的 29%。玉河、延安代表团提出的关于县城自来水水质差应及时解决的建议，县政府采取“两步走”的办法解决水质问题。一是立即启用新城水库水，当天送水到户。改造更新西水源的除铁、除锰工艺，改造曝气池、百叶窗，更换了 30 吨锰砂、滤料及 30 米主管道，新购置大功率水泵和仪表，水质基本达到国家饮用水标准。二是为补充水源在西水源地新打两眼大口井，日制水总量达到 3000 吨，保证水质及城镇居民用水。张宝桐等代表提出的加强对北山垃圾场管理的建议，县政府拨专款将垃圾场迁到富强村东北方两条深沟内，存储能力达 30 年。代表所提建议正在解决或部分解决的有 5 件，占办理总件数的 29%。李宝宏等代表提出的“关于山河灌区清淤问题”的建议，县政府责成水利局把此项工作作为重点工程来抓，投资 57 万元，整修加固加高拦河坝渠首，提高蓄水能力，并对干线渠道进行彻底清淤，提高山河灌区的灌溉能力。所提建议因条件限制或其他原因待以后解决的有 2 件，占办理总件数的 11%，代表韩维新提出的“关于尽早解决城镇中小学借资问题”的建议，建议由现在的借资变成集资，集资如不可行由县财政承担解决，县政府研究决定，备案待以解决。代表所提建议需要解释说明的有 5 件，占办理总件数的 29%。王德君等代表提出的“关于 15 度以上超坡耕地退耕还林地块农业税如何办理”的建议。县政府在 1997 年就专门下发文件，对退耕后农业税的核减、粮食定购任务的核减、统筹提留款的核减问题，文件第三条规定："超坡耕地退耕后，经营者不再交纳农业税（包括计划内耕地和计划外耕地），每亩核减农业税 12 元，县乡各负责 6 元"。文件的第十四条同时规定："对乡镇退耕还林面积，由农委、水保、林业、财政等部门组成检查验收组，实地检查，按年初确定的任务，核对无误后，兑现减免政策和奖惩措施，并要求各乡镇政府按文件规定认真抓好贯彻落实。"

县十三届人大四次会议期间，县人大代表共提出建议 62 件。其中，不属于政府办理范畴的有 3 件，县政府应承办的 59 件。县政府承办建设中，涉及农业方面的 l9 件，城镇建设方面的 8 件，科技、教育、文化、卫生方面的 7 件，工业、交通方面的 11 件，财贸方面的 5 件，综合方面的 9 件。所提建议已经解决或基本解决的有 38 件，占办理总件数的 61%。人大代表提出的关于解决城镇居民吃水难问题，县政府多方筹措资金 1000 万元，对新城水库进行了增容，增加库容 1600 万立方米，解决饮水与灌溉的矛盾。大规模地实施供水设施和管网改造工程，在北山投资 30 万元新打 2 眼深水井，更新了化验设备 2 台，新增设备 3 台，新铺设管线 2600 延长米，改造管线 300 延长米，保证了城镇供水。代表提出的"关于治理占道经商"的问题，县政府组织有关部门加大管理力度，取缔流动摊床，还路于民、还路于交通，街路秩序得到好转。在道路拓宽整修问题上，县政府开展了城乡道路拓宽整修大会战，对县城重点部位的 226 条巷道，按规划进行彻底拓宽整修，拆除违章建筑，城镇交通状况得到明显的改善。代表提出的建公厕问题，2000 年县政府采取资金补贴、部门包建的办法，按城镇建设总体规划要求，建成 6 座公厕。李宝宏、王德君等代表提出的"关于双奎路整修问题"的建议，县政府制定整修方案，明确了相关部门的职责，筹措资金 17.5 万元，对该路段进行全面整修，落实长期养护措施，郭金宝、周国忠等代表提出的"关于解决农民春耕生产所需资金"的问题。县政府采取措施，一是协调金融部门为农民解决信贷资金 5900 万元。二是在各粮库存粮库满的情况下，全力组织粮食部门克服困难，敞开收购农民手中余粮近 10 万吨，为农民解决一定的春耕生产资金。三是组织社会力量积极开展支农储蓄活动，全县支农储蓄额达 400 多万元。四是组织县乡扶贫干部与贫困户结对子，向贫困农民捐助资金和生产物资。五是积极落实帮扶措施为农民解决扶贫资金 660 万元。六是在县财力十分困难的情况下，财政部门拿出 100 万元并向上级争取 500 多万元资金用于全县抗旱，支持春耕生产。代表提出的"关于卖粮难、粮价过低"的问题，粮食部门提出"宣传声势要大于往年，执行政策要强于往年，优质服务要好于往年，收购纪律要严于往年"的要求，制定 17 条处罚措施，解决农民卖粮难问题。粮食部门还采取了敞开收购农民手中粮食的办法，做到不拒收、不限收，创造便利条件收购农民手中粮食，创造宽松政策鼓励农民自行销售余粮，缓解农民卖粮难问题。关于粮价，粮食部门实行密码和复验的办法，送粮人员不与化验员见面，同时对县城内四个粮库的化验员进行交流，采取当日复检措施，对当天收的粮，业务终了，扦样验质，看是否符合等，天天有记录。各粮库还公开设立了样品台，样品和价格公之于众，收完后，计量部门全面检验复核，保证质价相符。代表所提建议正在解决或部分解决的有 3 件，占办理总件数的 5%。代表提出的“关于化肥农贷发放”的问题，县政府从春耕生产的大局出发，要求农行部门统筹兼顾，既要解决生产资料公司化肥储备的流动资金不足问题，同时兼顾农民春耕生产所需资金和生产资料不足的实际困难。农行部门在贷款规模有限的情况下，采取一套资金办两件实事的办法，即给生产资料公司发放贷款，购进化肥，在不突破上级行贷款规模的前提下，又通过转账的方式贷给农民，同时收生产资料贷款。代表建议不便于承办的建议 3 件，占办理总件数的 5%。这 3 件建议是关于报刊订阅问题、假菜种子赔偿问题、设少数民族副县长问题，建议反映的问题均属于县委及县委所属职能部门。

县十三届人大五次会议期间，县人大常委会交办给县政府等部门承办的代表建议共 18 件，其中属于工业、交通方面的 1 件，农业、林业方面的 5 件，城建方面的 6 件，文化、卫生方面的 2 件，政法方面的 1 件，劳动方面的 2 件，经济发展环境方面的 1 件。经过县政府 11 个承办部门研究办理，全部办理完毕，并书面答复代表。已经解决或基本解决的 11 件，占 61.1%。如陈宝珠，陈庆学代表提出的解决盘龙灌区渴水问题的建议。水利部门于 1991 年在尚志市河东乡北星村 19 号屯西 2 千米处，修建一座 19 号提水站，为保证提水站正常运行和盘龙灌区正常用水，水利部门每年都拿出 10 万元资金用于灌区供水补贴。代表提出的减轻企业负担改善经济发展环境的建议。县政府责成县改善办落实办理。县改善办和物价局深入 23 家企业检查指导制度实施情况。县人大、县政协领导视察该项工作时，对个别单位自定的收费项目进行认真查处。二是对收费许可证进行年审查验、换证，县物价局对 30 个执法行政事业单位审查了收费许可证，取消不合理收费项目 6 项，为企业减负 14.5 万元。三是制订《清费治乱工作方案》，对企业、教育、医疗、涉农等各项收费进行专项查处，共查出不合理收费 18 项，违纪金额 24 万元，退还 9 万元，罚款 3.2 万元。制订《价格民心工程方案》，对涉企、涉民的工商、税务、交通、通信、教育、医疗、电业等部门制定了收费公示板，明码标价率达到 95%。对外来投资者实行挂牌服务，已挂牌 25 家，下发《延寿县人民政府关于向外来投资者颁发贵宾卡的有关规定》。农业代表团提出的教师补课等问题，县教委决定，发现和接到举报乱补课和乱收费的电话、信件，由纪检书记带队调查处理，批评教育了 3 名乱补课教师。代表包显刚、张靖涛提出的“关于下岗职工再就业”的建议。县劳动局一是发挥劳动职业介绍所的窗口作用和劳务输出职能。尽可能地与外省、市、县的劳动部门及用人单位取得联系，全方位、多角度寻求用工信息，对愿意走出去的下岗职工免费为其介绍。二是办好培训班。三是树立榜样，注重典型引路。代表高桂兰提出的“关于城镇垃圾清运不及时”的问题。延寿镇对此专门召开会议研究落实。重点加大环卫费的投入力度和环卫费的收缴力度，动员各包路单位上路清理垃圾积雪。延寿镇环卫处新增设了3台垃圾清运车，卫生清扫人员由原来的20人增加到70人。代表建议列入计划逐步解决的4件，占22.2%、代表胡勇提出的“关于农林水综合治理”的建议。延寿县由于过量砍伐和毁林开荒，植被破坏严重，水土流失严重，生态平衡失调严重。县委、县政府提出“保护生态环境，建设生态农业县，要想富、生态农业第一步”的经济发展战略。1995年以来，全县共修建小型水库16座，修塘坝717个，完成蚂蚁河堤防工程95千米，营造水土保持林8万亩，更新造林3.5万亩，改造低价林4.7万亩，封山育林25万亩，退耕还林15万亩，绿化村屯286个；小流域治理面积达到60万亩，治理水土流失面积26.6万亩；建设自然保护区9处，建设绿色食品基地7处。1997年，延寿县被确定为国家级生态示范县，2001年顺利通过国家级验收。制定生态农业总体规划，树立持续发展观念，重点实施好《延寿县生态示范区建设规划》和全县示范建设10大工程。加大资金投入，加快生态环境建设步伐。通过积极向上争取、县财政重点工程投放、受益单位出资、群众自筹等多种渠道，加大生态建设的力度。以“三林”工程建设为突破口，大搞“治山、治水、治川”工程；强化领导体系，建立健全推进体系。代表徐跃林提出的“关于柳树河治理”问题，因西柳树河流域面积小于1000平方千米，不在省市规定的中小河流治理范围之内，土石方工程只能本着“谁受益，谁负担”的原则解决。这一问题涉及很大，需要列入计划逐步解决。对代表建设需作解释说明的3件，占16.7%。如代表提出“关于规范建筑市场”的建议。延寿县建筑市场在县委、县政府的直接领导下，向规范化方向发展。每年对50万元以上或1000平方米以上的建筑工程全部实行招投标。县招投标领导小组由主管城建的副县长任组长，成员由计委、监察、建设、审计等部门领导组成。

县十三届人大六次会议对县政府各项工作提出的代表建议19件。其中，属于工业、交通方面的3件，农业、林业方面的3件，城建方面的6件，文化、卫生方面的5件，政法方面的1件，财贸方面的1件。已经解决或基本解决的10件，占53%。王奎选、陆连贵、周国忠等8位代表提出的“关于加强农资市场管理”的问题，工商部门以整治无照经营和超范围违法经营为重点，突出对全县农资经营企业进行“拉网式”检查和“地毯式”清理，出动执法人员170多人次，查处哈尔滨太龙公司“绿灵宝坑农案”，取缔无照经营企业 7 户，查处假冒他人厂名厂址从事化肥生产企业 1 户，未经批准擅自增设分支机构企业 1 户，清理整顿面达到 100%。采取超常规措施，严厉查处私引乱繁种子、制售假冒伪劣化肥和农药行为，维护农资市场经营秩序和农民消费者的合法权益。代表姜忠志提出的“关于尽快出台从优待教政策”的建议，县教育局结合实际起草《从优对待城镇中学教师的有关规定》上报县政府，待县政府研究决定后落实。代表建议列入计划逐步解决的 5 件，占 26%。王林、王延辉、祁国柱等 8 位代表提出的“关于六团镇太宾路尾期搁置工程修复利用”的问题，没有通车的原因主要是没有修珠河乡联宾村路段，由于并乡并镇，工作衔接受到影响，待县里与六团镇同方正县和珠河乡沟通协调后，对该路段进行扩建方可通车。周国忠、张金华、王淑英等 11 位代表提出的“关于寿山乡长志村修路和乡中心小学危房改造问题”的建议，根据《中华人民共和国公路法》《黑龙江省公路条例》公路分级管理的原则规定，乡村道路建设与养护由乡人民政府负责，民志村至长征村的道路由寿山乡民志村、长征村负责建设及养护。民志、长征两村经济困难，修建此路缺少资金，为把代表建议落到实处，交通部门把这条路列入延寿县交通扶贫“十五”公路建设计划，确定修建。对代表建议需作解释说明的 4 件，占 22%。代表姜忠志提出“关于尽快制定农村教育附加费使用规定”的建议。关于农村教育附加费使用管理办法，1997 年黑龙江省教委、财政厅等联合下发文件，文件中对农村教育费使用与管理已有明确规定，县级农村教育费附加可按此文件执行。代表谢青、王奎选提出的“关于延寿县与亚布力林业局土地纠纷”的问题，延寿县安山、中和、加信 3 个乡镇与亚布力林业局土地使用界限不清问题由来已久，尤其是近几年林农用地矛盾更加突出，2001 年因亚布力林业局到延寿县进行强行收地，造成群众集体上访。县委、县政府组成专门调查组进行调查，并责成县政府主管领导到亚布力林业局进行协商，由于该纠纷存在多年，属于历史遗留问题，曾多次协商都未达成一致意见。根据《中华人民共和国土地管理法》第十六条规定：“单位之间的争议，由县级以上人民政府处理”，《黑龙江省土地管理条例》第九条第二项规定：“市（行署）间或者县与省以上所属单位间的土地纠纷，由省人民政府处理”。因此，县政府已于 2001 年春向省政府呈报，请求省政府就延寿县与亚布力林业局土地纠纷问题予以解决，省政府尚未作出处理决定，县政府已函告亚布力林业局，在省政府未作出正式处理决定之前，要依法维持现状，保持社会稳定，以免发生不必要事端。

十四届人大常委会 县十四届人大一次、二次会议期间收到代表建议 58 件，其中，属于工业、交通方面的 10 件，农业、林业方面的 18 件，城建方面的 6 件，文化、卫生方面的 13 件，财贸方面的 5 件，民政方面的 2 件，综合方面的 4 件。代表建议办理情况已经解决或基本解决的 26 件，占 44.8%。常华、常富、常飞 3 位代表提出的“关于地方养路费征收稽查所和农机监理站在公路边设卡乱收费”的问题。为维护延寿县正常的交通收费秩序，切实保护农民的合法权益不受侵害，交通部门和农机总站分别按照代表的建议要求，查阅上级有关收费文件，采取措施对全县小拖和农机监理车收费清理整顿。王凤兰、万高和等 10 位代表提出的“关于延寿镇城镇道路排水不畅及环境污染”的问题。县政府责成建设局和环保局落实代表建议，年初以来，县城硬化的 1 条主街道和 19 条巷道都有配套的雨污水排水管线，污水排放问题已解决。代表提出的“关于老水泥厂处污染”的问题，环保部门制定了整改措施，责令老水泥厂处污染源的鑫业亚麻纺织公司和造纸厂边生产边整改，在一个月内更新、更换陈旧老化的锅炉和除尘设施，配置废水处理设施以及修建封闭式沉淀池。代表李凤和提出的“关于种植亚麻需要打井灌溉”的建议，县农委通过争取国家扶持、龙头企业基地建设投资及组织农民自筹，在全县投入 500 万元，打机电井 40 眼，购置喷灌设备 150 台套，使 2 万 ~3 万亩亚麻生产受益，确保农民增收。代表黄成德提出的“关于提高教育教学质量控制生源流失”的建议，县教育局以加强教学工作为主线，加大常规管理和教育科研力度，引入现代化的教育手段，以师德建设和新课程改革培训为依托，提高全县教师的综合素质和业务工作能力。县政府投入资金 60 万元，改建一中教学楼，维修职高、二中、三中、四中 4 所学校的教学楼，全县教学环境得到改善，教育教学质量明显提高，生源流失问题也基本解决。代表建议列入计划逐步解决的 18 件，占 31%。臧志民、沈斌等 10 位代表提出的“关于整顿和规范农村大集”的建议，县政府开展各类专项整顿行动，由乡（镇）政府统一规划解决占道问题，逐步取消马路市场，力争只保留乡（镇）所在地大集，逐步取消其他各类大集，同时各职能部门对农村大集的秩序、交通、卫生、税收等方面加强管理，重点打击假冒伪劣、欺诈消费等违法经营行为，保护经营者和消费者的合法权益不受侵害。对代表建议需做解释说明的 14 件，占 24.2%。代表孙万春、王淑香提出结婚登记工作应交乡级办理的建议。民政部《婚姻登记管理条例》第三章第六条有明确规定，2002 年全市婚姻管理工作会议上也有要求，各县要按《婚姻登记管理条例》的规定，实行婚姻登记管理的规范化、办公自动化，高标准、高质量地做好婚姻登记管理工作。按照条例和哈尔滨市要求，把婚姻登记机关设在县民政局，是符合上级政策和延寿县实际的，有利于依法登记工作的顺利开展。

县十四届人大三次会议期间，县人大常委会交办给县政府等部门代表建议、批评、意见 15 件。其中，属于农业、林业方面的 8 件，城建方面的 3 件，工业、交通方面的 1 件，文化、卫生方面的 1 件，财贸方面的 1 件，民宗方面的 1 件。建议所提问题已经解决的有8件，占总数的53.3%。代表万高和提出的城外垃圾无人清理的建议，在全县整治环境义务劳动期间，延寿镇政府对范家路和长寿北胡同的环境卫生集中进行清理，做到铲平拉净，并在两条街道的居民中，选出2名热心公益事业的老干部为卫生义务监督员，强化环境卫生日常管理，做到垃圾定点投放，由社区干部负责，向居民合理收取环卫费，环境卫生管理工作走上正轨。代表韩丽提出的规范社会力量办学的建议，县政府转发《黑龙江省社会力量办学条例》，整顿和取缔无证经营、随意扩大招生范围、资质不全的社会力量办学机构。对社会力量办学机构重新登记、核发执照，教育行政部门按照《哈尔滨市社会力量办学机构（非学历教育）评估标准》，对社会力量办学机构进行检查评估，确定等级，对不合格的限期达标整改，并建立了长效监督机制，社会力量办学工作步入制度化、法治化的轨道。于洪波、袁成辉等代表提出的“关于加大口蹄疫防治力度”的建议，县畜牧局加大对乡（镇）畜牧兽医技术人员及村级防疫人员的培训力度，建立健全了村级防疫档案和免疫卡，全面开展牲畜免疫标识工作，全县106个建制村，牲畜口蹄疫强制免疫接种注射率均达100%，针对孕畜、病畜、幼畜不能注射口蹄疫疫苗及市场牲畜流通量不断扩大的现状，开展常年补针注射工作，遏制口蹄疫疫情的发生。代表建议所提问题列入计划逐步解决的有3件，占总数的20%。代表赵宝礼提出的“关于解决林场与各村权属不清”的建议，国土资源环境保护局，对农林土地权属争议问题，根据《中华人民共和国土地管理法》《黑龙江省土地管理条例》《关于积极化解土地争议和农林用地矛盾确保农村社会稳定的通知》规定，对个别土地争议和农林用地矛盾尖锐，情况复杂又一时难以解决的问题，在未最后裁决和处理前，按《黑龙江省土地争议处理办法》规定：“一律先维持土地使用现状，延缓处理。任何单位和个人不得以任何理由抢种抢栽、兴建建筑物和其他附属物，甚至破坏生长物、附着物和土地资源，对违反者要严肃追究责任，造成严重后果的要依法惩处”，代表所反映的问题按《黑龙江省土地管理条例》第九条“在土地所有权和使用权争议解决前，任何一方不得改变土地利用现状或者破坏土地上的附着物。属于耕地的，仍由原使用单位耕种，不得荒芜”的规定维持现状，由原耕种方继续耕种，待上级对处理林农土地争议有明确规定后一并处理。对代表建议所提问题需做解释说明的有4件，占总数的26.7%。王振华等代表提出的“关于收费站收费”的问题，铁通公路延尚段属于贷款集资建设的公路，延寿公路收费所是收费还贷性质的公路收费，修建该公路时的资金来源，根据省财政厅、省物价局、省交通厅联合下发的《关于印发铁通公路延寿段机动车辆通行费征收管理办法》文件规定，批准正式收费，为尽快偿还贷款，2002年4月10日县政府专题召开县长办公会议整顿收费秩序，并下发《延寿县人民政府办公室关于全面征收机动车辆通行费的通知》，县公路收费所按照文件要求，做到应征不漏，应免不收。修建公路时资金不足，向群众筹集一部分资金，县政府在建站初期考虑到这一因素，对集资车辆免收两年通行费，同时从发展县域经济的大局出发，对附近乡（镇）运送万寿菊、亚麻、拉种子、化肥、农药等从事农田作业的非营运车辆都给予免费通行，对于从事营运的农用车辆，正常收取通行费。对代表们提出的没有走完全程而收取通行费的问题，按照《国务院收费管理条例》规定，凡通过收费站的车辆国家规定的减免车辆外，都要收取通行费，因此，延河、青川2个乡（镇）的农用营运车辆、出租车辆，不在减免范围之内。

县十四届人大四次会议，县人大常委会交办给县政府等部门代表建议43件，涉及城镇建设、农业、林业、财贸、工业、交通、文化、卫生等方面。对代表所反映的问题，已得到解决或者基本解决的35件，占办理总数的81%。代表王延波提出的“关于更换人行道光滑路面砖”的议案，县政府组织实施了同庆街和吉盛路两侧人行路道板改造工程，由水务局、发改局、交通局筹措资金226万元，共铺装人行道板2967延长米，铺装总面积35410平方米。代表蒋晓新提出的“关于整顿和规范港田出租车”的建议，县政府组织县交巡大队、城建综合监察大队、道路运输管理站等单位，先期投入资金1万余元在延寿镇内设置各类车辆停靠点28处。代表王延波提出的“关于硬化南城西路”的建议，财政局投资70万元，对南城西路实施硬化改造，硬化道路420延长米，硬化面积4200平方米。环卫新投资56.9万元，购置12台小金刚垃圾清运车，投资3.2万元增设垃圾箱40个，投资3.7万元购买垃圾填埋用推土机1台。延寿镇党委、政府整修巷道160条、16千米，清运垃圾300多吨。防汛期间，县政府投入资金7万元，对镇内5条明渠进行清淤和整修，清明渠1481延长米，清运土方12480立方米。县政府在完成计划的十项市政工程建设任务后，又投资79.6万元，完成庙胡同南段、德华胡同、友谊胡同、水利胡同等新增四条道路的硬化任务；在延寿镇内设置立式街路牌78处。县政府加强和规范城镇建设，制定并出台《延寿县人民政府关于加强和规范建筑工程建设管理的意见》《延寿县城镇建设管理办法》《延寿县城镇建设重点工程联席会议工作制度》文件。对代表反映的问题正在努力沟通、解决的3件，占办理总数的7%。董长江等8位代表提出农民养老保险待遇兑现问题，县政府组织劳动、民政等部门深入农村调查，延寿县农村养老保险从1994年开展，当时由民政局管理，全县农村参保人数18293人，缴纳保险费151万元，所缴保险费全部按规定缴到了省社保局，2000年，延寿县农保工作由民政局划归劳动和社会保障局管理，当时上级的政策是对这项工作“不停不扩，稳定队伍，调查研究，管好资金”。因此，延寿县农保工作一直平稳进行。到期享受保险待遇的农民，正常办理享受待遇手续，兑现相应待遇，没有到期的，不符合条件的，不存在兑现的问题。对代表建议所反映的问题，因受政策、管理权限、资金等因素制约，现阶段不能解决、不好解决的，在认真向代表们作好解释工作的同时，从实际出发作好基础性工作，此类议案、建议共5件，占办理总数的12%。代表刘迁提出的“关于制定壮大村集体经济措施办法”和代表褚树斌提出的“关于制定化解乡村债务的办法”的建议，根据延寿县实际情况，化解村级债务必须从整体出发，上下齐动，协同作战。采取适当的措施，加强思想教育，增强干部群众的法治观念；解决好农村后进班子问题，发挥好农村基层组织的作用；发动党员干部带头等办法和途径，逐步解决。

县十四届人大五次会议，县人大常委会交办给县政府等部门代表建议29件。这些建议按内容划分：综合城建方面的7件，占总数的24%；农业、林业方面的9件，占总数的31%；财贸、公交方面的5件，占总数的17%；科技、教育、文化、卫生方面的8件，占总数的28%。共涉及21个承办单位。代表所反映的问题，已得到解决或者基本解决的19件，占办理总数的66%。代表王延波提出的“规范客运市场、严厉打击车匪路霸”建议。县政府下发《关于印发延寿县治理整顿运输市场工作方案的通知》，以旅客运输、危货运输和客运站安全为重点，加强对县内的营运车辆管理，突出源头治理和动态监管，清理整顿运输市场。县交通局采取办班的形式，对全县客运车主、微型车主、港田车主分期分批办班培训，学习《中华人民共和国道路运输管理条例》，改进服务态度，礼貌待人，提高服务质量。代表何淼提出的“关于废品收购站有销赃的现象”的议案。公安局在收到办理通知单后，彻底清查全县的废旧金属收购行业。对19家废品收购部登记造册、档案管理，做到知数、知名、知情、知人，下发《收购废旧金属登记簿》，要求登记姓名、废旧金属名称、数量、新旧程度、身份证等信息，不定期进行检查。组织全县的废品收购行业业主办班学习，加强对废品收购行业从业人员的法律知识培训，按照市公安局的统一部署，办理废旧金属收购等级证，规范收购行为。康素琴等代表提出的“关于城镇道路硬化”的建议。2006年，由县财政局、国土局、水务局、林业局4个部门和联营建筑公司投资217.9万元，对新华街东段、延安街西段、城西路北段、东城墙胡同、新星胡同、新星南胡同路段进行硬化改造，道路硬化总长度1677延长米，总面积12758平方米。筹措资金930多万元，完善哈尔滨延寿工业园基础设施建设，硬化道路5300平方米，实施了雨污排水工程，铺装雨污排水管线2640延长米。由建设局、卫生局、计生局、地税局、国税局、粮食局等部门筹措资金38.5万元，改造庙胡同、天顺路、城西路、红星街两侧的人行道，共铺装红砖和人行道板3530延长米，铺装总面积10590平方米。由工业园区管委会投资15.25万元，安装路灯、射灯、景观灯32盏；由建设局投资7.2万元，在庙胡同和体育场安装路灯6盏、铺设光缆

1089.8延长米。全部完成镇内主要街路路灯改造，达到一街一品、一街一景的标准。由财政局、建设局分别投资25万元和24万元，实施东新华桥建设工程和延安街桥建设工程。本着因地制宜、突出特色的原则，投资50多万元，实施了绿化、美化、香化工程，为北环路等5条主要街路更新绿化树1362棵，在同庆街新植草坪2892平方米，在县际交通广场新植绿地8200平方米。对代表所反映的问题正在努力沟通解决的6件，占办理总数的20%。代表薛继炜提出的“关于我县物业管理活动中相关问题”的建议，县政府责成相关部门进行调研。县物业管理的房产大部分年久失修，维修资金制约着物业管理的发展，物业管理收费不合理也是制约物业管理发展的主要原因，现行物业管理费收取标准是住宅每户每月10元，非住宅每户每月20元，较低的收费标准很难让物业企业提供更多的优质服务。代表冯延新提出的“关于农业银行应搞好农业贷款”的建议。农业银行2004年以后所有贷款规模已经全部上缴，每次发放贷款均需要上级行下达贷款规模计划，农业银行不得自行放贷，为了支持地方农村经济，农业银行在2005年发放农业贷款253笔，共计金额253万元，在全部收回当年贷款后，2006年信贷规模增加到1300万元，年初发放贷款696笔，金额1298万元，基本满足了提出贷款申请农户的农贷需求。代表提出应加大对私营企业的扶持力度。经营化肥农药需要大量资金，不在农业贷款范围内，国家不允许将农业贷款发放给私营企业。为支持地方经济建设，农行对信誉好、经营效益好的两家企业进行信用等级评定，这两家企业的授信额度可以达到3000万元，可以满足企业的需求。对代表所反映的问题，因受政策、管理权限、资金等因素制约，现阶段不能解决、不好解决的，在认真向代表做好解释工作的同时，从实际出发，做了大量的基础性工作。此类建议议案4件，占办理总数的14%。柳玉春代表提出“村级转移支付不足的问题”。延寿县对村级转移支付资金的使用是严格执行文件要求，即每村核定村干部补贴和办公经费两项总金额最低不少于34000元（不含五保户供养）。2002年，税费改革时就执行每村4万元的标准（含3名五保户），上级部门是按这个标准测算的。关于村型大小与经费紧张问题，现在上级财政部门还没有明确说法，县政府将根据县财力情况研究此问题。

十五届人大常委会 县十五届人大一次会议，县人大常委会交办给县政府等部门代表建议32件，涉及16个承办单位，涵盖了教育卫生、“三农”、物业管理、城乡建设、综合治理、县域经济发展等内容。对各位代表提出的建议已得到解决或基本解决的14件，占办理总数的44%。代表王飞鹏提出的“关于取缔网吧或加强网吧管理，严禁未成年人进入网吧问题”的建议。县政府召开了清理整顿网吧的专题会议，文化行政主管部门专门成立打击“两厅一吧”专项工作行动小组，全面检查黑网吧和距校园200米以内的网吧以及全县网吧，对违法接纳未成年人的世纪、海浪、超越3家网吧依次做出停业整顿和行政处罚的决定。购置了全省统一的禁止未成年人进入的警示牌并公布举报电话，要求每一个网络经营单位将警示牌和举报电话号码张贴在网吧室内醒目位置，方便群众监督。郭立军、郭秀兰等代表提出的“关于镇内噪声扰民问题”的建议，县公安局组织城南、城北派出所会同县环保局、工商局工作人员，检查延寿镇内利用高音喇叭招揽生意扰民的24家商服行业和7家文化娱乐场所，下达整改通知书24份，警告7家，对整改不力，仍然利用高音喇叭扰民的商店给予治安罚款500元的处罚，打击噪声扰民行为，给镇内居民创造安静的居住环境。万高和等代表提出的“关于山河灌区渡槽实施改建”的建议，县水务局与发改局把计划上报省发改委并得到批复，工程于2007年9月2日开工建设，共投入资金70多万元，已完工，漏水、阻水等现象得到改变。康淑琴等代表提出的《关于提高居民小组长工资的建议》，经县政府研究，于2007年8月开始，在职的居民小组长工资上调100元，退休的居民小组长工资上调50元。代表提出的建议正在解决或列入计划解决的有6件，占建议总数的19%。代表李恒君、李保宏提出的“关于妥善解决‘送子车’问题”的建议，县委书记鲁志民以市人大代表身份视察县教育工作时做出明确指示，要求教育、交通等部门对此进行调查研究，拿出解决方案，县委、县政府要给予重点考虑。教育局和交通局、制定解决方案。代表袁成辉、张树林提出的“关于硬化县南环路段”的建议，县政府把其中的延河至尚志段列入2008年道路硬化计划。代表韩艳华、郭秀兰、王从跃、康淑芹提出的“关于硬化西新华街范家路”的建议，列入2008年的道路硬化计划。代表康淑芹提出的“关于灯饰亮化”的建议，被列入2008的亮化工程计划。对代表提出的建议需要逐步加以解决的有4件，占办理总数的13%。代表王林、李红娇、孙钟万提出的“关于恢复婚前检查”的建议，因为市里没有统一的要求和部署，暂时不能恢复。陈怀宝、单长安等代表提出的“关于化解乡村债务”的建议。根据延寿县实际情况，村级债务大都是历史遗留问题，涉及面广、难度大，采取解决农村后进班子，发挥好农村基层组织作用，努力增加村集体收入等办法和途径来逐步解决。对代表提出的建议需要告知解释说明的有3件，占建议总数的9%。代表提出的“关于组建促进劳动力转移机构”的建议，县农委给予了答复：早在2004年延寿县就已经成立农村劳动力转移工作领导小组，办公室设在县经管站。代表提出的“关于2006—2007年第三批整村推进扶贫村有线电视安装入户费用扶持”的建议，县扶贫办答复是，在2002—2005年第一批和第二批扶贫整村推进时，省扶贫办对贫困县确定了8项扶贫项目，有线电视入户是其中一项，省里对每户扶持200元。在第三批整村推进中，省里把8项扶贫项目缩减为5项，有线电视入户项目不在确定的5

个扶贫项目之中。

县十五届人大二次会议，县人大常委会交办给县政府等部门代表46件建议、批评和意见，涵盖了教育、卫生、“三农”、社会民生、城乡建设、综合治理等内容，涉及19个承办单位。截至2008年10月，代表建议全部办理答复完毕，办复率达到100%。对各位代表提出的建议已得到解决或基本解决的33件，占办理总数的71.7%。赵兴旺等代表提出的“关于加强农村合作医疗管理”的建议，卫生部门针对代表提出的药价高、服务差、报销不方便、宣传不到位等问题，于2008年3月下发了延寿县卫生局“以参合农民病人利益为中心，以提高定点医疗机构服务质量”为主题的活动方案，要求各医疗单位针对医院管理和发展中存在的问题，改进工作作风，落实院长负责制，提高医疗质量，降低医药费用，简化报销程序，方便参合农民。康淑琴等代表提出的关于下岗职工医疗保障的建议，劳动和社会保障局、社会保险局征求上级部门意见，实行转制、破产企业职工以社会自然人身份自愿参加城镇居民医疗保险的办法。2008年8月1日至9月28日自愿入保的部分转制、破产企业职工，于10月1日开始享受医保待遇。2009年7月1日开始继续开展居民医保申报工作，所有转制、破产企业职工都可以持户口、身份证自愿参保。王飞鹏等代表提出的“关于延河镇中小学门前设置减速带，保护学生安全”的建议，减速带已安装完毕。万高和等代表提出的“关于新建道路警示标志设置”的建议，新建交工验收的白色通乡道路，已全部按要求安装警示标志；通村公路方面，下发文件，要求各建设单位必须按农村公路设必要警示标志的要求，安装齐全。代表韩延华提出的“关于朝阳路、范家路实施硬化改造”的建议。县里于2008年5月26日启动实施，已建设完毕。崔仁范代表提出的关于提高居民饮用水质量的建议，2008年水务部门投入200万元，对南水厂供水设施彻底改造，卫生部门加大水质检测和抽查力度，饮用水质量明显提高。代表张立英提出的“关于对网吧、歌厅等场所加强管理”的建议，县文体局制定《延寿县打击“二厅一吧”专项行动方案》，统一制作未成年人禁止入内的警示牌，悬挂在明显位置，统一举报电话，并聘请20名义务监督员帮助监督管理市场。依法查处违规经营13家。对代表提出的建议正在解决或列入计划解决的有4件，占建议总数的8.6%。芦兰民等代表提出的“关于农村发展产业化”的建议，在阳光节能温室方面，结合新农村建设和扶贫开发工作，把建设资金向设施农业投入倾斜，逐步加大资金和技术方面的投入力度，采取政府投一部分、菜农投一部分、银行贷款一部分的方式，筹集资金建设和更新日光节能温室及标准化蔬菜大棚；在规模发展中药材方面，动员和鼓励龙头企业哈尔滨蒲公英药业有限公司和延寿金圣药业有限公司加大资金投入力度，培育原料生产基地，基地与企业挂钩，实现优势互补；向企业+基地+农户的生产模式和产业化经营方向发展。协调金融部门出台关于扶持和发展中药材生产的贷款优惠政策，发放中长期贷款，适度放宽贷款条件，扩大贷款规模。协调省内大专院校、科研单位，聘请专家教授定期和不定期到延寿县讲学，传授各种中药材高产栽培技术和实践经验，提高农民的生产栽培水平。对代表提出的建议需要逐步加以解决的有 9 件，占办理总数的 19.7%。孙长春、李宝宏等代表提出的“关于村干部纳入社会养老保险”的 5 件建议，社保局根据省政府文件规定，村干部身份为农民，短期内无法在社保局参加养老保险。徐雷、张凤萍等代表提出的关于修建六团至安山跨蚂蚁河大桥的建议，经交通局研究，一是县政府经济状况无力承担近一千万元的建设资金，必须走国家投入建设资金的道路；二是按建设规划及重要程度，延寿大桥改建为首，凌河大桥建设为次，六团至安山大桥为三，所以短期内不能建设。

县十五届人大三次会议期间，与会代表共提出建议、批评和意见 30 件，涵盖了教育、卫生、新农村、环保、城建、交通、社会保障等多项内容，涉及 14 个承办单位。截至 2009 年 10 月，代表建议全部办理答复完毕。得到解决或基本解决的 23 件，占建议总数的 76.7%。郭立军、郭秀兰等代表提出的“关于城镇临街商铺噪声扰民和商贩占道经营问题”的建议，县环保局联合公安、文化、城管等部门进行综合整治，限期整改商业活动中使用高音广播喇叭的商铺，对拒不整改的依法处罚；集中整治歌舞厅等娱乐场所；对在夜间 22∶00 以后施工扰民的建筑单位下达整改通知；依法取缔无证照经营业户。代表关立新提出的“关于加强整治稻壳供暖锅炉，治理城镇空气污染”的建议，县环保局对使用稻壳粉供暖的 16 家物业公司进行整改；对未按要求整改的延寿镇吉盛楼、延寿镇医院住宅楼的包烧物业公司，依法下达 5 万元行政处罚决定，申请县人民法院强制执行。经过努力，各项指标均达到国家环境空气质量二类区标准。王志民、王义秀、徐贵辉等代表提出的“关于增加医保定点药店，解决医保参保人员刷卡难问题”的建议，医保主管部门召开定点药店法人、部分人大代表参加的座谈会，调整定点药店布局，满足人民群众购药需求。张环宇、徐国庆、高飞等代表提出的“关于加强农村新型合作医疗管理”的建议，县卫生局成立由副局长带队的调查组，先后 8 次深入县农合办、新农合定点医疗机构进行重点调研，走访新农合患者 25 人次，下发以参合农民病人利益为中心、以提高定点医疗机构服务质量为主题的活动方案，向省卫生厅提出建议，将原有药品目录由 500 种增加到 1599 种，基本满足参合农民报销的需要。对全县定点医疗机构 200 多种药品进行价格下调，下调幅度最低 30%、最高达 50%。对代表建议正在解决或列入计划解决的 3 件，占建议总数的 10%。代表田金河提出的“关于涉及农用车方面问题”的建议，农机部门研究决定，备春耕期间运送种子、化肥的农用车，没有严重违章现象，适当放宽检验和处罚政策，不给予扣押。努力加大为农民服务的力度，尽量到农户家中办理拖拉机牌照。代表提出的“关于在乡（镇）主要街路道口设立交通警示灯”的建议，县公安交警部门深入乡（镇）调查，掌握了情况，列入日程逐步加以解决。卢长江、高飞两位代表提出的“关于新农村建设方面”的建议，延寿县新农村建设已实施3年，紧紧围绕20字方针和新农村建设的8大任务，共整合资金4.5亿元，对23个村（屯）进行规划和建设，实施项目52个。代表建议需要逐步加以解决的有4件，占建议总数的13.3%。代表吕文东提出的“关于粮补、直补款统一使用”的建议，粮食补贴资金管理办法中，国家有严格规定，必须直接发放到农户手中，任何部门和单位都不允许挪用。省纪检委还专门制定《黑龙江省关于违反粮食补贴方式改革政策行为党纪处分的暂行规定》，代表建议无法实现。关于王丽波代表提出的“关于村级转移支付资金4万元，扣除村（屯）干部工资及招待费后所剩无几，对于其他如新农村建设匹配资金及学校维修费用等无力支付”的问题。村级转移支付资金是按照省里有关规定测算的，全省统一标准，无法增加。对于新农村建设匹配资金可从“一事一议”筹资、“以奖代补”政策中给予相应支持的建议，在村级资金紧张的情况下，县财政向上级主管部门反映情况，争取更多关于农村事业发展方面的政策。关于“部分下岗群体入社保难的问题”。按照全省统一规定，一是养老保险费不得减免；二是下岗职工按照现行政策，缴纳养老保险费后，可以持下岗证到劳动就业局办理保费补贴，女年满40周岁，男年满50周岁，可享受补贴60%，其他人员2006年享受补贴15%，2007年、2008年享受补贴30%。代表王崇跃提出的“关于居民小组长入社保”的建议，根据省政府文件规定，居民小组长还不能以职工身份纳入社保统筹，如其本人是非农业户口，可以按灵活就业人员参加养老保险。

县十五届人大四次会议期间，县人大常委会交办给县政府等部门代表44件意见和建议，全部办结。代表建议得到解决或基本解决的34件，占建议总数的77.3%。提案中，代表们关注的重点、热点问题是社会保障水平问题。代表王丽波提出“关于加大农村低保覆盖面”的建议。延寿县自2006年开展农村低保工作以来，农村最低生活保障由2006年每人每年683元提高到2009年末的1200元，农村低保扩面新增1200人以上。代表汪金萍提出的“关于将六团镇敬老院五保老人统一纳入县集中供养和管理”的建议。为解决六团镇敬老院因条件所限无法满足五保老人入住需求的问题，六团镇敬老院改造工程已全面完工，扩建后的六团敬老服务中心建筑面积900平方米，设有床位80张，能够满足本镇五保老人入住。代表冯延新提出的“对县城外环进行灯饰亮化”的建议。县政府及有关单位在市政建设中，将工业园区至石油公司、石油公司至延寿大桥路段安装了路灯，更换了破损的路灯，达到美化和亮化的效果。代表王崇跃提出的“关于山河公园周边道路清冰雪落实包路单位”的意见，县建设局决定将壕南、壕北胡同清雪工作纳入部门负责。徐宝庆、张良程等10位代表，有6份提出“关于新农合工作报销程序烦琐、药价高、开大处方、管理混乱”等问题的建议。县卫生局成立调查组到县农合办、新农合定点医疗机构调研，就代表提出的问题进行自查，设立举报电话，对出现的问题严肃处理。黄海勇代表提出“关于加大肉鸡养殖扶持力度，降低农户养殖风险”的建议。县委、县政府在2009年在出台鼓励肉鸡养殖产业发展优惠政策的基础上，又提出加快肉鸡小区建设提档升级的奖励政策。代表建议正在解决或列入计划解决的7件，占建议总数的15.9%。代表董秀和张良程提出的“关于加强文化娱乐场所管理”的建议，县文体局对72家文化娱乐场所先后组织15次单项、集中、突击检查，对7家无证照的歌舞厅分别进行了停业整顿处理。对17家网吧进行为期一个月的专项整治，停业整顿处理9家网吧，处罚6家接纳未成年人的网吧。到6月底，全县各网吧全部实行凭身份证上网，杜绝未成年人进入的现象。代表李莲海提出的“关于解决中和镇先锋村与庆阳农场土地权属纠纷”的问题，县政府交办国土局调查处理。王飞鹏代表提出“关于增加网络宽带容量，满足村民安装要求”的建议，全县基本建成了覆盖县、乡及绝大部分村（屯）的宽带接入网络，农村村电覆盖率达到80%以上，又对53个偏远村（屯）实施宽带提速工程，农民上网难问题得以解决。刘光伟等代表提出“建设凌河大桥”的建议。延寿县于2008年向省发改委、省公路局提请建设凌河大桥，可行性研究报告和环境评估工作，均已完成，并于2009年通过省发改委组织的专家评审，正等待发改委批复。代表崔永财提出的“关于增设电费收购点，方便农民交费”的建议，县电业局为了最大限度满足购电需求，在延寿镇内增设夜间购电窗口，并积极向上级部门申请，建立适合农电工作实际的购电方式。代表建议给出明确解释并需要逐步加以解决的建议3件，占办理总数的6.8%。部分代表建议所反映的问题，因受政策、管理权限等因素制约，现阶段不能解决、不好解决的，向代表作好解释工作。如代表刘圣海提出的“关于将六团镇团结村公路纳入通乡公路管理”的建议，县交通局作了研究和答复。代表康淑琴提出的“关于亚发胡同和光明胡同道路硬化”的建议，年初已将光明胡同列入2010年硬化道路计划内。

十六届人大常委会 县十六届人大一次会议期间，县人大常委会交办给县政府等部门代表意见和建议51件，涵盖经济发展、民生保障、安全稳定、旅游开发等多方面，涉及24个承办部门，所提建议全部办理答复完毕，答复率100%。得到解决或基本解决的42件，占总数的82.4%。加强交通秩序、改善人居环境、完善新农合体系等项为代表关注的热点。代表王林提出的“关于交通安全及城镇道路拓宽改造升级”的建议，公安、交通、住建等部门调研后提出了建议，县政府2012年对卫东路至朝阳路段进行加宽硬化，并加强驾驶员的安全教育。代表张凤平提出的“关于解决供热售后问题”的建议，供热办加大对供热企业的监管力度，提高维修队伍的服务意识和技术水平，在各居民小区公开抢修电话，对用户的报修电话做到快速出动，及时处置。冀宝泉等代表提出的“关于新农合存在问题”的建议，县卫生局对存在问题的合管办工作人员进行培训并下发整改通知，努力做到让参合农民满意。代表刘国义提出的“关于在公务员任职考核中引入征信查询机制”的建议，县人社局召开专题会议研究，决定由主管考核部门将公务员任职考核征信查询机制纳入年度考核内容之中，作为公务员考核等次的依据，每年年底前由考核部门向金融机构和相关部门对公务员在金融活动中的表现进行征信查询，对诚信缺失、遵守道德规范不严的公务员视情节程度在考核中给予不同等次。代表建议正在解决或列入计划解决的2件，占总数的4%。代表李虹娇提出的“关于在县城内再建一至两处停车场”的建议，住建局在2012年棚户区改造项目中，在五金小区规划一处近万平方米的地下停车场，缓解停车压力。代表王玉香提出的“关于六团镇团结村与方正县接壤道路硬化”的建议，县交通局经过调研，该路段方正县境内过去并无道路与之相通，全省特别是哈尔滨市公路建设计划十分紧张，因此未列入2012年公路建设计划，争取在2013年农村公路建设计划申报时将该路列入建设范围。代表建议需要逐步加以解决的7件，占总数的13.6%。代表谷万悦提出的“关于恢复加信殡仪馆运营服务”的建议，根据殡葬工作要求，每个殡仪馆每年至少火化1000具尸体，加信殡仪馆辐射面死亡人口每年180人左右，加之该殡仪馆现有设备、设施无法保证正常运营，不具备恢复运营条件。代表徐雷提出的“关于六团镇通公交车”的建议，经交通部门调查研究，六团镇客运支线较多，如果将六团至延寿段公交化，票价调低，会影响客运车辆经济效益，出现矛盾，加之全市城乡一体化工作处在试点阶段，六团至延寿段公交化条件不成熟。张凤平、翟同权等代表提出的“关于城镇执法权力延伸”的建议，根据《哈尔滨市城乡容貌和环境卫生条例》的规定及延寿县城市管理体制、人员编制、装备、执法主体资格等方面条件的制约，城管执法力量向乡（镇）延伸时机尚不成熟。代表任治学提出的“关于对石油公司至30委路段进行硬化”的建议，县交通局、住建局将共同研究，列入道路建设计划，尽快建成硬化路面。人大“三查（察）”期间建议办理情况。县人大常委会在“三查（察）”过程中，对《中华人民共和国水法》贯彻执行、农技推广普及、“六五”普法、文化事业发展等方面进行了专题视察和调研，并提出很多意见和建议。对这些建议、意见，县政府组织相关部门抓好落实，促进各项工作的开展。如对县人大在《中华人民共和国水法》贯彻执行情况检查过程中提出的建议，县政府责成县水利部门牵头，公安、司法、法院等部门配合，建立联合执法机制，共同对水事问题进行执法。根据《延寿县水利工程管理体制改革实施方案》，将灌区定性为准公益性单位，人员工资实行财政差额补贴。针对县人大视察农业科技推广和普及情况时提出的建议，县政府在工作中充分利用好国家农业科技政策，加快推进全县农业公共服务机构功能完善。重点打造县级农业公共服务平台，健全县、乡、村三级农技推广、种子管理、土壤配肥、农民培训、信息集控等公共服务机构网络，做好产前、产中、产后各项服务工作。充分发挥县乡农技推广部门的整体功能，做到服务在乡、管理在县，突出政府宏观管理职能，调动各种资源，发挥专业协会、新型农民合作组织以及相关社团的作用，配合主渠道农业科技体系资源，互为补充，共同建设，构建社会化农技服务体系。提高农业技术推广工作的基础保障，不断加大投入力度，对县农技推广中心办公楼、实验地、科研设备等需要解决的问题逐一加以解决，确保农技推广机构的正常运行，已建成1841.5平方米国家农业有害生物预警与区域控制站和农产品质量安全县级质检站。加强对乡（镇）农技推广站的管理，有计划、分步骤地开展乡（镇）农技体系“三权”上收工作，解决县乡农技部门衔接的矛盾。将乡（镇）农技服务站的人、财、物收归县农技推广中心直接管理，解决工作断层，运转不畅，组织不顺，管理弱化的问题。

十六届二次会议期间，县人大常委会交办给县政府等部门代表建议、意见103件，归纳整理合并为59件。其中，涉及城建交通17件，占总数的29%；农林牧渔15件，占总数的25%；财税经济11件，占总数的19%；政法、妇联7件，占总数的12%；科教文卫9件，占总数的15%。涉及39个承办部门，全部建议均已答复完毕。已得到解决或基本解决的48件，占总数的81.4%。其中，已解决的45件，基本解决的3件。柳玉海等代表提出的“关于加强城镇交通管理”的建议。2013年初，县政府邀请省交警总队交通管理处和哈尔滨工业大学对延寿县中心城区进行了交通设施综合规划。新设立交通标志牌325个，新划交通标线2000多平方米，更换红绿灯8处，修建停车位74个，公交车停靠港湾8处，县城各主要街道安装的信号灯和电子眼全部投入使用。交警部门加大警力投入，重点维护繁华路段和学校门前交通秩序，对同庆街、公安街中心城区路段实施客车、2吨以上货车禁行。将天顺街设置为单行道。缓解县中心城区交通压力，改善交通环境。吴伟波等代表提出的“关于解决供热存在的突出问题”的建议，有关部门为全面保障城镇冬季供热质量与安全，分别实施两个集中供热项目，第二热源厂已建成投入使用，实现延寿城区200万平方米集中供热全覆盖。县供热办和热力公司加大对管网的巡查力度，确保县城207标住宅楼供热质量，解决零星供热效果不好、综合能耗较大、环境污染严重等问题。代表建议正在解决或已列入计划的9件，占总数的15.3%。薛继炜等代表提出的“关于加强住宅小区物业管理”的建议，县政府结合开展“物业管理年”活动，组织住建、公安、司法、消防、城管、电业、工商、物价等有关部门齐抓共管，建立居住小区物业管理联席会议制度，研究协调物业管理重要事项。遵循“重心下移、属地管理”的原则，在社区成立机构，组成物业工作小组，负责做好宣传和协调工作，解决小区物业管理工作遇到的各类问题。推行物业管理市场化运作机制，从服务项目、计费模式等方面入手，由物价部门牵头制定符合延寿县物业小区管理服务实际的收费标准，尝试“菜单式”“筹金制”“阳光财务”等制度。计划由司法局和法院介入，受理物业管理工作中的纠纷问题，依法、依规处理、遏制无理欠费、不服从物业管理等恶性行为，保护业主的合法权益。孟庆福等代表提出的“关于化解村级债务问题”的建议，县政府建立和配强了增资减债领导组织。积极向上争取增加村级转移支付额度和政策，逐步化解村级债务。代表建议由于无政策支持或目前条件所限暂时不能解决的2件，占总数的3.3%。代表孟庆福提出的“关于加强双星村金胜屯泥石流治理”的建议，县水务部门制定了寿山乡双金村金胜屯泥石流治理工程计划，并呈送省水利厅。由于该工程流域面积小，未被列入“十二五”规划。崔东杰等代表提出的“关于出台五荒地管理办法，使村集体资产得到有效保护和利用”的建议。县农村集体经济组织“三资”委托代理工作已经结束，因国家、省、市没有统一规定，对村集体“五荒地”进行收费暂时没有政策依据。

十六届三次会议期间，县人大常委会交办给县政府等部门代表建议73件，其中重点建议13件，涉及承办单位49个。各承办单位在规定办理时限内，把建议全部答复代表，答复率达到100%。已得到解决或基本解决的60件，占建议总数82.2%。这类建议符合国家宏观政策，紧扣县委、县政府中心工作，在办理过程中得到落实。邹清洁、薛继炜等代表提出的“关于加强居民小区物业管理”的建议。为进一步规范居民小区物业管理，县政府确定2014年为“物业管理年”，县房产、物价等部门学习借鉴外地经验，开展居民小区业主代表、人大代表等各界人士听证活动，制定《延寿县物业服务收费管理办法》《延寿县物业服务收费标准》，并经县政府常务会议审议通过。2014年，延寿镇内组织58个小区成立业主委员会；协调7家有资质的物业公司进驻网通等13个住宅小区；投资480万元，对79个小区庭院道路、屋顶防水、排水设施、监控等进行维修改造。代表建议正在解决或列入计划解决的5件，占建议总数6.8%。这类建议办复周期长、难度大，但根据政策法规和今后社会经济的发展可以逐步解决。代表韩丽提出的“关于兑现并适当提高少数民族肉食补贴标准”的建议。县民宗局作专题调研，并将此建议向市民宗局汇报。市民宗局已将此建议上报省民委，待答复后进行办理。代表建议受政策等客观条件限制，暂时不能解决，但已作出解释说明的8件，占建议总数11%。代表李保宏提出的“关于加大对边远山区农田基本设施建设、土地治理和河道治理的”建议。延寿县未被列入黑龙江省“两大平原”现代农业综合配套改革试验区，难以全面启动。根据实际情况，县农业局、水务局、国土局、农业开发办、扶贫开发办等职能部门，继续加大向省、市争取项目力度。2014年，实施新农村建设基础设施及产业化项目145个，完成尚义、二龙水库干渠维修工程以及蚂蜓河、亮珠河等13处水毁修复工程，推进7个村扶贫开发整村项目。县政府加大重点建议办理力度。代表提出的关于全县人民早日实现饮用放心水的建议。由县水务局根据城镇居民饮用水状况，对原有水厂进行升级改造，改造方案已委托省规划设计院编制完成，并申请国家资金及省补助资金；县水务局、各乡（镇）积极与省、市有关部门进行沟通，争取专项资金，在7个乡（镇）建成农村安全饮水工程26处，解决1.2万农村人口安全饮水问题。县卫生局还加大全县饮用水质监督，将延寿镇10个末梢水监测点增加到20个，确保城镇居民饮用水安全。

十六届四次会议期间，县人大常委会交办给县政府等部门代表建议65件，涉及承办单位41个，承办单位答复率达100%。已得到解决或基本解决的54件，占建议总数83%。代表提出的“关于加强农电管理”的建议，县电业部门在春耕用电高峰时节，组织技术人员深入实地指导农房安全用电，对用电隐患及时告知并立即整改，与各行政主管部门沟通，开展用电客户安全隐患联合排查与治理工作，确保用电安全。代表提出的“关于加强农民普法培训”的建议，县司法部门在“六五普法”基础上，利用农闲时间开展“法律进乡村”宣讲活动，针对农村土地、财产、合同及关系农民切身利益的法律知识进行详细讲解。代表建议正在解决或列入计划解决的9件，占建议总数14%。代表康淑琴提出的“关于奋斗社区亚旺胡同东段路硬化、亮化”的建议，县住建部门调研将其列为2017年度市政建设项目计划。代表韩丽提出的“关于修缮延寿县回民殡葬所”的建议，按照宗教事务管理规定，回民殡葬所建成后移交回民群众管委会管理使用，管理和维修由管委会负责。县民宗部门将回民殡葬场所设立为县清真寺的报告，已上报市民宗局和市回民协会。对代表建议受政策等条件限制，暂时不能解决，已作出解释说明的2件，占建议总数3%。代表汪金萍提出的“关于兑现已退村妇女主任工资待遇”的建议，由于没有文件规定，财政部门支付无依据，可在村级转移支付中考虑；按照《中华人民共和国预算法》规定，“经人民代表大会批准的预算，非经法定程序不得调整，各级政府、各单位支出必须以经人民代表大会批准的预算为依据，未列入预算的不得支出”，待上级出台政策后再进行调整。

十七届人大常委会　十七届一次会议期间，县人大常委会交办给县政府等部门代表建议共77件，根据职责分工转至35个部门全部办理完毕，办复率100%。其中，已得到解决或基本解决的57件，占总数的74%；代表建议正在解决或列入计划解决的18件，占总数的23%；暂时不能解决，但已作出解释说明的2件，占总数的3%。代表对办理工作满意或基本满意率为100%。已得到解决或基本解决的57件。此类建议符合国家政策，紧扣县委、县政府中心工作，在办理过程中得到较好落实。玉河乡代表栾焕秋提出的“关于加大学校基础设施建设和教师队伍建设”的建议。2014年和2015年，完成全县全部薄弱学校改造任务；2016年，完成全县27所义务教育学校省级标准化学校建设任务，合格率实现100%；2017年，投资1292万元新建安山中学教学楼和寿山中心小学教学楼，投资872万元完成13所学校校舍维修改造，投资3086万元补充2017年及以前中小学校设施设备。2015年至2017年，拨付家庭经济困难寄宿生生活补助费256万元，资助学生4225人次。利用“三区”支教形式引进优秀教师30人；2009年至2017年，通过招聘“特岗教师”形式公开招聘优秀师范院校毕业生405人，全部充实到农村教育一线。加快推进“校本研修”工程，累计完成3382人次教师远程培训。六团镇代表闻永慧提出的“关于增加农民收入和解决卖粮难问题”的建议，县政府采取措施增加农民收入。一是围绕农业产业结构调整，以市场为导向，加快推进“稳水稻、增大豆、减玉米、上经济作物、发展养殖业”，引导种植结构向优质特色农业转变。同时，加快建设绿色无公害有机农业产业基地，积极提升农产品质量和市场竞争力。全县无公害食品认证面积达到113万亩，绿色食品认证面积达到65万亩。二是加快扶持农业产业化龙头企业发展，培育行业领军企业，带动农民增收。全县农业产业化龙头企业总数36家，农民专业合作社、家庭农场和种粮大户达到1000多个，建设优质农产品生产加工基地100多万亩。三是实施品牌战略。积极组织并成功举办延寿大米首届新米节。“双十一”央视财经频道“厉害了我的国”系列推介“延寿香米”等直播活动，延寿县被中国大米协会授予“中国优质香米之乡”称号，扩大了“延寿”品牌影响力。同时，加快扶持农村电商发展，县农村淘宝服务中心和电子商务孵化创业园投入运营。2017年，全县村级淘宝服务站交易量累计达到17万余单，电子商务交易额达到3.6亿元。四是发挥国有粮食收储企业作用，永兴粮库、青川粮库开库收购玉米。同时，永兴粮库开展了为农户代收、代烘、代储“三代”模式试点，缓解农民储粮难和卖粮难。正在解决或列入计划解决的18件。延寿镇宋国珍等代表提出的“关于延新公路增设人行道”的建议，县政府改善县城出城口的路况条件，改造了东、西、南出城口，并将北出城口即延新公路路段纳入改造计划。2016年，县城投公司完成该路段的可研编制。2017年，与哈尔滨市市政工程设计院进行对接，完成道路实地勘查和施工初步设计方案，计划加宽路面，新建人行道，铺设排水管线和安装路灯。彻底改善出行条件和生活环境，打造出城景观路段，县政府综合考虑对该路线进行取直调整，计划2018年重新补充勘察设计。寿山乡代表刘美丽提出的“关于切实解决垃圾分类回收处理”的建议，县政府数次召开相关会议进行部署、落实。一是2017年完成垃圾处理场建设项目，即将投入运营。二是与黑龙江龙能伟业环境科技公司签订协议，对建筑垃圾和生活垃圾进行分类处理，由该公司将生活垃圾运往外县进行无害化处理。三是乡（镇）垃圾中转站项目已上报省发改委，正在编制可研和环评，建成后可实现垃圾集中分类，由中转站运往无害化垃圾处理场集中处理。四是学习先进垃圾处理模式，2018年启动城北垃圾处理场存量垃圾治理工程，根除污染顽疾。代表建议暂时不能解决，但已作出解释说明的2件。比如，代表韩丽提出的“关于加强回民公墓维护和完善回族等少数民族殡葬服务设施”的建议，2006年，延寿县向上级有关部门申请民族地区补助资金并修缮了殡葬场所。2009年，对回民墓地的大门、围栏及墓地内砂石路等基础设施进行维修，并交由回民协会进行后续的维护和管理。2018年，县民宗局积极协调上级有关部门，申请补助资金，争取更多资金实施少数民族项目。延河镇代表刘立军提出的“关于玉米补贴发放不合理问题”的建议，按照《黑龙江省人民政府办公厅关于印发2016年黑龙江省玉米生产者补贴实施方案的通知》文件要求，积极推进玉米收储制度改革，发放玉米生产者补贴，促进玉米实现供求基本平衡与上下游产业协调发展，保障农民种粮基本收益，促进种植结构调整，加快推进农业供给侧结构性改革。严格落实补贴政策，维护种植者合法权益，确保财政补贴资金发挥作用。补贴对象是拥有与村集体、乡级以上政府签订的土地承包、承租使用合同的耕地实际种植玉米面积。代表提出的“应以土地确权面积补贴”的建议，不符合有关政策规定，无法发放补贴。

十七届人大二次会议期间，县人大常委会交办给县政府等部门代表建议61件，涉及承办单位35个。已得到解决或基本解决的38件，占建议总数62%。这类建议符合国家宏观政策，紧扣县委、县政府中心工作，在办理过程中得到了较好的落实。代表提出的关于减少“留守儿童”的建议。在农村留守儿童关爱服务体系建设中，县教育局进行了探索和尝试。第一，建立健全留守儿童档案。每所学校均为每一名留守儿童建立档案，及时向监护人和外出务工家长通报其成长情况，形成学校、家庭共同管护教育的局面。教师承担起家长或监护人的部分责任，多与留守儿童交流谈心，提高亲密信赖程度，给予更多关爱和正面引导。第二，开展留守儿童关爱服务活动。发挥学校主阵地作用，为留守儿童构建心灵家园。实行教职工结对帮扶制度。教师与留守学生一对一帮扶，让留守学生得到学校和老师更多的关爱。结对教师加大对走读留守学生的家访，引导和帮助孩子树立积极的生活态度。通过定期与留守学生交心谈心，开设亲情电话，向留守学生及其家长、监护人公布校长、班主任和任课教师电话等方式，加强学生、家长、教师三者之间的联系。办好家长学校，经常开展活动，采取多种形式对监护人进行培训，开设爷爷奶奶家教培训班、临时托管亲属培训班等，利用假期和春节家长回家的时机，召开留守儿童家长会，指导他们开展正确的家庭教育。在课程设置上大胆创新。关注留守儿童的身心健康发展，在课程教学中加强生存教育、安全教育和法制教育，帮助他们知法、懂法、守法；重视学生的心理咨询与辅导，开设针对青少年身心发展规律的心理课程，及时发现和诊治留守儿童出现的心理健康问题，切实为留守儿童排忧解难。第三，与政府相关职能部门协调配合，为留守儿童撑起保护伞。一是净化社会环境，政府相关职能部门担负起责任，建立有效的管理机制，发挥其功能和作用，特别是加强对校园周边环境的监管整治，为留守儿童的健康成长营造良好的环境。二是大力发展县域经济，发展好劳动密集型企业，增加农民本地就业机会，让更多的农民就近务工，做到“挣钱教子”两不误，从而减少留守儿童数量。三是加快农村寄宿制学校建设，政府加大对农村学校寄宿基础设施的投入，千方百计改善学生寄宿条件或开办专门的留守儿童宿舍，配备专门的生活教师，以吸引外出务工人员将子女寄宿在学校，从而加强对留守儿童的管护。代表建议正在解决或列入计划解决的 12 件，占建议总数 20%。代表宋国珍提出的“关于延新路拓宽加设人行道及相关设施配套”的建议，该路段作为“2016 年延寿县延寿镇棚户区改造路网建设项目”的建设工程已于 2016 年 3 月完成可研编制，2016 年 4 月完成了道路勘察，2017 年 3 月完成道路施工设计，建设内容为：原机动车道补强维修，新建加宽路面，新建人行道，铺设排水管线和安装路灯等工程。2017 年 5 月，县政府提出打造延寿城区北出城口的设想，要求调整延新路改造道路建设的路线。按要求对取直路线进行调查。取直新建道路涉及房屋征收拆迁 50 多户和自来水供水塔拆除重建，初步估算需要征收拆迁资金约 1500 万元，同时原规划勘察设计还需要重新进行变更。由于城投公司和县政府都没有征收拆迁资金，并且个别住户不同意征收拆迁，征收难度大，使延新路拓宽改造建设暂未进行。为了能够方便群众出行，2018 年 7 月，城投公司对该路段道路进行维修、维护，对破损的路面进行填垫修补。按照道路扩宽改造的建设方案，城投公司正在组织进行工程招标。待工程招标完成后，办理施工前的各项手续，对该路段进行施工建设。代表建议受政策等客观条件限制，暂时不能解决的 11 件，占建议总数 18%。代表王志才提出的“关于农村冬季通电路清理冰雪需增加转移支付”的建议。建议中指出，各村转移支付资金提高，但相关的各种费用也在增加，没有冰雪清理的专项资金，冬天下雪，各村的屯内路和通往外界的主要干路，积雪很厚，清理不及时，造成百姓出行难和粮食销售困难。希望增加转移支付资金或设立清冰雪专项资金，保证冰雪清理及时。解决这一问题需要提供政策依据，因无政策依据且县级没有转移支付权限，此项建议暂时不能解决。

县十七届三次会议期间，县人大常委会交办给县政府人大代表建议72件，涉及承办单位34个。承办单位答复建议72件，答复率100%。已经解决或基本解决的建议有47件，占建议办理总数的65.3%；代表建议正在解决或列入规划逐步解决的建议有18件，占建议办理总数的25%；受政策因素或条件限制，暂时不能解决的建议有7件，占建议办理总数的9.7%。已得到解决或基本解决的47件，占答复意见的65.3%。这类建议符合国家宏观政策，紧扣县委、县政府中心工作，在办理过程中得到落实。代表关彩霞提出的“关于加大对中小学校校园安全”的建议，县政府采取措施做好学校师生在校期间安全工作。一是教育、公安、消防、市场监督、交通以及有关单位建立联席会议制度，定期研究分析校园内及校园周边安全形势，提高师生安全意识。二是全力维护好校园门前及周边道路交通秩序，制定《加强校园周边交通秩序整治方案》，开展专项治理活动，纠正处罚各类交通违法行为。做好“护学岗”工作，在城区每所中小学校设立1~2处“护学岗”，在学生上下学时段，安排交警提前到岗执勤，疏导交通，护送学生安全通行。三是依托扫黑除恶专项活动，组织学校师生开展扫黑除恶线索排查工作，打击校园欺凌、学生向学生收取保护费等行为。加大扫黑除恶宣传力度，确保学校师生安全。四是加大宣传工作力度。积极开展交通安全宣传“八进”活动，在社区、学校、加油站、客运站等显著位置设置宣传展板，悬挂宣传条幅及设置宣传专栏，县公安局印发《致大货车驾驶员的一封信》《致全县送子车驾驶员的一封信》《致广大中小学生及家长的一封信》等宣传单，通过手机短信平台发送各类宣传教育信息8000余条，深入村（屯）及企事业单位播放交通安全宣传教育片10场次，深入学校上交通安全课12课时，联系电视台，随警参战，曝光典型违法行为、播放交通安全宣传语及报道各种宣教行动四十次。代表建议正在解决或列入计划解决的18件，占答复意见的25%。这类建议办复周期长、难度大，按照政策法规和今后经济社会发展可以逐步解决。代表赵兴旺提出的“关于乡（镇）级小河流域治理”的建议，结合延寿县推行河长制工作，确定各小河流县乡村三级河长、河警长，负责对所管河流的巡察、监督、整治等工作，确定各乡（镇）为责任主体，负责本区域小河流环境治理工作，同时县水务部门完成各小河流“一河一策”方案编制工作，针对各河流具体存在问题制定整改清单及完成时限。县水务部门于2019年4月开展了河湖“清四乱”“百日攻坚战”工作，对全县河道管理范围内的违法采砂、乱堆乱放、违建等问题进行集中治理。同时，将蚂蜒河及相关小河流治理项目列入“十三五”规划当中，2019 年有相关小河流治理项目计划实施。代表建议受政策等客观条件限制，暂时不能解决的 7 件，占答复意见的 9.7%。代表远志军提出的“关于为乡（镇）消防队配备的专职司机、消防员设置公益岗位”的建议，县人社局专门与省人社厅基层处取得联系，请示设置专门公益岗位，为乡（镇）消防队人员工资支出提供保障。省人社厅明确答复，各县利用就业补助资金开发的公益性岗位要“严控增量、消化存量”，除省市政策性安排（大学生协理员、彩虹工程大学生）以外，各县不得新增公益性岗位人员，且要退出服务期已满 3 年和不符合公益性岗位安置条件人员。延寿县公益岗位退出工作基本完成，仅保留工作期限距法定退休年龄不足 5 年、合同期未满及省人社厅招聘的劳动保障协理员和彩虹工程大学生、大学生村官、县内组织招聘的劳动保障协理员，共计 132 人。乡（镇）消防队配备的专职司机和消防员工资支出无法通过设置公益岗位予以解决。

十七届人大四次会议期间，县人大常委会交办给县政府等部门代表建议 65 件，涉及承办单位 21 个。已经得到解决或基本解决的建议 62 件，占建议总数的 95.3%。这类建议符合国家宏观政策，紧扣县委、县政府中心工作。代表陆志刚提出的“关于治理农村秸秆露天焚烧污染环境”的建议。县委、县政府严格按照省、市“全域、全时段、全面禁烧”的统一要求，结合实际，加强组织领导，超前谋划，精心部署，建立健全监管体系，强化督查检查，严格做好全县秸秆露天禁烧工作。各乡（镇）分别成立领导组织、制订方案，全力推进秸秆露天禁烧工作，形成“责任明确、上下联动、横向到边、纵向到底”的县、乡（镇）、村、屯四级网格监管体系。县政府成立了 3 个督查组，各组成部门认真履责，加强督查检查工作力度，分别对 9 个乡（镇）秸秆露天禁烧工作，实行不间断督查 630 余次。同时各行政村建立完善应急小队，实行 24 小时不间断巡查，不留死角，严防秸秆露天焚烧。加强秸秆综合利用，秸秆综合利用率达到 85% 以上。轩辕集团生物质热电联产项目已落户延寿县经开区，项目总投资 3.46 亿元，占地面积 10 万平方米，建筑面积 3.5 万平方米，项目达产后，年消耗秸秆等剩余物预计 30 万吨。代表徐明提出的“关于加强学校对小学生安全教育工作”的建议。县教育部门一是要求全县中小学校对学生进行安全知识教育，同时在疫情期间利用微信、钉钉等线上平台对学生和家长进行安全知识培训。二是各中小学校利用班会等形式向学生及家长进行防溺水教育和督促家长管理自家孩子远离危险教育。借助中国教育云平台进行“防溺水安全知识和上下学交通安全知识”讲解。教育部门要求各中小学校利用多种媒体进行广泛宣传。三是各学校每开展一项集体活动，都要事先进行安全风险评估，对存在的安全隐患进行分析研判，对学生进行相关安全教育，严密做好预案。四是严格把控学生上下学路线情况，动员家长和社会加大力度，实时掌控学生生活及出行情况，处处防范，时时提防，确保万无一失。代表建议正在解决或列入计划解决的2件，占建议总数3%。这类建议办复周期长、难度大，但根据政策法规和今后社会经济的发展可以逐步解决。代表王宏君提出的“关于加大招商引资力度、加快旅游业发展”的建议。县政府于2019年制定延寿县旅游产业招商图谱，向社会进行宣传推介。对全县旅游产品进行项目重新包装，建立旅游招商引资项目库，加强对旅游基础设施项目的重点推介，制定并落实优化旅游投融资环境的相关政策，形成“政府引导、社会参与、多元投资、市场运作”的多元化旅游投融资机制。科学编制旅游规划，坚持合理布局、有序开发、配套完善、科学管理的可持续发展原则，突出康养特色，与国家、省、市发展旅游产业的战略布局衔接。有关部门正在编制康养旅游产业发展规划和五七水库康养度假旅游规划。研究破解长寿山、长寿湖景区发展瓶颈，合理布局，确保旅游产业在规划区内稳定、健康发展。代表建议受政策等客观条件限制，暂时不能解决的1件，占建议总数1.7%。即“关于恢复总部经济、加大招商引资税收乡（镇）分成部分”的建议。经县财政局、经开区等部门共同研究相关政策，依据《国务院关于清理规范税收等优惠政策的通知》第三项第一款“统一税收政策制定权限。坚持税收法定原则，除依据专门税收法律法规和《中华人民共和国民族区域自治法》规定的税政管理权限外，各地区一律不得自行制定税收优惠政策；未经国务院批准，各部门起草其他法律、法规、规章、发展规划和区域政策都不得规定具体税收优惠政策”和第五项第四款“强化责任追究机制。建立定期检查和问责制度，监察部、财政部、审计署、税务总局等部门要按照职责分工，及时查处并纠正各类违法违规制定税收等优惠政策行为。对违反规定出台或继续实施税收等优惠政策的地区和部门，要依法依规追究政府和部门主要负责人和政策制定部门、政策执行部门主要负责人的责任，并给予相应纪律处分；中央财政按照税收等优惠额度的一定比例扣减对该地区的税收返还或转移支付”的政策规定，延寿县不具备实施总部经济条件。

县十七届人大五次会议期间，县人大常委会交办给县政府等部门代表批评和意见82件，涵盖了城乡建设、乡村振兴、人居环境、交通运输、教育卫生、生态环保等众多领域，涉及牵头办理单位35个。这些代表建议全部办理答复完毕，办复率100%，已得到解决或基本解决的80件，占比98%。在十七届人大五次会议上，丰富群众文化生活、完善公共服务文化体系为代表关注的热点。针对韩丽代表提出的“关于在全县扩大或修建休闲广场，增设健身器材”的建议，县政府高度重视，在城镇内建大众、继嘉、水韵等室外演出舞台3处，全县106个行政村建成文化活动广场117个，46个脱贫村文化广场、文化活动室达到全覆盖，全县晨晚练活动站点60余个，98%以上的建制村和100%的社区铺设1套以上的健身路径。陆续完成延寿镇同安村、延河镇南村、玉河镇朝奉村、青川乡共和村4个文化广场项目建设，并配备路灯、健身路径等设施，在县体育中心、加信镇新建2座标准五人制笼式足球场，配齐配全9个乡（镇）综合文化站配套设施，资助延寿镇城郊村等15个建制村新建室外篮球场，为玉河镇新城村等43个建制村购置健身路径，为延寿镇班石村等51个建制村文化活动室配备全套设施。针对冯晓伟代表提出的“关于完善退役军人优待政策”的建议，县政府加大力度解决历史遗留问题，解决符合安置人员财政开支和社保接续问题，解决他们后顾之忧。为安置人员发放光荣牌6200块。为立功受奖现役军人家属送喜报和慰问金。代表建议正在解决的1件，占比1%。代表韩丽提出的“关于加强回民墓地建设”的建议。县政府责成民族宗教事务部门主办，自然资源、财政、林业和草原等相关部门协办，民宗部门回民墓地的建设设计方案已完成，会同自然资源、财政等部门集中会审，手续办完审批后即施工建设。代表建议需要逐步加以解决的1件，占比1%。对代表建议所反映的问题，因受政策、管理权限、资金等因素制约，现阶段不能解决、不好解决的，向代表们做了解释。代表王飞鹏提出的“关于把太平川种畜场职工工资纳入财政预算”的建议，将管理人员纳入县财政管理没有相关政策支持。

第三节　指导乡（镇）换届选举

1980年选举　按照《选举法》的规定，在县委、县革委的领导下，在行署工作组的指导下，从1980年6月初至9月10日，历经两个多月的时间，全县依法由选民直接选举出公社、镇人民代表1600名，县第八届人民代表大会代表275名，全县各公社（镇）普遍召开了人民代表大会，总结了过去的工作，讨论确定了今后的战斗任务，选举产生了公社管理委员会主任、副主任、委员和镇长、副镇长。为召开县第八届人民代表大会做好准备工作。

建立选举工作领导机构　各级党委和革委会，县、社（镇）都组成了选举委员会，党委的一把手亲自抓，党群书记具体抓，基层选举单位建立选举领导小组。县选举委员会指导下级委员会开展工作，制定选举工作方案，训练选举工作人员，组织开展对“两法”的宣传教育等工作。指导和帮助基层开展选举工作，县、社两级共抽调821名干部分别组建县、社选举工作队。

层层训练选举工作骨干　县委、县革委召开选举工作会议，以会代训，训练骨干，各公社和县直各大系统通过以会代训的方法训练社、队选举工作骨干力量，全县训练选举骨干3655名。

划分代表选区　按照《选举法》的规定，按生产单位和居住状况，从实际出发，因地制宜，从便于选民参加选举活动和选民的组织工作，便于选民了解代表和代表联系选民，便于选民监督代表和罢免代表的原则进行划分。县代表的选区划分，在农村以2~3个生产大队为一个选区，以生产小队和自然屯划分选民小组；在城镇，按机关、企事业单位和大小，单独划分或者联合划分选区。全县共划分县代表选区125个，划分公社（镇）代表选区875个。

开展宣传教育活动　县、社（镇）两级训练宣传骨干7730名，利用各种宣传工具大造声势，采取多种宣传形式，向选民进行了“两法”的宣传教育，全县受教育的人数达到应受教育的94%，对在选举中出现的“选举无用”“与己无关”等模糊认识及时地进行思想教育，提高选民对选举工作意义的认识。

依法进行选民登记　从7月19日至24日，以公社（镇）代表选区进行了选民登记工作，以会代训，全县训练3000多名登记骨干。全县以生产队、企事业、机关为单位，设立1024个选民登记站，采取普遍登记和重点审查相结合的办法，全县在7月25日选举日前30天，公布了选民名单。全县有选举权的人数为206160人，经审查被剥夺选举权的10人，停止使用选举权的88人，痴、傻、呆、听障人士和精神病患者627人。选民登记不错、不重、不漏。

发扬民主，依法选举　提名推荐代表候选人，各地执行《选举法》，严格按照法律程序办事，发扬民主，征求选民意见，按照《选举法》第26条，“中国共产党、各人民团体，可以联合或者单独推荐代表候选人，任何选民或者代表有三人以上附议也可推荐候选人”的规定，全县经过选民提名推荐县代表候选人1744名，公社（镇）代表候选人5406名，在选举日前20天，8月5日公布了推荐的代表候选人名单。自下而上反复协商，充分酝酿，确定县代表正式候选人502名，各公社（镇）代表的正式候选人2857名，在8月20日公布了正式候选人名单，把各阶层、各方面为选民所信任的，受群众拥护的优秀人物、模范人物和有代表性的人物，特别是非党、妇女中的优秀人物，提名推荐为正式候选人。充分准备后，在8月25日各选区进行县、社（镇）两级代表的投票选举。全县选民参选的比例为95.6%，按照《选举法》的规定，坚持了差额选举、无记名投票，由选民直接选举出公社（镇）人民代表1600名，县人民代表275名。

召开公社（镇）人民代表大会　从8月26日开始，各公社（镇）相继召开人民代表大会。公社（镇）代表大会代表们听取和审查革委会的工作报告，讨论确定本公社（镇）今后的战斗任务；处理人民代表的提案。充分酝酿，民主协商，无记名投票，差额选举主任、副主任、委员，组成各公社管理委员会；选举延寿镇镇长、副镇长，并组成了延寿镇人民政府。

1983年换届选举　根据第六届全国人大常务委员会第二次会议和省第六届人大常委会第四次会议《关于县乡两级人民代表大会代表换届选举工作的决定》。县人大常委会1983年12月下旬按照《选举法》规定，成立选举委员会，制定《延寿县县、乡两级人民代表大会换届选举工作方案》。依照法律程序。全县划分县选区109个，乡（镇）选区281个，县选举委员会采取以会代训的形式培训骨干150名，乡（镇）培训骨干1313名。全县利用大会、小会、走访、广播、标语、板报、文艺活动等宣传形式进行宣传，受教育面达95%，选民明确选举的重要意义，懂得选举基本程序，自觉地参加选举各项活动。全县各乡（镇）培训了1935名登记员，成立了264个选民资格审查小组，进行选民登记，做到不错、不重、不漏，保证了登记时间。经过提名推荐和民主协商，确定了代表候选人。3月15日，全县进行投票选举县、乡人民代表，共有124663名选民参加了选举，参选率96.4%，选出县九届人民代表大会代表239名，乡（镇）人民代表大会代表1061名。新选出的代表，体现了新时期的要求。一是具有广泛性。代表构成比例，工农占43.8%，干部占30%，知识分子占21.5%，解放军占0.8%，其他占4%。非党群众占54%，代表中党员占46%。这次还从个体户和专业户重点中选出7名代表。二是充分体现了先进性。代表中都是坚定地拥护和执行党的十一届三中全会以来的路线、方针、政策，在各自工作岗位上做出显著的成绩。三是代表的议政能力有所提高。代表中大中专文化程度占26%，知识分子代表比八届明显增加，这就能够更好地代表人民，行使管理国家大事的权力。

1987年换届选举　根据地方组织法关于各级人民代表大会任期的规定，县第九届县、乡人民代表大会到1987年任期届满。按照省、地统一部署，从5月下旬开始进行第十届县、乡两级人民代表大会代表换届选举工作，8月13日选出县、乡两级人大代表，9月9日各乡、镇新的一届一次人民代表大会全部开完，圆满地完成换届选举工作任务。通过换届选举，进一步增强广大选民的民主意识和主人翁责任感。广大选民通过学习《宪法》《地方组织法》《选举法》，通过参加换届选举的实践活动，受到了一次深刻的、生动的、具体的社会主义民主与法制教育，对人民是国家主人和行使当家作主的民主权利有了亲身感受和体会，增强公民意识，激发了主人翁责任感。全县132864名选民，有128214人参加学习“三法一则”活动，占选民总数的96.5%，129875人参加投票选举，占选民总数97.7%，92816人到投票站投票，占参选选民的71.5%。选出构成合理，素质较高，选民满意的人民代表，进一步加强了县、乡人民代表大会的建设。全县选举产生的县、乡人民代表，体现了广大选民和代表的广泛性和先进性。乡镇代表中初中以上文化程度占绝大多数。代表的参政议政能力比上年提高幅度较大，新当选的代表大都是深受群众拥护，能反映群众意见要求，能够为群众办事，有较强的社会活动能力和议政能力的各方面的代表人物。

为了更好地发挥乡（镇）人民代表大会的作用，各乡（镇）在这次换届选举中都设立了主席团常务主席和联络员，这一办法，对于乡（镇）人大工作，加强乡（镇）人民代表大会的建设必将产生积极的影响。全县15个乡（镇）这次换届选举选出新的一届乡（镇）人民政府正、副乡（镇）长31人。他们的年龄结构，知识结构比上届更加趋于合理，革命化程度比上届有较大提高，体现了干部的“四化”要求。在这次选举乡（镇）领导班子中，有5名一般干部被选为副乡（镇）长，也有的科级干部落选，这对干部思想触动很大，许多干部从这次选举中更加深刻地认识到自己的权力是人民给的，增强了公仆观念，表示要在今后的工作中时刻保持与人民群众的密切联系，自觉置身于人民群众的监督中，认真倾听人民群众的意见、要求，珍惜和运用好人民给予的权力，更好地为人民服务。

坚持把宣传教育贯穿换届选举工作的始终。换届选举工作开始阶段，全县利用半个月的时间，集中进行了以“三法一则”为内容，以解决选民模糊认识为重点，以增强选民公民意识和参选积极性为目的的宣传教育。随着工作深入，各乡（镇）结合各个阶段的工作任务，把宣传教育贯穿到了选举工作的始终。在宣传教育工作中，各乡镇根据当时农活忙、选民分散、人难找、会难开的特点，广泛采取广播、墙报、标语口号、印发选民须知、召开小型座谈会等灵活多样的形式，保证选民的受教育面。全县共张贴标语口号8872条，开展广播讲座1132次，印发选民须知25120份，召开各种类型会议2465次。

坚持发扬民主，充分尊重选民意愿。县选举委员会采取两条措施，一是严格控制党委提名，要求乡（镇）党委提名最多不超过6名。县委提名也根据省选举委员会的要求压到最低限度，在提名推荐的536名县代表候选人中，县委仅提名20人，占3.6%，在提名推荐的1567名乡（镇）代表候选人中，15个乡（镇）党委仅提名85人，占5.1%，二是在组织选民提名推荐、协商确定代表候选人和选举代表的过程中，充分尊重选民的意愿。各乡（镇）选民10人联名提出的代表候选人都是自愿组合，自下而上进行的。

初步提出的县乡代表候选人一般都是应选代表的4至10倍，然后经过选民“二上二下”或“三上三下”的反复讨论和民主协商，按照多数选民的意见确立正式代表候选人。在组织投票选举过程中，县选举委员会反复强调不准搞指选，不准暗示选谁或不选谁，让选民按照自己的意愿行使民主权利。许多选民反映：“这次选举，上级没有‘定框子’，领导没有‘捏点子’，代表候选人都是我们自己提名，自己讨论确定的，选票也是按照我们自己的意见投的，这样的选举才是体现民主的选举”。县人大常委会和选举委员会一方面通过反复对各级干部和选举工作人员进行严格依法办事的教育，增强他们的法治观念和依法办事的自觉性，要求各乡（镇）要把依法办事落实到选举工作的各个环节，确保选举工作的一切活动符合法律程序和民主程序；另一方面采取有效措施，加强对选举工作的检查指导，发现违法现象立即纠正。有的乡（镇）个别选区划分过小，代表名额分配偏多；有的选区提名和确定代表正式候选人没有差额；有的选区投票选举不符合法律规定的时限要求等，县选举委员会发现这些违法现象，都及时进行了纠正，保证了全县换届选举工作的顺利进行。

坚持“党委领导、人大主办、各方配合”的原则，加强对选举工作的领导。县委多次研究选举工作，县委书记焦双武亲自进行动员部署，各乡（镇）党委也都把选举工作纳入党委重要议事日程。寿山、加信、太安等乡（镇）党委书记自始至终把选举工作抓在手上，亲自部署、检查和指导。从县到乡（镇）还采取多种有效措施：一是县、乡层层建立选举领导机构，制定工作方案；二是抽调和培训素质高、数量足的选举工作骨干，县、乡两级抽调462名干部参加乡（镇）选举工作队，培训2367名选举工作骨干，保证选举工作的组织力量；三是以点带面铺开之前，县人大常委会和县选举委员会在寿山乡先行试点，摸索经验，采取一步带一步的方法，指导面上的选举工作。省选举委员会和地区选举办公室分别转发寿山乡的经验。四是加强对选举工作的检查指导，县人大常委会主任、副主任采取分片包干，分兵把口的办法经常深入选区进行巡回检查，加强具体指导，发现问题及时解决。同时，为了防止选举工作跑粗和走过场，县选举委员会还制定了选举工作各个阶段的验收标准，这些措施对保证高标准、高质量地完成换届选举任务起到了积极作用。

县、乡两级人民代表大会的换届选举工作，受到上级的肯定和表扬，省选举委员会和地区选举办公室先后五次转发延寿县选举工作的经验，分别在地区和省召开的选举经验交流会上作经验介绍。

1990年换届选举　按照省、地统一部署，县第十一届县、乡两级人民代表大会换届选举工作从1990年8月中旬开始，到12月25日正式选出县、乡两级人大代表，1991

年1月20日各乡（镇）新的一届一次人民代表大会全部开完。

第一，广泛深入地开展宣传教育工作。从1990年8月在玉河乡进行换届选举试点工作开始，宣传教育工作就已经展开，到11月1日全县的换届选举工作开始后，又利用半个月的时间，进行换届选举的宣传教育，做到宣传教育工作贯穿于选举工作的始终。县乡各级领导，村屯干部带头深入村（屯）组织选民深入学习“三法”（宪法、选举法、组织法）、“一则”（省选举工作细则）、“一案”（县乡换届选举方案）。采取灵活多样的宣传形式，如利用广播、电视、张贴标语、召开各种类型的会议等，使选民明确了县、乡换届选举的重大意义、应该遵循的法律程序和对每个选民的具体要求等，使选民受教育面达到90%以上。

第二，依法进行选民登记和提名推荐，协商确定代表候选人工作。这次县、乡换届选举的整个过程及每个环节都坚持充分发扬民主，依法办事。在选民登记工作中采取了四项措施，边登记边进行选民资格审查，发现问题，及时纠正。全县共登记选民138821人，占应登记人数的99.8%，占总人口57.14%，基本达到了不错、不重、不漏的要求。在提名推荐代表候选人时，动员各选区采取多种形式，放手让选民提名。对选民联合提名和政党推荐的代表候选人，做到一视同仁，平等竞争。由于充分发扬民主，采取的方法得当，提名推荐工作进展顺利。第一轮提名推荐的县代表候选人为759人，是正式代表的3.89倍，乡（镇）代表候选人2089人，是正式代表的2.6倍，经过几上几下的反复酝酿、协商，确定县代表正式候选人278名，是应选名额的1.5倍；确定乡（镇）正式代表候选人1198名，是应选名额的1.5倍，既尊重了选民意愿，又符合法律规定。

第三，精心组织，做好投票选举工作。首先是进行精心准备，为搞好投票选举，县选举委员会召开乡镇人大主席团常务主席会议，认真研究投票选举的有关事项，提出具体要求，县选举办公室印发投票选举工作程序，县选举委员会对各选区的投票选举准备工作进行检查，各选区提前布置了选举大会会场、投票站、投票箱等，并调查直接参加投票、流动投票、委托投票的人数，做到心中有数。其次是培训工作人员。选举日前，各乡（镇）都集中培训选举工作人员，明确责任，讲清方法，落实任务。乡领导包县选区，乡干部包乡选区，村干部包自然屯，做到了层层把关、层层有人负责。三是开好选举大会。12月20日是全县选举日，县城各大选区和各乡（镇）所在地都召开了隆重的选举大会，各级领导都参加了本选区的投票选举，全县共有134681人参加投票。

第四，加强对换届选举工作的领导。换届选举工作中，特别强调依靠党的领导。全县各级党组织对这次选举工作十分重视，县委、县政府领导亲自参加全县选举工作会议动员部署，各乡（镇）党委把选举工作纳入日程。玉河、加信、太安，新村等乡（镇）

的党委书记自始至终亲自布置，检查和指导。县直各部门主要领导亲自挂帅，抽出专人具体抓。县人大常委会和县选举委员会组成 3 个检查指导组，到全县各个选区巡回检查，保证选举工作的顺利进行。

县委、县选举委员会领导选举工作。组织选民学习“三法一则”，增强选民的民主意识和主人翁责任感。在全县登记的 138821 名选民中，有 134681 人参加投票选举活动，占选民总数的 97.2%，其中到站投票的 92562 人，占参选人数的 68%；委托他人投票的 15718 人，占参选人数的 10.8%；参加流动票箱投票的 26401 人，占参选人数的 18.3%。为了能使更多的人参加直接投票，各选区都召开选举大会，动员广大选民积极、踊跃参加投票，保证参选率；选出的县、乡两级人大代表素质好。这次选举，党员和乡村干部的名额相应增加，有 1/3 的代表连选连任，新当选的代表大都是深受群众拥护，能代表人民群众意愿的各方面代表人物；选出了符合干部“四化”要求的乡（镇）领导班子。全县选出新的一届乡（镇）人民政府正副乡（镇）长 48 人，都是经组织部门严格考核，在广泛征求各方面意见的基础上，经乡（镇）代表酝酿讨论被确定为正式候选人，又经人民代表选举产生的。所有当选的正副乡（镇）长，政治素质、年龄结构、知识结构都比较好；他们都有较强的领导能力，在群众中有较高的威信，较好地体现干部的“四化”要求，为进一步搞好乡（镇）政权建设奠定基础。

1993 年换届选举　根据中央和省选举委员会、地区选举领导小组的部署，延寿县的县、乡换届选举工作于 1993 年 7 月下旬全面展开，至 9 月 25 日选出了县、乡两级人大代表。这次县、乡换届选举工作共分五个阶段进行：第一阶段为准备阶段，主要工作是成立选举机构，制定工作方案，划分选区，培训工作人员；第二阶段是集中宣传教育，主要利用各种形式学习和宣传有关法律、法规、上级文件精神及换届选举宣传材科，提高广大选民的认识；第三阶段为选民登记，审查选民资格；第四阶段是提名推荐代表候选人和选举代表，第五阶段是召开新的一届一次县乡人民代表大会。延寿县新的一届代表选举结果与上届相比，工农代表比例增加，平均文化程度上升，各阶层代表构成比例合理，符合代表条件，具有先进性、广泛性、代表性，有较强的参政议政能力。

全县有 137325 名选民参加投票选举 129293 人，参选率 94.1%。换届选举工作中主要抓以下四项工作。

第一，贯彻省、地换届选举工作会议精神，抓好各项准备工作。根据全国人大常委会关于县、乡两级人民代表大会代表应在 1993 年底以前进行换届选举的决定和省、地换届选举工作会议部署，于 7 月成立县选举委员会，制定换届选举工作方案。8 月 5 日召开选举工作会议。8 月上旬全面展开。各乡（镇）制定《选举工作方案》，召开选举工作会议，培训选举工作骨干。全县各乡（镇）成立选举委员会，选举领导小组291个，选举办事处399个，按照选举县、乡人大代表工作中有关规定和便于选民参加活动的要求，划分县代表选区89个，乡、镇代表选区399个，划分选民小组1197个。从县直部门抽调45人组成县选举工作队，分赴各乡（镇）协助指导工作。各乡（镇）抽调415人组成工作队，深入机关、企事业、村（屯），使全县每个村（屯）、基层单位都有选举工作人员做这项工作。下去之前，采取以会代训的形式进行培训，为做好换届选举工作奠定基础。

第二，广泛深入开展宣传教育工作。选举工作一开始，县选举委员会办公室和县委宣传部就共同研究制定了《选举宣传工作方案》，下发宣传教育提纲，研究制定宣传报道计划，提出各阶段的宣传内容和重点建立宣传队伍，每个选区都配备2名宣传员，全县有宣传员798名。从8月10日至15日集中时间、集中精力，组织选民系统学习“三法一则”充分运用广播、电视、标语、黑板报等宣传工具。全县印发各种宣传材料2万余份，县电视台录制10期专题报道节目，县、乡广播站共播出宣传稿件670件次出动宣传车5辆次，召开选民大会和各种座谈会1005次，全县城乡张贴4389张标语、口号。全县选举工作形成强大声势，选民受教育面达95%以上。选民明显增强参选意识，积极踊跃地参加选举活动。有针对性地开展宣传教育，并贯彻始终。针对选民中存在不关心，不热心问题，重点宣传选举工作的指导思想和重大意义、目的、任务和要求，启发选民珍惜自己的民主权利。在选民登记阶段，把宣传教育重点转到公民义务、权利及如何进行登记方面，广大选民踊跃到所在选区进行登记。在提名确定代表候选人阶段，重点宣讲人民代表的条件和比例构成；宣讲实行差额选举的重大意义，选举的每个阶段都有宣传工作内容和宣传重点。抓宣传教育的死角死面，对于一些外出经商，流动、居住偏远分散的选民都采取行之有效的措施，进行宣传教育。

第三，依法搞好选民登记工作。县选举委员会根据摸底反映出的选民状况，按照有关法律规定，制定《关于选民登记中疑难问题处理办法》的十二条规定，每个选区配备并培训2名登记员。在登记中，县、乡选举委员会对流动人口、选民的年龄及政治权利、精神病患者和痴呆傻人员进行严格审查，有剥夺政治权利5人，精神病患者和痴呆傻214人未予登记，保证登记质量。登记工作采取全面登记和补登两种办法。选民登记档案健全的选区进行补登，在上次换届选举选民登记的基础上，做好年满18周岁、被剥夺政治权利期满恢复政治权利的以及新迁入的选民登记。做好死亡和被剥夺权利以及外迁选民的除名工作。全面登记的选区都设立登记站，持户口本上站进行登记。各选区登记结束后，选区选民资格审查小组依据法律和政策界限的规定，逐户逐人地对选民的资格进行认真审查，严格把住“四关”，即年龄关，精神病、痴呆傻鉴别关，流动人口和犯罪人员的政治关。按选区和选民小组为单位在选举日30天前公布选民名单，达到不重、不错、不漏的要求。

第四，做好提名确定代表候选人，选举代表工作。依照《选举法》和有关政策规定，充分发扬民主，积极组织广大选民提名推荐代表候选人，保证选民真正行使民主权利。全县参加提名推荐和协商确定候选人活动的选民124000人，占选民总数的90.3%。以10人联名形式提出的代表候选人为2546人，占代表候选人总数的92.2%，提出的候选人是应选代表总数的2.7倍。发扬民主，组织选民提名推荐，重视代表的构成比例。发挥各级选举工作机构的作用，在协商酝酿代表候选人过程中，引导选民注意代表的先进性和广泛性，提名推荐的候选人中，党外人士、工人、农民及妇女都占有一定比例。正式代表候选人确定后，各选区组织候选人到选区与选民见面。选民对代表候选人达到知人、知面、知情。在选举日，全县各选区召开选举大会，设立投票站，为因患病、残疾与行动不便的选民和高龄老人设立流动票箱，共有399个选区召开选举大会，设投票站881个，流动票箱910个。

1996年换届选举　1996年的乡（镇）换届选举是《选举法》和《地方组织法》修改后的第一次乡（镇）单独换届选举。县人大常委会制定《选举工作方案》，编发《延寿县乡（镇）人民代表大会换届选举工作程序》。从8月开始，经过3个多月的努力，全县15个乡（镇）全部选完乡（镇）人大代表，并召开新的一届一次乡（镇）人民代表大会，选出新的乡（镇）领导班子。在乡（镇）换届选举工作中，县人大常委会把换届选举过程作为向公民进行民主法制教育、宣传人民代表大会制度的过程。开展多种形式的宣传，提高公民对换届选举、加强基层政权建设重要意义的认识，增强民主法治观念，调动选民参选的积极性，全县选民平均参选率达90%。坚持“党委领导、人大主办、各方配合”的原则。发挥选举领导小组和选举委员会的作用，适时召开换届选举工作会议，提出换届选举中应注意的问题。县人大常委会组织4个工作小组，深入乡（镇）具体指导选举工作，召开经验交流会，保证换届选举工作的顺利进行。发扬民主，依法办事。县人大常委会明确提出，换届选举的每个步骤必须严格按照《选举实施细则》进行，在推荐代表候选人时，政党、人民团体和选民联名提出的代表候选人具有同等法律效力。酝酿确定正式代表候选人，实行民主集中制原则，充分反映选民的意志。在选举代表和乡（镇）领导人时，坚持依法实行差额选举，体现社会主义民主和充分尊重选民的意愿。12月11日，根据松花江地区与哈尔滨市合并的实际情况和《关于印发增补哈尔滨市第十届人民代表大会代表工作方案》的精神，召开延寿县第十二届人民代表大会第五次会议，经过全体代表的努力，选举产生了哈尔滨市第十届人民代表大会代表 11 名，完成选举代表工作。

1999 年换届选举 1999 年的乡（镇）换届选举工作，县人大常委会，制定选举工作方案，编发延寿县乡（镇）人民代表大会换届选举工作程序，3 个月的时间，全县 15 个乡（镇）全部选完乡（镇）人大代表，选出代表 776 名，选出新的一届乡（镇）政府班子。换届选举中，县人大常委会精心指导，严格把关，重点抓三项工作：一是广泛深入地进行宣传教育。把换届选举过程作为向公民进行民主法制教育，宣传人民代表大会制度的过程。组织多种形式的宣传，提高公民对换届选举，加强基层政权建设重要意义的认识，增强民主法治观念，调动选民参选的积极性。全县选民平均参选率达 90%，二是坚持“党委领导、人大主办、各方配合”的原则，发挥选举领导小组和选举委员会的作用，召开换届选举工作会议，提出换届选举中注意的问题。县人大常委会组织工作小组，深入各乡（镇）具体指导，并召开经验交流会，保证换届选举工作顺利进行。三是充分发扬民主，严格依法办事。县人大常委会明确提出换届选举的每个步骤，必须严格按照选举实施细则进行。在推荐代表候选人时，政党、人民团体和选民 10 人联名提出的代表候选人具有同等法律效力。酝酿确定正式代表候选人实行民主集中制原则，充分反映选民的意志，尊重选民意愿。在选举代表和乡（镇）领导时，坚持依法实行差额选举，体现社会主义民主。

2001 年换届选举 按照省市的统一部署和要求进行乡（镇）行政区划调整。按照《选举法》规定，新组建的乡（镇）必须重新选举本级人大代表，召开新一届人民代表大会选举乡（镇）人大和政府领导人员。县人大常委会领导和部分工作人员，分头深入各乡（镇）调查了解情况。制定《延寿县 2001 年乡（镇）人代会筹备及选举工作方案》，报请县委下发执行。方案对新组建乡（镇）的人大代表的重新选举工作，依法作出明确规定，详细规定每一阶段的工作任务和具体要求。整个选举期间，县人大常委会领导和有关工作人员深入乡（镇）、深入村（屯），精心指导，严格监督，确保选举的各项工作严格依法进行。全县乡（镇）行政区划调整后，新组建的乡（镇）于 6 月 10 日完成人大代表重新选举，6 月 15 日召开新一届一次人代会，选举产生新的乡（镇）机关领导人员，选举工作走在全市的前列，市人大常委会给予肯定和好评。

2002 年换届选举 2002 年加信、中和、寿山、青川 4 个乡（镇）换届选举。县人大常委会把换届选举作为加强社会主义民主政治和地方政权建设的大事来抓，坚持做到以下几点：一是做好换届选举的调查研究工作，掌握工作主动权。从 6 月开始，组织有关人员深入各乡（镇）开展调查研究，形成有情况、有问题、有分析、有建议的调查报告，为指导全县换届选举提供参考。二是贯彻落实省、市人大关于换届选举的各项决定和要求，按照“党委领导，人大主办，各方配合”的原则，及时制定方案，对换届选举工作进行认真部署。举办《选举法》《地方组织法》培训班，培训骨干，总结经验，推广典型、具体指导。三是广泛深入地开展社会主义民主与法制教育。通过多种形式，深入宣传《宪法》《选举法》《代表法》《地方组织法》，增强民主意识和法治观念，增强主人翁责任感，自觉依法行使好自己的民主权利。四是充分发扬民主，严格依法办事。常委会强调换届选举的每一环节，都充分发扬民主，严格依法办事。选民登记工作做到不重、不错、不漏，切实保障选民的选举权和被选举权。尊重选民和代表的提名权利，坚持依法实行差额选举，体现了社会主义民主和尊重广大人民群众的意愿。四是把握地方国家政权机关整体结构和组成人员素质。常委会强调把有一定议政能力，热心为人民服务，能够充分反映人民意愿，具有较高思想政治素质和法律素质的人选为代表；把坚持党的基本路线，严格依法办事，锐意改革创新，有强烈事业心和责任感，全心全意为人民服务的德才兼备的人选进国家机关领导班子。

2006 年换届选举　根据《哈尔滨市和区、县（市）及乡（镇）人民代表大会换届选举实施方案》要求，县乡两级人大换届同步进行，换届选举的工作量大、任务重。县人大常委会按照“党委领导、人大主办、各方配合”的原则，精心筹划，细致安排。每一阶段工作开始前，及时召开会议，部署工作，培训选举工作人员，做到一段一研究，一段一部署。在县委换届选举领导小组的统一领导下，县人大成立选举委员会。选举委员会成员深入基层了解情况，发现问题及时解决，保证换届选举工作的顺利进行。这次换届选举，全县有参选选民 145200 人、参选率为 88%，共选出县人大代表 171 名，乡（镇）人大代表 531 名。选举后的新一届县乡人大代表的素质更高，结构更趋合理，更加符合人民群众的意愿。在新当选的县人大代表中，工人和农民代表 75 名，约占 43.8%；知识分子代表 16 人，约占 9.4%；干部代表 80 名，约占 46.8%；妇女代表 25 名，约占 14.6%；非中共党员代表 19 名，约占 11.1%；少数民族代表 9 名，约占 5.3%；上届连任代表 88 名，约占 51.5%。

2011 年换届选举　根据《宪法》、《选举法》和《地方组织法》的规定，按照文件要求，县、乡（镇）人大换届选举工作同步进行。换届选举工作 8 月全面铺开，10 月 14 日为全县县、乡（镇）人大代表选举日，选出县、乡（镇）人大代表；11 月底前召开乡（镇）新一届人民代表大会第一次会议；12 月 14 日前召开县十六届人民代表大会第一次会议。

根据选举法和《黑龙江省县、乡两级人民代表大会代表选举工作实施细则》的规定，成立县、乡（镇）选举委员会，在同级党委和县人大常委会的领导下，做好换届选举工作。县、乡（镇）选举委员会人员由县人大常委会会议任命。县选举委员会由20人组成，主任由县人大常委会主任担任，其他成员由县人大常委会及其工作机构、县纪委、组织部、宣传部、统战部、公安局、检察院、法院、司法局、财政局、民政局、工会、妇联、共青团等单位和部门的负责人担任。县选举委员会下设办公室，由县人大常委会及有关办公室人员组成，具体负责指导全县人大换届选举工作。各乡（镇）选举委员会按照选举法规定，由党委、人大和政府及有关部门的领导组成。乡（镇）选举委员会由9人组成。设主任1名，由乡（镇）党委书记担任；副主任2名，由党委副书记和人大常务副主席担任；成员分别由组织、宣传、人事、财政、民政、公安司法负责人担任。下设选举办公室，主任由人大常务副主席兼任；成员由机关相关办公室、村委会、社区负责人组成，组织本乡（镇）的选举工作。制定换届选举工作实施方案，并报县委审批。印制发放宣传资料、各种表格、选民登记册、选民证、委托证、选票和当选证等换届选举工作的各种材料。

召开县选举委员会会议。通过延寿县县、乡（镇）人民代表大会换届选举工作实施意见，研究换届选举的有关问题。召开县换届选举工作会议、培训骨干。传达贯彻上级换届选举工作会议精神，部署全县换届选举工作。各乡（镇）组建选举工作组，进行以《宪法》《地方组织法》《选举法》为主要内容的学习培训。工作组分赴各选区协调及指导该选区的选举工作。每个村、社区都有专人具体负责换届选举工作。

各级选举委员会把换届的宣传工作作为大事来抓，宣传、广电部门宣传宪法和法律的有关规定，宣传人民代表大会的性质、地位和作用。依法合理划分选区，乡（镇）选区按居现状划分，县城选区以居住区划分为主，以生产单位、事业单位、工作单位划分为补充，统筹考虑县、乡同步选举的要求，每个县级人大代表选区包含若干个乡级人大代表选区，县、乡两级选举共享选民登记信息。根据县、乡两级人大代表的选举同步进行的实际情况，选区的划分相互联系，更加合理。便于选举工作的组织实施，便于选民参加选举活动。按本行政区域内各选区每一代表所代表的人口数应当大体相等的原则进行划分，每一选区安排选举1至3名代表。按照《黑龙江省人民代表大会常务委员会关于市、县（市、区）人民代表大会代表名额及相关问题的决定》，延寿县第十六届人民代表大会代表名额为171名（与上届相同）。县、乡两级人大代表选举为直接选举，代表名额分配到选区。各选区应选代表名额由根据人口数计算确定的名额数和其他应选名额数两部分构成。按照选举法规定，保证代表工作的连续性和稳定性，连选连任的人大代表不低于1/3。同级政府组成人员、人民法院和人民检察院负责人不提名为本级人大代表候选人。减少代表交叉，除个别因工作需要交叉外，上下级人大代表、同级人大代表与政协委员不重复和交叉。乡（镇）人大主席和常务副主席安排为县级人大代表。代表构成比例中，中共党员不超过65%，妇女代表不低于25%，少数民族、归侨、台属、宗教界人士等方面代表的安排比例适量。增加工人、农民和知识分子的代表比例；安排适当数量的农民企业家，国有、集体企业和私营企业中做出突出贡献的代表人物，其他在改革开放中做出突出贡献的代表人物以及其他在改革开放中有突出成绩的人员。适当减少党政干部代表的比例。根据省、市有关要求，县级代表比例为：公务员不超过30%，企业负责人不超过10%，专业技术人员占15%左右，工人占15%以上，农民占20%以上，其他各方面代表人物占10%左右。乡级代表比例为：公务员不超过20%，企业负责人不超过3%，专业技术人员占10%左右，工人占5%左右，农民占55%以上，其他各方面代表人物占7%左右。这次选民登记在上届选民名单的基础上，逐人复查对照，进行“三增三减”，即增补迁入的、新满18周岁的和恢复政治权利的选民，减去迁出的、死亡的和被剥夺政治权利的选民。对变换单位名称、转换隶属关系和城镇棚户区改造动迁居民的选民登记，做到不重登、不错登、不漏登。选民年龄计算：以1993年10月14日前出生年满18周岁公民，有选举权和被选举权。主要工作步骤是：培训登记员、进行登记、核对、公布名单、颁发选民证、公布选民补正榜、处理申诉等。各选区的选民名单依法在选举前的20日（即9月24日）公布，并发给选民证。

提名推荐县、乡（镇）人大代表候选人名单依法于选举日的前15日（即9月29日）向本选区选民张榜公布，并提交选民讨论。协商确定正式代表候选人。名单依法于选举日前的7日（即10月7日）向本选区选民张榜公布。各乡（镇）将所辖选区确定的县人大代表正式候选人名单及时上报县选举委员会办公室（候选人名单包括自然简历和主要表现）。同时，县、乡选举委员会成员当中有被确定为正式代表候选人的，向县人大常委会主任会议辞去其选举委员会成员的职务。组织选民参加投票。在选举日前的7日（即10月7日）将选举时间、地点张榜公布，并在选举日召开选民大会或设立流动票箱进行投票选举，选举产生县、乡（镇）人大代表。严格依法组织投票选举。按照同步选举的原则同时、同地选出县、乡两级人大代表，在投票地点、选票设计、票箱设置等方面统筹安排，分别组织投票选举，分别计票，分别公布选举结果；选择合适的投票形式，根据选区内选民居住状况、选民参选意识等，合理确定投票形式，以设立投票站和召开选举大会为主，流动票箱为辅的形式组织投票选举；加大对流动票箱和委托投票的监管，流动票箱不扩大范围，有3名以上工作人员执行，并有2名监票人员负责监票，委托投票必须以书面方式，经选举委员会同意，且每一选民接受的委托不得超过

3人；采用无记名投票方式，投票站设有秘密写票处。县、乡（镇）选举委员应严格依法办事，坚持进行差额选举、无记名投票和按选举结果公布当选人的原则，确保投票选举工作依法有序进行。代表资格审查，召开新一届县、乡（镇）人民代表大会第一次会议阶段（10月15日至12月14日）。主要工作为：做好代表资格审查工作，由选举委员会于投票选举当日或次日以公告形式公布当选代表名单。对当选代表登记造册、制发代表证书。县、乡（镇）两级人民代表大会代表选举产生后，在法定时间内，认真做好召开新一届的县及乡（镇）人民代表大会第一次会议的各项筹备工作。召开人民代表大会。11月底前召开乡（镇）新一届人民代表大会第一次会议，听取和审议上一届人大、政府工作报告，依法选举产生新一届乡（镇）人民代表大会主席、副主席，人民政府乡（镇）长、副乡（镇）长；12月14日前召开延寿县第十六届人民代表大会第一次会议，听取和审议 上一届县人民代表大会常务委员会、县人民政府、县人民法院和县人民检察院工作报告；依法选举产生新一届县人民代表大会常务委员会组成人员、县人民政府县长、副县长以及县人民法院院长和县人民检察院检察长，并在本次大会上选举延寿县出席哈尔滨市第十四届人民代表大会代表。

在县委的领导下，县人大常委会和县选举委员会严格按照《选举法》和省人大常委会意见要求，发扬民主，依法办事。全县有183289名选民参加投票选举，参选率为86.5%，设立中心会场121个、分会场216个、流动票箱497个，依法实行差额选举，产生人大代表163名。11月18日在相关选区依法补选了8名代表。当选的171名代表结构比例为：公务员61名，占当选代表总数的35.6%，与省人大要求的比例相比超出5.6个百分点，同上届相比下降10个百分点；企业负责人16名，占当选代表总数的9.4%，符合省人大要求的比例；专业技术人员和工人均为25名，占当选代表总数的14.6%，符合省人大要求的比例；农民29名，占当选代表总数的17.0%，同省人大要求的比例相比低了3个百分点；其他各方面代表人物15名，占当选代表总数的8.8%，符合省人大要求的比例，其中解放军代表2名。选举产生妇女代表29名，占当选代表总数的17.0%，同省人大要求的比例相比低8个百分点，与上届相比增加5个百分点。选举产生中共党员代表152名，占当选代表总数的88.9%，高出省人大要求的比例。连任代表107名，占当选代表总数的62.5%，符合省人大要求的比例。代表平均年龄45岁，比上届代表平均年龄小1岁。代表中研究生以上学历的10名，大学本科学历的74名，大专学历的52名，中专高中学历的29名，初中学历的6名，代表知识结构得到改善。代表中少数民族代表7名。当选的代表具有代表性、广泛性。

2016年选举 根据宪法、选举法和地方组织法的规定，按照文件要求以及县委转发的《中共延寿县人大常委会党组关于做好县乡两级人大换届选举工作的意见要求》，全县县、乡（镇）人大换届选举工作同步进行。8月全面铺开，10月14日为全县县、乡（镇）人大代表选举日，选出县、乡（镇）人大代表；12月14日前召开县十七届人民代表大会第一次会议。

坚持党委领导、人大组织的原则，加强换届组织工作。开展换届工作调研，制定换届选举工作方案。加强换届培训工作，围绕换届程序、工作方法、工作要求等内容，组织各乡镇人大、人大常委会机关职能部门和有关工作人员进行培训，保证依法开展工作。加强换届组织协调，建立县人大与相关部门工作沟通联系机制，成立县人大换届选举工作联系机构，承担并开展换届工作，指导各乡（镇）研究解决换届中遇到的实际问题，定期深入各乡（镇）检查、指导换届工作。组织换届选举机构和有关工作人员，学习、落实换届工作政策和要求，保证代表推荐工作质量。充分利用代表履职档案，客观评估代表履职尽责情况，为代表连任推荐工作提供依据。引导各级组织、社会团体和企事业单位，推荐符合条件的代表人选，为确定代表候选人提供支持。密切配合组织部门，做好代表候选人的考核、审查工作，保证代表的整体素质、履职能力符合代表条件。按照《地方组织法》《代表法》等规定，严格把握代表的构成，优化代表结构。宣传参选代表的条件，宣传换届工作的意义和换届政策，增强代表的法律观念和“人民选我当代表、我当代表为人民”的光荣感、使命感和责任感，增进选民对选举工作的重视与支持。

根据《黑龙江省人大常委会关于各县（市、区）下一届代表名额的决定》，延寿县第十七届人民代表大会代表名额为171名。在县委的领导下，县人大常委会和县选举委员会严格按照《选举法》和省人大常委会意见要求，扎实开展代表选举工作。全县有169800名选民参加投票选举，参选率为86%。全县设立投票站376个，流动票箱389个，依法实行差额选举，产生人大代表137名。因相关职位的人选未确定，12月5日在相关选区依法补选28名代表。至此，共选举产生延寿县第十七届人民代表大会代表165名。当选的165名代表结构比例为：公务员53名，占当选代表总数的32.1%；企业负责人12名，占当选代表总数的7.3%；专业技术人员29名，占当选代表总数的17.6%；工人、农民61名，占当选代表总数的37%；其他各方面代表人物10名，占当选代表总数的6%。选举产生妇女代表42名，占当选代表总数的25%；选举产生中共党员代表138名，占当选代表总数的81%。

第四节 受理人民群众来信来访

加强人民群众来信来访工作。人大常委会从开始确定专人接待，到以后的成立机构、专人接待、立案登记、转送和催办，并督促检查县政府各部门及法、检两院对县人大常委会转交的信访案件的办理工作，纠正处理不当的行政和司法案件，维护公民的合法权益和社会稳定。

县八届人大常委会 1982年，接待人民代表和人民群众来访20多人次，受理人民群众和代表来信11件，主要来信都由主任阅示，并及时转给有关部门进行处理。1983年，县人大常委会共接待人民代表和人民群众来信来访25人次，受理人民代表和人民群众来信27件。重要信访都由主任亲自接待和批示，除直接办理的以外，都及时转给了有关部门查处。

县九届人大常委会 1984年，接待受理来信来访18件次。重要的信访都由主任审阅批示，有的还召开主任会议进行研究，除直接办理以外都及时转给有关部门处理。1985年，接待和受理代表和人民群众来信来访25件次，都及时进行了处理。1986年，受理人民群众来信来访72件次。按照分级负责、归口办理的原则，及时转有关部门处理。对其中严重违反政策、法律或久拖不决的重要案件，常务委员会的主任、副主任亲自过问和督办。

县十届人大常委会 1987年，收到来信62件，来访21人次。1988年，受理人民群众来信来访126件次。本着分级负责归口办理的原则，及时转有关部门处理。对重大案件，有的由主任或分管主任亲自接待、亲自批办；有的由常务委员会提出要求，交给有关部门限期办理；有的由常务委员会有关办公室进行调查或督办，纠正了违法现象，为代表和群众解决了拖而不决的难题。1989年7月，在人大常委会机关增设信访办公室，配备专职信访工作人员。收到来信来访102件次。按照分口办理的原则，及时交转交和督促有关部门进行处理，一些重大的案件，分管主任亲自批办。对一起当事人告诉执法机关违法案件，经主任会议研究决定成立专门调查组进行调查，依法纠正，保护了当事人的合法权益。1990年接待和处理群众来信来访117件。

县十一届人大常委会 1991年，常委会接到群众来信来访143件次，按内容分类后交由县政府及有关部门进行处理。1992年接待代表、群众来信来访203件次，本着谁主管谁负责的原则，按问题的性质转给有关部门办理。其中 11 件由人大带头办理，件件有着落、事事有回音。1993 年，接待群众来信来访 176 人次，其中 6 件县人大监督处理，其余转有关部门处理。

县十二届人大常委会　1994 年，县人大常委接待群众来信来访和办理省、地人大交办的上访案件 192 件次。1996 年，接待人民群众来信来访 385 件次，一次性处理的信访案件 208 件次。对 5 批上访事件，采取稳定、协调、疏导的方法，经与有关方面沟通，把问题妥善解决。对一些重要的申诉、控告案件，常委会领导批示，责成有关部门处理，纠正 5 起处理不当的行政和司法案件。

县十三届人大常委会　1997 年，接待人民群众来信来访 188 件次，一次性处理信访案件 134 件，对 5 批集体上访采取稳定、协调、疏导的方式，经与有关方面沟通，使问题得到解决。对一些重要的申诉、控告案件，常委会领导批示，责成有关部门处理。1999 年，受理人民群众来信来访 208 件次，采取积极办理、协调、疏导的方式，积极与有关方面沟通，使问题得到解决。对久拖不决有重大影响的典型案件，常委会领导批示，督促有关部门严格依法办理，7 起案件得到公正解决，依法纠正 3 起处理不当的行政和司法案件。2000 年，贯彻《信访条例》，全年受理人民群众来信来访 209 件次。8 起案件得到公正解决，依法纠正 5 起处理不当的行政和司法案件。2001 年，常委会贯彻《黑龙江省各级代表大会常务委员会信访条例》，落实领导信访接待制度，健全和完善信访接待人员岗位责任制，受理人民群众来信来访 65 件，接待 128 人次群众来信来访，全部妥善处理。2002 年，制定《延寿县人民代表大会常务委员会信访接待制度》，健全和完善信访接待人员岗位责任制，全年共受理人民群众来信 40 件，接待群众来访 208 人次。

县十四届人大常委会　2003 年，受理人民群众来信 178 件次，来访 1860 人次。2004 年，受理人民群众来信 225 件次，来访 536 人次。2005 年，在县委的支持下，按照省委人大工作会议要求，完善了信访室机构建设，信访工作各项规章制度得到了完善，全年受理人民群众来信 169 件，来访 980 人次，接到全国人大交办信访件 4 件。

县十五届人大常委会　2006 年，受理群众来信 100 件，来访 96 人次。2007 年，人大办接待群众来访 319 人次，集体访 51 批，群众来信 235 件，其中全国人大交办 11 件，办结 11 件；省人大交办 13 件，办结 13 件；市人大交办 16 件，办结 16 件，办结率为 100%。2008 年，共接待人民群众来信来电 85 件次，来访 319 人次。市人大交办信访件 5 件。2009 年，县人大信访室接待人民群众来信来电 129 件次，来访 146 人次。市人大交办信访件 11 件。通过督办解决问题 103 件，息访息诉案件 110 件。2010 年，接待群众来访118人次，集体访3批，群众来信39件，其中市人大交办4件，办结4件，办结率均达到100%。常委会领导接待处理重要来信来访34件。

县十六届人大常委会 人大信访办受理来信来访291人次。转办协调有关部门解决信访问题60件，开展社区矫正工作、信访稳定的调查研究，解剖六团镇处理信访稳定工作的经验，被县委转发各党委和有关部门学习借鉴。

县十七届人大常委会 接待代表和群众来访160人次。处理解决信访事项25件，其中，群众反映的涉法涉诉事项9件，生产生活难题19件。

第四篇
县人民代表大会
专门（工作）委员会

第一章　县编委对成立专门委员会的文件摘要

2016年，按照省编委《关于落实〈中共黑龙江省委关于进一步加强人大工作和建设的意见〉有关问题的通知》（黑编〔2016〕82号）、省编委办《关于落实黑编〔2016〕82号文件的有关意见》和哈尔滨市编办《关于规范区县（市）人大完善机构设置和领导职数配置等有关事宜的通知》文件精神，经中共延寿县委第15届106次常委会会议讨论通过及县编委会研究批准，县人大设立法制（含内务司法）、财政经济（含农林）2个专门委员会，人大常委会设科教文卫（含民宗侨外）、人事和代表联络、城建环保3个工作委员会。保留县人大常委会办公室。撤销原县人大常委会设立的其他机构。

县人大专门委员会主任委员由人大常委会副主任兼任；核定县人大法制、财政经济专门委员会专职副主任委员领导职数各1职，为正科级；核定县人大常委会科教文卫、人事和代表联络、城建环保3个工作委员会和县人大常委会办公室领导正职各1职，为正科级；核定县人大科教文卫、人事和代表联络、城建环保3个工作委员会领导副职各1职，为副科级。另设正股级领导职数8职，其中2个专门委员会和3个工作委员会各1职，县人大常委会办公室3职（人大常委会办公室副主任、人大常委会秘书及办公室事务秘书各1职）。同时收回为原县人大常委会机关核定的正科级、副科级和股级领导职数。

2019年5月编委通知县人大：按照省委、省政府《关于印发延寿县机构改革方案的通知》及市委编办《关于核定延寿县党政工作部门等领导职数的通知》规定，经县委机构编制委员会2019年第1次全体会议研究同意，组建县人大社会建设委员会，作为县人大专门委员会。县人大社会建设委员会主任委员由县人大常委会副主任兼任。将县人大法制（含内务司法）委员会更名为县人大监察和司法委员会（机构调整后，没有对人事进行调整和任命，仍由原法制委员会人员承担现监察和司法委员会工作）。

第二章　专门委员会职责

2016 年县人大法制（含内务司法）委员会　负责研究、审议和拟定法制和内务司法等方面的议案；对属于人大及其常委会职权范围内与本委员会有关的问题进行调查研究；负责与本委员会有关的人大常委会审议意见及代表建议、批评和意见的督办、反馈工作；对本行政区域内执行国家法律法规、人大及其常委会决议决定的情况进行监督检查；负责有关法制和内务司法等方面的法律监督和工作监督；负责上级人大常委会交办的有关法律法规草案征求意见的具体工作；办理人大及其常委会交办的其他事项。

2016 年县人大财政经济（含农林）委员会　负责研究、审议和拟定关于财政经济和农林等方面的议案；对属于人大及其常委会职权范围内与本委员会有关的问题进行调查研究；负责人大及其常委会听取并审议国民经济和社会发展计划、财政预决算及审计工作报告的有关审查报告的起草工作；负责与本委员会有关的人大常委会审议意见及代表建议、批评和意见的督办、反馈工作；负责有关财政经济和农林等方面的法律监督和工作监督；负责上级人大常委会交办的有关法律法规草案征求意见的具体工作；办理人大及其常委会交办的其他事项。

2016 年县人大常委会科教文卫（含民宗侨外）工作委员会　按照常委会的工作部署，负责对科教文卫等方面议案和有关问题进行调查研究；负责有关科教文卫等方面的视察、检查等活动的组织服务工作；负责与工作委员会有关的人大常委会审议意见及代表建议、批评和意见的督办、反馈工作；负责上级人大常委会交办的有关法律法规草案征求意见的具体工作；办理人大常委会交办的其他事项。

2016 年县人大常委会人事和代表联络工作委员会　按照常委会的工作部署，负责本级和所辖乡镇人大换届选举工作方案的拟定，对有关换届选举工作进行指导和监督检查；负责组织本级人大代表和上一级人大代表候选人的提名推荐和协商确定等工作；负责闭会期间代表联络、培训和视察等活动的组织服务工作，维护代表权益；负责人大代表建议、批评和意见的征集、交办和督办等工作；负责人大常委会主任会议和“一府两院”提请人大常委会审议的人事任免事项的有关工作；负责上级人大常委会交办的有关法律法规草案征求意见的具体工作；办理人大常委会交办的其他事项。

2016 年县人大常委会城建环保工作委员会 按照常委会的工作部署，负责对城乡建设、环境保护等方面议案和有关问题进行调查研究；负责有关城乡建设、环境保护等方面的视察、检查等活动的组织服务工作；负责与工作委员会有关的人大常委会审议意见及代表建议、批评和意见的督办、反馈工作；负责上级人大常委会交办的有关法律法规草案征求意见的具体工作；办理人大常委会交办的其他事项。

2019 年县人大监察和司法委员会 负责研究、审议和拟定法制和内务司法等方面的议案；对属于人大及其常委会职权范围内与本委员会有关的问题进行调查研究；负责与本委员会有关的人大常委会审议意见及代表建议、批评和意见的督办、反馈工作；对本行政区域内执行国家法律法规、人大及其常委会决议决定的情况进行监督检查；负责有关法制和内务司法等方面的法律监督和工作监督；负责上级人大常委会交办的有关法律法规草案征求意见的具体工作；办理人大及其常委会交办的其他事项。

2019 年县人大社会建设委员会 负责劳动就业、社会保障、民政事务、群团组织、安全生产等社会建设方面的有关议案、法律草案，开展有关调查研究，开展有关执法检查、专题调查、视察等工作；对属于人大及其常委会职权范围内与本委员会有关的问题进行调查研究，协助县人民代表大会及其常务委员会听取和审议县政府专项工作报告；对本行政区域内执行国家法律法规、人大及其常委会决议决定情况进行监督检查和工作监督；办理人大及其常委会交办的其他事项。

第三章　专门（工作）委员会负责人

法制委员会

主 任 委 员：杜玉龙

副主任委员：江　涛　2016—2021（任职时间，下同）

财政经济委员会

主 任 委 员：李　冰

副主任委员：周延利　2012.11—2017.4

胡中东　2017.4—2018.8

王东伟　2019—2020.12

徐延明　2020—

科教文卫工作委员会

主　任：钟海燕　2016.11—2020.3

王义平　2020.3—2021

俞延飞　2021.8—

副主任：贾荣娜　2017.2—2019.7

俞延飞　2019.7—2020.11

内务和司法委员会

副主任委员：江　涛

社会建设委员会

主 任 委 员： 李学雷　2020.12—

副主任委员： 郭延文　2019.3—

城建环保工作委员会

主　任： 高兴辉　2016.11—

副主任： 刘　敏　2016—2017.2

人事和代表联络委员会

主　任： 索延庆　2014.2—2019

吕　广　2019.7—2021

副主任： 俞延飞　2016.11—2019.7

贾荣娜　2019.7—2021.11

监察和司法委员会

主 任 委 员： 李学雷　2020.12—

杨少炜　2021.12—

副主任委员： 贾荣娜　2021.12—

第五篇
人　物

第一章 县历届人大常委会主任、副主任简介

王 维

王 维 黑龙江省宝清县人，1926年出生，汉族，初中文化，1948年4月参加工作，1952年9月加入中国共产党。1948年4月至1980年，曾任宝清县凉水泉子区秘书，县民政科文书、副科长，国营集贤农场党委副书记，国营庆阳农场党委书记，延寿县工交革委副主任，延寿镇公社党委书记、革命委员会（以下简称革委会）主任，县革委会副主任，县委常委、县委副书记。1980年9月，在县八届人大一次会议当选县人大常委会主任。1984年4月，于县九届人大一次会议再次当选县人大常委会主任。

赵殿宝

赵殿宝 黑龙江省呼兰县方台乡田家村人，1929年4月出生，汉族，中专学历，1948年10月加入中国共产党，1949年4月转为正式党员。1947年7月，参加中国人民解放军。历任战士、通信员、副班长、排长、副连长、连长、队长、副营长。曾任延寿县供销社副主任、县生产指挥部财产组组长、县革委会生产委员会副主任、县战备办公室主任、县革委会副主任。1980年9月县，于八届人大一次会议当选为延寿县人大常委会副主任。

刘长年

刘长年 黑龙江省延寿县高台乡金沙村人。1931年2月出生，汉族，高小文化，1947年10月参加工作，1948年8月22日加入中国共产党。1943年至1946年为高台乡金沙村农民。1947年1月至1947年9月，任高台乡金沙村政府文书，曾任长发区政府财粮助理，第二区（长发区）政府秘书、工商助理、组织委员，中共延寿县委组织部组织员，延寿县纪律检查委员会秘书，延寿县人委人事科科长，中共延寿县机关党总支书记，延寿县委组织部副部长，中共寿山乡委员会第一书记，加信乡党委第一书记，青川乡党委第一书记，延安、六团公社党委书记，延寿县革委会副主任，延

寿县人民政府副县长兼农工部部长，延寿县人民政府副县长。1983年3月至1987年9月，当选为延寿县人大常委会副主任。1987年9月至1991年2月，当选为延寿县人大常委会主任。

李东林

李东林　黑龙江省尚志县黑龙宫区人，1928年1月出生，朝鲜族，九年文化，1948年11月参加工作，1948年5月24日在尚志县老街基公社二队加入中国共产党，同年11月24日转为正式党员。1943年5月至1945年12月，在尚志县十一区青川村工作。1948年11月至1979年10月，历任尚志县十一任区政府民族助理，尚志县五区政府武装助理，尚志县五区政府武装部长，尚志县兵役局副科长，兰西县兵役局副科长、科长，宁安县武装部科长，宁安县武装部副政委，虎林县武装部政委。1979年11月至1980年8月，任延寿县革委会副主任。1980年9月，任延寿县人民政府副县长。1983年3月，于县八届人大三次会议当选为县人大常委会副主任。

张景祥

张景祥　黑龙江省延寿县人，1927年12月出生，汉族，七年文化，1949年1月在延寿县柳河（今延河）参加工作，1948年8月在延寿县柳河区福山村加入中国共产党，同年11月转为正式党员。1943年7月至1944年2月在东宁出劳工。1944年3月至1944年12月，在玉河杨树屯工作。1949年1月至1949年9月，任延寿县柳河区武装助理员。1949年10月至1983年3月，历任县委宣传部训练干事，延寿县青川区委组织委员，延寿县安山乡党委组织委员、区委副书记，县联社副主任，县社副主任、主任、党委书记，县商业局局长、党总支书记，延寿镇公社党委书记，高台公社党委书记，太安公社副主任、主任，青川公社主任、党委书记。1974年9月至1980年8月，任县革委会副主任。1980年9月，任县政府副县长。1983年3月，于县八届人大三次会议当选为县人大常委会副主任。

孙德隆

孙德隆　山东省牟平县解甲庄公社东泊子大队人，1937年12月（农历）出生，汉族，十三年文化。1952年在沈阳天和电器工厂参加工作。1952年9月，在山东省牟平县谢家庄公社东泊子大队读书。1952年9月至1957年9月，在沈阳曙光灯具厂做钳工。1957年9月至1961年9月，在锦州工学院学习。1961年9月至1975年2月，在沈阳无线电一厂做技术员。1975年2月，任延寿县电子元件厂工程师。1980年9月，于县八届人大一次会议当选为县人大常委会副主任（不驻会）。

孙衍林　山东省蓬莱县峰山区孙家村人，1936年6月出生，汉族，初中文化，1953

孙衍林

年7月，于延寿县第九区盘龙学校加入中国共产主义青年团，1959年8月加入中国共产党，1960年8月转为正式党员。1953年8月至1955年11月，任延寿县第九区联合村村文书、团支书。1955年11月，经第九区委员会决定、县政府批准任联合村文书、盘龙乡政府秘书。1956年6月至1957年7月，任延寿县百货公司秘书股秘书。1959年6月至1986年3月，历任延寿县商业局人事股副股长，县委组织部干事，团县委常委，县委整党工作队副队长，赴东宁县绥阳社教分团办公室副主任，密山县三棱通社教分团政治处副主任，延寿县三线建设办公室负责人，县革委会组织组组长，粮食公司革委会第一副主任、核心组长，县革委会粮食科领导小组组长、总支书记，松花江地委组织部（组织组）干事，县革委会生产指挥部政工组组长，县革委会政治部组织组副组长，县革委会政治部干部组组长，县委组织部副部长、部长，中共延寿县委员会委员、常务委员，中共延寿镇委员会（县委常委、副处级）书记，中共延寿县委政法委员会书记。1986年3月至1987年9月，当选为延寿县第九届人大常委会副主任。1987年9月至1988年11月，再次任延寿县第十届人大常委会副主任、党组副书记。1991年12月至1993年1月，于县十一届人大一次会议当选为县人大常委会主任。

王春芝

王春芝　女，辽宁省法库县秀水河公社秀水河大队人，1946年2月出生，汉族，大专学历，1965年5月在延寿县玉河公社长胜小学参加工作。1964年10月，于延寿县玉河公社长胜大队加入中国共产主义青年团，1966年5月，于玉河公社长胜大队加入中国共产党。1962年8月至1965年3月，任玉河公社长胜大队六小队妇女队长。1965年3月至1968年4月，任玉河公社长胜小学中心校教员。1968年5月至1981年2月，历任玉河公社革委会副主任（兼公社中学、中心小学校长、妇女主任），玉河公社党委副书记、革委会副主任，县妇女联合会副主任、主任，县人大常委会办公室副主任，县人大人事办主任。1987年9月，于县十届人大一次会议当选为县人大常委会副主任。

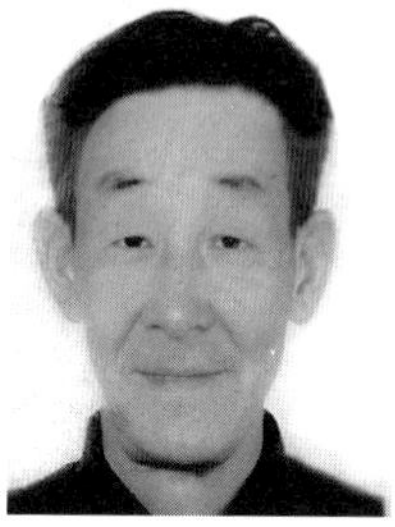
刘秀峰

刘秀峰　男，黑龙江省延寿县六团人，1936年11月出生，2018年8月去世。汉族，高中文化，中共党员。1979年11月至1986年10月，任通河县岔林河农场书记、场长。1986年10月至1993年，任延寿县委政法委书记。1993年至1997年，任延寿县人大常委会副主任。

王　玉　黑龙江省延寿县延寿镇人，1943年5月出生，汉族，中专学历，1963年8月在延寿县食品公司参加工作。1963年8月至1971

年4月任县食品公司副主任。1971年4月至1996年4月任县水产公司副经理、水产局副局长。1991年2月至1993年任县人大常委会副主任（不驻会）。1996年4月至2002年4月任县水产总站副站长。

王　玉

甄殿卿　男，黑龙江省延寿县延寿镇人，1935年4月出生，汉族，中专学历，1952年2月在延寿县玉河乡护林站参加工作。1953年4月在牡丹江师范学校加入中国共产主义青年团，1960年7月1日在玉河乡加入中国共产党，1961年7月1日转为正式党员。1952年2月至1952年6月，任延寿县玉河乡林业站营业员。1952年7月至1955年6月，为牡丹江师范学校学生。1955年7月至1988年11月，历任玉河乡长兴小学教员、副主任、主任、校长，玉河乡党委监察委员，中共延寿县委监委监察员，县革委会清查办副主任，县革委会卫生科副科长，县纪律检查委员会副主任，寿山乡党委书记、主任，中共延寿县委副书记，县委财贸部主任，县公安局教导员，县公安局局长。1984年4月，于县九届人大一次会议当选为县人大常委会委员，1987年9月，于县十届人大一次会议当选为县人大常委会副主任。

甄殿卿

苏有富　黑龙江省延寿县人，1940年出生，汉族，大专学历，1965年3月参加工作，1965年3月加入中国共产党。1965年8月至1992年，任延寿县加信农业中学副校长，加信水电站党支部书记，公社武装部助理，青川公社武装部副部长，加信公社武装部部长、革委会副主任、党委副书记，加信公社党委书记。1981年8月至1983年7月，任县政府副县长，1986年3月至1987年9月，任县委常委、副县长。1987年9月至1992年11月，任县政协主席。1992年11月，于县十一届人大三次会议当选为县人大常委会副主任，1993年11月，于县十二届人大一次会议当选为县人大常委会主任。

苏有富

杨守刚　辽宁省台安县人，1936年8月出生，汉族，初中学历，1952年9月至1956年2月，任县百货公司营业员。1956年3月至1964年3月在八七〇九部队服兵役任财务助理。1964年4月至1964年12月，任延寿县物资局会计。1965年1月至1975年3月，任县劳动科科员、副科长。1975年4月至1988年12月，任县财政局局长。1991年2月，于县十一届人大一次会议当选为县人大常委会副主任。

杨守刚

张海瑞　黑龙江省延寿县人，1941年4月出生，汉族，大学学历，1963年4月至

张海瑞

1975年4月，延寿县中学教员。1975年4月至1978年7月，任延寿县地震办公室职员。1978年7月至1993年7月，历任县文教科教研员，县地震办公室职员，县第一中学教员、副教导主任、教导主任，科学技术委员会副主任、政协副主席，1992年10月至1993年7月，任县信息中心负责人。1993年7月至2002年10月，当选为县人大常委会副主任、计委副主任兼信息中心主任、招商局局长。

张志民 1991年2月至1993年3月，任县人大常委会副主任。（资料不详）

尹 太

尹 太 黑龙江省延寿县人，1941年10月出生，汉族，大专学历，1971年3月加入中国共产党。1962年8月至1972年8月，任延寿县平安中学教员、公社职员。1972年8月至1993年，任县广播站编辑、副站长，县委办公室秘书，县广播科副科长，县委办公室秘书，县委办公室副主任，县委办公室副主任，县委办公室主任，县委常委、宣传部部长，县政府副县长。1993年10月，于县十二届人大一次会议当选为县人大常委会副主任。

郭玉昆

郭玉昆 黑龙江省密山县人，1945年5月出生，汉族，大学学历，1978年12月加入中国共产党。1968年12月，在嫩江3136部队农场劳动锻炼，为学员，1969年7月，为沈字411部队训练大队学员，1969年11月至1985年5月，任沈字411部队四支队一队、三队侦听员，81709部队副营职侦听员，81719部队正营职侦听员，81841部队副团职侦听员。1987年1月，任延寿县政法委员会书记、县直机关党委书记、公安局局长。1993年10月，于县十二届人大一次会议当选为人大常委会副主任。

邵文信

邵文信 黑龙江省延寿县安山公社双合村人，1946年11月出生，汉族，大专学历，1965年9月参加工作，1966年6月加入中国共产党。1965年9月，任延寿县安山公社粮管所粮食员。1967年10月至1997年9月，历任延寿县安山公社革委会副主任，县整党工作队副队长，县革委会核心组办公室研究员，共青团延寿县委副书记，县革委会政治部组织干事，柳河公社党委副书记，柳河公社党委书记，团县委书记，县委农工部副部长，县委办公室主任，县委常委、组织部部长，县委副书记。1997年9月至2002年9月，任县人大常委会主任、党组书记。

贾振宝 黑龙江省延寿县延寿镇东关村人，1944年12月出生，汉族，中专学历，

1964年8月1日，在尚志县师范学校毕业，在青川乡中心小学参加工作，1964年6月，在尚志县师范学校加入中国共产主义青年团，1970年5月加入中国共产党。1964年8月至1997年9月历任青川公社中心小学、新民学校、河晏学校教员，青川公社中学革委会副主任，玉河公社中学革委会主任，县革委会政治部组织组干事，县委组织部干事，县人事局科员，中共新村乡委员会副书记，县纪律检查委员会科长，县纪委副书记、书记。1997年10月，于县十三届人大一次会议当选为县人大常委会副主任。

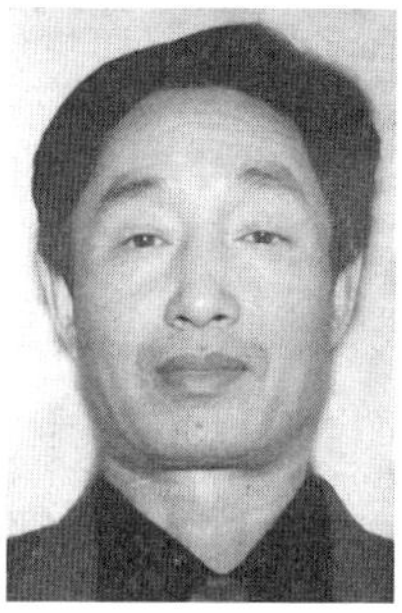
贾振宝

潘福生 黑龙江省延寿县人。1952年3月出生，汉族，大专学历，1972年4月加入中国共产党。1969年10月，任延寿县红旗机械厂工人。1971年11月，任延寿县橡胶厂工人。1973年7月在延寿县路线教育办以工代干。1975年3月，任延寿县人防办干事。1976年2月至2000年3月，历任寿山公社革委会副主任，寿山公社党委副书记、革委会副主任，县委农工部部长，县委宣传部部长，县政府副县长，政法委副书记。2002年9月，任县人大常委会主任。

潘福生

王　彬 黑龙江省通河县人。1948年6月出生，汉族，大学学历，1972年5月加入中国共产党。1968年6月至2002年9月，曾任通河县第一中学教师，通河县委宣传部干事，通河县建委党委委员、工会主席，通河县制砖厂党支部书记，通河县人民法院审判员，通河县人民法院庭长，通河县人民法院副院长，通河县人民法院院长、党组书记，延寿县人民法院院长、党组书记。2002年9月，于县十四届人大一次会议当选为延寿县人大常委会副主任。

王　彬

耿长山 黑龙江省延寿县人。1947年12月出生，汉族，大专学历，1981年4月加入中国共产党。1966年12月为延寿县革委会职员。1969年至2002年9月，历任延寿县中学教员，延寿县检察院书记员、助检员，延寿县检察院检察员，延寿县检察院党组成员、副检察长，延寿县检察院党组书记、检察长，通河县检察院党组书记、检察长。2002年9月，任县人大常委会副主任。

耿长山

马龙水 黑龙江省延寿县人，1952年8月生，汉族，大专学历，1973年7月加入中国共产党。1970年4月，任延寿县供销社营业员。1972年9月，任县水产公司业务员。1973年10月，任县果品公司副经理、经理。1984年2月，任县供销联社副主任、主任。

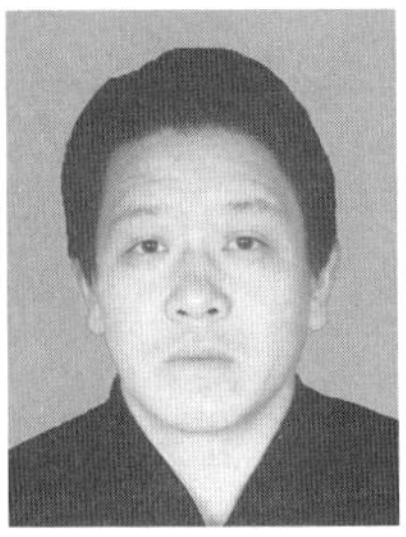
马龙水

1996年5月，当选为县粮食局局长、党委书记。2002年9月，任县人大常委会副主任。

王金松

王金松 黑龙江省海林县人。1955年1月出生，汉族，大专学历，1973年1月至1979年12月，任延寿县五七林场工人。1979年12月至2002年，历任县林业局林政股技术员、副股长，玉河林场副场长，林业局林政股副股长、病防站副站长，新村乡科技副乡长（其间：1992年7月至1995年9月黑龙江广播电视大学中文专业在职学习），新村乡科技副乡长（副科级），延寿镇副镇长。2002年1月至2002年10月，任延寿县交通局副局长。2002年1月至2016年11月，任延寿县人大常委会副主任（不驻会）、延寿县科协主席。

李新友

李新友 黑龙江省延寿县人，1958年3月出生，汉族，大学学历，1976年12月参加工作。1988年6月加入中国共产党。1977年10月至1979年12月，任延寿县大众饭店、政府招待所工人；1979年12月至2006年11月，任县国营饭店主任、县饮食服务公司经理、县政府招待所所长、县政府办公室副主任、县委办公室主任、延寿县人民政府副县长。2006年11月至2011年12月任延寿县人大常委会副主任、党组副书记。

赵延芝

赵延芝 女，黑龙江省延寿县人。1955年8月出生，汉族，大专学历，1976年9月参加工作，1972年7月加入中国共产党。1976年9月至2006年11月，历任延寿县寿山乡党委副书记、妇女主任，县妇联生产部部长，县委宣传部干事、党教组长、文联副主席，县信访办副主任、主任，县委组织部副部长，县政协副主席、统战部部长、工商联党组书记。2006年11月至2013年12月，任县人大常委会副主任、党组成员。

王家砚

王家砚 山东省济南市人。1960年7月出生，汉族，研究生学历，1980年8月参加工作，1985年5月加入中国共产党。1980年8月至1983年8月，任巴彦县长春公社农技站站员（同期借调至县土壤普查办）。1983年8月至2000年12月，历任巴彦县巴彦镇武装助理，巴彦县巴彦镇纪检委委员，巴彦镇纪检委书记，巴彦县委办公室副科级秘书，巴彦县委办副主任，巴彦县委办公室副主任兼机要室主任（正科级），巴彦县龙泉镇党委书记、人大主席，巴彦县委办公室主任。2000年12月至

2004年6月，任延寿县委常委、组织部部长，2004年6月至2006年11月，任延寿县委副书记、组织部部长，2006年11月至2011年9月，任延寿县委副书记，2011年9月，任延寿县人大常委会党组书记。2011年12月至2020年8月，任延寿县人大常委会主任。

郑小鹏　黑龙江省延寿县人。1959年11月出生，汉族，大学学历，1976年5月参加工作，1985年12月加入中国共产党。1976年5月至1980年1月，为延寿县柳河公社柳河大队知青，1980年1月至1984年1月，任延寿县农业银行柳河营业所会计。1984年1月至2011年10月，历任延寿县计划生育委员会会计、副站长，县委组织部干事、干部组组长、县委副科级组织员，高台乡党委副书记、乡长，党委书记、人大主席，加信镇党委书记、人大主席，县交通局局长、党委书记。2011年10月至2011年12月，任延寿县人大常委会党组成员，2011年12月至2019年12月，任县人大常委会副主任、常委会党组成员。

郑小鹏

杜玉龙　辽宁省凌元市人，1960年6月出生，汉族，大专学历，1979年12月参加工作，1982年8月加入中国共产党。1979年12月至1984年10月为中国人民解放军81608部队分队战士。1984年10月至2013年5月历任玉河乡武装助理，玉河乡党委组织委员，玉河乡党委组织委员（副科级），玉河乡副乡长，寿山乡党委副书记，寿山乡党委副书记、乡长，寿山乡党委书记、乡长，寿山乡党委书记、人大主席，县财政局党总支书记、局长，财政局党委书记、局长，县政府党组成员、财政局党委书记、局长。2013年5月，任延寿县人大常委会党组成员、县政府党组成员。2014年1月，任延寿县人大常委会副主任。

杜玉龙

李学雷　黑龙江省延寿县延寿镇人。1961年10月6日出生，汉族，大专学历，1981年10月参加工作。1979年8月至1981年9月，为黑龙江水利工程学校学生。1981年10月至2016年12月，历任县建筑设计室技术员，哈尔滨建筑工程学院学生，县建筑设计室主任，县城管监察大队队长（副科级），县建设局副局长、城管监察大队大队长，县建设局副局长、工业园区管委会副主任（正科级）。2006年11月至2016年12月，任延寿县人民政府副县长。2016年12月至2020年12月，任延寿县人大常委会副主任。

李学雷

李　冰　黑龙江省延寿县人，1963年5月出生，汉族，大学学历，1985年8月参

李　冰

加工作，1992年8月加入中国共产党。1983年9月至1985年7月，为牡丹江林业学校林学专业学生。1985年8月至2016年11月，历任延寿县北安林场技术员，北安林场副场长，桃山林场场长，细木工板厂厂长，林场公司副经理，县林业局副局长，林业局党委书记、局长，县工业园区管委会副主任（正科级），县工业园区管委会副主任（副处级），黑龙江延寿经济开发区管委会副主任（副处级）。2016年11月至2016年12月，任延寿县人大常委会党组成员。2016年12月，任延寿县人大常委会副主任、党组成员。

张　秀

张　秀　黑龙江省延寿县延寿镇人，1965年2月出生，汉族，大专学历，1987年8月参加工作，1991年11月加入中国共产党。1987年8月至2012年5月，历任县第三中学教师，县信访办干事，县委政研室干事，县委办公室秘书，县委办公室副科级秘书，县委办公室副主任，延河镇党委副书记、镇长，延寿县延河镇党委书记、人大主席，县委办公室主任，县教育局党委书记、局长。2012年5月至2019年9月，任延寿县人大常委会办公室主任，2019年9月至2019年12月，哈尔滨市委推荐其为延寿县人大常委会副主任候选人。2019年12月，任延寿县人大常委会副主任。

高雪峰

高雪峰　黑龙江省巴彦县人，1964年11月出生，汉族，大学学历，1984年7月参加工作，1989年5月加入中国共产党。1980年9月至1984年7月，为五常师范学校学生。1984年7月至2020年10月，历任巴彦县爱民中学教师、教导主任，巴彦县爱民镇经管站站员，巴彦县爱民镇司法助理，巴彦县爱民镇纪委书记，巴彦县人和乡副乡长，巴彦县双山乡党委副书记（其间：1997年9月至1999年12月哈尔滨师范大学中文系汉语言文学专业在职学习），巴彦县洼兴镇党委副书记，巴彦县兴隆镇党委副书记，巴彦县兴隆镇党委副书记、镇长，巴彦县兴隆镇党委书记，巴彦县巴彦镇党委书记，五常市委常委、政法委书记，五常市委常委、组织部部长，五常市委常委、纪委书记，延寿县委副书记。2020年10月至2020年12月，任延寿县人大常委会党组书记；主任候选人。2020年12月县十七届人大五次会议当选为延寿县人大常委会主任。

张凤平

张凤平　女，黑龙江省延寿县人，1967年1月出生，汉族，大学学历，1984年9月参加工作，1994年6月加入中国共产党。1984年9月至2021年10月，历任寿山乡政府计划生育助理、计划生育办主任，寿山乡团委书记，寿山乡民政助理，寿山乡宣传委员，寿山乡政府副乡长，县信访办副科级干部，县信访办副主任，县信访办主任，安山乡党委书记，加信镇党委书记，县委常委、宣传部部长，县委常委、宣传部部长、三级调研员。2021 年 10 月，任延寿县人大常委会副主任候选人、三级调研员。

杨少炜

杨少炜 黑龙江延寿县人，1969 年 11 月出生，汉族，大学学历，1993 年 7 月参加工作，1997 年 6 月加入中国共产党。1989 年 9 月至 1993 年 7 月，在哈尔滨体育学院体育教育专业学习。1993 年 7 月至 2021 年 10 月，历任县青少年业余体校教练，县文体局体育股股长，县委组织部股级组织员，县委组织部办公室主任，县委副科级组织员、县委组织部办公室主任，县委组织员办主任、县委组织部办公室主任，县委政法委常务副书记，县委办公室主任，县委办公室主任、国安办主任，一级主任科员。2021 年 10 月，任延寿县人大常委会副主任候选人。

宗佰军

宗佰军 黑龙江省延寿县人，1970 年 2 月出生，汉族，大学学历，1993 年 7 月参加工作。1990 年 9 月至 1993 年 7 月，在黑龙江中医学院中医学专业学习。1993 年 7 月至 2000 年 9 月，任延寿县延河医院医生，2000 年 9 月至 2003 年 6 月，任延寿县延河医院主治中医师。2003 年 6 月至 2021 年 10 月，历任县计划生育局副局长，县卫生和计划生育局副局长，县科协主席，县科协主席、一级主任科员。2021 年 10 月，任延寿县人大常委会副主任（不驻会）候选人、延寿县科协主席、一级主任科员。2021 年 12 月，任延寿县人大常委会副主任（不驻会）、延寿县科协主席。

第二章　历任县人民政府（民主政府）县长、副县长简介（1945.10—2021.12）

朱殿超

王一青

何延川

朱殿超　1945年10月至1946年2月，任延寿县民主政府县长（详见名人选编）

王一青　河北省平山县人，1917年3月出生，1935年8月参加工作，同年加入中国共产党。历任平山蛟潭庄区委书记、八路军三五九旅营副教导员、旅政治部干事、挺进东北先遣队副官。1946年2月至1946年3月，任延寿县县长。曾任呼兰县政府政务秘书、康金区委书记、中共呼兰县委宣传部部长。1949年3月，任中共呼兰县委书记。1950年12月后，历任东北武装工作队一大队队长兼政委，中共东北局组织部、中央组织部科长，中央财贸部基层处巡视员，东北财委商业处组长，黑龙江省商业厅副厅长、人事局局长、司法厅厅长。1983年8月离休。

何延川　又名何万方，阿城县城西北何家窝堡屯人，1912年出生，1930年加入中国共产党。1932年在东北组织抗日义勇军，在珠河、延寿、方正等县开展抗日救亡活动，执行任务时被捕，1934年初，被党组织派回哈尔滨开展工作。不幸再次被捕，获释后，1935年起任山西省崞县县长兼工委书记、河北省涞源县及易县县长、河北省徐水地区三专署财政科长。1945年10月24日，任哈东专员公署专员。1946年3月至6月，兼任延寿县县长。带病工作，因病情恶化，医治无效，于9月17日逝世，终年35岁。

梁明德　又名项与年，福建省连城县人，1894年出生，1925年加入中国共产党，1927年转入周恩来在上海创办的中央特科。1929年，击毙出卖中共领导人彭湃的叛徒白鑫。1933 年，项与年潜伏国民政府内部，任江西省第四保安司令部情报参谋。1934 年，项与年随军长征，中途党组织又派其前往香港，开展秘密联络活动。在长期艰苦的秘密革命活动中，他立场坚定，工作积极认真负责，对党忠诚，斗争机智勇敢，曾获得上海党组织的“反敌特斗争胜利”奖。1938 年，项与年从上海回到延安，担任三边地委、关中地委、绥德地委常委兼统战部部长。1946 年 6 月至 1946 年 10 月，任延寿县县长。1978 年病逝。

梁明德

杨　超　山东省人，1918 年 6 月出生，1938 年 7 月参加工作，1938 年 9 月加入中国共产党。1938 年 7 月至 1941 年 2 月，在陕北公学分校、延安马列学院学习。1941 年 3 月至 1946 年 7 月，任陕甘宁边区陇东分区环县选举工作团团长、陕甘宁边区陇东分区专署民政科员、陇东分区环县政府政务秘书、庆阳县政府政务秘书。1946 年 10 月至 1948 年 3 月，任延寿县县长。1948 年 3 月至 1954 年 4 月，任长春市民政局干部科科长、长春市人民法院院长、长春建筑公司经理。1954 年 4 月至 1966 年 12 月，任中共长春市委统战部副部长、部长。1983 年 4 月，任长春市五七干校副主任、长春市革委会办公室招待组组长、长春市革委会办公室副主任、中共长春市委统战部部长、长春市政协副主席，长春市人大常委会副主任。1985 年 12 月离休。

杨　超

胡　起　原名胡荣庆，曾用名胡忱冰，北京市人，1906 年出生，1926 年加入中国共产主义青年团，同年转入中国共产党。1927 年，考入哈尔滨市中东铁路技术传习所。1928 年任松浦车站站长并建立了中共呼海路特别支部，任特支书记。1934 年 6 月被捕，1941 年出狱。1945 年 10 月，任阿城县长。1948 年 3 月至 1949 年 10 月，任延寿县县长。1950 年后历任锦州铁路局局长、牡丹江铁路局局长、大连铁道学院院长。1967 年 5 月逝世。胡起为《红灯记》中李玉和的原型。

胡　起

邓时成　山东省陵县人，1921 年出生，高中文化，1945 年 10 月参加工作，1947 年 2 月加入中国共产党。1945 年 10 月，任海拉尔市临时政府职员、市苏联之友社副主任。1946 年 2 月，任延寿县民运委员会组长、加信区委书记。1949 年 10 月至 1952 年 9 月，任延寿县副县长（代主持政府工作）。1952 年 11 月，任松江省农委研究员、黑龙江省农工部副处长。1957 年 5 月，任巴彦县委书记、县长、县委副书记。1972 年 5 月至 1980 年 4 月，任延寿县革命委员会副主任。1980 年 5 月，任延寿县

邓时成

委书记。1982年7月，任松花江地委组织部顾问。1984年1月离休。2007年4月5日去世。

赵钟麟

赵钟麟 辽宁锦西人，1925年出生，国高文化，1945年参加工作，1945年，加入中国共产党。1945年在延寿县公安小学当教员。1945年受哈东地委派入延寿县的刘志民的影响参加工作，并由刘志民介绍加入中国共产党。1946年至1947年，任延寿县兴隆镇区长。1948年，任中共延寿县委宣传部部长。1950年，任延寿县副县长兼县大队队长。1952年，在东北党校学习。1952年至1953年，任延寿县副县长、代县长。1954年3月至1960年12月，于延寿县第一届人民代表大会第一次会议当选为县人民政府县长。1954年当选黑龙江省第一次人民代表大会代表。1958年8月至1960年7月，任中共延寿县委副书记兼县长。1961年2月，任牡丹江地区农机局局长，1962年至1963年，任牡丹江地区物资局副局长，1964年12月，任中共鸡东县委书记，筹建鸡东县。1965年7月，任牡丹江地委"社教"总团宁安分团任团长。1967年3月，任牡丹江地区交通局局长。1971年，任牡丹江地区农机局局长。1985年退休。1991年去世。

徐廷照

徐廷照 1918年生，1944年参加工作，1945年，任兴隆镇（青川乡）武装助理，1946年，任十区（青川乡）副区长。1947年，任延寿镇区委副书记、区长，四区（加信镇）区委书记。1953年，任县政府秘书，1953年3月至1956年9月，任延寿县副县长、副书记，1962年12月至1964年5月，任延寿县副县长，1964年5月至1965年5月，任延寿县县长。1968年，任尚志县副县长。1980年10月29日去世。

林培文

林培文 黑龙江省延寿县人,1926年出生，1947年参加工作。历任延寿县区委干事、区委委员，县委组织部干事、副部长兼人事局局长、部长、县委书记处书记、副书记，玉河公社革委会主任、县革委会副主任、县委副书记。1956年3月至1958年3月，任延寿县副县长。1970年10月至1972年9月，延寿县革委会副主任。1972年9月任通河县委副书记、县人大常委会主任。

张显斌

张显斌 1956年6月至1958年3月，任延寿县副县长（资料不详）。

杨浩天 朝鲜咸境北道人，1924年12月出生，朝鲜族。1945年6

月至1948年7月，在东北军政干部学校学习。1948年8月至1949年12月，在林口县政府工作，并加入中国共产党。1950年1月至1953年10月，在中国人民志愿军第二十四军七十二师政治部工作（其间荣获二等功一次，三等功二次）。1954年11月至1957年7月，在黑龙江省委组织部工作。1957年8月至1966年5月，任延寿县人民政府副县长。1971年4月至1975年12月，任延寿县革命委员会副主任。

杨浩天

李树德　1960年5月至1962年3月，任延寿县县长（资料不详）。

李树德

雷雨田　曾用名雷建生，河北省宁晋县人，1925年8月出生，汉族，1943年参加革命工作，1946年加入中国共产党。曾任宁晋县抗日政府通讯员，冀中十一地委刻写员，中共宁晋县区委宣传委员、秘书，宁晋县委组织部干事、宁晋县委组织部副部长，中共南和县委组织部负责人，中共南和县委副书记，延寿县委书记处书记。1962年12月至1964年5月，任延寿县县长。1964年5月至1968年，任延寿县委第一书记兼武装部政委，牡丹江市郊区革命委员会主任、党的核心小组组长。1969年6月，任哈尔滨市革命委员会群众工作委员会副主任、党的核心小组副组长、哈尔滨市香坊区委副书记兼革命委员会主任。1975年7月，任中共哈尔滨市香坊区委书记兼武装部政委。1980年6月，任黑龙江省委、省政府信访办公室副主任。1986年12月离休。

雷雨田

邱立民

邱立民　1964年5月至1966年5月，任延寿县副县长（资料不详）。

路青发　1964年5月至1966年5月，任延寿县副县长（资料不详）。

陆青发

郑福友　1966年1月至1966年5月，任延寿县副县长（资料不详）。

邵永林　1966年3月至1982年9月，历任副县长、县革委会副主任、县委副书记、副县长、县长。

戚昆玉　1967年5月至1967年11月，任县革命委员会主任（资料不详）。

邵永林

刘凤岐　黑龙江省宾县人，1927年8月出生，汉族，呼兰工农干部文化学校毕业。1946年参加工作，1947年8月加入中国共产党。历

刘凤岐

任宾县满井区农会干事、满井、塘坊、宾安区区长、区委书记，宾县组织部部长、纪检书记，水电部哈尔滨勘测设计院党委书记，牡丹江专员公署水利局局长、党委书记，延寿县委副书记、革命委员会副主任、县委书记。1980年3月至1982年8月，任尚志县委书记。1982年8月至1987年8月，任松花江地委纪检书记、顾问。1987年8月退休。

梁岫荣 1968年2月至1969年2月，任延寿县革委会副主任。1969年，任密山县革委会副主任、密山县委书记。

刘忠林

刘忠林 1969年2月至1975年12月，任延寿县革委会副主任（资料不详）。

丁云华

丁云华 山东省寿光县西北村人，1923年出生，初中文化，1938年7月入伍，1939年10月加入中国共产党，13至14岁给地主扛活，15岁加入中国共产党领导的抗日部队。1938年7月，为山东一纵队三支队战士。鲁中军区第一旅警卫连班长、副排长、队长。曾任辽东军区警卫营副连长、连长，安东军区警卫团三营副营长，169师507团二营营长，松花江军区伊春武装部部长。1957年，任延寿县武装部兵役局局长。1959年，任延寿县武装部部长。1967年11月，任延寿县革委会代理主任。1968年10月，任延寿县革委会主任。1969年2月，任密山县革委会主任。1971年3月，任黑龙江省军区后勤部副部长。1968年11月于机关干休所离休。1993年4月病逝。

张玉珂

张玉珂 黑龙江省龙江县人，1929年4月出生，汉族，1947年7月参加革命，1949年6月加入中国共产党。历任二纵队四师十二团宣传队分队长、一营文书，第四野战军三九军一一五师三四五团七连文化教员、副指导员，第四野战军三九军一一五师政治部记者，中国人民志愿军三九军一一五师战地记者，黑龙江军区政治部组织科助理员，黑龙江军区公安三团政治处党务助理员、秘书，牡丹江军分区政治工作科助理员、政治部宣传科助理员、干事，黑龙江省林口县武装部政工科科长、副政治委员。1968年10月至1969年2月，任延寿县革委会副主任，1969年2月至1978年2月，任延寿县革委会主任，延寿县人民武装部政治委员兼中国共产党延寿县委书记，黑龙江省松花江军分区副政委，黑龙江省绥化军分区副政委、副师职顾问。1955年9月被授予中尉军衔，1958年8月被授予上尉军衔，1962年6月授予大尉军衔。2022年4月

12日7时50分在解放军第962医院逝世，享年94岁。

王　纯

王　纯　女，山东省滕州人，1943年2月出生，汉族，大专学历，1970年5月加入中国共产党，1973年参加工作。1968年10月至1970年4月，任延寿县革委会副主任。1970年4月至1973年4月在黑龙江大学哲学系学习。1973年4月至1974年10月任延寿县加信中学政治教师。1974年10月至1986年8月任方正县卫校政治教师。1986年8月至1993年1月任核工业部甘肃省铀矿下属学校政治教师。1993年1月至1994年2月任核工业部甘肃省淀粉厂办公室工作人员。1994年3月退休。

贾湘岚

贾湘岚　女，辽宁省锦州人，1942年4月出生，汉族，大专学历，1970年5月加入中国共产党。曾任牡丹江曙光誊写社誊写员、牡丹江东安区新安分社工业科统计员、牡丹江东安区政府办公室工作人员、牡丹江东安区工艺美术文书、牡丹江精简下放延寿县务农、密山县三棱通公社社教队员、青川公社兴隆大队民兵连长、延寿县贫代会主任。1968年10月至1970年6月，任延寿县革委会副主任。1970年7月至1972年7月在黑龙江大学哲学系学习。1972年8月至1982年3月，任牡丹江市物资局宣传科干部。1982年4月至1985年6月，任牡丹江市物资局宣传部副部长。1985年7月至1986年9月，任牡丹江市物资局宣传部正科级副部长。1986年10月至1988年9月，任牡丹江市金属材料公司工会主席。1993年5月退休。

王　杰

王　杰　1978年2月至1978年12月，任延寿县革委会副主任（资料不详）。

赵殿宝

赵殿宝　详见“县人大常委会主任、副主任简介”。

王　敏

王　敏　女，1970年10月至1980年1月，任延寿县革委会副主任，1980年9月1984年4月，任延寿县副县长。1986年调转哈尔滨市，先后任黑龙江省计划生育研究所所长、黑龙江省计划生育培训中心主任、黑龙江省计划生育委员会副主任。

王明远　1947年8月至1948年10月在海伦县伦河镇公营酒厂做练习生。1948年10月至1956年9月，任黑龙江财政厅副科长。1956年9月至1958年7月，任黑龙江民政厅副科长。1958年7月至1967年1月，任牡丹江行署计委副局长。1968年7月至1972年7月，任延寿县革委会副主任、县委常委。1972年7月至1983年11月，任松花江行署统计局局长。1983 年 11 月任黑龙江省建行储蓄处处长。

王　维

王　维　1969 年 11 月至 1974 年 8 月，任延寿镇公社党委书记、革委会主任。1973 年 6 月到 1978 年 2 月，任延寿县革委会副主任。1974 年 9 月，任延寿县委常委、革委会副主任、县委副书记。（详见县人大常委会主任、副主任简介）。

孙　富　1973 年 6 月至 1974 年 10 月，任县革委会副主任（资料不详）。

孙　富

张景祥

张景祥　1974 年 12 月至 1978 年 2 月，任县革委会副主任（详见县人大常委会主任、副主任简介）

李兆栋　1975 年 11 月至 1978 年 8 月，任县革委会副主任（资料不详）。

李兆栋

张德友

张德友　延寿县加信人，1939 年 7 月出生，汉族，本科学历，1963 年 7 月参加工作，1970 年 9 月加入中国共产党。曾任延寿县教师进修学校教师、县革命委员会常委、县工代会副主任、县文卫组组长、县五七干校副主任、县委办公室副主任、县委政治部副主任副书记、共青团延寿县委员会书记、县委常委、县委宣传部部长、县革委会副主任、县科委副主任、县粮食局系统工会主席、县多种经营办公室副主任、县商业党委副书记、县教委纪检书记。1996 年 4 月退养。

刘长年

刘长年　1981 年 7 月至 1983 年 3 月，任延寿县人民政府副县长（详见县人大常委会主任、副主任简介）。

金秀吉

金秀吉　朝鲜平安北道人，1940 年 9 月出生，朝鲜族，中专学历，1962 年 2 月参加工作，1965 年 10 月加入中国共产党。1962 年 2 月至 1963 年 2 月，为方正县天门公社光明生产大队社员。1963 年 3 月至 1973 年 8 月，任延寿县加信镇民丰村团支书、大队长、党支部书记。1973 年 8 月至 1974 年 11 月，任延寿县加信人民公社党委副书记兼民丰村党支部书记。1974 年 12 月至 1979 年 4 月，任延寿县革委会副主任。1979 年 4 月至 1980 年 8 月，任延寿县六团人民公社党委副书记。1980 年 8 月至 1981 年 9 月，任延寿县六团人民公社社长。1981 年 9 月至 1986 年 1 月，任延寿县中和公社党委书记。1986 年 1 月至

1987年8月，任延寿县加信镇党委书记。1987年8月至1993年8月，任延寿县纪检委书记。1993年9月至1997年9月，任延寿县人民政府副县长。

王久本　黑龙江省延寿县人，1926年出生，汉族，初中学历，1946年11月参加工作，1949年8月加入中国共产党。历任东北财经办事处驻延寿采买局战士、会计，东北军需处鸡鸭公司、吉林办事处、材料局采办处会计，中南军区军需部合作社会计、军需部政治部书记、军需政治部秘书，总后勤部军需生产政治部秘书，中国人民解放军第二政治干部学校学员，中国人民志愿军政治部秘书，特种工程指挥部、司令部、政治部助理员，特种工程指挥部、政治部、组织部助理员，工程兵五十四师政治部秘书科科长，工程兵第一二二团副政委、政委，工程兵五十四师政治部副主任。1980年1月至1980年9月，任延寿县革命委员会副主任。

王久本

李东林

李东林　1980年9月至1983年，任县政府副县长（详见县人大常委会主任、副主任简介）。

张金凯（左一）

张金凯　延寿县六团镇人，1943年出生，大专学历，1959年参加工作，1965年加入中国共产党。1959年，任延寿县六团乡兴胜小学教员、六团小学教员。1965年，任青川乡河沿小学教导主任。1966年，任县委宣传部干事。1969年，任县广播站编辑、副站长。1971年，任县委组织部干事。1972年，任县委办秘书。1974年，任县委办副主任。1979年3月，任柳河公社党委书记。1980年9月至1981年9月，任县政府副县长。1984年1月，任县政府县长。1985年1月至1987年3月，任县委书记。1987年3月，任伊春市委副书记。1992年，任黑龙江省监狱管理局局长、党委书记。1994年4月，任大兴安岭地委副书记。1997年11月，任黑龙江省政协民族宗教委员会副主任（正厅级）、政协常委。2008年6月退休。

徐志文　黑龙江省延寿县人，1940年出生，汉族，中师文化，1955年7月参加工作，1960年8月加入中国共产党。1955年7月至1976年，任延寿县平安乡中心小学教员，延寿县五人小组办公室干部，延寿县文化、盘龙、新生小学副主任，延寿县中内层清理办专干，延寿县委办公室干事，延安乡党委副书记，延寿县广播科负责人。1976年

徐志文（右一）

至1981年9月，任县农机局局长、县委组织部部长。1981年9月至1983年3月，任县人民政府副县长、纪检委书记、延寿县委副书记。1990年3月至1992年11月，任延寿县人民政府县长。

苏有富 1983年7月至1987年9月，任县委常委、副县长（详见人大常委会主任、副主任简介）。

苏有富

蔡玉池 延寿县延寿镇人，1940年4月24日出生，1964年参加工作，1976年3月加入中国共产党。1964年8月至1971年，任哈尔滨船厂工程师。1971年8月至1972年8月，任呼兰县电机厂生产调度。1972年8月至1974年，任延寿县机床厂生产调度，1974年至1980年6月，任县政府工业科科员、副科长，1980年5月至1981年5月，任县政府工业科科长。1981年9月至1983年3月，任延寿县人民政府副县长。1983年至1986年，任巴彦县政府副县长。1986年5月至1992年5月，任松花江地委行署乡镇企业局副局长、局长。1992年至1996年6月，任松花江地区行署科委主任。1996年6月，任哈尔滨市政府科委副主任。2000年2月退休。

蔡玉池

李复华

李复华 河南方城县人，1941年出生，汉族，大学学历，1968年8月参加工作，1977年9月加入中国共产党。1968年8月至1970年3月，在黑龙江省军区五七干校劳动。1970年4月至1977年10月，负责延寿县电子元件厂调度。1977年10月至1980年1月，任延寿县电子元件厂副厂长。1980年1月至1983年9月，任延寿县电子元件厂书记。1983年3月至1984年1月，任延寿县工业科副科长。1984年1月至1990年2月，任延寿县人民政府副县长、延寿县委副书记。

申龙日

申龙日 籍贯韩国，朝鲜族，1950年11月17日出生，大专学历，1972年7月加入中国共产党，1973年参加工作。曾任延寿县加信镇农业技术推广站技术员，延寿县加信镇农业技术推广站副站长、站长，延寿县加信镇政府经济管理委员会副主任，延寿县人民政府副县长，松花江地区种子公司副经理、副处长，松花江地区行署民委副主任，松花江地区行署民委主任，哈尔滨市民族宗教事务局副局长、党组成员，哈尔滨市科学技术协会副主席、党组成员，哈尔滨市政协常委、市政协科教文委副主任。

邵志忠

邵志忠 黑龙江省宾县人，1939 年 7 月出生，汉族，哈尔滨师范大学毕业，1964 年 8 月参加工作，1970 年 3 月加入中国共产党。曾任黑龙江省木兰县第三中学校教师，黑龙江省宾县组织部组织组秘书，黑龙江省宾县鸟河公社党委书记，黑龙江省宾县政府副县长，延寿县政府县长，黑龙江省松花江地区行署林业局局长，松花江地区行署建材、机械、电子、冶金工业局局长，哈尔滨市机械工业局副局长。

胡新民

胡新民 辽宁省辽阳县人，1937 年出生，汉族，大专文化，1954 年 8 月参加工作。1954 年 8 月至 1964 年 2 月，任冶金部吉林二〇一厂技术员、冶金部大冶铜矿技术员。1964 年 2 月至 1988 年 11 月，任延寿县物资公司副经理、县第二工业科副科长、县经委副主任、主任。1988 年 11 月至 1997 年 12 月，任延寿县人民政府副县长。

闫杰民

闫杰民 男，汉族，1940 年 8 月出生，大专学历，1958 年参加工作，1964 年 6 月加入中国共产党，1958 年 4 月至 1966 年 1 月，任延寿县太安公社新立、六团小学教员，太安中心校副教导主任。1966 年 1 月至 1967 年 10 月，任县广播站编辑，县革委政治部秘书、副组长、调查组干事。1967 年 11 月至 1968 年 1 月，任县五七干校学员。1968 年 1 月至 1968 年 4 月，任下放锻炼兼大队副支书。1968 年 4 月至 1971 年 8 月，任县革委调查组干事、秘书组长、办公室副主任。1971 年 8 月至 1973 年 2 月，任玉河公社党委副书记。1973 年 3 月至 1983 年 10 月，任县委办副主任、常委宣传部部长、常委办公室主任。1983 年 11 月至 1985 年 7 月，任松花江地委党校学员。1985 年 7 月至 1986 年 3 月，任县委常委、宣传部部长。1986 年 3 月至 1987 年 8 月，任县政府副县长。

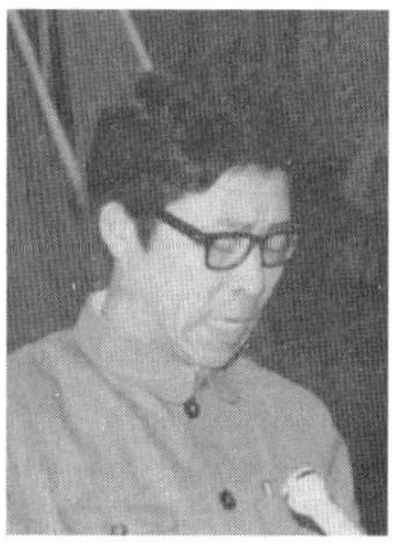
范德武

范德武 1987 年 9 月至 1990 年 2 月，任延寿县县长（资料不详）。

刘 峰 籍贯辽宁新金，1944 年 8 月出生，汉族，大专学历，1962 年参加工作，1976 年 7 月入党。1963 年 2 月至 1965 年 11 月，任黑龙江省林学院虎峰实验林场资料员。1972 年 10 月至 1978 年 3 月，任尚志市粮食局科员。1978 年 3 月至 1980 年 8 月，任尚志市委办秘书。1981 年 2 月至 1981 年 9 月，任尚志市委办副主任。1981 年 9 月至 1982 年 11 月，任松花江地区组织部培训科副科级干部。1984 年 11 月至 1986 年 5 月，

刘 峰

任尚志县委组织部部长（副处级）。1986年8月至1986年11月，任借调黑龙江省委组织部组织处。1986年11月至1987年4月，任松花江地委整党办副主任。1987年4月至1989年9月，任延寿县委常委、政府副县长。1989年9月至1991年2月，任松花江地委建筑设计院院长。1991年2月至1992年11月，任尚志市政府副市长。1992年11月至1996年3月，任中共尚志市委常委、副书记。1996年3月至1997年9月，任尚志市政协副主席。

刘同富

刘同富 黑龙江五常市人，1942年出生，汉族，大专学历，1962年8月参加工作，1974年4月加入中国共产党。1962年8月至1965年8月，任五常县胜利公社七一小学教员。1965年8月至1971年4月，任五常县胜利中学教员、校长。1971年4月至1981年3月，任五常县胜利公社党委委员、副主任、副书记、主任、书记。1981年3月至1984年2月，任五常县山河镇党委书记。1984年2月至1989年9月，任五常县政法委书记、县委常委。1989年9月至1995年5月，任延寿县委常委、副县长、县委副书记、县长。

张东辉（前排左三）

张东辉 曾用名张凤有，黑龙江齐齐哈尔人，1945年出生，汉族，大学学历，1968年12月参加工作，1971年11月30日加入中国共产党。1968年12月至1976年，任呼玛县专案组工作人员、呼玛县开库康公社团委书记、副主任。1976年至1986年，任延寿镇副主任、副书记，县农业科副科长，农业党委副书记，农业区划办副主任，寿山乡党委书记，县委农工部部长。1986年至1992年11月，任延寿县人民政府副县长。1992年11月至1997年9月，任延寿县人民政府常务副县长。

刘嘉亮

刘嘉亮 汉族，1953年7月生，黑龙江哈尔滨人，1969年8月参加工作，1984年7月加入中国共产党，黑龙江省艺术学校美术设计专业毕业，大学学历。1969年至1973年，下乡至新香坊实验农场。1973年至1976年，在黑龙江省艺术学校舞美设计专业就读。1976年至1977年，任黑龙江省杂技团舞美设计。1977年至1983年，任黑龙江省龙江剧院舞美设计。1984年至1985年，任黑龙江省文化厅机关党委。

1985年至1987年，任黑龙江省文化厅企业公司副总经理。1987年至1990年，任黑龙江省延寿县政府副县长。1990年至2000年，任黑龙江省杂技团团长。2000年至2013年，任东北烈士纪念馆馆长。2013年退休。

李同敬 辽宁省瓦房店人，1936年出生，汉族，中专文化，1956年8月参加工作，1983年6月加入中国共产党。1956年8月至1989年4月，任第三机械工业部设计院技术员，国营松江电机厂技术员、技术组长，国营星光机械厂技术员、工程师、技术业务组长、试验站长、检验处长。1987年3月至1989年10月，任延寿县人民政府副县长。

刘兆亿

刘兆亿 山东费县人，1945年出生，汉族，大学学历，1970年9月参加工作，1976年10月加入中国共产党。曾任大兴安岭松岭区古源林场汽车队副队长，延寿县委政研室农工部干事，延寿县农机局副局长，延寿县水利局副局长，延寿县玉河乡党委书记，延寿县委农村工作部副部长，延寿县委常委、农村工作部部长，延寿县委常委、县委办公室主任，延寿县人民政府副县长。1993年5月至1996年3月，任延寿县委常委、延寿县人民政府副县长。

尹 太

尹 太 1990年8月至1993年9月，任县政府副县长（详见人大常委会主任、副主任简介）。

张春雨

张春雨 黑龙江延寿县人，1940年出生，汉族，大学学历，1966年2月参加工作。历任延寿县六团公社粮管所粮食员，延寿县粮食局科员，延寿县财贸办公室干事，延寿县委组织部秘书、副科级秘书，延寿县委办公室副主任，延寿县委组织部副部长，延寿县县社主任，延寿县人民银行行长，延寿县委办公室主任，延寿县财政局局长。1992年5月至1994年1月，任延寿县政府副县长。

潘福生

潘福生 1992年12月至1993年11月，任延寿县副县长（详见县人大常委会主任、副主任简介）。

杜春光 黑龙江省延寿县人，1943年1月出生，满族，大专学历，1961年7月参加工作，1972年加入中国共产党。曾任加信公社太和小学、加信农业中学教师，加信中学教师。1976年6月至1981年3月，任加信人民公社革委会副主任，加信人民公社党委副书记，加信人民公社管理委员会主任，加信镇副书记、镇长兼经委主任，六团镇党委书记，延寿县委农村工作部副部长、农业办主任。1995年至1996年3月，任延寿县人民政府副县长。

杜春光

1996 年 3 月，任延寿县委常委、副县长。

李克军　黑龙江省五常市人，1950 年 10 月出生，汉族，大学学历，1968 年 5 月参加工作，1973 年 7 月加入中国共产党。曾任五常县兴盛乡民办教师、广播站负责人，五常县志广中学教员、副校长，五常县第七中学副校长、党支部副书记，五常县文教科科员，五常县委党校教员，松花江地委办公室秘书、副科长、科长，松花江地委政策研究室主任。1995 年 5 月，任延寿县人民政府副县长、代县长。1998 年 3 月任中共延寿县委书记。

李克军

杨靖武　黑龙江木兰县人，1952 年 8 月出生，汉族，大专学历，1970 年 8 月参加工作，1973 年 6 月加入中国共产党。1970 年 8 月至 1975 年 11 月，任木兰县东兴大修厂工人、副厂长。1980 年 8 月至 1984 年 1 月，任木兰县委农工部干事。1984 年 1 月至 1984 年 4 月，任木兰县农业局副局长。1984 年 4 月至 1990 年 5 月，任木兰县利东镇党委书记 。1990 年 5 月至 1992 年 2 月，任木兰县委组织部副部长。1992 年 3 月至 1992 年 11 月，任木兰县委常委、组织部部长。1992 年 11 月至 1996 年 3 月，任延寿县委副书记。1996 年 3 月至 1997 年 10 月，任延寿县委副书记、县长。

杨靖武

杨志明　1994 年 4 月至 1995 年 4 月，任延寿县副县长（资料不详）。

李经健　1994 年 5 月至 1995 年 12 月，任延寿县副县长（科技副县长，资料不详）

曾胜利　1994 年 11 月至 1999 年 12 月，任延寿县副县长（挂职，资料不详）

吕洪奎　1995 年 4 月至 1995 年 12 月，任延寿县副县长（挂职，资料不详）

于建明　1995 年 10 月至 1997 年 5 月，任延寿县副县长（挂职，资料不详）

徐增得　黑龙江省五常市人，1954 年 9 月出生，满族，1973 年 1 月参加工作，1973 年 10 月加入中国共产党。曾任五常县冲河公社兴国大队副队长、副支部书记，五常县冲河公社中学副校长，五常县冲河公社党委委员、管委会副主任，五常县冲河公社党委副书记，五常县常堡公社党委副书记、经委主任，五常县双桥子满族乡书记、人大主席团主席，五常县营城子满族乡党委书记、人大主席团主席，五常市纪律检查委员会副书记、哈五公路改造工程总指挥，五常市副市长，延寿县委常委、人民政府副县长。2000 年 6 月，任延寿县人民政府县长（代），2001 年 1 月至 2002 年 10 月，任延寿县人民政府县长。

赵玉江（左一）

赵玉江 黑龙江省延寿县人，1949年2月出生，汉族，1968年2月参加工作，1969年5月加入中国共产党。1968年2月参加中国人民解放军，1969年8月任中国人民解放军3320部队政治干事。1973年1月至1994年1月，历任延寿县粮食局科员，延寿县粮食局粮食管理所副所长，延寿县制米厂副厂长、厂长、书记，延寿县人大常委会办公室副科级秘书，延寿县人大常委会办公室副主任，延寿县人大信访办公室主任，延寿县工业局局长，延寿县经济委员会主任。1994年1月至1996年3月，任延寿县人民政府县长助理。1996年3月至2002年2月，任延寿县人民政府副县长。

张富江 黑龙江省延寿县人，1960年6月出生，汉族，大专学历，1977年8月参加工作，1983年12月加入中国共产党。曾任县农业局科员、延寿县农业局股长、寿山乡党委副书记、延寿县新村乡党委书记。1996年3月至2000年12月，任延寿县人民政府副县长。

牛洪波

牛洪波 女，山东省邹平县人，1964年10月出生，汉族，大学学历，1985年7月参加工作，1995年8月加入中国共产党。1985年7月至1996年11月曾任财政部外汇外事司经费处干部、北京市通县财政局干部（挂职）、中国驻毛里求斯大使馆文化处会计、财政部外汇外事司经费处干部、财政部外汇外事司国际处助理调研员。1996年11月至1998年2月延寿县人民政府副县长。

周云淑 女，1997年5月至1997年10月，任延寿县副县长（资料不详）。

赵长满 1962年1月出生，汉族，研究生学历，1979年10月参加工作，1989年4月加入中国共产党。1979年10月至1997年9月曾任延寿县果品公司知青厂厂长，延寿县延寿镇供销合作社主任，延寿县东风商场经理，延寿县国有资产管理局股长，延寿县国资局副局长，延寿县国资局局长，延寿县供销党委书记、县社主任。1997年9月至2005年1月，任延寿县人民政府副县长。

尹德亮

尹德亮 1963年11月出生，汉族，大学本科学历，1985年参加工作。1985年至1997年11月，在黑龙江省科学院自然与生态研究所（原黑龙江省科学院自然资源研究所）工作，任党委副书记。1997年11月至2002年9月，任延寿县人民政府副县长。

姜显有

姜显有 山东掖县人，1964年5月10日出生，汉族，中央党校毕业，1998年4月入党。1982年11月为81358部队战士。1986年1月至2018年1月，历任省公安厅安康医院民警、省政府农业开发办公室秘书处科员、省政府农业开发办公室秘书处副主任科员、省政府农业开发办公室秘书处主任科员、省政府农业开发办公室助理调研员（延寿县科技副县长）、省农业开发办公室土地项目处助理调研员、省农业开发办公室多种项目经营处副处长、省农业开发设计所所长、省农发办世行项目处处长、省农发办多种经营项目处处长、省农发办农业产业化项目处处长、省农发办项目管理二处处长。

隋海滨

隋海滨 辽宁宽甸人，1965年9月出生，汉族，大学本科，法学学士，1987年7月参加工作，1994年6月加入中国共产党，1987年7月至1999年9月，曾任哈尔滨市总工会法律顾问处科员、哈尔滨市总工会法律工作部副主任科员、巴彦县镇东乡副乡长（挂职）、哈尔滨市总工会法律工作部主任科员。1999年10月至2000年12月，任延寿县人民政府县长助理。2000年12月至2002年9月，任延寿县人民政府副县长。

王绍维

王绍维 黑龙江省通河县人，1962年10月出生，汉族，研究生学历，1984年7月参加工作，中共党员。1984年7月至2001年1月，曾任通河县教育局电教馆馆员，通河县教委人事股副股长，通河县教委宣传委员、组织委员、纪检书记、副主任、党委委员，通河县岔林河乡副书记、乡长，通河县委宣传部副部长，通河县人民政府副县长。2001年1月至2002年9月，任延寿县人民政府副县长。

李新友

李新友 2000年12月至2002年9月，任延寿县副县长（详见县人大常委会主任、副主任简介）。

董绍涛 黑龙江省方正县人，1965年3月出生，汉族，研究生学历，1984年7月参加工作，1982年8月加入中国共产党。历任方正县第一中学教师，方正县委政研室调研员，方正县会发镇政府副镇长，方正县委政研室副主任，方正县委办公室副主任、政研室主任，方正县天门乡党委副书记、乡长，方正县天门乡党委书记，方正县委常委、宣传部部长。2002年9月至2005年1月，任延寿县人民政府副县长。2006年11月

董绍涛

至2010年4月，任县组织部部长。

么彦才

幺延才　黑龙江省木兰县人，1958年11月出生，汉族，研究生学历，1978年3月参加工作，中共党员。曾任木兰县东风乡四合学校、中心小学、东风中学教员，木兰县东风乡总校教研员、工会主席、教师辅导员，木兰县教师进修学校语文教研员，木兰县委宣传部社宣组组长，木兰县教委副主任，共青团木兰县委书记、人大常委会委员，木兰县建国乡党委书记，木兰县计委主任，木兰县经济计划局党委书记、局长。2002年9月至2006年11月，任延寿县人民政府副县长。2006年12月至2016年12月，任县政协副主席。

张英波

张英波　女，黑龙江省尚志人，1967年7月出生，汉族，大学学历，1987年7月参加工作，1987年6月加入中国共产党。历任呼兰师范专科学校教师，尚志市广播电视局编辑，共青团尚志市委员会副书记、书记，尚志市万山乡党委书记、人大主席，尚志市一面坡镇党委书记、人大主席，延寿县人民政府副县长。2010年4月至2011年9月，任县纪委书记。

黄　明

黄　明　湖南汉寿人，1957年9月出生，汉族，高级政工师，研究生学历，1975年7年参加工作，1982年7月加入中国共产党。历任阿城县第二中学教师，共青团阿城县委副书记，共青团松花江地委干事、工农青年部副部长、部长、办公室主任、副书记（主持工作）。1993年5月至1997年7月，任中共延寿县委员会副书记。1997年7月至2002年9月，任中共延寿县委员会副书记、党校校长。2002年9月，任中共延寿县委员会副书记、县人民政府县长。

刘志国

刘志国　黑龙江省双城人，1963年3月出生，汉族，研究生学历，高级政工师，1984年3月入党，1984年7月参加工作。1984年7月至1985年1月，任黑龙江省双城县联兴乡政府统计助理，共青团双城县委副书记，黑龙江省双城市监察局副局长，双城市监察局局长，双城市金城乡党委书记，双城市前进乡党委书记，双城市委常委、纪委书记，双城市委常委、副市长，双城市委副书记。2002年9月至2004年6月，任延寿县委副书记。2004年6月至2006年11月，任延寿县委副书记、县人民政府县长。

杨晓春　黑龙江省依兰县人，1960年8月出生，汉族，大学学历，1983年7月参

杨晓春

加工作，中共党员。1983 年 7 月至 2005 年 4 月历任依兰县农机局科员，依兰团委副书记，依兰县德裕镇党委副书记，依兰县德裕镇党委副书记、镇长，依兰县人民政府办公室主任，依兰县人民政府副县长。2005 年 4 月，任延寿县人民政府常务副县长。2011 年 12 月至 2016 年 12 月，任县政协主席。

代尔米

代尔米 黑龙江省林口县人，1963 年 2 月出生，汉族，大学本科学历，1982 年 9 月参加工作，中共党员。1982 年 9 月至 1988 年 10 月，任牡丹江化工二厂技术员、微机程序维护员。曾任牡丹江橡塑厂填充剂车间主任、助理工程师，牡丹江化工二厂化肥分厂厂长、工程师，牡丹江化工二厂经营副厂长兼化肥分厂厂长，黑龙江省农科院牡丹江农科所牡丰专用肥有限公司总经理。2004 年 5 月，任延寿县人民政府科技副县长。

马冰哲

马冰哲 哈尔滨市呼兰区人，1959 年 10 月出生，汉族，大学学历，1976 年 12 月参加工作，1980 年 1 月加入中国共产党。历任解放军 81581 部队战士，呼兰县第二中学教师，呼兰县政协干事，呼兰县方台乡副乡长，呼兰县杨林乡党委副书记、乡长，呼兰县康金镇党委副书记、镇长，呼兰县康金镇党委书记，呼兰县人民政府副县长，尚志市人民政府副市长，尚志市委常委、人民政府副市长，尚志市委常委、纪委书记。2006 年 11 月至 2010 年 4 月，任延寿县委副书记、人民政府县长。

封殿辉 黑龙江省依兰县人，1962 年 8 月出生，汉族，研究生学历，1981 年 12 月参加工作，1985 年 6 月加入中国共产党。曾任依兰县农业银行农金员、记账员，依兰团县委干事，依兰团县委宣传部部长，依兰县委政研室干事，依兰县委办公室常委秘书，依兰县德裕镇党委副书记，依兰团县委书记，依兰县演武基乡党委书记，依兰县委常委、宣传部部长，依兰县政府副县长，通河县委副书记、纪委书记，通河县委副书记、纪委书记兼政法委书记，通河县委副书记、党校校长。2010 年 4 月至 2011 年 3 月，任延寿县委副书记、县长。2011 年 3 月至 2017 年 8 月，任延寿县委书记。

武传刚 山东省平邑县人，1971 年 3 月出生，汉族，大学学历，1994 年 1 月参加工作，1995 年 6 月加入中国共产党。曾任尚志市亚布力镇组织干事、宣传委员、武装部长、副镇长、党委副书记，尚志市帽儿山镇党委副书记、镇长，帽儿山镇党委书记、人大主席。2006 年 11 月至 2011 年 10 月，任延寿县人民政府副县长。2011 年 10 月，任延寿县委副书记。

李学雷

李学雷　2006年11月，任延寿县副县长（详见县人大常委会主任、副主任简介）

王显峰

王显峰　黑龙江省依兰县人，1969年6月出生，汉族，大学学历，1991年8月参加工作，1999年9月加入中国共产党。曾任依兰县财政局科员，依兰县财政局副局长，依兰县财政党委书记、局长，延寿县政府副县长。2011年9月，任中共延寿县委常委、纪检书记。

郑　义

郑　义　吉林省公主岭市人，1962年10月出生，汉族，研究生学历，1978年3月参加工作，1985年9月加入中国共产党。历任依兰县德裕镇新兴校教师，依兰县德裕镇经管站会计、站长，依兰县德裕镇工交助理、党委纪检书记、党委副书记，依兰县宏克力镇党委副书记、镇长、党委书记，依兰县财政局总支书记、局长。2006年11月至2010年5月，任延寿县人民政府副县长。

丁宇航

丁宇航　1971年2月出生，汉族，研究生文化，博士学位，管理学博士后，1992年7月参加工作，1998年6月加入中国共产党。曾任黑龙江美术出版社编辑、加拿大东方艺苑有限公司经理、黑龙江美术出版社选题开发部主任、《神童画报》杂志社副主编，黑龙江省人民政府办公厅五处、三处主任科员，副省长秘书、常务副省长秘书，黑龙江发展改革委人事处副处长，黑龙江省发展改革委政策法规处处长，中共北安市委常委、市政府副市长（挂职）。2011年5月至2011年12月，任中共延寿县委副书记、延寿县人民政府代县长。2011年12月至2018年9月，任中共延寿县委副书记、延寿县人民政府县长。

郭兆峰

郭兆峰　黑龙江省五常县人，1963年10月出生，汉族，大学学历，1984年8月参加工作，1992年6月加入中国共产党。历任五常县安家镇农业技术推广站站员，五常县农业技术推广中心技术员，五常县农业局股长，五常县红旗满族乡副乡长，五常市龙凤山乡党委副书记，五常市龙凤山乡党委副书记、乡长，五常市农业党委书记、局长，五常市政府办主任，五常市人大常委会副主任。2010年5月至2011年9月，任延寿县委常委、宣传部部长。2011年9月，任延寿县人民政府副县长。2016年12月至2019年5月，任县政协主席。

刘　岩　女，辽宁省瓦房店人，1965年7月出生，汉族，大学学历，1987年7月

刘 岩

参加工作，1993 年 7 月加入中国共产党。曾任尚志市一曼中学教师，尚志市妇联干事，尚志市政府儿少办主任，尚志市直机关工委副书记，尚志市直属机关工委书记，尚志市河东朝鲜民族乡党委书记、人大主席。2010 年 5 月，任延寿县人民政府副县长。

程晓飞

程晓飞 黑龙江省延寿县人，1975 年 3 月出生，汉族，研究生学历，1992 年 12 月参加工作，1994 年 3 月加入中国共产党。历任延寿县平安乡团委书记，延寿县平安乡组织干事、宣传干事、组织委员，共青团延寿县委员会副书记，共青团延寿县委员会书记，延寿县加信镇党委副书记、镇长，延寿县青川乡党委副书记、乡长，延寿县青川乡党委书记、人大主席，延寿县政府党组成员、办公室主任，延寿县委办公室主任。2011 年 9 月，任延寿县人民政府副县长。

呼大鹏

呼大鹏 辽宁省开原人，1968 年 11 月出生，满族，大学学历，1991 年 9 月参加工作，1996 年 5 月加入中国共产党。历任尚志市粮食局办公室秘书，尚志市委办公室秘书，尚志市委办公室综合科科长，尚志市委常委会秘书，尚志市委办公室副主任、常委会秘书，尚志市苇河镇党委副书记、镇长，尚志市马延乡党委书记、人大主席，尚志市委组织部副部长。2011 年 9 月至 2012 年 12 月，任延寿县委常委、宣传部部长。2012 年 12 月至 2016 年 11 月，任延寿县人民政府副县长。

林 岩 黑龙江省哈尔滨市人，1966 年 11 月出生，汉族，研究生学历，1987 年 9 月参加工作，1998 年 6 月加入九三学社。1987 年 7 月至 1992 年 3 月，任哈尔滨特产研究所干部。1992 年 3 月至 2003 年 2 月，任九三学社哈尔滨市委员会组宣部科员、组宣部副主任科员、办公室副主任科员、办公室主任科员。2003 年 2 月至 2014 年 9 月，任九三学社哈尔滨市委员会参政议政部负责人、主任科员、参政议政部副部长、参政议政部部长、办公室主任。2014 年 9 月至 2016 年 9 月，任延寿县挂职副县长。

杨 勇

杨 勇 黑龙江省密山市人，1969 年 3 月出生，汉族，大学文化，1991 年 7 月入党，1991 年 7 月参加工作，曾任绥化酥制剂厂技术员、工程师，黑龙江华润酒精有限公司技术中心技术管理、技术部经理助理、济宁分公司生产部经理、生产技术部副经理、生产技术部经理，中粮生化能源（肇东）有限公司总经理助理、副总经理、品控总监。2014 年 2 月至 2016 年 2 月，任延寿县人民政府副县长（挂职）。

马文峰 黑龙江省宾县人，1967 年 10 月出生，汉族，大学学历，1989 年 7 月参加

马文峰

工作，1992 年 7 月加入中国共产党。1989 年 7 月至 1992 年 10 月，任宾县民和乡团委书记。1992 年 10 月至 1995 年 8 月，任延寿县计划生育委员会秘书。1995 年 8 月至 2001 年 3 月，任延寿县委组织部干事（期间：1998 年 10 月至 2002 年 1 月省经济管理干部学院法律专业在职学习）。2001 年 3 月至 2002 年 9 月，任延寿县委组织部干部科科长。2002 年 9 月至 2004 年 1 月，任延寿县委副科级组织员、组织部干部科科长。2004 年 1 月至 2005 年 9，任延寿县委正科级组织员、组织部干部科科长。2005 年 9 月至 2006 年 11 月，任延寿县委组织部副部长、正科级组织员。2006 年 11 月至 2010 年 4 月，任延寿县委组织部副部长、老干部党委书记。2010 年 4 月至 2010 年 5 月，任延寿县委组织部副部长。2010 年 5 月至 2016 年 11 月，任延寿县委常委、政法委书记。2016 年 11 月至 2020 年 12 月，任延寿县委常委、人民政府副县长。2020 年 10 月，任县政协主席。

何洪千

何洪千　女，黑龙江省五常市人，1972 年 10 月出生，满族，大学学历，1991 年 7 月参加工作，2000 年 5 月加入中国共产党。1991 年 7 月至 1992 年 9 月，任大庆市石化总厂子弟学校教师。1992 年 9 月至 1997 年 6 月，任双城市教育局职教股干事。1997 年 6 月至 2002 年 7 月，任双城市教师进修学校会考办主任。2002 年 7 月至 2003 年 7 月，任双城市招生办副主任。2003 年 7 月至 2007 年 2 月，任共青团双城市委副书记。2007 年 2 月至 2009 年 3 月，任双城市幸福满族乡党委副书记、乡长。2009 年 3 月至 2011 年 9 月，任双城市幸福满族乡党委书记、人大主席。2011 年 9 月至 2013 年 12 月，任双城市联兴满族乡党委书记、人大主席。2014 年 1 月，任延寿县人民政府副县长。

金兆海　黑龙江省哈尔滨市人，1971 年 8 月出生，满族，大学学历，1995 年 8 月参加工作，1994 年 12 月加入中国共产党。1995 年 8 月至 1998 年 4 月，任双城市公安局刑侦科侦查员。1998 年 4 月至 1998 年 6 月，任双城市公安局刑侦大队侦查员。1998 年 6 月至 2002 年 12 月，任双城市金城乡党委副书记、纪检书记。2002 年 12 月至 2011 年 9 月，任双城市公正乡党委副书记、乡长、党委书记、人大主席。2011 年 9 月至 2015 年 6 月，任双城市政府办公室主任。2015 年 6 月至 2016 年 11 月，任双城区政府办公室主任（副处级）。2016 年 11 月，任延寿县人民政府副县长。

赵　强　黑龙江省尚志市人，1976 年 10 月出生，汉族，大学学历，1999 年 3 月参加工作，2001 年 12 月加入中国共产党。1999 年 3 月至 2004 年 3 月，任尚志市委组织部干事。2004年3月至2006年9月，任尚志市黑龙宫镇党委副书记、纪检书记、副镇长。2006年9月至2008年3月，任尚志市长寿乡党委副书记、政府乡长。2008年3月至2010年6月，任尚志市马延乡党委副书记、政府乡长。2010年6月至2014年1月，任尚志市石头河子镇党委书记、人大主席。2014年1月至2016年11月，任尚志市帽儿山镇党委书记、人大主席。2016年11月，任延寿县人民政府副县长。

刘 亮

刘 亮 黑龙江省方正县人，1978年1月出生，汉族，大学学历，1998年4月加入中国共产党，1998年7月参加工作。1998年7月至2003年3月，任方正县人事局科员、人才中心干事。2003年3月至2005年1月，任方正县委组织部干部科科员。2005年1月至2008年4月，任方正县委常委秘书。2008年4月至2009年2月，任方正县委办公室副主任。2009年2月至2012年1月，任方正县方正镇党委副书记、镇长。2012年1月至2016年11月，任方正县方正镇党委书记、人大主席。2016年11月，任延寿县人民政府副县长。

张洪岐

张洪岐 黑龙江省铁力市人，1973年4月出生，汉族，农业推广硕士学位，1996年4月参加工作，1995年3月加入中国共产党。历任哈尔滨市靠河寨畜牧场园林办技术员，哈尔滨市靠河寨畜牧场团委书记，市农业委员会调研室科员、副主任科员、主任科员，市政府办公厅四处主任科员，市农业委员会综合调研处主任科员，市农业综合执法支队办公室副主任（副处级），市农业委员会办公室副主任，市政府办公厅三处副处长，市政府办公厅大型活动办综合处处长，市大型活动办公室副主任，市政府办公厅一处处长，市委办公厅副主任，呼兰区委常委、副区长。2018年9月至2019年1月，任延寿县委副书记、政府代县长。2019年1月至2021年12月，任延寿县委副书记、政府县长。2021年12月，任中共延寿县委书记。

刘宏伟

刘宏伟 辽宁省沈阳市人，1973年9月出生，汉族，清华大学深圳研究院工商管理硕士。1995年9月参加工作，2001年12月加入中国共产党。曾任沈阳香雪面粉股份有限公司助理工程师、营销部副经理、营销总监，中粮面业营销管理（北京）有限公司总经理，中粮小麦加工事业部品牌及市场管理部总经理（兼）。2016年9月至2019年5月，任延寿县人民政府副县长、党组成员（挂职）。2019年5月，任中粮粮谷面粉管理部副总经理、中粮国际（北京）有限公司天津分公司总经理（兼）。

于广生 黑龙江省方正人，1969年2月出生，汉族，大学学历。1991年7月参加工作，1994 年 6 月加入中国共产党。历任方正县公安局会发派出所民警，方正县公安局会发派出所副所长，方正县公安局方正镇第二派出所副所长，方正县公安局宝兴派出所所长（副科级），方正县公安局方正镇第一派出所所长，方正县公安局纪委书记，方正县公安局副局长，方正县公安党委副书记、政委。2018 年 11 月，任延寿县人民政府副县长、公安局局长。

于广生

张仁洪　1973 年 5 月出生，汉族，大学文化，学士学位，2004 年 7 月参加工作，民进会员。历任哈尔滨市教育局办公室科员，哈尔滨市教育局办公室政务秘书，哈尔滨市教育局办公室副主任科员，哈尔滨市教育局办公室主任科员，哈尔滨市教育局职业教育与成人教育处副处长，哈尔滨市教育局职业教育与成人教育处副处长，哈尔滨市教育局高教职教与成人教育处副处长。2017 年 12 月至 2021 年 4 月，任延寿县人民政府副县长。

张仁洪

李　丹　女，黑龙江省大兴安岭人，1982 年 5 月出生，汉族，农业经济管理专业硕士学位，2007 年 9 月参加工作，2001 年 4 月加入中国共产党。历任黑龙江省发改委重大项目稽查特派员办公室科员、副主任科员、主任科员、副处长，省发改委“龙江丝路带”建设工作处副处长，省发改委推进“一带一路”建设工作处副处长，省发改委推进“一带一路”建设工作处副处长、三级调研员。2020 年 8 月延寿县人民政府副县长。

李　丹

祁锦有　辽宁省瓦房店人，1974 年 12 月生，汉族，工学学士，1999 年 7 月参加工作，1998 年 6 月加入中国共产党。曾任中粮麦芽（大连）有限公司技术员，中粮麦芽（大连）有限公司文员、销售员，中粮麦芽（大连）有限公司销售部经理助理，中粮麦芽（大连）有限公司销售部副经理，中国粮油啤酒原料部销售部经理，中粮麦芽（呼伦贝尔）有限公司总经理助理，中粮米业（宁夏）有限公司总经理助理，中粮米业（宁夏）有限公司副总经理（主持工作）。2021 年 6 月，任延寿县人民政府副县长（挂职）。

祁锦有

李百超　黑龙江省双城县人，1983 年 4 月出生，汉族，工商管理专业学士学位，2006 年 7 月参加工作。历任双城市人才开发交流中心人事代理，方正县城市管理局市政环卫站市容监察员，方正县德善乡人大副主席，方正县德善乡副乡长，方正蚂蚁河三角

李百超

洲省级自然保护区管理局副局长，方正县人大常委会副主任、方正蚂蚁河三角洲省级自然保护区管理副局长，方正县人大常委会副主任、方正蚂蚁河三角洲省级自然保护区保护中心副主任。2021年4月，任延寿县人民政府副县长。

苏英来

苏英来 黑龙江省鸡东县人，1980年7月出生，汉族，硕士学位，2003年9月参加工作，2008年12月加入中国共产党。历任哈尔滨市财政局国库处科员、副主任科员，哈尔滨市财政局预算处副主任科，哈尔滨市财政局预算处主任科员、副处长。2020年7月至2021年10月，任延寿县人民政府副县长（挂职）。

蔡显凯

蔡显凯 江西省莲花县人，1976年4月出生，汉族，大学学历，1997年8月参加工作，2010年12月加入中国共产党。曾任北京赣丰贸易有限责任公司、北京丰瑞和贸易有限责任公司、北京新丰瑞和科技有限责任公司业务员、业务经理、副总经理，中粮米业（大连）有限公司运营部经理，中粮集团中国粮油大米部物流经理、大米部系统运营部总经理助理，中粮米业（宁夏）有限公司常务副总经理，兼任中粮国际（北京）有限公司新疆分公司总经理，中粮集团中国粮油大米部生产与质量安全管理部副总经理，中粮集团中粮粮谷大米管理部总经理助理。2019年02月至2021年10月，任延寿县人民政府副县长（挂职）。

王彦辉

王彦辉 黑龙江省双城县人，1975年7月出生，汉族，学士学位，2000年7月参加工作，2005年7月加入中国共产党。历任哈尔滨市第122中学教师，动力区政府办法制科科员，动力区政府办行政科科员，香坊区政府办行政科副主任科员，香坊区政府办应急办副主任科员，香坊区政府办应急办副主任（正科级），香坊区向阳乡党委副书记、乡长，香坊区纪委室主任（副处级），借调市纪委案件监督管理室工作，市纪委案件监督管理室副处长，市纪委案件监督管理室案件检查指导处副处长兼案管中心主任，延寿县委常委、纪委书记。2017年12月至2020年12月，任延寿县委常委、纪委书记，县监察委员会主任。2020年12月至2021年10月，任延寿县委常委、政府副县长。

徐涤非 1980年12月出生，汉族，籍贯黑龙江省肇源县，2000年8月参加工作，中共党员，大学学历，文学学士。1996年9月至2000年7月在齐齐哈尔大学师范学院

徐涤非

汉语言文学教育专业学习，2000年7月至2000年8月毕业待分配。2000年8月至2017年12月历任黑龙江省绥棱县绥棱镇镇长助理，共青团绥棱县委副书记（副科级），省打击走私领导小组办公室副主任科员，省打击走私领导小组办公室主任科员，省政府办公厅一处主任科员，省政府办公厅秘书处副处长（其间：2013年3月至2015年4月挂职任宾县政府副县长），省政府办公厅应急办副处长。2016年2月至2016年8月，任哈尔滨市委政法委纪检组副调研员，哈尔滨市委政法委纪检组副组长（正处级），哈尔滨市纪委驻市委办公厅纪检组副组长（正处级）。2017年12月至2020年6月，任五常市委常委、纪委书记，监察委员会主任（正处级）。2020年6月至2020年12月，任哈尔滨市纪委监委第十审查调查室副主任（主持工作）。2020年12月至2021年3月，任哈尔滨市纪委监委第十审查调查室副主任（主持工作）、一级调研员。2021年3月至2021年12月，任哈尔滨市纪委监委第十审查调查室主任（副局级）。2021年12月，任延寿县委副书记、县政府副县长、代县长、县长。

张东来

张东来　黑龙江延寿县人，1971年1月生，汉族，省委党校经济管理专业在职大学毕业，1990年12月参加工作，1993年5月加入中国共产党。历任延寿县供销联社工会干事，延寿县委组织部干事，延寿县政府办副主任，延寿县委办副主任（正科级），延寿县六团镇党委副书记、镇长，延寿县六团镇党委书记、镇长，延寿县六团镇党委书记、人大主席，延寿县工业园区党工委副书记（正科级），延寿县工业园区党工委副书记（副处级），延寿县委常委、延寿县工业园区党工委副书记，延寿县委常委、黑龙江延寿经济开发区党工委副书记。2017年6月至2021年10月，任延寿县委常委。2021年10月，任延寿县委常委、政府副县长人选。2021年12月，任县政府副县长。

刘　诚

刘　诚　黑龙江巴彦县人，1972年8月生，汉族，黑龙江省委党校经济管理专业，1991年7月参加工作，1996年7月加入中国共产党。历任巴彦县黎明小学教师，巴彦县教师进修校教师，巴彦县政府办经研室科员，巴彦县政府办政务秘书，巴彦县政府办外事办副主任（副科级），巴彦县政府办副主任，巴彦县政府办副主任、法制办主任（正科级），巴彦县西集镇党委副书记、镇长，巴彦县政府党组成员、政府办主任，巴彦县水务党组书记、局长。2017年12月至2021年12月，任延寿县人民政府副县长。

远志军

远志军　黑龙江省延寿县人，1973年5月出生，汉族，东北农业大学园艺系果树专业，农学学士学位。1997年7月参加工作，2000年6月加入中国共产党。历任延寿县种子公司繁育员，延寿县种子公司繁育股副股长，延寿县加信镇政府副镇长，延寿县加信镇党委副书记、纪委书记，延寿县加信镇政府副镇长，延寿县加信镇党委副书记、纪委书记，延寿县加信镇党委副书记，延寿县加信镇党委副书记、政府镇长，延寿县中和镇党委副书记、镇长，延寿县寿山乡党委书记，延寿县寿山乡党委书记、一级主任科员。2021年12月，任延寿县人民政府副县长。

郭彦发

郭彦发　黑龙江省巴彦县人，1974年9月出生，汉族，黑龙江省哈尔滨市呼兰师范学院化学专业，1998年7月参加工作，1997年12月加入中国共产党。历任尚志市马延乡乡长助理，尚志市委办公室秘书（借调），尚志市委办综合组组长，尚志市经济局副局长，尚志市工业和科技信息化局副局长（其间：免职借调在省农委副主任科员），尚志市工业和科技信息化局副局长，尚志市委组织部副部长，尚志市委组织部副部长、市委干部档案室主任，尚志市委组织部副部长、市委非公有制经济组织和社会组织工作委员会书记，尚志市委组织部常务副部长，尚志市委办公室主任，尚志市尚志镇党委书记。2021年10月至2021年12月，任延寿县人民政府副县长人选。2021年12月，任延寿县人民政府副县长。

附　录

附　录

一、乡（镇）人大主席团主席　副主席名录

延寿镇人大主席团

常务主席　韩桂芳（女）1989.7—1990.3
　　　　　宋士英（女）1990.3—1993.7
　　　　　张春本　1993.9—
主　　席　朱　海　　　—1997
　　　　　王有义　1997.9—1999.1
　　　　　毛文玉　1999.1—2005.3
　　　　　单玉良　2005.3—2009.2
　　　　　任志学　2009.2—2012.5
　　　　　张晶超　2012.5—2015.3
　　　　　徐　茂　2016.4—2016.10
　　　　　胡春翼　2016.10—2021.8
　　　　　王泰祺　2021.8—
副 主 席　张春本　　　—1996.3
　　　　　刘凤延（女）1996.7—2001.5
　　　　　王浩军　2001.5—2004.1
　　　　　王逸星　2004.1—2005.6
　　　　　张晶超　2005.6—2006.9
　　　　　李凤学　2006.9—2011.9
　　　　　郑云峰　2011.9—2015.3
　　　　　李大尉（女）2015.3—2016.4

张阁娟（女）2016.10—

新村乡人大主席团

常务主席　李相金　1989.7—

主　　席　王国柱　1996.9—1997.3

张志国　1997.3—1998.4

王文成　1999.1—2001.3

副 主 席　李相金　　　　—1996.9

赵金宝　1996.9—1999.11

王志奇　1999.11—2001.3

高台乡人大主席团

常务主席　张万甫　1989.7—1992.1

李文禄　1992.1—

主　　席　毛文玉　1996.9—1999.1

郑小鹏　1999.1—2001.3

副 主 席　李文禄　　　　—1997.3

徐晓进　1997.3—1997.9

李生君　1997.9—1999.1

贾乃姑（女）1999.1—1999.11

郭立志　1999.11—2001.3

六团镇人大主席团

常务主席　毕　坤　1989.7—1990.9

邢国文　1990.9—1992.5

景　森　1992.5—1993.9

刘忠伟　1993.9—

主　　席　于广富　　　　—1994.7

房显华　1994.7—1997.9

杨伟杰　1997.9—1998.4

	张志国	1998.4—2000.12
	刘国军	2000.12—2002.9
	赵兴嘉	2002.9—2006.1
	张东来	2006.9—2007.10
	徐　雷	2007.11—
	邢雪峰	2012.5—2016.9
	郭立志	2016.10—2017.2
	孙玉文	2017.4—2018.8
	王泰祺	2018.12—2021.8
	徐明翰	2021.8—
副 主 席	刘忠伟	—1996.9
	刘中伟	1996.9—2001.3
	郭立志	2001.3—2002.9
	马贵军	2002.9—2005.6
	程　军	2005.6—2006.9
	寇金森	2006.9—
	冯小伟	2011.9—2016.10
	吴继全	2017.4—

太安乡人大主席团

常务主席	武孝清	1989.7—1993.9
	王　林	1993.9—
主　　席	杨伟杰	1996.9—1997.9
	王文祥	1997.9—2001.3
副 主 席	王　林	1996.9—2000.12

中和镇人大主席团

常务主席	高振林	1989.7—1990.9
	姜洪宝	1990.9—
主　　席	李明杰	1996.9—1997.3

张宝库　1997.3—1999.1

丁长林　1999.1—2001.3

董　禄　2001.3—2002.9

杨乃珍　2002.9—

赵志民　2007.6—2009.2

程　军　2009.2—2013.5

刘宏伟　2013.5—2016.10

陈沈军　2016.10—2021.8

才洪锋　2021.8—

副 主 席　姜洪宝　　—1996.9

姜洪宝　1996.9—1999.1

张良超　1999.6—2003.2

何　淼　2003.2—2010.3

王　伟　2010.3—2011.9

刘际东　2011.11—2016.10

朱广和　2016.10—

加信镇人大主席团

常务主席　刘志清　1989.7—1993.9

孙立法　1993.9—

主　　席　赵启之　　—1996.5

王福义　1996.5—1999.1

栾振山　1999.1—2001.3

郑小鹏　2001.3—2004.1

景　森　2004.1—2004.3

景　森　2005.3—2006.11

曾繁石　2006.11—2011.11

张凤平（女）2011.11—2013.2

郭立军　2013.2—2014.2

顾　垒　2014.2—2016.10

	刘　枫	2016.10—2018.8
	徐国莲（女）	2018.2—2021.8
	赵世权	2021.8—
副 主 席	孙立法	—1999.11
	赵明启	1999.11—2001.5
	杨勇旭	2001.5—2002.7
	边秋林	2002.7—2003.6
	徐国莲（女）	2003.6—
	谷万悦	2011.9—2016.10
	孙立臣	2016.10—2021.8
	丁　俐（女）	2021.8—

华炉乡人大主席团

常务主席	王太富	1989.7—1991.2
	于延忠	1992.8—1993.7
	李传林	1993.7—
主　　席	张宝库	—1997.3
	栾振山	1997.3—1999.1
	朱乃富	1999.1—2000.12
	曾繁辉	2000.12—2001.3
副 主 席	李传林	—2001.3

安山乡人大主席团

常务主席	高　顺	1989.7—1993.9
	宁喜发	1993.9—
主　　席	王福信	—1996.5
	徐纯俭	1996.5—1998.6
	韩增金	1999.1—2002.9
	董　禄	2002.9—2004.10
	吴长衫	2005.3—2007.11

张凤平（女）2007.11—2011.11
吴伟波 2011.11—2016.10
冯晓伟 2016.10—2021.8
王冬梅（女）2021.8—

副主席 宁喜发 —1999.1
冯宝迁 1999.6—2000.12
贾奎权 2001.3—2001.5
于延玲（女）2001.5—2002.9
刘瑞勇 2002.9—2006.9
王贵双 2006.9—2008.3
李国忠 2011.9—2016.4
刘忠民 2019.5—2021.8

寿山乡人大主席团

常务主席 陆德林 1989.7—1993.9
刘瑞莲（女兼） 1993.9—

主　　席 房显华 —1994.7
才　石 1994.7—1997.9
王　斌 1997.9—2001.3
杨宝财 2001.3—2002.9
褚树斌 2002.9—2006.3
杜玉龙 2006.9—2009.2
郭立军 2009.2—2013.2
寇金森 2013.2—2016.10
王兴赋 2016.10—

副主席 刘瑞莲（女）1993.9—1994.7
姚宪忠 1996.3—1999.11
周国忠 1999.11—2000.12
李生君 2001.3—2001.5
孟庆文 2001.5—2016.3

邹清洁（女）2011.9—2006.11
于海彬　2016.10—2021.8
杨柏成　2021.8—

玉河乡（镇）人大主席团

常务主席　廉永镇（朝鲜族）1989.7—1993.9
李成哲（朝鲜族）1993.9 ~
主　　席　李　福　1996.9—1999.1
于国强　1999.1—2002.9
刘延生　2002.9—2004.1
李文本　2004.1—2006.9
陈兴国　2006.9—2011.7
石宝林　2011.7—2016.9
赵兴旺　2016.10—2021.8
崔　雷　2021.8—
副 主 席　李成哲　—1996.9
闫永林　1996.9—2001.3
王德君　1996.9—1999.1
侯希坤　1999.1—2001.5
于洪波　2001.5—2004.1
王玉莲（女）2004.1—2005.6
杨光满　2005.6—2006.9
高永祥　2006.9—
汪玉聪　2011.9—2016.9
刘爱军　2016.10—2021.8
王海英（女）2021.8—

延安乡人大主席团

常务主席　李占阳　1989.7—1990.12
王　庆　1990.12—

主　　席　闫　权　　　—1996.2
　　　　　徐殿武　1996.2—1998.1
　　　　　董　禄　1998.1—2001.3
副 主 席　王　庆　　　—1996.3
　　　　　金明根　1996.9—2001.3

平安乡人大主席团

常务主席　李万富　1989.7—1992.1
　　　　　李传林　1992.1—1993.7
　　　　　刘宝贵　1993.9—
主　　席　董万良　1996.9—1999.11
　　　　　刘国军　1999.11—2000.12
　　　　　杨宝财　2000.12—2001.3
副 主 席　刘宝贵　1996.9—1997.9
　　　　　张庆学（兼）1997.9—1999.1
　　　　　陈宝珠　1999.1—2001.3

延河镇人大主席团

常务主席　金镇太（朝鲜族）1989.7—1992.1
　　　　　李　义　1992.1—1993.9
　　　　　王秀华（女）1993.9—
主　　席　林德立　　　—1996.9
　　　　　刘凤仁　1996.9—1998.1
　　　　　徐殿武　1998.1—2000.12
　　　　　任延辉　2000.12—2002.9
　　　　　杨宝财　2002.9—2005.3
　　　　　张　秀　2005.3—2006.11
　　　　　胡中东　2006.11—2008.8
　　　　　寇　玮　2009.2—2010.4
　　　　　赵同奎　2010.4—2013.5

朱延生　2013.5—2016.10
黄海勇　2016.10—2019.3
王翠红（女）2019.5—
副 主 席　王秀华（女）—1995.4
徐跃林　1996.3—2001.5
李占阳　2001.5—2006.9
刘景阳　2006.9—2007.7
黄海勇　2011.9—2016.10
翼宝泉　2016.10—2021.8
展德胜　2021.8—

青川乡人大主席团

常务主席　张兆和　1989.7—1990.9
张贵臣　1990.9—1992.8
高　平　1992.8—1993.9
李振民　1993.9—
主　　席　王　玉　—1996.2
郭秀全　1996.2—2001.3
王文成　2001.3—2002.9
景　森　2002.9—2004.1
程晓飞　2004.1—2007.11
徐　鑫　2007.11—2010.4
邢雪峰　2010.4—2012.5
朱延生　2012.5—2013.5
张锡美（女）2013.5—2016.10
丁志林　2016.10—2019.3
崔艳华（女）2019.5—
副 主 席　崔锦凤　—1998.1
胡　勇　1999.6—2001.3
陈宝珠　2001.3—2001.5
李凤和　2001.5—2004.1

丁志林　2004.1—2006.9

张良程　2006.9—2021.8

隋海涛　2021.8—

二、延寿县出席全国、省、市各届人民代表大会代表名录

延寿县出席第四届全国人民代表大会代表名单

（1974 年 12 月 25 日）

孙秀珍（女）

延寿县出席松江省各界人民代表会议代表名单

（1946 年 2 月 1 日）

朱殿超　刘经传　郝作天　于汇海　尹长富　高殿卿

延寿县出席松江省各界人民代表会议代表名单

（1952 年 3 月 18 日）

辛德根　辛若石　赵新高　徐淑清　范长山

延寿县出席黑龙江省第一届人民代表大会代表名单

（1954 年 8 月）

冬秀松　朴汉柱（朝鲜族）陈永金（满族）陆景兰（女）
曹根全　赵钟麟

延寿县出席黑龙江省第二届人民代表大会代表名单

（1958 年 8 月）

王　复　冬秀松　金姬花（女，朝鲜族）赵钟麟　胡　起

都连姬（女，朝鲜族） 张家驹　曹根全

延寿县出席黑龙江省第三届人民代表大会代表名单

于天放　白龙旭　徐廷照

延寿县出席黑龙江省第五届人民代表大会代表名单
（1977 年 12 月）

刘凤岐　孙纯玉　宁国武　金贞淑（女）

延寿县出席黑龙江省第六届人民代表大会代表名单
（1983 年 4 月）

王　维　朴重根　胡新民　韩志刚

延寿县出席黑龙江省第七届人民代表大会代表名单
（1988 年 1 月）

马国良　范德武　金哲珠（朝鲜族） 徐文政　董克勇　鲁　琪

延寿县出席黑龙江省第八届人民代表大会代表名单
（1993 年 1 月 11 日）

孙衍林　李春林　赵新民　田德才（补选）

延寿县出席黑龙江省第九届人民代表大会代表名单
（1998 年 1 月）

邵文信　田德才

延寿县出席黑龙江省第十届人民代表大会代表名单

（2003年1月）

潘福生　田德才

延寿县出席黑龙江省第十一届人民代表大会代表名单

（2008年1月）

杨靖武　田德才　潘福生

延寿县出席黑龙江省第十二届人民代表大会代表名单

（2013年1月）

王家砚　李洪娟（女）

延寿县出席黑龙江省第十三届人民代表大会代表名单

（2018年1月）

丁宇航　李洪娟（女）傅广洁

延寿县出席哈尔滨市第十届人民代表大会代表名单

（1996年12月11日）

焦双武　李克军　苏有富　杨靖武　马明璋　王　玉
白云子（女，朝鲜族）祁国柱　张　金　郑延民　韩维新

延寿县出席哈尔滨市第十一届人民代表大会代表名单

（1997年10月27日）

马明璋　王兆忠　白云子（女，朝鲜族）白桂俊（朝鲜族）
刘保江　孙玉洁（女）李克军　张　金　邵文信　杨靖武
姜　明　贯德君　焦双武

延寿县出席哈尔滨市第十二届人民代表大会代表名单

（2002 年 10 月 31 日）

马明璋　王运义　白桂俊（朝鲜族）刘金昌
李志克　张兴福　姜　明　黄玉生　黄　明
曹　慧（女）阎俊毅　温喜忠（满族）潘福生

延寿县出席哈尔滨市第十三届人民代表大会代表候选人推荐人选名单

共 13 人（不包括哈尔滨市派选 3 人）

马冰哲　李　生　李　哲　李虹娇（女）陈士杰
贾德君　阎俊毅　崔永财　韩　丽（女）鲁志民
郝耀宇　潘福生　薛海涛

延寿县出席哈尔滨市第十四届人民代表大会代表名单

（2011 年 12 月 14 日）

凌振国　封殿辉　王家砚　丁宇航　陈　静（女）
刘金成　罗兴远　宋建军　李　俊　张童麟
张晓砚（女）李　冰　杜玉龙　杨春福　赵凤海
郭立军　闫俊毅　赫耀宇　薛海涛

延寿县出席哈尔滨市第十五届人民代表大会代表名单

（2016 年 12 月 16 日）

丁宇航　王丽波（女）王家砚　刘　芳（女）刘　雷
张晓艳（女）孙立臣　李国林　张立民　张国君
封殿辉　赵士然　赵春玲（女）姚宏亮　徐宝庆
徐贵辉　阎俊毅　董春玉（女）傅广洁（女）

三、资料选辑

延寿县第八届人民代表大会第一次会议选举办法

（一九八〇年九月十三日县第八届人民代表大会第一次会议主席团通过）

为了使全体代表庄严地行使民主权利，搞好县人民代表大会的选举工作，根据中华人民共和国《地方各级人民代表大会和地方各级人民政府组织法》和《全国人民代表大会和地方各级人民代表大会选举法》的规定，制定本办法。

一、应选名额

1. 延寿县人民代表大会常务委员会由 13 人组成，其中主任 1 名，副主任 2 名，委员 10 名。

2. 延寿县人民政府设县长 1 名，副县长 5 名。

3. 延寿县人民法院院长 1 名，延寿县人民检察院检察长 1 名。

二、选举原则

1. 县人民代表大会常务委员会主任、县人民政府县长等额选举。人大常委会副主任、委员、县政府副县长差额选举。县人民法院院长、县人民检察院检察长实行等额选举。

选举采用无记名投票方式。

2. 根据组织法第十五条规定，地方各级人民代表大会进行选举和通过决议，以全体代表的过半数通过。获得过半数选票的候选人名额超过应选名额时，以得票多的当选；获得票数相等不能确定当选人时，应当就票数相等的候选人重新投票；获得过半数选票的候选人名额少于应选名额时，进行第二次投票选举，选够为止。

3. 在选举中，所投票数多于投票人数时，本次选举无效；所投票数与投票人数相等或少于投票人数时，选举有效；每张选票不能超过规定的应选名额，超过者作废，少于或等于应选名额有效；每张选票，对每一个候选人投一票有效，投多票无效。

三、选举方法

1. 大会的选举工作由大会主席团主持。选举时，设总监票人、监票人。总监票人、监票人由大会主席团提名，经大会通过，在主席团领导下，对发票、投票、计票实行监督。同时，由大会秘书处指定计票人，负责发票、计票工作。

2. 选举前，要清点出席大会的代表人数。发票时按实际出席大会的代表人数，发出相等数量的选票。

3. 大会选举人大常委会主任委员、副主任委员、县长、副县长、法院院长、检察院检察长，采取一次发票，六次划票，一次投票，分别计票的方法进行。

人大常委会常务委员单独一次选举。人大常委会副主任委员候选人没当选者，仍作人大常务委员候选人。

4. 写票方法：同意选票所列正式候选人的可在其姓名上边空格内画“○”；不同意则画“×”。如另选他人时，可在下边空格内填写姓名，并在上边空格内画“○”。写票一律用钢笔，字迹要清楚；不能自己写选票的代表，可请其他代表代为填写，代笔人必须按选举人的意见填写。

5. 会场设一个票箱，投票前当众验箱，然后加封。投票时总监票人、监票人首先投票，接着主席团投票，随后代表按顺序依次投票。

6. 投票全部结束后，由大会执行主席宣布开启票箱，在监票人监督下，由计票人清点票数，由总监票人核对无误后，到会外计票。计票结束后，由大会执行主席向主席团和全体代表报告选举结果。

延寿县第十七届人民代表大会第一次会议选举办法

（2016 年 12 月 14 日县十七届人大一次会议主席团第一次会议和

2016 年 12 月 16 日第二次全体会议通过）

第一条 根据《中华人民共和国地方各级人民代表大会和地方各级人民政府组织法》的有关规定，结合本次会议的选举情况，制定本办法。

第二条 延寿县第十七届人民代表大会第一次会议选举下列人员：

县第十七届人民代表大会常务委员会主任 1 人、副主任 4 人（其中非中共党员 1 人）、委员 20 人；

县人民政府县长 1 人、副县长 5 人；

县人民法院院长 1 人；

县人民检察院检察长 1 人；

出席哈尔滨市第十五届人民代表大会代表 19 人。

第三条 县人大常委会主任、副主任、委员的候选人必须是本届人民代表大会代表；县长、副县长，法院院长，检察院检察长，可以是本届人民代表大会代表，也可以是其他选民。

第四条 根据地方组织法第二十二条的规定，本办法确定：

县人大常委会主任，县长，法院院长，检察院检察长的候选人一般应多 1 人进行差额选举；如果提名的候选人只有 1 人，也可以等额选举。

县人大常委会副主任候选人数比应选人数多 1 人，副县长的候选人数比应选人数多 1 人，县人大常委会委员的候选人数比应选人数多 3 人，进行差额选举。

出席哈尔滨市第十五届人民代表大会代表候选人人数比应选人数多 4 人，进行差额选举。

第五条 本次会议选举的各项候选人，由主席团或者代表十人以上书面联名提出。主席团提名的候选人人数，每一代表与其他代表联合提名的候选人人数，均不得超过应选名额。主席团提名的候选人，由主席团负责书面向代表介绍情况；代表十人以上联合提名的候选人，由提名人填写代表联名提出候选人登记表，向主席团提出，由主席团将代表联名提出候选人登记表印发全体代表。

大会主席团把依法提出的全部候选人名单，提交全体代表酝酿、讨论。如果提名的候选人数符合本办法第四条规定的差额数，由主席团将全部候选人名单提交全体代表酝酿、讨论后，进行选举；如果提名的候选人数超过本办法规定的差额数，由主席团将全部候选人名单提交全体代表酝酿、讨论后，进行预选。预选后，由大会主席团根据候选人在预选中得赞成票多少的顺序，按照本办法规定的差额数，确定正式候选人名单，提交大会选举。

第六条 主席团或者代表十人以上联合提名各项候选人的截止时间为 2016 年 12 月 15 日 16 时。代表联合提出候选人登记表在截止时间以前送达大会秘书处组织组的，提名方为有效。

第七条 本次会议各项选举，采取无记名投票方式进行。

第八条 选票由大会秘书处统一负责印制。候选人以姓名笔画为序排列，经过预选的以预选中得赞成票多少为序排列。

第九条 本次会议选举采取一次投票，包括县人大常委会主任、副主任、委员，县人民政府县长、副县长，县人民法院院长，县人民检察院检察长，出席哈尔滨市第十五届人民代表大会代表各项职务选票共计 8 张，订成一册，代表一次填写完毕，按照规定次序一次投票，分别计票，一次公布选举结果。

第十条 代表对选票上所列的候选人可以投赞成票，可以投反对票，可以投弃权票，也可以另选他人。

第十一条 投票选举时，参加投票选举的代表必须超过全体代表的半数，收回的选票等于或者少于发出的选票，选举有效；多于发出的选票，选举无效，应重新进行投票选举。每张选票所选人数，等于或者少于应选人数的为有效票，多于应选人数的为无效票。每张选票，全部书写模糊无法辨认的视为废票；部分书写模糊的，其模糊部分视为无效。

第十二条 候选人获得的赞成票数，超过全体代表的半数，始得当选。

获得全体代表过半数选票的候选人超过应选人数时，以得票多的当选。如果遇到获得过半数赞成票相等不能确定当选人时，就票数相等的候选人再次投票，以得票多的当选。如果遇到获得过半数赞成票的候选人少于应选名额时，不足的名额可以另行选举。需要另行选举的，由大会主席团根据第一次投票时得票多少的顺序和本办法第四条的规定，确定候选人，进行差额选举。

第十三条 会议选举设监票人 5 名，其中 1 人为总监票人。总监票人、监票人由大会主席团提名，由大会通过。总监票人、监票人在大会主席团的领导下，对发票、投票、检票、计票工作进行监督。

计票工作人员由大会秘书处指定。

第十四条 代表按照座区到大会指定的票箱投票。

第十五条 投票结束后当场打开票箱清点选票，由总监票人将实际投票情况报告大会执行主席，由大会执行主席宣布选举是否有效。计票完毕，总监票人向大会主席团和全体代表报告计票结果，包括赞成票、反对票和弃权票。对市人大代表只报告赞成票。最后由大会执行主席宣布选举结果。

第十六条 选举过程中遇到有本办法未作规定的其他事项，由大会主席团依法决定；需由大会决定的，提请大会决定。

第十七条 本选举办法，经县第十七届人民代表大会第一次会议第二次全体会议通过后执行。

延寿人大工作史上的第一个议案

——县人大常委会　县政府

县十六届人大一次会议上，针对代表集中反映的“送子车”管理混乱问题，经全体代表一致赞成并通过大会审议，把延寿镇代表团提出的关于“送子车”规范管理的建议确定为大会议案，产生了延寿人大史上的唯一一个议案。县政府把“送子车”议案办理工作纳入重要议事日程，组织教育、公安、安监、交通等部门，在县内外进行调研、考察，探索解决办法。县十六届人大二次会议专门听取了关于议案办理情况的报告。历经2年多努力，延寿县成立了2家校车公司，配置规范校车22辆，解决了2600多名学生安全乘车问题，实现校车规范管理，保证了学生安全，得到了学生家长、学校老师及社会的好评。

一、议案的说明

县十六届人大一次会议延寿镇代表团张阁娟等24名代表提出《关于全县中小学校“送子车”规范管理的议案》，经议案审查委员会审查，符合议案条件，特作如下说明。

（一）确定议案的依据

延寿镇代表团张阁娟等24位代表深入到全县各乡镇、县直有关部门及基层群众进行了认真的调查研究，广泛听取了群众意见，比较全面地掌握了全县送子车的现状。目前全县共有中小学校29所、在校生25742名，有2万多名学生乘各种机动车，其中有2500多名学生乘坐专门接送学生的“送子车”往返学校。现有“送子车”229辆，分布于全县9个乡镇206个行政村，90%的“送子车”分布在各村屯。“送子车”运送学生路程最远的25千米，近的一两千米，车主的经营方式多数是兼营，车型比较杂，大部分车辆没有营运手续，普遍存在车况不良、严重超员、无证驾驶等严重问题。依据这个调查确定为议案。

（二）确定议案理由

把中小学校“送子车”规范管理作为议案，主要是出于以下几种考虑。

一是“送子车”现象全国普遍存在，为解决好这个问题，各地及各相关部门都进行了广泛的研究和探讨，但始终没有很好地解决。目前，国家已着手解决这个问题，从根本上解决这个问题的时机已近成熟。

二是解决“送子车”问题已迫在眉睫。因教育体制改革等诸多社会因素造成的“送子车”现象已存在多年，积累的社会矛盾、社会问题越来越多，造成的不良社会影响也越来越大，“送子车”发生的重特大交通事故不仅给受害家庭而且给社会带来了深度伤害，很好地解决这个问题势在必行。

三是群众对“送子车”的规范管理热切期盼。中小学校“送子车”一直是社会关注的热点问题，中小学生的交通安全直接关系到千家万户的根本利益，关系到祖国未来人才的安危，关系到社会的和谐、稳定，广大群众十分期盼政府能给予高度重视，人大代表曾多次在人代会上提出过关于“送子车”规范管理的建议。

四是“送子车”规范管理的社会责任客观要求各级政府必须积极解决，在社会管理这个层次中，政府的作为尤其重要。

综上所述，议案审查委员会认为，把《关于全县中小学校“送子车”规范管理的议案》列入大会表决，是非常及时的、必要的，也是符合实际的。

二、议案的办理

《关于全县中小学校“送子车”规范管理的议案》提出后，县政府立即纳入重要议事日程，主要领导迅速召开专题会议，对各项工作进行了周密细致的安排部署，由政府常务副县长负责，公安局牵头，安监局、交通局、教育局组成“送子车”规范化管理工作组，通过扎实开展调研、完善管理制度、创新治理举措、加强宣传教育等工作，全县接送学生车辆的管理工作进一步规范，确保了全年零事故。

（一）深入调研，掌握重点，明确接送学生车辆的现状和问题

为确保有的放矢地解决问题，县政府第26届2次常务会议就全县“送子车”规范管理工作进行了专题讨论，议定先开展深入调研，以调研成果来进一步确定规范管理接送学生车辆的工作重心。横向调研由副县长段德武带领县教育局、公安局、安监局、交通局、政府办联合学习调研组，到七台河市和方正县对接送学生车辆管理工作进行调研。调研组借鉴两地“接送学生车辆”运营管理经验，结合我县实际情况，撰写了《关于赴七台河市、方正县考察调研“接送学生车辆”工作情况报告》，通过对比交流，找出了我县该项工作在思想观念、管理服务和政策支持上的不足，提出了组建“校车”公司、强化综合管理和制度保障等工作建议。调研成果于2月22日在县政府第26届2次常务会上进行了交流讨论。纵向调研由县交警大队、安监局、教育局联合深入到全县中小学校园、家庭对走读生和接送学生车辆情况进行排查登记。通过调研掌握到，目前我县的29所中小学校，共有2520名中小学生走读，多数学生为住宿生，每周或每两周回家一次，少数学生为通勤生，现有在线运营车辆229台（不含客运车辆），现有车辆基本满足接送走读学生的需求，但是仍有个别运营车辆存在超员问题。

通过一系列的调研，进一步明确了我县接送学生车辆存在的主要问题。一是车辆问题。我县没有正规校车，所有接送学生车辆均为私车，车辆手续不全、车内安全设施不完善、擅自改座加座、车况老化等各种安全隐患问题严重。二是运管问题。需要接送的学生分散在全县各个村屯，由于各个村屯学生数量多少不一，接送距离远近不一，学生家庭的经济条件不同，家长对学生就学的安全认识不同，司机安全意识不同等原因，造成的超员、超载，以及二轮车、三轮车接送学生等现象较为普遍。三是交通秩序问题。在学校上学和放学时，学校门口人满为患，学生、家长、教师前拥后挤，路边接送学生车辆密集，行驶、调头极其困难，造成的交通阻塞现象严重，车辆、人员刮碰现象时有发生。

（二）多措并举，严格管理，确保全县接送学生车辆安全运营

基于我县财力状况短期内无法通过财政投资方式组建校车公司。我们主要在以下几个方面开展工作，尽最大努力保障接送学生车辆安全运营，确保学生安全。一是加大宣传，提高认识。接送学生车辆安全隐患问题的普遍存在以及趋于严重，从根本上说主要来源于学生家长和司机安全意识与责任意识的淡漠，普遍存在侥幸心理，对安全隐患熟视无睹。因此，我们首先把工作重点放在加强宣传，提高认识上。县交警大队以宣教中队为主力军，展开宣传攻势，组织骨干民警从县城到城乡结合处，再到农村地区，深入每一所中小学校，采取组织学生上交通安全课、开设交通安全宣传主题班会等形式，广泛开展中小学生交通安全常识讲座，使全县中小学生普遍受到交通安全教育，进一步提高了中小学生的交通安全意识。学校、幼儿园高度重视道路交通安全教育，把学生道路交通安全教育作为重点纳入安全教育课程安排，适时邀请交通管理部门领导来校讲解交通安全条例和法规，强化师生的交通安全意识，普及交通安全知识。充分利用班团队会、专题报告会等形式，抓住节假日前宣传教育的最佳时机，做好道路交通安全教育的学习和宣传工作。利用校广播站、宣传栏和通报栏及时宣传和表扬遵规守纪的学生，鼓励鞭策学生遵守交通安全规则。二是完善制度，强化管理。健全制度、强化监管是做好接送学生车辆的规范管理工作，降事故、保安全的根本保障。县交警大队严格执行营运车辆管理制度，重点对接送学生车辆驾驶人员的证照进行检验，对于无证驾驶、证照超期或与所驾车型不符、驾驶员年龄超过 20 周岁及三年内有重大交通责任事故的，坚决不允许从事接送学生车辆驾驶。对所有接送学生车辆情况进行全面检查，对于无行驶证无牌照、未年审、超期报废、拼装、改装车辆及港田、三轮车坚决不准运营。对从事接送学生车辆必须按核定座位缴纳承运人责任险，车内配备灭火器、安全锤等安全设备。严把非专用校车及其驾驶人年检年审关，摸清各学校乘坐非专用校车学生数，建立非专用校车和驾驶人员管理档案，共建档案 262 份。加快完善了道路交通警示牌、设置了减速带，安排交警在上学、放学时间段到学校门口值岗，有序有效疏导交通，维护了校园门口的交通秩序。教育局制定了《延寿县教育系统学校、幼儿园道路交通安全教育管理制度》，要求学校做好中小学生上、放学的安全组织工作，有效防范各种安全事故，与学生监护人签定安全责任书，要求学生不乘坐非营运车辆，不乘坐无运营执照车辆，不乘坐超员车辆，教育学生勇于揭发检举不良乘车现象和非法营运现象。建立学校与交管部门、运管部门、学生家长、客运车主密切协作的工作机制，并明确各自的责任，形成联动、联管机制。三是严格执法，加强教育。加强执法打击和教育引导工作，是巩固接送学生车辆规范管理工作成果，促成长效机制的主要手段。县交警大队积极开展了“护卫天使”行动，加大对非专用校车的整治管理力度，于2月集中开展了为期半个月的专项整治行动。以校园周边为重点开展交通秩序整治，查处各类接送学生车辆非法营运问题，截至目前，处理违法营运行为21起，扣押车辆2台，处罚26人，极大地震慑了各类违法、违章人员。在依法查处非专用校车各种交通违法行为的同时，利用上路管控纠违的时机，对接送学生车辆驾驶员进行交通安全教育。县安监局在接送学生车辆管理中积极发挥综合监管和协调职能，及时参与有关接送学生车辆的专项行动，参与解决综合监管中发现的问题。按照“零隐患、零容忍、零事故”的要求以及“属地管理”原则，督促各乡镇、各部门做好接送学生车辆的综合监管和行业监管。协调和督促相关部门履行对接送学生车辆的安全监管工作职责，执行动态监管，一旦发现问题，及时督促其进行整改，把安全隐患消除于萌芽状态。县教育局组织学校、幼儿园建立学校、家庭共同教育体系；建立教育、公安、交通联防、联教、综合治理工作体系；建立走读生统计档案，建立接送学生车辆安全监督机制。学校、幼儿园与班主任签订班级交通安全教育责任目标，杜绝和减少学生道路违章行为；并与包乘车学生家长签订学生乘坐安全营运车协议书；敦促家长与车主签订营运安全保证书。

（三）再接再厉，强化措施，扎实做好今后接送学生车辆安全管理工作

虽然我县今年接送学生车辆的安全工作实现了零事故，但是潜在的隐患仍然大量存在，下一步，我们将站在民生为先、安全第一的角度，本着尽全力而为的工作态度，继续扎实开展相关工作，极力健全管理办法，确保在新的一年里取得新的成效。一是尽快制定本地接送学生车辆管理办法。县政府赴七台河、方正学习考察组回来后，曾组织有关部门根据《中华人民共和国道路交通安全法》《校车安全管理条例》等有关规定，结合我县实际，按照实事求是、依法行政和逐步推进的原则，制定了《延寿县接送学生车辆管理暂行办法（征求意见稿）》。由于国家《校车安全管理条例》于4月5日起实施后，《黑龙江省校车安全管理办法》正在征求意见，市里还没有出台相应办法，为实现与国家、省、市接送学生车辆规范管理工作要求的统一，我县制定的管理办法征求意见稿便没有下发。待省市相关办法出台后，我们将紧密结合实际，出台我县接送学生车辆的管理办法，全面规范我县接送学生车辆运营行为。二是探索采取市场化运营方式，成立校车公司。接送学生车辆的安全重心在于车辆，走读生居住地点分散、各村屯学生数量多少不一和车主追求利益最大化等因素是造成车辆改装、超员、超载的主要原因。因此，探索通过市场化运营的方式，成立校车公司，从车辆型号、安全设施、驾驶员素质、接送路线和范围等方面实现规范管理，是当前一个相对较为实际、可行的办法。三是加强校园宿舍建设与管理。学校宿舍的高标准建设与规范管理是减少学生走读数量与频次的有力措施。近年来，我县各个中小学校在加快建设教学楼同时，也不断推进宿舍食堂建设，当前全县 29 所中小学中，已有宿舍食堂的学校 22 所。校园内部宿舍食堂有效地解决了分散寄宿和走读带来的管理困难、安全隐患多等问题。因此，继续加快推进宿舍食堂的建设与规范管理，也是缓解接送学生车辆规范管理矛盾的理想办法之一。四是加快整顿私办补习班、托管班等行为。随着教育改革的不断深入，学生就读格局发生较大变化，学生择校、走读现象及其普遍，应运而生的各类私办补课班、托管班和招收住宿生行为迅速衍生。这使私家车、非营运车辆接送学生行为迅速增多，成为接送学生车辆交通安全的又一隐患。同时，因私自办学和招收住宿生引发的小区管理秩序混乱、环境卫生变差等问题也突显出来，小区居民意见极大，成为社会关注的重点问题之一。因此，要组织教育、安监、社区等部门加快研究制定相应制度及管理办法，针对各类私办学校和小区内私招住宿生行为进行严格整治，从而进一步促进接送学生车辆的规范管理。

延寿县人大常委会委员对县政府防治“非典”工作的几点意见

2003 年 5 月 13 日，延寿县第十四届人大常委会第五次会议召开。会议听取了副县长张英波同志代表县政府作的关于我县防治“非典”工作情况的汇报。各位委员对县政府在前一段时间防治“非典”工作中的突出表现和取得的工作成果给予充分肯定。认为县政府思想认识高，领导力度大，预防措施全，工作作风实，防治效果好。目前尚未发生“非典”病例和疑似病例，取得了“防非”工作的初步成效，实现了省市提出的“力争不发生，确保不扩散”的防治目标，受到省市领导的充分肯定，较好的保护了全县人民的身体健康和生命安全。

但是应该看到，非典型肺炎是新发生的突如其来的重大疫病灾害，对这一传染性疾病发病原因、传染途径和治疗方法我们尚未完全掌握，寻找科学的预防措施和有效的治疗手段尚需较长时间，医学上攻克“非典”尚待时日。应当看到防治“非典”工作具有相当的艰巨性、复杂性，而且在广东、北京、山西、内蒙古等地疫情高发势头仍未得到有效控制，我省我市也已发生四例疑似病例，当前“非典”防治工作形势依然严峻。我县属农村县份，城乡居民生活还不富裕，像我县这样欠发达县份，搞好“非典”防治工作特别重要，一旦发生疫情或疫情扩散，对人民群众的生命安全将构成严重威胁，将为全县经济发展和社会稳定带来严重冲击，疫情扩散的后果和损失是无法估量的。另外，我县和全国一样，近几年流动人口多，流出人口更多，特别是流入疫区人口相对较多，据掌握，仅在北京的延寿籍人就有近千人。而目前又值春耕大忙季节，返乡务农人员增多，回乡避险人员增多，外来经商务工人员增多，“三多”必然带来“一险”，随时有输入性“非典”病例发生的危险。委员们以高度负责的精神对县政府防治非典工作提出如下建议：

一、认真贯彻《中华人民共和国传染病防治法》，依法搞好“非典”防治工作。国务院已批准将传染性非典型肺炎列入法定管理传染病，县政府要加强对《中华人民共和国传染病防治法》的宣传，使广大干部群众了解有关法律知识，知道自觉防治“非典”既是一种社会公德，又是法律赋予每个公民的权利和义务。

二、加强正面宣传，遏止谣言传播。相关部门要搞好疫情通报，及时向社会公布最新的、最权威的疫情，清除人民群众中的恐慌心理。继续加大对防治“非典”的相关知识的宣传，教育群众以科学、客观的态度对待“非典”。注重宣传方式的灵活性，如采取对边远农村发放宣传单等形式，消除宣传盲区。加强对正反两方面典型的宣传报道，及时表彰防治“非典”第一线的优秀医务人员和党政干部，严肃处理不作为的医务人员和党政干部。对散布谣言的人要批评教育或给予一定的处罚。

三、加强市场监督，从严打击不法商贩。打击囤货居奇、哄抬物价行为；打击制假、贩假行为。加强对人群聚集的营业场所的管理，根据疫情情况及时关停。加强对小诊所、小药店的管理。加强对私人办班、私人办学的监管。加强对进出我县的车辆的管理，在管理好客运车辆的同时，加强对货运车辆的检查控制。

四、对于传染病医院的建设要科学选址，合理设置，加快建设进度。在保障以最快的时间投入使用的同时，要有长远打算。

五、提高医疗卫生部门应对“非典”的临床诊断和救治水平，使每一个可疑病例得到及时诊断和治疗。配备必要的防护设备，保障医务人员及其他“防非”一线工作人员的身体健康。

六、突出抓好薄弱环节的防治“非典”工作。如一些居民楼、建筑工地的监管还不到位，一定要发动群众，群防群控。制定制度，消除死角。

七、延寿县居民户外活动场地少，体育场晨练人群密度大，建议县政府为市民提供更多的户外健身活动场地。

八、一手抓好防治“非典”工作，一手抓好经济建设。县政府要统筹兼顾，在控制好“非典”疫情的同时，不放松经济工作，确保今年各项经济指标的完成。

委员们希望，各级领导、政府各部门和社会各界要充分认识“防非”工作的重要性和紧迫性，进一步提高认识，统一思想，加强领导，落实措施，千方百计确保农村不发生大规模疫情，确保广大人民群众身体健康和生命安全，确保农村经济健康发展和社会稳定。要发扬连续作战作风，克服厌战情绪和恐惧畏难心理，对疫情保持高度警觉，树立长期作战思想，做好防大疫的各项准备，以对人民高度负责的政治责任感和危机感，扎扎实实地做好防治“非典”工作。政府各部门及各级领导干部，要切实加强对防治“非典”工作的领导，非典型肺炎是一场突发性疫情灾害，同“非典”的斗争是一场无硝烟的战斗，能否赢得这场战役的胜利，关系全局，事关重大，这是对县政府应对突发事件，驾驭复杂局面能力的一次严峻考验。因此，我们要继续加强对这项重要工作的领导，建立严格的责任制，把各项预防措施想得再细一些，以我们卓有成效的工作，赢得“防非”斗争的全面胜利。

延寿县人大常委会

2003 年 5 月 13 日

关于开展《中华人民共和国行政许可法》和《黑龙江省规范行政许可条例》专项执法检查

为加强对法律法规实施情况的监督检查，促进政府精简放权、放管结合、转变职能，做到法无授权不可为、法定职责必须为，推进经济新常态下的法治环境建设，按照省、市人大常委会关于开展《中华人民共和国行政许可法》和《黑龙江省规范行政许可条例》执法检查的统一安排和部署，积极开展“一法一例”执法监督检查活动。

行政许可，是指行政机关根据公民、法人或者其他组织的申请，经依法审查，准予其从事特定活动的行为。它是行政机关在管理经济事务和社会事务中的一种行政管理制度。这一职权行使的好坏，直接关系和影响着经济社会发展的大环境、广大人民群众的切身利益，以及依法行政能否落实。

此次执法检查围绕政府贯彻实施“一法一例”基本情况，重点检查“一法一例”学习和宣传情况，从事行政许可审批的工作人员掌握“一法一例”及有关法规和规章情况；深化行政审批制度改革和简政放权以来，规范、取消行政许可、行政审批情况，政府部门建立和完善“权力清单”“责任清单”“负面清单”情况；建立健全行政许可公开、限时办结和承诺制度以及具体执行情况，推进集中办理、网上办理行政许可，实行联合办理行政许可情况；实施行政许可及相关服务过程中，为涉及经济、社会、民生等方面发展重大项目提供便捷许可服务情况，有无不利于经济发展的行政不作为、行政乱作为情况和中介组织服务中的寻租设租情况等。

这次执法检查从年初开始一直贯穿全年，采取省、市、县三级人大联动方式同时开展，以执法检查为主要形式，综合运用宪法法律赋予人大的调查、检查、视察、专题询问等多种形式，采取对行政服务大厅明察暗访，抽查行政许可办理情况，走访行政相对人，开展知识测试、问卷调查，听取汇报和召开座谈会等手段，对口审查政府相关部门行政许可的“权力清单”“责任清单”“负面清单”。同时，县人大和县政府对全县具有行政许可职能部门的405名行政审批人员及实施行政许可部门的56名主要领导和分管领导分别进行了“一法一例”相关知识统一考试，以提高行政机关干部职工依法行政的意识和能力。进一步推进法治龙江建设，支持政府全面深化改革，督促政府依法行政、简政放权，推动全省经济社会健康平稳持续发展，取得了显著的成效。

（一）严格许可监督检查，权力清理完全彻底。

县人大常委会要求县政府及行政许可实施机关按照“谁主管，谁清理”的原则，对本部门行政许可审批项目和权力清单进行逐一清理。政府法制部门按照上级部门的工作指南的统一要求和规定，对行政权力和行政许可的项目、实施主体、许可依据进行了认真核查，建立台账清单。同时，对上级下放的行政许可事项，认真做好承接工作，全面完成了行政许可权力清单编制、审查清理工作，并呈报县人大常委会审查备案。县人大常委会经过认真、严格的专项审查，依据法律法规为县政府确立权力清单6563项，其中行政许可事项为276项，涉及具体实施部门29个。经过认真梳理和审定，县政府共清理减少行政许可实施机构9个，减少行政许可审批项目52个，审查后保留的行政权力清单和行政许可项目如期向社会公布。使县政府及其部门行政权力清理彻底，保留的行政权力合法有据，口径、标准符合省市要求，权力运行流程也在进一步建立健全和规范完善中。

（二）规范权力运行，强化制度管理。

县政府自“一法一例”实施以来，高度重视推行权力清单和责任清单制度建设，积极采取措施，严格落实责任，指导和帮助各部门建立和完善行政许可工作制度和责任追究制度，不断规范权力运行工作机制。县人大切实加强对“一法一例”贯彻落实情况的监督检查，对行政许可审批事项办理过程中发现的不作为、慢作为、乱作为等权力运行不规范现象，坚决追究责任，力促行政许可更加规范。同时，县政府及有关部门强力推进制度建设，全县行政许可审批部门根据本单位的工作实际情况，按照县政府的统一要求，全部制定了相关的行政许可工作制度，并进一步规范和完善问责制、服务承诺制、限时办结制、许可公示制、一次性告知制、责任追究制，以及行政许可权力运行程序性规定、工作人员操作规范等项制度。特别是“一法一例”执法检查活动开展后，县政府及各相关部门，积极探索和建立行政执法监督制约机制，规范和减少具体执法人员的自由裁量权，按照上级的规定和要求，科学合理地规划制定各项责任制度，强化责任追究，进一步加大责任清单建立和完善步伐，确保如期公布责任清单。

（三）落实问题整改，推行优质服务。

县政府及有关部门自觉接受、全力配合人大执法检查组的执法监督检查，把这次执法检查作为解决存在问题和改进工作的重要机会，积极做好各项工作。县政府准确把握问题导向，正视问题存在，认真研究落实整改，对自检自查和人大检查组集中检查中发现的问题，召开专门会议进行公开曝光，并严格督促存在问题的单位，查找原因，明确责任，限定时间，立行立改，以整改的实际行动，积极推进依法行政工作。同时，县政府进一步增加资金投入，努力改善行政审批部门的办公环境和设备，加快行政许可集中办理、网上办理、联合办理平台建设，对行政许可审批办理流程实行全面公开。各有关部门进一步深化行政审批制度改革，按照公开透明，便民高效的原则，积极改进和创新行政许可方式方法，推行多种便民措施，优化服务质量，努力减少审批环节，优化办理流程，加强行政许可信息公开，切实提高服务意识和工作效率，群众和市场主体满意程度大大提升，展现了经济发展环境不断优化的新形象。

（四）县人大常委会对监督检查中发现的问题提出了监督整改意见

对这次监督检查中发现的一些与法律要求不适应，贯彻“一法一例”执行不到位等问题，县人大常委会委员提出并要求县政府及有关部门限期进行整改。

存在的问题：

一是个别部门对“一法一例”执法检查工作重要性认识不足，学习培训和宣传教育不够到位，部分承办行政许可审批工作的领导和具体工作人员，对行政许可权力、实施主体和许可依据等相关法律法规方面的专业知识掌握不够全面，对本单位行政许可事项不清，依法行政能力和业务工作水平相对较弱，急需进一步提高。

二是行政许可集中办理、网上办理、联合办理推进效果不理想；行政许可公示制度、听证制度、补偿制度还没有全面建立起来；行政审批窗口办理流程和工作效率还需要进一步改善和提升；行政审批中心一些行政审批事项“一站式服务”还没有完全开展起来；行政机关实施和提供便捷服务需要进一步加强。

三是个别部门由于监督检查制度不健全或者执行不到位，后续监督检查环节薄弱，对被许可人从事行政许可活动监督不规范或不得力。行政许可法实施过程中，还个别存在“重审批、轻监管，只许可、不监管”的情况，存在执法检查和监督管理不到位或不作为的问题；存在先开工、开业，后办理行政许可或不办理行政许可的现象；部分从事行政许可审批人员资质不符合法律规定，不适应实际工作需要；个别实际行政许可行使权力部门的承办机构，由于内部工作机制不理顺，存在越权执法的现象；还有一些部门存在专业执法人员力量不足，利用事业编制人员承担行政执法任务，造成行政许可主体资格不合法，影响了行政许可监督检查工作的正常开展。

四是由于深化机构改革不到位，现行行政管理体制未完全理顺，致使个别行政部门权责不明，行政许可法定行使主体与实际行使主体职能与权力分离，按照法律规定应行使行政许可的主体部门没有明确的行政职能，无法审批行政许可事项；而有行政许可审批职能的部门按照法律规定却不是设定的实施主体，也没有施行政许可审批，造成一些行政许可事项目前没有得到落实或实施。

五是有些行政许可部门不认真履行对承办单位的监督检查职责，致使一些从事行政许可工作人员在实施行政许可过程中，没有按照法律规定履行相关工作职责，将有关行政许可审批材料及时归档立卷，个别部门的归档材料不齐全、不规范，缺少送达回执，需要听证程序的缺少听证材料。

整改意见：

1.继续深入开展“一法一例“的宣传学习活动。通过进一步宣传，提高各级领导、公民、法人和其他组织深刻理解贯彻实施“一法一例”的重大意义，增强各级领导干部推进依法行政的主动性、自觉性和紧迫性，真正解决好目前一些部门行政许可工作人员依法行政、依法办事意识不强，业务不熟、工作效率低和执法队伍素质不高，不能完全适应当前工作要求的问题，全面落实行政许可法。同时，进一步提高人民群众依法维权的意识和能力，保障人民群众能够对行政机关实施有效的监督，维护自己的合法权益。

2.强化信息服务功能，创新行政审批方式。进一步推进行政审批网上办理、集中办理和联合办理审批模式，提高行政服务电子化水平，逐步建立全县统一的行政审批信息化网络平台，加快实现“全程式网上审批”、“一站式服务“和“信息资源共享”，使各部门在统一平台、统一标准、统一环境下行使行政许可审批权力。充分发挥行政审批中心分工协作、上下联动、机制健全的服务功能，整合各部门行政审批资源，扩展各部门行政审批事项入驻数量，推进中心行政审批事项整建制进驻，增强审批窗口服务功能，切实解决窗口授权不充分，办事人员不办事的现象，达到“既能受理，又能办理”的要求，让窗口真正拥有审批的权限，为基层和群众提供优质、高效的政务服务。

3. 加强许可监督，严格依法行政。各级领导干部和执法人员要提高对行政许可法的认识，不断提高依法行政的能力和水平。政府及相关部门要认真按照行政许可法的要求，积极转变管理理念、管理方式、管理职能，严格许可行为、许可程序和许可监督，有效防止行政权力滥用、越位与错位。要按照权责一致的要求，严格实行“谁主管，谁监督”。加强对行政许可工作的监督检查和指导，及时发现和纠正行政许可实施过程中的违法行为，加大对行政许可的监管力度和责任追究力度，对行政不作为、乱作为，不按法定履行职责的，依法追究责任。对未经许可，擅自开工、开业的违法行为，行政主管机关应当采取措施予以制止，并依法进行处理。县人大常委会组成人员要加强对所联系单位行政许可工作的经常性监督，县政府及相关部门要增强主动接受人大监督意识，对一些涉及重大公共利益的行政许可，要主动邀请人大相关委员现场监督。

4. 要进一步理顺行政许可部门间的关系和部门内部工作机制。建议县政府要进行专题研究，拿出具体可行的方案，尽快解决由于机构改革不彻底，造成的行政部门权责不清，部分行政许可事项无法实施问题。对个别法律授权或者委托不够明确的单位和执法人员，重新调整和明确职能，严格规范行政执法运行机制，明确行政执法主体职能，严格规范执法机构设置、人员配备、资格管理和监督措施，加强行政执法队伍建设，全面提高行政执法水平。

蚂蜒河全流域考察

2015 年 10 月，为推动蚂蜒河流域依法保护和治理工作，县人大常委会发起并组织实施蚂蜒河全流域考察，对蚂蜒河这条延寿的“母亲河”污染状况进行一次全面了解。这次考察得到了县委、县政府、县政协及有关部门的大力支持，县四个班子主要领导启动考察仪式，并参加实地踏查。县人大常委会机关全体干部会同环保、水务、卫生等专业部门科研人员组成三支考察队，历时近一个月时间，对蚂蜒河全流域进行了徒步实地考察，完成了蚂蜒河 341 千米流域水文、水质、生态现状、生产方式、污染源散布、样品采集等外业工作。通过两个多月的内业整理，形成了3个专项报告、1个总体考察报告、1部考察专题片。向市人代会提出蚂蜒河流域保护立法建议，在市人大十四届五次会议第三次主席团会议上审议通过，作为议案处理。市人大常委会主任会议、常委会会议专题讨论研究蚂蜒河流域保护立法议案问题，向市政府提出工作和治理意见，反映了延寿人民对蚂蜒河生态建设和保护的强烈愿望。

伴随着经济社会的发展和人民生活水平的提高，水资源环境已经成为目前人类生存最主要的环境问题之一。蚂蜒河不仅是当地人民工农业生产的重要水源，更是当地居民生活用水的重要来源。但近些年来，由于蚂蜒河沿岸的自然生态不断遭到破坏，以及附近生产生活带来的污染不断加剧，致使河流水资源的质量日趋恶化，严重影响了当地人民群众的身体健康和卫生安全。

一、蚂蜒河流域目前的基本状况

1. 源头及干支流水系分布情况

蚂蜒河发源于长白山张广才岭西侧尚志市鱼池乡境内虎峰岭西南坡的蚂秃岭，河源海拔高度700米，干流全长341千米，流域面积10547平方千米—从源头至尚志市一面坡镇为上游，一面坡至延寿县城为中游，延寿至河口为下游。蚂蜒河流域河网密集，支流众多，有大小支流300余条，其中最长的支流东亮珠河全长138千米，而最小的支流小凌河全长仅12千米。

2. 沿岸生态环境状况

蚂蜒河上游部分，尤其是源头虎峰岭一带地处山地林区，自然植被保存完好，生态环境未受到任何破坏，加上人烟稀少，少有人为污染，天然雨雪充沛，空气新鲜，因此这些河段水质优良，多数支流河段的自然生态环境也相对好于蚂蜒河干流河段。此外有些局部地段通过采取有效措施对当地生态人为地加以保护，取得了明显效果。但是，考察中也发现蚂蜒河流域的很多区域，伴随着大面积的毁林、毁草、毁泽开垦，大量的沿河散生林、草原、河套、泡泽等自然植被遭受严重破坏，改变河道、污染河水、破坏自然生态的现象随处可见。

3. 沿岸行政区划及人文社会资源分布情况

蚂蜒河自西向东，流经尚志、延寿、方正三县（市）总共16个乡镇，71个行政村，138个距干流河道中心2千米以内的自然屯。三县（市）上述区域总居住人口约为55万人（包括中心城镇人口）。整个蚂蜒河流域内，距所有干支流河道1000米以内的耕地总面积约 45 万亩。其中从源头到尚志约 15 万亩多为旱田区，以种植玉米为主；而尚志至延寿及至方正入江口段约 30 万亩则多为水田区，水稻面积达 70% 以上。沿岸近几年相继建成的延寿蚂蜒河国家湿地公园、森林公园，方正莲花湖、方正湖公园以及源头正在建设中的虎峰岭风景区等，构成了蚂蜒河流域重要的标志性自然与人文景观带。此外蚂蜒河流域抗日战争时期曾是抗联三军的重要游击区，解放战争时期是北满乃至东北地区最早的解放区之一，纵横的山水之间，辽阔的黑土地上浸染了无数可歌可泣的红色记忆。

4. 蚂蜒河水资源综合保护与利用情况

蚂蜒河流经的三县（市）境内沿河两岸堤防全长两百余千米，其中延寿境内为 74.1 千米。堤防防洪标准均为 20 年一遇标准，堤防类型为土堤，堤顶宽度通常为 3 米，于险要处多建有堤岸护坡加固。蚂蜒河全线共建有拦河坝 9 座，干支线排水涵闸 42 处，这些设施对于有效地控制调节水位流量、预防和防止险情灾害发生，合理分配和利用水资源起到了至关重要的作用。

二、蚂蜒河流域水资源当前面临的主要问题

当前，蚂蜒河流域水资源存在的最为突出的问题，就是水质恶化日趋严重。蚂蜒河流域水资源保护由于没有实施流域管理的“统筹规划”，目前流域三县（市）仍延续过去那种各管一段、分批治理的行政管理模式，缺乏统一规划、区域协作、共同维护、整体治理、目标一致的综合流域管理办法和管理措施，也没有统一的协调部门，致使行政边界形成的不同利益主体跨行政边界的协调行动难以开展，因此对蚂蜒河流域水资源保护和水污染治理难以进行有效推动，如果不尽早采取治理措施，待污染加重后治理，所付出的代价更大。

蚂蜒河污染主要是河流上游中段至下游河段。现场观察和水质监测结果表明，源头部分从最初发端处的四条细流，到众流交汇始成干流的“不冻河”，都是河水清澈，水质优良，许多考察队员现场直接饮取清醇的河水，感觉无任何异味。然而，类似这种状态的河水仅仅保持在上游靠近源头的较短河段，当河流进入尚志市鱼池乡政府所在地附近，水质则发生变化；到达亚布力镇及苇河镇境内时，水质变化明显，水体富营养状况增加，河流水质浓度总体偏高，杂质增多，异味增大，浑浊不清，部分河段甚至产生季节性的水体发黑、恶臭现象，及至中游和下游这种水质恶化的状态始终难有改变。以蚂蜒河中游河段为例，先期准备设立的采水点有 9 个，其中仅有一处水质较为清晰，其余

全部呈现浑浊状态，有的甚至呈黑灰色，气味刺鼻，令人作呕。经过对不同河段及重点部位的水质变化情况进行统筹分析研究，最终确定从蚂蜒河源头水域、苇河大桥水域、一面坡大桥水域、平安大桥水域、长寿大桥水域和入江口水域共6个具体采水点选取水样，送交专业检测机构进行检测。检测结果，根据GB/5750–2006《生活饮用水标准检测方法》和GB/5749–2006《生活饮用水卫生标准》，对所取水样共检测微生物指标3项，一般感官性状、理化检测和消毒剂指标28项，实际监测项目总数186项，合格项目总数169项，检测项目合格率90%。检测结果表明，只有源头水样合格率达100%，上游初段和入江口水样合格率达90%，其余各水域均不超过87%，而且多数存在嗅和味、耗氧量及铁、锰等重金属元素超标现象。由于提取样本的时间是河流全年水质相对最好的季节，其他时期，特别是春夏时节河水污染程度更加严重。

导致蚂蜒河水质不断恶化最直接、最主要的因素，是来自于河流沿岸村镇居民、企业生产生活的各种人为污染，且污染源不断加大，污染逐年加重。

（一）生活污水和垃圾对河流的污染。随着蚂蜒河两岸村镇人口的不断增加以及集镇扩容，生活污水和垃圾产生量大幅度增长，而城镇环保配套设施又相对滞后。城镇建设中河流治理未纳入当地城市和村镇规划，沿河两岸没有预留、控制出足够的综合治理用地，不仅河流综合治理必须配套的截排污管道、巡河道、绿化带等设施无法实施，更为严重的是许多天然的行洪断面也被非法侵占，致使现在进行河流综合治理困难重重，污染难以消除。特别是一些老城区和农村居住区未建立排污管网，垃圾点设置不合理，并缺乏有效管理，导致污水排放控制、垃圾收集处理困难，加之群众环保意识薄弱，公共卫生和清洁意识差，依然按照传统的生活习惯和方式，将大量生活废水未经处理直接排入河中，生活垃圾随意丢弃和露天堆放，造成河道污染、河床淤积、水流不畅，蓄水、过流能力下降。

考察中发现，依河而建的村镇部落都不同程度向河里排污。靠近居民区的河堤上，有许多通到河里的明沟暗渠，蚂蜒河就是他们的污水处理厂。特别是尚志市所辖的亚布力、苇河、一面坡以及尚志镇等几大中心城镇，都有蚂蜒河的干流或支流从城区经过，于是便有大量的生活污水未经任何处理直接排放到蚂蜒河之中。据不完全统计，光是将污水直接排入河中的现象，在亚布力就出现6处，都是集中在街北新老两座大桥之间不到一千米长的河段，每日排入蚂蜒河的污水达到7000吨。而在苇河镇也有至少两处直接排污点，处于苇沙河接近蚂蜒河交汇口附近的河段，汇集了苇河林业局及镇辖区每日产生的总计8000至1万吨左右的污水，终日不断地排入蚂蜒河干支流之中。一面坡镇则建有城镇排污渠，将全镇的生产、生活污水未经处理全部直接排入蚂蜒河。尚志镇虽建有污水处理厂，解决了新城区及开发区部分企业的污水净化问题，但主城区部分产生的大量生活污水还是以直排的形式进入乌珠河，并且于城外不远处汇入蚂蜒河。延寿县建有两处污水处理厂，但城内40%未入城镇排污管网的居民区，日产近5000吨生活污水，仍是采用直排形式进入东西两条大沟，直接汇入老河道流入蚂蜒河。沿着蚂蜒河岸自上而下行走就会看到，只要河流经过的城镇与乡村，垃圾污染无处不在，既有生活垃圾也有生产垃圾、建筑垃圾。多数乡镇村屯的垃圾场都建在河流沿岸，各种垃圾未经任何处理直接倾倒在河道边缘，有些甚至直接流入河中，或沉入河底，或浮于水面，终日散发出恶臭的气味。特别是几个有河流经过的中心城镇，如亚布力、苇河、一面坡等地，河道边缘地带到处可见垃圾成山、一片狼藉的“脏乱差”景象。值得注意的是，这些生活垃圾包括塑料袋、废电池、农膜、农药瓶、工业废弃物等混合体，导致垃圾中不可降解物比例迅速增加，日渐向“毒害化”发展，毒垃圾渗入土地、渗入河流，导致的结果最终将是灾难性的。

（二）工业废水直排加剧对河流的污染。蚂蜒河中上游有数量众多的涉水企业，这些企业由于污水处理设施投资高，运行费用、管理技术要求高，大部分都没有污水处理设备。各地有关部门虽然每年都进行治理，但由于受当地“经济发展观”“污染政绩观”和企业经济利益影响，放任或放松了对企业的监控和管理，边治理边污染，污染行为屡禁不止，造成未经处理的工业废水和污染物直接排入蚂蜒河或其支流，加剧了对水体的严重污染。现场观察，这些企业生产过程中产生的污水由于未经任何处理，或只经过简单净化处理未达标排放。工业废水排放时，各种污水混杂着废弃物从排污管道通过明沟暗管排出，滚滚酱黑色污水从管道狂泄而出直接进入河流，瞬间沿岸数十米形成层层泡沫状、黄黑色污染带，河水浑不见底，散发着一股刺鼻的废水异味，对河流水质危害极大，给蚂蜒河水环境造成重度污染。

（三）农副产品废弃物和养殖业对河流的污染。随着集约化种植业、养殖业的发展，蚂蜒河沿岸广阔的农村，以及城乡结合地带，遍布着各种不同形式、规模的畜禽养殖场、农副产品加工厂等企业及专业生产群体，由此带来了产品废弃物、畜禽粪便处理和污染问题。这些养殖场和加工厂没有经过环境影响评价，大部分都没有必要的污染防治措施，有关部门又疏于管理，造成垃圾、污水向河道自由倾倒、排放，直接污染河流。实地考察发现，这些养殖场在生产过程中，由于本身条件限制，出于节约成本和处理方便，直接将养殖、屠宰加工、孵化等产生的废弃物、污水、粪便投入蚂蜒河道及附近区域，进而对河水造成污染，而畜禽粪便中所含的病原体也会对人体健康造成极大的威胁。如尚志市是全国有名的黑木耳生产基地，蚂蜒河沿岸各乡镇都是黑木耳主产区，每年都要产生大量的废弃木耳菌袋，其中绝大部分都是直接倾倒在村口屯边的河岸上，有的直接推入河中任其漂浮，污染河流。

（四）农业生产产生的面源污染。由于农业生产方式不断改变，农业科技的发展和运用，使得农村农药，化肥普遍使用，而且施用量逐年增加。药剂溶剂不能完全被吸收利用，大量流失，药剂残留通过地表径流、渗入等方式进入河流，严重污染河流水质。蚂蜒河流域内距河道 1000 米内有耕地约 45 万亩，而且蚂蜒河大部分河段没有堤坝防护和绿化带隔离，沿岸截污能力差。沿岸农田按照平均亩施化肥 40 千克、农药 100 克的标准计算，流域内农田施用化肥约在 1.8 万吨，农药约 45 吨，这些都是严重污染河流的主要因素。同时，由于大量使用化肥，农村人畜粪便的农业利用减少，粪肥还田率低，大部分未被利用，便不经处理直接排入河中，对水环境构成严重威胁，而且这种污染是常年的、循环的、渐进的长期污染，污染范围也十分广泛。

（五）采石、采砂作业导致河流污染。由于蚂蜒河部分河段河道监督管理不到位，致使河道无序采砂过度，偷采乱采现象严重，河道采砂不当作业不仅会引起河床发生变化，影响河势稳定，也会破坏水生态环境。考察中发现，蚂蜒河流域内共有采砂场 32 处，采石场 2 处，这些采砂场多数没有审批手续，常年私采乱采，且未按规定范围采沙，超采扩采现象十分严重。长期过量采掘已经使河道周边自然植被遭到破坏，大量河沙堆积使河道走向发生改变，并且过度开采已经造成蚂蜒河许多河段河床下切，入渗加重，枯水季水位下降，水量变小，水面变窄，水质变差。许多偷挖滥挖使蚂蜒河很多河道，砂石裸露，干燥后表层的细沙成为扬尘，污染河流和环境。此外，蚂蜒河采砂作业大多使用效率较高的射流式吸沙船，这种采砂方式造成河流底泥流失，使河床减少了对水中污染物特别是金属类污染物的强烈吸附作用，减弱了河道自净功能。同时，采砂作业用于筛分冲洗的废弃泥浆和残漏油污直接排入河中，更会对附近水域水质造成严重污染。

（六）毁林垦荒破坏植被对河流的污染。治污是河流生态建设的前提和基础，通过河流生态建设和保护可以提高河流系统的自净功能，而植被保护反过来又可以增强治污效果，因此植被保护尤为重要。蚂蜒河沿岸植被保护、管理涉及水利、林业、农业、土地、环保和市政等诸多部门，但由于管理体制上和经济效益等方面原因，这些部门的管理职能存在交叉分割，缺乏统一的监督管理协调机制，而责任主体太多又容易形成监管缺失。由于监管失控，沿岸居民和一些企业为追求经济效益，大面积毁林开荒种植经济作物，造成蚂蜒河流域滥垦、滥伐、滥牧、滥采和滥用水资源现象十分严重，河流沿岸植被已遭受了毁灭性破坏。目前，蚂蜒河两岸几乎没有树木，河堤也基本没有植被保护，河流沿岸土地沙化和水土流失严重，致使洪涝灾害频发，而且这种灭绝性破坏已经在短期内难以恢复。考察中还发现，蚂蜒河许多河段，两岸的林地、草场、荒坡被开垦成为耕地，甚至在河道之中种植农田，基本形成水退地长，水长地没的种植方式，不仅严重阻碍河水流通，而且每到雨季汛期容易形成大量泥石流涌入河道污染河水，对水环境构成严重威胁。

三、关于蚂蜒河流域水资源保护的建议

1. 争取上级支持，积极推动蚂蜒河保护立法。这次组织开展的蚂蜒河流域水资源综合考察活动，旨在了解和掌握蚂蜒河流域水资源目前的状况，向市人大提出建议尽快研究制定《蚂蜒河流域水资源保护条例》，以法律形式将蚂蜒河流域水资源保护与管理固定下来，促进水资源的可持续开发利用，更加有力地服务于流域经济的发展和人民群众的生活健康。这项工作已于哈尔滨市第十四届五次人代会上被确定为 2016 年立法议案，市人大常委会将组织专门立法机构对相关工作内容作进一步研究探讨，争取进入立法程序。

2. 采取有力措施，有效遏制蚂蜒河流域生态恶化的态势。

一是切实强化管控机制。蚂蜒河流域各县（市）要建立统一联动的管控系统，健全组织机构，明确责任任务。相关责任部门和专业职能部门要切实担负起管控责任，对违反规定的一切行为必须依法予以追究。

二是要努力消除各种污染造成的危害。特别是上游地区，靠近蚂蜒河沿岸的城镇、村屯各种污染严重，必须下大气力，采取超常的措施全力清除。要建立巡察制度，对蚂蜒河沿岸城镇、乡村定期巡查，及时发现问题，采取措施，整治并消除各类污染源，净化沿河两岸生产生活及人居环境。

三是要切实加强基础设施建设。蚂蜒河流域各县（市）都要对蚂蜒河流域综合治理高度重视，切实加大投入，沿河的城镇及重点企业要努力争取实施相应规模的污水处理工程项目，凝聚各方力量，共同打好蚂蜒河水资源保护的攻坚战。

四是要全面改善沿岸生态环境。切实采取措施，大力推进沿蚂蜒河两岸退耕还林还草，特别是靠近河道甚至占用河道的非法乱开乱占的耕地，必须坚决退出，代之以栽植人工林或选择插柳绿化等措施，促进沿岸植被迅速恢复。同时，着眼于沿岸生态的长远发展，统筹规划好蚂蜒河流域生态示范带建设。

3. 加强宣传引导，增强全社会水资源保护的意识。要广泛宣传开展蚂蜒河考察活动

取得的成果，宣传实施蚂蜒河流域水资源保护的重大意义，宣传保护水资源及生态环境方面的各项法律法规，引导广大人民全面树立环境保护意识、生存质量意识和绿色发展意识，正确认识蚂蜒河流域水资源的现状以及潜在性的危机，自觉地投身到保护蚂蜒河流域水资源的行列。

四、关于考察工作

1. 外业考察。2015 年 10 月 31 日至 11 月 20 日的三周左右时间里，考察队下派三个考察分队，按照划定的区域，分别深入蚂蜒河流域各个河段、乡镇、村屯、企业进行实地勘察，对河流分布、水质状况、沿岸生态、污染情况、水土保护以及人口地域资源等各种因素进行深入细致的调查，掌握了大量的第一手材料，为下步工作的深入开展奠定了良好的基础。

2. 内业整理。外业考察基本结束后，各考察分队立即组织对前期获取的材料和数据加以整理，分别由卫生部门对河流水质情况、环保部门对河水污染情况、水务部门对河流治理管护及生态资源保护情况进行分析论证和检测分析，并得出相应的结论。同时对于实地考察中有遗漏或未定论的内容进行补充调查认证，反复推敲，力求精准无误。

3. 汇总综合。考察队适时听取各分队的工作情况汇报，及时提出指导意见和要求。并且按照考察活动方案的总体要求，结合各工作区段的特点，研究制定了完备而又实用的各项统计载体。将各段考察活动的情况认真地加以分析研究，归纳整理，同时将考察过程中收集、积累的各类数据、文字、图片、影像资料认真进行归类检索，为形成综合考察报告做好充分的准备。

4. 全面总结。考察结束后，考察队通过组织开展座谈讨论等方式对整个考察活动进行了认真的总结，完成了蚂蜒河流域水资源综合考察报告。同时，环保、水务、卫生等三个相关职能部门分别形成了《蚂蜒河流域生态环境评估报告》、《蚂蜒河流域水文水质情况报告》和《蚂蜒河水源饮用水达标情况的评估报告》。

四、县人大常委会规章制度 工作规则辑要

延寿县人大常委会议事规则

第一章 总 则

第一条 根据《中华人民共和国宪法》《中华人民共和国地方各级人民代表大会和地方各级人民政府组织法》以及其他有关法律规定，结合工作实际，制定本规则。

第二条 延寿县人民代表大会常委会审议议案，作出决议、决定，应当充分发扬民主，实行民主集中制的原则，严格依法办事。

第二章 会议的召开

第三条 常委会会议每两个月至少举行一次，会议召开日期由主任会议决定。如有特殊需要，可以临时召集会议。常委会会议由常委会主任召集并主持；常委会主任可以委托副主任主持会议。

第四条 常委会会议必须有全体组成人员的过半数出席才能举行。

常委会举行会议的时候，常委会组成人员应当出席会议，因病或者其他特殊原因请假的，书面向会议主持人提出并获同意。常委会会议实行出席登记制度。出席情况即时在会议上公布，对于无故缺席的常委会组成人员，要在下一次会议上提交书面说明材料。

常委会组成人员出席会议情况将记入履职档案，作为履职考核的一项重要内容。

第五条 常委会会议议程草案和日程安排，由主任会议提出，提请常委会全体会议通过。

第六条 常委会举行会议期间，可安排全体会议和分组会议。

第七条 人大常委会办公室应当在常委会会议举行七日前，将会议日期和建议议程，通知常委会组成人员和列席人员。在会议举行三日前，将会议有关材料送交常委会组成人员。

临时召集的会议，临时通知。

第八条 常委会举行会议的时候，县人民政府、县监察委员会、县人民法院、县人民检察院的负责人列席会议。

不是常委会组成人员的人大各办负责人列席会议。

常委会举行会议的时候，可以按照会议的议题，邀请有关的县人民代表大会代表列

席会议，要求县人民政府有关部门负责人以及其他有关人员列席会议。

列席人员因病或者其他特殊原因请假的，书面向会议主持人提出。

第九条 常委会会议审议有关议题时，应当通知有关部门负责人到会，听取意见，回答询问。

第十条 常委会组成人员的发言，由常委会有关工作部门综合为会议的审议意见，会后经主任会议审定，由办公室交有关部门研究处理。

第十一条 常委会全体会议可以设旁听席。

第三章 议案的提出和审议

第十二条 主任会议可以向常委会提出属于常委会职权范围内的议案，由常委会会议审议。

县人民政府、县监察委员会、县人民法院、县人民检察院可以向常委会提出属于常委会职权范围内的议案，由主任会议决定提请常委会会议审议。

常委会组成人员三人以上联名，可以向常委会提出属于常委会职权范围内的议案，由主任会议决定是否提请常委会会议审议。

第十三条 主任会议根据工作需要，可以委托常委会工作部门代拟议案草案，并向常委会会议作说明。

第十四条 对列入常委会会议建议议程的议案，提案人应当在会议召开的十日前，向常委会提供有关的资料。

第十五条 在常委会会议期间常委会组成人员依法临时提出的议案，常委会可以暂时休会，由主任会议研究决定是否提请常委会表决，提交常委会表决的议案，表决通过后交由有关部门处理。主任会议认为不具备提请条件的，可以要求提请人继续开展调研，进一步完善议案，提请下次或者以后的常委会会议审议。

第十六条 列入常委会会议议程的议案，在交付表决前，提案人要求撤回的，经主任会议同意，对该议案的审议即行终止。

第四章 听取和审议专项工作报告

第十七条 常委会全体会议听取县人民政府及其所属部门和县人民法院、县人民检察院的专项工作报告，由分组会议或者全体会议进行审议。

第十八条 县人民政府、县监察委员会、县人民法院、县人民检察院向常委会会议作专项工作报告时，应当由主管副县长、县监委主任、法院院长、检察院检察长到会作报告；县监委主任、法院院长、检察院检察长因事不能到会时，可以委托副主任、副院长、副检察长到会作报告。

县人民政府所属部门受县人民政府委托向常委会会议作工作报告时，应当由主要负责人到会作报告。

第十九条 常委会审议执法检查报告，依照《延寿县人民代表大会常委会执法检查工作规定》的要求执行。

第二十条 常委会认为必要的时候，可以对听取的各类报告作出决议。

第五章 质 询

第二十一条 在常委会会议期间，常委会组成人员三人以上联名，可以向常委会书面提出对县人民政府、县监察委员会、县人民法院、县人民检察院的质询案。

质询案必须写明质询的对象、质询的问题和内容。

第二十二条 质询案由主任会议决定受质询机关在常委会会议上口头答复，或者书面答复。

质询案以口头答复的，应当由受质询机关的负责人到会答复；质询案以书面答复的，应当由受质询机关的负责人签署，由主任会议印发会议或者印发提质询案的常委会组成人员。

在常委会会议上，有全体组成人员三分之一以上对质询案的答复不满意时，受质询机关应当重新作出答复。

第六章 特定问题调查

第二十三条 主任会议或者五分之一以上的常委会组成人员书面联名，可以向常委会提议组织关于特定问题的调查委员会，由全体会议决定。

第二十四条 调查委员会由主任委员、副主任委员和委员组成，由主任会议在常委会组成人员和县人民代表大会代表中提名，提请常委会会议通过。调查委员会可以聘请专家参加调查工作。

第二十五条 调查委员会有权调阅有关的证据材料，询问有关人员。调查所涉及的组织和个人，应当如实提供有关材料和情况。

第二十六条 调查结束后，调查委员会应当提出调查报告，提交常委会审议。常委会根据调查报告，可以作出相应的决议。

第七章 发言和表决

第二十七条 常委会组成人员参加常委会会议前要围绕议题深入开展调研，在会议上积极发言，严肃认真的行使表决权。常委会组成人员发言情况将作为考核常委履职情况的重要内容。

第二十八条 常委会组成人员、列席会议的人员在全体会议及分组会议上的发言，应当围绕议题，简明扼要。在全体会议上的发言时间，第一次发言不超过 15 分钟；第二次对同一问题的发言，不超过 10 分钟。事先提出要求，经会议主持人同意，可以延长发言时间，但延长的时间不能超过 10 分钟。

第二十九条 常委会组成人员在常委会会议上的发言和表决，县人大代表列席常委会会议的发言，不受法律追究。

第三十条 常委会会议表决议案，采用无记名方式或者其他方式。

第三十一条 交付表决的议案，有修正案的，先表决修正案。

第三十二条 表决议案需获常委会全体组成人员过半数赞成方为通过。

常委会组成人员对表决议案可以赞成或者反对或者弃权。

表决结果由会议主持人当场宣布。

第八章 附 则

第三十三条 本规则自通过之日起施行。

延寿县人大常委会委员管理办法

为进一步促进县人民代表大会组成人员履行职责，充分发挥委员作用，结合我县人大工作实际，制定本办法。

第一条 县人大常委会主任会议成员（常委会主任和常委会副主任）集体负责常委会委员的管理工作。

第二条 管理的主要内容

常委会委员的思想政治教育工作；常委会委员能力素质的提高；常委会委员工作、活动、计划的安排；常委会委员遵守的制度、纪律规范；常委会委员参与社会活动和参政议政状态等方面。

第三条 加强教育培训

1. 制订教育培训规划、学习内容和培训方式。常委会委员结合自身工作实际，制订个人学习计划，明确学习的目标、任务和内容。

2. 拓宽教育培训渠道。采取灵活多样形式开展教育活动，组织委员听专题讲座、参加党校或行政院校集中学习、外出考察等多种形式，为委员创造学习机会，提供学习条件。

3. 鼓励常委会委员自学。常委会定期向委员发放学习资料。

4. 规范学习内容。指导学习的方向，突出政治、法律、经济、政策的学习。

第四条 开展经常性实践锻炼

1. 开展好会前调研。在人代会、常委会召开前，根据会议议题开展广泛深入的调查研究，提出建设性意见。

2. 深入联系选民，进行专题研究。每年至少搞一次专题研究。反映群众关注的热点和难点问题。

3. 定期组织开展视察检查活动。按常委会要求参加好三察（查）活动；动态选择重点问题进行专门视察。

4. 鼓励委员结合自身工作实际介入中心工作，为全局工作服务，积极开展招商引资工作。

第五条 严肃组织纪律

1. 严肃政治纪律。常委会委员在思想上要同党中央及各级党委保持一致。

2. 严肃会议纪律。常委会委员要按时参加人代会、人大常委会会议，不得迟到早退。遵守会议纪律，无正当理由或借故一年累计两次不参加常委会议的，主任办公会议对其进行诫勉谈话；一年累计三次不参加常委会议的停止委员职务。围绕会议议题积极发言，保守会议秘密。

3. 严肃活动纪律。县人大确定的检查、视察及代表团组织的活动常委会委员要积极参加，发挥表率作用，不得借故拒绝参加，一年累计两次不参加活动的，进行通报批评；三次以上不参加活动的，主任办公会议对其进行诫勉谈话；常年不参加活动的停止委员职务。

第六条 建立评价机制

1. 委员述职。常委会委员进行年度述职，述职视情况采取会议报告或书面报告等形式。

2. 委员测评。通过人大机关干部、选区选民或推荐单位对常委会委员进行测评。采取发放调查问卷等形式征求意见。

3. 开展履职写实，建立委员履职档案，发放写实手册。

4. 依据委员工作情况、工作表现，主任会议对每位委员做出年度总评并记入档案，根据创先争优工作的要求，有计划评选优秀委员予以宣传和表彰。

5. 委员履职情况在代表大会上以书面形式向代表通报。

第七条 本办法自通过之日起试行。

延寿县人大常委会组成人员联系代表制度

为了加强县人大常委会组成人员同基层代表的联系，拓宽常委会组成人员的知情渠道和代表联系的途径，充分发挥人大代表履行职责的作用，提高常委会依法履职水平，全面推进县人大常委会的工作。根据《代表法》的有关规定，结合我县实际，制定本制度。

一、县人大常委会组成人员要同代表保持经常联系，按照自己所在的代表小组或选区所在的乡镇，确定重点联系基层代表 3 至 4 名，必要时可对联系的代表进行调整。

二、县人大常委会组成人员联系代表的内容：

1. 征求代表对县政府、县法院、县检察院贯彻执行国家法律、法规和本级人大及其常委会决议、决定情况的意见和要求。

2. 了解代表对党的方针、政策和宪法、法律、法规的执行情况。

3. 了解代表和群众对当前政治和经济形势以及普遍关心热点问题的看法和要求，并做好宣传解释工作。

4. 了解代表开展活动和履行职责情况，交流代表工作经验。

5. 向代表介绍县人大常委会的工作情况，征求代表对各方面工作的建议。

6. 了解代表“12345 载体”活动情况和“四情”日记写实情况。

三、联系代表的主要方式：

1. 县人大常委会组成人员联系代表以走访、电话等方式进行，每季度不少于 1 次，每年不少于 4 次。

2. 县人大常委会组成人员到基层视察或调研时，邀请所在地的有关代表参加。通过走访、交流、召开座谈会等形式，直接听取代表的意见。

四、闭会期间所联系的代表通过口头或书面的方式提出的建议，帮助整理填写好代表建议专用表，并交县人大常委会办事机构，由县人大常委会办事机构交县政府相关部门办理，并督促相关单位办理答复代表。

五、县人大常委会组成人员要将代表联系工作情况记入写实手册，县人大人事办公室每季度进行一次统计并录入履职档案，每年年底将全年情况向常委会会议报告。

六、本制度自通过之日起施行。

延寿县人民代表大会代表工作细则

为进一步规范县人民代表大会代表履行代表职务，充分发挥代表作用，依据《代表法》对代表工作提出的要求，结合我县人大工作实际，制定本工作细则。

第一条 完善代表管理体系

1. 县人大常委会对本级人大代表依法实行管理，指导乡镇人大主席团开展乡镇代表管理工作。

2. 县人大常委会代表资格审查委员会负责县人民代表大会闭会期间增补、退出代表的资格审查。

3. 县人大常委会代表联络办公室具体负责代表的组织、联络、培训、维权、指导等工作，同时安排布置代表团活动，为代表履职做好服务。

4. 县人大常委会人事和代表联络委具体负责对推荐代表候选人条件的审查、代表档案的管理、代表的选举、补选和罢免等具体事宜。

5. 发挥代表团作用。人代会成立的代表团，闭会期间指导本团代表活动。活动由团长负责召集（如团长因故不能参加由副团长负责组织）。各代表团设立代表小组，每小组不低于 5 人，设组长 1 名，副组长 1 名，在代表团的安排下开展各项活动。

第二条 代表工作制度

1. 代表参与活动制度。代表必须参加代表团及代表小组活动，如有特殊情况，必须请假。

2. 建立代表资源社会化利用审批备案制度。有关单位邀请代表参加听证、测评、评议和社会监督等活动必须请示县人大常委会，由县人大常委会代表联络办公室统筹安排，代表应积极服从安排。

3. 代表议政制度。代表在人代会前深入开展调研，会上积极建言献策，会后带头落实会议的决议和决定。代表在闭会期间要关注社会动态，认真学习县委县政府宏观决策，及时了解和掌握群众生产中的实际问题和发展要求，提出建设性意见和建议。

4. 代表联系群众制度。代表每年至少深入选区走访一次，开展两次以上的专题调研，拓宽与选民联系方式，向选民发放联系卡。

5. 会议制度。代表必须按时出席本级人民代表大会会议，遵守会议纪律，因病或其他特殊原因，确实不能出席会议的，应会前报经常委会主任批准。认真审议各项议案、报告和其他议题，积极发表意见，出席会议的情况记入代表履职档案。

第三条 加强代表培训工作

县人大常委会有计划、有步骤、有针对性地对代表进行培训。将代表培训纳入县委干部培训计划，使全体县人大代表在任期内至少轮训两次，提高代表素质。

第四条 建立代表履职档案

县人大常委会为代表建立履职档案，记录代表履行代表职务情况、代表工作及活动情况。档案将作为评价代表履职和代表连选连任的重要依据。

第五条 建立代表资源信息库

对代表的社会关系进行摸底、登记和储备，建立代表资源信息库。对代表的信息进行深层次挖掘、分析、利用和管理，创建信息共享交流平台，为服务中心工作大局创造条件。

第六条 保护代表合法权益

保护代表的言论权、调查研究权、视察权、建议权等项合法权益，代表在执行职务中受到打击报复的，可以向县人大常委会申诉、控告，常委会要及时进行研究，责成有关单位查清事实、予以处理。

第七条 开展创先争优活动

发挥代表“一联双带”（联系一个代表群体，带头抓生产，带头抓项目）作用。在代表中广泛开展“12345”（每个有条件的代表都要联系 1 个“创业户”，帮扶 2 个贫困户，为选民办 3 件实事，每年向政府提 4 条有价值的书面建议，走访 50 名选民）创先争优活动。县人大常委会将根据代表参加活动情况、社会评价情况对先进典型予以表彰。

第八条 构建通联体系

畅通代表信息渠道，利用现代信息通信技术，加强代表与代表团、代表与县人大常委会人事和代表联络委的联系，及时反馈代表工作及相关情况。把党委和人大重大决策及时传达到代表手中，为代表知情知政、参政议政创造条件。

第九条 倡导代表履行社会责任

积极倡导代表参加社会公益事业。发挥代表自身优势，通过捐资助学、扶贫帮困等多种形式主动承担社会责任，奉献爱心回报社会。积极参与社会管理，以实际行动，影响和带动更多的人，为和谐社会建设贡献力量。

第十条 开展代表述职活动

1. 试行代表向选民述职活动，县级人大代表每年至少在选区述职一次。

2. 代表述职可通过召开群众座谈会、走访、书面通报以及借助群众会议等多种形式进行。

3. 代表述职的内容主要是：任期内的履职情况，特别是选民提出的问题反映和处理情况。

4. 代表述职情况进入履职档案。

第十一条 建立代表履职考核评价机制

加强代表履职情况的有效监督，促进代表更好地代表人民的利益和意志依法履职。为代表印发“四情”（社情、政情、舆情和民情）手册，开展代表履职写实工作。通过社会测评和选民测评对代表履职做出评价，评价结果记入履职档案。

第十二条 严格代表进出管理

1. 做好换届期间代表候选人的推荐考核，严把入口关。

2. 在闭会期间，对出缺代表及时补选。

3. 对违规、违纪、违法的代表依照《代表法》的有关规定，做出相应的处理。

第十三条 研究、探索代表工作的新途径

县人大常委会人事和代表联络委员会，根据新形势下人大工作的要求，要不断完善代表工作机制，创新工作方法，总结工作经验，积极探索闭会期间代表发挥作用的新方式和新途径，切实提高代表工作和管理水平。

本细则自通过之日起试行，试行中由县人大常委会主任会议负责解释和完善，并适时提请常委会进行修订。

延寿县人民代表大会代表小组活动制度

为了规范人大代表小组活动，充分发挥代表作用，依据《代表法》要求，结合我县实际，特制定延寿县第十六届人民代表大会代表小组活动制度。

1. 代表小组是代表在闭会期间开展活动的法定组织形式。各代表团要按照便于组织

和开展活动的原则组成代表小组，每个代表小组设组长1名，副组长1名，每个小组不少于5人。

2. 代表小组的活动内容是学习宣传党和国家的方针政策、法律法规及县委、县人大常委会的决议、决定；根据县人大常委会及主席团统一安排的视察、执法检查及调研活动；组织代表开展走访群众活动；组织代表总结交流活动情况；组织代表向原选举单位开展述职活动。

3. 代表小组可以采取学习、视察、检查、调研、联系群众及其他有利于代表履行职务的方式开展代表小组活动。

4. 代表小组应当制订年度活动计划。活动计划要从实际出发，选准题目，注重实效，并经小组集体讨论确定，报请所在代表团备案。

5. 代表小组应当建立代表参加小组活动登记制度，并记入代表“四情”写实手册。

6. 代表小组要常年开展活动，每年应不少于3次。代表小组长或副组长应将活动时间、地点、内容等事项提前通知每位代表及代表所在单位，以便顺利开展活动。

7. 代表小组开展视察、检查或调研活动，可以听取汇报，可以实地查看情况，也可以向被视察检查或调研单位提出建议、批评和意见。活动结束后及时综合代表意见，报送所属代表团及时转交相关单位办理。

8. 代表小组活动可以约见本级或下级有关国家机关负责人。但应提前一周将约见的内容、时间及参加对象告知县人大代表联络办或所在代表团，由其负责联系安排。

9. 代表小组应对活动情况进行年度总结，将总结材料报送所在代表团，并将代表参加小组活动情况记入代表履职档案。代表小组活动情况和代表参加小组活动情况作为县人大常委会表彰奖励的主要依据。

延寿县人民代表大会代表培训制度

为进一步提高人大代表的素质，履行代表职务，依据《代表法》有关规定和本县实际，特制定代表培训制度。

一、人大代表参加培训是人大代表依法履职的重要内容，县人大常委会和乡（镇）人大主席团要将代表培训计划列入年度工作计划之中。

二、代表培训的主要内容：

1. 宪法及《地方组织法》《选举法》《代表法》《监督法》等法律法规。

2. 人民代表大会制度等基本知识。

3. 人大代表履行代表职务基本知识和代表议事规则及工作程序。

4. 代表参加调研和视察活动所需要的知识及提出议案、建议、批评和意见的方法、规定及程序。

5. 县委重大决策和全县经济社会发展规划及发展形势等相关内容。

6. 其他相关知识。

三、代表培训的组织方式

1. 每年人代会召开前，集中对代表进行专题培训。

2. 纳入县委干部培训计划，进行集中培训。

3. 各代表团根据工作需要进行分散培训，每年培训一次以上，或通过发放学习资料自学方式，达到培训目的。

4. 代表培训还可综合运用专题讲座、以会代训、经验交流等形式进行。

5. 有条件时，选送部分代表外出参加专题培训。

四、各代表团要按人大常委会培训要求组织参加好县人大常委会的各种培训。

五、每位代表要及时按照要求参加各级各类代表培训，因事因病不能参加培训者需向县人大常委会及所在代表团请假。每届无故不按要求参加培训 2 次的给予通报批评，3 次以上不参加者须辞去代表职务。

六、县人大常委会将各代表团组织参加培训情况及代表参加培训情况作为表彰奖励的重要依据。

七、各乡（镇）人大主席团要将代表培训经费列入年初预算，作为专项经费列支。

八、每次代表集中培训都要进行考试，并将试卷备案存档，装入代表履职档案。

延寿县人大常委会审议决定重大事项的规定

第一条 为保证县人民代表大会常务委员会（以下简称县人大常委会）依法、有效地行使审议、决定本行政区域内重大事项的职权，根据《中华人民共和国地方各级人民代表大会和地方各级人民政府组织法》《中华人民共和国各级人民代表大会常务委员会监督法》的有关规定，结合本县实际，制定本规定。

第二条 本行政区域内的政治、经济、教育、科学、文化、卫生、环境和资源保护、民政、民族、宗教、城市建设、计划生育等工作中带有根本性、全面性及与人民群众的切身利益关系重大的事项，须经县人大常委会审议、决定。

第三条 县人大常委会审议、决定重大事项应当坚持党的领导，严格遵守法定程序，坚持民主集中制原则。

第四条 下列重大事项应当由县人大常委会审议，作出相应的决议、决定。

（一）贯彻执行宪法、法律、法规以及上级人民代表大会及其常委会和县人民代表大会的决议、决定的重大措施；

（二）加强社会主义民主法治建设，推进依法治县的有关重要决策和部署；

（三）经济和社会发展的重大改革方案；

（四）国民经济和社会发展计划、财政预算的调整；

（五）财政年度决算；

（六）国民经济和社会发展的中长期规划修订方案；

（七）人口、环境和资源保护、社会保障方面的重大措施；

（八）教育、科技、文化、卫生等社会事业发展规划；

（九）城市总体规划修编；

（十）土地利用总体规划的修编；

（十一）县人民代表大会交付审议决定的其他事项；

（十二）县人民政府、县监察委员会、县人民法院、县人民检察院提请县人大常委会审议决定的其他重大事项。

第五条 下列重大事项应当向县人大常委会报告，县人大常委会可以审议并提出意见、建议，必要时可以作出相应的决议、决定。

（一）国民经济和社会发展计划的执行情况；

（二）财政预算的执行情况；

（三）土地利用总体规划和城市总体规划的执行情况；

（四）财政预算外资金的管理使用情况；

（五）对人民群众生活影响较大的水、电、燃气、燃料、供暖、公共交通等公用事业服务价格的调整情况；

（六）对经济社会发展、人民群众利益、环境与自然资源保护有较大影响的建设项目的立项、资金来源及其建设情况；

（七）重大自然灾害或者给国家、集体和个人生命财产造成严重损失的重大事件的处理情况；

（八）社会反映强烈的重大案件的处理情况；

（九）县人民政府、县监察委员会、县人民法院、县人民检察院认为需要报告的其他重大事项。

第六条 县人大常委会主任会议、县人大常委会组成人员三人以上联名可以提出要求县人民政府、县监察委员会、县人民法院、县人民检察院向县人大常委会报告本规定第四条、第五条所列内容以外重大事项的议案。

第七条 县人民政府、县监察委员会、县人民法院、县人民检察院向县人大常委会报告重大事项，经县人大常委会主任会议确定，可以采取口头报告或者书面报告的形式。

重大事项的议案或者报告应当在县人大常委会会议举行一周前报送县人大常委会。特殊情况经主任会议同意的除外。

第八条 对提请审议的重大事项的议案，县人大常委会一般应当自收到该议案之日起两周内进行审议。

县人大常委会可以就重大事项组织特定问题调查委员会或责成有关部门就重大事项进行调查。县人大常委会可以根据特定问题调查委员会或者有关部门的报告，作出相应的决议、决定。

县人大常委会可以就重大事项举行听证会。

第九条 县人大常委会在审议重大事项时，提请机关或者提请人应当提供必要的参阅材料，并派人到会作说明，回答询问。

第十条 经县人大常委会审议作出的重大事项决议、决定，有关机关应当贯彻实施，并根据规定的期限报告执行情况，对需要较长时间办理的，可以分阶段报告；不作出决议、决定的，常委会办公室应当在闭会后一周内，将审议意见、建议印送有关机关，有关机关应当按照常委会的要求及时报告办理情况。

第十一条 依照本规定第四条应当由县人大常委会作出决议、决定的重大事项，有关机关不得擅自作出决议、决定。对擅自作出的决议、决定，县人大常委会可以予以撤销。

应当向县人大常委会报告的重大事项，而未报告的，由县人大常委会责令其限期报告。

县人大常委会对重大事项的决议、决定的贯彻执行情况，应当加强监督检查。

延寿县人大常委会规范性文件备案审查暂行办法

第一条 为加强对规范性文件的备案审查，维护国家法治统一，维护公民、法人和其他组织的合法权益，根据《中华人民共和国地方各级人民代表大会和地方各级人民政府组织法》和《中华人民共和国各级人民代表大会常务委员会监督法》等法律制定本办法。

第二条 本办法所称规范性文件，是指县政府、县法院、县检察院制定的涉及公民、法人和其他组织的权利和义务，并在其管辖范围内具有普遍约束力的文件。

第三条 本办法第二条规定的规范性文件的制定机关，应当在规范性文件发布或者通过三日起一个月内，报县人大常委会备案。

第四条 报送备案的文件，包括备案报告、规范性文件正式文本和说明。

报送备案的规范性文件，应当一式三份，并同时报送电子文本。

第五条 报送备案文件的机关，应当于每年一月末前，将上年度制定的规范性文件目录报送县人大常委会备案审查机构。

第六条 对规范性文件进行审查的内容是：

（一）制定机关的法定职权；

（二）制定的必要性；

（三）规范性文件的内容；

（四）与相关的规范性文件的关系；

（五）规范性文件是否公布；

（六）其他需要审查的事项。

第七条 对规范性文件进行审查的标准是：

（一）是否超越法定职权；

（二）是否限制或者剥夺公民、法人和其他组织的合法权利，或者增加公民、法人和其他组织的义务；

（三）是否同法律、法规规定相抵触；

（四）其他不适当情形。

第八条 备案审查机构负责规范性文件备案审查的日常工作，主要履行下列职责：

（一）接受、登记、存档备案文件及其相关附件；

（二）协调有关部门或人员对规范性文件进行审查；

（三）处理对规范性文件的审查要求和建议；

（四）印制年度备案文件目录并报告审查情况；

（五）承办常委会主任会议交办的其他工作。

第九条 备案审查机构收到国家机关、社会团体、企事业单位以及公民提出的审查建议后，应当组织有关人员进行研究，认为需要进入审查程序的，按审查规定处理；认为不属于县人大常委会受理的范围或者不需要进入审查程序的，经人大常委会主管副主任签署同意后，及时向审查建议人反馈并说明理由。

第十条 审查机构在收到批转的规范性文件后，按规定进行组织审查，提出书面审查意见，并在一个月内将规范性文件适当与否的审查结果转给备案审查机构。

第十一条 规范性文件存在本办法第七条所列情形之一的，备案审查机构应当书面告知制定机关，并要求制定机关在指定期限内提出处理意见。

制定的机关应当在指定期限内修改或者废止前款所列规范性文件，并将修改或者废止的处理结果书面告知备案审查机构，或者书面提出无需修改或者废止的理由。

对修改后的规范性文件，制定机关应当重新发文和公布，并按照规定报送备案。

第十二条 不按规定报送备案文件的，经人大常委会主任会议决定，由人大常委会给予通报批评。

第十三条 在审查过程中，审查人员之间或者与规范性文件制定机关之间对规范性文件适当情形有不同意见，或者对规范性文件涉及的法律、法规存在不同理解时，可由县人大常委会主任会议讨论研究，做出最后决定。

第十四条 规范性备案审查机构在审查规范性文件时，可以要求制定机关说明情况或者调阅相关文件资料，规范性文件制定机关及其他机关、团体等不得拒绝，遇到重大事实不清等问题时，应当进行调研，有关方面应予以支持和配合。

第十五条 撤销规范性文件的议案可以由人大相关办公室，或者常委会组成人员依法联名提出，由主任会议决定是否提请常委会会议审议，也可以由主任会议直接提出。

第十六条 县人大常委会会议审议撤销规范性文件的议案时，由负责审查或负责牵头审查的人大相关办公室负责人在常委会全体会议上作说明，邀请规范性文件制定机关负责人列席会议。

第十七条 人大常委会会议分组审议撤销规范性文件的议案后，由常委会全体会议就是否撤销该规范性文件进行表决。必要时，可以提请人代会进行审查。

第十八条 撤销规范性文件的决定通过后，交由规范性文件制定机关执行，并向社会公布。

第十九条 审查结束后，备案审查机构应当负责将审查结果书面告知提出审查要求和审查建议的单位或个人。

县人大常委会每年第一季度对上一年规范性文件备案审查情况向县人大常委会组成人员、常委会工作机构，县人民政府及其工作部门，县监察委员会、县人民法院，县人民检察院通报，同时向社会公布。

延寿县人民代表大会代表资源社会化利用审批备案制度

一、代表资源社会化利用是指有关单位邀请代表参加的听证、测评、评议及社会监督等社会活动。

二、有关单位邀请或聘任县人大代表参加活动或担任其他职务，要事先提出拟邀请或聘任代表的建议名单，报请县人大常委会批准。并说明代表数量、代表层面和时间，最后名单要由县人大常委会确定。

三、有关单位经批准邀请代表参加活动或聘任代表担任职务之后，要及时将代表工作情况和现实表现形成书面材料，报告人大常委会代表联络办。

四、有关单位邀请或聘任代表，要为代表行使权力，发挥作用，开展工作提供保障，尊重代表权力，允许代表按自己意愿发表观点，提出批评意见。

五、县人大代表应积极参加各类社会活动，克服自身工作面临的困难，按照人大常委会的安排，参加各类社会活动或者担任一定职务。

六、县人大代表出席社会活动，担任其他职务要讲政治、讲正气、讲学习。能够自觉站在党和人民的立场上，以全县发展和改革的大局为重，审视问题、发表意见。

七、县人大代表要将参加的各类活动、担任各类社会职务以及具体开展工作情况做详细记录，定期向县人大常委会人事和代表联络办进行报告。

八、县人大常委会人事和代表联络委统筹安排县人大代表资源的社会化利用工作并对代表参加活动，担任其他社会职务、开展工作进行记录，作为考核代表履职的一项重要内容进行评价。

延寿县人民代表大会代表联系人民群众制度

为了加强县人大代表与人民群众的联系，充分发挥县人大代表在经济建设和社会发展中的重要作用，依据《代表法》的有关规定，结合本县实际，制定本制度。

一、代表与人民群众保持联系是人大常委会各项工作的基础，更是听取和反映群众意见建议的重要渠道。人大代表要根据工作需要和所在选区情况，确定代表履职联系点作为代表履职活动的基本单位。

二、代表联系群众的主要内容包括：

1. 宣传宪法、法律法规和党的路线、方针、政策；

2. 宣传县委、县人大常委会的重大决策及县政府的重要工作部署；

3. 了解掌握人民群众普遍关注的社情、政情、舆情、民情，听取联系对象的意见建议；

4. 帮助联系点解决生产、生活等方面困难，帮助、指导联系对象依法履行职责。

三、代表可以通过组织座谈、走访、接待来访、书信、电话、网络、发放代表联系卡等方式加强与群众联系，听取群众意见建议。

四、代表要在联系点常年开展 12345（即联系一个创业户，帮扶 2 个贫困户，为群众办 3 件实事，向政府提出 4 条有价值的书面建议，走访 50 名选民）主题实践活动。

五、代表要及时将联系群众活动的内容、时间、效果等记入代表“四情”写实手册。

六、人民代表在联系群众工作中，要模范地遵守宪法、法律法规，廉洁自律，自觉接受人民群众的监督。

七、各代表小组要将联系群众情况及时汇总、分析、反馈给所在代表团，以便总结经验，促进人大代表工作的开展。

八、各单位、各部门要为代表联系工作创造条件、提供服务。

延寿县人大常委会机关学习制度

为保证县人大机关学习活动经常化、制度化，建设学习型机关，进一步提高机关干部的政治思想素质、理论政策水平和业务工作能力，结合人大工作的性质、特点以及县人大常委会机关工作实际，制定本制度。

一、学习目标

通过学习，提高人大常委会机关干部的政治素质、思想素质，提升业务能力和工作水平，改进工作作风，提高机关干部认识问题、分析问题、解决问题的能力，拓展工作思路，增强工作本领，更好地围绕中心、服务大局，为开创人大工作新局面提供坚强保障。

二、学习内容

（一）马列主义、毛泽东思想、邓小平理论、“三个代表”重要思想、科学发展观及党的路线、方针、政策，系统掌握其科学体系和精神实质；

（二）中央、省、市领导关于人大工作的重要论述，掌握人大工作的基本理论、基本方针、基本原则和基本经验；

（三）市场经济、法律法规、科技、历史知识，提高履职能力；

（四）时事、政治及社会主义民主法制建设理论，使人大工作更好地适应新形势、新任务的需要；

（五）其他学习内容。

三、学习时间

（一）集体学习时间。每两周（周五下午一点三十分开始）组织一次集中学习，机关全体干部参加。

（二）个人学习时间。每位干部每周安排不少于两小时的自学时间。

四、组织安排

每次集体学习活动由常委会办公室负责组织召集，学习内容由机关各办轮流安排。

轮流顺序：办公室、人事和代表联络委、社会建设委、财经委、监察和司法委、城建环保委、科教文卫委，以此反复轮流。

五、学习形式

集体学习的形式由机关各办根据学习内容安排，采取读报、讲座、传达文件、中心发言、观看电教片等形式进行。

六、学习要求

（一）常委会办公室负责做好学习及考勤记录，个人做好学习笔记，机关党支部做好督促检查。

（二）严格学习纪律，不迟到、不早退，因病、因事不能参加学习者，须请假。

（三）学习要与实践结合，每位干部要根据所学内容，做好学习读书笔记。做到集中学习有发言、有记录，个人自学有笔记、有心得，学习领导小组将对个人自学半年进行抽查评比。对个人学习情况要作为年终考核的内容之一；

（四）机关全体干部职工要认真贯彻执行学习制度，各委办主任要带头执行此制度。

延寿县人大常委会机关关于厉行勤俭节约、反对铺张浪费的规定

为深入落实中央和省、市、县关于厉行勤俭节约、反对铺张浪费的要求，结合工作实际，特做如下规定：

一、提倡勤俭节约、反对铺张浪费。在人大常委会机关大兴勤俭节约之风，教育和引导党员干部以勤俭节约为荣，以铺张浪费为耻，自觉养成勤俭节约的良好习惯，从点点滴滴做起，日积月累，持之以恒，努力营造出“人人讲节约、事事讲节约、时时讲节约”的良好氛围。

二、树立成本意识，增强质量效益观念。开展工作中对资金投入要有成本核算和价格比较。注重少投入、高产出、讲效益，对于每项支出都要考虑工作是否真正需要，在保证工作质量的前提下，要把成本降到最低。

三、精简会议活动。除法定会议外，召集会议或开展活动要由人大常委会主任会议审批，确需召开的会议或开展的活动要控制规模，提高会议实效，开短会，讲短话。

四、从严控制外出考察学习活动。领导干部外出学习考察必须有明确的公务目的和实质内容，经批准外出考察学习的不准擅自延长时间、改变路线或中途滞留。不参加不组织公款旅游。

五、加强车辆管理。主任、副主任外出或下乡需公务用车，由办公室统一安排。向机关局请车，严禁公车私用。驾驶员不得擅自改变行车路线，工作用车后要及时送还机关局。

六、开展视察检查活动要轻车简从，不搞大吃大喝，严禁接受现金和礼品。

七、建设节约型机关，注意节水、节电、节能、节物。

机关工作人员用完水后应当立即关闭水阀，杜绝长流水现象。加强机关自来水管网和用水设备的检查，确保完好无损，杜绝“跑、冒、滴、漏”现象发生。

办公室、会议室等场所尽量使用自然光，尽量少开灯或者不开灯，离开办公室随手关灯。下班后关闭室内所有电器的电源。

各个办公室在一般情况下不得使用非常规安装的取暖和制冷设备，不得使用电热毯。

电脑、打印机、复印机等设备在不用时应关闭电源，拔下插头，暂时不用时应将设备调到低能耗状态。

机关干部不得使用单位电脑用于聊天、游戏等与工作无关的事项。

打电话尽量简短，禁止办公电话拨打信息台。拨打县政府院内电话一律使用内线。

八、规范财务管理，严格履行财务审批制度。办公耗材以及必要的公务接待，实行现金结算，任何人不得签单赊账。因工作急须，办公经费暂时不能到位，经主管财务领导审批，可以暂时垫付，经费到位后及时结清。

延寿县人大常委会机关财务管理制度

1. 机关财务工作应坚持依法管理、民主理财、照章办事厉行节约的原则，严格执行国家的各项财务政策、法规和制度，严格遵守财经纪律。

2. 机关财务管理工作由办公室负责。重大财务开支需经主任会议或党组会议同意，所有票据需经财务人员审核、办公室主任签字后，方可核销。

3. 外出考察学习所需费用，须经主任会议批准。经组织安排到县外脱产学习的，一切从简，按规定只核销往返车船费、住宿费和培训费。

4. 机关办公用品、固定资产的购置和需送印制的各种文件材料，由各科室提出意见，报办公室主任核准，经主管领导同意后，由各科室负责人和财务人员共同参与办理，按要求印制或购置。印制和购置的物品，须有经手人签字证明，并附明细清单方可核销。

5. 机关工作人员的差旅费按有关规定执行。原则上返回单位 1 周内凭真实合法的原始凭证报账。

6. 凡字迹不清、手续不全、有涂改痕迹、不能辨认等不符合财务规定的各种票据，一律不予报销。在财务开支中弄虚作假、虚报冒领的，一经查实，按有关规定严肃处理。

7. 机关统一开设账户，实行统收统支，统一财务管理，不得私设“小金库”。

8. 严格执行政府采购制度，健全固定资产账目，固定资产要应入尽入。

延寿县人民代表大会财政经济委员会工作规则

为规范县人民代表大会财政经济委员会议事规则和工作程序，根据《中华人民共和国宪法》《地方各级人民代表大会和地方各级人民政府组织法》《中华人民共和国各级人民代表大会常务委员会监督法》，结合财政经济委员会的工作实际，制定本规则。

第一条 县人民代表大会财政经济委员会（以下简称财政经济委员会）是县人民代

表大会设立的在财政经济和农林方面的专门委员会，受县人民代表大会领导，在县人民代表大会闭会期间，受县人民代表大会常务委员会（以下简称县人大常委会）领导。

第二条 财政经济委员会由主任委员、副主任委员和委员组成。主任委员主持委员会的全面工作，副主任委员协助主任委员开展工作，委员根据分工开展工作。

第三条 财政经济委员会实行民主集中制原则。审议议案、决定问题，充分发扬民主，集思广益，努力提高工作水平和工作质量。

第四条 财政经济委员会工作职责：

（一）负责研究、审议和拟定关于财政经济和农林等方面的议案；

（二）对属于人大及其常委会职权范围内与本委员会有关的问题进行调查研究；

（三）负责人大及其常委会听取并审议国民经济和社会发展计划、财政预决算及审计工作报告的有关审查报告的起草工作；

（四）负责与本委员会有关的人大常委会审议意见及代表建议、批评和意见的督办、反馈工作；

（五）负责有关财政经济和农林等方面的法律监督和工作监督；

（六）负责上级人大常委会交办的有关法律法规草案征求意见的具体工作；

（七）办理人大及其常委会交办的其他事项。

第五条 主任委员、副主任委员组成委员会主任会议，处理委员会以下重要日常工作。

（一）决定委员会每次会议的会期，拟定会议议程草案；

（二）指导和协调县人大常委会财政经济工作委员会的工作；

（三）处理委员会其他重要日常工作。

第六条 委员会委员可以列席县人大常委会会议。

第七条 委员会根据实际需要召开委员会会议。委员会会议须有半数以上委员出席方能举行会议。

委员应当积极出席委员会会议，履行法定职责，无特殊原因，不得请假；因病或者其他原因不能出席会议，需在会前向主任委员请假。长期因病或其他原因无法履行委员职责的，可以依法辞去委员职务。

第八条 委员会会议审议、决定问题，实行少数服从多数的原则，需要表决的，以全体委员的过半数通过。

第九条 委员会会议可以根据需要，邀请其他专门委员会负责同志和有关方面的顾问专家列席会议。

第十条 委员会审议议题的有关文件，应当提前发给各位委员。委员在委员会会议召开前，应当阅读提前送达的会议文件，进行调查研究，为会议审议议题做必要的准备。

第十一条 委员会会议须安排专人做会议记录并整理，对重要的审议意见可以向人大常委会报告或者向政府等有关部门反映。

第十二条 本规则经县人大常委会主任会议通过之日起施行。

延寿县人民代表大会监察和司法委员会工作规则

为规范县人民代表大会监察和司法委员会议事规则，提高工作水平，根据《中华人民共和国地方各级人民代表大会和地方各级人民政府组织法》《中华人民共和国各级人民代表大会常务委员会监督法》，结合工作实际，制定本规则。

第一条 县人民代表大会监察和司法委员会（以下简称监察司法委）是县人民代表大会设立的监督监察和司法工作方面的专门委员会，受县人民代表大会领导；在县人民代表大会闭会期间，受县人民代表大会常务委员会（以下简称县人大常委会）领导。

第二条 监察司法委由主任委员、副主任委员和委员组成。主任委员主持委员会的全面工作，副主任委员协助主任委员开展工作，委员根据分工开展工作。

第三条 监察司法委按照民主集中制原则，集体行使职权，集体讨论重大问题。

第四条 监察司法委主要履行以下职责：

（一）审议县人民代表大会主席团及县人大常委会主任会议交付的有关议案，提出报告；

（二）向县人民代表大会或县人大常委会提出属于县人民代表大会或县人大常委会职权范围内的有关议案；

（三）对县人民代表大会主席团及县人大常委会主任会议交付的质询案，组织开展质询活动，听取受质询机关对质询案的答复，必要时就质询情况提出报告；

（四）认真办理县人大常委会交由监察司法委研究处理的代表建议、批评和意见；跟踪督办交由相关部门（单位）承办，且与监察司法委工作有关的重点办理的代表建议、批评和意见；

（五）在县人大常委会审议专项工作报告、讨论决定重大事项前，按照职责分工对有关专项工作进行视察或者专题调研，提出初步审议意见或建议；

（六）受县人大常委会的委托，对有关法律、法规和县人民代表大会及其常委会的决议、决定、审议意见的执行情况进行监督、检查；

（七）对县人民政府报送县人大常委会备案的有关规范性文件进行备案审查；

（八）协助上级人大常委会、专门委员会对有关法律、法规草案开展立法调研和意见征求；

（九）办理县人民代表大会及其常委会、主任会议交办的其他事项。

第五条 监察司法委在闭会期间，可以根据县人大常委会有关依法监督工作方面的安排，采取调查研究、听取汇报、实地视察、查阅资料等形式开展工作。

监察司法委委员可以根据实际工作需要参加县人大常委会、监督和监察司法委组织的执法检查、视察、调研等活动。

第六条 监察司法委会议分为全体会议和主任委员办公会议，由主任委员或者其委托的副主任委员召集并主持。举行会议时，应当制作会议记录。

第七条 主任委员办公会议必须有过半数的主任委员、副主任委员参加方可举行，主要研究处理日常工作问题。会议每隔半年至少举行一次。

第八条 全体会议由主任委员办公会议提出，也可由过半数的委员提出，经组成人员过半数同意，即作为会议议程。

全体会议一般每半年举行一次，会议日期、地点和建议议程等，一般应提前三日通知组成人员，必要时可以临时召集。

第九条 全体会议审议议案、决定重要事项等，应当充分发扬民主，经组成人员过半数同意后通过。

第十条 监察司法委举行会议或开展活动，应当邀请县人大常委会主任或相关的副主任参加。必要时邀请县人大常委会委员、县人大代表、相关部门（单位）负责人以及有关方面的专家、学者列席，也可邀请公民参加。

如有关问题需要了解的，可以通知有关部门（单位）负责人说明情况、报告工作、接受询问。

第十一条 监察司法委应加强与人大代表的联系，认真听取代表意见，发挥代表作用，为代表履职提供服务。

第十二条 在县人民代表大会期间，监察司法委提出的议案，由大会主席团决定是否提交大会审议；在闭会期间提出的议案，由县人大常委会主任会议决定是否提请常委会会议审议。

第十三条 本规则经县人大常委会主任会议通过之日起施行。

延寿县人民代表大会社会建设委员会工作规则

为规范县人民代表大会社会建设委员会议事规则，提高工作水平，根据《中华人民共和国宪法》《中华人民共和国地方各级人民代表大会和地方各级人民政府组织法》《中华人民共和国各级人民代表大会常务委员会监督法》和延寿县人民代表大会及其常务委员会的相关规定，结合本委员会工作实际，制定本规则。

第一条 人民代表大会社会建设委员会（以下简称社会建设委员会）是县人民代表大会履行社会建设工作职责的专门委员会，受县人民代表大会领导，在大会闭会期间，受县人民代表大会常务委员会的领导，对县人民代表大会及其常务委员会负责。

第二条 社会建设委员会主要承担以下职责：

（一）审议县人民代表大会主席团或县人民代表大会常务委员会主任会议交付的议案，并提出报告；

（二）向县人民代表大会及其常务委员会提出属于县人民代表大会或常务委员会职权范围内的社会建设方面的议案；

（三）审议县人民代表大会主席团或县人民代表大会常务委员会主任会议交付的质询案，听取受质询机关对质询案的答复，必要时向县人民代表大会主席团或常务委员会提出报告；

（四）对县人民政府报送县人民代表大会常务委员会备案的有关社会建设方面的规范性文件进行审查；

（五）协助县人民代表大会常务委员会开展社会建设方面的执法检查、听取和审议专项工作报告等监督工作；

（六）对属于县人民代表大会及其常务委员会职权范围内的社会建设方面的重大问题和人民群众关心的热点问题，进行调查研究，提出意见和建议；

（七）协助上级人民代表大会常务委员会、社会建设委员会对有关法律、法规草案开展立法调研和意见征求；

（八）办理县人民代表大会常务委员会交由社会建设委员会研究处理的代表建议、批评和意见；必要时，可以组织专题视察或调查；

（九）承办县人民代表大会及其常务委员会交付的其他事项。

第三条 社会建设委员会的联系单位根据县人大常委会有关规定确定。

第四条 社会建设委员会由主任委员、副主任委员和委员组成。

主任委员主持委员会日常工作，副主任委员根据分工协助主任委员工作，委员根据工作安排参与相关工作。

第五条 社会建设委员会按照民主集中制原则，集体行使职权，集体讨论决定重大问题。议事涉及的重大事项和重要情况，应当及时向县人民代表大会主席团或县人大常务委员会请示报告。

第六条 本规则经县人大常委会主任会议通过之日起施行。

延寿县人大常委会办公室工作规则

按照县编委办公室“三定”方案等赋予县级人大常委会办公室的职责职权，结合我县人大工作实际情况，为全面履行县人大常委会办公室的工作职能，维护、服务和保障县人大常委会各项工作健康有序开展，制定本规则。

第一条 县人大常委会办公室负责人代会、人大常委会、人大党组会议、主任会议等重要会议的筹备以及视察、检查、评议、调研等活动组织协调和后勤保障工作；负责起草、审核、制发人大常委会党组、人大常委会和人大常委会办公室文件；负责本级人大常委会及办公室印鉴管理和机关的文电收发、传阅、机要保密、档案管理工作；负责人大常委会机关对外联络沟通和宣传工作；负责人大常委会机关各工作机构间的综合协调工作；负责人大常委会机关日常工作的管理，牵头组织机关内部业务学习和政治学习，提高机关的办事效率；负责机关党支部工作，加强机关的组织纪律作风建设；负责信访接待与办理工作；完成人大常委会交办的其他工作。

第二条 县人大常委会办公室在县人大常委会常务领导的直接领导下，由办公室主任负责统筹协调各项工作的开展。坚持政务与事务分工负责、协调合作的原则，在政务工作、财务工作、事务工作、文书档案工作、宣传工作等方面落实专人负责制。举行重要会议、举办重大活动时，坚持办公室全员参与、协同发力，必要时组织协调其他委办人员共同参与。

第三条 起草、审核、制发文件要坚持逐级审批，严格办文程序，形成文件稿后，由办公室主任初审提出交办意见，再由主管领导审定，最后由主要领导签发（签呈），并及时提交文书排版印发。其中，对于各委办需要通过人大常委会名义印发的文件，由各委办起草审核，办公室主任初审提出交办意见，主管领导审定，主要领导签发；需要通过人大常委会办公室名义印发的文件，由各委办起草审核，办公室主任初审提出交办意见，主管领导审定，常务领导签发。

第四条 举办重大活动、重要会议前，要研究具体方案，提请常务领导审定后，报主要领导最终确定，涉及重大事项的要按照主要领导意见，提请主任会议讨论决定。会议的相关材料要及时编辑成册。

第五条 财务管理、公务接待、后勤保障等工作，要坚持勤俭节约、务实管用的原则，按照有关规定以及主任会议或者领导的意见要求，依据工作实际需落实相关内容，严格执行财务管理制度。具体办事人员遇到问题或困难，应及时向办公室主任说明情况并及时研究解决措施，必要时由办公室主任向常务领导或主要领导请示确定具体处理意见。

第六条 县人大常委会、党组及办公室印鉴，日常由县人大常委会办公室文书保管。用印时，实行逐级审批制度，由用印委办具体责任人登记签字，报常务领导审批同意后方可用印，重要事项由常务领导请示主要领导同意后方可用印。文件用印按照文件印发的审批流程使用。

第七条 文电收发、传阅要及时做好登记，及时提请办公室主任提出处理意见，及时呈报相关领导审阅签批具体办理意见，及时转交相关工作机构办理落实，保证上情下达，有效落实。机要保密、档案管理工作要严格执行有关规定，做好登记、精准归档、定期检查，确保万无一失。

第八条 加强人大常委会网站和微信公众号的监管。不断丰富相关栏目内容，按审批程序做好信息收集、推送工作，适时兑现奖励政策。加强县人大常委会与市人大、乡镇人大的联系沟通，做好相关工作协调和服务，保证上下贯通、协同配合。积极畅通县人大常委会及其机关与全国各地人大常委会及其机关的联系，尤其是省内人大工作较好的地区，通过有效的交流活动，借鉴先进经验，提高工作水平。

第九条 做好各委办的服务工作。加强与“一府一委两院”的联系，起草人大常委会年度工作要点，协调各委办具体工作的安排与实施，为各委办开展“三查（察）”活动以及跟踪督办人大及其常委会相关决议决定、监督意见和代表建议的办理落实提供车辆、用餐等保障。积极配合和参与各委办开展履职活动，为各委办开展相关活动提供便捷高效服务。

第十条 加强人大常委会机关日常管理。协助领导抓好人大常委会机关的组织、纪律、作风建设，严格执行请销假制度规定。做好常委会会议前的集中学习安排，督促常委会委员深入开展调查研究，协助宪法和人大建设理论研究会开展视察、检查报告和调研成果评比活动。协助主要领导开展调查研究，谋划制定人大工作的创新思路、具体措施，及时完成工作总结、汇报、经验交流等材料起草工作，当好领导的参谋助手。认真完成人大常委会、主任会议和领导交办的其他工作。

第十一条 抓好人大常委会机关党的建设。坚持政治建设为统领，在党组副书记的具体指导下，协助人大党组推动全面从严治党责任落实，筹备好人大常委会党组会议，做好相关材料收集、归档工作，起草人大常委会党组相关文件、汇报等，保证人大常委会党组工作协调有序开展。加强党支部标准化规范化建设，落实《党支部工作条例》《党员教育管理工作条例》等党内法规，积极学习宣传贯彻党的方针路线政策，制定年度工作计划，落实支委会成员责任分工，紧密结合新形势新任务新要求，有效开展主题党日、庆祝建党100周年以及组织生活、“三会一课”等系列载体活动，组织引导党员干部参与脱贫攻坚、乡村振兴、疫情防控等工作，强化一线磨炼，加强党性锻炼，提高政治觉悟，增强“四个意识”，充分发挥机关党支部的战斗堡垒作用和党员的先锋模范作用，展现人大常委会机关党员干部为党工作、为民尽责的良好形象。

第十二条 做好信访接待工作。除涉法涉诉信访事项外，及时登记其他方面的来信来访人员或事项，并按照领导的交办意见，及时转交相关部门办理。

第十三条 本规则经县人大常委会主任会议通过之日起施行。

延寿县人大常委会人事和代表联络工作委员会工作规则

为进一步规范人事和代表联络工作委员会规程，提高工作水平，根据《中华人民共和国宪法》《中华人民共和国地方各级人民代表大会和地方各级人民政府组织法》《中华人民共和国各级人民代表人会常务委员会监督法》和延寿县人民代表大会及其常务委员会的相关规定，结合本委员会工作实际，制定本规则。

第一条 人事和代表联络工作委员会是履行人事和代表工作职责的工作委员会，受县人民代表大会常务委员会的领导，对县人民代表大会常务委员会负责。

第二条 人事和代表联络委员会主要承担以下职责：

（一）按照常委会的工作部署，负责本级和所辖乡镇大人换届选举工作方案的拟定，对有关换届选举工作进行指导监督和检查：

（二）负责组织本级人大代表和上一级人大代表候选人的提名推荐和协商确定等工作；

（三）负责闭会期间代表联络、培训和视察等活动的组织服务工作，维护代表权益；

（四）负责人大代表建议、批评和意见的征集、交办和督办等工作；

（五）负责人大常委会主任会议和“一府、一委、两院”提请人大常委会审议的人事任免事项的有关工作；

（六）负责上级人大常委会交办的有关法律法规草案征求意见的具体工作；

（七）办理人大常委会交办的其他事项。

第三条 人事和代表联络委员会的联系单位根据县人大常委会有关规定确定。

第四条 人事和代表联络委员会由主任、副主任和工作人员组成。主任主持委员会日常工作，副主任根据分工协助主任委员工作，工作人员根据工作安排参与相关工作。

第五条 人事和代表联络委员会按照民主集中制原则，集体行使职权，集体讨论决定重大问题。议事涉及的重大事项和重要情况，应当及时向县人大常务委员会请示报告。

第六条 本规则经县人大常委会主任会议通过之日起实行。

延寿县人大常委会城建环保工作委员会工作规则

为明确工作职责，提高办事效率，健全规章制度，做好城建环保工作委员会的工作，依据《中华人民共和国宪法》《中华人民共和国各级人民代表大会常务委员会监督法》等有关法律、制度规定，结合实际，制定本规则。

第一条 城建环保工作委员会是县人大常委会的工作机构，在常委会和主任会议领导下，按照确定的工作职责进行工作，对常委会及主任会议负责。

第二条 城建环保工作委员会由主任、副主任和委员若干名组成，实行民主集中制原则，少数服从多数，重要问题由工作委员会全体会议讨论决定。主任主持委员会的全面工作，副主任协助主任开展工作，委员根据分工开展工作。

第三条 城建环保工作委员会的工作职责：（一）负责对城建、环保、自然资源、规划、城管、环卫、园林等部门的工作联系。围绕县人大及其常委会审议的有关城市建设、土地管理、城市规划和环境保护等方面问题，进行调查研究，写出调查报告，为常委会决定重大问题提供依据；（二）对全县在贯彻落实城建环保方面的法律、法规和各项政策的情况进行检查监督，对县政府及其有关部门制定出台涉及城建环保方面的规范性文件进行审查，并提出整改的建议和意见；（三）承办上级人大及其常委会下达的有关法律、法规草案的征求意见和反馈工作；（四）协助督促办理与本工作委员会有关的代表议案和建议、批评和意见，协助做好服务代表工作；（五）加强城建环保委的党风廉政建设；（六）办理常委会、主任会议和有关领导交办的其他事项。

第四条 城建环保工作委员会将视工作需要，不定期召开全体会议或召集有关部门参加的联席会议。会议要讨论的有关事宜应于会议召开前3日通知各委员，并发放有关文件。工委委员因故不能出席的，应事先向主任请假。全体会议审议通过的有关事项，应有过半数委员赞成为有效。

第五条 城建环保委要加强同有关部门的沟通和联系，定期不定期听取有关职能部门的工作汇报；要加强同县人大代表的联系，听取他们对城建环保方面的意见、呼声和要求，及时向县人大常委会反映。

第六条 本规则经县人大常委会主任会议通过之日起施行。

延寿县人大常委会科教文卫工作委员会工作规则

为了使县人大科教文卫工作委员会工作规范化、制度化，提高办事效率，依据《中华人民共和国宪法》《中华人民共和国各级人民代表大会常务委员会监督法》等有关法律规定，结合实际，制定本规则。

第一条 科教文卫工作委员会是县人大常委会的工作机构，在常委会和主任会议的领导下开展工作，行使常委会及其主任会议授予的职权，对常委会及其主任会议负责，并报告工作。

第二条 委员会由主任、副主任和若干名相关单位人员组成，由主任主持委员会的全面工作，副主任协助主任处理日常事务，委员按职责分工开展工作，科教文卫工作委员会实行民主集中制的原则，依法集体行使职权，凡重大问题须经委员会集体讨论决定。

第三条 科教文卫委员会工作职责：

（一）调查了解教育、文化、科学、卫生等方面法律、法规贯彻执行情况，督促相关部门对人大常委会作出的有关科教文卫方面的决议、决定的贯彻落实，并检查其执行情况，向人大常委会汇报。

（二）负责县人大常委会会议、主任会议有关议题的准备工作，对常委会会议或主任会议审议的科教文卫等方面的议题进行调查研究，提出意见和建议，为常委会决策提供依据。

（三）围绕科教文卫方面开展调研检查和视察工作，为县人大代表和常委会组成人员开展相关的执法检查民主评议等工作制订方案，认真组织实施，并向县人大常委会作出书面报告。

（四）加强同科教文卫工作部门的联系，根据工作需要，听取所联系单位的工作汇报，为县人大常委会或主任会议提供科教文卫工作方面的情况和信息。

（五）起草有关科教文卫方面的决定、决议、报告、意见、总结、通知等各种文稿，办理本委的文书和行政事务。

（六）加强同科教文卫工作部门县人大代表的联系，督办科教文卫方面的代表议案、建议、批评、意见和人民群众的来信来访事项。

（七）对开展的重点工作适时报送工作信息。

（八）办理县人大常委会主任会议和常委会领导交办的其他事项。

第四条 根据工作需要，不定期召开工作联席会议，听取相关单位的工作汇报，听取委员会组成人员对科教文卫工作领域的意见和建议。

第五条 联席会议由科教文卫工作委员会主任主持，邀请本工作委员会负责联系的单位领导参加，会议内容一般为通报工作、互通信息、听取意见、研究工作、协调关系、抓好落实。

第六条 本规则经县人大常委会主任会议通过之日起实行。

编后记

中共延寿县第十六届七十八次常委（扩大）会议决定：为填补《延寿县人大志》的空白，全面整理和记录延寿县人民代表大会改革和发展历程，决定成立《延寿县人大志》编纂委员会，组织编写《延寿县人民代表大会志》。

县人大常委会本着这一会议精神，为“存史、资政、教化”，推进延寿县的社会主义民主法治建设和人民代表大会的工作，主任会议决定编纂《延寿县人大志》，并着手组建编委会、编辑室，明确编纂人员，确定编纂总体方案。编纂工作随之正式启动。

为使志书达到入志史料不误、重要史料不漏和可信、可用、可看的要求，编纂人员本着认真、负责、务实、严谨的精神，不辞劳苦，千方百计查找资料，先后查阅档案上千卷次，各种资料 2000 多本次，形成文字资料 200 多万字，查阅照（图）片 2000 多张。宏纤具备，巨细毕收、缜密考证、精选入志。潜心奋力笔耕，力求观点准确、体例规范、排列有序、行文流畅。

《延寿县人民代表大会志》编纂完成是集体智慧的结晶，曾任县人大常委会主任王家砚、副主任郑小鹏在职期间，启动本志的编写工作，并对此项工作十分重视，多次到编辑办公室具体指导。曾任县人大常委会主任邵文信亲自到《延寿县人大志》编辑部向编辑人员提供自己珍藏的照片和有关资料。高雪峰就任县人大常委会主任不久即到编辑办公室详细询问编纂工作情况，并把个人收集的文字资料、照（图）片提供给编纂人员，多次组织有关人员研究编纂事宜，在结构篇章，直至字词句等方面都给予精心地指导。主编张秀亲力亲为，严把质量关。人大各机构和工作人员积极收集整理、核实资料。县委办、县政府办、组织部、编委、县档案馆、地志办、党史办、县松江省史记陈列馆、县电视台等很多部门都为此书的编纂给予大力支持。照（图）片部分由人大常委会主任高雪锋、史迹陈列馆馆长张海明、延寿县人大代表服务中心主任杨柏成设计、提供。县长、副县长简介资料由县政府办主任许详龙、杨树山、县老科协秘书长冯松提供。办公室主任吴伟波对编纂人员的日常办公和资料查找都给予积极支持和热情帮助，并带领工作人员多方面查找和收集资料。王秀文、王柏松、潘雷、刘迁为本书提供很多资料，沈延宾为撰写本志提供很多帮助。对县党史馆张延玲、吕冬梅积极热情的支持表示感谢！县人大专门委员会与各工作机构对书稿进行认真的审校，王家砚对本书做最后审定，为本志的质量提供可靠的保证。志书经多方努力，由姜学主纂完成。在此，对所有编写《延寿县人大志》给予积极支持的单位和个人一并表示诚挚的谢意！

修志工作时间紧、繁重复杂，我们虽已主观上尽了很大努力，但由于缺乏经验、思想水平和业务水平有限，加之资料疏密不一，残缺散佚，志书中疏漏和错误在所难免，恳请读者批评指正。

《延寿县人大志》编纂委员会

2021 年 12 月 31 日

参考文献 · 书目

1. 陈远清:《新时期方志编纂理论与实践》, 新华出版社, 2007 年
2. 毛开镛:《方志编纂、年鉴编纂规范化及方志常见病析评与纠错、方志编纂工作经验交流、方志组织管理务实全书》, 华夏出版社, 2005 年
3. 松世琴:《文书学参考资料》, 中央广播电视大学出版社, 1984 年
4. 李桂英:《修志指南》
5. 冯建强:《地方志编办工作实务手册》, 中国党史出版社, 2009 年
6. 陈庆立:《怎样当好人大代表》, 人民出版社, 2017 年
7. 李树春:《人民代表大会制度知识读本》, 中国民主法制出版社, 2012 年
8. 杨新农《县乡人大选举工作操作程序与方法》, 中国民主法制出版社, 2006 年
9. 孙维本:《人大工作手册》, 中国民主法制出版社, 1997 年 11 月